FamRZ-Buch 28

GIESEKING

Die

FamRZ-Bücher

werden herausgegeben von

VERLAG ERNST UND WERNER GIESEKING, BIELEFELD

Vollstreckung in Familiensachen

von

Dr. Michael Cirullies

Weiterer Aufsicht führender Richter am
Amtsgericht a.D., Dortmund

2. völlig neu bearbeitete Auflage

2017

VERLAG ERNST UND WERNER GIESEKING, BIELEFELD

MIX
Papier aus verantwortungsvollen Quellen
FSC® C083411

Bibliografische Information der Deutschen Nationalbibliothek

Die Deutsche Nationalbibliothek verzeichnet diese Publikation in der Deutschen Nationalbibliografie; detaillierte bibliografische Daten sind im Internet über http://dnb.d-nb.de abrufbar.

2017

Lektorat: Dr. iur. Jobst Conring

Satz: SATZstudio Josef Pieper, Bedburg-Hau
Gesamtherstellung: CPI books GmbH, Leck – Germany

ISBN 978-3-7694-1177-5

Vorwort

„FamFG ante portas“ – unter diesem Motto stand die 1. Auflage des vorliegenden Bandes. Acht Jahre später ist eine Neuauflage aus mehreren Gründen dringend geboten. So führt die neue Gesetzessystematik im Spannungsfeld zwischen freiwilliger Gerichtsbarkeit und ZPO auch bei Vollstreckungsfragen noch immer zu Problemen. Manche Streitfrage mag inzwischen geklärt sein, doch bestehen weiterhin Unsicherheiten, etwa bei der Vollstreckung von Zwangs- und Ordnungsmitteln. Überdies ist auf Neuerungen im allgemeinen Vollstreckungsrecht hinzuweisen, z.B. auf die – bereits wieder „reparierte“ – Reform der Sachaufkärung oder den schleichend eingeführten Formularzwang.

Um insoweit bessere Orientierung zu bieten, verfolgt die 2. Auflage ein neues Konzept: Zunächst werden die unterschiedlichen Vollstreckungswege – auch anhand von Grafiken – systematisch dargestellt. Es folgt eine alphabetisch geordnete Übersicht über die Vollstreckungsprobleme der einzelnen Verfahrensgegenstände, mit deren Hilfe der Leser konkrete Vollstreckungsfragen gezielt ansteuern kann. Praxistipps sollen die Umsetzung bei der konkreten Fallbearbeitung erleichtern. Das Buch legt die aktuelle Rechtsprechung und Literatur bis Anfang Mai 2017 sowie den Gesetzgebungsstand bis 1.7.2017 zugrunde.

Bei der Bearbeitung habe ich mich auf meine Erfahrungen als Familien- und Vollstreckungsrichter und zudem als Leiter einer Prüfgruppe für Gerichtsvollzieherprüfungen gestützt. Der Praxis bin ich als Leiter des „Arbeitskreises Trennungskinder“ bei dem Amtsgericht Hagen weiterhin verbunden.

Dortmund, im Mai 2017 *Michael Cirullies*

Inhaltsverzeichnis

Abkürzungsverzeichnis

a.A.	anderer Ansicht
a.a.O.	am angegebenen Ort
a.E.	am Ende
a.F.	alte Fassung
ABl. EG (EU)	Amtsblatt der Europäischen Gemeinschaft (seit Februar 2003 der Europäischen Union)
Abs.	Absatz
AG	Amtsgericht
AnfG	Gesetz über die Anfechtung von Rechtshandlungen eines Schuldners außerhalb des Insolvenzverfahrens („Anfechtungsgesetz“)
Anm.	Anmerkung
Art.	Artikel
AUG	Gesetz zur Geltendmachung von Unterhaltsansprüchen im Verkehr mit ausländischen Staaten (Auslandsunterhaltsgesetz)
AVAG	Gesetz zur Ausführung zwischenstaatlicher Verträge und zur Durchführung von Verordnungen der Europäischen Gemeinschaft auf dem Gebiet der Anerkennung und Vollstreckung in Zivil- und Handelssachen (Anerkennungs- und Vollstreckungsausführungsgesetz)
BayObLG	Bayerisches Oberstes Landesgericht
BayVerfGH	Bayerischer Verfassungsgerichtshof
BB	Der Betriebs-Berater
BbgVerfG	Verfassungsgericht des Landes Brandenburg
BeckRS	Beck – Aktuelle Rechtsprechung (Jahr, Nr.)
BGB	Bürgerliches Gesetzbuch
BGBl.	Bundesgesetzblatt
BGH	Bundesgerichtshof
BKR	Zeitschrift für Bank- und Kapitalmarktrecht
BPolG	Bundespolizeigesetz
BR-Drs.	Bundesratsdrucksache

Brüssel Ia-VO	Verordnung (EU) Nr. 1215/2012 des Europäischen Parlaments und des Rates v. 12.12.2012 über die gerichtliche Zuständigkeit und die Anerkennung und Vollstreckung von Entscheidungen in Zivil- und Handelssachen
Brüssel IIa-VO	Verordnung (EG) Nr. 2201/2003 des Rates v. 27.11.2003 über die Zuständigkeit und die Anerkennung und Vollstreckung von Entscheidungen in Ehesachen und in Verfahren betreffend die elterliche Verantwortung und zur Aufhebung der Verordnung (EG) Nr. 1347/2000, ABl EU Nr. L 338/1 v. 23.12.2003, auch „EG-VO Nr. 2201/2003“ oder „Ehe-Verordnung“ genannt
BT-Drs.	Bundestagsdrucksache
BVerfG	Bundesverfassungsgericht
DFGT	Deutscher Familiengerichtstag
DGVZ	Deutsche Gerichtsvollzieherzeitung
d.h.	das heißt
DIJuF	Deutsches Institut für Jugendhilfe und Familienrecht
DNotZ	Deutsche Notar-Zeitschrift
DRiZ	Deutsche Richterzeitung
DStR	Deutsches Steuerrecht
EBAO	Einforderungs- und Beitreibungsanordnung
EG	Europäische Gemeinschaft
EGBGB	Einführungsgesetz zum Bürgerlichen Gesetzbuch
EGMR	Europäischer Gerichtshof für Menschenrechte
EGStGB	Einführungsgesetz zum Strafgesetzbuch
ESt	Einkommensteuer
ESÜ	Luxemburger Europäisches Übereinkommen über die Anerkennung und Vollstreckung von Entscheidungen über das Sorgerecht für Kinder und die Wiederherstellung des Sorgeverhältnisses
EU	Europäische Union
EUGewSchVG	Gesetz zum Europäischen Gewaltschutzverfahren (EU-Gewaltschutzverfahrensgesetz)
EuGH	Gerichtshof der Europäischen Gemeinschaften
EuGFVO	VO (EG) Nr. 861/2007 zur Einführung eines europäischen Verfahrens für geringfügige Forderungen
EuGüVO	Verordnung (EU) 2016/1103 v. 24.7.2016 zur Durchführung einer Verstärkten Zusammenarbeit im Bereich der Zuständigkeit, des anzuwendenden Rechts und der Anerkennung und Vollstreckung von Entscheidungen in Fragen des ehelichen Güterstands

EuGVVO	Verordnung (EG) Nr. 44/2001 des Rates vom 22.12.2000 über die gerichtliche Zuständigkeit und die Anerkennung und Vollstreckung von Entscheidungen in Zivil- und Handelssachen
EuKoPfVODG	Gesetz zur Durchführung der Verordnung (EU) Nr. 655/2014 sowie zur Änderung sonstiger zivilprozessualer Vorschriften
EuPartVO	Verordnung (EU) 2016/1104 v. 24.7.2016 zur Durchführung einer Verstärkten Zusammenarbeit im Bereich der Zuständigkeit, des anzuwendenden Rechts und der Anerkennung und Vollstreckung von Entscheidungen in Fragen güterrechtlicher Wirkungen eingetragener Partnerschaften
EuUntVO	Verordnung (EG) Nr. 4/2009 des Rates v. 18.12.2008 über die Zuständigkeit, das anwendbare Recht, die Anerkennung und Vollstreckung von Entscheidungen und die Zusammenarbeit in Unterhaltssachen
EuVTVO	Verordnung (EG) Nr. 805/2004 des Europäischen Parlaments und des Rates vom 21. April 2004 zur Einführung eines Europäischen Vollstreckungstitels für unbestrittene Forderungen
EuZW	Europäische Zeitschrift für Wirtschaftsrecht
FamFG	Gesetz über das Verfahren in Familiensachen und in den Angelegenheiten der freiwilligen Gerichtsbarkeit
FamFR	Familienrecht und Familienverfahrensrecht
FamGKG	Gesetz über Gerichtskosten in Familiensachen
FamRB	Familienrechtsberater
FamRZ	Zeitschrift für das gesamte Familienrecht
FD-InsR	Fachdienst Insolvenzrecht
FD-ZVR	Fachdienst Zivilrecht
FF	Forum Familien- und Erbrecht
ff.	fortfolgende
fG	freiwillige Gerichtsbarkeit
FGG	Gesetz über die Angelegenheiten der freiwilligen Gerichtsbarkeit
FGPrax	Praxis der Freiwilligen Gerichtsbarkeit
Fn.	Fußnote
FoVo	Forderung und Vollstreckung
FPR	Familie, Partnerschaft, Recht
FuR	Familie und Recht

GewSchG	Gesetz zum zivilrechtlichen Schutz vor Gewalttaten und Nachstellungen (GewSchG)
GG	Grundgesetz für die Bundesrepublik Deutschland
GKG	Gerichtskostengesetz
GRUR	Gewerblicher Rechtsschutz und Urheberrecht
GRUR-Prax	Gewerblicher Rechtsschutz und Urheberrecht, Praxis im Immaterialgüter und Wettbewerbsrecht
GVFV	Verordnung über das Formular für den Vollstreckungsauftrag an den Gerichtsvollzieher (Gerichtsvollzieherformular-Verordnung)
GVG	Gerichtsverfassungsgesetz
GVGA	Geschäftsanweisung für Gerichtsvollzieher
GvKostG	Gesetz über Kosten der Gerichtsvollzieher
GVO	Gerichtsvollzieherordnung
h.M.	herrschende Meinung
HKÜ	Haager Übereinkommen v. 25.10.1980 über die zivilrechtlichen Aspekte internationaler Kindesentführung
Hs.	Halbsatz
HUP 2007	Haager Protokoll über das auf Unterhaltspflichten anzuwendende Recht
HUÜ 2007	Haager Übereinkommen über die internationale Geltendmachung der Unterhaltsansprüche von Kindern und anderen Familienangehörigen
i.d.F.	in der Fassung
i.S.d.	im Sinne des (der)
i.V.m.	in Verbindung mit
InsO	Insolvenzordnung
IntFamRVG	Gesetz zur Aus- und Durchführung bestimmter Rechtsinstrumente auf dem Gebiet des internationalen Familienrechts (Internationales Familienrechtsverfahrensgesetz)
IPRax	Praxis des Internationalen Privat- und Verfahrensrechts
JA	Juristische Arbeitsblätter
JAmt	Das Jugendamt
JBeitrG	Justizbeitreibungsgesetz (bis 30.6.2017: Justizbeitreibungsordnung)
jM	juris – Die Monatszeitschrift
JurBüro	Das Juristische Büro
juris	juris GmbH – Juristisches Informationssystem für die Bundesrepublik Deutschland
jurisPR-FamR	juris PraxisReport Familienrecht (Nummer/Jahrgang)
JuS	Juristische Schulung

KG	Kammergericht
KSÜ	Haager Übereinkommen v. 19.10.1996 über die internationale Zuständigkeit, das anzuwendende Recht, die Anerkennung, Vollstreckung und Zusammenarbeit auf dem Gebiet der elterlichen Verantwortung und der Maßnahmen zum Schutz von Kindern
KV	Kostenverzeichnis
LAG	Landesarbeitsgericht
LG	Landgericht
lit.	Buchstabe
LMK	beck-fachdienst Zivilrecht – Kommentierte BGH-Rechtsprechung Lindenmaier-Möhring (Jahr, Nr.)
LPartG	Lebenspartnerschaftsgesetz
LS	Leitsatz
m.w.N.	mit weiteren Nachweisen
MDR	Monatsschrift für Deutsches Recht
MediationsG	Mediationsgesetz
MMR	Multimedia und Recht
n.F.	neue Fassung
NJOZ	Neue Juristische Online-Zeitschrift
NJW	Neue Juristische Wochenschrift
NJW-RR	NJW-Rechtsprechungs-Report Zivilrecht
NJW-Spezial	Beilage zur NJW
Nr.	Nummer
NStZ-RR	NStZ-Rechtsprechungs-Report Strafrecht
NVwZ-RR	NVwZ-Rechtsprechungs-Report
NZFam	Neue Zeitschrift für Familienrecht
NZI	Neue Zeitschrift für das Recht der Insolvenz und Sanierung
NZM	Neue Zeitschrift für Miet- und Wohnungsrecht
OLG	Oberlandesgericht
OLG-Report	Schnelldienst der Zivil-Rechtsprechung des OLG Hamm
OVG	Oberverwaltungsgericht
PDF	Portable Document Format (Dateiformat)
PKH	Prozesskostenhilfe
Rn.	Randnummer
RNotZ	Rheinische Notar-Zeitschrift

Rpfleger	Der Deutsche Rechtspfleger
RPflG	Rechtspflegergesetz
RVG	Gesetz über die Vergütung der Rechtsanwältinnen und Rechtsanwälte (Rechtsanwaltsvergütungsgesetz)
S.	Seite, Satz
SchuFV	Verordnung über die Führung des Schuldnerverzeichnisses (Schuldnerverzeichnisführungsverordnung)
SG	Sozialgericht
SGB I	Sozialgesetzbuch Erstes Buch
SGB II	Sozialgesetzbuch Zweites Buch
SGB VIII	Sozialgesetzbuch Achtes Buch
SGB X	Sozialgesetzbuch Zehntes Buch
sog.	so genannt(e)
StGB	Strafgesetzbuch
str.	streitig
StVollzG	Gesetz über den Vollzug der Freiheitsstrafe und der freiheitsentziehenden Maßregeln der Besserung und Sicherung (Strafvollzugsgesetz)
u.a.	unter anderem; und andere
UVG	Unterhaltsvorschussgesetz
v.	vom, von
VersAusglG	Gesetz über den Versorgungsausgleich (Versorgungsausgleichsgesetz)
VerfGH	Verfassungsgerichtshof
VersR	Versicherungsrecht
VG	Verwaltungsgericht
VGH	Verwaltungsgerichtshof
vgl.	vergleiche
VIA	Verbraucherinsolvenz aktuell
VKH	Verfahrenskostenhilfe
VO	Verordnung
Vorbem.	Vorbemerkungen
VuR	Verbraucher und Recht
VV	Vergütungsverzeichnis
VwGO	Verwaltungsgerichtsordnung
WM	Wertpapiermitteilungen
ZEV	Zeitschrift für Erbrecht und Vermögensnachfolge
ZfIR	Zeitschrift für Immobilienrecht

ZInsO	Zeitschrift für das gesamte Insolvenzrecht
ZIP	Zeitschrift für Wirtschaftsrecht
ZKJ	Zeitschrift für Kindschafts- und Jugendrecht
ZPO	Zivilprozessordnung
ZRP	Zeitschrift für Rechtspolitik
ZVG	Gesetz über die Zwangsversteigerung und die Zwangsverwaltung
ZVFV	Verordnung über Formulare für die Zwangsvollstreckung (Zwangsvollstreckungsformular-Verordnung)
ZVI	Zeitschrift für Verbraucher- und Privat-Insolvenzrecht

Literaturverzeichnis

Arnold/Meyer-Stolte/Rellermeyer/Hintzen/Georg, Kommentar zum RPflG, 8. Aufl. 2015 (zitiert: *Bearbeiter* in: Arnold/Meyer-Stolte/Rellermeyer/Hintzen/Georg)

Bahrenfuss, Kommentar zum FamFG, 3. Aufl. 2017 (zitiert: Bahrenfuss/*Bearbeiter*)

Baumbach/Lauterbach/Albers/ Hartmann, Kommentar zur ZPO, 75. Auflage 2017 (zitiert: Baumbach/*Hartmann*)

Beck'sche Online-Formulare Prozess, 30. Edition 2017 (zitiert: BeckOF-Prozess/*Bearbeiter*)

Beck'scher Online-Kommentar BGB, Bamberger/Roth, 42. Edition, 1.2.2017 (zitiert: BeckOK-BGB/*Bearbeiter*)

Beck'scher Online-Kommentar GBO, Hügel, 28. Edition, 1.11.2016 (zitiert: BeckOK-GBO/*Bearbeiter*)

Beck'scher Online-Kommentar ZPO, Vorwerk/Wolf, 24. Edition, 1.3.2017 (zitiert: BeckOK-ZPO/*Bearbeiter*)

Bergschneider, Familienvermögensrecht, 3. Aufl. 2016 (zitiert Bergschneider/*Bearbeiter*)

Böttcher, Kommentar zum ZVG, 6. Auflage 2016 (zitiert: *Böttcher*)

Bork/Jacoby/Schwab, Bork/Jacoby/Schwab, Kommentar zum FamFG, 2. Aufl. 2013 (zitiert: *Bearbeiter* in: Bork/Jacoby/Schwab)

Braun, Kommentar zur Insolvenzordnung, 7. Auflage 2017 (zitiert: Braun/*Bearbeiter*)

Bumiller/Harders/Schwamb, Kommentar zum FamFG, 11. Aufl. 2015 (zitiert: *Bumiller/Harders/Schwamb*)

Cirullies/Cirullies, Schutz bei Gewalt und Nachstellung, 2013 (zitiert: *Cirullies/Cirullies*)

Ehinger/Griesche/Rasch, Handbuch Unterhaltsrecht, 7. Aufl. 2014 (zitiert: *Bearbeiter* in: Ehinger/Griesche/Rasch)

Erbarth, Das familienrechtliche Mandat, Ehewohnung – Haushaltssachen – Gewaltschutz, 2014 (zitiert: *Erbarth*)

Giers, Einstweiliger Rechtsschutz in der familienrechtlichen Praxis, 2015 (zitiert: *Giers*)

Göppinger/Börger, Vereinbarungen anlässlich der Ehescheidung, 10. Aufl. 2013 (zitiert: *Bearbeiter* in: Göppinger/Börger)

Gottwald, Peter, Insolvenzrechts-Handbuch, 5. Aufl. 2015 (zitiert Gottwald/*Bearbeiter*)

Gottwald, Uwe/Mock, Peter, Kommentar zur ZPO, 7. Aufl. 2015 (zitiert: *Bearbeiter* in: U. Gottwald/Mock)

Haußleiter, Kommentar zum FamFG, 2011 (zitiert: Haußleiter/*Bearbeiter*)

Heilmann, Praxiskommentar Kindschaftsrecht, 2015 (zitiert: Heilmann/*Bearbeiter*)

Janlewing, Insolvenzrecht für die familienrechtliche Praxis, 2015 (zitiert: *Janlewing*)

Johannsen/Henrich, Familienrecht, 6. Auflage 2015 (zitiert: *Bearbeiter* in: Johannsen/Henrich)

jurisPK-BGB, juris Praxiskommentar BGB, Band 4 Familienrecht, 8. Aufl. 2017 (zitiert: *Bearbeiter* in: jurisPK-BGB)

Kaiser/Schnitzler/Friederici/Schilling, Kommentar zum BGB, Band 4 Familienrecht, 3. Auflage 2014 (zitiert: *Bearbeiter* in: Kaiser/Schnitzler/Friederici/Schilling)

Kayser/Thole, Heidelberger Kommentar zur InsO, 8. Aufl. 2016 (zitiert: *Bearbeiter* in: Kayser/Thole)

Keidel, Kommentar zum FamFG, 19. Auflage 2017 (zitiert: Keidel/*Bearbeiter*)

Kindl/Meller-Hannich/Wolf, Gesamtes Recht der Zwangsvollstreckung, 3. Auflage 2015 (zitiert: *Bearbeiter* in: Kindl/Meller-Hannich/Wolf)

Kogel, Strategien bei der Teilungsversteigerung des Familienheims, 3. Auflage 2016 (zitiert: *Kogel*)

Meysen, Praxiskommentar Familienverfahrensrecht, 2. Aufl. 2014 (zitiert: Meysen/*Bearbeiter*)

Motzer/Kugler/Grabow, Kinder aus Migrationsfamilien in der Rechtspraxis, 2. Aufl. 2012 (zitiert: *Bearbeiter* in: Motzer/Kugler/Grabow)

Münchener Kommentar zum BGB, 7. Aufl. 2017 (zitiert: MünchKomm-BGB/*Bearbeiter*)

Münchener Kommentar zum FamFG, 2. Aufl. 2013 (zitiert: MünchKomm-FamFG/*Bearbeiter*)

Münchener Kommentar zur InsO, Band 2, 3. Aufl. 2013 (zitiert: MünchKomm-InsO/*Bearbeiter*)

Münchener Kommentar zur ZPO, 5. Aufl. 2016 (zitiert: MünchKomm-ZPO/*Bearbeiter*)

Musielak/Borth, Kommentar zum FamFG, 5. Aufl. 2015 (zitiert: *Bearbeiter* in: Musielak/Borth)

Musielak/Voit, Kommentar zur ZPO, 14. Aufl. 2017 (zitiert: *Bearbeiter* in: Musielak/Voit)

Palandt, Kommentar zum BGB, 76. Aufl. 2017 (zitiert: Palandt/*Bearbeiter*)

Prütting/Gehrlein, Kommentar zur ZPO, 8. Aufl. 2016 (zitiert: *Bearbeiter* in: Prütting/Gehrlein)

Prütting/Helms, Kommentar zum FamFG, 3. Aufl. 2013 (zitiert: *Bearbeiter* in: Prütting/Helms)

Scholz/Kleffmann/Motzer, Praxishandbuch Familienrecht, 31. Ergänzungslieferung 2016 (zitiert: *Bearbeiter* in: Scholz/Kleffmann/Motzer)

Schuschke/Walker, Vollstreckung und vorläufiger Rechtsschutz, 6. Aufl. 2016 (zitiert: Schuschke/Walker/*Bearbeiter*)

Staudinger, Kommentar zum BGB, Neubearbeitungen 2012-2014 (zitiert: Staudinger/*Bearbeiter*)

Stein/Jonas, Kommentar zur ZPO, 22. Aufl. 2004 (zitiert: Stein/Jonas/*Bearbeiter*)

Steiner/Theede/Knop, Zwangsvollstreckung in das bewegliche Vermögen, Handbuch, 9. Aufl. 2013 (zitiert: *Bearbeiter* in: Steiner/Theede/Knop)

Stöber, Forderungspfändung, 16. Aufl. 2013 (zitiert: *Stöber*)

Storz/Kiderlen, Praxis des Zwangsversteigerungsverfahrens, 12. Auflage 2014 (zitiert: *Storz/Kiderlen*)

Thomas/Putzo, Kommentar zur ZPO, 38. Aufl. 2017 (zitiert: Thomas/Putzo/*Bearbeiter*)

Uhlenbruck, Kommentar zur InsO, 14. Aufl. 2015 (zitiert Uhlenbruck/*Bearbeiter*)

Völker/Clausius, Das familienrechtliche Mandat, Sorge- und Umgangsrecht, 6. Aufl. 2014 (zitiert: *Völker/Clausius*)

Weinreich, Das familienrechtliche Mandat – Schiedsgerichtsbarkeit, 2016

Wendl/Dose, Das Unterhaltsrecht in der familienrichterlichen Praxis, 9. Aufl. 2015 (zitiert: *Bearbeiter* in: Wendl/Dose)

Wever, Vermögensauseinandersetzung der Ehegatten außerhalb des Güterrechts, 6. Aufl. 2014 (zitiert: *Wever*)

Zöller, Kommentar zur ZPO, 31. Aufl. 2016 (zitiert: Zöller/*Bearbeiter*)

1. Kapitel: Einführung

A. Zwei Verfahrensordnungen – eine Verwirrung

Die Unübersichtlichkeit des früheren Familienverfahrensrechts[1] sollte durch am 1.9.2009 in Kraft getretene **Familienverfahrensgesetz (FamFG)**[2] beseitigt werden. Das gesamte familienrechtliche Verfahren wurde einheitlich der **freiwilligen Gerichtsbarkeit**[3] zugeordnet; das 6. Buch der ZPO wie auch das FGG wurden aufgehoben. 1

Doch auch viele Jahre nach Inkrafttreten des FamFG ist die Gesetzessystematik in Familiensachen nicht immer leicht zu durchschauen. Die grundsätzliche Beibehaltung **zweier Verfahrensarten** (freiwillige Gerichtsbarkeit – Zivilprozess) mit jeweiliger Verfahrensordnung (FamFG – ZPO) und zahlreiche Verweisungen führen zu Unsicherheiten. Von einem „anwenderfreundlichen Gesetzesaufbau", so die Gesetzesbegründung[4], kann kaum die Rede sein. Spötter kommentieren das Gesetzeswerk denn auch mit den Worten, jetzt herrsche Verwirrung nur noch an einer Stelle, nicht mehr an mehreren.

Insbesondere die neu geschaffenen **Familienstreitsachen** können – wie ein Blick auf die komplizierte Verweisungstechnik der §§ 113 Abs. 1, 117 FamFG[5] verdeutlicht – für Probleme sorgen, die auch in die **Vollstreckung** ausstrahlen.[6]

1 Als Zumutung für den Rechtsanwender bezeichnet, so *Meyer/Seitz/Kröger/Heiter*, FamRZ 2005, 1430; ähnlich die Gesetzesbegründung, BT-Drs. 16/6308, S. 1; *Schwab* (FamRZ 2009, 1, 2) bezeichnet das FGG als „wenig geordneten Paragraphenhaufen".

2 Gesetz zur Reform des Verfahrens in Familiensachen und in den Angelegenheiten der freiwilligen Gerichtsbarkeit (FGG-Reformgesetz – FGG RG) v. 17.12.2008, BGBl. I S. 2586. Es enthält in Art. 1 das „Gesetz über das Verfahren in Familiensachen und in den Angelegenheiten der freiwilligen Gerichtsbarkeit (FamFG)".

3 Der Begriff „freiwillige Gerichtsbarkeit" ist irreführend. Er hat sich historisch gebildet in Abgrenzung zur streitigen Zivilgerichtsbarkeit, dazu Heilmann/*Cirullies*, § 1 FamFG Rn. 3.

4 BT-Drs. 16/6308, S. 164.

5 Zu § 117 FamFG vgl. BGH, Beschl. v. 9.12.2015, XII ZB 614/14, FamRZ 2016, 452, dazu *Stockmann*, FamRB 2016, 145.

6 Vgl. Rn. 6.

B. Terminologie

I. Vollstreckung – Vollziehung

2 Im Vollstreckungsrecht werden die Termini „Zwangsvollstreckung", „Vollstreckung" und „Vollziehung" teils synonym, teils in unterschiedlicher Bedeutung gebraucht. Bereits das **FGG** verwendete alle drei Begriffe – exemplarisch in § 64b betreffend Gewaltschutzsachen. Entsprechend der Formulierung in § 24 Abs. 2 und 3 FGG[7] waren nach üblichem Sprachgebrauch Entscheidungen der freiwilligen Gerichtsbarkeit zu *vollziehen*,[8] während nach den Vorschriften der ZPO *vollstreckt* wird.[9]

Während die Zwangsvollstreckung nach der **ZPO** auf die Befriedigung eines Anspruchs abzielt, geht es im einstweiligen Rechtsschutz in der Regel um die (bloße) Sicherung des Anspruchs; entsprechend ist dann in § 928 ff. ZPO betreffend den Arrest und die einstweilige Verfügung von *Vollziehung* die Rede.[10] Andererseits soll nach § 802h ZPO auch ein Erzwingungshaftbefehl *vollzogen* werden, während die entsprechende Haft *vollstreckt* wird.

Auch der Gesetzgeber des **FamFG** vermochte sich nicht zu einer einheitlichen Terminologie durchzuringen: Die einstweilige Anordnung wird – entgegen der üblichen Bezeichnung in Eilverfahren nach der ZPO – *vollstreckt*.[11] Andererseits kann das Beschwerdegericht die *Vollziehung* des angefochtenen Beschlusses aussetzen.[12] Auch Beschlüsse mit der Anordnung einer Freiheitsentziehung werden *vollzogen*.[13] Inhaltliche Unterschiede bestehen jedoch insoweit tatsächlich nicht.

Nach alledem bedarf es keiner solchen – überdies gesetzestechnisch inkonsequenten – terminologischen Differenzierung.

II. Neue Terminologie im FamFG

1. Familienstreitsachen

3 Freilich löst die Neuregelung das grundsätzliche Problem der Abgrenzung zwischen dem **Verfahren der freiwilligen Gerichtsbarkeit** und dem **Zivilprozess** kaum. Der freiwilligen Gerichtsbarkeit wurden im Laufe der Zeit immer wieder Verfahren zugewiesen, die eigentlich keine echten

7 Betreffend die Aussetzung der Vollziehung einer angefochtenen Verfügung.

8 Vgl. etwa OLG Hamburg, Beschl. v. 23.3.1994, 12 UF 19/94, FamRZ 1994, 1128.

9 Vgl. §§ 53a Abs. 4, 53g Abs. 3 FGG.

10 „Vollziehung" bedeutet Zwangsvollstreckung des Arrests, vgl. BGH, Urt. v. 15.7.1999, IX ZR 239/98, NJW 1999, 3122 m.w.N.; ferner Zöller/*Vollkommer*, § 928 Rn. 2 m.w.N.

11 Vgl. §§ 53, 55 FamFG.

12 § 64 Abs. 3 FamFG, der § 24 Abs. 3 FGG nahezu wörtlich entspricht.

13 § 422 Abs. 3 FamFG.

fG-Sachen darstellen, sondern der streitigen Gerichtsbarkeit zuzuordnen sind. Trotz des (berechtigten) Anliegens, die freiwillige Gerichtsbarkeit von Streitsachen zu bereinigen, hat der Gesetzgeber neue Streitsachen, die so genannten **Familienstreitsachen**, geschaffen und damit einen modifizierten Zivilprozess in das Gesetz eingefügt. Sie betreffen nach § 112 FamFG **Unterhaltssachen**, **Güterrechtssachen** sowie **sonstige Familiensachen** nach § 266 Abs. 1 FamFG. Hierauf sind nach § 113 Abs. 1 S. 2 FamFG nur teilweise die Normen des FamFG, überwiegend aber die Vorschriften der **ZPO** anzuwenden – freilich mit den terminologischen Besonderheiten des § 113 Abs. 5 FamFG: Statt „Kläger" und „Urteil" heißt es hier „Antragsteller" und „Beschluss" etc. Diese geänderte Terminologie gilt auch im Fall der **Zwangsvollstreckung** nach § 120 Abs. 1 FamFG, da kein Grund ersichtlich ist, das Ziel der Vereinheitlichung auf diesem Gebiet unberücksichtigt zu lassen.[14] Sie kann jedoch zu erheblichen Irritationen führen, wenn etwa der Gesetzgeber in seinem Drang zur Anpassung der Begrifflichkeiten den Terminus „Klageerhebung" (= Rechtshängigkeit) durch „Antragstellung" (= Anhängigkeit) im Güterrecht[15] ersetzt.

2. Vollstreckung

In der Rechtspraxis sind diese neuen Begrifflichkeiten im Hinblick auf wohlvertraute Termini des Zivilprozess- und Vollstreckungsrechts nicht immer einfach zu handhaben. Gleichwohl ist das vorliegende Werk um eine möglichst konsequente Umsetzung bemüht. So heißt es etwa **„Vollstreckungsabwehrantrag"** und **„Widerantrag"**[16]. Allerdings werden die vollstreckungstypischen Begriffe „Gläubiger", „Schuldner" und „Drittschuldner" weiterhin verwendet.[17] Dies gilt für **Familienstreitsachen**. 4

Hingegen verwendet der Gesetzgeber bei der Vollstreckung in **fG-Sachen** (§§ 86 ff. FamFG) abweichende Begriffe: Der Vollstreckungsgläubiger heißt „Berechtigter", der Vollstreckungsschuldner „Verpflichteter".[18]

3. Zwangs- oder Ordnungsmittel?

Auch nach neuem Recht kann das Familiengericht je nach Regelungsgegenstand **Zwangsmittel** (insbesondere nach § 35 FamFG und § 888 ZPO i.V.m. § 95 Abs. 1 Nr. 3 oder § 120 FamFG) oder **Ordnungsmittel** (vor allem nach § 89 FamFG und § 890 ZPO, aber auch § 33 Abs. 3 5

14 *Griesche* in: Ehinger/Griesche/Rasch, Kap. M., Rn. 27.

15 Z.B. in §§ 1385 Nr. 4, 1387 BGB aufgrund des Gesetzes zur Bereinigung des Rechts der Lebenspartner, in Kraft seit 26.11.2015, BGBl. I, S. 2010; kritisch dazu *Kogel*, FF 2016, 93.

16 Vgl. OLG Hamm, Beschl. v. 21.5.2015, 2 UF 3/15, FamRZ 2015, 1988.

17 Vgl. *Griesche*, a.a.O.

18 Etwa § 96 Abs. 1 S. 1 FamFG, dazu Bahrenfuss/*Hentschel*, Vorbemerkung zu §§ 86 ff. FamFG Rn. 6.

FamFG) verhängen. Möglicherweise hat der Wechsel der Begrifflichkeit „Zwangsmittel" in § 33 FGG zu „Ordnungsmittel" in § 89 FamFG zur Verwirrung beigetragen. Jedenfalls werden diese Termini nicht immer sauber auseinandergehalten, insbesondere wenn nach altem Recht ergangene Gerichtsentscheidungen in Bezug genommen werden.[19] Dabei ist die Differenzierung keine bloße sprachliche Finesse: Die Voraussetzungen für die Verhängung und ihre Beitreibung sind höchst unterschiedlich ausgestaltet.[20]

C. Neuregelung der Vollstreckung

6 Das FamFG will auch die unübersichtlichen und lückenhaften Vorschriften über die Vollstreckung in familiengerichtlichen Verfahren und Verfahren der freiwilligen Gerichtsbarkeit vereinheitlichen. Der Dualismus von ZPO- und FGG-Verfahren, der sich in der Zwangsvollstreckung fortsetzte, sollte beseitigt werden. Freilich ist dies nur teilweise gelungen:

In **Familienstreitsachen** ergangene Titel sind gemäß **§ 120 Abs. 1 FamFG** entsprechend den Vorschriften der **ZPO** über die Zwangsvollstreckung zu vollstrecken, allerdings mit bedeutsamen Abweichungen wegen der sofortigen Wirksamkeit und Vollstreckbarkeit von Endentscheidungen nach § 120 Abs. 2 FamFG.[21] Familienstreitsachen sind gemäß § 112 FamFG **Unterhalts- und Güterrechtsverfahren** sowie **sonstige Familiensachen**, für die nach § 266 FamFG das „große Familiengericht" zuständig ist, ferner die entsprechenden Lebenspartnerschaftssachen.

Geht es hingegen um Verfahrensgegenstände der **freiwilligen Gerichtsbarkeit**, so regelt das **FamFG** das Thema **„Vollstreckung"** schwerpunktmäßig in §§ 86–96a FamFG,[22] gegliedert in allgemeine Vorschriften (§§ 86, 87 FamFG), die Vollstreckung betreffend die Herausgabe von Personen und die Regelung des Umgangs (§§ 88–94 FamFG) sowie Verfahren, bei denen sich die Vollstreckung nach den Vorschriften der ZPO richtet (§§ 95–96a FamFG, insbesondere in Ehewohnungs-, Haushalts-, Gewaltschutz- und Abstammungssachen).

---

19 Vgl. etwa OLG Bremen, Beschl. v. 7.12.2006, 4 WF 138/06, FamRZ 2007, 1033 (Zwangs- statt Ordnungshaft bei § 890 ZPO); MünchKomm-BGB/*Olzen*, § 1667 Rn. 25 („Zwangsgeld gem. §§ 89 ff. FamFG" statt richtig: Ordnungsgeld nach § 33 Abs. 3 FamFG); ferner OLG Brandenburg, Beschl. v. 21.12.2010, 9 WF 350/10, FamRZ 2011, 831 (wechselnder Gebrauch der Begriffe „Zwangshaft", „Ordnungshaft" und „Erzwingungshaft" bei Vollstreckung nach § 888 ZPO). Auch § 148 GVGA bezeichnet Zwangshaft nach § 888 ZPO als „Erzwingungshaft".

20 Ausführlich dazu Rn. 277 (Synopse).

21 **Ehesachen** sind ohnehin nicht vollstreckbar, vgl. § 120 Abs. 3 FamFG.

22 Rn. 410 ff.

Neben diesen nur **Endentscheidungen** betreffenden Vollstreckungsmöglichkeiten regelt **§ 35 FamFG** die Vollstreckung sog. **verfahrensleitender Verfügungen**, also gerichtlicher Anordnungen während des Erkenntnisverfahrens, etwa betreffend die Auskunftserteilung für den Versorgungsausgleich. Unklar ist hier gelegentlich die Abgrenzung zu Endentscheidungen, die nach ZPO-Vorschriften entsprechend § 95 FamFG zu vollstrecken sind.[23]

Die Vollstreckbarkeit **ausländischer Entscheidungen**, u.a. geregelt in **§ 110 FamFG**, wird im jeweiligen Sachkontext erläutert.[24]

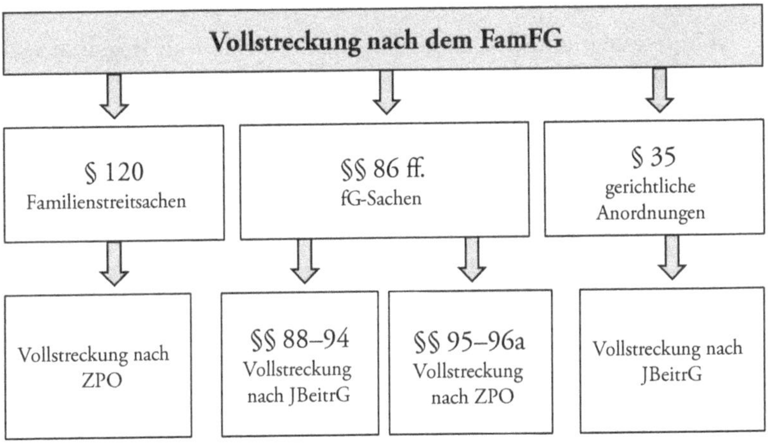

23 Dazu Rn. 508.
24 Z.B. Rn. 629 ff. (Rückführung entführter Kinder), 679 ff. (Unterhalt).

D. Überblick

7 Diesem Schaubild entspricht die folgende **Darstellung**:

Zunächst wird die Vollstreckung in **Familienstreitsachen** mit den Vollstreckungsarten der ZPO nebst einstweiligem Rechtsschutz erläutert (dazu **Kapitel 2**), dann die Vollstreckung in Verfahren der **freiwilligen Gerichtsbarkeit** nach §§ 86 ff. FamFG (dazu **Kapitel 3**), schließlich die Ahndung von Verstößen gegen **gerichtliche Anordnungen** im laufenden Verfahren nach § 35 FamFG (dazu **Kapitel 4**).

Alsdann folgen:

- vollstreckungsrechtliche Besonderheiten der einzelnen **Regelungsgegenstände** in Familiensachen einschließlich möglicher **Auslandsbezüge** (dazu **Kapitel 5**),
- die Auswirkungen des **Insolvenzrechts** (dazu **Kapitel 6**),
- Grundzüge der – häufig vernachlässigten – Gläubigeranfechtung (dazu **Kapitel 7**) sowie
- eine Übersicht über die **Teilungsversteigerung** (dazu **Kapitel 8**).

2. Kapitel: Vollstreckung in Familienstreitsachen

A. Allgemeine Voraussetzungen

I. Überblick

8 Bei der Vollstreckung der unterschiedlichen **Titel**, die in Familienstreitsachen ergehen können, sind zunächst die je nach Titel besonderen **Wirksamkeitsvoraussetzungen** zu bedenken. Darüber hinaus müssen die weiteren **allgemeinen Vollstreckungsvoraussetzungen** erfüllt sein, insbesondere das etwaige Erfordernis einer **Vollstreckungsklausel** sowie der formgerechten **Zustellung**, ferner das Fehlen von **Vollstreckungshindernissen**.

II. Vorschriften der ZPO

9 Nach **§ 120 Abs. 1 FamFG** findet die Vollstreckung in **Familienstreitsachen** (und Ehesachen) entsprechend den Vorschriften der **ZPO über die Zwangsvollstreckung** statt. Die Vollstreckungsbestimmungen nach §§ 86 ff. FamFG gelten insoweit nicht.

Die Verweisung erschließt grundsätzlich alle von der ZPO gebotenen Varianten der **Einzelzwangsvollstreckung**.[1] Ausnahmen können sich aus dem **FamFG** ergeben. So verbietet die Beschränkung des vorläufigen Rechtsschutzes auf die einstweilige Anordnung sowie auf den Arrest in § 119 FamFG den Erlass einer einstweiligen Verfügung in Familienstreitsachen.[2]

Überhaupt ist vor einer schematischen analogen **Anwendung der ZPO-Vorschriften** über die Zwangsvollstreckung zu warnen. Vom reinen Wortlaut ausgehend könnte hierunter das gesamte 8. Buch einschließlich der Bestimmungen über Arrest und einstweilige Verfügung (§§ 916 bis 945 ZPO) fallen. Indes sind jene Vorschriften aufgrund der Sonderregelung in § 119 FamFG ausgenommen.[3] Es wird lediglich auf **§§ 704–915h ZPO** verwiesen.[4]

---

1 In Abgrenzung zu der **Gesamtvollstreckung**, für die das **Insolvenzverfahren** geschaffen ist, dazu Rn. 730 ff.

2 OLG Karlsruhe, Beschl. v. 5.8.2010, 18 UF 100/10, FamRZ 2011, 234, dazu *Cirullies*, FamFR 2010, 523.

3 Das übersieht AG Herford, Beschl. v. 9.10.2012, 7b M 1473/12, FamRZ 2013, 970.

4 BT-Drs. 16/6308 S. 226; MünchKomm-FamFG/*Fischer*, § 120 Rn. 6.

10 Eine **terminologische** Klarstellung ist geboten: Der Ausdruck **„Mobiliarvollstreckung"** betrifft dem Wortsinn nach die Vollstreckung in bewegliche Sachen. Diese umfasst nach dem Gesetz[5] neben der Zwangsvollstreckung in körperliche Sachen eigentlich auch diejenige in Forderungen und andere Vermögensrechte. Indes wird die Bedeutung dieses Terminus in der Rechtspraxis vielfach[6] – und so auch hier – auf die **Sachpfändung durch den Gerichtsvollzieher** eingeengt. Daneben stehen die **Forderungspfändung** und die Vollstreckung in **Immobilien.**[7]

III. Vollstreckungstitel

1. Arten der Titel

11 Grundlage der Vollstreckung sind vornehmlich **Endentscheidungen**, die auch in Familienstreitsachen stets durch **Beschluss** ergehen (§§ 38 Abs. 1, 116 Abs. 1 FamFG).[8] Dies umfasst nicht nur **Versäumnis-, Anerkenntnis- oder Verzichtsbeschlüsse,**[9] sondern auch **Teilbeschlüsse** im Rahmen eines Stufenantrages (bezüglich Auskunftserteilung, Rechnungslegung oder Abgabe der eidesstattlichen Versicherung).

Darüber hinaus kommen grundsätzlich alle in **§ 794 Abs. 1 ZPO** aufgeführten **Titel** in Betracht, insbesondere:[10]
- familiengerichtliche **Vergleiche** (Nr. 1),
- **Kostenfestsetzungsbeschlüsse** (Nr. 2),
- **einstweilige Anordnungen** (Nr. 3),[11]
- **Vollstreckungsbescheide** (Nr. 4)
- **Anwaltsvergleiche** (Nr. 4b) *sowie*
- **notarielle Urkunden** (Nr. 5).

Weitere in der Vorschrift genannte Titel erlangen ihre Vollstreckbarkeit erst durch eine gerichtliche Vollstreckbarerklärung oder Bestätigung, z.B. **Schiedssprüche** (§ 1060 ZPO),[12] ferner **Europäische Zahlungsbefehle** und **Europäische Vollstreckungstitel.**[13]

---

5 Vgl. den Titel 2 der ZPO oder § 865 ZPO.

6 Vgl. beispielhaft BGH, Beschl. v. 5.11.2004, IXa ZB 77/04, MDR 2005, 475; LG Wuppertal, Urt. v. 10.2.2014, 5 O 397/13, JurBüro 2014, 440; *Griesche* in: Ehinger/Griesche/Rasch, Kap. M, Rn. 132, 140.

7 Dazu **Schaubild ZPO-Vollstreckung** Rn. 133.

8 Zu „Endentscheidungen" zählen grundsätzlich auch einstweilige Anordnungen, doch ist gelegentlich zu differenzieren, etwa bei der Frage der Wirksamkeit, dazu Rn. 46 ff.

9 Vgl. § 38 Abs. 4 Nr. 1 FamFG; zum **Versäumnisbeschl.** vgl. BGH, Beschl. v. 1.8.2013, VII ZB 1/13, FamRZ 2013, 1731.

10 Vgl. auch *Dörndorfer*, FPR 2012, 478.

11 Dazu Keidel/*Giers*, § 53 Rn. 2; MünchKomm-FamFG/*Soyka*, § 53 Rn. 1.

12 Eingehend *Weinreich*, § 2 Kap. J; *Risse/Reiser*, NJW 2015, 2839.

13 Dazu Rn. 13 ff.

Im **Unterhaltsrecht** sind darüber hinaus zu nennen **Jugendamtsurkunden**[14] und **Festsetzungsbeschlüsse** im vereinfachten Verfahren für den **Unterhalt Minderjähriger** (§ 253 FamFG).

Im Rahmen einer **Mediation** können die Beteiligten die erzielte Einigung in einer **Abschlussvereinbarung** dokumentieren lassen (§ 2 Abs. 6 MediationsG). Eine **Vollstreckbarerklärung** ist hier allerdings **nicht** möglich. Insoweit bietet sich bei einer anwaltlichen Mediation der Abschluss eines vollstreckbaren Anwaltsvergleichs, ansonsten die Errichtung einer Urkunde nach § 794 Abs. 1 Nr. 5 ZPO an.[15] **12**

Praxistipp: Nicht übersehen werden darf die Möglichkeit der Sozialleistungsträger, gesetzlich übergegangene Unterhaltsansprüche durch **Selbsttitulierung** im Wege der **Verwaltungsvollstreckung** durchzusetzen.[16]

2. EU-Vollstreckungstitel

a) Begrenzter Anwendungsbereich

Zur Förderung des Rechtsverkehrs innerhalb der EU sind in der Vergangenheit verschiedene **Vollstreckungstitel** geschaffen worden. Sie erleichtern die Geltendmachung von grenzüberschreitenden Ansprüchen durch Verzicht auf ein **Exequaturverfahren**[17] und sind in **§ 794 Abs. 1 Nr. 6–9 ZPO** als Vollstreckungstitel ausdrücklich ausgewiesen. Allerdings sind von ihrem Anwendungsbereich **Unterhalts- und Güterrechtssachen** durchweg ausgeschlossen. Doch können sie für **sonstige Familiensachen** und Titel über Geldforderungen nach **§ 95 Abs. 1 Nr. 1 FamFG** von Interesse sein. **13**

b) Europäischer Zahlungsbefehl

Das Verfahren zum Erlass eines **europäischen Zahlungsbefehls** richtet sich nach der Verordnung zur Einführung eines **Europäischen Mahnverfahrens (EuMVVO)**[18] und nach §§ 1087 ff. ZPO. Es betrifft die Beitreibung bezifferter Geldforderungen.[19] **14**

---

14 Dazu Rn. 700.

15 *Zorn*, FamRZ 2012, 1265, 1268.

16 Rn. 708.

17 Vollstreckbarerklärung; lateinisch „ex(s)equatur" bedeutet: „Er möge vollziehen, ausüben".

18 VO (EG) Nr. 1896/2006 zur Einführung eines Europäischen Mahnverfahrens, ABl EU Nr. L 399 v. 30.12.2006.

19 Zu den Neuerungen aufgrund des Gesetzes zur Änderung von Vorschriften im Bereich des Internationalen Privat- und Zivilverfahrensrechts vgl. BT-Drs. 18/10714, 18/11637 und BR-Drs. 294/17 (B).

Nach Art. 2 Abs. 2 **EuMVVO** ist die Verordnung **nicht** anzuwenden auf die **ehelichen Güterstände**. Sie wird ferner in **Unterhaltssachen** durch die **EuUntVO** verdrängt.

c) Europäischer Vollstreckungstitel für unbestrittene Forderungen

15 Die **EG-Vollstreckungstitel-Verordnung (EuVTVO)**[20] gilt nicht für Dänemark und erfasst nur Titel über **Geldforderungen**, die vom Schuldner anerkannt oder **nicht bestritten** worden sind. Auf Antrag bestätigt das Ursprungsgericht eine Entscheidung als Europäischen Vollstreckungstitel unter den Voraussetzungen des Art. 6 EuVTVO. Besonderheiten des Verfahrens sind in §§ 1079 ff. ZPO geregelt.

Die **EuVTVO** gilt nach **nicht** für **eheliche Güterstände** (Art. 2), ferner nicht für **Unterhaltssachen** wegen der vorrangigen **EuUntVO**, sofern der betreffende Mitgliedsstaat nicht durch das HUP gebunden ist (Art. 68 Abs. 2 EuUntVO).[21]

d) Verfahren über geringfügige Forderungen

16 Durch die Verordnung zur Einführung eines **europäischen Verfahrens für geringfügige Forderungen (EuGFVO)**[22] sollen Streitigkeiten in grenzüberschreitenden Rechtssachen mit geringem Streitwert einfacher und schneller beigelegt und die Kosten hierfür reduziert werden. Die Verordnung gilt für grenzüberschreitende Verfahren, bei denen der Streitwert der Klage **2.000 €** nicht überschreitet.[23] Die entsprechenden Ausführungsbestimmungen sind in §§ 1097 ff. ZPO enthalten.

Die Verordnung ist nach Art. 2 Abs. 2 lit. b) EuGFVO **nicht** auf **eheliche Güterstände** und das **Unterhaltsrecht** anzuwenden.

e) Brüssel Ia-VO

17 Seit dem 10.1.2015 gilt in der **gesamten EU** (einschließlich Dänemark) die neue Europäische Gerichtsstands- und Vollstreckungsverordnung (sog. **Brüssel Ia-VO**, auch als **EuGVVO** bezeichnet).[24] Durchführungsbestimmungen finden sich in §§ 1110 ff. ZPO.

---

20 Verordnung (EG) Nr. 805/2004 des Europäischen Parlaments und des Rates vom 21. April 2004 zur Einführung eines Europäischen Vollstreckungstitels für unbestrittene Forderungen, ABl EU Nr. L 143 v. 30.4.2004, S. 15, in Kraft seit 21.10.2005.

21 Dazu Rn. 681; ferner BeckOK-BGB/*Heiderhoff*, Art. 18 EGBGB Rn. 143.

22 VO (EG) Nr. 861/2007 zur Einführung eines europäischen Verfahrens für geringfügige Forderungen, ABl EU Nr. L 199 v. 31.7.2007.

23 Zu den geplanten Änderungen vgl. *Sujecki*, ZRP 2014, 84.

24 Verordnung (EU) Nr. 1215/2012 des Europäischen Parlaments und des Rates v. 12.12.2012 über die gerichtliche Zuständigkeit und die Anerkennung und Vollstreckung von Entscheidungen in Zivil- und Handelssachen, ABl. L 351 v. 20.12.2012, S. 1; dazu *Hau*, MDR

Die Verordnung ist gemäß Art. 1 Abs. 2 lit. a) und e) **nicht** auf **eheliche Güterstände** und **Unterhalt** anwendbar.

3. Bezeichnung der Beteiligten

Nach § 750 Abs. 1 ZPO darf die Zwangsvollstreckung nur beginnen, **18**
wenn die Personen, für und gegen die sie stattfinden soll, in dem Titel oder in der ihm beigefügten Vollstreckungsklausel **namentlich bezeichnet** sind. Allerdings ist eine kleinliche Handhabung der Vorschrift nicht angebracht. Es genügt, wenn die Identität durch eine Auslegung anhand des Titels ohne weiteres festgestellt werden kann.[25] Kleinere Versehen wie falsche Anrede oder unrichtige Schreibweise des Namens schaden dann nicht.[26] Auch dürfen etwa bei einem Unterlassungstitel, der durch das Prozessgericht erster Instanz selbst zu vollstrecken ist, auch **Umstände außerhalb des Titels** berücksichtigt werden.[27] Bei einer **Namensänderung** ist ein klarstellender Vermerk möglich,[28] für die Vollstreckung jedoch nicht unerlässlich.[29]

4. Bestimmtheit des Titels

a) Vollstreckungserfolg in Gefahr

Zahlreiche Gerichtsentscheidungen, die einen Vollstreckungstitel **mangels hinreichender Bestimmtheit** für **nicht vollstreckbar** erachten, verdeutlichen: Dieses Problem muss bereits bei der Schaffung des Titels unbedingt beachtet werden! Richter, Notare, Anwälte – sie alle sind nicht davor gefeit, unklare Regelungen in die Welt zu setzen, die dann den Vollstreckungsorganen Kopfzerbrechen und dem Gläubiger weitere Kosten bereiten. **19**

Praxistipp: Für den Gläubiger und seinen Rechtsberater ist es wichtig, bereits bei der **Antragstellung** im Erkenntnisverfahren die Weichen richtig zu stellen. Denn es ist leider nicht auszuschließen, dass das Gericht seiner **Hinweispflicht** nach § 139 Abs. 1 ZPO nicht nachkommt, sondern einen unzulänglichen Antrag ohne nähere Prüfung in den Tenor des zusprechenden Beschlusses übernimmt. Scheidet eine **Berichtigung** des Titels aus und wird die Durchführung der Vollstreckung verweigert, kann der Gläubiger ein neues Verfahren auf **Feststellung** (§ 256 ZPO) einleiten.

2014, 1417. Sie ersetzt die Vorgängerverordnung aus dem Jahr 2001 (sog. **Brüssel I-VO**), eingehend *Schnichels/Stege*, EuZW 2016, 728; *Staudinger/Steinrötter*, JuS 2015, 1.

25 BGH, Beschl. v. 23.10.2003, I ZB 45/02, NJW 2004, 506.

26 *Giers* in: Kindl/Meller-Hannich/Wolf, § 750 Rn. 9.

27 BGH, a.a.O.; einschränkend BGH, Beschl. v. 26.11.2009, VII ZB 42/08, NJW 2010, 2137.

28 *Bielau*, DGVZ 2009, 193, 198; *Giers* in: Kindl/Meller-Hannich/Wolf, § 750 Rn. 11.

29 BGH, Beschl. v. 21.7.2011, I ZB 93/10, MDR 2011, 1137.

b) Auskunftstitel

(a) Gebot der Titelklarheit

20 Gerade Titeln, die auf **Auskunftserteilung, Belegvorlage, Rechnungslegung oder Unterrichtung**[30] gerichtet sind, mangelt es nicht selten an hinreichender **Bestimmtheit**.[31] Entsprechend scheitert die Vollstreckung nach §§ 887 ff. ZPO.[32] So ist die Titulierung einer Verpflichtung des Schuldners, seine Auskunft *„in geeigneter Weise zu belegen"*, zu unbestimmt und daher der Vollstreckung nicht fähig.[33] Gleiches gilt für die Verurteilung zur Vorlage „entsprechender Beweisurkunden"[34] oder „der für die Bewertung des Zugewinns erforderlichen Unterlagen"[35] oder zur „Auskunft über das am Stichtag vorhandene Endvermögen",[36] ferner bei fehlender Angabe des Zeitraums, für den Auskunft zu erteilen ist.[37]

21 Die genaue Bestimmung kann grundsätzlich **nicht** dem **Vollstreckungsverfahren** überlassen werden. Eine **Heilung** des Mangels der hinreichenden Bestimmtheit durch Konkretisierung der titulierten Verpflichtung erst im Vollstreckungsantrag ist unzulässig. Der zu vollstreckende Anspruch muss bereits im Erkenntnisverfahren festgestellt werden.[38] Daher ist es unzulässig, im Vollstreckungsverfahren durch Einholung oder Verwertung eines Gutachtens die Höhe der zunächst unbestimmten Leistung zu ermitteln.[39] Nur in Ausnahmefällen kann der Titel einer **Ausdeutung** zugänglich sein, insbesondere wenn auf die Entscheidungsgründe zurückgegriffen werden kann.[40] Hieran fehlt es häufig, insbesondere bei Vergleich, notarieller Urkunde oder – meist im Rahmen einer Stufenklage – Versäumnis- oder Anerkenntnisurteil. Es genügt nicht, wenn auf Urkunden Bezug genommen wird, die nicht Bestandteil des Titels sind, oder wenn sonst die Leistung nur aus dem Inhalt anderer Schriftstücke ermittelt werden kann.[41] Ein unbestimmt titulierter Auskunftsanspruch kann (und muss) erneut in einem **Erkenntnisverfahren** geltend gemacht werden.[42]

---

30 Nach § 1353 Abs. 1 S. 2 Hs. 1 BGB, dazu eingehend *Erbarth*, FamRZ 2015, 1944.

31 Dazu *Born*, NZFam 2016, 349, 353 mit Musterantrag.

32 Dazu Rn. 268 ff.

33 OLG Zweibrücken, Beschl. v. 24.7.2002, 6 WF 25/02, FamRZ 2004, 1224 (LS).

34 BGH, Beschl. v. 22.2.1989, IVb ZB 5/89, FamRZ 1989, 731, 732.

35 OLG München, Beschl. v. 27.5.1993, 1 U 6228/92, NJW-RR 1994, 724.

36 OLG Brandenburg, Beschl. v. 6.7.2006, 10 WF 142/06, FamRZ 2007, 285.

37 OLG München, Beschl. v. 27.5.1992, 12 WF 707/92, FamRZ 1992, 1207.

38 BGH, Beschl. v. 19.5.2011, I ZB 57/10, FamRZ 2011, 1290, dazu *Walker*, LMK 2011, 321441.

39 OLG Hamm, Beschl. v. 30.4.2010, 25 W 74/10, MDR 2010, 1086.

40 Zu einem solchen Fall BGH, Beschl. v. 26.11.2015, III ZB 96/15, BeckRS 2015, 20627.

41 BGH, Urt. v. 7.12.2005, XII ZR 94/03, FamRZ 2006, 261.

42 OLG Zweibrücken, Urt. v. 16.1.1996, 5 UF 16/95, FamRZ 1996, 749 (auch zur Abgrenzung Feststellungs-/Leistungsantrag).

(b) Belegpflicht

Auch **Belege**, die ein Auskunftspflichtiger vorlegen soll, müssen in dem **Titel** bezeichnet und daher jedenfalls in den **Entscheidungsgründen** konkretisiert sein. Diese Bestimmung einem erst nach Beschlusserlass eintretenden Ereignis (hier: der Vorlage der Vermögensaufstellung durch die Antragstellerin) zu überlassen, scheidet mithin aus.[43] 22

Der Umfang der Verurteilung muss für das **Vollstreckungsverfahren** klar und eindeutig sein. Die Formulierung im Tenor „... *Vorlage schriftlicher Vermögensverzeichnisse, gegliedert nach Aktiva und Passiva und Beleg* ...“ genügt für die Konkretisierung der Belegpflicht nicht. Denn die Belege sind so bestimmt zu bezeichnen, dass es notfalls einem **Gerichtsvollzieher** möglich ist, sie aus den Unterlagen des Auskunftspflichtigen auszusondern und dem Berechtigten zu übergeben.[44]

Praxistipp: Notfalls muss der Auskunftsgläubiger **zweistufig** vorgehen: Zunächst ist die Verpflichtung zur Auskunft an sich einzufordern. Ist diese erteilt, kann dann durch präzise Bezeichnung die Vorlage der erforderlichen Belege begehrt werden.[45]

Auskunftserteilung und Belegvorlage sind getrennte Ansprüche, die auch einzeln geltend gemacht werden können. Allerdings darf der Anspruch auf Vorlage von Belegen nicht über den Auskunftsanspruch hinausgehen.[46] Auf eine sorgfältige Abgrenzung und **Formulierung** ist zu achten: 23

Beispiele: *„Der Beklagte wird verurteilt, der Klägerin Auskunft zu erteilen u.a. über seine gesamten Einkünfte in dem Zeitraum vom ... durch Vorlage der Bilanzen mit Gewinn- und Verlustrechnungen, Abschriften der bereits abgegebenen Einkommensteuererklärungen sowie der in dem Zeitraum vom ... ergangenen Einkommensteuerbescheide“.* Hier besagt der Urteilstenor nach seinem eindeutigen Wortlaut, dass der Beklagte die **Auskunft nur durch Vorlage der begehrten Belege** zu erteilen hat – **nicht** durch eine systematische Zusammenstellung der erforderlichen Angaben, die er gesondert durch Belege nachweist.[47]

Ist der Antragsgegner nach dem Titel nur verpflichtet, *„abgegebene Einkommensteuererklärungen“* an den Antragsteller zu übermitteln, so ergibt sich daraus **nicht** die Verpflichtung, die Steuererklärungen für den betreffenden Zeitraum noch zu **erstellen**, falls dies bislang nicht geschehen ist.[48]

---

43 BGH, Beschl. v. 11.5.2016, XII ZB 12/16, FuR 2016, 517.

44 OLG Jena, Beschl. v. 3.8.2015, 1 WF 312/15, FuR 2016, 120; OLG Brandenburg a.a.O.

45 *Stockmann*, FamRB 2016, 313, 314.

46 OLG Jena, a.a.O.; ausführlich *Erbarth*, FamRZ 2015, 1944.

47 OLG München, Beschl. v. 27.5.1992, 12 WF 707/92, FamRZ 1992, 1207.

48 KG, Beschl. v. 27.4.2015, 19 WF 114/14, FamRZ 2015, 1740 (LS).

(c) Auswirkungen auf die Beschwer

24 Unzulänglichkeiten eines Auskunftstitels können sich auch auf die **Anfechtbarkeit des Titels** auswirken. Denn nach § 61 Abs. 1 FamFG ist in vermögensrechtlichen Angelegenheiten die Beschwerde nur zulässig, wenn der Wert des Beschwerdegegenstandes 600 € übersteigt. Hat die Auskunftsverpflichtung, gegen die sich der Unterhaltsschuldner zur Wehr setzt, **keinen vollstreckbaren Inhalt** oder ist sie auf eine unmögliche Leistung gerichtet, **erhöht sich die Beschwer** regelmäßig um die mit der Abwehr einer insoweit ungerechtfertigten Zwangsvollstreckung verbundenen **Kosten.**[49] Allerdings wird auch dann der Beschwerdewert häufig nicht erreicht.[50]

Wenn keine Anhaltspunkte ersichtlich sind, um den nach § 25 Abs. 1 Nr. 2 RVG zu bestimmenden Wert für die Abwehr einer ungerechtfertigten Zwangsvollstreckung zu bestimmen, ist es denkbar, auf den **Auffangwert** des § 42 Abs. 3 FamGKG zurückzugreifen.[51]

c) Eidesstattliche Versicherung

25 In **Stufenverfahren** (Auskunftserteilung – **Abgabe einer eidesstattlichen Versicherung** – Bezifferung) ist auch bezüglich der zweiten Stufe auf einen hinreichend **bestimmten Verfahrensantrag** zu achten.

Beispiel: Der Antrag, mit dem der Antragsteller die Verurteilung der Antragsgegnerin zur Abgabe einer eidesstattlichen Versicherung des Inhalts begehrt, dass diese *„ihre Auskunft über ihr Endvermögen, wie sie in den Schriftsätzen vom … sowie … zum Ausdruck kommt, so vollständig und richtig erteilt hat, als sie dazu im Stand ist"*, genügt **nicht** dem Gebot hinreichender Bestimmtheit. Der Antrag ist daher unzulässig.[52]

Praxistipp: Bestehen Zweifel an der Bestimmtheit der Verpflichtung oder setzt die sorgfältige Erfüllung des titulierten Anspruchs Rechtskenntnisse voraus, kann der Verpflichte einen **Rechtsanwalt** hinzuziehen.

Der zur Abgabe der eidesstattlichen Versicherung Verurteilte ist nicht nur berechtigt, sondern verpflichtet, die erteilte Auskunft auf Vollständigkeit und Richtigkeit zu überprüfen und gegebenenfalls zu ergänzen und zu **berichtigen.** Dabei kann ihm die Einschaltung eines Rechtsanwalts dann nicht verwehrt werden, wenn etwa der Urteils-

---

49 BGH, Beschl. v. 2.9.2015, XII ZB 132/15, FamRZ 2015, 2142 = NZFam 2015, 1059 mit Anm. *Erbarth*.

50 BGH, Beschl. v. 14.12.2016, XII ZB 59/16, NZFam 2017, 157 mit Anm. *Niepmann*.

51 BGH, Beschl. v. 11.5.2016, XII ZB 12/16, FuR 2016, 517, dazu *Stockmann*, FamRB 2016, 313.

52 OLG Zweibrücken, Beschl. v. 6.2.2003, 6 UF 148/02, juris.

ausspruch nicht hinreichend bestimmt ist, so dass Zweifel über seinen Inhalt und Umfang im Vollstreckungsverfahren zu klären sind, bzw. der Titel mangels Bestimmtheit keinen vollstreckungsfähigen Inhalt hat und die Vollstreckung deshalb unzulässig ist, oder wenn die sorgfältige Erfüllung des titulierten Anspruchs Rechtskenntnisse voraussetzt.[53]

d) Abgabe einer Willenserklärung

Auch die Pflicht zur Abgabe einer **Willenserklärung** muss im Entscheidungstenor **hinreichend deutlich** umrissen sein. Anderenfalls greift die Wirkung des § 894 ZPO[54] nicht. 26

Beispiel: Die Ehefrau hat mit ihrem Mann bis zur Scheidung ihrer Ehe im Güterstand der Gütergemeinschaft gelebt und gegen ihn im Streit um Trennungsunterhalt ein rechtskräftiges Urteil erwirkt. Danach ist der Mann verpflichtet, *„**alle erforderlichen Erklärungen abzugeben**, damit aus dem Gesamtgut der Parteien an die Klägerin für jeden Monat ... Trennungsunterhalt ausgezahlt wird“*. Diese Verurteilung genügt **nicht** dem **Bestimmtheitserfordernis** i.S.v. § 253 Abs. 2 Nr. 2 ZPO und lässt keinen Raum für die in § 894 ZPO vorgesehene Fiktion der Abgabe einer bestimmten Willenserklärung. Die Abgabe der Erklärung kann dann auch **nicht** nach **§ 888 ZPO** erzwungen werden.[55]

Ist der Schuldner zu der **Bewilligung** der Eintragung eines dinglichen Rechts verpflichtet, muss das einzutragende Recht vollständig bezeichnet sein.[56]

e) Gerichtlicher Vergleich

Der **Vergleich** gehört auch und gerade im familienrechtlichen Verfahren zur gängigen Praxis.[57] Umso wichtiger ist es hier, auf **unmissverständliche Formulierungen** zu achten – erst recht bei mündlich getroffenen Vereinbarungen, wenn nach langem Ringen um den Kompromiss die Aufmerksamkeit zu leiden droht. Alle Mühe war vergebens, wenn sich das Vollstreckungsorgan bei der Umsetzung des Vergleichs „querlegt“. Daher ist es – falls möglich – vor allem in komplizierteren Fällen zur Fehlerminimierung sinnvoll, rechtzeitig einen **schriftlichen Entwurf** der beabsichtigten Regelung einzureichen. 27

Dabei muss die Verpflichtung des Schuldners inhaltlich allein aus dem protokollierten **Vergleichstext** festzustellen sein. Ist die zu vollstreckende

---

53 OLG Saarbrücken, Beschl. v. 17.6.2015, 9 UF 101/14, dazu *Hachenberg*, NZFam 2016, 508.

54 Dazu Rn. 370.

55 BGH, Beschl. v. 19.5.2011, I ZB 57/10, FamRZ 2011, 1290.

56 BGH, Beschl. v. 17.11.2011, V ZB 58/11, MDR 2012, 87.

57 Vgl. nur § 36 Abs. 1 FamFG.

Handlung etwa nur unter Beiziehung eines in den **Gerichtsakten** befindlichen Gutachtens zu ermitteln, so ist der Titel grundsätzlich zu **unbestimmt** und keine geeignete Vollstreckungsgrundlage.[58]

In **Unterhaltsverfahren** ist bei Vergleichsschluss nicht selten die Höhe der bereits erbrachten Leistungen unklar. Hier reicht es nicht, die Zahlungsverpflichtung mit dem Zusatz **„Bereits gezahlte Beträge sind anzurechnen"** zu versehen.[59] Der Rückgriff auf Überweisungsbelege oder gar privatschriftliche Zahlungsaufstellungen der Parteien ist allenfalls dann möglich, wenn der Titel hierauf ausdrücklich Bezug nimmt.[60]

Es sollte auch immer eine bestimmte „Verpflichtung" ausdrücklich niedergelegt werden. Die Wendung **„Wir sind uns einig"** drückt dies oft nicht hinreichend deutlich aus.[61] Unbedingt zu vermeiden sind auch einschränkende Zusätze wie **„unter Vorbehalt"**. Die Zahlungspflicht muss ohne Wenn und Aber tituliert sein.[62]

f) Vollstreckbare Urkunde

28 Der Anspruch, über den eine vollstreckbare Urkunde errichtet wird, ist in der **Unterwerfungserklärung** „zu bezeichnen", § 794 Abs. 1 Nr. 5 ZPO. Dieses **Konkretisierungsgebot** geht über das allgemeine vollstreckungsrechtliche Bestimmtheitsgebot hinaus.

Beispiel: Zwangsvollstreckungsunterwerfung *„wegen der in dieser Urkunde eingegangenen Zahlungsverpflichtungen, die eine bestimmte Geldsumme zum Gegenstand haben"*. Ein solcher Verstoß gegen das Konkretisierungsverbot führt zur **Nichtigkeit** der Unterwerfungserklärung und ist mit einem **Titelgegenantrag** analog § 767 ZPO geltend zu machen.[63]

g) Teilforderung

29 Auch im Fall der **Teilvollstreckung** muss die Teilforderung, wegen derer der Gläubiger die Zwangsvollstreckung betreibt, nach Hauptsache, Zinsen, Prozess- und Vollstreckungskosten hinreichend **bestimmt** sein. Hierfür genügt die Vorlage einer Gesamtforderungsaufstellung nebst Angabe der Höhe des zu vollstreckenden Teilbetrags. Eine darüber hinausgehende Aufschlüsselung ist nicht erforderlich, eine Gesamtabrechnung entbehrlich.[64]

---

58 OVG Magdeburg, Beschl. v. 12.7.2011, 3 O 475/10, NVwZ-RR 2012, 126.

59 Dazu Rn. 39; zur entsprechenden Tenorierung in einem **Beschluss** vgl. OLG Naumburg, Urt. v. 20.4.2010, 3 UF 191/09, BeckRS 2010, 2792 = FamRZ 2011, 664 (LS) mit Anm. d. Red.

60 OLG Zweibrücken, Beschl. v. 18.2.2002, 6 UF 2/02, MDR 2002, 541.

61 *Christopoulos*, MDR 2014, 438 mit Beispielen aus der Rechtsprechung.

62 LAG Düsseldorf, Beschl. v. 25.3.2009, 13 Ta 656/08, Rpfleger 2009, 517; DIJuF-Rechtsgutachten v. 23.4.2010, JAmt 2010, 425.

63 BGH, Urt. v. 19.12.2014, V ZR 82/13, NJW 2015, 1181 m. Anm. *Kaiser* (auch zum Antrag auf **Herausgabe** der vollstreckbaren Ausfertigung der Urkunde).

64 LG Bremen, Beschl. v. 7.1.2011, 2 T 703/10, JurBüro 2011, 607.

h) Zug-um-Zug-Verpflichtung

Ist der Schuldner nach dem Titel zur Zahlung **Zug um Zug** gegen Herausgabe bestimmter Sachen oder dergleichen verpflichtet, so muss auch die geschuldete **Gegenleistung hinreichend bestimmt** sein. Ihre Bestimmbarkeit darf sich nicht erst aus der Verwertung der Gerichtsakten oder anderer Urkunden, sondern muss sich allein aus dem Titel ergeben. Hat allerdings das Grundbuchamt trotz unbestimmter Gegenleistung eine **Zwangshypothek** eingetragen, so liegt der Vollstreckungsmaßnahme zwar ein wirkungsgeminderter, aber kein unwirksamer Titel zugrunde. Dies hat nicht die Nichtigkeit der Vollstreckungsmaßnahme zur Folge.[65] 30

i) Güterrecht

Ein Beschluss, der zur Duldung der Zwangsvollstreckung „in das **Gesamtgut**" verpflichtet, soll ausreichend bestimmt sein.[66] Die Verpflichtung, den Wert von Grundstücken durch das **Gutachten** eines Sachverständigen **ermitteln** zu lassen, ist dagegen nicht hinreichend bestimmt und kann nicht Grundlage einer Zwangsvollstreckung sein, wenn sich nicht aus dem Titel selbst ergibt, welche **konkreten Grundstücke** begutachtet werden sollen.[67] 31

j) Unterhaltstitel

(a) Mehrere Unterhaltsberechtigte

In **Unterhaltsvergleichen** verpflichtet sich eine Partei häufig, den ihren angemessenen Eigenbedarf übersteigenden Teil des Einkommens als Unterhalt an die Restfamilie zu leisten. Dabei wird vielfach nicht klar gestellt, welcher (Teil-)Betrag auf welchen Unterhaltsberechtigten entfallen soll. 32

Beispiel: So kann die „Verpflichtung" des Vaters, für seine sechs ehelichen Kinder insgesamt pauschal pro Monat 1.000 DM Unterhalt zu zahlen, keine Rechtswirkungen entfalten, weil sie keinen bestimmten bzw. bestimmbaren Inhalt hat.[68]

Etwas anderes mag dann gelten, wenn der betreuende Elternteil als alleiniger Kläger für sich selbst und in **Verfahrensstandschaft** nach § 1629 Abs. 3 BGB für die Kinder Unterhalt von dem anderen Elternteil einklagt und für alle Personen ein einheitlicher Betrag **pauschal und ohne Aufschlüsselung** nach den einzelnen Berechtigten als Unterhalt tituliert wird. In diesem Fall soll eine alleinige Vollstreckungsbefugnis dieses Elternteils bestehen.[69] 33

---

65 OLG München, Beschl. v. 15.4.2016, 34 Wx 34/16, NJW 2016, 2815; zu typischen **Fehlern** bei Zug-um-Zug-Anträgen vgl. *Kaiser*, NJW 2017, 1223.

66 AG Menden, Urt. v. 26.4.2006, 3 C 518/03, FamRZ 2006, 1471.

67 OLG Köln, Beschl. v. 24.7.2012, 2 W 69/12, BeckRS 2012, 20279.

68 OLG Zweibrücken, Beschl. v. 22.8.1986, 2 WF 163/86, FamRZ 1986, 1237, vgl. auch OLG Schleswig, Beschl. v. 19.12.2016, 10 UF 119/16, FamRZ 2017, 824.

69 So OLG Oldenburg, Beschl. v. 29.1.1990, 3 WF 10/89, FamRZ 1990, 899; *Griesche*, FamRB 2008, 310, 312.

Praxistipp: Diese Auffassung erscheint nicht unproblematisch, jedenfalls für den Fall der Beendigung der Verfahrensstandschaft. Vorsorglich sollte daher stets eine **Aufschlüsselung** der einzelnen Unterhaltsbeträge vorgenommen werden.

(b) Unterhaltsrückstand

34 Für die Vollstreckbarkeit eines Beschlusses, mit dem der Antragsgegner zur Zahlung **rückständigen Unterhalts** verpflichtet wird, muss die **Gesamtforderung** in dem Beschlusstenor **nicht beziffert** sein, es reicht aus, wenn auf Grund des Tenors die Höhe des Unterhaltsrückstands durch eine zumutbare Rechenoperation ermittelt werden kann.[70]

Der Unterhaltsrückstand wird im Beschlusstenor hinsichtlich der **Verzugszinsen** oft recht nachlässig bedacht. So wird etwa nicht die beantragte Staffelung bezüglich des Eintritts des Verzugs der einzelnen Monatsbeträge festgesetzt.

Praxistipp: Hier sollte auf eine **Berichtigung** des Beschlusses geachtet werden.[71]

(c) Dynamischer Unterhaltstitel

35 Der Kindesunterhalt kann als statischer Betrag, wahlweise aber auch als **Prozentsatz des Mindestunterhalts** der jeweiligen Altersstufe beantragt und im Titel ausgewiesen werden (§ 1612a BGB).[72] Der Vorteil der automatischen Anpassung liegt auf der Hand, jedoch bereiten die Antragsgestaltung, Tenorierung wie auch die **Vollstreckung** gelegentlich Schwierigkeiten.

Sieht ein solcher **dynamischer** Unterhaltstitel die **Anrechnung von Kindergeld** vor, muss der Anteil des anzurechnenden Kindergeldes **aus dem Titel heraus berechenbar** sein (z.B. die Hälfte des staatlichen Kindergeldes für ein erstes Kind). Ein Betrag muss nicht aufgeführt sein. Denn dem Vollstreckungsorgan – oder auch dem Drittschuldner[73] – bereitet es keine Schwierigkeiten, die Höhe des geltenden Kindergeldsatzes festzustellen.[74]

---

70 LG Saarbrücken, Beschl. v. 17.5.2010 5 T 142/10, FamRZ 2010, 1592 (LS) = NJOZ 2010, 2529.

71 Dazu OLG Naumburg, Beschl. v. 13.11.2015, 3 UF 186/15, FamRZ 2016, 833.

72 OLG Hamm, Beschl. v. 20.9.2010, 13 WF 207/10, FamRZ 2011, 1158; zur **Neufassung** der Vorschrift und Einführung der **Mindestunterhaltsverordnung** vgl. *Menne*, NZFam 2016, 97; *Többen*, NJW 2016, 273; *Birnstengel*, JAmt 2016, 2.

73 OLG Jena, Beschl. v. 24.1.2000, 6 W 622/99, NJW-RR 2000, 1027.

74 H.M., OLG Naumburg, Beschl. v. 13.11.2015, 3 UF 186/15, FamRZ 2016, 833; OLG Dresden, Beschl. v. 15.2.2011, 23 WF 576/10, NJW-RR 2011, 1305, dazu *Pfeil*, FamFR

Beispiel: *„Dem Antragsgegner wird aufgegeben, an das am 17.5.2014 geborene Kind*
1. ab dem 1.3.2017 120 % des jeweiligen Mindestunterhalts der Altersstufe 1,
2. ab dem 1.5.2020 120 % des jeweiligen Mindestunterhalts der Altersstufe 2,
3. ab dem 1.5.2026 120 % des jeweiligen Mindestunterhalts der Altersstufe 3
abzüglich des jeweils geltenden hälftigen Kindergeldes für ein erstes Kind (oder: abzüglich des auf das Kind entfallenden hälftigen Kindergeldes von derzeit 95 €) zu zahlen."

Hinweis: Ist der **Kindergeldanteil** in einem **festen Betrag** ausgeworfen worden, so ist das Vollstreckungsorgan hieran gebunden, auch wenn sich das Kindergeld zwischenzeitlich erhöht hat.[75]

Bei einer dynamisierten Antragstellung kann das Gericht in seiner Entscheidung den bis zur letzten mündlichen Verhandlung bereits aufgelaufenen **Unterhaltsrückstand** im Beschlusstenor **beziffern**.[76]

Hinweis: Der Gläubiger hat keinen Anspruch darauf, dass ein Unterhaltstitel in sprachlicher Übereinstimmung mit dem **eigenen Antrag** unter Aufnahme aller Rechtsvorschriften ergeht.[77]

Bei **„Alt-Titeln"** steht deren **Vollstreckbarkeit** nicht entgegen, dass die **36** alte **Regelbetragverordnung** mit Wirkung zum 1.1.2008 aufgehoben worden ist. Einer **Umschreibung** bestehender dynamisierter Titel bedarf es **nicht**, da lediglich die Bemessungsgrundlage ausgetauscht wurde. Vielmehr gilt der alte Titel gemäß § 36 Nr. 3 EGZPO fort. Nach dieser Vorschrift werden die dynamisierten Titel ohne besonderes Verfahren in neues Recht überführt.[78] Die **Umrechnung** in einen Prozentsatz des Mindestunterhalts nach § 1612a BGB muss für jedes Kind gesondert vorgenommen werden. Der Prozentsatz wird auf der Grundlage der zum 1.1.2008 bestehenden Verhältnisse einmalig berechnet und bleibt auch bei späterem Wechsel in eine andere Altersstufe unverändert.[79] **Umrechnungsbeispiele** finden sich in der „Düsseldorfer Tabelle".[80]

2011, 274 mit **Tenorierungsbeispiel**; ferner *Vossenkämper*, FamRZ 2008, 201, 207; a.A. OLG Naumburg, Beschl. v. 25.7.2006, 8 WF 102/06, FamRZ 2007, 1182 mit kritischer Anm. *van Els*, FamRZ 2008, 292.

75 OLG Jena, Beschl. v. 24.1.2000, 6 W 622/99, NJW-RR 2000, 1027.

76 Ohne dass hierdurch eine **Werterhöhung** eintritt, weil bei der Festsetzung des Verfahrenswerts der Zeitpunkt des Antragseingangs maßgeblich ist, *Viefhues* in: jurisPK-BGB, § 1612a Rn. 21.

77 OLG Naumburg, Beschl. v. 13.11.2015, 3 UF 186/15, FamRZ 2016, 833.

78 OLG Dresden, Urt. v. 19.3.2010, 23 UF 788/09, ZKJ 2010, 450, dazu *Menne*, ZKJ 2010, 446; zur **Umrechnung** vgl. die Vorauflage Rn. 21; ferner *Vossenkämper*, FamFR 2011, 73.

79 BGH Urt. v. 18.4.2012, XII ZR 66/10, FamRZ 2012, 1048, dazu *Maier*, JAmt 2012, 359; *Knittel*, JAmt 2012, 238.

80 Dort unter „E".

Praxistipp: Allerdings bereitet die **Umrechnung** den Vollstreckungsorganen gelegentlich Schwierigkeiten.[81] Jeder Gläubiger ist gut beraten, bei Erteilung des Vollstreckungsauftrags eine eigene Berechnung des Kindesunterhalts beizufügen.

37 Soll der dynamische Unterhaltstitel im **Ausland** vollstreckt werden, muss zuvor eine **Bezifferung** des geschuldeten Unterhalts auf dem Titel beantragt werden (§ 245 FamFG).

Der unbefristete dynamisierte Titel[82] behält auch nach Eintritt der **Volljährigkeit** Gültigkeit (§ 244 FamFG).[83]

(d) Wertsicherungsklausel

38 Unterhaltstitel enthalten nicht selten **Wertsicherungsklauseln**, die dann die Vollstreckbarkeit wegen hinreichender Bestimmtheit in Frage stellen können. Allerdings ist inzwischen anerkannt, dass jedenfalls Wertsicherungsklauseln, die auf den vom Statistischen Bundesamt ermittelten **Preisindex** abstellen, hinreichend bestimmt und damit vollstreckbar sind.[84] Entscheidend ist, dass die in Bezug genommenen Daten leicht und zuverlässig feststellbar sind. Denn diese Indizes des Statistischen Bundesamtes werden im Bundesanzeiger, in Fachzeitschriften und im Internet[85] veröffentlicht. Dementsprechend ist auch ein Titel, wonach der Schuldner verpflichtet ist, Kindesunterhalt in Höhe von monatlich 107 % des Regelbetrages der dritten Altersstufe der Düsseldorfer Tabelle zu zahlen, hinreichend bestimmt und deshalb vollstreckungsfähig[86]. Gleiches soll selbst für die Wertsicherungsklausel in der Entscheidung eines französischen Gerichts gelten, die auf einen französischen Verbraucherpreisindex Bezug nimmt.[87]

Hingegen sollten kompliziertere Klauseln, die etwa an die **Bezüge** einer bestimmten **Berufsgruppe** anknüpfen, eher gemieden werden.[88]

Praxistipp: Bei Verwendung einer Wertsicherungsklausel empfiehlt es sich, auf eine möglichst **einfache Bezugsgröße** (etwa den Verbraucherindex des Statistischen Bundesamtes) abzustellen.

---

81 Vgl. etwa OLG Hamm, Beschl. v. 31.3.2015, 15 W 51/15, FamRZ 2015, 1998.

82 Dazu OLG Hamm, Beschl. v. 28.10.2011, 8 WF 160/11, FamRZ 2012, 993.

83 Dazu Rn. 709.

84 BGH, Urt. v. 10.12.2003, XII ZR 155/01, FamRZ 2004, 531; Urt. v. 10.12.2004, Beschl. v. 10.12.2004, IXa ZB 73/04, FamRZ 2005, 437.

85 www.destatis.de.

86 LG Mönchengladbach, Beschl. v. 3.3.2006, 5 T 41/06, JurBüro 2006, 381.

87 OLG Düsseldorf, Beschl. v. 23.11.2007, 3 W 125/07, FamRZ 2008, 904.

88 BGH, Beschl. v. 4.10.2005, VII ZB 46/05, FamRZ 2006, 202; dazu *Zenker*, FamRZ 2006, 1248, 1251.

(e) Anrechnungsklausel

Bei (gerichtlichen) Vergleichsverhandlungen steht mitunter die Höhe des bislang aufgelaufenen **Unterhaltsrückstandes** nicht genau fest. Die Parteien sind sich einig, dass die bislang erbrachten Leistungen – selbstverständlich – angerechnet werden. Doch Vorsicht! Der Unterhaltstitel ist bei **unbezifferter Anrechnungsklausel** möglicherweise nicht vollstreckbar: 39

Beispiel: Ein Ehemann hatte sich in einem vollstreckbaren Vergleich verpflichtet, an seine geschiedene Ehefrau Unterhalt in Höhe von 800 € monatlich ***„unter Anrechnung bereits gezahlter Beträge"*** zu zahlen.

Ein solcher Titel hat keinen vollstreckbaren Inhalt und ist nicht nach § 323 ZPO abänderbar. Die fehlende Vollstreckbarkeit kann nur im Wege des prozessualen Gestaltungsantrags analog § 767 ZPO festgestellt werden.[89]

(f) Titulierter „Sockelbetrag"

Verpflichtet sich ein Unterhaltsschuldner – wie dies aus Kostengründen mitunter geschieht – in einem Prozessvergleich, dem Unterhaltsgläubiger eine bestimmte Unterhaltsrente über eine freiwillig geleistete Zahlung hinaus (**Sockelbetrag**) zu zahlen, so stellt der Prozessvergleich in der Regel nur in Höhe des **Spitzenbetrages** einen Vollstreckungstitel dar.[90] 40

Kein bloßer **Teilbetragstitel** liegt jedoch vor, wenn der Unterhaltsschuldner einen Titel bewirkt, der nach seiner Auffassung dem tatsächlich geschuldeten Anspruch entspricht. In solchen Fällen ist für einen Leistungsantrag über den vollen Unterhalt kein Raum. Vielmehr muss der Unterhaltsberechtigte im Wege des **Abänderungsverfahrens** vorgehen, wenn er höheren Unterhalt als den einseitig (etwa durch Jugendamtsurkunde) titulierten Betrag verlangt.[91]

k) Auslegung des Titels

Ein unbestimmter Vollstreckungstitel kann grundsätzlich von dem Vollstreckungsorgan ausgelegt werden: zunächst der Tenor, hilfsweise Tatbestand und Entscheidungsgründe, bei Beschlüssen ohne Gründe auch die Antragsschrift.[92] 41

---

89 BGH, Urt. v. 7.12.2005, XII ZR 94/03, FamRZ 2006, 261; OLG Schleswig, Beschl. v. 19.12.2016, 10 UF 119/16, FamRZ 2017, 824; dazu *Griesche* in: Ehinger/Griesche/Rasch, Kap. M., Rn. 58 mit **Tenorierungsbeispiel**.

90 BGH, Urt. v. 31.3.1993, XII ZR 234/91, FamRZ 1993, 945.

91 *Grün*, NZFam 2016, 469; a.A. OLG Naumburg: Beschl. v. 10.10.2007, 8 WF 226/07, FamRZ 2008, 799 („Titelergänzungsklage").

92 BGH, Urt. v. 17.2.1983, III ZR 174/81, NJW 1983, 2032; OLG München, Beschl. v. 22.3.2016, 34 Wx 43/16, NJOZ 2016, 750 (betreffend unklare Ratenzahlungspflicht).

Beispiele:

- Im Jahre 1957 verurteilte das Kreisgericht in Rostock in einem güterrechtlichen Rechtsstreit den im Westen lebenden Ex-Ehemann antragsgemäß zur Zahlung von **„8.000 DM“** nebst Zinsen an die Klägerin. Im anschließenden Vollstreckungsverfahren bestand Streit, ob der Betrag in „DM-Ost“ oder in „DM-West“ ausgeurteilt war. Hier – so der BGH[93] – soll die Auslegung ergeben, dass nur **„DM-Ost“** gemeint sein konnte.
- Die in einem gerichtlich protokollierten Vergleich titulierte Verpflichtung zur Leistung von monatlich fällig werdendem Kindesunterhalt **ohne Angabe eines Enddatums** kann die Auslegung dahingehend erlauben, dass die Zahlungspflicht nicht mit dem Eintritt der Volljährigkeit des Kindes endet.[94]
- Ist ein Freiberufler zur Vorlage seiner **„Geschäftsunterlagen“** verpflichtet worden, kann die Auslegung ergeben, dass damit die **Gewinn- und Verlustrechnung** gemeint ist.[95]

Der in einem Titel enthaltene Zinsausspruch **„5 % Zinsen über dem Basiszinssatz“**[96] ist von dem Vollstreckungsorgan regelmäßig dahingehend **auszulegen**, dass Zinsen in Höhe von fünf **Prozentpunkten** über dem Basiszinssatz tituliert sind.[97] Insoweit kommt auch eine **Berichtigung** nach § 319 ZPO in Betracht.[98]

Ein Titel, der im Regressverfahren nach dem **Unterhaltssicherungsgesetz** statt des Landes dessen allgemeine Vertretungsbehörde als Titelinhaber ausweist, erlaubt im Verfahren auf Eintragung einer **Zwangshypothek** die **Auslegung**, dass als Berechtigter das Land einzutragen ist.[99]

l) Rechtsschutz

42 Doch wie geht es weiter, wenn die Bestimmtheit des Titels im Vollstreckungsverfahren umstritten ist und auch durch Auslegung nicht geklärt werden kann oder wenn die Vollstreckung wegen des unklaren Titels gar scheitert? Je nachdem, ob das Vollstreckungsorgan die Vollstreckung wegen des unklaren Titels ablehnt oder (gleichwohl) durchführt, besteht entweder für den **Gläubiger** oder für den **Schuldner** Handlungsbedarf.

43 Bei unklarer Titulierung kann der **Gläubiger** zunächst versuchen, wegen offenbarer Unrichtigkeit eine **Berichtigung** des Titels zu erreichen.[100]

93 BGH, Urt. v. 29.9.1961, IV ZR 59/61, NJW 1962, 109.

94 OLG München, Beschl. v. 25.2.2016, 34 Wx 19/16, FuR 2016, 363, dazu *Opitz*, NZFam 2016, 418.

95 *Dose* in: Wendl/Dose, § 1 Rn. 1188.

96 Vgl. etwa den Fall des OLG Naumburg, Beschl. v. 13.11.2015, 3 UF 186/15, FamRZ 2016, 833.

97 BGH, Beschl. v. 7.2.2013, VII ZB 2/12, FamRZ 2013, 782 (LS) = NJW-RR 2013 S. 511 (betreffend § 288 Abs. 2 BGB a.F.); OLG Hamm, Urt. v. 5.4.2005, 21 U 149/04, NJW 2005, 2238.

98 Dazu *Elzer*, FD-ZVR 2013, 343856.

99 OLG München, Beschl. v. 9.2.2012, 34 Wx 36/12, FGPrax 2012, 59.

100 OLG Naumburg, Beschl. v. 13.11.2015, 3 UF 186/15, FamRZ 2016, 833.

Anderenfalls bleibt nur die Einleitung eines neuen Verfahrens. Hier hat der Gläubiger die Wahl zwischen einem Antrag auf **Feststellung** des Titelinhalts[101] oder aber einem neuen **Leistungsantrag.**[102]

Der **Schuldner** kann mit der **Erinnerung** nach § 766 ZPO geltend machen, der **Tenor** eines Vollstreckungstitels sei derart **unbestimmt**, dass er – auch im Wege der Auslegung – keinen vollstreckbaren Inhalt habe. In einem solchen Fall muss der Gläubiger die Reichweite des Titels durch eine **Feststellungsklage** klären.[103] Andererseits darf der Schuldner nicht auf Rechtsbehelfe im Rahmen der Zwangsvollstreckung verwiesen werden. Denn eine zwischen den Parteien auch für die Zukunft verbindliche Festlegung des Inhalts des Vollstreckungstitels kann in den Verfahren nach §§ 766, 793 ZPO nicht getroffen werden. Der **Schuldner** kann daher den Streit, ob ein Vollstreckungstitel vollstreckungsfähigen Inhalt hat, mit der **negativen Feststellungsklage** klären lassen.[104] 44

IV. Wirksamkeit des Titels

1. Voraussetzungen

Für jeden Titel ist gesondert zu prüfen, ob die speziellen Voraussetzungen der **Vollstreckbarkeit** erfüllt sind. Je nach **Titelart** bestehen unterschiedliche Anforderungen. Das FamFG stellt bei gerichtlichen Entscheidungen auf das **Wirksamwerden** ab, für das je nach Titel unterschiedliche Zeitpunkte gelten. Allerdings ist auch die Anordnung der **sofortigen Wirksamkeit** möglich.[105] Bei **vergleichsweisen** Regelungen sind besondere Formvorschriften zu beachten. 45

2. Endentscheidung

Endentscheidungen in Familienstreitsachen (Hauptsacheverfahren) werden grundsätzlich **mit Rechtskraft wirksam** (§ 116 Abs. 3 S. 1 FamFG). Dies entspricht der Regelung für Endurteile in § 704 ZPO. Hingegen wurde die aus dem Zivilprozess vertraute (vorläufige) Vollstreckbarkeit[106] in Familienstreitsachen ersetzt durch das (sofortige) **Wirksamwerden** der Entscheidung gemäß § 120 Abs. 2 S. 1 i.V.m. § 116 Abs. 3 S. 2 und 3 FamFG. Hiernach kann oder soll das Gericht die **sofortige Wirk-** 46

101 Etwa richtige Umrechnung des dynamisierten Unterhaltstitels, BGH, Urt. v. 3.6.1997, XI ZR 133/96, NJW 1997, 2320; richtige Bezeichnung des herauszugebenden Gegenstandes, BGH, Urt. v. 25.9.1972, VIII ZR 81/71, NJW 1972, 2268.

102 So OLG Zweibrücken, Urt. v. 16.1.1996, 5 UF 16/95, FamRZ 1996, 749; vgl. auch *Pfeil*, FamFR 2011, 274.

103 BGH, Beschl. v. 11.4.2013, I ZB 61/12, NJW 2013, 2287.

104 OLG Karlsruhe, Beschl. v. 23.8.2004, 16 WF 75/04, Rpfleger 2005, 95.

105 Dazu unten Rn. 57 ff.

106 §§ 704, 708 ZPO.

samkeit anordnen.[107] Der Beschluss ist dann einem vorläufig vollstreckbaren Urteil vergleichbar.

Praxistipp: Die fehlende Wirksamkeit der zu vollstreckenden Entscheidung wird gelegentlich bei im **Scheidungsverbund** ergangenen Familienstreitsachen übersehen, wenn nur der Scheidungsausspruch rechtskräftig ist und das Gericht bezüglich der angefochtenen Folgesache nicht ihre **sofortige Wirksamkeit** angeordnet hat. Vorschnelle Vollstreckungsmaßnahmen müssen aufgehoben werden.[108] Ähnliche Probleme können bei der **Kostenfestsetzung** bestehen.[109]

3. Einstweilige Anordnung

a) Sofortige Wirksamkeit

47 Explizite Regelungen zur Vollstreckbarkeit **einstweiliger Anordnungen** fehlen. Für sie gelten die §§ 116, 120 FamFG nach der gesetzlichen Systematik nicht[110] – obgleich sie nach der Definition des § 38 Abs. 1 S. 1 FamFG ebenfalls zu den (Instanz beendenden) Endentscheidungen zu rechnen sind.[111] In Familienstreitsachen werden sie schon mangels Anfechtbarkeit (§ 57 FamFG) **sofort wirksam** und damit vollstreckbar – wie bei Arrest und einstweiliger Verfügung.[112]

Praxistipp: Die **Anordnung** der **sofortigen Wirksamkeit** ist also **entbehrlich**, in der Praxis jedoch immer wieder anzutreffen.

48 Dieses „sofortige" Wirksamwerden bedeutet freilich **nicht**, dass die einstweilige Anordnung bereits mit ihrem **Erlass** (§ 38 Abs. 3 S. 3 FamFG) vollstreckbar wird. Wirksamkeitsvoraussetzung ist vielmehr – neben einer etwaigen **Klausel** (§ 53 Abs. 1 FamFG)[113] – die **Zustellung** der Entscheidung.[114] Anderenfalls wäre die Regelung des § 53 Abs. 2 FamFG nicht verständlich. Zwar kann das Gericht nach dieser Vorschrift bei einem „besonderen Bedürfnis" anordnen, dass die **Vollstreckung** der einstweiligen Anordnung bereits **vor Zustellung** an den Verpflichteten zulässig ist – mit der

107 Dazu Rn. 62.

108 OLG Hamm, Beschl. v. 7.4.2015, 15 W 132/15, FamRZ 2015, 1997.

109 OLG Frankfurt, Beschl. v. 24.10.2016, 5 WF 272/16, NJW 2017, 180, dazu *Schneider*, NZFam 2017, 275.

110 A.A. *Krumm*, NZFam 2016, 301, 303.

111 OLG Stuttgart, Beschl. v. 14.10.2009, 16 WF 193/09, FamRZ 2010, 146; Keidel/*Weber*, § 116 Rn. 14; Zöller/*Feskorn*, § 38 FamFG Rn. 6; *Helms* in: Prütting/Helms, § 116 Rn. 21 m.w.N.

112 Keidel/*Giers*, § 53 FamFG Rn. 2; ferner OLG Hamm, Beschl. v. 6.1.2011, 8 WF 322/10, FPR 2011, 232 (allerdings betreffend Gewaltschutz).

113 Dazu Rn. 91.

114 MünchKomm-FamFG/*Soyka*, § 53 Rn. 5.

Folge, dass der Zeitpunkt der Wirksamkeit auf den Erlass der Entscheidung vorverlegt würde. In Familienstreitsachen jedoch werden diese strengen Voraussetzungen, die auf Gewaltschutz- und Kindschaftssachen gemünzt sind, regelmäßig nicht erfüllt.[115]

Eine **Vollziehungsfrist** wie bei Arrest und einstweiliger Verfügung (vgl. § 929 Abs. 2 ZPO) ist im FamFG **nicht** vorgesehen.[116]

b) Außerkrafttreten

Die Wirksamkeit einstweiliger Anordnungen **endet** mit deren **Außerkrafttreten** gemäß § 56 Abs. 1 und Abs. 2 FamFG. Auf Antrag stellt das Familiengericht durch Beschluss fest, dass die einstweilige Anordnung außer Kraft getreten ist (§ 56 Abs. 3 S. 1 FamFG). Der Antragsgegner kann damit die **Einstellung der Zwangsvollstreckung** erreichen (§ 120 Abs. 1 FamFG i.V.m. § 775 Nr. 1 ZPO). 49

4. Gerichtlicher Vergleich

a) Formvorschriften

Schließen die Beteiligten in der **mündlichen Verhandlung** eine Vereinbarung, so sind für die **Vollstreckbarkeit** bestimmte **Formvorschriften** zu beachten: 50

- Der Vergleich und die entsprechenden Erklärungen werden in das meist auf Tonträger diktierte **Sitzungsprotokoll** oder eine **Anlage** aufgenommen (§§ 160 Abs. 3 Nr. 1, 160 Abs. 5 ZPO),
- Das Protokoll ist insoweit – nach Vorlesen, Abspielen oder Diktat – von den Beteiligten zu **genehmigen** (§ 162 ZPO).
- Das Protokoll wird vom Vorsitzenden und dem Urkundsbeamten der Geschäftsstelle **unterschrieben** (§ 163 Abs. 1 ZPO).

Anderenfalls ist der Vergleich **unwirksam** und nicht vollstreckbar.[117] Ein sorgfältiger Verfahrensbevollmächtigter sollte daher das Gerichtsprotokoll gründlich überprüfen: Ist nämlich ein vor Gericht geschlossener **Vergleich** den Beteiligten nach dem (allein maßgeblichen) Inhalt des Sitzungsprotokolls **weder vorgelesen noch** von ihnen **genehmigt** worden, kann er nicht als Vollstreckungstitel angesehen werden.[118] Schwierigkeiten im Vollstreckungsverfahren sind dann absehbar.

---

115 Keidel/*Giers*, § 53 Rn. 7; *Löhnig/Heiß* in: Bork/Jacoby/Schwab, § 53 FamFG Rn. 9; a.A. *Dörndorfer*, FPR 2012, 478.

116 *Giers*, Rn. 341; a.A. AG Herford, Beschl. v. 9.10.2012, 7b M 1473/12, FamRZ 2013, 970.

117 Sofern der Mangel erkannt wird.

118 OLG Köln, Beschl. v. 18.8.1992, 25 WF 125/92, FamRZ 1994, 1048; OLG Naumburg, Beschl. v. 25.7.2006, 8 WF 75/06, FamRZ 2007, 1178 mit Anm. der *Schriftleitung*.

Praxistipp: Sofern das Fehlen des Vermerks („v.u.g.“) auf einem Versehen des Gerichts beruht, sollte alsbald um **Berichtigung** des Protokolls nachgesucht werden.

b) Widerrufsvorbehalt

51 Gelegentlich werden Vergleiche unter einem **Widerrufsvorbehalt** geschlossen. So ist die Vereinbarung in einem Unterhaltsvergleich zulässig, wonach der Vergleich widerrufen werden kann, wenn der Zahlungspflichtige nachweist, dass ihm der **Vergleichsbetrag nicht kreditiert** wird. Bei einem Streit über die Wirksamkeit des Widerrufs ist das ursprüngliche Verfahren mit einem **Feststellungsantrag** fortzusetzen.[119]

c) Schriftlicher Vergleich

52 § 278 Abs. 6 ZPO ermöglicht den Vergleich auch im **schriftlichen** Verfahren, indem die Beteiligten schriftsätzlich einen Vergleichsvorschlag unterbreiten oder einen gerichtlichen Vorschlag schriftsätzlich annehmen. Die sonst übliche Protokollierung des Vergleichs wird durch einen gerichtlichen **Feststellungsbeschluss** ersetzt.[120] Ein solcher gerichtlich festgestellter Vergleich ersetzt sogar die notarielle Beurkundung (§ 127a BGB analog).[121]

Bei diesen Möglichkeiten des Vergleichsschlusses im schriftlichen Wege sind die gesetzlichen Vorgaben genau zu beachten. Insoweit herrscht große **Formstrenge**: Ein Vergleich nach der Variante 2 kann nur durch Annahme des schriftlichen Vergleichsvorschlags des Gerichts mit **Schriftsatz** der Beteiligten wirksam geschlossen werden. Die **protokollierte** Annahmeerklärung genügt der erforderlichen Schriftform nicht.[122]

d) Anfechtung des Vergleichs

53 Die sachrechtliche und prozessrechtliche Wirkung eines Prozessvergleichs tritt grundsätzlich nur dann ein, wenn er materiell-rechtlich und als Prozesshandlung ordnungsgemäß ist. Daher führt die erfolgreiche **Anfechtung** eines allein aus materiell-rechtlichen Gründen unwirksamen Prozessvergleichs gleichzeitig dazu, dass diesem auch seine prozessuale **verfahrensbeendende Wirkung fehlt**. Das Verfahren ist dann in demselben Verfahren fortzuführen.[123]

---

119 OLG Zweibrücken, Urt. v. 25.2.2010, 6 UF 39/09, FamRZ 2010, 1357.

120 Ausführlich *Siemon*, NJW 2011, 426; zur **Anfechtung** eines Prozessvergleiches vor Erlass des Beschlusses vgl. OLG Schleswig, Urt. v. 15.12.2016, 11 U 119/15, juris.

121 BGH, Beschl. v. 1.2.2017, XII ZB 71/16, FamRZ 2017, 603 mit Anm. *Bergschneider*, dazu *Schneider*, NZFam 2017, 279.

122 BGH, Urt. v. 14.7.2015, VI ZR 326/14, NJW 2015, 2965 mit kritischer Anm. *Skamel*.

123 OLG Hamm, Beschl. v. 17.6.2016, 3 UF 47/15, FF 2017, 71 mit Anm. *Kogel*.

e) Vorläufiger Rechtsschutz

Vergleiche, die im Verfahren der **einstweiligen Anordnung** geschlossen worden sind, haben im Regelfall dieselbe Wirkung wie einstweilige Anordnungen. Sie führen nur zu einer **vorläufigen Regelung**, es sei denn, die Parteien wollten erkennbar eine endgültige Regelung.[124] Hierfür müssen hierfür deutliche Anhaltspunkte bestehen.[125] Gleiches soll im Übrigen für **notarielle Urkunden** gelten, die anlässlich eines Verfahrens der einstweiligen Anordnung errichtet werden.[126] 54

5. Anwaltsvergleich

Schließen die Beteiligten vertreten durch ihre **Rechtsanwälte** einen Vergleich, handelt es sich dabei zunächst nur um eine privatschriftliche Urkunde. Seine Wirkung als **Vollstreckungstitel** erhält er erst durch eine **Vollstreckbarerklärung** (§ 794 Abs. 1 Nr. 4b ZPO i.V.m. § 796a ZPO). Dies setzt insbesondere voraus, dass sich der Schuldner darin der **sofortigen Zwangsvollstreckung unterworfen** hat. Fehlt es hieran, kann der Anwaltsvergleich nicht für vollstreckbar erklärt werden.[127] Ferner ist zu beachten, dass – wie bei notariellen Urkunden (§ 794 Abs. 1 Nr. 5 ZPO) – **nicht** ein Anspruch auf **Abgabe einer Willenserklärung** tituliert werden kann (§ 796a Abs. 2 ZPO). Es ist dementsprechend davon auszugehen, dass der im Wesentlichen auf Abgabe einer Willenserklärung gerichtete Anspruch auf Eigentumsverschaffung am **Grundstück** nicht unterwerfungsfähig ist.[128] Ein entsprechender in dem Vergleich begründeter Anspruch kann nur gerichtlich durchgesetzt werden. Im Übrigen gilt, dass der Anwaltsvergleich nicht die gerichtliche oder notarielle Form ersetzt. § 127a BGB ist auf den Anwaltsvergleich nicht anwendbar.[129] 55

Für die **Vollstreckbarerklärung** zuständig ist entweder das **Gericht**, das für die gerichtliche Geltendmachung des Anspruchs zuständig wäre (§ 796b ZPO), oder, wenn alle Beteiligten zustimmen, der **Notar** (§ 796c ZPO).[130]

6. Wartefrist

Bei einigen Titeln besteht für die Vollstreckbarkeit eine zeitliche Schranke: Die Zwangsvollstreckung darf nur beginnen, wenn der Schuld- 56

124 OLG Hamburg, Beschl. v. 20.5.1980, 15 WF 66/80, FamRZ 80, 904.

125 OLG Hamm, Beschl. v. 11.7.2011, 8 WF 167/11, FuR 2013, 52; *Giers*, Rn. 156 m.w.N.

126 OLG Naumburg, Beschl. v. 8.1.2014, 3 UF 168/13, BeckRS 2014, 18533.

127 Hierzu OLG Brandenburg, Beschl. v. 8.10.2013, 3 WF 105/13, FamRZ 2014, 872.

128 Eingehend *v. Rintelen*, RNotZ 2001, 3, 4.

129 *Lenz*, NJW-Spezial 2014, 388; Musielak/*Voit*, § 796a Rn. 4.

130 Dazu *Leutner/Hacker*, NJW 2012, 1318.

titel mindestens **zwei Wochen vorher zugestellt** ist (§ 798 ZPO).[131] Hierdurch soll der Schuldner Gelegenheit erhalten, den fälligen und titulierten Anspruch innerhalb dieser Frist zu erfüllen.

Es handelt sich dabei um:

- **selbständige Kostenfestsetzungsbeschlüsse**,
- vollstreckbare **Anwaltsvergleiche** *sowie*
- gerichtlich oder notariell aufgenommene **Urkunden**.

Praxistipp: Die Wartefrist gilt nicht für die Einleitung einer **Vorpfändung** nach § 845 ZPO.[132]

V. Anordnung der sofortigen Wirksamkeit

1. Grundsatz

57 Für Endentscheidungen[133] in (isolierten)[134] Familienstreitsachen *kann* das Gericht nach pflichtgemäßem Ermessen gemäß § 116 Abs. 3 S. 2 FamFG die **sofortige Wirksamkeit** anordnen, wovon es in **Unterhaltssachen** im Regelfall Gebrauch machen *soll* (Abs. 3 S. 3).[135] Hierüber entscheidet es **von Amts wegen**. Gleichwohl empfiehlt es sich für den Gläubiger vorsichtshalber, einen entsprechenden **Antrag** zu stellen und auch zu begründen. Unterlässt nämlich das Gericht versehentlich die Anordnung, ist fraglich, inwieweit eine „Nachbesserung" zulässig ist. Der Antragsteller kann bei dem Familiengericht innerhalb zweier Wochen nach Zustellung des Beschlusses dessen **Ergänzung** beantragen (§ 120 Abs. 1 FamFG, §§ 716, 321 ZPO).[136] Umstritten ist, ob das **Beschwerdegericht** nach § 64 Abs. 3 FamFG[137] oder nach §§ 120 Abs. 1 FamFG, 718 Abs. 1 ZPO[138] die sofortige Wirksamkeit der Entscheidung der ersten Instanz nachholen kann. Im Übrigen kann es nach § 120 Abs. 2 S. 3 FamFG i.V.m. §§ 707, 719 ZPO auf Antrag die Vollstreckung einstellen oder beschränken.[139]

---

131 Zur Zustellung vgl. Rn. 96 ff.

132 Dazu Rn. 237.

133 Oben Rn. 46.

134 Zu **Folgesachen** im Scheidungsverbund vgl. Rn. 58.

135 Dazu unten Rn. 62.

136 OLG Brandenburg, Beschl. v. 28.8.2015, 10 UF 74/15, FamRZ 2016, 161; *Helms* in: Prütting/Helms, § 116 FamFG Rn. 30; Keidel/*Weber*, 18. Aufl., § 116 FamFG Rn. 17; *Schmitz* in: Wendl/Dose, § 10 Verfahrensrecht Rn. 84.

137 OLG Bamberg, Beschl. v. 22.6.2012, 2 UF 296/11, FamRZ 2013, 481; Meysen/*Kretzschmar*, § 116 Rn. 7; *Roßmann*, FuR 2013, 513, 520; a.A. OLG Karlsruhe, Beschl. v. 28.2.2013, 18 UF 363/12, NJOZ 2013, 1925.

138 OLG München, Beschl. v. 19.6.2013, 12 UF 98/13, NJW-RR 2014, 194; Keidel/*Weber*, § 116 FamFG Rn. 17; *Helms* in: Prütting/Helms, § 116 FamFG Rn. 30; ablehnend OLG Brandenburg, a.a.O.

139 Dazu Rn. 71 ff.

Die Anordnung der sofortigen Wirksamkeit ist **nicht** selbständig **anfechtbar.**[140] Daher sollte der Schuldner in jedem Fall – ungeachtet seiner Antragsmöglichkeit nach § 120 Abs. 2 S. 2 FamFG[141] – ausführlich und rechtzeitig etwaige Gründe darlegen, die gegen eine solche Anordnung sprechen. Erst damit wird das Familiengericht in die Lage versetzt (und auch dazu angehalten), eingehend die wechselseitigen Interessen der Beteiligten abzuwägen.

Die Anordnung der sofortigen Wirksamkeit erfasst im Regelfall **nicht** die gleichzeitig getroffene **Kostenentscheidung**. Es kann daher nicht vor Eintritt der Rechtskraft Kostenfestsetzung beansprucht werden.[142]

2. Scheidungsverbund

Bei **Folgesachen im Scheidungsverbund** sind bezüglich des **Zeitpunktes des Wirksamwerdens** folgende Besonderheiten zu beachten: 58

Endentscheidungen in **verbundenen Folgesachen** werden nach **§ 148 FamFG** nicht vor **Rechtskraft des Scheidungsausspruchs** wirksam. Unerheblich ist hierfür, ob das Gericht die sofortige Wirksamkeit der Entscheidung über die Folgesache angeordnet hat. Denn diese Anordnung bewirkt allein, dass die Entscheidung in der Folgesache vor deren Rechtskraft vollstreckbar ist, wenn nur gegen diese Entscheidung, nicht aber gegen den Scheidungsausspruch Beschwerde eingelegt wird. Dann wird der Scheidungsausspruch rechtskräftig, und § 148 FamFG steht der Wirksamkeit der Entscheidung zum Unterhalt nicht mehr entgegen.[143]

Andererseits wird die Entscheidung in einer **Familienstreitsache im Scheidungsverbund** nur dann **vollstreckbar**, wenn sie entweder in **Rechtskraft** erwachsen oder ihre **sofortige Wirksamkeit** angeordnet ist.[144] Die Rechtskraft bloß des Scheidungsausspruchs führt nicht automatisch hierzu; es bedarf der Anordnung der sofortigen Wirksamkeit. Gleichwohl vorgenommene Vollstreckungsmaßnahmen sind aufzuheben.[145]

3. Abstammungssachen

Die Anordnung der sofortigen Wirksamkeit für einen Anspruch auf Zahlung von **Kindesunterhalt** zugleich mit der **Feststellung der Vaterschaft** kommt nicht in Betracht. Denn nach § 237 Abs. 4 FamFG kann 59

---

140 H.M., vgl. OLG Karlsruhe, Beschl. v. 20.8.2013, 18 UF 151/13, FamRZ 2014, 869; *Giers*, FamRB 2015, 29, 30 m.w.N.

141 Dazu Rn. 71.

142 OLG Frankfurt, Beschl. v. 24.10.2016, 5 WF 272/16, NJW 2017, 180.

143 *Giers*, FamRB 2015, 29.

144 OLG Hamm, Beschl. v. 7.4.2015, 15 W 132/15, FamRZ 2015, 1997.

145 OLG Hamm, a.a.O. (Löschung einer Sicherungshypothek).

der Ausspruch über die Unterhaltspflicht erst mit **Rechtskraft** des Beschlusses, der die Vaterschaft feststellt, wirksam werden.

4. Versäumnisbeschluss

60 Versäumnisbeschlüsse werden regelmäßig für **sofort wirksam** erklärt. Hierbei ist für das **Verfahren nach Einspruch** zu beachten:

- Wird ein solcher Beschluss nach Einspruch des Schuldners **aufgehoben**, ist die Zwangsvollstreckung gemäß § 775 Nr. 1 ZPO **einzustellen**, ohne dass es in dem aufhebenden Beschluss einer Anordnung der sofortigen Wirksamkeit bedarf.
- Bleibt er hingegen nach Einspruch **aufrechterhalten** und wird diese Entscheidung nicht für sofort wirksam erklärt, ist die Zwangsvollstreckung ebenfalls nach § 775 Nr. 1 ZPO einzustellen.[146]

Insoweit besteht ein wesentlicher **Unterschied zum Zivilprozess**: Das durch Endurteil aufrechterhaltene **Versäumnisurteil** bleibt nach § 709 S. 3 ZPO vorläufig vollstreckbar. Der Gläubiger kann dadurch die bereits eingeleitete Zwangsvollstreckung – ggf. gegen Sicherheitsleistung – fortsetzen (§ 751 Abs. 2 ZPO) und ein etwaiges Pfandrecht bestehen lassen. In **Familienstreitsachen** hingegen entscheidet das Gericht nach freiem Ermessen, ob es seiner Entscheidung (wieder) Vollstreckbarkeit verleiht.

Praxistipp: Der Gläubiger sollte daher nach Einspruch des Schuldners **beantragen**, die sofortige Wirksamkeit anzuordnen, auch wenn es hierfür eigentlich keines Antrags bedarf. Dabei sollte er seine schützenswerten Interessen näher darlegen, auch um ein bereits erworbenes Pfandrecht nicht zu verlieren.[147]

5. Stufenantrag

61 Wird bei einem Stufenantrag lediglich das Auskunftsbegehren im Wege des **Teilbeschlusses** beschieden, ist darauf zu achten, dass dessen sofortige Wirksamkeit angeordnet wird. Anderenfalls fehlt es im Falle der Beschwerdeeinlegung am Wirksamwerden der Entscheidung, da während des laufenden Rechtsmittelverfahrens keine Rechtskraft eintreten kann.[148]

Praxistipp: Antragsteller sollten daher vorsorglich anregen, nicht nur die Verpflichtung zur Zahlung, sondern auch diejenige zur **Auskunft** für sofort wirksam zu erklären.[149]

---

146 BGH, Beschl. v. 1.8.2013, VII ZB 1/13, FamRZ 2013, 1731, dazu *Schlünder*, FamRB 2013, 397.

147 *Elzer*, FD-ZVR 2013, 350104.

148 BGH, Beschl. v. 28.10.2015, XII ZB 524/14, FamRZ 2016, 116.

149 *Giers*, NZFam 2015, 1161.

6. Unterhalt

a) Soll-Vorschrift des § 116 Abs. 3 S. 3 FamFG

Die größte Bedeutung erlangt die Anordnung der sofortigen Wirksamkeit im **Unterhaltsrecht**: Mit § 116 Abs. 3 S. 3 FamFG sollen die Vollstreckungsmöglichkeiten aus Titeln, welche regelmäßig den **Lebensunterhalt** des Gläubigers sicherstellen, gestärkt werden.[150] Diese Vorschrift ist im Zusammenspiel mit § 120 Abs. 2 S. 1 FamFG zu sehen: Gerade weil der Unterhaltsgläubiger typischerweise auf den sofortigen Verbrauch der geschuldeten Unterhaltszahlung angewiesen ist, soll der von ihm erstrittene Titel trotz der Anfechtung durch den Schuldner sofort vollstreckt werden können. Diese Regelung weist dem Unterhaltsschuldner – anders als dem Schuldner sonstiger Forderungen – grundsätzlich das Risiko zu, die ihn verpflichtende Entscheidung könne sich als unrichtig erweisen.[151] **62**

Praxistipp: Es ist also Sache des **Schuldners**, einen Antrag auf **Einstellung der Vollstreckung** nach § 120 Abs. 2 S. 2 oder 3 FamFG[152] zu stellen oder sein Schutzbedürfnis anderweitig vorzutragen, um dem Familiengericht bereits erstinstanzlich eine geeignete Entscheidungsgrundlage zu geben.

b) Differenzierte Anordnung

Allerdings ist in **Unterhaltssachen** nicht selten zu beobachten, dass die Familiengerichte recht stereotyp ihre Entscheidungen für **sofort wirksam** erklären, ihr Ermessen bei der Abwägung der Gläubiger- und Schuldnerinteressen also nicht oder allenfalls kursorisch ausüben. Dabei gibt es immer wieder Konstellationen, in denen bei der Anordnung Zurückhaltung oder jedenfalls eine **Differenzierung** angezeigt ist. So wird der Gesetzgeber bereits seit längerem aufgefordert, § 116 Abs. 3 S. 3 FamFG durch Einfügung der Formulierung „künftig fällig werdende Unterhaltsleistungen" auf diese Fälle beschränken.[153] **63**

In der Regel sollte das Gericht von einer Anordnung der sofortigen Wirksamkeit **absehen**, wenn

- **rückständiger** Unterhalt tituliert wird (jedenfalls bei seit längerer Zeit fälligen Unterhaltsbeträgen),[154]

---

150 OLG Frankfurt, Beschl. v 12.8.2014, 6 UF 205/14, FamRZ 2015, 1223.

151 OLG Brandenburg, Beschl. v. 24.4.2014, 13 UF 26/14, FamRZ 2015, 165, dazu *Womelsdorf*, NZFam 2015, 224.

152 Dazu unten Rn. 71.

153 These 1 des Arbeitskreises 10 des 20. DFGT 2013 mit entsprechender Empfehlung des Vorstandes, Brühler Schriften, Band 18, 2014, S. 129, 160.

154 Dazu BGH, Beschl. v. 1.8.2013, VII ZB 1/13, FamRZ 2013, 1731, dazu *Schlünder*, FamRB 2013, 397; OLG Jena, Beschl. v. 13.7.2015, 1 UFH 4/15, FuR 2017, 98, dazu *Graba*, NZFam 2016, 331.

- zum Unterhalt bereits eine **einstweilige Anordnung** erlassen worden ist,
- bei materieller Berechtigung der öffentlichen Hand infolge **Forderungsübergangs.**[155]

Überdies wird selten von der Möglichkeit Gebrauch gemacht, auch bei **laufendem** Unterhalt[156] die Anordnung der sofortigen Wirksamkeit auf einen **Teilbetrag** zu beschränken. Erfahrungsgemäß wird der erstinstanzlich titulierte Unterhaltsbetrag in der Beschwerdeinstanz – auch wegen veränderter Sachlage – oft spürbar herabgesetzt. Die dann etwa eingetretene **Überzahlung** geht meist zu Lasten des Unterhaltsschuldners.[157]

64 Die Einstellung der Zwangsvollstreckung gegen **Sicherheitsleistung** ist in diesem System des FamFG nicht ausdrücklich vorgesehen. Vereinzelt wird eine entsprechende Anordnung für zulässig erachtet, da § 120 Abs. 2 FamFG im Unterschied zu der „Vorbildregelung" in § 62 ArbGG kein Verbot der Sicherheitsleistung enthält.[158] Jedenfalls wird ein Tätigwerden des Gesetzgebers gefordert.[159] Dabei erscheint eine solche Regelung schon im Hinblick auf § 242 FamFG angezeigt, der bei einem **Abänderungsantrag** (Herabsetzung titulierten Unterhalts) mit dem Verweis auf § 769 Abs. 1 ZPO[160] durchaus die Möglichkeit der Einstellung gegen Sicherheitsleistung gestattet.

Andererseits kann auch dem **Unterhaltsberechtigten** zu empfehlen sein, ein besonderes Bedürfnis für eine Anordnung der sofortigen Wirksamkeit geltend zu machen, etwa wenn wegen des nicht gezahlten Unterhalts eine Überschuldung droht.

c) Überzahlter Unterhalt

(a) Rückforderung und Erstattungspflicht

65 Entspricht der tatsächliche Unterhaltsanspruch nicht (mehr) dem titulierten, geht es häufig um die Frage, ob und auf welcher Rechtsgrundlage der Verpflichtete **zu viel gezahlte Beträge zurückfordern** kann. Inwieweit sich ein solcher Anspruch angesichts der Vermögensverhältnisse des Unterhaltsgläubigers überhaupt realisieren lässt, steht auf einem anderen Blatt.

66 Wird der erstinstanzliche **Unterhaltstitel** im Beschwerdeverfahren **aufgehoben** oder abgeändert, kommt ein **Schadensersatzanspruch** in Be-

155 Vgl. auch die These 1 des Arbeitskreises 7 des 21. DFGT 2015, Brühler Schriften, Band 19, 2016, S. 158.

156 Zur Definition vgl. unten Rn. 75.

157 Dazu Rn. 65.

158 Keidel/*Weber*, § 120 Rn. 16; *Giers*, Rn. 396 m.w.N.

159 These 1 des Arbeitskreises 10 des 20. DFGT 2013 mit entsprechender Empfehlung des Vorstandes, Brühler Schriften, Band 18, 2014, S. 129, 160.

160 Dazu *Frauenknecht*, NJW-Spezial 2012, 132.

tracht. Zu den gemäß § 120 Abs. 1 FamFG anwendbaren Vorschriften der ZPO über die Zwangsvollstreckung gehört auch § 717 ZPO.[161] Demgemäß wird ein Schadensersatzanspruch nach **§ 717 Abs. 2 ZPO** analog durchweg anerkannt.[162] Hiergegen könnte freilich sprechen, dass der Gesetzgeber in § 119 Abs. 1 S. 2 FamFG für eine einstweilige **Unterhaltsanordnung** die Schadensersatzpflicht nach **§ 945 ZPO** ausdrücklich ausgenommen hat, mithin den Gläubiger insoweit für besonders schutzwürdig erachtet.[163]

Eine besondere Regelung besteht, wenn eine **einstweilige** Unterhaltsanordnung im Rahmen eines Verfahrens auf **Vaterschaftsfeststellung** nach § 248 Abs. 1 FamFG außer Kraft tritt: In diesem Fall hat nach Abs. 5 S. 2 derjenige, der die einstweilige Anordnung erwirkt hat, dem Mann den **Schaden zu ersetzen**, der ihm aus der Vollziehung der einstweiligen Anordnung entstanden ist.[164]

Wird ein für sofort wirksam erklärter Titel des **Beschwerdegerichts** **67**
aufgehoben oder abgeändert, besteht eine **Erstattungspflicht** nach § 717 Abs. 3 S. 2 und 3 ZPO entsprechend dem Bereicherungsrecht.[165] Allerdings ist der Antrag dann regelmäßig zurückzuverweisen, weil er auf neuem oder ungeklärtem Sachverhalt beruht.[166]

(b) Entreicherung und verschärfte Haftung

Im Übrigen kommen für die Rückforderung von zu Unrecht gezahltem **68**
Unterhalt Ansprüche aus **ungerechtfertigter Bereicherung** nach § 812 BGB in Betracht – freilich mit dem möglichen Einwand der **Entreicherung** nach § 818 Abs. 3 BGB.[167] Ein Abänderungsantrag auf Herabsetzung des Unterhalts geht daher häufig ins Leere. Der Einwand der Entreicherung entfällt nur, wenn eine **verschärfte Haftung** vorliegt. Insoweit wäre nach § 818 Abs. 4 BGB grundsätzlich die Rechtshängigkeit einer auf den Rückforderungsanspruch aus ungerechtfertigter Bereicherung gerichteten Leistungsklage geboten.[168] Hier hilft **§ 241 FamFG**: Danach führt bereits die Rechtshängigkeit eines auf Herabsetzung gerichteten Abänderungsantrags die Wirkung des § 818 Abs. 4 BGB herbei, nimmt also dem Unterhaltsgläubiger den Einwand der Entreicherung. Die Vereinfachung liegt

161 BGH, Beschl. v. 7.11.2012, XII ZB 229/11, FamRZ 2013, 109.

162 *Helms* in: Prütting/Helms, § 120 FamFG Rn. 3; *Giers*, FamRB 2015, 29, 30; Keidel/*Weber*, § 120 FamFG Rn. 16; *Gerhardt* in: Wendl/Dose, § 6 Rn. 203; Bumiller/Harders/*Schwamb*, § 120 Rn. 2.

163 Etwas anderes gilt für den **Arrest**, dazu Rn. 131.

164 Dazu *Giers*, Rn. 375.

165 Keidel/*Weber*, § 116 FamFG Rn. 18; *Gerhardt* in: Wendl/Dose, § 6 Rn. 229.

166 BGH, Beschl. v. 7.11.2012, XII ZB 229/11, FamRZ 2013, 109.

167 BGH, Urt. v. 17.6.1992, XII ZR 119/91, FamRZ 1992, 1152; eingehend *Gerhardt* in: Wendl/Dose, § 6 Rn. 208 ff.

168 Ausführlich MünchKomm-FamFG/*Pasche*, § 241 Rn. 3.

auf der Hand: Ein zusätzlicher Leistungsantrag wirkte sich nicht nur kostenerhöhend aus, sondern müsste jeden Monat, in dem der überhöhte Unterhalt bezahlt wurde, angepasst werden.[169]

69 Allerdings ist diese Vorschrift wohl nach h.M. auf Fälle der Abänderung einer **einstweiligen Anordnung nicht** analog anwendbar.[170] Will der Unterhaltsschuldner hier die Bösgläubigkeit gemäß § 818 Abs. 4 BGB herbeiführen, muss er einen Rückforderungsantrag im Zusammenhang mit dem **negativen Feststellungsantrag** oder einen Gegenantrag im nach § 52 Abs. 2 FamFG erzwungenen **Hauptsacheverfahren** stellen. Der Abänderungsantrag nach § 54 Abs. 1 FamFG genügt insoweit nicht.[171]

Praxistipp: Dem Unterhaltsschuldner bleibt es unbenommen, den Unterhalt als **zins- und tilgungsfreies Darlehen** zu zahlen, verbunden mit der Verpflichtung, auf Rückzahlung zu verzichten, falls es beim zugesprochenen Unterhalt bleibt. Der Unterhaltsberechtigte ist nach Treu und Glauben verpflichtet, sich auf eine solche Gestaltung einzulassen.[172]

(c) Aufrechnung?

70 Problematisch ist die **Aufrechnung** mit Rückforderungsansprüchen aus Unterhaltsüberzahlungen. Eine entsprechende (naheliegende) Verrechnung wird vielfach wegen des Aufrechnungsverbots nach § 394 BGB i.V.m. § 850b Abs. 1 Nr. 2 ZPO für unzulässig erachtet.[173]

Die gerichtliche Praxis ist uneinheitlich. Immerhin gestattet § 850b Abs. 2 ZPO die **Pfändbarkeit** bei Vorliegen bestimmter Billigkeitsgründe. Hierüber hat nicht das Familiengericht, sondern das **Vollstreckungsgericht** zu befinden (§§ 850b Abs. 3, 828 Abs. 1 ZPO).[174] Dieser umständliche Weg – mit vorheriger Titulierung der Gegenforderung – wird jedoch von Fachleuten als überflüssig und eine Entscheidung des **Familiengerichts** als zulässig erachtet.[175] Die zugunsten des Gläubigers getroffene Zu-

---

169 MünchKomm-FamFG/*Pasche*, § 241 Rn. 4. Der häufig anzutreffende Antrag „den zu viel gezahlten Unterhalt zurückzuzahlen" ist zu **unbestimmt**.

170 OLG Karlsruhe, Beschl. v. 6.2.2014, 2 UF 148/13, FamRZ 2014, 1387 m.w.N.; *Jüdt*, FuR 2012, 635; *Giers*, Rn. 379; a.A. Keidel/*Meyer-Holz*, § 241 Rn. 4; *Schneider*, FamRB 2015, 267 m.w.N.

171 MünchKomm-FamFG/*Pasche*, § 241 Rn. 7.

172 BGH, Urt. v. 11.8.2010, XII ZR 102/09, FamRZ 2010, 1637 (Rn. 56); ausführlich *Heiter*, FamRZ 2015, 1353; *Gerhardt* in: Wendl/Dose, § 6 Rn. 221 ff.

173 Eingehend *Wohlfahrt*, FamRZ 2001, 1185; vgl. auch BGH, Beschl. v. 8.5.2013, XII ZB 192/11, FamRZ 2013, 1202 = NJW 2013, 2592.

174 So auch die ganz h.M., vgl. etwa OLG Hamm, Urt. v. 25.4.2012, 8 UF 221/10, BeckRS 2012, 13776, dazu *Ebert*, FamFR 2012, 345.

175 Vgl. die These 3 des Arbeitskreises 7 des 21. DFGT 2015, Brühler Schriften, Band 19, 2016, S. 159.

ständigkeitsregelung stelle auf das normale Vollstreckungsverfahren ab und könne nicht auf das Verfahren im Falle einer Aufrechnung übertragen werden.[176]

Im Übrigen kann dem **Aufrechnungsverbot** im Einzelfall der **Arglisteinwand** entgegenstehen. Voraussetzung hierfür ist, dass dem Unterhaltspflichtigen eine Gegenforderung aus einer vorsätzlichen unerlaubten Handlung des Unterhaltsberechtigten zusteht, die dieser im Rahmen des Unterhaltsverhältnisses begangen haben muss.[177]

VI. Einstellung der Vollstreckung (§ 120 Abs. 2 FamFG)

1. Hauptsacheverfahren

a) Interessen des Schuldners

Nach **§ 120 Abs. 2 S. 1 FamFG** sind Beschlüsse mit **Wirksamwerden** bereits kraft Gesetzes vollstreckbar, ohne dass es hierzu einer Vollstreckbarerklärung des Gerichts bedürfte. Dabei stellt die Anordnung der **sofortigen Wirksamkeit** nach § 116 Abs. 3 FamFG – in Unterhaltssachen sogar der Regelfall – ein scharfes Schwert gegenüber dem Verpflichteten dar. Um zu vermeiden, dass diesem durch die Vollstreckung vor Eintritt der Rechtskraft ein Schaden entsteht, der auch im Fall des Erfolgs eines Rechtsmittels nicht mehr rückgängig zu machen ist, wurde – in Anlehnung an § 62 Abs. 1 S. 2 ArbGG – die Möglichkeit der **Einstellung der Zwangsvollstreckung** in **§ 120 Abs. 2 S. 2 FamFG** geschaffen: Macht der Verpflichtete **glaubhaft**, dass die Vollstreckung ihm einen **nicht zu ersetzenden Nachteil** bringen würde, hat das Gericht auf seinen **Antrag** die **Vollstreckung** vor Eintritt der Rechtskraft in der Endentscheidung **einzustellen** oder zu **beschränken**. 71

Praxistipp: Allerdings sollte das Gericht dann bereits von der Anordnung der **sofortigen Wirksamkeit** der Endentscheidung absehen. Wichtig ist der rechtzeitige Vortrag des Schuldners.

§ 120 Abs. 2 S. 3 FamFG bestimmt ergänzend, dass in den gesetzlich geregelten Fällen des **§ 707 Abs. 1** (Wiedereinsetzung usw.) und des **§ 719 Abs. 1 ZPO** (Rechtsmittel und Einspruch) eine Einstellung oder Beschränkung der Vollstreckung nur unter denselben Voraussetzungen angeordnet werden kann.

---

176 Ausführlich *Dose* in: Wendl/Dose, § 6 Rn. 304; ferner *Wohlfahrt*, FamRZ 2001, 1185, 1186.

177 OLG Hamm, a.a.O.

b) Antragstellung

72 Hat das Gericht die sofortige Wirksamkeit angeordnet, kann der Schuldner seine Interessen noch durch einen **Antrag nach § 120 Abs. 2 S. 2 oder S. 3 FamFG** wahren.[178]

Dieser Schutzantrag **nach § 120 Abs. 2 S. 2 FamFG** sollte vor Erlass der erstinstanzlichen Endentscheidung gestellt werden. Streitig ist, ob er im Falle der Nichtstellung in der ersten Instanz im Beschwerdeverfahren **nachgeholt** werden kann. Dies wird teilweise grundsätzlich abgelehnt.[179] Nach einschränkender Auffassung soll hiervon eine Ausnahme bestehen, wenn die Gründe, auf die der Einstellungsantrag gestützt wird, im Zeitpunkt der letzten mündlichen Verhandlung vor dem Familiengericht noch nicht vorlagen oder aus anderen Gründen nicht vorgetragen und glaubhaft gemacht werden konnten.[180] Überwiegend wird jedoch die Möglichkeit einer erst späteren Antragstellung befürwortet, weil das Familiengericht im Rahmen des § 116 Abs. 3 FamFG ohnehin eine Interessenabwägung vorzunehmen habe und die Antragstellung nach § 120 Abs. 2 S. 2 FamFG aus bloß formellen Gründen das Verfahren unnötig belaste. Auch könne der Unterhaltsschuldner vor Abschluss der ersten Instanz noch gar nicht beurteilen, ob und in welcher Höhe er zu Unterhaltszahlungen verpflichtet werden wird.[181]

Dieser Streit betrifft wohlgemerkt nur den Antrag nach **§ 120 Abs. 2 S. 2 FamFG**. Den Schutzantrag nach **Abs. 3 S. 3** kann der Verpflichtete in jedem Fall in dem Beschwerdeverfahren stellen.[182] Im Übrigen scheidet ein solcher Vollstreckungsschutz aus, wenn das **Rechtsbeschwerdegericht** mit dem Unterhaltsstreit befasst wird und der Unterhaltspflichtige zuvor keinen Antrag nach § 120 Abs. 2 S. 2 FamFG gestellt hatte.[183]

73 Aus der Uneinheitlichkeit der Rechtsprechung und Fachmeinung folgt für den Berater in **Unterhaltssachen**:

---

178 Eingehend Bahrenfuss/*Blank*, § 120 Rn. 6 ff.

179 Etwa OLG Hamm, Beschl. v. 1.3.2011, 8 UF 40/11, FamRZ 2011, 1678; OLG Frankfurt, Beschl. v. 22.2.2011, 3 UF 460/10, FamRZ 2012, 576; *Heinemann*, FamFR 2011, 232.

180 OLG Frankfurt, Beschl. v. 15.6.2015, 6 UF 105/15, FamRZ 2016, 76; *Löhnig* in: Bork/Jacoby/Schwab, § 120 FamFG Rn. 12; *Spieker*, NZFam 2016, 102, 104.

181 Z.B. OLG Bremen, Beschl. v. 21.9.2010, 4 UF 94/10, NJOZ 2011, 760; Meysen/*Kretschmar*, § 120 Rn. 6; *Rake*, FPR 2013, 159, 161; *Griesche* in: Ehinger/Griesche/Rasch, Kap. M., Rn. 7; *Schmitz* in: Wendl/Dose, § 10 Rn. 86 je m.w.N. und weiterer Begründung; vgl. auch These 2 des Arbeitskreises 10 des 20. DFGT 2013 mit entsprechender Empfehlung des Vorstandes, Brühler Schriften, Band 18, 2014, S. 129 f., 160.

182 OLG Frankfurt, Beschl. v. 15.5.2015, 4 UF 103/15, FamRZ 2016, 162 (LS), dazu *Giers*, FamRB 2016, 59; OLG Düsseldorf, Beschl. v. 28.1.2013, 7 UF 230/12, FamRZ 2014, 870.

183 BGH, Beschl. v. 6.4.2011, XII ZR 111/10, FamRZ 20 11, 884, dazu *Cirullies*, FamFR 2011, 251; Beschl. v. 26.6.2013 XII ZB 19/13, FamRZ 2013, 1299, dazu *Strasser*, FamFR 2013, 373.

- Der **Unterhaltsschuldner** sollte bereits im erstinstanzlichen Verfahren – am besten schon in der Antragserwiderungsschrift – vorsorglich einen **Schutzantrag nach § 120 Abs. 2 FamFG** auf Einstellung, hilfsweise auf Beschränkung der Vollstreckung stellen. Zumindest ist zu begründen, warum die Anordnung der sofortigen Wirksamkeit nach § 116 Abs. 3 S. 3 FamFG[184] im konkreten Fall ausscheidet.
- Der **Unterhaltsgläubiger** kann der unsicheren Rechtslage dadurch entgehen, dass er für eine – durch § 246 Abs. 1 FamFG sogar erleichterte –Titulierung seines Anspruchs im Wege der (nach § 57 FamFG unanfechtbaren) **einstweiligen Anordnung** sorgt. Eine Aussetzung der Vollstreckung (§ 55 FamFG) ist hier nur im Rahmen eines Abänderungsverfahrens nach § 54 FamFG möglich. Auch vermeidet er auf diesem Wege die etwaige Schadensersatzpflicht.[185]

c) Nicht zu ersetzender Nachteil

(a) Begriff

Schutzanträge nach **§ 120 Abs. 2 S. 2 und 3 FamFG** sind nur dann er- 74
folgversprechend, wenn der Verpflichtete glaubhaft machen kann, dass die Vollstreckung ihm einen **nicht zu ersetzenden Nachteil** bringen würde. Die Anforderungen an einen solchen Nachteil werden unterschiedlich beurteilt. Vereinzelt wird sogar die Gefahr „irreparabler Folgeschäden" gefordert.[186]

Der Begriff des **nicht zu ersetzenden Nachteils** findet sich auch in anderen Vorschriften der ZPO. So hat der **BGH**[187] zu § 719 Abs. 2 ZPO entschieden: Die Zwangsvollstreckung würde dem Schuldner einen nicht zu ersetzenden Nachteil bringen, wenn im Falle der Aufhebung oder Abänderung des Vollstreckungstitels der Gläubiger voraussichtlich wegen **Mittellosigkeit** nicht in der Lage sein wird, den beigetriebenen Geldbetrag zurückzuzahlen. In diesem Zusammenhang soll aber nicht nur auf den derzeitigen Bezug von Leistungen nach dem SGB II abzustellen sein, sondern es seien auch die zukünftigen Erwerbsmöglichkeiten des Gläubigers zu berücksichtigen.[188]

---

184 Vgl. oben Rn. 57.

185 Dazu Rn. 704; vgl. *Schmitz* in: Wendl/Dose, § 10 Rn. 86.

186 Etwa OLG Hamm, Beschl. v. 10.3.1999, 10 UF 239/98, FamRZ 2000, 363, kritisch dazu *Schmitz* in: Wendl/Dose, § 10 Rn. 85.

187 BGH, Beschl. v. 30.1.2007, X ZR 147/06, FamRZ 2007, 554 (LS) = MDR 2007, 73.

188 OLG Hamm, Beschl. v. 1.3.2011, 8 UF 40/11, FamRZ 2011, 1678; OLG Stuttgart, Beschl. v. 2.10.2013, 18 UF 201/13, FamRZ 2014, 868.

(b) Unterhalt

75 Gerade beim **Unterhalt** geht es häufig um diese Frage: Welcher Beteiligte hat im Falle einer späteren Herabsetzung des Unterhaltsanspruchs das Risiko der möglichen Vermögenslosigkeit des Unterhaltsgläubigers zu tragen? Im Prinzip setzt sich hier die **Interessenabwägung** fort, die das Familiengericht (eigentlich) bereits erstinstanzlich im Rahmen der Prüfung nach § 116 Abs. 3 FamFG vorzunehmen hat. Der Unterhaltsberechtigte ist regelmäßig bedürftig und deshalb – jedenfalls im Bereich des Kindesunterhalts – kaum in der Lage, einen zu Unrecht vollstreckten Unterhalt zurückzuzahlen.[189] So wird bei dem Streit um **laufenden Unterhalt** eine Einstellung der Vollstreckung meist ausscheiden. Denn es ist typisch für das Unterhaltsverhältnis, dass die zur Sicherung des Lebensbedarfs benötigten Mittel vom Unterhaltsbedürftigen verbraucht werden und in der Regel nicht zurückgezahlt werden können.[190] Aus dem Zweck des § 116 Abs. 3 FamFG (Stärkung der Gläubigerrechte) folgt, dass das allgemeine **Risiko** einer Rückzahlung zu viel gezahlten Unterhalts wegen Eintritt einer Entreicherung dem **Unterhaltsschuldner** auferlegt wird.[191]

76 Zu dem **laufenden** Unterhalt ist die Zahlung zu rechnen, die vor dem Anbringen eines Vollstreckungsantrags zuletzt fällig geworden ist, ferner die **künftig fällig** werdenden Zahlungen, auf die der Antrag schon gerichtet werden kann, auch wenn die Vollstreckung erst nach Ablauf des Fälligkeitstages beginnen darf (§§ 120 Abs. 1 FamFG, 751 Abs. 1 ZPO).[192] Vertretbar erscheint es im Hinblick auf die Wertung in § 708 Nr. 8 ZPO auch, die vorausgegangenen letzten drei Monate mit zu erfassen.

77 Dagegen ist wegen der **Unterhaltsrückstände** eine Verfahrenseinstellung durchaus in Betracht zu ziehen.[193] Insoweit reicht nach überwiegender Meinung die Darlegung des endgültigen Verlustes der Unterhaltsleistungen an den nach Verbrauch zur Rückerstattung unfähigen Gläubiger aus, um einen nicht zu ersetzenden Nachteil geltend zu machen.[194] Der Unterhaltsgläubiger hat es grundsätzlich hinzunehmen, dass er die titulierten Rückstände erst vollstrecken kann, wenn die darauf gerichtete Entscheidung unanfechtbar geworden sein sollte.[195] Gleiches wird zu gelten

189 *Borth/Grandel* in: Musielak/Borth, § 120 FamFG Rn. 4.

190 OLG Brandenburg, Beschl. v. 14.12.2015, 10 UFH 8/15, FamRZ 2016, 1961, dazu *Tomfort*, NZFam 2016, 715.

191 *Borth/Grandel* in: Musielak/Borth, § 120 Rn. 4.

192 OLG Brandenburg, Beschl. v. 20.12.2013, 13 UF 225/13, FamRZ 2014, 866, dazu *Schlünder*, FamRB 2014, 261.

193 So OLG Brandenburg, Beschl. v. 24.4.2014, 13 UF 26/14, FamRZ 2015, 165, zustimmend *Womelsdorf*, NZFam 2015, 224; Beschl. v. 11.2.2015, 13 UF 250/14, FamRZ 2015, 1741; aber streitig, vgl. *Maes*, jurisPR-FamR 23/2015 Anm. 5 m.w.N.; zur **Definition** Rn. 786 ff.

194 OLG Brandenburg, Beschl. v. 11.2.2015, 13 UF 250/14, FamRZ 2015, 1741.

195 OLG Jena, Beschl. v. 13.7.2015, 1 UFH 4/15, FuR 2017, 98, dazu *Graba*, NZFam 2016, 331.

haben, wenn zum Unterhalt bereits eine **einstweilige Anordnung** erlassen worden oder die Forderung auf die **öffentliche Hand** übergegangen ist.

Praxistipp: Insoweit ist detaillierter **Vortrag** des jeweiligen Beteiligten gefragt: Kann der **Schuldner** wegen der titulierten Verpflichtung vielleicht nicht mehr seinen Hauskredit bedienen?[196] Ist der laufende Unterhalt eindeutig zu hoch ausgefallen?[197] Macht es die Sperrung des einzigen Geschäftskontos dem Schuldner unmöglich, weitere Einnahmen zu erzielen, die ihn erst zu Unterhaltszahlungen befähigten?[198] Oder musste umgekehrt der **Unterhaltsberechtigte** zur Finanzierung seines Lebensunterhalts ein sofort rückzahlbares Darlehen aufnehmen? Wie sind bei akuter Mittellosigkeit die zukünftigen Erwerbsmöglichkeiten einzuschätzen?[199]

(c) Güterrecht

In einer **Güterrechtssache** können die Voraussetzungen des § 120 Abs. 2 S. 2 FamFG dann vorliegen, wenn nach rechtskräftiger Scheidung der geschuldete Zugewinnausgleichsbetrag festgesetzt wird und der Schuldner im Fall der Vollstreckung die Grundlage seiner beruflichen oder gewerblichen Tätigkeit verlieren würde, also der Verpflichtete in seiner **wirtschaftlichen Existenz gefährdet** wäre.[200] Entsprechendes kann in den Fällen der **sonstigen Familiensachen** im Rahmen einer **Teilungsauseinandersetzung** einer Gemeinschaft an einem Eigenheim eintreten.[201] 78

2. Einstweilige Anordnung

Die **Einstellung der Vollstreckung** kommt bei **einstweiligen Anordnungen** nur unter den Voraussetzungen des § 55 FamFG in Betracht. Da die Beschwerde gegen eine einstweilige Anordnung in einer Unterhaltssache nicht statthaft ist, kann die Einstellung nur in den Fällen eines Antrags auf Aufhebung bzw. Abänderung der Entscheidung oder Neuentscheidung nach mündlicher Verhandlung gem. § 54 Abs. 1 und 2 FamFG beantragt werden.[202] 79

---

196 OLG Rostock, Beschl. v. 7.3.2011, 10 UF 219/10, FamRZ 2011, 1679, dazu *Cirullies*, FamFR 2011, 306.

197 *Womelsdorf*, NZFam 2015, 224.

198 OLG Brandenburg, a.a.O.

199 Dazu OLG Hamm, Beschl. v. 1.3.2011, 8 UF 40/11, FamRZ 2011, 1678.

200 *Borth/Grandel* in: Musielak/Borth, § 120 FamFG Rn. 4. Allerdings kann der Schuldner im Einzelfall auf einen Stundungsantrag nach § 1382 BGB zu verweisen sein.

201 *Borth/Grandel*, a.a.O.

202 *Giers*, FamRB 2015, 29, 33.

VII. Vollstreckungsklausel

1. Familienstreitsachen

a) Grundsatz

80 In der Regel ist für die Zwangsvollstreckung aus dem erlangten Titel eine **Vollstreckungsklausel** erforderlich (§§ 724, 725 ZPO)[203]. Sie wird – auf Antrag des Gläubigers – auf eine Ausfertigung[204] des Titels gesetzt, die dann die sog. **vollstreckbare Ausfertigung** darstellt. Das Erfordernis gilt ebenfalls für die nach der ZPO zu vollstreckenden **Familienstreitsachen** (§ 120 Abs. 1 FamFG). Auch die weiteren in **§ 794 ZPO** genannten Vollstreckungstitel (z.B. Vergleiche, Unterhaltsfestsetzungsbeschlüsse etc.) bedürfen regelmäßig einer Vollstreckungsklausel (§ 795 ZPO).

81 **Keine Vollstreckungsklausel** benötigen:[205]

- **Kostenfestsetzungsbeschlüsse**, die nach § 105 ZPO auf einen **Titel** gesetzt werden (§ 795a ZPO),
- **Vollstreckungsbescheide** (§ 796 Abs. 1 ZPO) und **Arrestbefehle**[206] (§ 929 Abs. 1 ZPO), sofern nicht die Zwangsvollstreckung für einen **anderen** als den im Titel bezeichneten **Gläubiger** oder Schuldner erfolgen soll,
- **einstweilige Anordnungen**,[207]
- **Ordnungsmittelbeschlüsse**.[208]

82 Durch die Klausel wird dem jeweiligen **Vollstreckungsorgan** die Prüfung erleichtert, ob der Titel (bereits) vollstreckungsfähig ist. Es ist nicht erforderlich, dass die Vollstreckungsklausel genau den in § 725 ZPO festgelegten **Wortlaut** hat. Sie muss jedoch inhaltlich der gesetzlichen Fassung entsprechen, insbesondere die Zwangsvollstreckung als Zweck hervorheben und den Gläubiger ausreichend bezeichnen (§ 42 Abs. 2 GVGA). Die **Unterschrift** unter dem Ausfertigungsvermerk sollte möglichst lesbar und nicht zu sehr „abgeschliffen" sein.[209]

Praxistipp: Der Antrag auf Klauselerteilung kann zur Beschleunigung bereits in der **Antragsschrift** gestellt werden.

---

203 Eine Übersicht zu diesem Thema gibt *Jungbauer*, JurBüro 2002, 285.
204 Zu **Begriff und Abgrenzung** vgl. Rn. 97.
205 *Griesche* in: Ehinger/Griesche/Rasch, Kap. M., Rn. 83.
206 Dazu Rn. 121.
207 Dazu Rn. 91.
208 Rn. 442.
209 OLG München, Beschl. v. 10.9.2015, 34 Wx 256/15, BeckRS 2015, 16227; vgl. auch BGH, Beschl. v. 29.11.2016, VI ZB 16/16, NJW-RR 2017, 445.

b) Klauselarten

Von der Grundform, der **einfachen Klausel** nach § 724 ZPO, sind die sog. **qualifizierten Vollstreckungsklauseln** zu unterscheiden. Sie betreffen bestimmte Konstellationen, die noch nicht bei Schaffung des Vollstreckungstitels berücksichtigt werden konnten, etwa bei einer Zug-um-Zug-Verurteilung oder einem Bedingungseintritt (**titelergänzende Klausel**, § 726 ZPO). In der familienrechtlichen Praxis von großer Bedeutung sind die sog. **titelübertragenden Klauseln** mit „Transportfunktion" für und gegen Rechtsnachfolger (insbesondere **§ 727 ZPO**).[210] Denn nach § 750 Abs. 1 ZPO darf die Zwangsvollstreckung grundsätzlich nur beginnen, wenn die Personen, für und gegen die sie stattfinden soll, in dem vollstreckbaren Titel namentlich bezeichnet sind. Doch gerade in **Unterhaltssachen** findet gelegentlich ein Gläubigeraustausch statt durch Forderungsübergang kraft Gesetzes[211] oder wegen Wegfalls der Verfahrensstandschaft. Hier gestattet § 727 ZPO, den vorhandenen Titel auf den Rechtsnachfolger zu übertragen (**„Titelumschreibung"**).[212] 83

c) Erteilung

Die vollstreckbare Ausfertigung wird nur auf **Antrag** erteilt, und zwar je nach Titel- und Klauselart durch den **Urkundsbeamten** der Geschäftsstelle **(UdG)** des Gerichts oder den **Rechtspfleger**. 84

Zuständig ist:[213]

- bei **gerichtlichen Entscheidungen** und **Vergleichen** grundsätzlich der **UdG** (§§ 724 Abs. 2, 795b ZPO);
- bei **qualifizierten Vollstreckungsklauseln**[214] und weiteren **Sonderfällen** der **Rechtspfleger** (§ 20 Nr. 12 RPflG);
- bei der Vollstreckung **ausländischer Titel** (§ 9 AVAG) der **UdG**;
- bei **gerichtlichen Urkunden** (§ 794 Abs. 1 Nr. 5 ZPO) der **UdG** des Gerichts, das die Urkunde verwahrt (§ 797 Abs. 1 ZPO);
- bei **notariellen Urkunden** der Notar oder die Behörde, welche die Urkunde verwahrt (§ 797 Abs. 2 ZPO);
- bei **Anwaltsvergleichen** je nachdem, ob sie durch das Gericht oder den Notar für **vollstreckbar** erklärt worden sind,[215] entweder der **UdG** (§ 724 ZPO) oder der **Notar** (§ 797 Abs. 6 i.V.m. Abs. 2 ZPO).

---

210 Dazu MünchKomm-ZPO/*Wolfsteiner*, § 724 Rn. 17.
211 Vor allem nach §§ 7 UVG, 94 SGB XII, 33 SGB II.
212 Rn. 666ff.
213 Vgl. im Einzelnen § 43 GVGA.
214 Vgl. Rn. 83.
215 Dazu Rn. 55.

85 Dabei ist für die Anwendung des **§ 726 Abs. 1 ZPO** die **Beweislast** für den **Eintritt der Bedingung** zu beachten: Bei der notwendigen Auslegung des Titels ist zu fragen, ob mit der Bedingung im Titel dem Gläubiger die Zwangsvollstreckung erst ermöglicht[216] oder nur dem Schuldner die Möglichkeit eingeräumt werden soll, die Zwangsvollstreckung abzuwenden.[217] Nur in ersterem Fall ist der **Rechtspfleger** zuständig.[218]

86 Eine Vollstreckungsklausel, die entgegen §§ 726 Abs. 1 ZPO, 20 Nr. 12 RPflG nicht vom Rechtspfleger, sondern **vom UdG erteilt** wird, ist anfechtbar, aber **nicht unwirksam**. Die Vollstreckung auf Grund einer in diesem Sinne **fehlerhaften Klausel** ist bis zu ihrer Beseitigung deshalb rechtmäßig und kann nicht im Verfahren nach § 766 ZPO, sondern lediglich im Wege der **Klauselerinnerung** (§ 732 ZPO) angefochten werden.[219] Dementsprechend hat das Vollstreckungsgericht eine erteilte und vorgelegte einfache Vollstreckungsklausel nicht dahingehend zu überprüfen, ob eine qualifizierte Klausel nach § 726 ZPO erforderlich ist.[220]

In den Fällen des §§ 726 Abs. 1, 727 bis 729 ZPO kann der **Schuldner** vor der Erteilung der vollstreckbaren Ausfertigung **gehört** werden (§ 730 ZPO). Hieraus ist zu schließen, dass er in den übrigen Fällen, insbesondere vor Erteilung der einfachen Klausel nicht anzuhören ist.

87 Vollstreckbare Ausfertigungen der **Urkunden der Jugendämter** über die Zahlungspflicht von Kindesunterhalt erteilt das für die Beurkundung der Verpflichtungserklärung zuständige **Jugendamt** (§ 60 Nr. 1 SGB VIII).[221]

d) Weitere vollstreckbare Ausfertigung

88 Die vollstreckbare Ausfertigung wird grundsätzlich nur einmal erteilt, um Missbrauch zu verhüten. In Ausnahmefällen kann das Gericht[222] gemäß **§ 733 ZPO** auf Antrag eine **zusätzliche** vollstreckbare Ausfertigung erteilen, wenn der Gläubiger hierfür ein **berechtigtes Interesse** glaubhaft machen kann. Da der Schuldner davor geschützt werden muss, mehrfach aufgrund ein und desselben Titels in Anspruch genommen zu werden, darf sie ohne Weiteres nur erteilt werden, wenn die ursprüngliche Ausfertigung

216 Vgl. zu dieser Konstellation z.B. OLG Hamm, Beschl. v. 10.8.2011, 8 UF 146/11, BeckRS 2011, 25084.

217 Dazu BGH, Beschl. v. 23.5.2012, VII ZB 31/11, NJW-RR 2012, 1148, dazu *Toussaint*, FD-ZVR 2012, 334898.

218 BGH, a.a.O.

219 BGH, Beschl. v. 12.1.2012, VII ZB 71/09, MDR 2012, 367; zur **materiellen** Richtigkeit der erteilten Klausel vgl. BGH, Beschl. v. 1.2.2017, VII ZB 22/16, FamRZ 2017, 823 (LS) = Rpfleger 2017, 348.

220 BGH, Beschl. v. 25.10.2012, VII ZB 57/11, FamRZ 2013, 127.

221 Dazu näher Rn. 701.

222 Vgl. § 797 Abs. 3 ZPO bezüglich einer **notariellen Urkunde**.

zurückgegeben wird; die Gefahr einer **Doppelvollstreckung** muss vermieden werden.[223] In allen anderen Fällen hat das Gericht zu prüfen, ob eine weitere Ausfertigung ohne unnötige Gefährdung des Schuldners erteilt werden kann.[224]

Häufigster Anwendungsfall ist insoweit der (meist auf dem Postweg oder auch beim Umzug eintretende) **Verlust des Titels.**[225] Macht der Gläubiger geltend, die vollstreckbare Ausfertigung nicht erhalten zu haben, so trifft ihn die Beweislast; insoweit genügt die Glaubhaftmachung.[226] Mitunter händigt der Gerichtsvollzieher den Titel auch versehentlich dem Schuldner aus, weil er das Bestehen einer Restforderung übersehen hat. Oder der frühere Bevollmächtigte des Gläubigers verweigert die Herausgabe der vollstreckbaren Ausfertigung. 89

Praxistipp: Auch wenn der Gläubiger Vollstreckungsauftrag gegenüber **verschiedenen Vollstreckungsorganen** oder an **verschiedenen Orten** erteilen will, kann er eine weitere Ausfertigung beanspruchen.[227]

e) Insolvenzverfahren

Gerät der Schuldner während des **Klauselerteilungsverfahrens** in **Insolvenz**, wird dieses nicht nach § 240 ZPO unterbrochen. Auch wird die Erteilung der Vollstreckungsklausel hierdurch nicht nach § 89 Abs. 1 InsO unzulässig, weil dieses Verfahren lediglich eine die Zwangsvollstreckung vorbereitende Maßnahme ist und von dem Vollstreckungsverbot nicht erfasst wird.[228] 90

2. Einstweilige Anordnung

In Familienstreitsachen sind nach § 119 Abs. 1 S. 1 FamFG die Vorschriften über die einstweilige Anordnung, also auch **§ 53 Abs. 1 FamFG** anzuwenden. Danach bedarf eine einstweilige Anordnung der Vollstreckungsklausel nur, wenn die Vollstreckung für oder gegen einen anderen als den in dem Beschluss bezeichneten Beteiligten erfolgen soll. Im Übrigen ist die Klausel entbehrlich. Diese Regelung entspricht § 929 Abs. 1 ZPO. 91

---

223 OLG Koblenz, Beschl. v. 7.6.2013, 3 W 295/13, NJW-RR 2013, 1019.

224 OLG Saarbrücken, Beschl. v. 15.5.2007, 5 W 74/07, Rpfleger 2007, 673.

225 Dazu OLG Saarbrücken, a.a.O.; DIJuF-Rechtsgutachten v. 25.3.2008, JAmt 2008, 307.

226 OLG München, Beschl. v. 23.8.2012, 12 WF 1337/12, FamRZ 2013, 485; vgl. auch OLG Düsseldorf, Beschl. v. 19.10.2012, 7 W 56/12, Rpfleger 2013, 283; wegen der **Kosten** vgl. *Schneider*, DGVZ 2011, 26.

227 Dazu KG, Beschl. v. 16.3.2011, 17 WF 32/11, JAmt 2012, 173.

228 BGH, Beschl. v. 12.12.2007, VII ZB 108/06, NJW 2008, 918.

Zuständig für die Erteilung der Klausel ist je nach Art der Klausel der **Urkundsbeamte** der Geschäftsstelle **(UdG)** oder der **Rechtspfleger.**[229]

3. Rechtsbehelfe

92 Gegen die **Klauselerteilung** kann sich der Schuldner mit dem Rechtsbehelf der **Klauselerinnerung** nach **§ 732 ZPO**[230] zur Wehr setzen, wenn es um **formelle** Einwendungen geht. So kann er beispielsweise eine unzureichend nachgewiesene Rechtsnachfolge rügen.[231] Bestreitet der Schuldner hingegen das Vorliegen der der Klauselerteilung zugrunde liegenden **materiellen** Voraussetzungen, kann er mit dem **Klauselgegenantrag** nach **§ 768 ZPO** vorgehen.[232] Hierdurch kann nur eine Entscheidung über die Unzulässigkeit der Zwangsvollstreckung aus der erteilten **Klausel** herbeigeführt werden, nicht jedoch darüber, dass die Vollstreckung aus dem **Titel** unzulässig ist.[233]

93 Die **Klauselerinnerung** wird gerne eingelegt, wenn die Vollstreckung aus einer notariellen Urkunde droht – doch sie ist nur ein schwacher Rechtsbehelf, wie der **BGH**[234] in zwei Entscheidungen befunden hat. Immerhin ist nunmehr höchstrichterlich anerkannt, dass das Klauselerinnerungserfahren alternativ **neben einem Vollstreckungsabwehrantrag nach § 767 ZPO**[235] grundsätzlich **zulässig** ist. Allerdings kann der Schuldner gegen eine dem Gläubiger (vom Notar) erteilte Klausel nur Einwendungen erheben, die Fehler **formeller** Art zum Gegenstand haben. Der Notar prüft lediglich nach allgemeinen Regeln, ob ein formell wirksamer Titel mit vollstreckungsfähigem Inhalt vorliegt. Danach kann beispielsweise eingewandt werden, der Titel sei nicht hinreichend bestimmt oder es sei die nach dem Vertrag vorausgesetzte Bedingung noch nicht eingetreten. **Nicht** hingegen ist etwa zu überprüfen, ob der Unterhaltsanspruch des Gläubigers entstanden ist. Solche materiell-rechtlichen Einwendungen sind dem Gegenantrag nach § 767 ZPO vorbehalten.

94 Der Unterhaltsschuldner kann zulässigerweise mit dem **negativen Feststellungsantrag** geltend machen, dass ein gegen ihn gerichteter Unterhaltsanspruch nicht auf die Unterhaltsvorschusskasse übergegangen ist. Er

229 Rn. 84.

230 In besonderen Fällen auch mit einem **Klauselgegenantrag** gemäß § 768 ZPO; dazu eingehend *Jungbauer*, JurBüro 2002, 285, 289 m.w.N.

231 BGH, Beschl. v. 13.10.2016, V ZB 174/15, NJW 2017, 411 mit Anm. *Ahrens*.

232 *Lackmann* in: Musielak/Voit, § 768 Rn. 1.

233 Insoweit Antrag nach **§ 727 ZPO**; zur Abgrenzung BGH, Urt. v. 27.1.2012, V ZR 92/11, BeckRS 2012, 05392, dazu *Elzer*, FD-ZVR 2012, 330372.

234 BGH, Beschlüsse v. 5.7.2005, VII ZB 27/05, Rpfleger 2005, 612, und v. 4.10.2005, VII ZB 54/05, Rpfleger 2006, 27; vgl. auch OLG Koblenz, Beschl. v. 2.5.2016, 13 WF 297/16, FamRZ 2017, 739; *Barnert*, MDR 2004, 605.

235 Dazu Rn. 384.

ist nicht darauf verwiesen abzuwarten, bis der Unterhaltsvorschusskasse eine Rechtsnachfolgeklausel erteilt ist, um dann erst nach § 732 ZPO hiergegen Erinnerung einzulegen. Denn diese ist erst dann zulässig, wenn die Vollstreckungsklausel erteilt ist.[236]

Mit dem **prozessualen Gestaltungsantrag analog § 767 Abs. 1 ZPO** kann geltend gemacht werden, dass ein Urteil (Beschluss) infolge eines Vergleichs wirkungslos geworden ist, ohne dass ein Rechtsschutzinteresse wegen der Möglichkeit, dies mit der **Klauselerinnerung** nach § 732 ZPO geltend zu machen, zu verneinen wäre.[237] 95

VIII. Zustellung

1. Endentscheidung

a) Grundsätze

Das **Zustellungserfordernis** sichert den Anspruch des Schuldners auf Gewährung **rechtlichen Gehörs**. Hierdurch wird er vollständig über die Grundlagen der Zwangsvollstreckung unterrichtet und in die Lage versetzt, deren Voraussetzungen zu prüfen.[238] 96

Auch für die Zustellung von **Endentscheidungen in Familienstreitsachen** gelten nach § 113 Abs. 1 S. 2 FamFG die allgemeinen Vorschriften der **ZPO** (nicht: § 15 FamFG).[239] Demgemäß darf die Zwangsvollstreckung nur beginnen, wenn eine **Ausfertigung** des Titels vor Beginn der Vollstreckung dem Schuldner **zugestellt** ist oder gleichzeitig zugestellt wird (**§ 750 ZPO**). Vielfach bedarf es der **vorherigen** Zustellung, weil das Gesetz Wartezeiten von ein bis zwei Wochen zwischen Zustellung und Vollstreckungsbeginn vorschreibt (z.B. bezüglich der notariellen Urkunde, § 798 ZPO).[240]

b) Form der Zustellung

Unabhängig davon, ob die Beschlüsse zu verkünden sind oder nicht, müssen sie grundsätzlich nach §§ 317, 329 Abs. 2 S. 2 bzw. Abs. 3 ZPO **von Amts wegen** zugestellt werden, und zwar nach den Vorgaben der §§ 166 ff. ZPO.[241] Dabei ist nunmehr[242] die Zustellung von Urteilen und Beschlüssen nicht mehr in Ausfertigung, sondern nur noch in **beglaubig-** 97

---

236 OLG Karlsruhe, Beschl. v. 19.7.2007, 16 WF 131/07, FamRZ 2008, 1457.

237 BGH, Beschl. v. 23.8.2007, VII ZB 115/06, FamRZ 2007, 1881.

238 BGH, Beschl. v. 8.11.2012, V ZB 124/12, DNotZ 2013, 190.

239 Ausführlich *Schneider*, Rpfleger 2011, 1, 6 ff.

240 Dazu Rn. 56.

241 *Griesche* in: Ehinger/Griesche/Rasch, Kap. M., Rn. 126.

242 Aufgrund des Gesetzes zur Förderung des elektronischen Rechtsverkehrs mit den Gerichten v. 10.10.2013, BGBl. 2013 I S. 3786, in Kraft seit 1.7.2014.

ter Abschrift vorgesehen.[243] Die **Ausfertigung** wird lediglich noch **auf Antrag** und ausschließlich in Papierform erteilt (§ 317 Abs. 2 S. 1 ZPO). Sie wird u.a. für die **Klauselerteilung** (vollstreckbare Ausfertigung, § 724 ZPO) und die Einstellung der Zwangsvollstreckung (§ 775 Nr. 1 und 2 ZPO) benötigt.

Abgrenzung	
Urschrift	**= Original**
Ausfertigung	mit dem **Ausfertigungsvermerk**[244] versehene **Abschrift der Urschrift**; sie muss der Urschrift inhaltlich entsprechen[245] und vertritt die bei den Akten verbleibende Urschrift nach außen[246] und
Beglaubigte Abschrift	mit dem (formlosen) **Beglaubigungsvermerk**[247] versehene **Abschrift einer Urkunde**, die ihrerseits Urschrift, Ausfertigung oder beglaubigte Abschrift der Urkunde sein kann. Eine Abschrift (Zweitschrift) bezeugt, dass sie mit der Urschrift oder ihrer Ausfertigung übereinstimmt

98 **Ausfertigungen** bieten eine höhere Richtigkeitsgewähr:[248] Denn Änderungen der Urschrift werden durch nachträgliche **Berichtigung** (nur) in Ausfertigungen vermerkt (§§ 319 Abs. 2, 320 Abs. 4 S. 5 ZPO); die **Aufhebung** der Urschrift wird durch eine Einziehung oder Kraftloserklärung von Ausfertigungen umgesetzt.[249]

99 Allerdings genügt bei Beginn der **Zwangsvollstreckung** die Zustellung des Titels durch den **Gläubiger** (§ 750 Abs. 1 S. 2 ZPO), also entweder durch den Gerichtsvollzieher (§§ 192 ff. ZPO) oder „von Anwalt zu Anwalt" (§ 195 ZPO). Beauftragt der Gläubiger den **Gerichtsvollzieher**, so hat dieser ein **Ermessen** bei der Wahl der **Zustellungsart**, nämlich zwischen der Zustellung durch ihn selbst oder durch die Post (§ 15 Abs. 2 S. 2 GVGA). Die Gläubigeranweisung im Vollstreckungsauftrag, alle erforderlichen Zustellungen durch Aufgabe zur Post zu erledigen, ist bei einer im Inland durchzuführenden Zustellung unbeachtlich.[250] Die **Weisung** des Gläubigers muss von dem Gerichtsvollzieher zwar bei seiner Ermessen-

243 Die frühere Rechtsprechung des **BGH** (vgl. Beschl. v. 9.6.2010, XII ZB 132/09, FamRZ 2010, 1246), die die Zustellung einer **Ausfertigung** forderte, ist damit obsolet, vgl. auch BGH, Beschl. v. 27.1.2016, XII ZB 684/14, FamRZ 2016, 624.

244 § 49 Abs. 1 BeurkG. Der **Ausfertigungsvermerk** bestätigt die inhaltliche Übereinstimmung.

245 OLG Köln Beschl. v. 18.12.1989, 2 W 179/89, Rpfleger 1990, 216.

246 BGH, Beschl. v. 9.6.2010, XII ZB 132/09, FamRZ 2010, 1246.

247 § 39 BeurkG. Die **Beglaubigung** erfolgt durch die Geschäftsstelle, § 162 Abs. 2 ZPO. Auch der **Beglaubigungsvermerk** bestätigt die inhaltliche Übereinstimmung.

248 *Müller-Teckhof*, MMR 2014, 95, 98; BeckOK-ZPO/*Elzer*, § 317 Rn. 14.

249 BT-Drs. 17/12634, S. 30.

250 OLG Stuttgart, Beschl. v. 23.2.2015, 8 W 75/15, NJW 2015, 2513; OLG Karlsruhe, Beschl. v. 22.7.2016, 11 W 66/16, NJW-RR 2016, 1534.

sausübung mit beachtet werden, reduziert das Ermessen aber nicht ohne weiteres „auf null“.[251]

Praxistipp: Die Zustellung im **„Parteibetrieb“** kann für den Gläubiger ungeachtet der grundsätzlich vorgeschriebenen Amtszustellung von Vorteil sein, etwa zwecks Beschleunigung des Verfahrens.

Grundsätzlich muss dabei nur eine **einfache Ausfertigung**[252] des **Beschlusses** oder des sonstigen **Titels** zugestellt werden, nicht jedoch die einfache Vollstreckungsklausel. Lediglich in den in **§ 750 Abs. 2 ZPO** aufgezählten Fällen bedarf es **auch** der Zustellung des mit einer (sog. qualifizierten) **Vollstreckungsklausel** versehenen Titels, z.B. bei einer Vollstreckung gegen den Rechtsnachfolger des Schuldners oder aufgrund eines Widerrufsvergleichs. **100**

Im Übrigen sind folgende **Besonderheiten** zu berücksichtigen:

- Gemäß §§ 113 Abs. 1 S. 2 FamFG, 172 ZPO sind Zustellungen in **Familienstreitverfahren** an den für den Rechtszug bestellten **Bevollmächtigten** vorzunehmen. Eine **zusätzliche Zustellung** dient an den anwaltlich vertretenen Beteiligten regelmäßig lediglich seiner Unterrichtung und bleibt auf die Maßgeblichkeit der Zustellung an seinen Bevollmächtigten ohne Einfluss.[253]
- In einer Familienstreitsache ist der Instanz beendende Beschluss zu **verkünden**. Die nachfolgende Zustellung eines **inhaltlich abweichenden** Beschlusses setzt keine Rechtsmittelfristen in Gang.[254]
- Bei einem **verfahrensunfähigen Schuldner** muss die Zustellung an den gesetzlichen Vertreter (häufig: den Betreuer) veranlasst werden (§ 170 Abs. 1 ZPO).[255]

Praxistipp: Will ein Schuldner der drohenden Zwangsvollstreckung entgehen, wendet er mitunter ein, die **Zustellung** des zugrunde liegenden Vollstreckungstitels sei nicht oder nur **fehlerhaft** erfolgt. Daher sollten die Vorschriften genau eingehalten werden. Bei etwaigen Mängeln ist die Möglichkeit der **Heilung** zu prüfen.[256]

---

251 OLG Stuttgart, Beschl. v. 18.4.2016, 8 W 483/15, MDR 2016, 730; OLG Köln, Beschl. v. 13.4.2015, 17 W 319/14, Rpfleger 2015, 661; a.A. OLG Koblenz, Beschl. v. 20.10.2015, 14 W 675/15, MDR 2016, 50.

252 Zum Begriff s. Rn. 97.

253 BGH, Beschl. v. 11.5.2016, XII ZB 582/15, FamRZ 2016, 1259.

254 OLG Hamm, Beschl. v. 21.1.2016, 4 UF 2/16, FamRZ 2016, 1387.

255 Dazu BGH, Urt. v. 12.3.2015, III ZR 207/14, FamRZ 2015, 1021 (betr. Wachkoma-Patient); zur Heilung des Zustellungsmangels s. Rn. 105.

256 Dazu Rn. 105.

101 **Weigert** sich der **Gerichtsvollzieher**, eine titelumschreibende vollstreckbare Ausfertigung mit Nachweisurkunde **zuzustellen**, findet hiergegen nicht die Erinnerung nach § 766 ZPO, sondern der Antrag auf gerichtliche Entscheidung nach **§ 23 EGGVG** statt.[257]

Praxistipp: Generell gilt für **Zustellungen**: Übersendet das Gericht eine **Mitteilung formlos**, so besteht keine Vermutung für deren Zugang, da Mitteilungen verloren gehen können. Der Bürger trägt weder das Risiko des Verlusts im Übermittlungsweg noch eine irgendwie geartete Beweislast für den Nichtzugang.[258]

c) Ersatzzustellung

102 Wird der Zustellungsadressat nicht angetroffen, kann das Schriftstück auch an Familienangehörige und andere näher bezeichnete **Dritte** zugestellt werden (§ 178 Abs. 1 ZPO). Hilfsweise kann das Schriftstück in einen zu der Wohnung oder dem Geschäftsraum gehörenden **Briefkasten** oder in eine **ähnliche Vorrichtung** eingelegt werden (§ 180 ZPO).

Praxistipp: Zu einer solchen Einrichtung zählt nach der neuen Rechtsprechung des **BGH**[259] auch das **Postfach** des Schuldners, in das das zuzustellende Schriftstück im Wege der Ersatzzustellung eingelegt werden kann. Es handele sich dabei um eine gesicherte, vom potenziellen Empfänger eingerichtete, dem Briefkasten ähnliche Einrichtung.

Der Zusteller muss auf dem Umschlag des zuzustellenden Schriftstücks das Datum der Zustellung **vermerken** (§ 180 S. 3 ZPO). Vergisst er dies, ist eine **Heilung** nach § 189 ZPO möglich.[260]

d) Öffentliche Zustellung

103 Bei bestimmten Zustellungshindernissen kann der Titel auch durch **öffentliche Bekanntmachung** zugestellt werden. Eine solche öffentliche Zustellung kommt gemäß § 185 ZPO insbesondere in Betracht, wenn der Aufenthaltsort des Schuldners **unbekannt** ist oder im **Ausland** liegt.

Wegen des erheblichen Eingriffs in die Verteidigungsmöglichkeiten des Adressaten darf ein **unbekannter Aufenthalt** grundsätzlich erst angenom-

---

257 OLG Hamm, Beschl. v. 15.7.2010, 15 VA 10/09, Rpfleger 2011, 93.

258 BVerfG, Beschl. v. 19.6.2013, 2 BvR 1960/12, NJW 2013, 2658.

259 BGH, Beschl. v. 14.6.2012, V ZB 182/11, Rpfleger 2012, 702, dazu NJW-Spezial 2012, 642.

260 BFH, Beschl. v. 6.5.2014, GrS 2/13, NJW 2014, 2524.

men werden, wenn eingehende **Ermittlungen erfolglos** geblieben sind.[261] Doch sind diese Anforderungen im Rahmen des **Vollstreckungsverfahrens** geringer als im Rahmen des Erkenntnisverfahrens.[262]

Praxistipp: Insoweit genügt etwa die Vorlage aktueller Auskünfte des für den letzten bekannten Wohnort des Schuldners zuständigen **Einwohnermeldeamtes.**[263]

Die **öffentliche Zustellung** ist grundsätzlich auch in **Eilverfahren** statthaft. Das Gebot der Zustellung im Parteibetrieb[264] wirkt sich bei der öffentlichen Zustellung eines **Arrestbeschlusses** wegen unbekannten Aufenthalts des Schuldners[265] dahin aus, dass das Gericht – abweichend vom Regelfall – ausschließlich **auf Antrag** tätig werden und seine Bewilligung davon abhängig machen darf, dass die sachlichen Bewilligungsvoraussetzungen von dem **Gläubiger** lückenlos dargetan sind.[266]

e) Zustellung im Ausland

Eine **Zustellung im Ausland** ist nach den bestehenden völkerrechtlichen Vereinbarungen vorzunehmen (§ 183 Abs. 1 ZPO).[267] Insoweit ermöglicht **§ 184 Abs. 1 ZPO** dem Gericht grundsätzlich einen relativ einfachen Weg: Es kann anordnen, dass der Zustelladressat innerhalb einer angemessenen Frist einen im Inland ansässigen **Zustellungsbevollmächtigten** benennt, und im Falle unterlassener Benennung spätere Zustellungen durch **Aufgabe zur Post** bewirken.[268] 104

Indes besteht eine praktisch bedeutsame Einschränkung: Die Vorschrift ist **nicht** anwendbar, wenn der Zustellungsadressat seinen gewöhnlichen Aufenthalt in einem anderen **Mitgliedstaat der EU** hat. In diesen Fällen sind alle Schriftstücke gemäß der **Europäische Zustellungsverordnung** (EuZVO)[269] zuzustellen.[270] Das bedeutet, dass – soweit nicht die förmliche Zustellung nach Art. 4 ff. EuZVO gewählt wird – gemäß Art. 14 EuZVO

---

261 Zu den Auswirkungen einer fehlerhaften öffentlichen Zustellung vgl. *Nastansky*, MDR 2017, 128.

262 BGH, Urt. v. 4.7.2012, XII ZR 94/10, FamRZ 2012, 1376.

263 BGH, Beschl. v. 14.2.2003, IXa ZB 56/03, Rpfleger 2003, 307; LG Leipzig, Beschl. v. 30.4.2015, 8 T 208/15, Rpfleger 2015, 662.

264 § 922 Abs. 2 ZPO.

265 § 185 Nr. 1 ZPO.

266 OLG Bamberg, Beschl. v. 12.4.2013, 4 W 35/13, NJW-RR 2013,1279.

267 Zu den Neuerungen aufgrund des von Gesetzes zur Änderung von Vorschriften im Bereich des Internationalen Privat- und Zivilverfahrensrechts vgl. BT-Drs. 18/10714, 18/11637 und BR-Drs. 294/17 (B).

268 Vgl. etwa OLG Hamm, Urt. v. 10.8.2011, 8 U 31/11, NJW-RR 2012, 62.

269 Verordnung (EG) Nr. 1393/2007 v. 13.11.2007, dazu *Strasser*, Rpfleger 2013, 585.

270 § 183 Abs. 5 ZPO, dazu BGH, Urt. v. 2.2.2011, VIII ZR 190/10, NJW 2011, 1885.

ein **Einschreiben mit Rückschein** an die ausländische Anschrift des Beteiligten gesendet werden muss.[271]

f) Heilung von Zustellungsmängeln

105 Im Alltagsgeschäft kann es auch bei der Zustellung von Schriftstücken jederzeit zu Fehlern bei der Einhaltung der Formvorschriften kommen. In manchen Fällen kommt eine **Heilung nach § 189 ZPO** in Betracht.

Beispiel: Die Geschäftsstelle hat die Zustellung einer **einfachen statt einer beglaubigten Abschrift** der Antragsschrift veranlasst, weil die von dem Antragsteller eingereichten Abschriften mit dem Stempel „Beglaubigte Abschrift" versehen, jedoch nicht beglaubigt waren.

Hierbei handelt es sich zwar um eine Verletzung zwingender Zustellungsvorschriften, die jedoch nach § 189 ZPO **geheilt** werden kann.[272] Allgemein habe die Vorschrift den Sinn, die förmlichen Zustellungsvorschriften nicht zum Selbstzweck erstarren zu lassen, sondern die Zustellung auch dann als bewirkt anzusehen, wenn der Zustellungszweck anderweitig erreicht wird. Der Zweck der Zustellung ist es, dem Adressaten angemessene Gelegenheit zu verschaffen, von einem Schriftstück Kenntnis zu nehmen, und den Zeitpunkt der Bekanntgabe zu dokumentieren.[273]

Allgemein macht die entgegen § 750 Abs. 1 ZPO fehlende Zustellung eine **Vollstreckungsmaßnahme** nur **anfechtbar**, weil ein solcher Mangel durch Nachholung der Zustellung geheilt werden kann. Insoweit kann sogar der tatsächliche Zugang ausreichen.[274] So kann auch die Unwirksamkeit der Zustellung an eine **prozessunfähige Person** dadurch geheilt werden, dass das zuzustellende Schriftstück dem **gesetzlichen Vertreter** der prozessunfähigen Person tatsächlich zugeht.[275]

2. Einstweilige Anordnung

106 Auch in Familienstreitsachen erlassene **einstweilige Anordnungen** sind nach §§ 166 Abs. 2, 750 Abs. 1 ZPO i.V.m. § 113 Abs. 1 S. 2 FamFG **von Amts wegen** zuzustellen.[276] Insoweit gelten die obigen Ausführungen.

---

271 *Heiderhoff*, LMK 2011, 317529, dazu auch EuGH, Urt. v. 2.3.2017, C-354/15, DGVZ 2017, 91 (LS).

272 BGH, Beschl. v. 13.10.2016, V ZB 174/15, NJW 2017, 411 mit Anm. *Ahrens*; Urt. v. 22.12.2015, VI ZR 79/15, FamRZ 2016, 535 = NJW 2016, 1517 mit kritischer Anm. *Böttcher*.

273 BGH, a.a.O.

274 BGH, Beschl. v. 27.10.2016, V ZB 48/15, Rpfleger 2017, 168.

275 BGH, Urt. v. 12.3.2015, III ZR 207/14, FamRZ 2015, 1021 = NJW 2015, 1760 mit Anm. *Fölsch*; zur Heilung bei fehlerhafter **Ersatzzustellung** vgl. oben Rn. 102, bei fehlerhafter **Auslandszustellung** BGH, Urt. v. 14.9.2011, XII ZR 168/09, FamRZ 2011, 1860.

276 *Giers*, Rn. 183.

Die Zustellung ist auch **Vollstreckungsvoraussetzung** (§ 53 Abs. 2 FamFG, § 120 Abs. 1 FamFG i.V.m. § 750 Abs. 1 ZPO).[277] Ein „besonderes Bedürfnis“ i.S.d. § 53 Abs. 2 FamFG, das die Vollstreckung **vor der Zustellung** ermöglichen könnte, kann in Familienstreitsachen kaum angenommen werden.

3. Gerichtlicher Vergleich

Nach h.M. darf der in ZPO-Verfahren geschlossene gerichtliche **Vergleich** nur im **Parteibetrieb** zugestellt werden. Eine Zustellung im Wege 107
der Amtszustellung sei fehlerhaft.[278]

B. Vorläufiger Rechtsschutz durch Arrest

I. Abgrenzung

Vorläufiger Rechtsschutz in **Familienstreitsachen** wird gemäß § 119 108
Abs. 1 FamFG zum einen durch Erlass einer **einstweiligen Anordnung** nach §§ 49 ff. FamFG (mit Sonderregelungen betreffend Unterhalt in §§ 246, 247 FamFG) gewährt.[279] Für den Erlass einer **einstweiligen Verfügung** nach §§ 935, 940 ZPO ist kein Raum. Auch **Verfügungs- und Veräußerungsverbote** oder dergleichen ergehen in Form einer einstweiligen Anordnung (vgl. § 49 Abs. 2 FamFG).[280]

Daneben kann das Familiengericht gemäß § 119 Abs. 2 FamFG einen **Arrest** anordnen; (nur) §§ 916–934 und §§ 943–945 ZPO gelten dann entsprechend.[281] Somit unterfällt auch das Arrestverfahren den **Familienstreitsachen**.[282]

Praxistipp: Diese beiden Instrumente einstweiligen Rechtsschutzes dürfen nicht miteinander verwechselt und verwoben werden. So unterliegt die einstweilige Anordnung nicht der

277 *Schneider*, Rpfleger 2011, 1, 7; s.a. oben Rn. 48.

278 *Lackmann* in: Musielak/Voit, § 750 Rn. 18; MünchKomm-ZPO/*Heßler*, § 750 Rn. 66; BeckOK-ZPO/*Ulrici*, § 750 Rn. 29; *Giers* in: Kindl/Meller-Hannich/Wolf, § 750 Rn. 16; a.A. OLG Dresden, Beschl. v. 18.6.1996, 9 W 459/96, MDR 1996, 1184.

279 Zur **Vollstreckung** einer **einstweiligen Anordnung** in Familienstreitsachen vgl. Rn. 47.

280 OLG Karlsruhe, Beschl. v. 5 8.2010, 18 UF 100/10, FamRZ 2011, 234, dazu *Cirullies*, FamFR 2010, 523.

281 Daher ist auch **§ 945a ZPO** (Einreichung von Schutzschriften) in Familiensachen **nicht** anwendbar. Gleichwohl kann sich die Einreichung einer **Schutzschrift** auch in Familiensachen empfehlen, dazu *Kogel*, FamRB 2013, 365, 370.

282 OLG Stuttgart, Beschl. v. 26.8.2011, 17 UF 167/11, FamRZ 2012, 324.

Vollziehungsfrist des § 929 Abs. 3 ZPO.[283] Auch stellt die **einstweilige Anordnung** in Familienstreitsachen in der Regel bereits einen Zahlungstitel dar, während der **Arrest** lediglich durch eine Vermögensblockade die Zugriffsmöglichkeiten des Gläubigers wahrt.

109 Die Einleitung eines Arrestverfahrens bietet sich an, solange **noch kein Vollstreckungstitel** gegen einen zahlungsunwilligen Schuldner erwirkt ist. Zeichnet sich auf dessen Seiten ein Vermögensverfall oder das Beiseiteschaffen von Vermögenswerten ab, sind Maßnahmen zur **Sicherung der Ansprüche** geboten. Während in solchen Fällen die **Gläubigeranfechtung** (erst) nach Titelerlangung und erfolglosen Vollstreckungsversuchen noch retten soll, was zu retten ist,[284] kann der **Arrest** bereits im Vorfeld Gläubigeransprüche sichern. Freilich kann auch der Anfechtungsanspruch gegen einen Dritten grundsätzlich durch Arrest gesichert werden.[285]

II. Anwendungsbereich

110 In allen Familienstreitsachen (§ 112 FamFG) kann ein Arrestverfahren eingeleitet werden.[286] Praktisch von Bedeutung ist die Sicherung von **Unterhaltsforderungen**[287] sowie **Zugewinnausgleichsansprüchen.**[288] Dabei kann Arrest nicht nur für den **vorzeitigen** Zugewinnausgleich nach § 1385 BGB angeordnet werden, sondern nach Zustellung des Scheidungsantrages auch den Anspruch auf **künftigen** Zugewinnausgleich sichern.[289]

Praxistipp: Gibt es konkrete Hinweise auf eine bestehende Vereitelungsabsicht des anderen Ehegatten, so verstößt der Rechtsanwalt gegen seine Sorgfaltspflicht, wenn er **keine Maßnahmen zur Sicherung** der Vollstreckbarkeit eines Zugewinnausgleichsanspruchs seines Mandanten ergreift.[290]

---

283 Dazu AG Herford Beschl. v. 9.10.2012, 7b M 1473/12, FamRZ 2013, 970 mit Anm. *Benkelberg*, FamRZ 2013, 1507, ferner *Friederici/Sommer*, FamRZ 2013, 1835.

284 Dazu Rn. 794 ff.

285 FG Hamburg, Beschl. v. 15.4.2014, 3 V 63/14; ausführlich *Cirullies*, FamRZ 2012, 1017, 1022; ferner Rn. 831.

286 Dazu *Löhnig*, FPR 2012, 508.

287 Dazu *Büte*, FuR 2013, 506, 507; *Schmitz* in: Wendl/Dose, § 10 Rn. 485 ff.; *Cirullies*, FamRZ 2012, 1017.

288 Dazu *Kogel*, FamRB 2013, 365.

289 OLG Bremen, Beschl. v. 7.5.2015, 4 WF 52/15, FamRZ 2016, 129; OLG Celle, Beschl. v. 3.4.2014, 15 UF 186/13, FamRZ 2015, 160.

290 OLG Hamm, Urt. v. 17.5.2002, 33 U 7/02, FamRZ 2003, 758; Urt. v. 27.11.1991, 33 U 6/90, FamRZ 1992, 430; dazu *Kogel*, FamRZ 2008, 1297, 1299.

III. Arrestverfahren

1. Grundsätze

Zwar kann der Gläubiger grundsätzlich auch einen sog. **persönlichen Arrest** gegen den Schuldner erwirken, um das Beiseiteschaffen von Vermögensgegenständen zu verhindern (§ 918 ZPO). In der Regel wird es jedoch um den sog. **dinglichen Arrest** gehen: Durch ihn kann die **künftige Zwangsvollstreckung** aus einem noch zu beschaffenden Titel wegen einer **Geldforderung** gesichert werden, wenn konkret die Befürchtung besteht, anderenfalls werde die Vollstreckung vereitelt oder wesentlich erschwert (§ 917 ZPO). 111

Zunächst muss der Gläubiger im Arrestverfahren einen **Arrestbefehl** (Titel) erwirken, der dann zu **vollziehen**, d.h. zu vollstrecken ist. Auf diese Weise erlangt der Gläubiger ein **Arrestpfandrecht**, das die spätere Befriedigung vorbereitet und den **Rang** für die endgültige Vollstreckung **wahrt**. Dabei wird der Arrest in den **Grundbesitz** des Schuldners durch Eintragung einer **Arresthypothek** vollzogen.[291] Verfügt der Schuldner über Vermögen im **Ausland**, kann der Arrestbefehl grundsätzlich auch dort geltend gemacht werden.

2. Antrag

Das Arrestverfahren leitet der Gläubiger durch einen Antrag ein, das **Arrestgesuch** (§ 920 ZPO). Es kann auch auf der Geschäftsstelle zu Protokoll erklärt werden. Daher besteht insoweit **kein Anwaltszwang**.[292] 112

Der **Antrag** muss bezeichnen und glaubhaft machen:

- den **Anspruch** unter Angabe des Geldbetrages sowie
- den **Arrestgrund** (Rechtsschutzinteresse).

Der eigentliche **Antrag** könnte lauten:[293]

„Zur Sicherung der Zwangsvollstreckung wegen einer Unterhaltsforderung (Zugewinnausgleichsforderung) der Antragstellerin in Höhe von … €, wegen einer Kostenpauschale von … € sowie wegen Zinsen aus der Hauptforderung in Höhe von 5 Prozentpunkten über dem Basiszinssatz seit … wird beantragt, den dinglichen Arrest in das gesamte Vermögen des Antragsgegners – wegen Dringlichkeit ohne mündliche Verhandlung – anzuordnen."

291 Dazu unten Rn. 129.

292 §§ 114 Abs. 3 Nr. 6 FamFG, 78 Abs. 3 ZPO, wohl aber im Falle einer **mündlichen Verhandlung**, *Schmitz* in: Wendl/Dose, § 10 Rn. 491; *Giers*, Rn. 358.

293 Ausführliche **Antragsmuster**: *Giers*, Rn. 370; *Kogel*, FamRB 2013, 365, 371.

Praxistipp: Im Antrag kann, aber muss der Gläubiger noch nicht festlegen, in welche **Vermögensgegenstände** des Schuldners er vollstrecken will; die genaue Bezeichnung ist erst bei der Vollziehung des Arrestes erforderlich. Auch die Lösungssumme (§ 923 ZPO)[294] ist nicht anzugeben, da hierüber das Gericht von Amts wegen entscheidet.

In der **Begründung** sind dann der Arrestanspruch (rückständiger und/oder laufender Unterhalt, Ausgleich des Zugewinns etc.) wie auch das Eilbedürfnis (Arrestgrund) ausführlich vorzutragen und **glaubhaft zu machen**.

113 Im Arrestverfahren orientiert sich die **Glaubhaftmachungslast** an der Beweislast im Hauptsacheverfahren.[295] Die Glaubhaftmachung erfordert nicht die volle Beweisführung über die behauptete Tatsache. Es genügt, dass für die Tatsache eine hohe Wahrscheinlichkeit spricht. Als Mittel zur Glaubhaftmachung können alle **Beweismittel** der Zivilprozessordnung benutzt werden (z.B. Zeugen, Urkunden, Inaugenscheinnahme, Parteivernehmung). Zulässig und in der Praxis weit verbreitet ist auch die Vorlage von eidesstattlichen Versicherungen (des Beteiligten oder eines Zeugen) entsprechend **§ 294 ZPO**.[296]

Praxistipp: Bei der **eidesstattlichen Versicherung** genügt **nicht** die Bezugnahme auf einen **Schriftsatz** des Verfahrensbevollmächtigten. Vielmehr bedarf es einer eigenen **selbständigen Darstellung** der glaubhaft zu machenden Tatsachen.

3. Zuständigkeit des Gerichts

114 Für die Anordnung des Arrests ist nach § 919 ZPO sowohl das **Gericht der Hauptsache** als auch das **Amtsgericht** zuständig, in dessen Bezirk sich der mit Arrest zu belegende **Gegenstand** (insbesondere: der Grundbesitz des Schuldners) befindet. Das Gericht der **Hauptsache** ist das Gericht, bei dem das Hauptsacheverfahren über den Arrestanspruch anhängig ist,[297] anderenfalls dasjenige Gericht, vor dem der zu sichernde Anspruch nach den allgemeinen Zuständigkeitsregeln der ZPO eingeklagt werden kann. Auch bei dem Amtsgericht der **Belegenheit** ist die **Familienabteilung** funktionell zuständig.[298]

---

294 Dazu Rn. 121.

295 OLG Oldenburg, Beschl. v. 2.1.2012, 11 W 6/11, FamRZ 2012, 1656.

296 Dazu OLG Brandenburg, Beschl. v. 26.1.2015, 9 UF 17/15, NJW-RR 2015, 1283, dazu *Ruetten*, NZFam 2015, 472.

297 Also in Familienstreitsachen stets das **Familiengericht** bzw. in der **Beschwerdeinstanz** gemäß § 943 Abs. 1 ZPO das **OLG** (mit „Dringlichkeitszuständigkeit“ des Vorsitzenden, § 944 ZPO).

298 *Helms* in: Prütting/Helms, § 111 Rn. 35; *Löhnig*, FPR 2012, 508, 509.

Der Gläubiger hat nach § 35 ZPO grundsätzlich die **Wahl**, an welches Gericht er sich wendet. Dieses Wahlrecht ist allerdings ausgeschlossen, sofern ein **ausschließlicher Gerichtsstand** gegeben ist, insbesondere in **Unterhaltssachen** nach § 232 FamFG.[299] Gleiches gilt im Falle der Anhängigkeit einer Ehesache nach § 262 Abs. 1 FamFG für **güterrechtliche** Ausgleichsansprüche.

Praxistipp: Wegen der Eilbedürftigkeit des Vorgehens im Arrestverfahren empfiehlt es sich grundsätzlich, den Arrestantrag dort zu stellen, wo die **meisten Vollstreckungsobjekte** vorhanden sind. Dann können Pfändungsbeschlüsse des Gerichts schneller an den zuständigen Gerichtsvollzieher oder an das Grundbuchamt übermittelt werden.[300]

4. Arrestanspruch

Als Arrestanspruch kommen nur **Geldforderungen** oder solche An- 115
sprüche in Betracht, die in eine Geldforderung übergehen können, also vermögensrechtliche Ansprüche (§ 916 Abs. 1 ZPO). Dementsprechend ist gemäß § 920 Abs. 1 ZPO mit der Bezeichnung des Anspruchs ein **Geldbetrag** anzugeben. Ein **Auskunftsantrag**, wie er gerade in Unterhalts- und Zugewinnausgleichsverfahren im Rahmen eines Stufenantrags üblich ist, genügt also nicht. Allerdings werden an die **Bezifferung** geringere Anforderungen gestellt als im normalen Erkenntnisverfahren: In dem Arrestverfahren als summarischem Erkenntnisverfahren ist eine vollumfängliche Prüfung und exakte Ermittlung des zukünftig tatsächlich geschuldeten Unterhalts im Rahmen des § 916 ZPO nicht möglich, sondern bleibt einem späteren Abänderungsverfahren vorbehalten.[301]

Praxistipp: Der Ausgleichsberechtigte steht vor einem Dilemma, wenn er einerseits keine genaue Kenntnis von der Vermögenssituation des Schuldners hat und andererseits die Gefahr illoyaler Transaktionen während der Durchsetzung des Auskunftsanspruchs besteht. In solchen Fällen kann es sich empfehlen, den Arrest wenigstens für einen **Teilbetrag** zu beantragen.

Obwohl es sich bei Ansprüchen auf **laufenden Unterhalt** um erst 116
künftig fällig werdende Forderungen handelt, ist eine Sicherung durch Ar-

299 Dazu *Schmitz* in: Wendl/Dose, § 10 Rn. 490.

300 *Schneider*, NJW 2010, 3401, 3402.

301 OLG Hamm, Beschl. v. 25.5.2011, 8 UF 65/11, FamRZ 2012, 579 (LS), dazu *Bruns*, FamFR 2011, 522; OLG Brandenburg, Beschl. v. 26.1.2015, 9 UF 17/15, NJW-RR 2015, 1283, dazu *Ruetten*, NZFam 2015, 472; *Borth/Grandel* in: Musielak/Borth, FamFG, § 119 Rn. 9.

rest gemäß § 916 Abs. 2 ZPO möglich. Dies ist allgemein anerkannt auch für den Fall, dass es sich um Trennungsunterhalt und mit diesem nicht identischen nachehelichen Unterhalt handelt, auch wenn die Ehe noch nicht geschieden ist. Beide Ansprüche können bereits als Arrestansprüche berücksichtigt werden.[302] Die **Dauer** der Sicherung richtet sich nach den Umständen des Einzelfalles. Die Rechtsprechung ist hier großzügig und konzediert beim Ehegattenunterhalt Zeiträume bis fünf Jahre,[303] beim Kindesunterhalt gar bis zur Volljährigkeit.[304]

5. Arrestgrund

117 Gemäß § 917 Abs. 1 ZPO findet der dingliche Arrest nur statt, wenn anderenfalls die Vollstreckung des erst noch zu erwirkenden Titels vereitelt oder wesentlich erschwert würde. Die Glaubhaftmachung dieses **Arrestgrundes** stellt für den Erfolg eines Arrestantrages die größte Hürde dar.

Ob eine solche Gefahr besteht, ist im **Einzelfall** aus den gesamten Umständen aus der Sicht eines verständigen und gewissenhaften Menschen zu beurteilen.[305] Im Vordergrund stehen Gefährdungshandlungen des Schuldners. Dabei muss die Arrestgefahr **nicht** auf einem **rechtswidrigen** Verhalten des Schuldners beruhen. Ein rechtmäßiges Verhalten kann ausreichen, sofern es nur die künftige Vollstreckung gefährdet.[306] Es genügt auch, dass solche Handlungen bevorstehen; mit der Realisierung muss nicht begonnen sein.[307]

118 Zu den **Arrestgründen** hat sich eine umfangreiche Kasuistik entwickelt.[308]

Beispielsweise liegt ein Arrestgrund vor, wenn der Schuldner

- Handlunge vorzunehmen droht, die die Voraussetzungen eines vorzeitigen Zugewinns nach § 1385 Nr. 2 BGB erfüllen,[309]
- Anstalten trifft, für längere Zeit ins Ausland zu gehen,[310]

---

302 Eingehend zu den sicherungsfähigen **Unterhaltsarten** *Büte*, FuR 2013, 506, 507.

303 OLG Hamm, Urt. v. 20.6.1995, 3 UF 51/95, FamRZ 1995, 1427; OLG Düsseldorf, Urt. v. 18.6.1993, 3 UF 189/92, FamRZ 1994, 111; *Schmitz* in: Wendl/Dose, § 10 Rn. 486.

304 KG, Urt. v. 27.3.1985, 18 UF 6755/84, FamRZ 1985, 730.

305 BGH, Urt. v. 7.6.1988, IX ZR 278/87, WM 1988, 1352, 1354; OLG Rostock, Beschl. v. 12.3.2014, 3 W 25/14, BeckRS 2014, 14474.

306 OLG Bremen, Beschl. v. 7.5.2015, 4 WF 52/15, FamRZ 2016, 129.

307 OLG Hamm, Beschl. v. 25.5.2011, 8 UF 65/11, FamRZ 2012, 579 (LS), dazu *Bruns*, FamFR 2011, 522.

308 Weitere Beispiele: *Löhnig*, FPR 2012, 508, 510; *Cirullies*, FamRZ 2012, 1017, 1018.

309 *Borth/Grandel* in: Musielak/Borth, FamFG, § 119 Rn. 8.

310 OLG Stuttgart, Beschl. v. 5.1.1996, 11 UF 223/95, FamRZ 1997, 181.

- Vermögenswerte beiseiteschafft oder verschleudert oder ins Ausland verschiebt,[311]
- eine erstrangige Eigentümergrundschuld eintragen lässt,[312]
- die Verschiebung oder Verschleuderung von Vermögenswerten ernsthaft androht,
- betrügerisches Verhalten zum Nachteil des Gläubigers an den Tag legt,[313]
- seine Vermögenslage z.B. durch Falschauskunft verschleiert,[314]

oder wenn das Urteil im **Ausland** vollstreckt werden müsste.[315]

Keinen Arrestgrund stellen etwa folgende Umstände dar:

- Vorliegen eines Leistungstitels betreffend rückständigen Unterhalt,[316]
- Veräußerung des einzigen Vermögensgegenstands (Grundbesitz),[317]

Praxistipp: Bei drohender Veräußerung des einzigen Hausbesitzes kann im Einzelfall auch eine Zustimmungsverweigerung nach **§ 1365 BGB**[318] helfen wie auch eine Aufforderung an den Schuldner, **Sicherheit** zu leisten.[319]

- drohende Konkurrenz anderer Gläubiger,[320]
- Nichterteilung einer Einkommensauskunft über einen längeren Zeitraum,[321]

---

311 OLG Celle, Beschl. v. 31.3.2014, 15 UF 186/13, FamRZ 2015, 160; OLG Koblenz, Beschl. v. 18.12.2012, 13 UF 948/12, FamRZ 2013, 1602; ferner OLG Hamm, Beschl. v. 25.5.2011, 8 UF 65/11, FamRZ 2012, 579 (LS).

312 KG, Beschl. v. 28.3.2013, 18 UF 72/13, FamRZ 2014, 148, dazu *Kreutz*, FamFR 2013, 251.

313 OLG München, Beschl. v. 13.10.2016, 15 W 1709/16, BeckRS 2016, 20492.

314 OLG Rostock, Beschl. v. 12.3.2014, 3 W 25/14, BeckRS 2014, 14474; OLG Frankfurt, Urt. v. 12.9.1995, 5 UF 172/95, FamRZ 1996, 747.

315 Jedoch nur, wenn die Gegenseitigkeit nicht verbürgt ist, § 917 Abs. 2 ZPO, vgl. dazu Zöller/*Vollkommer*, § 917 Rn. 15 ff; einschränkend OLG Dresden, Urt. v. 7.12.2006, 21 UF 410/06, FamRZ 2007, 1029.

316 *Büte*, FuR 2013, 506, 507 m.w.N.

317 OLG Jena, Beschl. v. 7.5.2014, 1 UF 235/14, dazu *Stockmann*, jurisPR-FamR 22/2014 Anm. 6; KG, Beschl. v. 22.1.2013, 13 UF 244/12, FamRZ 2013, 1673, dazu *Spieker*, FamFR 2013 S. 210 m.w.N.; OLG Koblenz, Beschl. v. 24.8.2011, 8 W 468/11, NJOZ 2012, 896; aber sehr streitig, a.A. OLG Celle, Beschl. v. 2.4.2013,10 UF 334/11, FamRZ 2013, 1917; OLG Celle, Urt. v. 24.3.2005, 11 U 170/04, BeckRS 2005, 06216, AG Nordenham, Beschl. v. 12.4.2012, 4 F 106/12, FamRZ 2013, 35.

318 Dazu Rn. 846.

319 Dazu *Kogel*, FamRB 2013, 365, 368.

320 BGH, Urt. v. 19.10.1995, IX ZR 82/94, NJW 1996, 321; OLG Köln, Beschl. v. 16.2.2011, 4 W 1/11, BeckRS 2011, 05622: Das Arrestverfahren dient nicht dem „Wettlauf der Gläubiger".

321 OLG München, Beschl. v. 10.8.1999, 12 WF 1136/99, FamRZ 2000, 965 (LS).

- vertragswidriges – auch vorsätzliches – Verhalten des Schuldners,[322]
- ausdrückliche Zahlungsverweigerung,[323]
- strafbares Verhalten gegen das Vermögen des Antragstellers in der Vergangenheit,[324]
- allgemein schlechte Vermögenslage, gelegentlich unpünktliche Zahlungen und die allgemeine Ungewissheit der künftigen Einkommenslage,[325]
- Inhaftierung des Schuldners.[326]

119 Das Rechtsschutzinteresse für einen Arrest kann zudem fehlen, wenn eine – gerade bei Unterhaltszahlungen übliche – **Vorratspfändung** nach § 850d Abs. 3 ZPO[327] bereits ausgebracht oder doch möglich ist. Dann sei der Gläubiger durch deren Wirkungen in der Regel hinreichend gesichert; einer nochmaligen Sicherung durch einen Arrest bedürfe es nicht.[328]

120 Soweit **nachehelicher** Unterhalt in Frage steht, fehlt ein Arrestgrund nicht deshalb, weil hier der Gläubiger gemäß § 1585a BGB einen (materiell-rechtlichen) Anspruch auf **Sicherheitsleistung** hat.[329] Auf Trennungsunterhalt (und erst recht auf Kindesunterhalt) ist die Vorschrift ohnehin nicht entsprechend anwendbar.[330]

6. Arrestbefehl

121 Die Anordnung des Arrests ist der Arrestbefehl. Die Entscheidung ergeht generell durch **Beschluss**[331] und muss in jedem Fall folgende **Angaben** enthalten:

---

322 OLG Schleswig, Beschl. v. 10.6.2014, 5 W 24/14, MDR 2014, 1289; OLG Rostock, Beschl. v. 12.3.2014, 3 W 25/14, BeckRS 2014, 14474.

323 OLG Koblenz, Beschl. v. 2.2.2006, 10 W 52/06, NJOZ 2006, 160.

324 OLG München, Beschl. v. 13.10.2016, 15 W 1709/16, MDR 2017, 174; OLG Saarbrücken, Beschl. v. 22.7.2013, 4 W 26/13, BeckRS 2013, 13128; OLG Köln, Beschl. v. 19.11.2010, 19 W 36/10, BeckRS 2011, 05576; einschränkend OLG München, Urt. v. 23.2.2017, 23 U 4047/16, BeckRS 2017, 102631.

325 OLG Köln, Beschl. v. 20.9.1983, 4 UF 231/83, FamRZ 1983, 1259.

326 OLG Köln, Beschl. v. 16.8.1985, 13 W 35/85, MDR 1986, 595.

327 Dazu Rn. 209.

328 So AG Ludwigslust, Beschl. v. 22.8.2005, 5 F 172/05, FamRZ 2006, 285; näher dazu *Cirullies*, FamRZ 2012, 1017, 1019.

329 OLG Düsseldorf, Urt. v. 18.6.1993, 3 UF 189/92, FamRZ 1994, 111; *Borth/Grandel* in: Musielak/Borth, FamFG, § 119 Rn. 5 m.w.N.

330 OLG Düsseldorf, Beschl. v. 8.8.1980, 3 WF 179/80, FamRZ 1980, 1116; *Gerhardt/Schulz*, FamRZ 2005, 145.

331 Weil § 922 Abs. 1 ZPO, soweit dort eine Entscheidung durch Urt. zu ergehen hat, durch § 116 Abs. 1 FamFG verdrängt wird, *Borth/Grandel* in: Musielak/Borth, FamFG, § 119 Rn. 11; *Schmitz* in: Wendl/Dose, § 10 Rn. 492.

- **Geldforderung** nach Grund und Höhe des Betrages,
- **Art** des Arrestes (dinglicher oder persönlicher Arrest),
- **Lösungssumme**, das ist der Betrag, durch dessen Hinterlegung seitens des Schuldners die Vollziehung des Arrestes gehemmt wird oder ein bereits vollzogener Arrest aufzuheben ist, § 923 ZPO; sie muss so bemessen sein, dass sie dem Antragsteller volle Sicherheit für die Arrestforderung einschließlich Zinsen und Kosten gewährt.

  Der **Tenor** der Entscheidung könnte lauten:

  „Zur Sicherung der Zwangsvollstreckung wegen einer Zugewinnausgleichsforderung der Antragstellerin in Höhe von 45.000 € wird der dingliche Arrest in das bewegliche und unbewegliche Vermögen des Antragsgegners angeordnet. Die Vollziehung des Arrestes wird durch Hinterlegung eines Betrages von 49.000 € gehemmt."

War eine konkrete **Vollziehungsmaßnahme** nach §§ 930–933 ZPO (insbesondere Forderungspfändung und Arresthypothek) beantragt worden, ist auch hierüber zu entscheiden.

Darüber hinaus kann das Gericht die Anordnung oder die Vollziehung **122**
des Arrests von einer **Sicherheitsleistung** des Antragstellers abhängig machen (§ 921 Abs. 2 ZPO). Das geschieht insbesondere dann, wenn der Antragsteller seinen Anspruch oder den Arrestgrund nicht hinreichend glaubhaft gemacht hat.

Auf gesonderten **Antrag des Schuldners** (Antragsgegners) hat das Arrestgericht ferner anzuordnen, dass der Gläubiger binnen einer bestimmten Frist wegen des behaupteten Anspruchs **„Klage zu erheben"** hat. Leistet der Gläubiger dieser Anordnung nicht fristgerecht Folge, so ist auf weiteren Antrag des Schuldners der **Arrest aufzuheben** (§ 926 ZPO).

Einer **Begründung** bedarf die Arrestanordnung eigentlich nur, wenn sie im **Ausland** geltend gemacht werden soll (§ 922 Abs. 1 S. 2 ZPO). In der Praxis empfiehlt sie sich freilich immer.

Die **Kostenentscheidung** richtet sich gemäß § 113 Abs. 1 FamFG nach den allgemeinen Kostenvorschriften der ZPO (§§ 91 ff.). Sie werden in einem in einer **Unterhaltsache** beantragten Arrestverfahren nicht durch die Sondervorschrift des § 243 FamFG verdrängt. Denn Verfahrensgegenstand des Arrests ist nicht der Unterhaltsanspruch selbst, sondern die Zulässigkeit seiner zwangsweisen Sicherung.[332]

332 OLG Stuttgart, Beschl. v. 26.8.2011, 17 UF 167/11, FamRZ 2012, 324; *Helms* in: Prütting/Helms, § 119 FamFG Rn. 8; a.A. *Schmitz* in: Wendl/Dose, § 10 Rn. 492.

7. Rechtsbehelfe gegen Arrestbeschlüsse

123 Gegen einen **aufgrund mündlicher Verhandlung** ergangenen Beschluss – sei er zusprechend oder zurückweisend – ist stets die **Beschwerde** (als Pendant zur Berufung in den nach der ZPO zu beurteilenden Fällen) gemäß § 58 FamFG gegeben.

Bei einer Entscheidung **ohne mündliche Verhandlung** ist zu differenzieren:

- Wird dem Arrestantrag **stattgegeben**, kann der Antragsgegner hiergegen (unbefristet!) **Widerspruch** erheben (§ 924 ZPO). Dann muss über die Rechtmäßigkeit des Arrestbefehls aufgrund mündlicher Verhandlung erneut entschieden werden (§ 925 ZPO, mit der Möglichkeit der Beschwerde nach § 58 FamFG). Durch die Erhebung des Widerspruchs wird die Vollziehung des Arrests nicht gehemmt. Das Gericht kann aber auf Antrag die **einstweilige Einstellung** der Vollziehung anordnen (§§ 924 Abs. 3, 707 ZPO).
- Wird der Arrestantrag **zurückgewiesen**, vertrat die obergerichtliche Rechtsprechung[333] zunächst die Auffassung, gegen die Ablehnung eines Antrags auf Anordnung eines dinglichen Arrests nach § 119 Abs. 2 Satz 1 FamFG sei nicht – wie in ZPO-Fällen – die sofortige Beschwerde entsprechend § 567 ZPO das statthafte Rechtsmittel, sondern die **Beschwerde** nach § 58 FamFG (mit einmonatiger Beschwerdefrist).[334] Inzwischen mehren sich die Entscheidungen, die korrespondierend mit der ZPO ebenfalls die **sofortige Beschwerde** (mit zweiwöchiger Beschwerdefrist) als richtigen Rechtsbehelf erachten.[335]

Praxistipp: Bis zu einer Klärung der Streitfrage sollte vorsichtshalber Beschwerde binnen **zwei Wochen** eingelegt werden. Allerdings wirkt sich die Problematik auch auf die **Gebührentatbestände** aus.[336]

Haben sich die Umstände, die der Entscheidung des Arrestgerichts zugrunde lagen, **nachträglich geändert**, kann der Schuldner **Aufhebung** des Arrestbefehls beantragen (§ 927 ZPO).

---

333 OLG Karlsruhe, Beschl. v. 5.8.2010, 18 UF 100/10, FamRZ 2011, 234, dazu *Cirullies*, FamFR 2010, 523; OLG München, Beschl. v. 16.11.2010, 33 UF 1650/10, FamRZ 2011, 746 m.w.N.

334 Kritisch dazu *Cirullies*, FamRZ 2011, 748.

335 OLG Koblenz, Beschl. v. 18.12.2012, 13 UF 948/12, FamRZ 2013, 1602; OLG Celle, Beschl. v. 2.4.2013,10 UF 334/11, FamRZ 2013, 1917; OLG Oldenburg, Beschl. v. 22.2.2012, 13 UF 28/12, FamRZ 2012, 1077; OLG Frankfurt, Beschl. v. 27.2.2012, 5 UF 51/12, FamRZ 2012, 1078; *Helms* in: Prütting/Helms, § 119 FamFG Rn. 9; *Kogel*, FamRB 2013, 365, 370; *Cirullies*, FamRZ 2012, 1017, 1019.

336 Eingehend *Schneider*, NZFam 2016, 714.

IV. Vollziehung des Arrestbefehls

1. Vollstreckungsmöglichkeiten

Der Gläubiger hat die **Wahl** zwischen der Vollstreckung in das **bewegliche** Vermögen (durch Pfändung einer Geldforderung[337] oder körperlicher Sachen[338] des Schuldners, § 930 ZPO) und derjenigen in das **unbewegliche** Vermögen (insbesondere durch Eintragung einer **Arresthypothek**[339] auf dem Grundbesitz des Schuldners, § 932 ZPO). 124

Für die **Pfändung** einer **Forderung** ist das **Arrestgericht** (des ersten Rechtszugs)[340] als Vollstreckungsgericht zuständig (§ 930 Abs. 1 S. 3 ZPO). Da der Arrest lediglich der Sicherung der Zwangsvollstreckung, nicht der Befriedigung dient, ist eine **Überweisung** einer aufgrund eines Arrestes gepfändeten Forderung **ausgeschlossen.**[341]

2. Vollstreckungsvoraussetzungen

Arrestbefehle sind – ohne ausdrückliche Anordnung – bereits mit Erlass bzw. Verkündung des Beschlusses **sofort wirksam.**[342] Eine **Vollstreckungsklausel** ist nur bei einem Beteiligtenwechsel erforderlich und daher in der Regel entbehrlich (§ 929 Abs. 1 ZPO). Zur Vollziehung[343] genügt dann eine einfache Ausfertigung.[344] 125

Grundsätzlich muss der Arrestbefehl wie jeder Titel an den Schuldner **zugestellt** werden. Dabei ist zu **unterscheiden**: Im schriftlichen Verfahren erlassene Beschlüsse sind im **Parteibetrieb** zuzustellen, die nach mündlicher Verhandlung verkündeten hingegen **von Amts wegen** an beide Beteiligten.[345] 126

Um dem Gläubiger eine überraschende Vollstreckung zu ermöglichen, ist die Arrestvollziehung – in Abweichung von § 750 Abs. 1 ZPO – bereits **vor der Zustellung** des Arrestbefehls zulässig. Allerdings muss die Zustellung dann **binnen einer Woche** nach Vollziehung und vor Ablauf der Vollziehungsfrist **nachgeholt** werden, damit die Vollziehung nicht unwirksam wird (§ 929 Abs. 3 ZPO).

337 Dazu Rn. 175 ff.
338 Dazu Rn. 134 ff.
339 Dazu Rn. 129.
340 OLG München, Beschl. v. 13.10.2016, 15 W 1709/16, MDR 2017, 174.
341 BGH, Beschl. v. 9.7.2014, VII ZB 9/13, NJW 2014, 2732.
342 BGH, Beschl. v. 22.1.2009, I ZB 115/07, MDR 2009, 1072; *Giers*, Rn. 363.
343 Zur **Terminologie** vgl. Rn. 2.
344 Zöller/*Vollkommer*, § 929 Rn. 1.
345 *Giers*, Rn. 359; wegen der **öffentlichen Zustellung** im Parteibetrieb vgl. Rn. 103.

Praxistipp: Wegen dieses Risikos steht der Gläubiger unter erheblichem **Zeitdruck**, der wohl abgewogen werden sollte gegen die etwaigen Vorzüge eines Überraschungseffektes bei der Vollstreckung.

127 Die Vollziehung ist **unzulässig**, wenn über das Vermögen des Schuldners das **Insolvenzverfahren** eröffnet wurde (§ 89 Abs. 1 InsO). War der Arrestbefehl bei Eröffnung noch nicht vollzogen, ist er aufzuheben. Gleiches gilt für auf ihm beruhende Pfändungsmaßnahmen.[346]

3. Vollziehungsfrist

128 Entsprechend der von ihm im Erkenntnisverfahren behaupteten Dringlichkeit muss der Gläubiger zügig zum Ausdruck bringen, dass es ihm mit der Durchsetzung des Arrestbefehls ernst ist.[347] Daher bestimmt § 929 Abs. 2 ZPO hierfür eine **Frist**: Die Vollziehung ist **unstatthaft**, wenn seit dem Tag, an dem der Arrestbefehl (im Fall der mündlichen Verhandlung) verkündet oder (ohne mündliche Verhandlung) dem Berechtigten zugestellt ist, **ein Monat** verstrichen ist.

Insoweit geeignete Vollziehungsmaßnahmen sind die **Zustellung** des Beschlusses wie auch jede durch den Berechtigten veranlasste **Vollstreckungsmaßnahme**.[348] In letzterem Fall genügt die **von Amts wegen** vorgenommene Zustellung für die Wirksamkeit der Vollziehung.[349]

Zur Vollziehung und Fristwahrung reicht es aus, dass der Gläubiger die Vollstreckungsmaßnahme bei dem zuständigen Vollstreckungsorgan innerhalb der Frist **beantragt** hat.[350] Das gilt explizit bei einem Antrag auf Eintragung einer **Arresthypothek** (§ 932 Abs. 3 ZPO). Insoweit ist die Vollziehungsfrist auch dann gewahrt, wenn der Antrag fristgemäß (lediglich) bei dem **Amtsgericht**, zu dem das für die Eintragung zuständige **Grundbuchamt** gehört, eingeht. Nicht erforderlich ist, dass er innerhalb der Vollziehungsfrist dem **zuständigen Mitarbeiter** des Grundbuchamts vorgelegt wird.[351]

Praxistipp: Von der Fristwahrung ist allerdings die **Rangwahrung** zu unterscheiden: Für den Rang der Arresthypothek ist es sehr wohl entscheidend, wann der Antrag dem zuständigen **Grundbuchbeamten** vorgelegt wird.

---

346 Hierzu KG Berlin, Beschl. v. 6.7.2005, 5 W 299-307, 334/05, NJW 2005, 3734; vgl. auch LG Frankfurt a.M., Beschl. v. 13.2.2015, 5/12 KLs – 7230 Js 230789/14, NZI 2015, 675.

347 OLG Dresden, Beschl. v. 19.9.2016, 5 U 566/16, MDR 2017, 198; OLG Hamm, Urt. v. 9.11.1993, 13 UF 270/93, FamRZ 1994, 1479.

348 *Schmitz* in: Wendl/Dose, § 10 Rn. 493.

349 OLG Hamm, Urt. v. 9.11.1993, 13 UF 270/93, FamRZ 1994, 1479.

350 BGH, Beschl. v. 15.12.2005, I ZB 63/05, NJW 2006, 1290.

351 BGH, Beschl. v. 1.2.2001, V ZB 49/00, Rpfleger 2001, 294 mit Anm. *Alff.*

Wird die **Vollziehungsfrist versäumt**, ist auf Antrag des Schuldners der **Arrestbefehl aufzuheben**.

4. Arresthypothek

Die **Arresthypothek** wird als Höchstbetragshypothek im Grundbuch eingetragen. Das bedeutet: Es wird nicht ein konkreter Forderungsbetrag, sondern ein Höchstbetrag eingetragen, der der Lösungssumme entspricht und bis zu dem der Grundbesitz haften soll. Dabei sind Zinsen und Kosten in den Höchstbetrag einzurechnen (§ 1190 Abs. 2 BGB). **129**

Die **Eintragung** einer Arresthypothek ist zwar verfahrensrechtlich ein Grundbuchgeschäft, aber als Zwangsvollstreckungsmaßnahme zugleich ein Vollstreckungsakt. Das Grundbuchamt hat daher **nicht** nur zu prüfen, ob die begehrte Eintragung mit den Vorschriften der **Grundbuchordnung** in Einklang steht, sondern auch, ob die **Vollstreckungsvoraussetzungen** erfüllt sind. Hierbei ist auch die **Mindestgrenze** von 750 € zu beachten (§§ 932 Abs. 2, 866 Abs. 3 ZPO).

Dies ist etwa von Bedeutung, wenn **mehrere Grundstücke** des Schuldners mit der Sicherungshypothek belastet werden sollen und dann der Betrag der **Forderung** auf die einzelnen Grundstücke **zu verteilen** ist (§§ 932 Abs. 2, 867 Abs. 2 ZPO). Die Aufteilungserklärung ist **Vollstreckungsvoraussetzung** und unabdingbar notwendiger Bestandteil des Eintragungsantrags.[352]

Praxistipp: In diesen Fällen droht die Zurückweisung des Eintragungsantrags, wenn der Gläubiger die Verteilung nicht **innerhalb der Vollziehungsfrist** vornimmt.

Mit der Arresthypothek hat der Gläubiger erst ein Sicherungspfandrecht erlangt. Um aus dem **Rang** dieser Hypothek heraus seine Forderung gegen den Schuldner befriedigen zu können, sind grundsätzlich **zwei weitere Verfahren** durchzuführen: **130**

- Der Gläubiger muss sich zunächst im Verfahren um die **Hauptsache** einen **persönlichen Schuldtitel** verschaffen, aus dem sich die Verpflichtung des Schuldners zur Erfüllung der Forderung ergibt.
- Sodann benötigt er – anders als bei der Zwangshypothek – zur **Rangwahrung** noch einen sog. **Duldungstitel**, wonach der Schuldner die Zwangsvollstreckung in den Grundbesitz aus der Arresthypothek heraus zu dulden hat.

352 OLG München, Beschl. v. 30.9.2015, 34 Wx 280/15, Rpfleger 2016, 224.

Praxistipp: Hat der Gläubiger wegen der Arrestforderung im Hauptsacheverfahren einen **Zahlungstitel** erstritten, kann er beim Grundbuchamt unter Vorlage dieses Titels und des Arrestbefehls die **Umwandlung** der Arresthypothek in eine **Zwangssicherungshypothek** – mit dem Rang der Arresthypothek – beantragen.[353] Die Vollstreckung ist dann **ohne Duldungstitel** möglich.

V. Schadenersatzansprüche

131 Das summarische Verfahren mit der erleichterten Möglichkeit, einen Titel zu erlangen, hat für den Gläubiger einen „Haken“: Erweist sich nämlich die Arrestanordnung als von Anfang an ungerechtfertigt oder wird eine Vollstreckungsmaßnahme später mangels fristgerecht erhobener Hauptsacheklage wieder aufgehoben, ist er dem Schuldner zum **Schadensersatz** verpflichtet (§ 945 ZPO i.V.m. § 119 Abs. 2 FamFG).[354] Gerade die nachteiligen Wirkungen einer Kontenpfändung können erhebliche Ersatzforderungen begründen.[355]

Praxistipp: Diese verschuldensunabhängige Risikohaftung gilt bei Arrestverfahren auch für **Unterhaltsgläubiger**. Deren Privilegierung betrifft nur die einstweilige Anordnung (§ 119 Abs. 1 S. 2 FamFG).[356]

Zwar ist dabei grundsätzlich der Einwand des **Mitverschuldens** berücksichtigungsfähig. Ein Berufen hierauf ist jedoch nicht gerechtfertigt, wenn der Anspruchsteller ohne nachvollziehbaren Grund auf der Aufrechterhaltung des Arrests beharrt und dadurch einen Schaden verursacht.[357]

---

353 Vgl. BGH, Urt. v. 15.4.1997, IX ZR 112/96, NJW 1997, 3230, 3233.

354 Dazu OLG München, Urt. v. 20.10.2011, 1 U 2268/11, BeckRS 2011, 24581; *Giers*, Rn. 372 ff.

355 *Kogel*, FamRB 2013, 365, 369.

356 Dies verkennt *Löhnig*, FPR 2012, 508, 511.

357 OLG Köln, Urt. v. 3.5.2002, 19 U 218/01, BeckRS 2002, 07535; vgl. auch BGH, Urt. v. 23.3.2006, IX ZR 134/04, NJW 2006, 2557 (betr. eine einstweilige Verfügung).

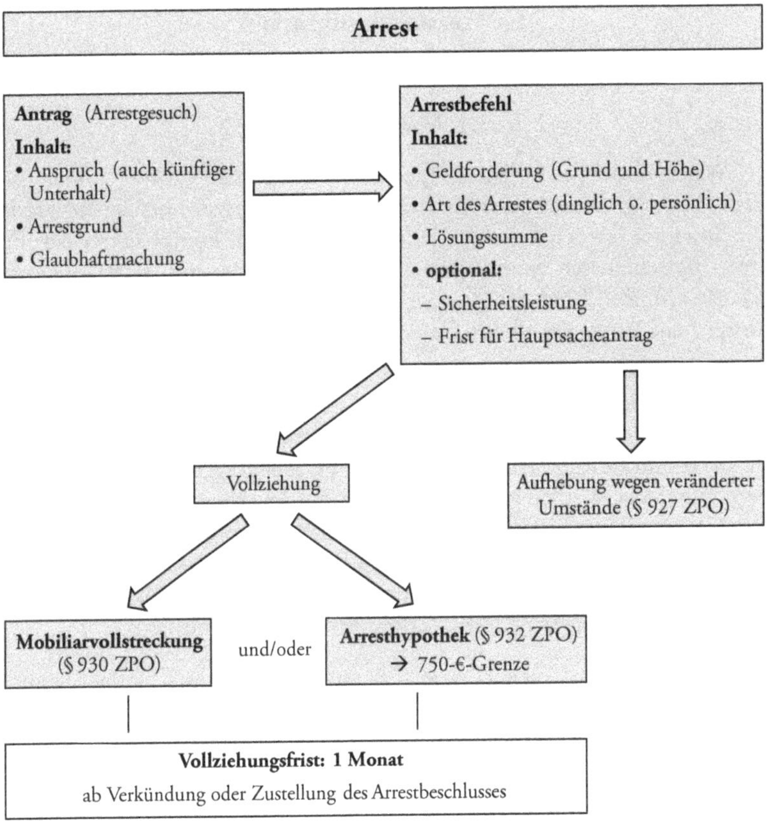
Arrest
Antrag (Arrestgesuch)
Inhalt:
• Anspruch (auch künftiger Unterhalt)
• Arrestgrund
• Glaubhaftmachung
Arrestbefehl
Inhalt:
• Geldforderung (Grund und Höhe)
• Art des Arrestes (dinglich o. persönlich)
• Lösungssumme
• optional:
– Sicherheitsleistung
– Frist für Hauptsacheantrag
Vollziehung
Aufhebung wegen veränderter Umstände (§ 927 ZPO)
Mobiliarvollstreckung (§ 930 ZPO)
und/oder
Arresthypothek (§ 932 ZPO)
→ 750-€-Grenze
Vollziehungsfrist: 1 Monat
ab Verkündung oder Zustellung des Arrestbeschlusses

C. Vollstreckungsarten

I. Die richtige Wahl

1. Vorbereitung

132 Während bei der Vollstreckung nach §§ 883 ff. ZPO (wegen Herausgabe, Unterlassung etc.) der Vollstreckungsweg vorgezeichnet ist, stellt sich die Situation für den Gläubiger eines Zahlungstitels komplizierter dar: Er muss zwischen den zahlreichen Möglichkeiten, die ihm das Gesetz in §§ 802a ff. ZPO bei der Zwangsvollstreckung wegen einer **Geldforderung**[358] einräumt, die effektivste Vollstreckungsart auswählen.

Entscheidend hierfür sind zuverlässige **Informationen** über die Einkommens- und Vermögensverhältnisse des Schuldners. Handelt es sich hierbei um den (Ex-)Ehegatten, ist die Ermittlung in der Regel einfacher als bei einem Dritten. In jedem Fall heißt es, „alle Register zu ziehen“, und zwar durchaus wörtlich genommen durch Einsichtnahme in Handelsregister, Grundbücher,[359] Schuldnerverzeichnis[360] oder ähnliches.[361] Auch die Einholung einer **Vermögensauskunft** oder sonstiger **Auskünfte** mit Hilfe des Gerichtsvollziehers[362] kann bei der Entscheidung helfen, ob und inwieweit Vollstreckungsmaßnahmen erfolgversprechend sind.

2. Vollstreckungsmöglichkeiten

133 Von diesen Erkenntnissen hängt ab, ob eine **Sachpfändung**[363] (etwa betreffend einen PKW oder eine wertvolle Sammlung), eine **Forderungspfändung**[364] oder bei vorhandenem Grundbesitz eine Maßnahme der Immobiliarvollstreckung, insbesondere die Eintragung einer **Zwangssicherungshypothek**,[365] angezeigt ist. Dabei muss das eine das andere nicht ausschließen. So kann es für den **Unterhaltsgläubiger** sinnvoll sein, wegen des Rückstandes eine **Sachpfändung** vorzunehmen und wegen der laufenden Beträge eine **Forderungspfändung** einzuleiten.[366] Allerdings sind die Vor- und Nachteile der Sach- und Forderungspfändung gut abzuwägen.[367] Dabei ist als Siche-

358 Forderungen, die auf Leistung einer bestimmten Wertgröße in Geld gerichtet sind (§ 67 GVGA).

359 Eingehend *Goebel*, FoVo 2016, 84.

360 Dazu Rn. 160.

361 Näher *U. Gottwald* in: U. Gottwald/Mock, Vorbemerkungen Rn. 72.

362 Dazu Rn. 158.

363 Rn. 164.

364 Rn. 175.

365 Rn. 244.

366 *Griesche* in: Ehinger/Griesche/Rasch, Kap. M., Rn. 138.

367 *Griesche*, a.a.O., Rn. 133 ff.; *U. Gottwald*, a.a.O., Rn. 73.

rungsmittel eine **Vorpfändung** nach § 845 ZPO[368] in Betracht zu ziehen, die unter bestimmten Voraussetzungen die Wirkung eines Arrestes hat.

Praxistipp: Bei einer Kombination verschiedener Vollstreckungsmaßnahmen kann der Gläubiger mithilfe einer **weiteren Ausfertigung**[369] des Vollstreckungstitels die Vollstreckung an verschiedenen Orten in verschiedenen Bezirken betreiben.

Im Folgenden werden die wesentlichen Voraussetzungen für die **Einzelzwangsvollstreckung** in das bewegliche und unbewegliche Vermögen dargestellt. Probleme der **Gesamtvollstreckung** (Insolvenzverfahren) werden separat erörtert.[370]

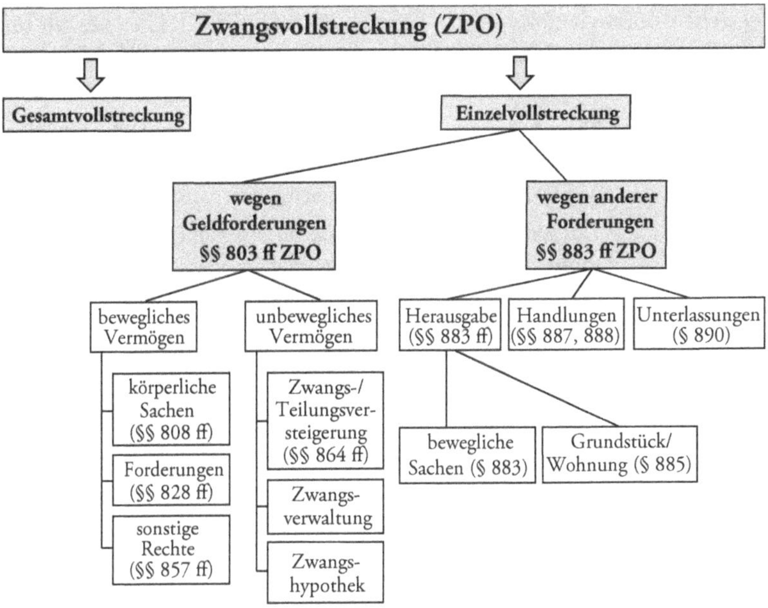

II. Mobiliarvollstreckung

1. Neues Recht

Zum **1.1.2013** hat sich die Struktur der **Mobiliarvollstreckung**[371] 134
grundlegend geändert. Während bislang die Sachpfändung als Leitbild diente, ist dies jetzt die Forderungspfändung. Die Möglichkeiten des Gläu-

368 Rn. 237 ff.
369 Dazu Rn. 88.
370 Rn. 730 ff.
371 Zum Begriff s. oben Rn. 10.

bigers, Erkenntnisse über das Einkommen und Vermögen des Schuldners zu gewinnen, sind an den Anfang des Vollstreckungsverfahrens gestellt worden: Nunmehr kann der Gerichtsvollzieher vom Schuldner eine **Vermögensauskunft** (bisher: „eidesstattliche Versicherung") verlangen, ohne dass ein erfolgloser Versuch einer Sachpfändung (d.h. der Pfändung von beweglichen Gegenständen im Eigentum des Schuldners) vorangegangen ist. Zudem bestehen erweiterte **Auskunftsmöglichkeiten** des Gerichtsvollziehers bei Behörden.

135 Gleichzeitig wurden das Verfahren zur Abgabe der Vermögensauskunft und die Verwaltung der Informationen modernisiert. Das **Vermögensverzeichnis** wird in jedem Bundesland von einem **zentralen Vollstreckungsgericht** landesweit elektronisch verwaltet (§ 802k ZPO). Gleiches gilt für das **Schuldnerverzeichnis,**[372] das internetbasiert vor nicht liquiden oder unzuverlässigen Schuldnern warnen soll.[373]

Praxistipp: **Vermögensverzeichnis** und **Schuldnerverzeichnis** – allesamt bei dem zentralen Vollstreckungsgericht geführt – werden in der Praxis oft miteinander verwechselt:

Das **Vermögensverzeichnis** ist ein elektronisches **Dokument** mit dem Vermögensstatus des Schuldners, das **Schuldnerverzeichnis** hingegen ein **Register** mit den Daten der säumigen Schuldner.

Beide haben unmittelbar nichts miteinander zu tun. **Unterschiedlich** sind ihr Sinn und Zweck wie auch die Voraussetzungen für die **Eintragung**, **Löschung** und **Einsichtnahmen.** So kann der Gläubiger lediglich das Schuldnerverzeichnis einsehen und ein eingereichtes Vermögensverzeichnis nur über den Gerichtsvollzieher erhalten.

2. Aufgaben des Gerichtsvollziehers

136 Die Zwangsvollstreckung wegen **Geldforderungen** (§§ 802a ff. ZPO) liegt wesentlich in der Hand des **Gerichtsvollziehers.** Hier hat er auf eine **zügige, vollständige und Kosten sparende** Beitreibung hinzuwirken (§ 802a Abs. 1 ZPO).

Vor allem an Punkt 1 dieses Pflichtenkanons hapert es gelegentlich, da die Gerichtsvollzieher zwar grundsätzlich leistungswillig, jedoch aus vielerlei Gründen[374] – mit regionalen Unterschieden – chronisch **überlastet**

---

372 Dazu Rn. 160.

373 *Vollkommer*, NJW 2012, 3681.

374 Neben dem generellen Personalmangel und diversen Krankheitsfällen ist auch die Reform der Sachaufklärung ursächlich für Verzögerungen, weil einige Gerichtsvollzieher die damit einhergehende Büroneuorganisation unzureichend bewältigt haben.

sind. Daher bleibt es nicht aus, dass ein Vollstreckungsauftrag mitunter über Monate gar nicht oder aber mit wenig Engagement (etwa bei der Aufenthaltsermittlung[375] oder dem Pfändungsversuch) ausgeführt wird.

Praxistipp: Hier empfehlen sich regelmäßige (nicht übermäßige!), auch telefonische Sachstandsanfragen, Anträge auf Protokollergänzung, die Einlegung eines Rechtsbehelfes und – nur im Notfall – die Dienstaufsichtsbeschwerde an den zuständigen Direktor des Amtsgerichts.

Der Gerichtsvollzieher ist das zuständige **Vollstreckungsorgan** insbesondere bei der **137**

- **Mobiliarvollstreckung (Sachpfändung)** nach §§ 803 ff. ZPO,
- **Abnahme der Vermögensauskunft** und eidesstattlichen Versicherung des Schuldners gemäß §§ 802c ff. ZPO) nebst Eintragungen im **Schuldnerverzeichnis** (§ 882c ZPO),[376]
- **gütlichen Erledigung** (§ 802b ZPO),
- **Vorpfändung** (§ 845 ZPO) zur Vorbereitung der Forderungspfändung.[377]

Darüber hinaus bilden **Zustellungen** einen wesentlichen Aufgabenbereich.[378]

Die **Tätigkeit des Gerichtsvollziehers** vollzieht sich in einem Spannungsfeld: Einerseits übt er wie jedes Vollstreckungsorgan die Zwangsgewalt des Staates grundsätzlich **selbständig** und eigenverantwortlich aus.[379] Er handelt stets hoheitlich und wird nicht als Vertreter der Gläubiger tätig.[380] Anderseits ist er unterschiedlichen **Weisungen** ausgesetzt: So bestimmt der **Gläubiger** aufgrund der Parteiherrschaft Beginn, Art und Ausmaß der Zwangsvollstreckung und kann daher dem Gerichtsvollzieher – soweit zwingendes Recht nicht entgegensteht – Weisungen erteilen.[381] Zudem ist der Gerichtsvollzieher als Beamter in die gerichtliche **Verwaltungshierarchie** eingebunden.[382] Und schließlich ist für ihn die **Geschäftsanweisung (GVGA)**[383] nicht nur eine erläuternde Handrei- **138**

---

375 Dazu AG Bremen, Beschl. v. 11.6.2014, 243 M 430663/14, BeckRS 2014, 11980.

376 Dazu Rn. 160.

377 Dazu Rn. 237.

378 Ausführlich zu **Aufgaben und Amtspflichten des Gerichtsvollziehers** *Glenk*, NJW 2014, 2315.

379 BGH, Urt. v. 18.1.1985, V ZR 233/83, NJW 1985, 1711, 1714.

380 BGH, Beschl. v. 7.1.2011, 4 StR 409/10, NJW 2011, 2149.

381 Zöller/*Stöber*, § 753 Rn. 4; vgl. auch § 58 Abs. 2 GVGA.

382 MünchKomm-ZPO/*Zimmermann*, § 154 GVG Rn. 8 ff. m.w.N.

383 Auf der Grundlage von § 154 GVG erlassen gilt sie seit 1.9.2013 in sämtlichen Ländern **bundeseinheitlich**.

chung,[384] sondern grundsätzlich auch verbindliches Regelwerk,[385] auch als „interne dienstliche Weisung für das Vollstreckungsorgan" bezeichnet.[386] Allerdings kann sie als Verwaltungsvorschrift nicht die Regeln der ZPO außer Kraft setzen, sodass diese im Außenverhältnis allein maßgeblich sind.[387]

3. Vollstreckungsauftrag

a) Möglichkeiten

139 Soweit nicht die Gerichte zuständig sind,[388] wird die Zwangsvollstreckung durch **Gerichtsvollzieher** vorgenommen, und zwar nur **im „Auftrag" (= auf Antrag) des Gläubigers** (§ 753 Abs. 1 ZPO). Durch den Vollstreckungsauftrag und die Übergabe der vollstreckbaren Ausfertigung des Titels wird er berechtigt, Leistungen des Schuldners entgegenzunehmen sowie Zahlungsvereinbarungen zu treffen (§ 754 Abs. 1 ZPO).

140 Diese Ermächtigung konkretisiert **802a Abs. 2 ZPO** dahin, dass der Gerichtsvollzieher insbesondere befugt ist,

1. eine **gütliche Erledigung** der Sache (§ 802b ZPO) zu versuchen,
2. eine **Vermögensauskunft** des Schuldners (§ 802c ZPO) einzuholen,
3. **Auskünfte Dritter** über das Vermögen des Schuldners (§ 802l ZPO) einzuholen,
4. die **Pfändung** und Verwertung körperlicher Sachen zu betreiben,
5. eine **Vorpfändung** (§ 845 ZPO) durchzuführen.

Praxistipp: Der Gerichtsvollzieher kann – inzwischen nicht nur im Rahmen eines Vollstreckungsauftrages ab 500 € – den **Aufenthaltsort des Schuldners** bei bestimmten **Behörden und Registern** zu ermitteln versuchen (§ 755 Abs. 1 und 2 ZPO).[389] Die Tätigkeit ist allerdings gebührenpflichtig.[390] Die so gewonnenen Erkenntnisse dürfen drei Monate lang auch für Aufträge **weiterer Gläubiger** verwendet werden (§ 755 Abs. 3 ZPO).

---

384 Vgl. etwa § 145 GVGA zu dem Verfahren bei der Verhaftung.

385 § 1 S. 4 GVGA; im Übrigen ganz h.M., vgl. etwa LG Bochum, DGVZ 1991, 172; AG Bretten, DGVZ 2014, 150; AG Limburg, DGVZ 2014, 204; AG Bonn, DGVZ 2007, 79; *Glenk*, NJW 2014, 2315; *Kessel* in: Kindl/Meller-Hannich/Wolf, ZPO, Einleitung zur GVGA und GVO, Rn. 2; Zöller/*Stöber*, § 766 Rn. 11; Baumbach/*Hartmann*, § 766 Rn. 22 „Geschäftsanweisung" je m.w.N.

386 LG Limburg, Beschl. v. 29.6.1987, 7 T 17/87, NJW-RR 1988, 704.

387 *Lackmann* in: Musielak/Voit, § 753 Rn. 2.

388 Prozessgericht, Vollstreckungsgericht, Grundbuchamt.

389 Formular-Modul L, ausführlich *Goebel*, FoVo 2015, 205; *derselbe*, FoVo 2016, 201; *Salten*, MDR 2016, 125, 129).

390 Nr. 440, 441 KV-GvKostG.

Ab **1.1.2018** können schriftlich einzureichende **Anträge** nach § 753 Abs. 4 und 5 ZPO n.F. grundsätzlich als **elektronisches Dokument** dem Gerichtsvollzieher vorgelegt werden.[391] 141

Praxistipp: Der elektronische Auftrag bei **Vollstreckungsbescheiden** bis 5.000 € ist durch **§ 754a ZPO n.F.** bereits jetzt vereinfacht worden.[392]

b) Antragstellung

Der allgemeine ebenso wie der juristische Sprachgebrauch verwendet den Begriff **„Antrag"** für ein Begehren, das sich an einen Empfänger richtet, von dem ein bestimmtes Verhalten erbeten wird. Danach muss ein Antrag auf Zwangsvollstreckung an ein **Zwangsvollstreckungsorgan** gerichtet sein. Er ist nach allgemeinem wie juristischem Sprachgebrauch mit **Zugang** bei diesem „gestellt".[393] 142

In der Regel empfiehlt es sich, den **Antrag** an die bei jedem Amtsgericht eingerichtete **Gerichtsvollzieherverteilungsstelle** zu richten, die den Auftrag an den für die Schuldneranschrift zuständigen Gerichtsvollzieher weiterleitet (§ 22 GVO). Nur wenn der zuständige Gerichtsvollzieher bereits bekannt ist, kann er **unmittelbar** kontaktiert werden. Die meisten Bundesländer bieten insoweit – zentral über die Informationsseiten der Landesjustizverwaltungen oder über die Internetseiten der einzelnen Amtsgerichte – auch eine Zuständigkeitsübersicht zur **Geschäftsverteilung** der Gerichtsvollzieher im Internet an.[394] 143

c) Formularzwang

Das Bundesjustizministerium hat inzwischen von der Ermächtigung aus § 753 Abs. 3 ZPO Gebrauch gemacht, verbindliche **Formulare** für den **Gerichtsvollzieherauftrag** einzuführen – wie bereits bei der Forderungspfändung. Seit dem **1.4.2016** muss das neue **amtliche Formular ausschließlich** genutzt werden. Es wurde nicht in die Zwangsvollstreckungsformular-Verordnung (ZVFV)[395] aufgenommen, die bereits Formulare für den Antrag auf Erlass einer richterlichen Durchsuchungsanordnung sowie für den Antrag auf Erlass eines Pfändungs- und Überweisungsbeschlusses enthält. Vielmehr wurde eigens die **Gerichtsvollzieherformular-Verord-** 144

---

391 Art. 2 Nr. 1, Art. 14 Abs. 5 des Gesetzes zur Durchführung der Verordnung (EU) Nr. 655/2014 sowie zur Änderung sonstiger zivilprozessualer Vorschriften (EuKoPfVODG) v. 21.11.2016, BGBl. I S. 2591.

392 Dazu *Giers*, FamRB 2017, 114, 115; *Ulrici*, NJW 2017, 1142.

393 BGH, Beschl. v. 27.4.2016, VII ZB 61/14, NJW-RR 2016, 890.

394 Etwa für **NRW**: www.gerichtsvollzieher.nrw.de, vgl. *Salten* MDR 2016, 125, 126.

395 Dazu Rn. 179.

nung (GVFV)[396] geschaffen, deren **Anlage** das zu verwendende Formular enthält.

145 Die wichtigsten Regelungen der Verordnung in der **Übersicht**:

- § 1: Nur für den Vollstreckungsauftrag an den Gerichtsvollzieher zur Vollstreckung von **Geldforderungen** wird das in der Anlage bestimmte Formular eingeführt. Es gilt **nicht** für **Zustellungen** und auch nicht **sonstige Vollstreckungsaufträge** an den Gerichtsvollzieher, z.B. wegen Räumungsvollstreckung; diese sind weiter formlos zu beantragen.
- § 2: **Inhaltliche Abweichungen** von dem Formular einschließlich der Anlagen 1 und 2 sind grundsätzlich **unzulässig**. Soweit jedoch für den beabsichtigten Vollstreckungsauftrag in dem Formular keine zweckmäßige Möglichkeit zur Eintragung vorgesehen ist, kann ein geeignetes Freitextfeld oder eine **zusätzliche Anlage** verwendet werden.[397]
- §§ 3, 4: Es besteht für die Bundesländer die Möglichkeit, das Formular als **elektronisch ausfüllbares PDF-Dokument** einzuführen, das dann ausgedruckt weitergeleitet wird, oder auch die elektronische Übermittlung der Angaben zu eröffnen. Hiervon wurde noch kein Gebrauch gemacht.

Das **Formular** musste aufgrund von Gesetzesänderungen bereits nach kurzer Zeit **neu gefasst** werden[398] und ist in dieser Version **seit dem 1.3.2017** verbindlich zu verwenden.[399] Solche Modifizierungen sind angesichts diverser „Reparaturgesetze" auch künftig nicht auszuschließen.

Praxistipp: Wegen der geringen „Haltbarkeit" der amtlichen Vordrucke empfiehlt es sich, stets die **Aktualität** des zu verwendenden Formulars zu überprüfen. Die Alt-Formulare dürfen regelmäßig nur innerhalb weniger Monate nach dem Inkrafttreten der Änderung noch verwendet werden.

---

396 Verordnung über das Formular für den Vollstreckungsauftrag an den Gerichtsvollzieher (Gerichtsvollzieherformular-Verordnung – GVFV) v. 28.9.2015, BGBl. I S. 1586, in Kraft getreten am 1.10.2015, dazu *Giers*, FamRB 2015, 438; *Salten*, MDR 2016, 125; *Goebel*, FoVo 2015, 141.

397 Für die **Auslegung** dieser Regelung insbesondere bezüglich der **Forderungsaufstellung** können die vergleichbaren Bestimmungen der **ZVFV** und die hierzu ergangene Rechtsprechung des BGH herangezogen werden, dazu Rn. 179.

398 Mit Wirkung zum 1.12.2016 aufgrund des Gesetzes zur Durchführung der Verordnung (EU) Nr. 655/2014 sowie zur Änderung sonstiger zivilprozessualer Vorschriften (EuKoPfVODG) v. 21.11.2016, BGBl. I S. 2591.

399 Zu den Neuerungen *Salten*, MDR 2017, 61.

d) Amtliches Formular

Das Formular enthält den **Vollstreckungsauftrag** und zwei amtliche **Anlagen** („Forderungsaufstellung“ als Anlage 1 und „Hinweise zum Ausfüllen“ als Anlage 2). Hiermit kann der Gläubiger einen oder zugleich **mehrere Aufträge** erteilen. 146

Das Formular gliedert sich in insgesamt **17 Module (A–Q)**, die wiederum in einzelne **Untermodule** unterteilt sind. Auch können **Module mehrfach** verwendet werden, z.B. bei Gläubiger- oder Schuldnermehrheit. 147

Praxistipp: Auch wenn die Rubrik **„Datum/Unterschrift“** nicht als Modul ausgestaltet ist, muss der Auftrag **im Original unterschrieben** werden.[400]

Im Übrigen braucht der Antragsteller nur die **Seiten** des Formulars, auf denen sich Angaben des Antragstellers befinden, oder nur die **Module** des Formulars,[401] die Angaben des Antragstellers enthalten, einzureichen.[402]

Praxistipp: Diese – eher komplizierende und daher zu meidende[403] – **Beschränkung** auf bestimmte Seiten oder Module des Formulars sollte der Antragsteller bei der Einreichung (vgl. **Modul B**) klar zum Ausdruck bringen, um verzögernde Rückfragen zu vermeiden. Tatsächlich haben viele Gläubiger das Formular noch nicht richtig „angenommen“. Es kann nur dringend empfohlen werden, dieses sinnvoll und **frei von Widersprüchen** auszufüllen.[404]

e) Gütliche Erledigung

Der Gesetzgeber misst der gütlichen Einigung eine große Bedeutung bei und regelt sie in **§ 802b Abs. 1 ZPO** an zentraler Stelle: Der Gerichtsvollzieher soll in jeder Lage des Verfahrens auch ohne entsprechenden Auftrag des Gläubigers auf eine solche Erledigung bedacht sein.[405] Das Einverständnis des Gläubigers wird vermutet. In der Tat erzielt der Gerichtsvollzieher auf diesem Wege beachtliche Beitreibungserfolge, schon weil er den persönlichen Kontakt zum Schuldner suchen muss und hierbei einen unmittelbaren Eindruck von dessen tatsächlichen Lebensverhältnissen erhält. 148

---

400 LG Heilbronn, Beschl. v. 14.3.2016, 1 T 124/16, DGVZ 2016, 212 = FoVo 2017, 37; LG Leipzig, Beschl. v. 21.5.2013, 8 T 249/13, BeckRS 2013, 15466 m.w.N.

401 Definition in § 2 Abs. 5 GVFV.

402 § 2 Abs. 3 GVFV, hierzu AG Mannheim, Beschl. v. 1.8.2016, 7 M 27/16, DGVZ 2016, 211, dazu FoVo 2016, 237.

403 Dazu *Salten*, MDR 2016, 125, 128.

404 Gerichtsvollzieher sprechen von einem „Ankreuz-Lotto“, das zu zeitraubenden Nachfragen bei dem Gläubiger führen muss.

405 Ausführlich § 68 GVGA.

Praxistipp: Um den nötigen Druck auf den Schuldner auszuüben, sollte der Gläubiger mit den Modulen E1 und E2 eine **Höchstfrist** und eine **Mindestrate** vorgeben. In der Praxis hat sich der Antrag auf **gütliche Erledigung** in Kombination mit dem Antrag auf Abnahme der **Vermögensauskunft** bewährt.[406] Die Gebühr ist in diesem Fall ermäßigt auf 8 €.[407] Sie beträgt 16 €, wenn die gütliche Erledigung **isoliert** beantragt wird.[408]

Freilich kann der Gläubiger von vornherein eine **Zahlungsvereinbarung ausschließen** oder aber dem zwischen Gerichtsvollzieher und Schuldner festgelegten Zahlungsplan widersprechen (§ 802b Abs. 2 und 3 ZPO).

Der Schuldner kann auch noch durch eine „im letzten Moment" mit dem Vollstreckungsgläubiger abgeschlossene **Ratenzahlungsvereinbarung** die Eintragung in das **Schuldnerverzeichnis** verhindern.[409]

149 Allerdings kann eine **Insolvenz des Schuldners** den Vollstreckungserfolg in Frage stellen. Denn Deckungen, die durch **Zwangsvollstreckungsmaßnahmen** erlangt wurden, sind entsprechend der ständigen Rechtsprechung des **BGH**[410] inkongruent und unterliegen damit im Fall der Insolvenz des Schuldners der **Anfechtung nach § 131 InsO**.[411] Insofern muss der Gläubiger mit einer **Rückzahlung** der Raten rechnen, die bis drei Monate vor dem Insolvenzeröffnungsantrag eingezogen wurden. Auch die sog. **Vorsatzanfechtung** (§ 133 InsO) droht dem Gläubiger bei derartigen Ratenzahlungsvereinbarungen. Allerdings wurden insoweit Beweiserleichterungen eingeführt und ferner die Anfechtungsfrist von 10 Jahren auf vier Jahre verkürzt.[412]

4. Vollstreckungsprotokoll

150 Der Gerichtsvollzieher hat über jede **Vollstreckungshandlung** ein **Protokoll** aufzunehmen (§ 762 Abs. 1 ZPO). Diese Pflicht wird nach § 63 Abs. 1 S. 1 GVGA ausgedehnt auf **versuchte** Vollstreckungshandlungen und **vorbereitende** Tätigkeiten. Ferner finden sich in der **GVGA** für verschiedene Vollstreckungshandlungen bestimmte Vorgaben an die Gestal-

---

406 Dazu eingehend *Goebel*, FoVo 2016, 61 mit **Musterantrag**.

407 Nr. 208 KV-GvKostG.

408 Nr. 207 KV-GvKostG; dazu *Giers*, FamRB 2017, 114, 116.

409 Dazu BGH, Beschl. v. 21.12.2015, I ZB 107/14, NJW 2016, 876 mit Anm. *Dierck* (Vorrang der gütlichen Einigung); vgl. auch BGH, Beschl. v. 9.2.2017, I ZB 56/16, NJW-RR 2017, 511.

410 BGH, Urt. v. 28.2.2008, IX ZR 213/06, NJW-RR 2008, 919.

411 Die ursprünglich geplante Einschränkung der Vorschrift wurde wieder gestrichen, vgl. BT-Drs. 18/11199.

412 Dazu *Hacker*, NZI 2017, 148, 149.

tung des Protokolls, etwa in § 68 (gütliche Erledigung), §§ 128, 129 (Räumung) und § 145 Abs. 2 (Haftbefehlsübergabe). Auch eine **fruchtlose Pfändung** muss hinreichend dargelegt sein. So hat der Gerichtsvollzieher auf Verlangen des Gläubigers im Pfändungsprotokoll pfändbare Sachen, die nicht beschlagnahmt wurden, im Einzelnen anzugeben und sonstige Gegenstände nach Art und Zahl zu bezeichnen.[413]

Praxistipp: Ist das Protokoll lückenhaft und das Verhalten des Gerichtsvollziehers nicht nachvollziehbar, sollte der Gläubiger um eine **Ergänzung des Protokolls** bitten, aus dem sich auch die Gründe für den Nichtabschluss einer Zahlungsvereinbarung mit dem Schuldner ergeben müssen.[414]

5. Reform der Sachaufklärung

a) Vermögensauskunft

151 Die bislang sog. „eidesstattliche Versicherung" wird nun als „Vermögensauskunft" bezeichnet.[415] **Inhalt und Umfang** der Auskunftspflicht nach § 802c Abs. 2 ZPO entsprechen im Wesentlichen der bisherigen Rechtslage: Der Schuldner muss u.a. alle ihm gehörenden **Vermögensgegenstände**, d.h. körperliche Gegenstände, Forderungen und andere Vermögensrechte angeben. Wie bisher sind die Richtigkeit und Vollständigkeit der Angaben **an Eides statt zu versichern**.

152 Das Verfahren zur Abnahme der Vermögensauskunft ist im Einzelnen in **§ 802f ZPO** geregelt. Der Gerichtsvollzieher errichtet ausschließlich in einem **elektronischen** Dokument (pdf-Datei) eine Aufstellung mit den Angaben des Schuldners, dem **Vermögensverzeichnis**.[416] Hiervon erhält der **Gläubiger** vom Gerichtsvollzieher automatisch einen Ausdruck, der **Schuldner** hingegen lediglich auf Antrag und nur im Anschluss an die Abnahme (§ 802f Abs. 5 ZPO). Das elektronische Dokument übermittelt der Gerichtsvollzieher dem **zentralen Vollstreckungsgericht**, das die Vermögensverzeichnisse verwaltet.[417]

153 Die Abnahme der **Vermögensauskunft** kann auch **nach einem Pfändungsversuch** oder auch in **Kombination** beantragt werden („Kombi-Auftrag"). Verweigert dann der Schuldner die Durchsuchung (§ 758 ZPO)

---

413 OLG Bremen, Beschl. v. 8.9.1988, 2 W 18/88, NJW-RR 1989, 1407.

414 Dazu *Goebel*, FoVo 2015, 85.

415 Ausführlich zur Neuregelung *Sturm*, FPR 2013, 547; *Dierck/Griedl*, NJW 2013, 3201; zur **Stellvertretung** bei der Abgabe vgl. *Sahm*, NJW 2017, 1207.

416 **Anlagen** sind einzuscannen und beizufügen. Der Gläubiger kann gezielt **ergänzende Fragen** stellen (vgl. § 138 Abs. 1 S. 4 GVGA, dazu FoVo 2017, 67).

417 Dazu Rn. 162. Zu dem **Verfahrensablauf** und zu **taktischen Überlegungen** des Gläubigers vgl. *Goebel*, FoVo 2017, 61.

oder ist der Pfändungsversuch „unbefriedigend", kann der Gerichtsvollzieher dem Schuldner die **Vermögensauskunft sofort** abnehmen (§ 807 ZPO).

Praxistipp: Die gewünschte **Reihenfolge** muss der Gläubiger in seinem Auftrag (Module G1 und G2) klarstellen und dabei widersprüchliche Angaben vermeiden.

b) Folgen der Nichtabgabe

154 Für den Schuldner, der unentschuldigt im Termin zur Vermögensauskunft **nicht erscheint** oder deren Abgabe ohne Grund **verweigert**, hat dieses Verhalten nunmehr verschärfte Konsequenzen:

- Nach wie vor kann er zur Erzwingung der Abgabe **verhaftet** werden. Das Vollstreckungsgericht erlässt nach § 802g ZPO auf **Antrag** des Gläubigers[418] einen **Haftbefehl**, der dem Schuldner von Amts wegen bei der Verhaftung ausgehändigt wird.[419] Das früher mögliche Widerspruchsverfahren (§ 900 Abs. 4 a.F.) ist entfallen.
- Ferner darf der Gerichtsvollzieher auf **Antrag** des Gläubigers bestimmte **Auskünfte Dritter** einholen (§ 802l ZPO).[420]
- Zudem ordnet der Gerichtsvollzieher **von Amts wegen** die **Eintragung** des Schuldners in das **zentrale Schuldnerverzeichnis** an (§ 882c Abs. 1 ZPO).[421]

c) Erneute Vermögensauskunft

155 Ein Schuldner, der die Vermögensauskunft innerhalb der **letzten zwei Jahre** abgegeben hat, ist zur **erneuten Abgabe** nur verpflichtet, wenn ein Gläubiger in seinem Antrag[422] Tatsachen glaubhaft macht, die auf eine **wesentliche Veränderung** der Vermögensverhältnisse des Schuldners schließen lassen. Andernfalls, also ohne entsprechende Glaubhaftmachung, leitet der Gerichtsvollzieher dem Gläubiger einen Ausdruck des **letzten abgegebenen** Vermögensverzeichnisses zu **(§ 802d Abs. 1 ZPO)**. Hierfür wird eine **Gebühr**[423] nebst Auslagen fällig.

156 Dieser Automatismus sorgt vielfach für großen Unmut bei den Gläubigern. Denn ihr Antrag auf Abnahme der Vermögensauskunft kann dazu führen, dass kostenträchtig ein **veraltetes**, für den neuen Gläubiger wert-

---

418 Antragsmodul H.

419 Hierzu *Giers*, FamRB 2013, 22, 23.

420 Dazu Rn. 158.

421 Dazu Rn. 160.

422 Im Formular Modul G 3.

423 Nr. 261 KV-GvKostG (derzeit 33 €).

loses **Vermögensverzeichnis** innerhalb der Sperrfrist von zwei Jahren übersandt wird. Ob insoweit ein **Weisungsrecht** des Gläubigers mit der Möglichkeit der Beschränkung auf einen kürzeren zurückliegenden Zeitraum besteht, war in der Rechtsprechung umstritten.[424] Zwar hat der **BGH**[425] diese Frage inzwischen unter Verweis auf die **Dispositionsmaxime** bejaht. Indes ist der Streit aufgrund der Neuregelung in **§ 802d Abs. 1 S. 2 ZPO n.F.**[426] nun geklärt: Der Gläubiger kann auf die Zuleitung des letzten abgegebenen Vermögensverzeichnisses **nicht verzichten**, da – so die amtliche Begründung[427] – andernfalls der Zweck des neuen Schuldnerverzeichnisses, Auskunft über die Kreditunwürdigkeit einer Person zu geben, nicht erreicht werden könnte.

Praxistipp: Das Problem lässt sich für den Gläubiger dadurch lösen, dass er vorab eine Auskunft aus dem **Schuldnerverzeichnis**[428] oder bei einer gewerblichen **Auskunftei**[429] einholt oder eben eine **wesentliche Veränderung** der Vermögensverhältnisse des Schuldners darzulegen vermag.

Von der erneuten Abgabe der Vermögensauskunft ist das (gesetzlich nicht geregelte) **Nachbesserungsverfahren** zu unterscheiden: Ergibt sich der begründete Verdacht, dass die bereits abgegebene Vermögensauskunft äußerlich erkennbar **unvollständig, ungenau oder widersprüchlich** ist, kann jeder Gläubiger unabhängig von der Sperrfrist des § 802d ZPO verlangen, dass der Gerichtsvollzieher einen neuen Termin zur Vervollständigung des Verzeichnisses anberaumt.[430] So besteht etwa bei Verdacht auf ein **verschleiertes Arbeitseinkommen** weiterer Erklärungsbedarf.[431] Für die Nachbesserung wird – ohne zusätzliche Kosten – das Ursprungsverfahren fortgesetzt und der Schuldner erneut geladen. 157

Praxistipp: Die Voraussetzungen für eine **Nachbesserung** sind nicht immer eindeutig. Gerichtsvollzieher neigen dazu, Nach-

---

424 Vgl. etwa OLG Köln, Beschl. v. 18.11.2015, 17 W 174/15, DGVZ 2016, 13 (bejahend); LG Schwerin, Beschl. v. 12.4.2016,5 T 93/16, BeckRS 2016, 08531 (verneinend); ausführlich zu der Problematik OLG Celle, Beschl. v. 28.4.2016, 2 W 84/16, NJW-RR 2016, 1212.

425 BGH, Beschl. v. 27.10.2016, I ZB 21/16, NJW 2017, 571 mit Anm. *Dierck*, dazu *Toussaint*, FD-ZVR 2016, 384218.

426 Aufgrund des Gesetzes zur Durchführung der Verordnung (EU) Nr. 655/2014 sowie zur Änderung sonstiger zivilprozessualer Vorschriften (EuKoPfVODG) v. 21.11.2016, BGBl. I S. 2591, in Kraft seit dem 26.11.2016.

427 BT-Drs. 18/7560, S. 37.

428 Dazu unten Rn. 160.

429 Dazu *Goebel*, FoVo 2014, 207; FoVo 2015, 205.

430 Hierzu BGH, Beschl. v. 3.3.2016, I ZB 74/15, Rpfleger 2016, 486.

431 AG Oldenburg, Beschl. v. 12.8.2015, 66 M 67/15, JurBüro 2015, 665 (dazu Rn. 211); zu Erstattungsansprüchen des Schuldners aus dem **Mietverhältnis** vgl. BGH, Beschl. v. 15.12.2016, I ZB 54/16, BeckRS 2016, 118225, ferner *Schmidt*, JurBüro 2016, 565.

besserungsanträge zurückzuweisen, weil sie Mehrarbeit ohne Gebühreneinzug bedeuten. Der Gläubiger kann dann **Erinnerung** nach § 766 ZPO einlegen.[432]

d) Auskunftsrechte des Gerichtsvollziehers

158 Kommt der Schuldner seiner Pflicht zur Abgabe der Vermögensauskunft nicht nach oder ist bei einer Vollstreckung in die dort aufgeführten Vermögensgegenstände eine vollständige Befriedigung des Gläubigers voraussichtlich nicht zu erwarten, so darf der Gerichtsvollzieher bei bestimmten **Dritten Vermögensauskünfte** einholen **(§ 802l ZPO)**. Hierbei kann der Gerichtsvollzieher

- bei den Trägern der **gesetzlichen Rentenversicherung** den derzeitigen Arbeitgeber des Schuldners erheben,
- über das **Bundeszentralamt für Steuern** Konten und Depots des Schuldners[433] abfragen *und*
- beim **Kraftfahrtbundesamt** Fahrzeug und Halterdaten des Schuldners feststellen.

Hinweis: **Nicht** mehr Voraussetzung ist, dass die zu vollstreckenden Ansprüche des Gläubigers **mehr als 500 €** betragen.[434] Allerdings wurde übersehen, dass die Wertgrenze auch in § 74a Abs. 1 S. 1 SGB X aufgenommen war, weshalb bei Auskünften an den Träger der **Rentenversicherung** die Wertgrenze weiter erheblich bleibt, bis der Gesetzgeber seinen Fehler korrigiert hat.[435]

159 Die erhobenen Daten dürfen unter bestimmten Voraussetzungen nunmehr auch einem **weiteren Gläubiger** übermittelt werden.[436] Eine **neue Auskunft** ist nur bei Anhaltspunkten für eine Änderung der Vermögensverhältnisse des Schuldners sowie auf Antrag des Gläubigers[437] einzuholen.

Praxistipp: Nach § 802l Abs. 3 ZPO erhält der Gläubiger die Auskunft unverzüglich, der Schuldner dagegen erst mehrere Wochen später. Es besteht also die Möglichkeit einer **überraschenden Vollstreckungsmaßnahme**.

432 Oft erfolgreich, vgl. AG Rudolstadt, Beschl. v. 23.11.2015, M 1149/15, JurBüro 2016, 214; AG Leipzig, Beschl. v. 16.10.2015, 433 M 15681/15, BeckRS 2016, 04583.

433 Die Auskunft erfasst auch die Konten bei Bausparkassen.

434 Änderung zum 26.11.2016 aufgrund des Gesetzes zur Durchführung der Verordnung (EU) Nr. 655/2014 sowie zur Änderung sonstiger zivilprozessualer Vorschriften (EuKoPfVODG), vgl. Rn. 156.

435 *Goebel*, FoVo 2017, 26.

436 § 802l Abs. 4 und 5 ZPO.

437 Im Auftragsformular Modul M 5.

Durch diese Auskunftsrechte des Gerichtsvollziehers soll die Zwangsvollstreckung effektiv gestaltet werden. Ein Recht zur Teilnahme am **automatisierten Grundbuchabrufverfahren**[438] ist damit jedoch nicht verbunden.[439]

Die **Auskunftsgebühren** des Gerichtsvollziehers sind nunmehr aufwandsabhängig gestaffelt.[440] Die „gebrauchte" Auskunft löst geringere Gebühren aus.

Praxistipp: In der Praxis hat sich bewährt, dass der Schuldner den Gläubiger **von der Schweigepflicht entbindet** und so diesem selbst – auch ohne Titulierung – ermöglicht, die erforderlichen Auskünfte kostengünstiger und aktuell einzuholen.[441]

e) Schuldnerverzeichnis

Die Abgabe der Vermögensauskunft führt nicht – wie nach altem Recht – zwingend zur Eintragung in das Schuldnerverzeichnis. Der Schuldner wird erst aufgrund einer begründeten **Eintragungsanordnung** des Gerichtsvollziehers ins **Schuldnerverzeichnis** eingetragen (§ 882c Abs. 1 ZPO). **160**

Diese Eintragungsanordnung veranlasst der Gerichtsvollzieher, wenn

- der Schuldner seiner **Pflicht** zur Abgabe der Vermögensauskunft **nicht nachgekommen** ist,
- eine **Vollstreckung** nach dem Inhalt des Vermögensverzeichnisses offensichtlich **nicht** geeignet wäre, zu einer **vollständigen Befriedigung** des Gläubigers zu führen, *oder*
- der Schuldner dem Gerichtsvollzieher **nicht innerhalb eines Monats** nach Abgabe der Vermögensauskunft oder Bekanntgabe der Zuleitung nach § 802d Abs. 1 S. 2 ZPO die **vollständige Befriedigung** des Gläubigers **nachweist.**[442]

Der Gerichtsvollzieher hat diese Anordnung **von Amts wegen** und gänzlich kostenfrei[443] an den Schuldner **zuzustellen** und auch über eine etwaige Bewilligung der öffentlichen Zustellung zu entscheiden.[444]

---

438 Nach § 133 Abs. 2 GBO.

439 OLG München, Beschl. v. 5.2.2013, 9 VA 17/12, DGVZ 2013, 112.

440 Vgl. Nr. 440, 442 KV-GvKostG (5 € oder 13 €), dazu *Giers*, FamRB 2017, 114, 116.

441 Dazu *Goebel*, FoVo 2016, 201 m.w.N.

442 Ausführlich *Gietmann*, DGVZ 2016, 1; *Thewes*, DGVZ 2016, 3; *Giers*, FamRB 2013, 62, 65.

443 OLG München, Beschl. v. 20.9.2016, 11 W 1496/16, FamRZ 2017, 389 (LS) = BeckRS 2016, 17640.

444 § 882c Abs. 2 S. 2 ZPO n.F.

161 Wird dem Gerichtsvollzieher vor der Übermittlung der Eintragungsanordnung bekannt, dass die **Voraussetzungen** für die Eintragung **nicht** oder nicht mehr vorliegen, kann er – wie nunmehr gesetzlich klargestellt[445] – selbst die Anordnung **aufheben**. Ein Widerspruchsverfahren kann so vermieden werden. Ein **Zahlungsplan** nach § 802b ZPO, der festgesetzt und nicht hinfällig ist, steht der Eintragung in das Schuldnerverzeichnis in jedem Fall entgegen.[446]

Die **Einsichtnahme** in das Schuldnerverzeichnis[447] ist nach den Vorgaben des § 882f ZPO möglich. Einzelheiten regelt die **Schuldnerverzeichnisführungsverordnung**[448] in §§ 5–11. Hierfür fällt eine **Gebühr** von 4,50 € an.

Hinweis: Weicht die Eingabe der **Schuldnerbezeichnung** (einschließlich Anschrift) von derjenigen seitens des Gerichtsvollziehers ab, erhält der Gläubiger regelmäßig eine **unzutreffende Auskunft** („Fehlanzeige") und leitet dann mitunter unnötige Vollstreckungsmaßnahmen ein. Die entsprechenden Kosten werden durchweg **nicht** im Wege des Regresses von der Staatskasse erstattet.

f) Zentrale Vollstreckungsgerichte

162 Die 16 Bundesländer haben nach §§ 802k, § 882h ZPO in ihrem Bereich jeweils ein **zentrales Vollstreckungsgericht** errichtet, bei denen die erhobenen **Vermögensverzeichnisse** der Schuldner (= Vermögensauskünfte in elektronischer Form) hinterlegt werden und wo die (neuen) **Schuldnerverzeichnisse** elektronisch geführt werden. Das beim Amtsgericht angesiedelte (örtliche) Vollstreckungsgericht (§ 764 ZPO) besteht weiter, ist aber nur noch als Vollstreckungsorgan oder im Rahmen eines Rechtsbehelfsverfahrens tätig (§ 766 ZPO).[449]

g) Rechtsbehelf

163 Soweit der **Gläubiger** die Auftragsdurchführung beanstandet, kann er dies im Wege der **Erinnerung (§ 766 ZPO)** überprüfen lassen. Gleiches gilt für den **Schuldner**, der sich gegen die Zahlungsaufforderung oder die Ladung zur Vermögensauskunft wehren möchte.

---

445 § 882d Abs. 1 S. 5 ZPO n.F.

446 Dazu BGH, Beschl. v. 21.12.2015, I ZB 107/14, NJW 2016, 876 mit Anm. *Dierck* (Vorrang der gütlichen Einigung).

447 Per Internet www.vollstreckungsportal.de; ausführlich zur Abfrage und zur Bedeutung des **Geburtsortes** des Schuldners: *Goebel*, FoVo 2015, 223.

448 Verordnung über die Führung des Schuldnerverzeichnisses (SchuFV) v. 26.7.2012, BGBl. I S. 1654.

449 *Vollkommer*, NJW 2012, 3681.

6. Sachpfändung

a) Wann ist die Sachpfändung sinnvoll?

Eine **Sachpfändung** mit anschließender Verwertung ist für den Gläubiger eher selten erfolgversprechend.[450] Wirtschaftlich sinnvoll ist sie in der Regel nur, wenn konkrete **Informationen** über die Vermögensverhältnisse des Schuldners vorliegen. Insoweit kann zum einen die **Vermögensauskunft** nach § 802c ZPO, aber auch ein im Unterhalts- oder Zugewinnausgleichsverfahren erteilte **Auskunft** zur Aufklärung beitragen. Gerade in Familiensachen verfügt der Gläubiger aber häufig auch über **persönliche Kenntnisse** über aufwendige Fahrzeuge, Sportgeräte, Musikanlagen oder dergleichen, auf die der Gerichtsvollzieher dann gezielt „angesetzt" werden kann.[451] 164

b) Pfändung körperlicher Sachen

Zahlt der Schuldner nicht freiwillig, kann in sein bewegliches Vermögen und damit auch in körperliche Sachen durch **Pfändung** vollstreckt werden (§ 803 Abs. 1 S. 1 ZPO). Hierzu bedarf es eines entsprechenden Antrages des Gläubigers nach § 802a Abs. 2 Nr. 4 ZPO.[452] 165

Die Pfändung der im **Gewahrsam** des Schuldners befindlichen **körperlichen Sachen** wird dadurch bewirkt, dass der Gerichtsvollzieher sie in Besitz nimmt (§ 808 Abs. 1 ZPO). Entsprechendes gilt, wenn sich die Sache im Gewahrsam des Gläubigers oder eines zur Herausgabe bereiten Dritten befindet (§ 809 ZPO). Unter dem **Gewahrsam** ist der äußerlich erkennbare Zustand tatsächlicher Sachherrschaft zu verstehen. Er entspricht damit dem unmittelbaren Besitz i.S.d. §§ 854 ff. BGB.[453] Bei Ehegatten und Lebenspartnern ist die **Gewahrsamsvermutung** des § 739 ZPO zu beachten. 166

Allerdings bedeutet die **Inbesitznahme** nicht, dass der Gerichtsvollzieher die gepfändeten Sachen wegschafft. Vielmehr bleiben sie in der Regel im **Gewahrsam des Schuldners**, wobei die Pfändung durch Anlegung von Siegeln oder auf sonstige Weise ersichtlich gemacht wird (§ 808 Abs. 2 ZPO). Dies führt bei der Pfändung von **Fahrzeugen** gelegentlich zu Streit. 167

Praxistipp: Insoweit fordert der Gerichtsvollzieher mitunter – auch unter Hinweis auf § 107 GVGA – die Zahlung eines beträchtlichen **Kostenvorschusses** für die Einlagerung eines zu pfändenden **PKW**. Dem kann sich der Gläubiger

---

450 *Goebel*, FoVo 2016, 81.

451 Amtliches Formular, Modul K 5.

452 Dazu Rn. 140 (Formular-Modul K).

453 MünchKomm-ZPO/*Gruber*, § 808 Rn. 6 m.w.N.

notfalls im Wege der Erinnerung unter Hinweis auf die einschlägige Rechtsprechung[454] widersetzen, wenn er das Fahrzeug im Gewahrsam des Schuldners – ohne Nutzungsmöglichkeit – belassen will. Schon die Pfändung erhöht meist die Zahlungsbereitschaft.[455]

168 Auf das **Eigentum** kommt es grundsätzlich nicht an. Der Gerichtsvollzieher hat daher die wahren Eigentumsverhältnisse grundsätzlich nicht zu prüfen.[456] Ist ein **Dritter** Eigentümer, muss er Drittwiderspruchsklage (§ 771 ZPO)[457] oder bei Bestehen eines Pfandrechts Klage auf vorzugsweise Befriedigung (§ 805 ZPO) erheben.

Praxistipp: Hat der Dritte das Eigentum von dem Schuldner erlangt, ist eine **Anfechtung** nach §§ 3, 4 AnfG zu prüfen.[458]

Im Falle von **Widerstand**, kann der Gerichtsvollzieher **Gewalt** anwenden und dazu die Unterstützung der Polizei anfordern (§ 758 Abs. 3 ZPO).

169 Insgesamt gilt das **Verbot der Überpfändung** sowie der **zwecklosen** Pfändung (§ 803 Abs. 1 S. 2, Abs. 2 ZPO). Ferner sind die in § 811 ZPO genannten Gegenstände **unpfändbar**, um eine Kahlpfändung des Schuldners zu verhindern.[459] Hierbei ist eine **Austauschpfändung** nach § 811a ZPO zu erwägen.[460]

c) Unpfändbarkeitsbescheinigung

170 Bei Vollstreckungsaufträgen betreffend (mutmaßlich) **vermögenslose Schuldner** sieht **§ 32 Abs. 1 GVGA** eine Vollstreckungsvereinfachung vor: Hat der Gerichtsvollzieher – insbesondere wegen vorausgegangener erfolgloser Pfändungsversuche im letzten Vierteljahr – begründeten Anhalt dafür, dass die **Zwangsvollstreckung fruchtlos** verlaufen werde, so sendet er dem Gläubiger unverzüglich den Schuldtitel mit einer entsprechenden **Bescheinigung** zurück. Dabei teilt er dem Gläubiger mit, dass er den **Auftrag** zur Vermeidung unnötiger Kosten als **zurückgenommen** betrachtet.

Doch gilt dies **nicht**, wenn der Wunsch des Gläubigers auf **Ausführung des Auftrags** aus der Sachlage hervorgeht (z.B. der Pfändungsauftrag

454 LG Verden, Beschl. v. 1.8.2014, 6 T 146/14, DGVZ 2015, 128; AG Pirna, Beschl. v. 6.5.2013, 1 M 663/13, JurBüro 2013, 606; AG Mönchengladbach-Rheydt, Beschl. v. 16.4.2013, 32 M 724/13, JurBüro 2013, 441.

455 Dazu *Goebel*, FoVo 2014, 154; *ders.*, FoVo 2015, 98.

456 Dazu eingehend §§ 70, 71 GVGA.

457 Dazu *Jäckel*, JA 2010, 357, 359.

458 Dazu Rn. 809 ff.

459 Dazu *Glenk*, ZRP 2013, 232; instruktiv: AG Heidelberg, Beschl. v. 26.6.2014, 1 M 9/14, DGVZ 2015, 59.

460 Dazu §§ 73, 74 GVGA.

zum Zwecke des Neubeginns der **Verjährung** erteilt ist)[461] oder wenn das Gläubigerinteresse an der Ermittlung von Drittschuldnern ersichtlich oder zu unterstellen ist (§ 32 Abs. 2 GVGA).

Praxistipp: Der Gläubiger sollte gut überlegen, ob er sich mit der (wenn auch kostengünstigen) **Unpfändbarkeitsbescheinigung** „abspeisen" lassen will. Abgesehen von der erwähnten Verjährungsproblematik hat dieses Vorgehen den Nachteil, dass der Gerichtsvollzieher mangels Kontakt mit dem Schuldner weder hilfreiche **Informationen** erlangen (§ 806a ZPO) noch eine **gütliche Einigung** (§ 802b BGB) erreichen kann. Die Bescheinigung verhilft auch nicht zu einem Verfahren auf sofortige Abgabe der **Vermögensauskunft** nach § 807 Abs. 1 S. 1 Nr. 2.[462] Es kann sich daher empfehlen, in dem Vollstreckungsauftrag (Modul K4) ausdrücklich darum zu bitten, von der Erteilung einer Fruchtlosigkeitsbescheinigung **abzusehen**.[463]

d) Richterliche Durchsuchungsanordnung

Verweigert der Schuldner dem Gerichtsvollzieher im Rahmen einer **Sachpfändung** den Zutritt zu seiner Wohnung, kann die Beantragung einer **richterlichen Durchsuchungsanordnung** nach § 758a Abs. 1 ZPO erforderlich werden. Lediglich in Ausnahmefällen wird der Vollstreckungstitel bereits die **Durchsuchungsanordnung beinhalten**. Für die Räumung und den Erzwingungshaftbefehl ist dies in § 758a Abs. 2 ZPO ausdrücklich geregelt. Entbehrlich ist die Anordnung bei **Gefahr im Verzug** (§ 758a Abs. 1 S. 2 ZPO).[464] **171**

Der Begriff **„Wohnung"** ist weit auszulegen und umfasst auch Geschäfts- und Nebenräume. Unter einer **„Durchsuchung"** versteht man eine ziel- und zweckgebundene **Suche** nach Personen oder Sachen, welche der Inhaber der Wohnung von sich aus nicht offen legen oder herausgeben will.[465] Das bloße **Betreten** einer Wohnung erfüllt diesen Begriff nur dann, wenn dort darüber hinausgehende Handlungen zur Feststellung eines bestimmten Sachverhalts vorzunehmen sind.[466] **172**

---

461 Vgl. § 212 Abs. 1 Nr. 2 BGB. Die Vollstreckung unterbricht die Verjährung **nicht**, wenn der Vollstreckungsauftrag **zurückgenommen** wird.

462 Die Vorschrift setzt ausdrücklich und nach ihrem Sinn und Zweck einen Pfändungsversuch bei dem **angetroffenen Schuldner** voraus.

463 Formular-Modul K 5, eingehend *Goebel*, FoVo 2014, 101.

464 Der Begriff ist eng auszulegen, *Wesser*, NJW 2002, 2138, 2144.

465 BVerfG, Beschl. v. 3.4.1979, 1 BvR 994/76, NJW 1979, 1539.

466 OLG Düsseldorf, Beschl. v. 23.12.2014, 3 Wx 46/14, FamRZ 2015, 1047.

Bei der **Beantragung** gilt:

- Für den **Antrag** besteht **Formularzwang** gemäß § 758a Abs. 6 ZPO i.V.m. der Zwangsvollstreckungsformular-Verordnung.[467] Das Formular beinhaltet (unverständlicherweise) **keinen** Antrag auf Erlass eines **Nacht- und Feiertagsbeschlusses.**[468]

Praxistipp: Bei einem Verstoß gegen den Formularzwang wird der Antrag als **unzulässig** zurückgewiesen und muss dann unter Verwendung des gesetzlichen Formulars wiederholt werden – mit dem Risiko eines Rangverlustes (§ 804 Abs. 3 ZPO) und des Wegfalls des Neubeginns der Verjährung (§ 212 Abs. 3 BGB).

- Den **Antrag** kann nur der **Gläubiger**, nicht der Gerichtsvollzieher mit oder ohne dessen Auftrag stellen.[469]
- Örtlich und sachlich ausschließlich **zuständig** ist das Amtsgericht, in dessen Bezirk die Vollstreckung stattfinden soll (§§ 758a Abs. 1, 802 ZPO), also in der Regel das Gericht am **Wohnsitz des Schuldners.**[470]

Praxistipp: Nicht zuständig ist das Prozessgericht. Hier wird häufig wertvolle Zeit bei der Vollstreckung vergeudet!

Vor Erlass der Durchsuchungsanordnung ist der Schuldner in der Regel **anzuhören**; ein Absehen hiervon muss besonders begründet werden.[471] **Mitbewohner** haben die Durchsuchung grundsätzlich zu **dulden** (§ 758a Abs. 3 ZPO).

173 Die Anordnung oder Ablehnung der Durchsuchung kann nach wohl überwiegender Meinung stets mit der **sofortigen Beschwerde** nach § 793 ZPO angefochten werden.[472] Nach anderer Auffassung ist die Anordnung nur im Falle der vorangegangenen Anhörung des Schuldners mit der **sofortigen Beschwerde**, ansonsten mit der **Erinnerung** nach § 766 ZPO an-

---

467 Verordnung über Formulare für die Zwangsvollstreckung (ZVFV), geändert durch die Verordnung zur Änderung der Zwangsvollstreckungsformular-Verordnung v. 16.6.2014, BGBl. I, S. 754.

468 Das ergibt sich eindeutig aus § 1 ZVFV; vgl. LG Verden, Beschl. v. 19.2.2015, 6 T 35/15, DGVZ 2015, 169; *Schmidt*, JurBüro 2014, 63, 64; BeckOK-ZPO/*Ulrici*, § 758a Rn. 11.2; a.A. AG Bad Segeberg, Beschl. v. 17.12.2013, 6 M 873/13, BeckRS 2014, 00340.

469 *Sievers* in: Kindl/Meller-Hannich/Wolf, § 758 a Rn. 9.

470 OLG Hamm, Beschl. v. 24.11.2014, 5 W 69/14, MDR 2015, 485.

471 OLG Hamm, Beschl. v. 19.6.2001, 28 W 1/01, NJOZ 2002, 1721; *Lackmann* in: Musielak/Voit, § 758a Rn. 14; *Wesser*, NJW 2002, 2138, 2141; *Cirullies*, JurBüro 1984, 1297; vgl. auch Zöller/*Stöber*, § 758a Rn. 25 m.w.N.

472 OLG Saarbrücken, Beschl. v. 13.11.1992, 5 W 112/92, Rpfleger 1993, 146; OLG Hamm, Beschl. v. 12.12.1983, 14 W 208/83, NJW 1984, 1972; *Lackmann* in: Musielak/Voit, § 758a Rn. 16.

greifbar.[473] Die Auffassung, die Anordnung sei für den Schuldner unanfechtbar,[474] ist verfassungsrechtlich nicht haltbar.[475]

e) Nacht- und Feiertagsbeschluss

Die richterliche Durchsuchungsanordnung gestattet nicht die Vollstreckung zur Nachtzeit sowie an Sonn- und Feiertagen gegen den Willen des Schuldners. Insoweit bedarf es eines zusätzlichen sog. **Nacht- und Feiertagsbeschlusses nach § 758a Abs. 4 ZPO.**[476] Diese Ermächtigung ist für die Vollstreckung zu bestimmten „Ruhezeiten" vor allem bei **Kassenpfändungen** in Gaststätten oder bei besonderen Veranstaltungen, aber auch zur Vollstreckung eines **Haftbefehls**[477] in der Wohnung des Schuldners geboten. 174

Praxistipp: Der Gläubiger sollte sich im Hinblick auf einen zu erwartenden Widerspruch des Schuldners vorsichtshalber in der Regel einen „Nachtbeschluss" beschaffen.

III. Forderungspfändung

1. Pfändung und Überweisung

Der Pfändung von Forderungen des Schuldners kommt deswegen große Bedeutung zu, weil hier vergleichsweise geringe Chancen bestehen, den Zugriff der Gläubiger zu hintertreiben. Für **Unterhaltsgläubiger** hat die Forderungspfändung den Vorteil, dass **künftige** Forderungen gepfändet werden können, ohne dass immer von neuem Vollstreckungsorgane eingeschaltet werden müssen. Zudem wirkt die Pfändung fort, wenn das Arbeitsverhältnis beendet ist und innerhalb von neun Monaten wieder aufgenommen wird (§§ 832, 833 ZPO).[478] 175

Durch den **Pfändungs- und Überweisungsbeschluss** wird die „angebliche" Forderung[479] des Schuldners gegen den Drittschuldner zugunsten

473 KG, Beschl. v. 17.12.1985, 1 W 2537/85, NJW 1986, 1180; Baumbach/*Hartmann*, § 758 ZPO Rn. 30.

474 So Zöller/*Stöber*, § 758a Rn. 36.

475 BVerfG, Beschl. v. 16.7.2015, 1 BvR 625/15, NJW 2015, 3432.

476 Die **Nachtzeit** umfasst die Stunden von 21 bis 6 Uhr (§ 758a Abs. 4 S. 2 ZPO). Bundeseinheitliche **Feiertage** sind: Neujahr, Karfreitag, Ostermontag, 1. Mai, Himmelfahrt, Pfingstmontag, 3. Oktober, 1. und 2. Weihnachtsfeiertag. Zu beachten sind ferner Feiertage nach Landesrecht.

477 BGH, Beschl. v. 16.7.2004, IXa ZB 46/04, MDR 2004, 1379; LG Berlin, Beschl. v. 23.5.2016, 51 T 357/16, DGVZ 2016, 256.

478 *Griesche* in: Ehinger/Griesche/Rasch, Kap. M., Rn. 133.

479 Ob dem Schuldner tatsächlich die Forderung zusteht, wird nicht im Pfändungsverfahren geprüft, sondern erst in einem etwaigen Prozess des Gläubigers gegen den Drittschuldner, BGH, Beschl. v. 12.9.2013, VII ZB 51/12, FamRZ 2013, 1970.

des Gläubigers gepfändet und ihm zur Einziehung überwiesen (§§ 829, 836 ZPO). Mit Zustellung an den Drittschuldner wird der Beschluss **wirksam**. Der Schuldner bleibt zwar Inhaber der Forderung, hat sich aber jeder Verfügung über die Forderung zum Nachteil des Gläubigers, insbesondere ihrer Einziehung, zu enthalten.

176 Im Vordergrund der familienrechtlichen Praxis steht dabei die (privilegierte) Zwangsvollstreckung durch den **Unterhaltsgläubiger** in **Arbeitseinkommen** des Schuldners;[480] sie bildet deshalb im Folgenden den Schwerpunkt.

Praxistipp: Ganz „schlaue" Schuldner versuchen sich der Kontopfändung des Gläubigers mitunter dadurch zu entziehen, dass sie ihren Zahlungsverkehr über das **Konto eines Dritten** abwickeln. Oder sie übertragen ihr Konto auf eine nahe stehende Person und lassen sich eine umfassende **Kontovollmacht** einräumen. In diesen Fällen sollte insbesondere der dann gegen den Dritten (= Drittschuldner) gegebene **Herausgabeanspruch** nach § 667 BGB gepfändet werden.[481]

2. Antragsvoraussetzungen

a) Forderungsaufstellung

177 Der Pfändungsbeschluss wird nur auf **Antrag** des Gläubigers erlassen. Darin ist auch die zu vollstreckende **Forderung** nach Grund und Höhe einschließlich Kosten anzugeben. Ist die Gläubigerforderung nicht nach Hauptsache, Zinsen, Prozess- und Vollstreckungskosten zumindest **bestimmbar** dargestellt, kann das Vollstreckungsgericht die Einreichung einer mit zumutbarem Aufwand überprüfbaren **Forderungsaufstellung** verlangen.[482]

178 Gerade in Unterhaltssachen hat der Schuldner häufig bereits **Teilzahlungen** geleistet. Dann muss der Gläubiger ausgehend von dem titulierten Anspruch in nachvollziehbarer Weise darlegen, welche Zahlungen nach seiner Auffassung worauf anzurechnen sind und welcher Betrag infolgedessen noch offen steht. Demgemäß sind erkennbar unvollständige, widersprüchliche oder sonst nicht nachvollziehbare Forderungsaufstellungen keine geeignete Grundlage für den Erlass eines Pfändungs- und Überweisungsbeschlusses.[483]

---

480 Zu den pfändbaren Bestandteilen des **Arbeitseinkommens** vgl. *Waldschmidt*, JurBüro 2016, 451 ff., 563 ff.

481 Zu einem solchen Fall: BVerfG, Beschl. v. 29.5.2015, 1 BvR 163/15, NJW 2015, 3083; vgl. auch BGH, Beschl. vom 4.7.2007, VII ZB 15/07, NJW 2007, 2703.

482 BGH, Beschl. v. 27.6.2003, IXa ZB 119/03, Rpfleger 2003, 595, 596.

483 LG Kassel, Beschl. v. 26.3.2007, 3 T 68/07, DGVZ 2008, 46.

Das Vollstreckungsgericht prüft **nicht**, ob die zu pfändende **Forderung besteht**; es prüft nur, ob diese nach dem Sachvortrag des Gläubigers dem Schuldner gegen den Drittschuldner zustehen kann und ob sie nicht unpfändbar ist.[484]

b) Formularzwang

Nach § 829 Abs. 4 ZPO i.V.m. der zum 1.3.2013 eingeführten Verordnung über Formulare für die Zwangsvollstreckung (ZVFV)[485] ist der Gläubiger bei einer Forderungspfändung **verpflichtet**, eines der **Antragsformulare** zu verwenden, die die Verordnung in **Anlage 2** (gewöhnliche Geldforderung) oder **Anlage 3** (Unterhaltsforderung) vorsieht.[486] Anderenfalls ist der Antrag **unzulässig**. **179**

Abweichungen sind nach § 3 ZVFV lediglich eingeschränkt gestattet. Nur soweit für den beabsichtigten Antrag keine zweckmäßige Eintragungsmöglichkeit in dem Formular besteht, kann ein geeignetes Freifeld oder eine **Anlage** genutzt werden. Der Gläubiger ist darüber hinaus vom Formularzwang entbunden, soweit das Formular unzutreffend, fehlerhaft oder missverständlich ist. Der Antrag ist **nicht** formunwirksam, wenn ein Antragsformulars verwendet wird, das im **Layout** geringe, für die zügige Bearbeitung des Antrags nicht ins Gewicht fallende Änderungen enthält.[487]

Bietet das Antragsformular hinsichtlich der **Forderungsaufstellung** eine vollständige Eintragungsmöglichkeit, ist ausschließlich das vorgegebene Formular (also ohne beigefügte Anlage) zu nutzen.[488] Anderenfalls ist es nicht zu beanstanden, wenn der Gläubiger wegen der zu vollstreckenden Forderungen **insgesamt** auf eine in einer **Anlage** beigefügte Forderungsaufstellung verweist, auch wenn eine zutreffende Eintragung der zu vollstreckenden Forderungen in die vorgegebene Forderungsaufstellung **teilweise** möglich gewesen wäre. Dies ist etwa der Fall, wenn der Gläubiger die Vollstreckung wegen mehrerer Kostenforderungen nebst Zinsen mit gleicher Zinshöhe, aber unterschiedlichen Zinsläufen betreibt.[489] **180**

---

484 BGH, Beschl. v. 19.3.2004, IX a ZB 229/03, FamRZ 2004, 872.

485 Zwangsvollstreckungsformular-Verordnung, geändert durch die Verordnung zur Änderung der Zwangsvollstreckungsformular-Verordnung v. 16.6.2014, BGBl. I 2014, 754.

486 Dazu BeckOF-Prozess/*Benner*, 1.3.3.2; *Sturm*, JurBüro 2014, 507; *Jungbauer*, FoVo 2014, 125; *Goebel*, FoVo 2014, 81.

487 BGH, Beschl. v. 13.2.2014, VII ZB 39/13, NJW 2014, 3160.

488 BGH, Beschl. v. 4.11.2015, VII ZB 22/15, NJW 2016, 81; Beschl. v. 11.5.2016, VII ZB 54/15, NJW 2016, 2668.

489 BGH, Beschl. v. 15.6.2016, VII ZB 58/15, Rpfleger 2016, 740 = NJW 2016, 81 mit Anm. *Schäfer*.

Praxistipp: Die Antragstellung sollte sehr sorgfältig vorgenommen werden. Zwar hat das Vollstreckungsgericht auf Mängel **hinzuweisen.**[490] Doch drohen wegen des damit verbundenen Zeitverlustes Nachteile im Wettlauf der Gläubiger.

181 Fraglich ist, ob der Antrag zu **unterzeichnen** ist. Das Formular sieht zwar auch eine Unterschriftenzeile vor. Doch lässt sich dem Gesetz, insbesondere § 829 Abs. 4 ZPO, eine Pflicht zur **handschriftlichen** Unterzeichnung nicht entnehmen. Es muss lediglich sichergestellt sein, dass der Antrag vom Gläubiger **ernstlich gewollt** und nicht nur als Entwurf gedacht war, der versehentlich zu Gericht gelangt ist. Zweifel sind durch Rückfrage beim Gläubiger bzw. seinem Vertreter auszuräumen.[491]

Praxistipp: Wegen unklaren Rechtslage und der widerstreitenden Meinungen sollte der Antrag nach Möglichkeit die von der Rechtsprechung[492] vielfach geforderte **Originalunterschrift** aufweisen, um Verzögerungen und Rechtsnachteile zu vermeiden.

c) Bezeichnung des Drittschuldners

182 Die Benennung des **Kreditinstituts** als Drittschuldner darf knapp ausfallen: So ist die Bezeichnung einer Drittschuldnerin als *„Sparkasse …, Straße, PLZ und Ort“* **hinreichend bestimmt.** Es bedarf auch für die Zustellung des Pfändungsbeschlusses keiner Angaben über das zur Vertretung berechtigte Organ und die Mitglieder des Vertretungsorgans.[493]

3. Zuständigkeit

183 Auch bei der Vollstreckung aus einem familienrechtlichen Titel ist das Amtsgericht als **Vollstreckungsgericht** ausschließlich **sachlich zuständig** (§§ 764 Abs. 1, 802 ZPO). Die **örtliche** Zuständigkeit richtet sich (bei Unterhaltsforderungen nur) nach dem allgemeinen Gerichtsstand des Schuldners, § 828 Abs. 2 ZPO. **Funktionell** zuständig ist der **Rechtspfleger.**

---

490 § 139 ZPO gilt auch im Vollstreckungsverfahren, BVerfG, Beschl. v. 26.10.2011, 2 BvR 1856/10, Rpfleger 2012, 217.

491 *Stöber*, Rn. 469; Zöller/*Feskorn*, § 829 Rn. 3 m.w.N., aber streitig, vgl. etwa U. Gottwald/*Mock*, § 829 Rz. 47 m.w.N.

492 Beispielsweise LG Dortmund, Beschl. v. 28.5.2010, 9 T 278/10, Rpfleger 2010, 679; LG Leipzig, Beschl. v. 21.5.2013, 8 T 249/13, BeckRS 2013, 15466.

493 BGH, Beschl. v. 2.12.2015, VII ZB 36/13, Rpfleger 2016, 298.

4. Zustellung

Bei der Zustellung ist nach § 829 Abs. 2 ZPO zu **unterscheiden**: 184

- Der **Gläubiger** hat den Beschluss dem **Drittschuldner** zustellen zu lassen. Er kann den hierfür zuständigen **Gerichtsvollzieher** selbst beauftragen oder – so der Regelfall – durch Vermittlung der Geschäftsstelle (§ 192 Abs. 2 und 3 ZPO). Mit dieser Zustellung ist die Pfändung als **bewirkt** anzusehen (§ 829 Abs. 3 ZPO).
- Der **Gerichtsvollzieher** stellt den Beschluss von Amts wegen an den **Schuldner** zu. Im Falle der Zustellung im **Ausland** genügt grundsätzlich die postalische Übersendung (§ 829 Abs. 2 S. 3 ZPO).

5. Mitwirkungspflichten des Schuldners

Nach § 836 Abs. 3 S. 1 ZPO ist der Schuldner verpflichtet, dem Gläu- 185
biger die zur Geltendmachung der Forderung nötige **Auskunft** zu erteilen und ihm die über die Forderung vorhandenen **Urkunden herauszugeben**. Diese Pflichten bestehen unabhängig von der **Auskunftspflicht des Drittschuldners** nach § 840 ZPO[494] und auch von dem Vorliegen einer **Vermögensauskunft** des Schuldners.[495]

Allerdings beruht diese Auskunfts- und Herausgabepflicht **nicht** auf einer **materiell-rechtlichen Anspruchsgrundlage**. Sie ist rein prozessrechtlicher Natur und begründet daher **nicht** ein Einsichtsrecht in die **Prozesskostenhilfeunterlagen** nach § 117 Abs. 2 ZPO.[496]

a) Auskunftspflicht

Die **Auskunftspflicht** umfasst alle erheblichen Tatsachen und wesent- 186
lichen Umstände, die der Gläubiger benötigt, um die Forderung im eigenen Namen gegenüber dem **Drittschuldner** geltend zu machen und durchzusetzen. Der **Umfang** der Auskunft wird sich stets nach dem Einzelfall richten. Dazu gehören auch Angaben darüber, welche Tätigkeiten er für seinen Arbeitgeber ausführt und wie viele Wochenstunden er pro Woche für diesen tätig ist. So kann der Gläubiger der Frage nachgehen, ob eventuell Teile des Einkommens verschleiert werden.[497]

Verweigert der Schuldner die freiwillige Auskunftserteilung, so ist er 187
auf **Antrag** des Gläubigers verpflichtet, die Auskunft zu Protokoll zu geben und die Richtigkeit seiner Angaben **an Eides statt zu versichern**. Zustän-

494 Dazu Rn. 230.

495 Dazu Rn. 151.

496 OLG Brandenburg, Beschl. v. 1.9.2010, 9 WF 222/10, FamRZ 2011, 125, dazu *Strasser*, FamFR 2010, 470.

497 LG Köln, Beschl. v. 8.10.2002, 10 T 80/02, DGVZ 2002, 186; dazu Rn. 211.

dig für die Abnahme ist der **Gerichtsvollzieher**, in dessen Bezirk der Schuldner seinen Wohnsitz hat.[498] Bleibt der Schuldner dem von dem Gerichtsvollzieher anzuberaumenden **Termin** zur Abgabe der eidesstattlichen Versicherung unentschuldigt fern oder verweigert er die Abgabe ohne Grund, erlässt das Gericht gegen ihn auf Antrag des Gläubigers einen **Haftbefehl**.[499]

Praxistipp: Zwecks Beschleunigung des Verfahrens kann und sollte der Gläubiger den Haftbefehlsantrag vorsorglich bereits mit dem Antrag auf Terminsbestimmung stellen.

b) Herausgabepflicht

188 Die **Herausgabepflicht** gemäß § 836 Abs. 3 ZPO betrifft **Urkunden**, die den Gläubiger als zur Empfangnahme der Leistung berechtigt legitimieren, sowie solche, die den Bestand der Forderung beweisen oder sonst der Ermittlung oder dem Nachweis ihrer Höhe, Fälligkeit oder Einredefreiheit dienen. Die herauszugebenden Urkunden sind auf Antrag des Gläubigers in der Regel bereits in den **Pfändungs- und Überweisungsbeschluss** aufzunehmen, ohne dass ein besonderes Rechtsschutzbedürfnis an der Herausgabe dargelegt zu werden braucht.[500]

In der Praxis geht es meist um die Pfändung von **Arbeitseinkommen** sowie von **Kontenguthaben** des Schuldners.

(a) Lohnpfändung

189 Bei der Pfändung von **Arbeitseinkommen** sind regelmäßig (nur) die letzten drei **Lohn- oder Gehaltsabrechnungen** aus der Zeit vor der Pfändung herauszugeben,[501] ferner vorrangige Pfändungs- und Überweisungsbeschlüsse sowie Urkunden über der Pfändung vorgehende Abtretungen dieser Ansprüche.[502]

Praxistipp: Die Überprüfung der Lohnabrechnungen bietet dem Gläubiger viele Erkenntnisse wie etwa die Wahl der **Lohnsteuerklasse** (Antrag nach § 850h ZPO?). Im Übrigen sind die **Berechnungen** der Drittschuldner oft **fehlerhaft**.[503]

Erleichtert wird die Lohnpfändung durch die **Mitpfändung** des Anspruchs auf Abrechnung: Der Anspruch auf Erteilung einer **Lohnabrech-**

---

498 § 836 Abs. 3 S. 2 und 3 i.V.m. § 802e Abs. 1 ZPO.

499 § 836 Abs. 3 S. 4 i.V.m. § 802g ZPO.

500 BGH, Beschl. v. 28.6.2006, VII ZB 142/05, FamRZ 2006, 1272.

501 BGH, Beschl. v. 20.12.2006, VII ZB 58/06, NJW 2007, 606.

502 BGH, Beschl. v. 28.6.2006, VII ZB 142/05, FamRZ 2006, 1272.

503 Eingehend *Waldschmidt*, JurBüro 2017, 63, 64.

nung stellt einen unselbstständigen **Nebenanspruch** dar, wenn es der Abrechnung bedarf, um den Anspruch auf Lohnzahlung geltend machen zu können. Diese Ansprüche des Schuldners gegen den Drittschuldner (Arbeitgeber) werden in der Regel mitgepfändet. Auf Antrag des Gläubigers kann das Vollstreckungsgericht die **Mitpfändung** im Pfändungs- und Überweisungsbeschluss (klarstellend) aussprechen.[504]

Praxistipp: Auf eine solche die Durchsetzung gegenüber dem Drittschuldner erleichternde **Klarstellung** im Pfändungsbeschluss sollte der Gläubiger stets hinwirken. Ihm sind die Lohnabrechnungen dann **monatlich** zu übersenden.

(b) Kontenpfändung

Hat der Gläubiger Ansprüche des Schuldners gegen ein **Kreditinstitut** gepfändet, muss in den Pfändungs- und Überweisungsbeschluss auf Antrag des Gläubigers die Pflicht zur **Herausgabe sämtlicher Kontoauszüge** aufgenommen werden. Dem Schuldner kann nicht gestattet werden, **Schwärzungen** in den Kontoauszügen vorzunehmen.[505] Eine etwaige Verletzung seines Rechts auf Geheimhaltung durch Preisgabe der in den Kontoauszügen enthaltenen Informationen muss er im Wege der **Erinnerung** geltend machen. Der Gerichtsvollzieher kann insoweit nach § 765a Abs. 2 ZPO analog die Herausgabe der Kontounterlagen an den Gläubiger um bis zu einer Woche **aufschieben**.[506] **190**

Die **Herausgabe** der Urkunden kann der Gläubiger im Wege der **Zwangsvollstreckung** nach § 883 i.V.m. § 836 Abs. 3 S. 5 ZPO erwirken. Werden die herauszugebenden Urkunden beim Schuldner nicht vorgefunden, hat dieser auf Antrag des Gläubigers **an Eides statt zu versichern**, dass er die Sache nicht besitze und auch nicht wisse, wo sie sich befinde.[507] **191**

6. Vorrecht des Unterhaltsgläubigers

a) Erweiterter Zugriff

Nicht zuletzt wegen der inzwischen deutlich angehobenen Pfändungsfreigrenzen ist die Forderungspfändung für Unterhaltsgläubiger von besonderem Interesse. Denn die verschärfte Pfändung von Arbeitseinkommen nach **§ 850d ZPO** bevorrechtigt **gesetzliche Unterhaltsansprüche** in der Weise, dass der **pfandfreie Betrag** – verglichen mit der „normalen" Forderungspfändung und ihren Beschränkungen nach § 850c ZPO – **herabge-** **192**

---

504 BGH, Beschl. v. 19.12.2012, VII ZB 50/11, FamRZ 2013, 622.

505 BGH, Beschl. v. 23.2.2012, VII ZB 59/09, NJW 2012, 1223.

506 BGH, Beschl. v. 9.2.2012, VII ZB 49/10, NJW 2012, 1081.

507 Verfahren wie bei der Abnahme der Vermögensauskunft, dazu Rn. 151.

setzt ist. Die Unterhaltsgläubiger können dann zusätzlich in denjenigen Teil des Schuldnereinkommens vollstrecken, der zwischen der üblichen Pfändungsfreigrenze und dem sich an dem Sozialhilfesatz orientierenden notwendigen Selbstbehalt (§ 850 Abs. 1 S. 2 ZPO) liegt.

Pfändungsschutz für Arbeitseinkommen i.w.S. (§§ 850 ff. ZPO)

Unpfändbar nach § 850a:
– Überstundenvergütung (1/2)
– Zulagen,
– Treugelder

Bedingt pfändbar nach § 850b:
insbesondere **Unterhaltsrenten**
→ Taschengeld

Pfändungsgrenzen für Arbeitseinkommen (Tabellen) nach **§ 850c**

Erleichterte Pfändbarkeit bei gesetzlichen Unterhaltsansprüchen nach § 850d:
→ notwendiger Selbstbehalt

Vergleichsbeispiel (lediger Schuldner mit monatlichem Nettoeinkommen von 1.700,00 € und einem notwendigen Selbstbehalt von 900,00 €[508])

- **sonstige Gläubiger** (nach der Anlage zu § 850c ZPO)[509]: **438,28 €**
- **Unterhaltsgläubiger** (Vorrechtsbereich):
  1.700,00 € ./. 900,00 € ./. 438,28 € = **weitere 361,72 €**

193 **Privilegiert** sind lediglich Ansprüche, die **gesetzlich** geregelten Unterhalt betreffen, insbesondere Ehegatten- und Kindesunterhalt. Sind die Ansprüche auf einen Dritten **übergegangen**,[510] kann auch dieser erweitert pfänden.[511] Die Unterhaltsansprüche verlieren ihren Charakter als gesetzliche Ansprüche auch nicht dadurch, dass sie **vertraglich** geregelt werden, etwa in einem Prozessvergleich oder einer notariellen Urkunde.[512]

194 Diese Privilegierung gilt uneingeschränkt auch dann, wenn der Schuldner über ein **Pfändungsschutzkonto** verfügt,[513] ferner in **Insolvenzverfahren.**[514]

---

508 Vgl. BGH, Beschl. v. 21.1.2015, VII ZB 30/13, NZFam 2015, 307 = FamRZ 2015, 657.

509 In der bis 30.6.2017 gültigen Fassung. Ab 1.7.2017 gilt eine neue Tabelle.

510 Etwa nach §§ 33 SGB II, 94 SGB XII, 7 UVG.

511 BGH, Beschl. v. 17.9.2014, VII ZB 21/13, NZFam 2014, 1035 mit Anm. *Spieker* = FamRZ 2014, 1918.

512 BGH, Beschl. v. 6.9.2012, VII ZB 84/10, NJW 2013, 239 mit Anm. *Ahrens* = FamRZ 2012, 1799 mit. Anm. *Seiler*.

513 § 850k Abs. 3 ZPO, vgl. *Ehlenz*, JurBüro 2011, 342, 343; zum **Pfändungsschutzkonto** Rn. 224.

514 § 89 Abs. 2 S. 2 InsO, dazu Rn. 737.

Trifft der Unterhaltsgläubiger mit dem Gläubiger einer gewöhnlichen Forderung **zusammen**, wird der Prioritätsgrundsatz (§ 804 Abs. 3 ZPO) nicht außer Kraft gesetzt; es wird eine **Verrechnung nach § 850e Nr. 4 ZPO** vorgenommen.[515]

b) Antragserfordernis

Der erweiterte Zugriff wird dem Unterhaltsgläubiger **nur auf Antrag** gewährt. Von einer solchen Antragstellung kann das Gericht nicht einfach ausgehen, weil nach § 2 Abs. 1 Nr. 1 ZVFV der als Anlage 3 beigefügte **Formularvordruck** nur für Pfändungen wegen gesetzlicher Unterhaltsansprüche nach § 850d ZPO zu verwenden ist. Denn es besteht kein Automatismus dahingehend, dass bei der Pfändung wegen gesetzlicher Unterhaltsansprüche die Pfändung nach § 850d ZPO erfolgen muss.[516] **195**

Praxistipp: Um Rechtsnachteile zu vermeiden, sollte der Gläubiger auf S. 1 des amtlichen Formulars in dem **Freitextfeld** unter den Anträgen zu § 850e ZPO einfügen: „Herabsetzung des Pfändungsfreibetrages gemäß § 850d ZPO".

c) Nachweis der Unterhaltsforderung

Wird bevorzugte Pfändung beantragt, muss sich der Charakter der **gesetzlichen Unterhaltsforderung** – gegebenenfalls mittels Auslegung – aus dem **Vollstreckungstitel** ergeben.[517] Dies dürfte bei einem **Unterhaltsbeschluss** keine Probleme bereiten, wenn sich die benötigten Fakten in der Regel aus dem Tenor oder doch aus den Gründen ergeben. **196**

Ob der Gläubiger den Nachweis der Privilegierung durch die Vorlage eines **Vollstreckungsbescheids** führen kann, war in der Rechtsprechung bislang sehr umstritten, insbesondere in Fällen des Forderungsübergangs auf einen Sozialträger.[518] Doch inzwischen hat der **BGH**[519] apodiktisch klargestellt, dass für diesen Nachweis die Vorlage eines Vollstreckungsbescheids generell **nicht** ausreicht, und zwar unter Verweis auf die BGH-Rechtsprechung betreffend die vergleichbare Privilegierung wegen einer „vorsätzlich begangenen unerlaubten Handlung" in **§ 850f Abs. 2 ZPO**[520] **197**

515 Dazu *Behr*, Rpfleger 2005, 498, 500; *Stöber*, Forderungspfändung, Rn. 1273 ff. mit Berechnungsbeispiel.

516 LG Hamburg, Beschl. v. 26.4.2016, 325 T 44/16, JAmt 2016, 403.

517 BGH, Beschl. v. 6.9.2012, VII ZB 84/10, NJW 2013, 239 mit Anm. *Ahrens* = FamRZ 2012, 1799 mit. Anm. *Seiler*.

518 Vgl. nur LG Leipzig, Beschl. v. 6.7.2015, 7 T 552/15, FamRZ 2016, 74 (dafür); LG Leipzig, Beschl. v. 22.10.2015, 3 T 894/15, Rpfleger 2016, 236 (dagegen) je m.w.N.

519 BGH, Beschl. v. 6.4.2016, VII ZB 67/13, NJW 2016, 1663, dazu *Cirullies*, NZFam 2016, 551, ferner *Giers*, FamRB 2016, 258; *Althammer/Lorenz*, MDR 2016, 811.

520 BGH, Beschl. v. 5.4.2005, VII ZB 17/05, FamRZ 2005, 974.

wie auch **§§ 184 Abs. 2, 302 Nr. 1 InsO**[521]. In all diesen Fällen sei die Prüfung, ob der Gläubiger aus einem in der Zwangsvollstreckung privilegierten Anspruch vorgeht, nicht Aufgabe des Vollstreckungsgerichts, sondern des **Prozessgerichts** im Rahmen einer Schlüssigkeitsprüfung.[522]

Praxistipp: Dieser Rechtsprechung will der Gesetzgeber bei der Novellierung des **Unterhaltsvorschussrechts**[523] Rechnung tragen: Betreibt das Land die Zwangsvollstreckung aus einem **Vollstreckungsbescheid**, ist gemäß **§ 7 Abs. 5 UVG n.F.** zum Nachweis des übergegangenen Unterhaltsanspruchs dem Vollstreckungsantrag der **Bescheid** gemäß § 9 Abs. 2 UVG beizufügen, um so auch „privilegiert" vollstrecken zu können.

198 Legt man diese Maßstäbe zugrunde, ist grundsätzlich ein **Anerkenntnisbeschluss**[524] ebenso wenig geeignet wie auch ein **Versäumnisbeschluss**.[525] Bei einem **gerichtlichen Vergleich** ist danach zu differenzieren, ob die Beteiligten darin den Unterhaltsanspruch außer Streit stellen wollten.[526] Ihre Einigung, dass die Forderung, zu deren Erfüllung sich der Schuldner bereitfindet, eine solche aus Unterhalt oder unerlaubter Handlung ist, macht eine vorhergehende Schlüssigkeitsprüfung durch das Gericht entbehrlich. Dies wird gleichermaßen für eine **notarielle Vereinbarung** oder einen **Anwaltsvergleich** betreffend gesetzliche Unterhaltsansprüche zu gelten haben.

Praxistipp: Der Berater des **Unterhaltsgläubigers** sollte auf entsprechende Klarstellungen im Vergleichs- oder Urkundentext hinwirken und geeignete Formulierungsvorschläge im Termin bereit haben. Der **Unterhaltsschuldner** wiederum sollte aus Haftungsgründen über die Folgen eines weitreichenden Anerkenntnisses belehrt werden.

199 Enthält der Vollstreckungstitel den Nachweis **nicht**, muss der Unterhaltsgläubiger, will er in der Zwangsvollstreckung sein Privileg in Anspruch

---

521 BGH, Urt. v. 18.5.2006, IX ZR 187/04, NJW 2006, 2922; Versäumnisurt. v. 28.6.2012, IX ZR 160/11, JurBüro 2012, 605.

522 Vgl. auch BGH, Beschl. v. 26.9.2002, IX ZB 180/02, NJW 2003, 515.

523 Gesetz zur Neuregelung des bundesstaatlichen Finanzausgleichssystems ab dem Jahr 2020 und zur Änderung haushaltsrechtlicher Vorschriften, in Kraft ab **1.7.2017**, dazu BT-Drs. 18/11135 v. 13.2.2017.

524 OLG Brandenburg, Urt. v. 31.3.2009, 6 U 150/07, ZInsO 2009, 1503.

525 BGH, Urt. v. 5.11.2009, IX ZR 239/07, NJW 2010, 2210; Versäumnisurt. v. 28.6.2012, IX ZR 160/11, JurBüro 2012, 605.

526 BGH, Urt. v. 25.6.2009, IX ZR 154/08, MDR 2009, 1299 (mit Hinweis auf eine etwaige **Haftung** des Anwalts, der eine entsprechende Belehrung seines Mandanten über die Reichweite der vergleichsweisen Anerkennung unterlässt).

nehmen, auf eine entsprechende Formulierung des Titels hinwirken, und zwar mit einem **„titelergänzenden Feststellungsantrag“**.[527] Zuständig hierfür ist stets das Familiengericht.[528]

Praxistipp: Gläubiger, die eine Forderung aus gesetzlichem Unterhalt oder gar wegen vorsätzlich unerlaubter Handlung gegenüber einem Schuldner durchsetzen wollen, sollten das Mahnverfahren meiden und sofort bei Gericht einen **Zahlungsantrag** stellen – ergänzt um einen entsprechenden **Feststellungsantrag**, insbesondere wenn es um Privilegierungen nach § 850f Abs. 2 ZPO, § 302 Nr. 1 InsO geht. Eine solche Feststellung ist auch im Strafverfahren im Rahmen eines **Adhäsionsausspruchs** zulässig.[529] Bei einem erst später nachfolgenden Feststellungsverfahren droht überdies **Verjährung**.[530]

d) Rangfolge

Die **Rangfolge der Unterhaltsberechtigten (§ 850d Abs. 2 ZPO)** ist in zweifacher Hinsicht von Bedeutung: zum einen aufseiten der Vollstreckungsgläubiger, zum anderen bezüglich weiterer Personen, die gegenüber dem Schuldner unterhaltsberechtigt sind (§ 850d Abs. 1 S. 2 ZPO). **200**

Früher wich die Reihenfolge der zu berücksichtigenden Berechtigten nach § 850d Abs. 2 ZPO von der **Rangfolge des § 1609 BGB** in einzelnen Punkten ab. Nunmehr ist durch den schlichten Verweis in § 850d Abs. 2 ZPO auf die Reihenfolge nach § 1609 BGB[531] die lange geforderte Übereinstimmung mit dem materiellen Recht hergestellt: Minderjährige und ihnen unterhaltsrechtlich gleichgestellte „privilegierte“ volljährige Kinder[532] genießen auch bei der Forderungspfändung **Gleichrang** und nunmehr absoluten Vorrang. Alle übrigen Unterhaltsberechtigten, einschließlich der bisher gleichrangigen Ehegatten, gehen ihnen im Mangelfall nach.

Diese rangmäßige **Bevorrechtigung** des Gläubigers gegenüber anderen Unterhaltsberechtigten muss sich **nicht** aus dem Titel ergeben. Vielmehr ist es Aufgabe des **Vollstreckungsorgans**, bei der Bemessung des dem Schuldner pfandfrei zu belassenden Einkommensanteils nach § 850d

527 Auch „Attributsklage“ genannt, dazu Rn. 769.

528 Für die Privilegierung nach **§ 302 Nr. 1 InsO** nun auch OLG Rostock, Beschl. v. 2.3.2016, 10 WF 23/16, FamRZ 2016, 1385 m.w.N., dazu *Spieker*, NZFam 2016, 425; dazu Rn. 772.

529 BGH, Beschl. v. 7.12.2016, 4 StR 473/16, BeckRS 2016, 111340.

530 Dazu BGH, Beschl. v. 3.3.2016, IX ZB 33/14, NZFam 2016, 467 mit Anm. *Krumm*.

531 Sowie auf § 16 LPartG.

532 D.h. im Haushalt mindestens eines Elternteils lebende unverheiratete volljährige Schüler(innen) bis zum 21. Lebensjahr, § 1603 Abs. 2 S. 2 BGB.

Abs. 1 S. 2 ZPO die **Rangfolge** mehrerer Unterhaltsberechtigter selbstständig zu prüfen und festzulegen.[533] Nur so kann der dem Schuldner zu belassende Einkommensanteil angemessen bestimmt werden. Denn bei Schaffung des Titels sind die zukünftigen Entwicklungen meist noch gar nicht absehbar.[534]

201 Bei **Gleichrangigkeit** der Unterhaltsberechtigten ist streitig, ob eine Aufteilung des den notwendigen Unterhalt des Schuldners übersteigenden Einkommens nach **Kopfteilen** erfolgt[535] oder **anteilig**, d.h. im Verhältnis der Höhe ihrer Ansprüche.[536] Oft wird allerdings der genaue Bedarf der konkurrierenden Unterhaltsberechtigten nicht bekannt sein, sodass bereits aus diesem praktischen Grund nach Kopfteilen aufgeteilt werden muss.[537]

e) Unterhaltsrückstände

202 Für die Pfändung wegen der Rückstände, die länger als ein Jahr vor Eingang des Antrags auf Erlass des Pfändungsbeschlusses bei Gericht fällig geworden sind (sog. **überjährige Rückstände**), gilt die Bevorzugung der Unterhaltsgläubiger insoweit **nicht**, als nach der Lage der Verhältnisse nicht anzunehmen ist, dass der Schuldner sich seiner **Zahlungspflicht absichtlich entzogen** hat, § 850d Abs. 1 S. 4 ZPO.[538] „Absichtlich entzogen" im Sinne dieser Vorschrift hat sich ein Schuldner seiner Zahlungsverpflichtung dann, wenn er durch ein zweckgerichtetes Verhalten (auch Unterlassen) die zeitnahe Realisierung der Unterhaltsschuld verhindert oder zumindest wesentlich erschwert hat.[539]

Dies ist der Fall, wenn der Schuldner trotz bestehender Zahlungsmöglichkeit die ihm zur Verfügung stehenden Mittel für andere Zwecke als Unterhaltsleistungen verwendet und so die zeitnahe Realisierung der entstehenden Rückstände zumindest wesentlich erschwert.[540] Gleiches soll gelten, wenn der Schuldner seiner – gegenüber minderjährigen Kindern gesteigerten – unterhaltsrechtlichen Verpflichtung, seine Arbeitskraft voll einzusetzen, trotz entsprechender Möglichkeiten nicht nachkommt.[541]

---

533 BGH, Beschl. v. 6.9.2012, VII ZB 84/10, NJW 2013, 239.

534 *Cirullies*, FamFR 2012, 523; vgl. auch *Aps*, FF 2013, 28, 29.

535 So BeckOK-ZPO/*Riedel*, § 850d Rn. 25; *Meller-Hannich* in: Kindl/Meller-Hannich/Wolf, § 850d Rn. 29; *Behr*, Rpfleger 2005, 498, 500 m.w.N.

536 So OLG Frankfurt, Beschl. v. 13.7.1999, 26 W 52/99, FamRZ 2000, 614; Zöller/*Stöber*, § 850d Rn. 11a; *Ehlenz*, JurBüro 2011, 342, 344.

537 LG Konstanz, Beschl. v. 24.2.1998, 6 T 14/98, FamRZ 1998, 1448.

538 Formular-Antrag S. 8.

539 BGH, Beschl. v. 21.12.2004, IXa ZB 273/03, FamRZ 2005, 440.

540 BGH, Urt. v. 5.10.1988, IVb ZR 91/87, FamRZ 1989, 150 = NJW 1989, 526.

541 BGH, Urt. v. 15.12.1993, XII ZR 172/92, FamRZ 1994, 372.

Praxistipp: Für die **fehlende Absicht** trägt der **Schuldner** die **Darlegungs- und Beweislast**: Will er überjährige Rückstände von der Privilegierung des § 850d Abs. 1 ZPO ausschließen, hat er – im Wege der **Erinnerung** – Tatsachen vorzutragen, die die Annahme rechtfertigen, dass er sich seiner Zahlungspflicht nicht absichtlich entzogen hat.

f) Pfändungsgrenzen

(a) Notwendiger Unterhalt

Dem Schuldner ist nach § 850d Abs. 1 S. 2 ZPO jedenfalls derjenige 203
Betrag zu belassen, der seinen eigenen **notwendigen Unterhalt** abdeckt. Mit dieser § 850f Abs. 2 Hs. 2 ZPO entsprechenden Regelung soll dem Schuldner ein menschenwürdiges Leben ermöglicht und überdies verhindert werden, dass dem Schuldner durch Vollstreckungsmaßnahmen das Existenzminimum genommen wird mit der Folge, dass das Fehlende durch Sozialhilfe ersetzt und die Forderung des Gläubigers letztlich von der Allgemeinheit aus Steuermitteln bedient werden müsste.[542]

Demgemäß hat der **BGH**[543] wiederholt entschieden, dass dieser unpfändbare „Sockelbetrag" in der Regel dem **sozialhilferechtlichen notwendigen Lebensunterhalt im** i.S.d. Kapitel 3 und 11 des SGB XII entspricht.[544] Das gilt auch für **erwerbsfähige** Schuldner.[545]

Grundlage für die Berechnung des notwendigen Unterhalts ist der 204
Eckregelsatz der Regelbedarfsstufe 1 nach der Anlage zu § 28 SGB XII. Dabei normiert das **Regelbedarfs-Ermittlungsgesetz** (RBEG) die konkrete Zusammensetzung der Regelbedarfe für die einzelnen Bedarfsstufen.[546] Eine **Erhöhung** dieses Regelsatzes wegen weiterer Kosten muss grundsätzlich **konkret** berechnet werden. Eine schlichte Verdoppelung der Regelsätze ist keine geeignete Richtgröße für den notwendigen Unterhalt des Schuldners insgesamt.[547] Ebenso kann der Freibetrag nicht nach den unterhaltsrechtlichen Grundsätzen für den – in der Regel etwas höheren – sog. notwendigen Selbstbehalt bemessen werden.[548]

---

542 BGH, Beschl. v. 25.10.2012, VII ZB 12/10, FamRZ 2013, 442.

543 BGH, Beschl. v. 5.8.2010, VII ZB 17, 18/09, FamRZ 2010, 1798; Beschl. v. 12.12.2007, VII ZB 38/07, FamRZ 2008, 877.

544 Zur Berechnung bei Vorliegen einer **Bedarfsgemeinschaft** vgl. BSG, Beschl. v. 13.7.2015, B4 AS 74/15 B, BeckRS 2015, 70985.

545 BGH, Beschl. v. 12.12.2007, VII ZB 38/07, FamRZ 2008, 877.

546 Dazu *Schürmann*, FPR 2011, 349.

547 BGH, Beschl. v. 18.7.2003, IXa ZB 151/03, FamRZ 2003, 1466.

548 BGH, a.a.O.

Dem **Grundbetrag** (Regelsatz zuzüglich Einmalbedarf) **hinzuzurechnen** sind also je nach Fallkonstellation insbesondere Kosten für Unterkunft und Heizung, arbeitsbedingten Mehraufwand, auch Umgangskosten.[549] Freilich kann das Vollstreckungsgericht die hierzu erforderlichen Informationen nur von dem Schuldner erlangen, dessen Anhörung sich jedoch nach § 834 ZPO bei Erlass des Beschlusses verbietet. Insofern wird in der Praxis doch mit **Pauschalen** gearbeitet.[550] Im Einzelfall kann der notwendige Unterhalt mit 900,- € bemessen werden.[551]

(b) Unterhaltspflichten des Schuldners

205 Neben diesem notwendigen Selbstbehalt hat dem Schuldner nach § 850d Abs. 1 S. 2 ZPO noch der Betrag zu verbleiben, den er zur Erfüllung seiner **laufenden gesetzlichen Unterhaltspflichten** gegenüber den dem Gläubiger **vorgehenden** Berechtigten oder zur gleichmäßigen Befriedigung der dem Gläubiger **gleichstehenden** Berechtigten benötigt.[552]

Praxistipp: Solche Unterhaltsberechtigungen kann das Vollstreckungsgericht häufig mangels Kenntnis nicht berücksichtigen und auch nicht von Amts wegen ermitteln.[553] Der Unterhaltsschuldner kann dann nur im Wege der **Erinnerung** die Angaben nachreichen und so die Festsetzung eines höheren Freibetrages erreichen.

206 Allerdings kommt die Gewährung eines erhöhten Pfändungsfreibetrags **nicht** in Betracht, wenn feststeht, dass der Schuldner tatsächlich **keine Unterhaltsleistungen** an den bevorrechtigten Unterhaltsgläubiger erbringt.[554] Insoweit ist auch – entsprechend § 850c Abs. 4 ZPO – von Bedeutung, ob sich die potenziell Unterhaltsberechtigten ganz oder teilweise aus **eigenem Einkommen** unterhalten können.[555] Der Gläubiger kann bei Gericht einen **Klarstellungsbeschluss** erwirken.[556]

---

549 Ausführlich *Becker* in: Musielak/Voit, § 850d Rn. 6.

550 BeckOK-ZPO/*Riedel*, § 850d Rn. 14.

551 BGH, Beschl. v. 21.1.2015, VII ZB 30/13, FamRZ 2015, 657.

552 Zur Berechnung und Verfahrensweise vgl. *Goebel*, FoVo 2017, 45.

553 BGH, Beschl. v. 17.9.2014, VII ZB 21/13, FamRZ 2014, 1918.

554 Inzwischen h.M., vgl. BGH, Beschl. v. 17.9.2014, VII ZB 21/13, FamRZ 2014, 1918, Rn. 17, m.w.N. (in Abgrenzung zu BGH, Beschl. v. 5.8.2010, VII ZB 101/09, FamRZ 2010, 1654); dazu *Giers*, FamRB 2015, 10.

555 Hierzu LG Koblenz, Beschl. v. 23.1.2008, 2 T 53/ 08, Rpfleger 2008, 513 (Ehefrau mit 912,– € mtl. nicht zu berücksichtigen); Zöller/*Stöber*, § 850d Rn. 8.

556 *Goebel*, FoVo 2017, 48.

Praxistipp: Hat der Gläubiger Kenntnis vom **Eigeneinkommen** der weiteren Unterhaltsberechtigten (Vermögensauskunft des Schuldners!), sollte er dies gleich bei Antragstellung dem Gericht substantiiert mitteilen;[557] einer Glaubhaftmachung oder gar eines Beweises bedarf es nicht.[558]

(c) Sondervergütungen

Der erweiterte Zugriff des Unterhaltsgläubigers umfasst nach § 850d Abs. 1 S. 2, 2. Hs. ZPO auch bestimmte, eigentlich unpfändbare Teile des Arbeitseinkommens: So hat dem Schuldner von den in **§ 850a Nr. 1, 2 und 4 ZPO** genannten Bezügen (Überstundenvergütung, Urlaubs-, Treu- und Weihnachtsgeld) lediglich die **Hälfte** des nach § 850a ZPO unpfändbaren Betrages zu verbleiben. Die übrigen in § 850a ZPO aufgeführten Bezüge sind auch für Unterhaltsgläubiger nicht pfändbar.[559] **207**

(d) Obergrenze

Die **Obergrenze** des (gesamten) Selbstbehalts regelt § 850d Abs. 1 S. 3 ZPO: Der dem Schuldner zu belassende Teil seines Arbeitseinkommens darf nicht den Betrag übersteigen, der ihm nach **§ 850c ZPO** gegenüber **nicht bevorrechtigten** Gläubigern zu verbleiben hätte. **208**

7. Vorratspfändung

Grundsätzlich kann bei Ansprüchen, deren Geltendmachung vom Eintritt eines **Kalendertages** abhängig ist (z.B. bei **Unterhaltsansprüchen**), die Zwangsvollstreckung nur beginnen, wenn der Kalendertag abgelaufen ist, § 751 Abs. 1 ZPO. **209**

Dieses **Fälligkeitsprinzip** wird durchbrochen bei Schuldnern, die mit ihren Unterhaltszahlungen (wenn auch nur mit einer Rate!) in Rückstand geraten sind und sich damit als unzuverlässig erwiesen haben: **§ 850d Abs. 3 ZPO** gestattet dann mit der Pfändung wegen fälliger Unterhaltsansprüche auch die **Pfändung künftig fällig werdenden Arbeitseinkommens** (sog. **Vorratspfändung**).[560] Im Zeitpunkt der Zustellung des Pfändungsbeschlusses entsteht ein **Pfandrecht gleichen bevorzugten Ranges** auch an diesem zukünftigen Einkommen. Der Unterhaltsgläubiger erwirbt damit Priorität vor nachfolgenden Pfändungen.[561]

---

557 Formular-Antrag S. 8 unten (Freitext).

558 LG Stade, Beschl. v. 28.3.2000, 7 T 41/00, JurBüro 2000, 378.

559 Auch steuerfrei gewährte Nachtarbeitszuschläge, BGH, Beschl. v. 29.6.2016, VII ZB 4/15, NJW 2016, 2812 (m. Anm. *Ahrens*).

560 Gleiches gilt für laufende **Sozialleistungen** (§ 54 Abs. 4 SGB I).

561 Eingehend *Büttner*, FamRZ 1994, 1433, 1437; *Stöber*, Forderungspfändung, Rn. 689.

210 Von der Vorratspfändung, die eben nur im Falle eines Unterhaltsrückstandes ermöglicht wird, ist die **Vorauspfändung** insbesondere von Kontoguthaben für künftig fällig werdende Unterhaltsansprüche zu unterscheiden. Diese vom BGH[562] für zulässig erachtete **Dauerpfändung** entfaltet ihre Wirkung immer erst bei Fälligkeit des titulierten Anspruchs, hat also **keine rangwahrende Wirkung**. Sie beeinträchtigt folglich die Rechte der übrigen Gläubiger wie auch die des Schuldners nicht. Deshalb verstößt sie nicht gegen § 751 Abs. 1 ZPO. Ihr Zweck liegt darin, immer wiederkehrende Pfändungsbeschlüsse (und damit auch Mehrkosten für den Schuldner) zu vermeiden. Die Vorauspfändung bewirkt keine andauernde Kontensperre: Nur in Höhe des gepfändeten Betrags hat sich der Schuldner zwischen dem Eintritt der Pfändungswirkung und der Auskehr des Betrags an die Gläubiger einer Verfügung über das Guthaben zu enthalten.[563]

Praxistipp: Da bei der Kontenpfändung lediglich die angeblichen Ansprüche des Schuldners gepfändet werden, kann es sinnvoll sein, „Forderungspfändungen auf Verdacht" **bei mehreren Banken** zu veranlassen. Bis zu drei verschiedene Geldinstitute können im Formularantrag bezeichnet werden, ohne dass dies wegen Rechtsmissbrauchs beanstandet werden könnte.[564]

8. Verschleiertes Arbeitseinkommen

211 Mitunter versucht der Schuldner, sich durch **„Lohnverschleierung"** dem Vollstreckungszugriff zu entziehen.[565] So kann er mit seinem Arbeitgeber die Zahlung seines Arbeitseinkommens unmittelbar an seinen Ehepartner oder aber eine unverhältnismäßig geringe Vergütung seiner Arbeitsleistungen (z.B. nur 576 € monatlich als „Baustellenbetreuer"[566] oder lediglich freie Kost und Logis[567]) vereinbart haben. Hier soll **§ 850h ZPO** gegensteuern, indem ein bestimmtes **Einkommen** des Schuldners **fingiert** wird. Der Dritte wird beim Vollstreckungszugriff des Gläubigers so behandelt, als ob er dem Schuldner zu einer angemessenen Vergütung verpflichtet sei.[568]

---

562 BGH, Beschl. v. 31.10.2003, IXa ZB 200/03, FamRZ 2004, 183, 184.
563 BGH, a.a.O.
564 BGH, Beschl. v. 19.3.2004, IXa ZB 229/03, FamRZ 2004, 872, 873.
565 Ausführlich *Schmidt*, JurBüro 2010, 4.
566 LG Essen, Beschl. v. 29.8.2008, 16a T 69/08, JurBüro 2008, 666.
567 LG Ingolstadt, Beschl. v. 15.3.2004, 1 T 339/04, JurBüro 2004, 336.
568 LAG Hessen, Urt. v. 30.6.2015, 8 Sa 380/14, ZInsO 2016, 814; LAG Rheinland-Pfalz, Urt. v. 2.6.2016, 5 Sa 519/15, ZInsO 2016, 2401.

Praxistipp: Bei Verdacht auf Lohnverschleierung in einer **Vermögensauskunft** kann der Gläubiger das **Nachbesserungsverfahren** beantragen.[569]

Entsprechend kann diese Vorschrift angewandt werden, wenn der verheiratete Schuldner ohne Not eine für ihn ungünstige **Lohnsteuerklasse** (V statt IV) wählt.[570] Er wird dann so behandelt, als sei sein Arbeitseinkommen gemäß der günstigeren Lohnsteuerklasse zu versteuern. Der **BGH**[571] differenziert danach, ob der Schuldner *vor* oder *nach* der Pfändung die ungünstigere Steuerklasse gewählt hat. Hingegen braucht der Schuldner ihm zustehende **Steuerfreibeträge** nicht auf der Steuerkarte eintragen zu lassen; wegen der zu viel gezahlten Steuern muss der Gläubiger die Pfändung eventueller Rückerstattungsansprüche erwirken.[572]

Das **Vollstreckungsgericht** prüft grundsätzlich **nicht**, ob die materiel- **212**
len Voraussetzungen des § 850h Abs. 2 ZPO vorliegen; es hat – unbeschadet zu beachtender Pfändungsschutzvorschriften – nicht über Bestand und Höhe des fingierten Vergütungsanspruchs zu befinden. Eine Pfändung muss immer dann erfolgen, wenn dem Schuldner die Forderung nach irgendeiner vertretbaren Rechtsansicht zustehen kann. Deshalb pfändet das Vollstreckungsgericht auch nur die „angebliche Forderung" des Schuldners gegen den Drittschuldner. Ob und in welcher Höhe dem Gläubiger eine angemessene Vergütung gemäß § 850h Abs. 2 ZPO zusteht, ist gegebenenfalls vom **Prozessgericht** in dem gegen den Drittschuldner gerichteten **Einziehungsverfahren** zu entscheiden.[573] Dies kann geschehen im Wege der Leistungsklage des Gläubigers oder der Feststellungsklage des Drittschuldners.[574]

9. Pfändung besonderer Ansprüche

a) Taschengeld

Der im Grundsatz **unpfändbare** gesetzliche **Unterhalt** kann ausnahms- **213**
weise doch gepfändet werden, wenn dies der **Billigkeit** entspricht (**§ 850b Abs. 2 ZPO**). Hierzu zählt auch der Anspruch des haushaltführenden Ehegatten gegen den berufstätigen Ehepartner nach §§ 1360 S. 1, 1360a Abs. 1 BGB auf das sog. **Taschengeld**. Hierunter ist der Geldbetrag zu verstehen, über den jeder der Ehegatten zur Befriedigung reiner Privatinteressen frei verfügen kann, ohne jemand Rechenschaft zu schulden.[575]

569 Rn. 157.
570 OLG Hamm, Urt. v. 30.1.2001, 3 UF 263/00, FamRZ 2002, 693.
571 BGH, Beschl. v. 4.10.2005, VII ZB 26/05, FamRZ 2006, 37.
572 LG Detmold, Beschl. v. 7.6.2002, 3 T 119/02, Rpfleger 2002, 630.
573 BGH, Beschl. v. 12.9.2013, VII ZB 51/12, FamRZ 2013, 1970.
574 *Stöber*, Forderungspfändung, Rn. 1223.
575 BGH, Beschl. v. 19.3.2004, IXa ZB 57/03, FamRZ 2004, 1784.

Die Voraussetzungen der **Billigkeit** muss der Gläubiger darlegen und **beweisen.**[576] Billigkeitsgesichtpunkte sind u.a. die Art und der Umstand des Entstehens der Forderung, eine Notlage des Gläubigers, die wirtschaftliche Situation und der Lebensstil des Schuldners, die mögliche Belastung für die Ehe des Schuldners.[577]

214 Der **Höhe** nach beläuft sich der Taschengeldanspruch je nach den Lebens- und Vermögensverhältnissen auf ca. 5 bis 7 % des verfügbaren Nettoeinkommens der Familie.[578] Fehlen dem Gläubiger Informationen über das Einkommen des Ehegatten (= Drittschuldners), sollte er gegen den Schuldner ein Verfahren auf Abgabe der Vermögensauskunft[579] einleiten. Darin muss der Schuldner Angaben zum Beruf, zum Arbeitgeber und zur Höhe des Brutto- und Nettoeinkommens des Ehepartners machen.[580]

215 Die Pfändung nach § 850b Abs. 1 ZPO kann grundsätzlich durch **Blankettbeschluss** entsprechend § 850c Abs. 3 S. 2 ZPO bewirkt werden; dies gilt jedenfalls dann, wenn sich der Schuldner im Anhörungsverfahren[581] nicht geäußert hat.[582] Die Bezugnahme auf die Tabelle verweist auf die Tabelle in der jeweils aktuellen Form.[583]

b) Einkommensteuererstattung

216 Ansprüche auf **Erstattung von Steuern** können grundsätzlich **gepfändet** werden, allerdings erst dann, wenn der Anspruch entstanden ist. Drittschuldner ist das für die Erstattung zuständige **Finanzamt** (§ 46 Abs. 1, 6 und 7 AO). Allerdings ist der **Pfändungsgläubiger nicht** berechtigt, für den Schuldner die Veranlagung zur Einkommensteuer zu beantragen.[584] Auch kann er weder einen Anspruch auf Vornahme von Verfahrenshandlungen im Steuerfestsetzungsverfahren gemäß § 888 ZPO durch Haftantrag gegen den Schuldner vollstrecken noch nach § 887 ZPO ermächtigt werden, Verfahrenshandlungen des Schuldners im Steuerfestsetzungsverfahren selbst vorzunehmen.[585]

Führt der **Arbeitgeber** nach §42b EStG den **Lohnsteuerjahresausgleich** durch, so ist der Arbeitgeber Drittschuldner. Auch ein künftiger Er-

576 BGH, a.a.O.

577 *Janlewing*, FamRB 2011, 19.

578 Ganz h.M., BGH, Urt. v. 12.12.2012, XII ZR 43/11, FamRZ 2013, 363.

579 Dazu Rn. 151.

580 BGH, Beschl. v. 19.5.2004, IXa ZB 224/03, FamRZ 2004, 1279; ferner BGH, Beschl. v. 19.3.2004, IXa ZB 57/03, FamRZ 2004, 1784.

581 Vgl. § 850b Abs. 3 ZPO.

582 BGH, Beschl. v. 5.4.2005, VII ZB 15/05, Rpfleger 2005, 446.

583 BGH, Beschl. v. 24.1.2006, VII ZB 93/05, Rpfleger 2006, 202.

584 BGH, Urt. v. 18.8.1998, VII R 114/97, Rpfleger 1999, 339; Urt. v. 29.2.2000, VII R 109/98, NJW 2001, 462.

585 BGH, Beschl. v. 27.3.2008, VII ZB 70/06, NJW 2008, 1675 mit Anm. *Timme*.

stattungsanspruch ist pfändbar. Das Verbot des § 46 Abs. 6 AO gilt dort nicht.[586]

c) Grundstücksmiteigentum

Ist der Schuldner – in der Regel gemeinsam mit seinem Ehepartner – **Miteigentümer** eines Grundstücks nach Bruchteilen, kann er gemäß § 749 Abs. 1 BGB jederzeit die Aufhebung der Gemeinschaft, insbesondere die Versteigerung des unteilbaren Grundstücks nach §§ 180 ff. ZVG[587] verlangen und die Zustimmung zu einer den Miteigentumsanteilen entsprechenden Teilung und Auszahlung des außerhalb des Zwangsversteigerungsverfahrens zu verteilenden **Erlöses** fordern. Der Gläubiger des Miteigentümers kann gemäß §§ 857, 829 ZPO diesen Anspruch auf **Aufhebung der Gemeinschaft** (Versteigerung des ganzen Grundstücks) sowie auf Teilung und **Auszahlung des Erlöses pfänden** und sich überweisen lassen.[588] 217

Hat der Schuldner ein **Grundstück** unentgeltlich auf seine Ehefrau **übertragen**, sich jedoch das Recht vorbehalten, es jederzeit ohne Angabe von Gründen **zurückzuverlangen**, kann ein Gläubiger dieses Recht des Schuldners jedenfalls zusammen mit dem künftigen oder aufschiebend bedingten und durch eine Vormerkung gesicherten **Rückauflassungsanspruch** pfänden und sich zur Einziehung überweisen lassen.[589]

d) Einkommen des Strafgefangenen

Sofern sich der **Unterhaltsschuldner** in Strafhaft befindet, kommt eine Pfändung des (etwaigen) **Arbeitsentgelts** durchaus in Betracht. Dabei ist zwischen dem **Eigengeld**, **Hausgeld** und dem **Überbrückungsgeld** zu unterscheiden:[590] 218

Von dem Arbeitsentgelt, das ein im Vollzug arbeitender Strafgefangener erhält, steht für Unterhaltszwecke regelmäßig nur das **Eigengeld**[591] zur Verfügung. Hierauf finden die Pfändungsschutzvorschriften der §§ 850c, 850k ZPO nicht Anwendung.[592]

---

586 *Bendtsen* in: Kindl/Meller-Hannich/Wolf, § 829 Rn. 151 m.w.N.

587 Dazu Rn. 844.

588 BGH, Beschl. v. 20.12.2005, VII ZB 50/05, FamRZ 2006, 410.

589 BGH, Urt. v. 20.2.2003, IX ZR 102/02, FamRZ 2003, 858; ferner OLG Oldenburg, Urt. v. 28.6.2016, 2 U 28/16, NZI 2017, 325 mit Anm. *Vuia*.

590 Eingehend BGH, Beschl. v. 1.7.2015, XII ZB 240/14, FamRZ 2015, 1473, dazu *Poppen*, NZFam 2015, 835.

591 Dabei handelt es sich um den nicht für den Aufbau des **Überbrückungsgeldes** benötigten Teil des Arbeitsentgelts.

592 LG Münster, Beschluss v. 29.11.2016, 5 T 758/16, BeckRS 2016, 115188 m.w.N.

Für die Bemessung des dem Strafgefangenen gegenüber minderjährigen und privilegiert volljährigen Kindern zu belassenden **Selbstbehalts** bietet sich der Rückgriff auf den ihm zustehenden Taschengeldsatz an. Bei einem im Vollzug arbeitenden Strafgefangenen ist in der Regel davon auszugehen, dass der so bestimmte Selbstbehalt durch Belassen des unpfändbaren **Hausgeldes** gedeckt ist.[593]

10. Schutz des Pfändungsschuldners

219 Der Schuldner ist grundsätzlich vor einer Kahlpfändung zu bewahren. Geht es um sein Arbeitseinkommen, bestehen von Amts wegen zu beachtende Schutzvorschriften (§§ 850 ff. ZPO). In bestimmten Fällen muss er jedoch selbst aktiv werden und **Schutzanträge** stellen.

a) Erinnerung (§ 766 ZPO)

220 Da der Pfändungs- und Überweisungsbeschluss gemäß § 834 ZPO in der Regel ohne Anhörung des **Schuldners** ergeht, kann dieser eine Änderung des Freibetrages meist nur im Wege der **Erinnerung** nach § 766 ZPO anstreben. Das gilt auch bezüglich der überjährigen Rückstände nach § 850d Abs. 1 S. 4 ZPO.[594]

b) Erhöhung des Freibetrages (§ 850f Abs. 1 ZPO)

221 Soweit der nach § 850d ZPO bestimmte **Selbstbehalt** des Schuldners dessen Situation wegen besonderer Bedürfnisse oder Belastungen nicht (mehr) hinreichend berücksichtigt, kann der Schuldner gemäß **§ 850f Abs. 1 ZPO** auf Antrag eine **Erhöhung** dieses Betrages erreichen, wenn überwiegende **Belange des Gläubigers** nicht entgegenstehen. Diese Vorschrift gilt auch bei der Vollstreckung von Unterhaltsforderungen[595] und der Pfändung laufender Sozialleistungen (§ 54 Abs. 4 SGB I). Meist geht es um überdurchschnittliche Unterhaltspflichten oder weite Anfahrten zur Arbeitsstätte.[596]

Bei der gebotenen **Abwägung** der Interessen des Schuldners und des Gläubigers kann auch zu berücksichtigen sein, ob der Gläubiger bei Anwendung der Vorschrift selbst in eine Notlage geriete.[597]

---

593 BGH, a.a.O.

594 Zöller/*Stöber*, § 850d Rn. 5a.

595 BGH, Beschl. v. 12.12.2003, IXa ZB 225/03, FamRZ 2004, 620.

596 Dazu LG Mühlhausen, Beschl. v. 3.4.2016, 1 T 37/16, VuR 2016, 357 (einfache Entfernung von mehr als 20 km); LG Trier, Beschl. v. 19.12.2014, 5 T 118/14, ZVI 2015, 184 (Entfernung von 24 km nicht ausreichend).

597 BGH, Beschl. v. 12.12.2003, IXa ZB 209/03, FamRZ 2004, 621.

c) Andere Einkünfte (§ 850i ZPO)

Werden nicht wiederkehrend zahlbare Vergütungen für persönlich geleistete Arbeiten oder Dienste oder **sonstige Einkünfte** gepfändet, die kein Arbeitseinkommen sind, kann auch insoweit auf Antrag des Schuldners **Pfändungsschutz** gewährt werden (§ 850i ZPO). Doch was bedeutet „sonstige Einkünfte"? So war bislang streitig, ob davon auch **Einkünfte aus sog. kapitalistischer Tätigkeit**, z.B. Erträge aus Vermögen und Entgelte für die Überlassung einer Sache erfasst werden. Der **BGH** nimmt einen entsprechend **weitgehenden Schutz** an, vor allem wegen des Wortlauts und der systematischen Stellung der Vorschrift. Er umfasst **alle eigenständig erwirtschafteten Einkünfte**. Der Schuldner soll allgemein motiviert werden, Einkünfte selber zu erzielen und dadurch die eigene Leistungsfähigkeit zu erhöhen.[598] 222

Beispiele:

- Der Schuldner erlöst aus dem **Nießbrauch** an einem Grundstück monatlich 800 €. Darüber hinaus beziehen er und seine Ehefrau gesetzliche Altersrenten i.H.v. monatlich rd. 320 € und 470 €. Der Schuldner hat beantragt, die monatlichen Einnahmen aus dem Nießbrauch **pfandfrei** zu stellen.
  Mit Erfolg! Nach dem ausdrücklichen Willen des Gesetzgebers sollen auch alle sonstigen Einkünfte geschützt werden, die kein Arbeitseinkommen sind, aber dem Schuldner und seiner Familie zum **Lebensunterhalt** dienen.[599]
- In einem ähnlichen Fall hat der **BGH** entschieden: Bezieht der Schuldner eine **Altersrente** und ist er daneben zur Aufbesserung der Rente **selbstständig tätig**, können auf seinen Antrag seine Einnahmen aus der selbstständigen Tätigkeit als **Mehrarbeitsvergütung** bis zur Hälfte pfandfrei gestellt werden.[600]
- Der Pfändungsschutz für sonstige Einkünfte umfasst auch Einkünfte aus einer **Untervermietung** – unabhängig davon, wofür der Schuldner diese Einkünfte konkret benötigt oder verwendet.[601]
- Ansprüche aus einem **Pflichtteilsanspruch** zählen **nicht** zu den sonstigen Einkünften, da sie nicht eigenständig erwirtschaftet sind.[602]

d) Private Altersvorsorge

Mit der Einführung der **§§ 851c, 851d ZPO** wurde die bestehende Ungleichbehandlung gegenüber Arbeitnehmern beendet und der Pfändungsschutz auf private Vorsorgeverträge **Selbstständiger** ausgedehnt. Der 223

---

598 BGH, Beschl. v. 23.4.2015, VII ZB 65/12, MDR 2015, 796; dazu auch *Ahrens*, NJW Spezial 2011, 341; *Kohte*, FD-ZVR 2014, 362516; zur Starthilfe für den **Aufbau** einer neuen selbständigen Tätigkeit vgl. AG Neustadt am Rübenberge, Beschl. v. 3.1.2017, 80a M 2006/16, FoVo 2017, 76.

599 BGH, Beschl. v. 26.6.2014, IX ZB 88/13, FamRZ 2014, 1631, dazu *Giers*, FamRB 2014, 334.

600 BGH, Beschl. v. 26.6.2014, IX ZB 87/13, FamRZ 2015, 255.

601 BGH, Beschl. v. 23.4.2015, VII ZB 65/12, MDR 2015, 796.

602 BGH, Beschl. v. 7.4.2016, IX ZB 69/15, FamRZ 2016, 1078.

Schutz besteht allerdings nur im Rahmen der engeren Voraussetzungen dieser Vorschriften. Darüber hinaus genießen private Versicherungsrenten von selbstständig oder freiberuflich tätig gewesenen Personen nicht den Pfändungsschutz für Arbeitseinkommen nach § 850 Abs. 3 lit. b) ZPO.[603]

e) Kontopfändungsschutz (§ 850k ZPO)

224 Seit dem 1.1.2012 wird dem von Pfändungen betroffenen Schuldner durch ein **Pfändungsschutzkonto** („P-Konto") ein automatischer gesetzlicher Basispfändungsschutz gewährt: Die Geldmittel, die er zur Sicherung seines existenziellen Lebensbedarfs benötigt, sollen ohne aufwändiges gerichtliches Verfahren gesichert werden.[604]

Praxistipp: Dieses Konto ist nicht zu verwechseln mit dem zum 19.6.2016 für alle Verbraucher neu eingeführten **Basiskonto**,[605] das freilich als reines Guthabenkonto auf Antrag in ein Pfändungsschutzkonto umgewandelt werden kann.[606]

Wird das Guthaben auf einem Pfändungsschutzkonto gepfändet, kann der Kunde hierüber in Höhe der aktuellen monatlichen **Pfändungsfreigrenzen** für Arbeitseinkommen frei verfügen (§ 850k Abs. 1 ZPO).[607]

Praxistipp: Zu beachten ist, dass der Schuldner grundsätzlich nur den **Grundfreibetrag** nach § 850c Abs. 1 S. 1 ZPO in Höhe von 1.133,80 € (ab 1.7.2017) erhält. Wegen der Berücksichtigung von Unterhaltspflichten kann er eine geeignete **Bescheinigung** nach § 850k Abs. 5 S. 2 ZPO vorlegen[608] oder sich an das Vollstreckungsgericht wenden.

225 Anders als nach bisherigem Recht bedarf es **keines Freigabebeschlusses** des Vollstreckungsgerichts mehr, um das Girokonto trotz eingehender Kontopfändungen nutzen zu können.[609] Allerdings bleibt es dem **Vollstreckungsgericht** vorbehalten, auf Antrag des Schuldners oder des Gläubi-

---

603 BGH, Beschl. v. 15.11.2007, IX ZB 34/06, FamRZ 2008, 404; ferner BGH, Beschl. v. 15.11.2007, IX ZB 99/05, FamRZ 2008, 152; vgl. dazu NJW-Spezial 2008, 86; *Schrehardt*, DStR 2013, 472.

604 BT-Drs. 16/7615, S. 13, 14; eingehend *Romeyko*, FamRZ 2012, 349; *Ehlenz*, FPR 2012, 168; *Cirullies*, ZKJ 2010, 236; *Homann*, DGVZ 2015, 45.

605 Aufgrund des Gesetzes über die Vergleichbarkeit von Zahlungskontoentgelten, den Wechsel von Zahlungskonten sowie den Zugang zu Zahlungskonten mit grundlegenden Funktionen (Zahlungskontengesetz – ZKG), BGBl. 2016 I, 720, dazu ausführlich *Gondert/Huneke*, VuR 2016, 323.

606 BT-Drs. 18/7204, 84; *Herresthal*, BKR 2016, 133, 138.

607 BGH, Urt. v. 13.11.2012, XI ZR 500/11, MDR 2013, 117.

608 Zu den Problemen wegen der Gefahr **unzutreffender Angaben** vgl. *Romeyko*, FamRZ 2012, 349, 350; *Goebel*, FoVo 2015, 181.

609 BGH, a.a.O.

gers einen **anderen pfändungsfreien Betrag** festzusetzen (§ 850k Abs. 4 ZPO).[610]

Praxistipp: Anlass für einen Antrag des **Schuldners** auf **Erhöhung** des Grundfreibetrages kann etwa bei der Zahlung von Urlaubs- oder Weihnachtsgeld bestehen (vgl. § 850a ZPO)[611] oder auch bei **Nachzahlungen** des Jobcenters,[612] wenn er etwa für seinen Unterhalt einen Kredit aufnehmen musste und den Nachzahlungsbetrag zur Rückzahlung benötigt. Der **Gläubiger** muss eine **Herabsetzung** des Freibetrages beantragen, wenn die **Privilegierung** seiner Forderung berücksichtigt werden soll (insbesondere §§ 850d, 850f Abs. 2 ZPO).[613]

Das Pfändungsschutzkonto wird nur auf **Antrag** des Schuldners einge- **226**
richtet, auch durch Umwandlung des etwa bestehenden Girokontos.[614] Unterlässt der Schuldner die Einrichtung eines solchen Kontos und veranlasst die Zahlung seines Arbeitseinkommens auf das **Konto eines Dritten** (hier: der Ehefrau), so kann die Pfändung der betreffenden Beträge bei dem Dritten keine vorsätzlich sittenwidrige Schädigung i.S.d. § 826 BGB gegenüber dem Dritten begründen.[615]

Praxistipp: Bei Nutzung des Kontos eines Dritten sollte der Gläubiger den **Rückzahlungsanspruch** des Schuldners **pfänden**. Dann gelten die Vorschriften über Pfändungsfreigrenzen nicht.[616]

Das „P-Konto" bleibt in seinem Bestand von der Eröffnung des **Insol- 227**
venzverfahrens über das Vermögen des Schuldners unberührt.[617] Das geschützte Kontoguthaben gehört nicht zur Insolvenzmasse, wohl aber der den Freibetrag übersteigende Betrag.[618]

Der Schutz umfasst **sämtliche Arten von Einkünften**, die dem Konto gutgeschrieben werden.[619] In Höhe des errechneten **Freibetrags** ist dem

610 Dazu AG Wolfsburg, Beschl. v. 6.2.2017, 11a M 7879/15, FoVo 2017, 57 (Rentennachzahlung); ferner *Homann*, DGVZ 2015, 45, 51.

611 BGH, Beschl. v. 10.11.2011, VII ZB 64/10, NJW 2012, 79.

612 Dazu AG Ingolstadt, Beschl. v. 3.3.2016, 2 M 3595/13, JurBüro 2016, 496; AG Halle, Beschl. v. 9.2.2017, 5 M 6195/14, FoVo 2017, 78.

613 Eingehend zu den Nachteilen des P-Kontos für den **Unterhaltsgläubiger** *Romeyko*, FamRZ 2012, 349.

614 § 850k Abs. 7 S. 2 ZPO.

615 BVerfG, Beschl. v. 29.5.2015, 1 BvR 163/15, NJW 2015, 3083.

616 Ausführlich *Waldschmidt*, JurBüro 2016, 182 mit Musterantrag. Der Antrag kann im amtlichen Formular unter „Anspruch G" gestellt werden.

617 LG Verden, Urt. v. 19 9.2013, 4 S 3/13, NZI 2014, 36; vgl. auch BGH, Beschl. v. 13.2.2014, IX ZB 91/12, NZI 2014, 414 mit Anm. *Richter*.

618 AG Neubrandenburg, Urt. v. 17.1.2013, 103 C 514/12, NZI 2014, 37; *Cirullies*, ZKJ 2010, 236, 238.

619 BVerfG, Beschl. v. 25.8.2014, 1 BvR 2243/14, NJW 2014, 3771.

Kunden die Teilnahme am bargeldlosen Zahlungsverkehr – wie bei einem herkömmlichen Girokonto – im Rahmen des vertraglich Vereinbarten uneingeschränkt möglich, sei es durch Barabhebungen, Überweisungen, Lastschriften oder Einzugsermächtigungen (§ 850k Abs. 5 ZPO).[620]

Ein **„Ansparen“** ist dem Schuldner nicht unbegrenzt, sondern nur in gewissem Rahmen gestattet: Gepfändetes Guthaben, das erst nach Ablauf des auf den Zahlungseingang folgenden Kalendermonats an den Gläubiger geleistet werden darf, kann, soweit der Schuldner hierüber in diesem Kalendermonat nicht verfügt und dabei seinen **Pfändungsfreibetrag nicht ausschöpft**, in den **übernächsten Monat** nach dem Zahlungseingang übertragen werden und erhöht dort den Pfändungsfreibetrag.[621]

f) Generalklausel (§ 765a ZPO)

228 In **Härtefällen** verbleibt dem Schuldner der Vollstreckungsschutzantrag nach § 765a ZPO.[622] Dabei handelt es sich aber um eine eng auszulegende **Ausnahmevorschrift**.[623] Der Schuldner muss sich deshalb mit den Härten abfinden, die jede Zwangsvollstreckungsmaßnahme mit sich bringt. Anzuwenden ist § 765a ZPO daher nur in ganz besonders gelagerten Fällen, nämlich dann, wenn im Einzelfall das Vorgehen des Gläubigers zu einem ganz **untragbaren Ergebnis** führen würde.[624] Die Vorschrift kann auch bei Kontopfändungen und insbesondere beim **P-Konto** Anwendung finden.[625]

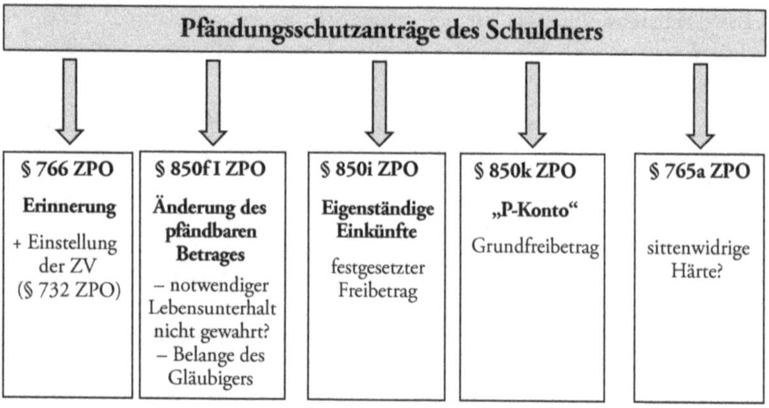

620 BGH, Urt. v. 13.11.2012, XI ZR 500/11, NJW 2013, 995.
621 BGH, Urt. v. 4.12.2014, IX ZR 115/14, NJW-RR 2015, 254.
622 Vgl. BGH, Beschl. v. 30.5.1988, II ZR 373/87, Rpfleger 1988, 491.
623 Dazu unten Rn. 400.
624 BVerfG, Beschl. v. 29.5.2015, 1 BvR 163/15, NJW 2015, 3083.
625 BGH, Beschl. v. 13.2.2014, IX ZB 91/12, NZI 2014, 414.

11. Aussetzung der Pfändung

Gelegentlich schließen Gläubiger und Schuldner im Rahmen der Zwangsvollstreckung ohne Einverständnis des Drittschuldners eine (Ratenzahlungs-)Vereinbarung, in der sich der Gläubiger gegenüber dem Schuldner verpflichtet, eine bestehende **Kontopfändung** einstweilen **auszusetzen**. Hierdurch soll auch der **Rang** der Pfändung gegenüber nachrangigen weiteren Gläubigern **gewahrt** werden. **Nicht** in Betracht kommt in einem solchen Fall eine gerichtliche Anordnung gegenüber dem **Drittschuldner** mit dem Inhalt, dass der Schuldner über die vom Gläubiger durch Pfändungs- und Überweisungsbeschluss gepfändete und zur Einziehung überwiesene Forderung vereinbarungsgemäß vorläufig bis zu einem vom Gläubiger erklärten Widerruf oder der Zustellung einer anderweitigen Pfändung eines nachrangigen Gläubigers verfügen kann.[626] Eine Ruhendstellung der Pfändung ist also lediglich mit **Zustimmung des Drittschuldners** zulässig. 229

12. Drittschuldnerklage

a) Auskunftspflicht des Drittschuldners

Auf Verlangen des Gläubigers hat der Drittschuldner diesem binnen zwei Wochen ab Zustellung des Pfändungsbeschlusses[627] seine etwaige Zahlungsbereitschaft zu erklären und weitere in **§ 840 Abs. 1 ZPO** näher bezeichnete Angaben zu machen. Die Aufforderung zur Abgabe dieser Erklärungen muss der Gerichtsvollzieher in die **Zustellungsurkunde** aufnehmen.[628] 230

Die **Auskunftspflicht** besteht unabhängig davon, ob die gepfändete Forderung dem Schuldner tatsächlich zusteht, also auch, wenn die Pfändung ins Leere geht.[629] Die hierdurch entstehenden **Kosten** muss der Drittschuldner selbst tragen.[630]

b) Verweigerung der Auskunft

Unterlässt der **Drittschuldner** die geforderten Angaben ganz oder teilweise, so steht dem Gläubiger ein **einklagbarer** Auskunftsanspruch **nicht** zu.[631] Allerdings haftet der Drittschuldner dem Gläubiger für den aus der 231

---

626 BGH, Beschl. v. 2.12.2015, VII ZB 42/14, Rpfleger 2016, 299, dazu *Goebel*, MDR 2016, 379.

627 Oder auch sofort bei Zustellung, vgl. § 840 Abs. 3 S. 1 ZPO.

628 Zu den **Kosten**: AG Essen, Beschl. v. 20.8.2015, 30 M 1409/15, BeckRS 2016, 02608.

629 *Becker* in: Musielak/Voit, § 840 Rn. 2 m.w.N.

630 Zu etwaigen Erstattungsansprüchen vgl. *Becker* in: Musielak/Voit, § 840 Rn. 6 m.w.N.

631 BGH, Urt. v. 17.4.1984, IX ZR 153/83, NJW 1984, 1901. Ein durchsetzbarer Auskunftsanspruch besteht nur gegen den **Schuldner** nach § 836 Abs. 3 ZPO, dazu Rn. 185.

Nichterfüllung seiner Verpflichtung entstehenden **Schaden** (§ 840 Abs. 2 S. 2 ZPO).[632] Dies gilt im Fall einer verspäteten, unvollständigen, unrichtigen oder irreführenden Auskunftserteilung.[633]

232 Im Übrigen kann der Gläubiger von der Beitreibbarkeit des gepfändeten Anspruchs ausgehen und diesen ohne Kostenrisiko **einklagen.**[634] Zu einer solchen **Drittschuldnerklage** (auch **Einziehungsklage** genannt)[635] ist der Gläubiger nicht nur berechtigt, sondern – im Sinne einer Obliegenheit – auch verpflichtet, um einen Schadensersatzanspruch des Schuldners gemäß § 842 ZPO wegen verzögerter Beitreibung der überwiesenen Forderung zu vermeiden.[636]

c) Zulässigkeit der Klage

233 Die **Drittschuldnerklage** ist **unzulässig**, wenn bereits eine Leistungsklage des Schuldners gegen den Drittschuldner bezüglich der gepfändeten Forderung anhängig ist. Gleiches gilt, wenn der Schuldner hinsichtlich der gepfändeten Forderung bereits einen Vollstreckungstitel erwirkt hat, der auf den Gläubiger gemäß § 727 ZPO **umgeschrieben** werden kann.[637]

Für die Klage des Gläubigers gegen den Drittschuldner bleibt dasjenige Gericht sachlich und örtlich **zuständig**, bei dem der Schuldner seine Forderung gegen den Drittschuldner nach den gesetzlichen Bestimmungen über Rechtsweg und Zuständigkeit geltend machen müsste.

Im Falle des Drittschuldnerprozesses muss dem Schuldner der **Streit verkündet** werden (§ 841 ZPO).

d) Einwendung des Drittschuldners

234 Der Drittschuldner kann alle **Einwendungen** geltend machen, die ihm gegen den **Schuldner** zustehen, nicht jedoch gegenüber dem Gläubiger bestehende Einwendungen des Schuldners.

Ebenso wenig kann er einwenden, ein **Dritter** habe an dem gepfändeten Recht oder der gepfändeten Forderung ein **die Veräußerung hinderndes Recht** gemäß § 771 ZPO. Ein berechtigtes Interesse des Drittschuldners, neben dem Rechtsinhaber als Drittwiderspruchskläger zugelassen zu werden, besteht nicht.[638] Im konkreten Fall hatte der Drittschuldner gel-

---

632 Dazu unten Rn. 235.

633 BGH, Beschl. v. 14.1.2010, VII ZB 79/09, NJW 2010, 1674.

634 BGH, Urt. v. 4.5.2006, IX ZR 189/04, Rpfleger 2006, 480; *Schmidt*, JurBüro 2006, 344, 345.

635 Ausführlich dazu *Hein*, JuS 2015, 35.

636 Dazu *Stöber*, Forderungspfändung, Rn. 605; ferner *Knittel*, JAmt 2006, 273, 275, auch allgemein zur Drittschuldnerklage bei Lohnpfändungen wegen Unterhaltsforderungen.

637 *Knittel*, JAmt 2006, 273, 275.

638 BGH, Urt. v. 21.9.2006, IX ZR 23/05, MDR 2007, 420.

tend gemacht, der Schuldner habe das gepfändete Recht nur treuhänderisch für seine Ehefrau erworben.

e) Klageänderung (Schadensersatz)

Ergibt die Einlassung des Drittschuldners, dass die geltend gemachte Forderung nicht besteht oder nicht durchsetzbar ist, so ist eine **Klageänderung** möglich: Der Pfändungsgläubiger kann in demselben Prozess gemäß § 263 ZPO auf die **Schadensersatzklage** übergehen und erreichen, dass aufgrund des § 840 Abs. 2 S. 2 ZPO der Drittschuldner verurteilt wird, die bisher entstandenen **Kosten**, insbesondere die des Erkenntnisverfahrens über die gepfändete Forderung, in vollem Umfang zu **erstatten**.[639] **235**

Der Drittschuldner haftet dem Gläubiger lediglich für den aus der **Nichterfüllung seiner Auskunftspflicht** entstandenen Schaden. Der Anspruch des Gläubigers beschränkt sich auf den Schaden, der durch dessen Entschluss verursacht ist, die gepfändete Forderung gegen den Drittschuldner geltend zu machen oder davon abzusehen.[640]

Der **Schaden** braucht jedoch nicht (nur) in nutzlos aufgewendeten **Anwaltskosten** für den Drittschuldnerprozess zu bestehen.[641] Das Schweigen des Drittschuldners kann vielmehr bei der Realisierung der (Unterhalts-) Forderung **weitergehende Nachteile** mit sich gebracht haben, die im Drittschuldnerprozess selbst noch nicht absehbar sind. In diesem Fall endet der Drittschuldnerprozess mit der Feststellung der grundsätzlichen Schadensersatzpflicht. Die bezifferbaren Schadensersatzansprüche können dann später in einem **gesonderten Rechtsstreit** eingeklagt werden.[642] **236**

Die Haftung des Drittschuldners für den dem Gläubiger durch die Nichterfüllung der Auskunftsverpflichtung entstandenen **Schaden** setzt **Verschulden** i.S.d. § 276 BGB voraus. Fehlendes Verschulden hat der Drittschuldner zu **beweisen**.[643]

13. Vorpfändung

Bei der Forderungspfändung läuft der Gläubiger Gefahr, leer auszugehen, wenn der Schuldner noch vor Wirksamwerden der Pfändung – also vor Zustellung des Pfändungs- und Überweisungsbeschlusses an den Drittschuldner – über seine Forderung verfügt oder diese von dritter Seite vorher gepfändet wird. Diese Sorge ist schon wegen mitunter langer Bearbeitungszeiten bei den Vollstreckungsgerichten begründet.[644] Hier hilft es, die **237**

639 BGH, Urt. v. 4.5.2006, IX ZR 189/04, Rpfleger 2006, 480.
640 OLG Koblenz, Beschl. v. 17.4.2013, 3 W 223/13, BeckRS 2013, 06913.
641 Dazu AG Bremen, Urt. v. 7.2.2012, 18 C 0262/11, NJW-Spezial 2012, 380.
642 Eingehend *Schmidt*, JurBüro 2008, 175, 177.
643 BGH, Urt. v. 28.1.1981, VIII ZR 1/80, NJW 1981, 990.
644 *Waldschmidt*, JurBüro 2016, 118, auch zu den Einzelheiten der Vorpfändung.

zu pfändende Forderung des Schuldners vorläufig mit Beschlag zu belegen im Wege der **Vorpfändung nach § 845 ZPO** (sog. **vorläufiges Zahlungsverbot**). Auch kann durch den so erzeugten Vollstreckungsdruck die Einigungsbereitschaft des Schuldners gefördert werden.

Praxistipp: Diese Benachrichtigung, dass die Pfändung bevorstehe, ist grundsätzlich **sofort nach Bekanntgabe des vollstreckbaren Titels** möglich; der Erteilung einer vollstreckbaren Ausfertigung und der Zustellung des Titels bedarf es nicht. Auch die Wartefrist nach § 798 ZPO braucht nicht eingehalten zu werden.

Das vorläufige Zahlungsverbot geht allerdings ins Leere, wenn es die zu pfändende **Forderung nicht hinreichend bezeichnet**. Hierfür gelten die gleichen Maßstäbe wie für die Pfändung selbst. Die gepfändete Forderung muss wenigstens in allgemeinen Umrissen erläutert werden, damit sie von anderen unterschieden werden kann.[645]

238 Die Vorpfändung liegt in der Hand des **Gerichtsvollziehers** (§ 802a Abs. 2 Nr. 5 ZPO). Die **Benachrichtigung** kann der Gläubiger oder sein Vertreter selbst fertigen – etwa nach folgendem **Muster:**[646]

> *An*
> *… (Name und Anschrift des Drittschuldners)*
>
> *In pp. zeige ich an, dass ich Herrn … anwaltlich vertrete. Nach dem vollstreckbaren … (genaue Bezeichnung des Titels) hat mein Mandant gegen … (Name und Anschrift des Schuldners) einen Anspruch auf Zahlung von … € nebst … % Zinsen seit dem … Wegen dieser Forderung zuzüglich … € für Vollstreckungskosten steht die Pfändung der angeblichen Forderung des Schuldners gegen Sie als Drittschuldner auf Zahlung von … € aus … bevor.*
>
> *Hierdurch benachrichtige ich Sie als Drittschuldner von der bevorstehenden Pfändung, verbunden mit der Aufforderung, nicht mehr an den Schuldner zu zahlen.*
>
> *Zugleich verständige ich hiervon den Schuldner, verbunden mit der Aufforderung, sich jeder Verfügung über die Forderung, insbesondere deren Einziehung, zu enthalten.*
>
> *Unterschrift*

645 BGH, Urt. v. 7.4.2005, IX ZR 258/01, NJW-RR 2005, 1361.

646 Vgl. *Stöber*, Forderungspfändung, Rn. 795; vgl. auch *Waldschmidt*, a.a.O., S. 120.

Er kann aber auch dem Gerichtsvollzieher – im Rahmen des **Vollstreckungsauftrags**[647] (Modul J) – den entsprechenden Auftrag erteilen (§ 845 Abs. 1 S. 2 ZPO). 239

Praxistipp: Bei der **Vorpfändung** wegen einer **Unterhaltsforderung** ist der Drittschuldner zusätzlich darauf hinzuweisen, dass die Beschränkung des § 850c ZPO im Falle der **privilegierten** Vollstreckung nicht gilt. Anderenfalls besteht die Gefahr, dass der Drittschuldner (befreiend) einen zu hohen Betrag an den Schuldner auskehrt.[648]

Die Vorpfändung wirkt wie eine Beschlagnahme der betroffenen Forderung und hat die Wirkung eines **Arrestes**, sofern die Pfändung durch das Gericht **innerhalb eines Monats** ab Zustellung an den Drittschuldner stattfindet (§ 845 Abs. 2 i.V.m. §§ 804, 930 Abs. 1 ZPO). Die Frist beginnt mit dem Tag der Zustellung; der Zustellungstag selbst bleibt unberücksichtigt. 240

Praxistipp: Die **Monatsfrist** ist unbedingt einzuhalten, da das vorläufige Zahlungsverbot anderenfalls seine **rangsichernde Wirkung** verliert.[649]

Die Wirkung der Vorpfändung hat allerdings ihre Grenzen im Fall der **Insolvenz:** Wird sie nämlich früher als drei Monate vor Eingang des Insolvenzantrags ausgebracht, fällt die Hauptpfändung dagegen in den von § 131 InsO erfassten Bereich, richtet sich die Anfechtung insgesamt nach dieser Vorschrift.[650] Die Vorpfändung verliert also ihre Wirkung, wenn die **Pfändung** wegen der Eröffnung des Insolvenzverfahrens **unzulässig** wird.[651] 241

Gegen die Vorpfändung kann sich der Schuldner mit der **Erinnerung** nach § 766 ZPO zur Wehr setzen.[652]

14. EU-weite Kontenpfändung

Die Europäische Union hat die **Europäische Kontenpfändungsverordnung**[653] (EuKoPfVO) erlassen, die **seit dem 18.1.2017** in allen EU- 242

647 Dazu Rn. 146.

648 *Neugebauer*, MDR 2004, 1223, 1225.

649 Zu einem solchen Fall BGH, Beschl. v. 9.6.2016, V ZB 37/15, FGPrax 2016, 234.

650 BGH, Urt. v. 23.3.2006, IX ZR 116/03, NJW 2006, 1870; dazu *Trams*, NJW-Spezial 2014, 213.

651 Zur **Rückschlagsperre** nach § 88 InsO vgl. Rn. 742.

652 Dazu *Hascher/Lammers*, DGVZ 2009, 92; *Schöler*, MDR 2009, 184.

653 Verordnung (EU) Nr. 655/2014 zur Einführung eines Verfahrens für einen Europäischen Beschl. zur vorläufigen Kontenpfändung im Hinblick auf die Erleichterung der grenzüberschreitenden Eintreibung von Forderungen in Zivil- und Handelssachen v. 15.5.2014, ABl. L 189 v. 27.6.2014, S. 59.

Mitgliedstaaten[654] Anwendung findet. Hierdurch können alle Gläubiger in diesen Staaten unter denselben Bedingungen Beschlüsse zur **vorläufigen Kontenpfändung** erwirken.

Die EuKoPfVO gilt in der Bundesrepublik Deutschland unmittelbar, bedurfte jedoch einiger ergänzender Durchführungsvorschriften. Sie sind in einem neuen **Durchführungsgesetz**[655] enthalten, das darin „versteckt" zahlreiche andere Neuerungen im Vollstreckungsrecht enthält, insbesondere betreffend den Vollstreckungsauftrag sowie die Reform der Sachaufklärung. Das **Inkrafttreten** der einzelnen Vorschriften ist nach Art. 14 EuKoPfVODG unterschiedlich gestaffelt, jedoch im Wesentlichen (ebenfalls) auf den **18.1.2017** bestimmt.

243 Dem Buch 8 der ZPO wurde der Abschnitt 6 „Grenzüberschreitende vorläufige Kontenpfändung" (§§ 946–959 ZPO n.F.) angefügt. Während die **EuKoPfVO** den Erlass eines **einheitlichen** Beschlusses zur vorläufigen Kontenpfändung vorsieht, der gemäß Art. 23 ff. EuKoPfVO von der Bank umzusetzen ist, sind nach **deutschem Recht** hingegen **zwei gerichtliche Entscheidungen** erforderlich: Es wird unterschieden zwischen dem Verfahren auf Anordnung des Arrests (§§ 916 ff. ZPO) und der Vollziehung des Beschlusses (§§ 928–930 ZPO i.V.m. den Vorschriften über die Zwangsvollstreckung). Hat der Antragsteller in einem ersten Schritt einen **Arrestbeschluss** (oder ein Arresturteil) erwirkt, muss er alsdann einen **Kontopfändungsbeschluss** des zuständigen Gerichtes gemäß § 930 Abs. 1 S. 1 i.V.m. §§ 829 ff. ZPO beantragen.[656]

Praxistipp: Der Antrag auf Kontenpfändung ist unter den Voraussetzungen des Art. 7 EuKoPfVO bereits **vor Anhängigkeit** eines Rechtsstreits in der Hauptsache zulässig. Der **Schuldner** wird hierzu **nicht angehört** – mit allen Vor- und Nachteilen.

IV. Zwangssicherungshypothek

1. Vorteile bei der Vollstreckung

244 Nicht alle Unterhaltsverfahren enden mit einer „Mangelverteilung", und auch die titulierten güterrechtlichen Ausgleichsansprüche beschränken sich selten auf geringfügige Beträge. Vielmehr geht es oft um beträchtliche Summen, die im Vermögen des Schuldners auch nennenswerte **Im-**

---

654 Mit Ausnahme Großbritanniens und Dänemarks.

655 Gesetz zur Durchführung der Verordnung (EU) Nr. 655/2014 sowie zur Änderung sonstiger zivilprozessualer, grundbuchrechtlicher und vermögensrechtlicher Vorschriften und zur Änderung der Justizbeitreibungsordnung (EuKoPfVODG) v. 21.11.2016, BGBl. I S. 2591; dazu BT-Drs. 18/7560.

656 Näher *Kreutz*, Rpfleger 2016, 509, 514; *Goebel*, FoVo 2017, 1.

mobilien vermuten lassen. Im Falle der zögerlichen Befriedigung einer titulierten Forderung kann gerade der Zugriff auf diesen Grundbesitz den nötigen Druck ausüben und „des Widerspenstigen Zahlung" bewirken.

Geht es um den Zugriff auf den **Grundbesitz des Schuldners**, sieht § 866 Abs. 1 ZPO drei Möglichkeiten der **Immobiliarzwangsvollstreckung** vor: Eintragung einer Sicherungshypothek, Zwangsversteigerung[657] und Zwangsverwaltung. Diese Alternativen können – je nach gewünschtem Zweck der Maßnahme – gleichzeitig oder zeitlich unabhängig voneinander beantragt werden. Dabei findet das **Verbot der Überpfändung**, das gemäß § 803 Abs. 1 S. 2 ZPO für das bewegliche Vermögen gilt, in der Immobiliarvollstreckung **nicht** Anwendung.[658] 245

Die **Zwangssicherungshypothek**[659] ermöglicht die rangmäßige, dingliche Absicherung der Forderung im Vorgriff auf eine etwa nachfolgende Zwangsverwaltung oder Zwangsversteigerung. Gleichzeitig schränkt sie die Verfügungsfreiheit des Schuldners nachhaltig ein: Der freihändige Verkauf des Grundstücks ist zumindest erschwert; wertvolles Zubehör fällt in den Hypothekenhaftungsverband. Überdies muss der Schuldner um seine Kreditwürdigkeit fürchten, da die Zwangshypothek bei der „Schufa"[660] erfasst wird. 246

Der Vorteil einer Zwangssicherungshypothek kann auch in der Zahlung einer **„Lästigkeitsprämie"** liegen. Für den Fall der **rechtsgeschäftlichen** Veräußerung ist meist die lastenfreie Übertragung gewünscht, so dass sich der Zwangshypothekengläubiger die erforderliche **Löschungsbewilligung „abkaufen"** lassen kann.[661] Selbst im Falle einer **wertausschöpfenden Belastung** des Grundstücks durch im Rang vorgehende Rechte ist der Hypothekengläubiger **nicht** verpflichtet, die **Löschung** seines Sicherungsrechts zu bewilligen.[662] 247

2. Sicherungshypothek

Die Zwangshypothek ist eine **Sicherungshypothek** (§§ 867 Abs. 1 ZPO, 1184 BGB). Ihr Bestand oder Fortbestand ist **abhängig von der Forderung,** die sie sichern soll. Sie besteht nur, wenn und soweit die ihr zugrunde liegende persönliche Forderung existiert: 248

---

657 Die **Teilungsversteigerung** fällt unter die „Zwangsversteigerung in besonderen Fällen", geregelt in §§ 172–185 ZVG, dazu unten Rn. 836.

658 OLG München, Beschl. v. 15.6.2016, 34 Wx 210/16, ZfIR 2016, 546.

659 Ausführlich zu den Voraussetzungen *Morvilius*, FPR 2013, 382.

660 Schufa Holding AG in Wiesbaden (Schutzgemeinschaft für allgemeine Kreditsicherung).

661 Ausführlich dazu *Helwich*, JurBüro 2008 S. 566, 567. Zu den **Risiken** beim Erwerb von mit Zwangshypotheken belasteten Grundstücken vgl. BGH, Urt. v. 5.7.2013, V ZR 141/12, NJW 2013, 3243.

662 BGH, Urt. v. 30.4.2015, IX ZR 301/13, NZI 2015, 550 mit Anm. *Lange*.

Beispiele: Aufgrund eines Unterhaltstitels betreibt F die Vollstreckung in den Grundbesitz des Ehemanns M und lässt sich eine Zwangshypothek eintragen. Bereits vor deren Eintragung hatte M die Forderung beglichen. Hier ist keine Fremdhypothek entstanden, sondern ein **Eigentümergrundpfandrecht**. Das Grundbuch ist unrichtig.

Gleiches gilt, wenn der zugrunde liegende Zahlungstitel **nicht hinreichend bestimmt** ist; auch dann ist nur eine Eigentumsgrundschuld entstanden.[663]

3. Eintragungsvoraussetzungen

249 Die Eintragung der Zwangshypothek ist zum einen eine **Vollstreckungsmaßnahme** und zum anderen ein **Grundbuchgeschäft**. Folglich darf die Eintragung nur vorgenommen werden, wenn sowohl sämtliche Vollstreckungsvoraussetzungen vorliegen als auch die für das Grundbuchverfahren geltenden Verfahrensvorschriften eingehalten sind.[664]

a) Antrag auf Eintragung

250 Die Eintragung einer Zwangshypothek erfordert stets einen (formlosen) **Antrag** des Gläubigers beim **Grundbuchamt**. Örtlich **zuständig** ist das Amtsgericht, in dessen Bezirk das zu belastende Grundstück des Schuldners liegt.

Der **Antrag** könnte beispielsweise lauten:

Amtsgericht – Grundbuchamt –
in …

Grundbuch von … Blatt-Nr. …

In der Zwangsvollstreckungssache

(vollständige Parteibezeichnung)

beantrage ich, aufgrund der beigefügten Ausfertigung des am … zugestellten … (vollständige Bezeichnung des Titels) auf dem angegebenen Grundbesitz des Schuldners eine Zwangssicherungshypothek einzutragen, und zwar wegen folgender Forderungen:

1) Hauptforderung nebst 4 % Zinsen seit dem	………… €
2) festgesetzte Kosten	………… €
3) Kosten der Zwangsvollstreckung	………… €
4) Kosten für diesen Antrag	………… €

Anlage: *… (Titel) mit Zustellungsnachweis*

663 BGH, Urt. v. 18.11.1993, IX ZR 244/92, NJW 1994, 460.

664 OLG München, Beschl. v. 30.1.2015, 34 Wx 466/14, FamRZ 2015, 181; *Morvilius*, FPR 2013, 382, 383.

Praxistipp: Zu beachten ist das **Verbot der Gesamthypothek**: Will der Gläubiger **mehrere Grundstücke** des Schuldners mit einer Zwangssicherungshypothek belasten, so muss er die Forderung aufteilen und mit seinem **Antrag** die Größe der Teile bestimmen.[665]

b) Verfahrenskostenhilfe

Der vermögenslose Gläubiger kann für die Einleitung des Vollstreckungsverfahrens die Bewilligung von **Verfahrenskostenhilfe** beantragen. Im Verfahren auf Eintragung einer **Zwangshypothek** ist nach überwiegender Auffassung gemäß § 78 Abs. 2 FamFG wegen der Schwierigkeit der Sach- und Rechtslage auf Antrag in der Regel ein **Rechtsanwalt beizuordnen**. Daran ändere die Möglichkeit nichts, den Antrag formlos, ggfls. unter Zuhilfenahme der Rechtsantragstelle einreichen zu können.[666] **251**

c) Vollstreckungsvoraussetzungen

Da es sich bei der Eintragung der Zwangshypothek um eine Vollstreckungsmaßnahme handelt, müssen die **allgemeinen Voraussetzungen** der Zwangsvollstreckung erfüllt sein. **252**

(a) Vollstreckungstitel

Der **Vollstreckungstitel** muss auf den Namen des Gläubigers lauten.[667] Sollen **Kosten** bisheriger Vollstreckungsmaßnahmen ebenfalls durch die Zwangshypothek abgesichert werden, bedarf es dafür keines besonderen Vollstreckungstitels (§ 788 ZPO). So kann auch ein auf **Räumung** lautender Titel für die Kosten der Zwangsvollstreckung (Räumung) ohne besondere Festsetzung eine geeignete Grundlage für die Eintragung einer Zwangshypothek bilden.[668] **253**

Grundlage für die Eintragung einer Zwangshypothek sind nicht nur unmittelbar auf Zahlung, sondern auch auf **Duldung der Zwangsvollstreckung** wegen einer Geldforderung lautende Titel.[669] **254**

Ein geeigneter **Titel** für die Beantragung der Zwangshypothek kann auch ein **Zwangsgeldbeschluss nach § 888 ZPO**[670] sein. Das ist im Ein-

---

665 BGH, Beschl. v. 14.31991, IX ZR 300/90, NJW 1991, 2022. Dies gilt auch bei der **Arresthypothek**, vgl. Rn. 129.

666 KG, Beschl. v. 7.6.2012, 1 W 94/12, NJW-RR 2012, 1486; OLG München, Beschl. v. 13.9.2013, 34 Wx 358/13, Rpfleger 2014, 78, je m.w.N.

667 Zu einer entsprechend fehlerhaften Eintragung vgl. OLG München, Beschl. v. 13.1.2010, 34 Wx 117/09, NZM 2010, 478.

668 OLG München, Beschl. v. 13.8.2013, 34 Wx 322/13, Rpfleger 2014, 77.

669 BGH, Beschl. v. 4.7.2013, V ZB 151/12, FamRZ 2013, 1734.

670 Dazu Rn. 274.

zelfall durchaus von Bedeutung, weil auch (oder gerade) vermögende Parteien im Rahmen einer Ehescheidung mitunter destruktiv agieren und die Vorlage entscheidender Unterlagen für den Zugewinn- oder Versorgungsausgleich oder die Unterhaltsberechnung verweigern. Hier kann die Zwangshypothek vielleicht den erforderlichen Druck aufbauen.

Praxistipp: Zu beachten ist hierbei zum einen die **Forderungsmindestgrenze** von 750 €,[671] ferner dass im Grundbuch der (nicht empfangsberechtigte) Kläger als Gläubiger und die Gerichtskasse als Zahlungsempfänger einzutragen sind.[672]

Im Übrigen erfordert die Eintragung einer Zwangssicherungshypothek die Vorlage der vollstreckbaren Ausfertigung eines auf eine **fällige Forderung** (hier: Darlehensrückzahlungsverpflichtung) lautenden Vollstreckungstitels.[673]

(b) Vollstreckungsstandschaft

255 Bei getrennt lebenden Eheleuten kann gemäß § 1629 Abs. 3 BGB ein Elternteil Unterhaltsansprüche der gemeinsamen Kinder gegen den anderen Elternteil (nur) im eigenen Namen geltend machen. Wie wirkt sich diese **Verfahrensstandschaft** in der Zwangsvollstreckung aus?

Beispiel: Eine Mutter hat für ihre vier minderjährigen Kinder – gestützt auf ihre Prozessstandschaft – gegen den Ehemann und Kindesvater einen **Unterhaltstitel** erwirkt und beantragt nunmehr zwecks Vollstreckung die Eintragung einer **Zwangssicherungshypothek im eigenen Namen**.

Nach Auffassung des LG Konstanz[674] ist dies zulässig. Die Mutter bleibt vollstreckungsbefugt, solange dem materiellen Anspruchsinhaber keine Klausel erteilt worden ist (**„Vollstreckungsstandschaft"**). Einer vorherigen **Umschreibung des Titels** auf die Kinder entsprechend § 727 ZPO[675] bedarf es **nicht**.

Etwas anderes gilt nach Eintritt der **Volljährigkeit** des Kindes: Die im Titel als Klägerin genannte **Mutter** ist dann **nicht** mehr befugt, die Vollstreckung zu betreiben.[676]

(c) Klausel und Zustellung

256 Dem Grundbuchamt ist die **vollstreckbare Ausfertigung** des Titels über die Geldforderung mit einem Nachweis über die Zustellung an den

671 Dazu Rn. 257.

672 AG Hamburg, Beschl. v. 18.9.1981, Rpfleger 1982, 31.

673 OLG Düsseldorf: Beschl. v. 30.3.2015, 3 Wx 41/15, MDR 2015, 672; vgl. auch OLG München, Beschl. v. 17.7.2015, 34 Wx 199/15, NJOZ 2015, 1673.

674 LG Konstanz, Beschl. v. 5.3.2001, 6 T 36/01, Rpfleger 2001, 345; vgl. auch BGH, Urt. v. 29.11.1990, IX ZR 94/90, NJW 1991, 839.

675 Dazu Rn. 667.

676 OLG Naumburg, Beschl. v. 25.9.2006, 14 WF 158/06, FamRZ 2007, 1032.

Schuldner vorzulegen. Gegen die Wirksamkeit einer vollstreckbaren Urteilsausfertigung können Bedenken bestehen bei einer „stark abgeschliffenen" Unterschrift der Urkundsbeamtin der Geschäftsstelle.[677]

Insbesondere bei der **Zustellung** sind besondere Förmlichkeiten zu beachten.[678] Der **Nachweis** der Zustellung des Titels kann gegenüber dem Grundbuchamt in aller Regel nur durch die Vorlage der **Zustellungsurkunde** erbracht werden.[679]

d) Mindestwertgrenze

Der Antrag auf Eintragung einer Zwangshypothek ist nur zulässig, wenn der Gläubiger die Zwangsvollstreckung wegen einer **Forderung** betreibt, die **über 750 €** liegt (§ 866 Abs. 3 ZPO). Mit dieser Wertgrenze soll das Grundbuch von verwirrenden Eintragungen freigehalten werden. Bei der Bestimmung der Wertgrenze ist es ohne Belang, ob die Forderung sich nur aus einer Hauptforderung oder aus **Haupt- und Nebenforderung** zusammensetzt. Allerdings dürfen auf die Hauptforderung zu entrichtende **Zinsen** nur berücksichtigt werden, wenn sie in **kapitalisierter** Form tituliert sind.[680] **257**

Besitzt der Gläubiger **verschiedene titulierte Forderungen** gegen denselben Schuldner, können die **Forderungen addiert** werden. Übersteigen sie zusammen den Betrag von 750 €, ist die Eintragung einer Zwangshypothek zulässig (§ 866 Abs. 3 S. 2 ZPO). Hingegen ist die Addition der Ansprüche **mehrerer Gläubiger** gegen denselben Schuldner nicht zulässig. Dies gilt auch, wenn der Schuldner in ein und demselben Titel zur Zahlung an mehrere Gläubiger verurteilt wurde.

e) Prüfung des Grundbuchamts

Das Grundbuchamt hat von Amts wegen zu prüfen, ob die förmlichen Voraussetzungen der **Zwangsvollstreckung** vorliegen und ob die **grundbuchmäßigen Voraussetzungen** erfüllt sind, z.B. ob die zu vollstreckende **Forderung** fällig und der Höhe nach **bestimmt** ist.[681] Ebenso prüft es selbständig bei einer im vorgelegten Titel enthaltenen **Ratenzahlungs- und Verfallklausel** den Ablauf des Kalendertags als **Bedingung** für den Vollstreckungsbeginn.[682] **258**

---

677 Dazu OLG München, Beschl. v. 10.9.2015, 34 Wx 256/15, BeckRS 2015, 16227.

678 Hierzu BayObLG, Beschl. v. 29.12.2004, 2Z BR 228/04, FGPrax 2005, 57.

679 OLG München, Beschl. v. 29.1.2009, 34 Wx 116/08, NJW 2009, 1358.

680 OLG München, Beschl. v. 15.4.2016, 34 Wx 37/16, Rpfleger 2016, 556; OLG Nürnberg, Beschl. v. 10.4.2014, 15 W 665/14, Rpfleger 2014, 585 je m.w.N.

681 LG Saarbrücken, Beschl. v. 5.2.2003, 5 T 63/03, Rpfleger 2003, 416.

682 OLG München, Beschl. v. 17.7.2015, 34 Wx 199/15, NJOZ 2015, 1673.

Die Eintragung einer Zwangshypothek kann allerdings **nicht** deshalb abgelehnt werden, weil wegen Geringwertigkeit des Grundstücks und bestehender Vorlasten eine **Befriedigung** des Gläubigers in der Zwangsversteigerung des Grundstücks **nicht zu erwarten** ist.[683]

259 Das Grundbuchamt prüft **nicht**, ob die sachlichen Voraussetzungen der Zwangsvollstreckung vorliegen, z.B. ob der zu vollstreckende Titel rechtmäßig oder ob der zugrunde liegende Anspruch **verjährt** ist.[684] Ebenso kann es vom Schuldner erhobene **Einwendungen** und Einreden regelmäßig **nicht** prüfen; denn insofern steht dem Schuldner grundsätzlich die **Vollstreckungsabwehrklage** nach § 767 ZPO – nebst Antrag auf Einstellung der Zwangsvollstreckung nach § 769 ZPO – zur Verfügung. Der **Erfüllungseinwand** kann allenfalls berücksichtigt werden, wenn er **unstreitig** ist. Allerdings: Selbst bei Vorlage von Belegen nach § 775 Nr. 4 und 5 ZPO ist die Zwangsvollstreckung auf Antrag des Gläubigers fortzusetzen, wenn dieser die **Befriedigung** ausdrücklich oder konkludent **bestreitet**.[685]

Wegen des bloßen **Sicherungscharakters** der Zwangshypothek bedarf deren Eintragung bei einem im gesetzlichen Güterstand lebenden Schuldner **nicht** der Genehmigung seines Ehepartners nach **§ 1365 BGB**, falls der Grundbesitz (nahezu) das gesamte Vermögen darstellt.[686]

4. Eintragung

260 Grundsätzlich **entsteht** die Zwangssicherungshypothek mit ihrer **Eintragung** im Grundbuch (§ 867 Abs. 1 Satz 2 ZPO), und zwar als **Buchhypothek,** d.h. die Erteilung eines Hypothekenbriefes ist ausgeschlossen (§ 1185 BGB). Sie wird an nächstbereiter Stelle eingetragen. Der **Rang** im Grundbuch ist in § 879 BGB geregelt.

Die Eintragung soll die Zwangshypothek als **Sicherungshypothek** kenntlich machen. Unterbleibt die Kennzeichnung im Grundbuch, ist die Eintragung gleichwohl wirksam.

261 Als **Gläubiger** einer Zwangshypothek ist im Grundbuch einzutragen, wer im Vollstreckungstitel als Vollstreckungsgläubiger ausgewiesen ist. Grundsätzlich ist auch nur dieser antragsberechtigt. Lautet der ihn ausweisende Titel auf **Leistung an einen Dritten**, so ist auch dies einzutragen und der Antrag mit dieser Maßgabe zu stellen.[687]

---

683 LG Marburg, Beschl. v. 24.7.1984, 3 T 138/84, Rpfleger 1984, 406.

684 OLG München, Beschl. v. 15.6.2012, 34 Wx 199/12, FGPrax 2012, 194.

685 OLG München, Beschl. v. 4.5.2015, 34 Wx 131/15, FGPrax 2015, 161; ferner OLG München, Beschl. v. 17.7.2015, 34 Wx 199/15, NJOZ 2015, 1673.

686 Vgl. dazu Rn. 846 (betreffend die Teilungsversteigerung).

687 OLG München, Beschl. v. 18.8.2011, 34 Wx 153/11, NJOZ 2012, 50.

Beispiele: Ist der Schuldner verpflichtet, zur **Befreiung** des Gläubigers aus dessen Debetsaldo bei der Gläubigerbank an diese einen bestimmten Betrag zu zahlen, müssen bei Beantragung einer Zwangshypothek nicht nur der Gläubiger, sondern neben ihm auch seine Bank als **Zahlungsempfänger** im Grundbuch eingetragen werden.[688]

Geht es um ein **Zwangsgeld** nach § 888 ZPO, ist als Gläubiger der Antragsteller und als **Zahlungsempfänger** die Gerichtskasse einzutragen.

Ein Elternteil, der im eigenen Namen als Gläubiger des Schuldtitels Unterhaltsansprüche des Kindes gegen den anderen Elternteil vollstreckt (§ 1629 Abs. 3 BGB), ist als **Prozessstandschafter** mit seinem Namen als Gläubiger einzutragen.[689]

5. Rechtsbehelfe

Gegen Entscheidungen des Grundbuchamts (Rechtspflegers) ist grundsätzlich die einfache **Beschwerde nach § 71 Abs. 1 GBO** gegeben. Die besonderen Rechtsbehelfe der Zwangsvollstreckung (Erinnerung nach § 766 ZPO oder sofortige Beschwerde nach § 793 ZPO) sind **nicht** zulässig, denn die Entscheidungen des Grundbuchamts ergehen im Verfahren nach der Grundbuchordnung.[690] Wer sich allerdings gegen eine **Eintragung**, etwa einer Zwangshypothek, wendet, kann lediglich die Eintragung eines **Amtswiderspruchs** verlangen (§ 71 Abs. 2 i.V.m. § 53 GBO). **Beschwerdeberechtigt** sind der Gläubiger, der Schuldner und jeder Dritte, der durch die Entscheidung in seinen Rechten beeinträchtigt ist.[691] **262**

Will der Schuldner **Einwendungen gegen** die dem Titel zugrunde liegende **Forderung** des Gläubigers erheben, so muss er seine Rechte im Wege der **Vollstreckungsgegenklage (§ 767 ZPO)** geltend machen.

Will ein **Dritter** ein Recht geltend machen, das der Zwangsvollstreckung des Gläubigers in den Grundbesitz des Schuldners entgegensteht, so muss er die **Drittwiderspruchsklage (§ 771 ZPO)** erheben.

6. Verwertung der Zwangshypothek

Zahlt der Schuldner unter dem Druck der Zwangshypothek nicht freiwillig, kann der Gläubiger entweder seine Rechte aus der gesicherten **Forderung** (z.B. wegen einer Unterhalts- oder Zugewinnausgleichsforderung) oder diejenigen aus dem **dinglichen Recht** (also der Sicherungshypothek) geltend machen. Ein Vorgehen aus der gesicherten Forderung hat den Nachteil, dass der Gläubiger im Rang erst nach allen Grundpfandgläubigern befriedigt wird (§ 10 Abs. 1 Nr. 4 und 5 ZVG).[692] **263**

688 OLG Karlsruhe, Beschl. v. 11.11.1997, 11 Wx 89/97, Rpfleger 1998, 158.

689 *Morvilius*, FPR 2013, 382, 386.

690 OLG Köln, Beschl. v. 11.8.2008, 2 Wx 26/08, MDR 2009, 52.

691 Dazu *Jäckel*, JuS 2006, 410, 412.

692 Die Zwangshypothek wird dagegen in Rangklasse 4 berücksichtigt.

264 Will sich der Gläubiger wegen seiner Forderung im **Rang** des erworbenen **dinglichen Rechts** (Sicherungshypothek) **befriedigen**, muss er die **Zwangsversteigerung** des Grundstücks betreiben. Hierzu bedarf er **nicht** eines **dinglichen Titels** (Duldungstitels), wie er bei der Vollstreckung aufgrund einer normalen Verkehrshypothek erforderlich ist (§ 1147 BGB). Vielmehr genügt nunmehr grundsätzlich der **vollstreckbare Titel**, auf dem die **Eintragung** der Zwangshypothek in das Grundbuch **vermerkt** ist (§ 867 Abs. 3 ZPO).

265 Dies gilt wohlgemerkt nur für die Zwangsversteigerung. Wenn er sich durch **Zwangsverwaltung** oder durch **Pfändung von Mieten** aus dem Grundstück befriedigen will, benötigt er einen **dinglichen Titel**.[693] In diesen Fällen hat der Gläubiger nur dann, wenn er neben dem persönlichen Schuldtitel für dieselbe Forderung noch einen **Duldungstitel** in Händen hat und mit diesem die weitere Vollstreckung betreibt, den **Vorrang** vor allen nach der Zwangshypothek eingetragenen Grundstücksbelastungen. Hat er dagegen lediglich einen **persönlichen** Schuldtitel und betreibt er hieraus die Vollstreckung, so muss er sich alle eingetragenen Grundbesitzbelastungen vorgehen lassen.

V. Herausgabe beweglicher Sachen (§ 883 ZPO)

266 Auch in Familienstreitsachen ist verschiedentlich darüber zu entscheiden, dass der Schuldner eine **bewegliche Sache herauszugeben** hat, z.B. Kontoauszüge,[694] den Vollstreckungstitel[695] oder Belege im Rahmen einer Auskunftspflicht.[696] Dann sind ihm die betreffenden Unterlagen von dem **Gerichtsvollzieher** wegzunehmen und dem Gläubiger zu übergeben (§ 883 Abs. 1 ZPO). Erforderlich ist ein **Antrag** des Gläubigers.[697]

267 Wird die herauszugebende Sache **nicht vorgefunden**, so hat der Verpflichtete auf entsprechenden Antrag **an Eides statt zu versichern**, dass er die Sache nicht besitze und auch nicht wisse, wo die Sache sich befinde (§ 883 Abs. 2 ZPO).

Ist der Schuldner neben der Übergabe auch zur **Übereignung** verpflichtet, wird die Herausgabe nach § 883 ZPO und die Abgabe der Willenserklärung nach § 894 ZPO[698] vollstreckt.[699]

---

693 BGH, Urt. v. 13.3.2008, IX ZR 119/06, NJW 2008, 1599 mit Anm. *Zimmer*.

694 Dazu Rn. 190.

695 Dazu Rn. 391.

696 Dazu Rn. 280.

697 Auftrag nach § 753 ZPO.

698 Rn. 370.

699 *Lackmann* in: Musielak/Voit, § 883 Rn. 4.

In **fG-Verfahren**, insbesondere **Ehewohnungs- und Haushaltssachen**, ist § 883 ZPO entsprechend anzuwenden (§ 95 Abs. 1 Nr. 2 FamFG).[700] Für die **Kindesherausgabe** gelten §§ 88 ff. FamFG.

VI. Vertretbare Handlungen (§ 887 ZPO)

1. Ersatzvornahme

Erfüllt der Schuldner die Verpflichtung nicht, eine Handlung vorzunehmen, deren Vornahme **durch einen Dritten** erfolgen kann, so ist der Gläubiger auf seinen **Antrag** von dem **Prozessgericht** zu ermächtigen, auf Kosten des Schuldners die Handlung vornehmen zu lassen (**Ersatzvornahme**, § 887 Abs. 1 ZPO). Der Gläubiger darf dann einen anderen mit der Durchführung beauftragen. Dabei kann er eine Vorfinanzierung vermeiden, indem er zugleich beantragt, den Schuldner zur **Vorauszahlung** der Kosten zu verurteilen, die durch die Vornahme der Handlung entstehen werden (§ 887 Abs. 2 ZPO). **268**

Solche **vertretbaren Handlungen** sind im familienrechtlichen Kontext nur selten, am ehesten bei einer **Freistellungsverpflichtung**[701] zu vollstrecken. Umstritten ist der Vollstreckungsweg bei der Pflicht zur Vorlage eines **Sachverständigengutachtens**.[702] Meist jedoch geht es um **unvertretbare**, vom Schuldner persönliche erbringende Handlungen, deren Vollstreckung nach § 888 ZPO vorgenommen wird.[703] Andererseits soll die Erstellung eines **Buchauszugs** durch einen Sachverständigen auch dann eine **vertretbare** Handlung sein, wenn sich die hierzu benötigten Unterlagen im Ausland befinden.[704] **269**

Im Übrigen gestattet § 95 Abs. 4 FamFG für Titel in **fG-Verfahren**, die Vollstreckung – anstelle oder neben einer Maßnahme nach § 887 ZPO – durch Verhängung von Zwangsmitteln nach **§ 888 ZPO** durchzuführen.

2. Freistellungsverpflichtung

Die **Befreiung von einer Geldverbindlichkeit**[705] wird als vertretbare Handlung nach § 887 ZPO vollstreckt.[706] **270**

Beispiel: Der Ehemann und Beklagte war verurteilt worden, die Ehefrau und Klägerin von einer **Bausparkassenverbindlichkeit** freizustellen. Er sorgte jedoch nicht für eine definitive Haftungsentlassung der Klägerin, sondern vereinbarte mit der Bausparkasse

---

700 Dazu Rn. 510.

701 Dazu Rn. 270.

702 Dazu Rn. 281.

703 Dazu Rn. 274 ff.

704 BGH, Beschl. v. 13.8.2009, I ZB 43/08, MDR 2010, 51.

705 Ausführlich dazu *Rohlfing*, MDR 2012, 257.

706 Eingehend *Schlappa*, DGVZ 2011, 21.

lediglich, dass von nun an ausschließlich er an sie zahlen werde und der Klägerin daneben keine Leistungen abverlangt würden. Dies genügte der Ehefrau nicht. Sie beantragte daher im Wege der Zwangsvollstreckung gemäß § 887 ZPO, sie zur **Selbstvornahme** dahin zu ermächtigen, ihre Gläubigerin mit vom Beklagten vorzuschießenden Mitteln zu befriedigen. Das Landgericht verurteilte den Ehemann antragsgemäß zur Vorschusszahlung. Seine hiergegen erhobene Beschwerde war erfolglos.[707]

Einer **Freistellungsverpflichtung** bezüglich einer Geldverbindlichkeit kann der Schuldner grundsätzlich dadurch genügen, dass er

- den von dem Freistellungsgläubiger geschuldeten Betrag an den Gläubiger **zahlt**,
- einen **Schulderlass** von dessen Seite erwirkt *oder*
- eine **Schuldübernahme** herbeiführt.[708]

271 Kommt der Schuldner dieser Verpflichtung nicht nach, kann der Gläubiger beantragen, **zur Selbstvornahme** dahin **ermächtigt** zu werden, entsprechend § 264 BGB seinerseits den Dritten mit Geldern zu befriedigen, die der Schuldner nach § 887 Abs. 2 ZPO **vorschießen** muss. Voraussetzung hierfür ist, dass der Anspruch, von dem freigestellt werden soll, im Titel nach Grund und Höhe **genau bestimmt** ist. Daran fehlt es beispielsweise, wenn der Schuldner den Gläubiger von einer Darlehensverbindlichkeit „in Höhe des derzeit bestehenden Schuldsaldos" freistellen soll.[709]

272 Der Einwand des Schuldners, der Anspruch des Dritten sei (teilweise) noch **nicht fällig**, ist unerheblich, solange er hinsichtlich des nicht fälligen Teils keine **Sicherheit** stellt (§ 257 S. 2 BGB).[710]

Praxistipp: Diese Sicherheitsleistungsbefugnis des Befreiungsschuldners ist eine vorübergehende anspruchshemmende **Einrede**, die vom Befreiungsschuldner geltend gemacht werden muss.[711]

Solange allerdings der zur Freistellung verpflichtete Ehegatte aufgrund einer Ratenzahlungsvereinbarung mit dem Kreditinstitut die vereinbarten **Darlehensraten zahlt**, soll der Befreiungsgläubiger nicht im Wege der Zwangsvollstreckung nach § 887 ZPO zur Tilgung des gesamten Restdarlehens in einer Summe ermächtigt und der Befreiungsschuldner nicht zur Zahlung eines Kostenvorschusses in Höhe der Restdarlehenssumme verpflichtet werden können.[712]

---

707 OLG Koblenz, Beschl. v. 23.2.2015, 5 W 106/15, MDR 2015, 980.

708 OLG Koblenz, a.a.O.

709 OLG Saarbrücken, Beschl. v. 24.4.1990, 5 W 59/90, JurBüro 1990, 1681; ferner OLG Stuttgart, Beschl. v. 6.8.1998, 2 W 6/98, NJW-RR 1999, 792.

710 OLG Koblenz, a.a.O; dazu auch *Schlappa*, DGVZ 2011, 21, 24.

711 Eingehend zur Sicherheitsleistung des Befreiungsschuldners *Görmer*, NJW 2012, 263.

712 OLG Köln, Beschl. v. 26.3.2004, 4 W 3/04, FamRZ 2005, 471.

Ein **Ermächtigungsbeschluss**, der die Gläubiger eines auf **Freistellung** von einer Zahlungsverpflichtung gerichteten Anspruchs befugt, die Handlung auf Kosten des Schuldners selbst vorzunehmen, ohne eine Verurteilung des Schuldners zur Vorauszahlung der Kosten in Höhe der Befreiungssumme auszusprechen, ist **kein geeigneter Vollstreckungstitel** zur Eintragung einer **Zwangshypothek** in Höhe der Freistellungsverpflichtung zu Lasten des Grundstücks des Schuldners.[713] 273

VII. Nicht vertretbare Handlungen (§ 888 ZPO)

1. Abgrenzungsprobleme

Vor allem in **Unterhalts- und Zugewinnausgleichsverfahren** kommt die Vollstreckung nach **§ 888 ZPO** häufiger zum Tragen. Denn nicht selten muss durch (Teil-)Beschluss die Verpflichtung zur **Auskunftserteilung** nach § 1580 BGB[714] bzw. § 1379 BGB[715] ausgesprochen werden – allerdings häufig ohne Erfolg. Dann ist in solchen **Familienstreitsachen** die Verhängung von **Zwangsmitteln** (Zwangsgeld und -haft) gemäß § 888 ZPO i.V.m. § 120 FamFG angezeigt. In **fG-Verfahren**[716] findet die Vorschrift über die Verweisungen in § 95 Abs. 1 Nr. 3 und Abs. 4 FamFG Anwendung. 274

In der Praxis ist einige Unsicherheit bei der Zwangsvollstreckung von Handlungs- und Unterlassungspflichten festzustellen. Dies betrifft zunächst die generelle Unterscheidung von **Zwangs- und Ordnungsmitteln**. Bereits bei der Terminologie zeigt sich Verwirrung.[717] Möglicherweise hat der Paradigmenwechsel in § 89 FamFG – statt Ahndung durch Zwangsmittel (§ 33 FGG a.F.) nunmehr Verhängung von Ordnungsmitteln – mit zur Unsicherheit beigetragen. Dabei ist die Abgrenzung klar: Mit der Verhängung von **Zwangsmitteln** soll ein bestimmtes Verhalten des Betroffenen **erzwungen** werden. Demgegenüber haben **Ordnungsmittel**[718] nicht nur Beuge-, sondern auch repressiven, strafähnlichen **Sanktionscharakter**[719] und dürfen noch festgesetzt und vollstreckt werden, wenn die geschuldete Handlung wegen Zeitablaufs nicht mehr vorgenommen werden kann. Freilich ist hiervon terminologisch noch die **Erzwingungshaft**[720] zu unterscheiden, die nicht immer exakt von der Zwangshaft abgegrenzt wird.[721] 275

713 OLG München, Beschl. v. 20.2.2017, 34 Wx 51/17, juris.

714 Dazu eingehend *Born*, FF 2016, 180.

715 Hierzu ausführlich *Giers*, NZFam 2015, 843; zu möglichen Auskunftsansprüchen im **Familienrecht** vgl. *Löhnig*, JA 2015, 641.

716 Dazu Rn. 508.

717 Etwa in dem Fall des OLG Brandenburg, Beschl. v. 21.12.2010, 9 WF 350/10, FamRZ 2011, 831 (Ordnungshaft zur Erzwingung einer Auskunft); vgl. auch Rn. 5.

718 Ausführlich *Cirullies*, Rpfleger 2011, 573.

719 BGH, Beschl. v. 23.10.2003, I ZB 45/02, NJW 2004, 506, 509.

720 Nach §§ 390 Abs. 2, 802g ZPO, dazu Rn. 154.

721 Vgl. etwa *Heiß*, FamFR 2011, 61.

276 Auch im Übrigen bestehen gelegentlich Unklarheiten bei der **Abgrenzung**, insbesondere zu § 35 FamFG,[722] § 887 ZPO[723] und § 890 ZPO[724]. Besonderheiten sind ferner **verfahrensrechtlich** zu beachten (etwa bei der Verhängung von Ersatzzwangshaft)[725] wie auch bei der **Vollstreckung** (insbesondere Beitreibung von Zwangsgeld).[726] Erschwert wird die richtige Zuordnung mitunter durch vollstreckungsrechtliche **Annexkompetenzen** (z.B. **Beleganspruch** als Annex zum Auskunftsanspruch[727] oder **Auskunftsanspruch** als Annex zum Umgangsrecht[728]).

277 Folgende **Synopse** zeigt die Unterschiede und verfahrensrechtlichen Besonderheiten bei der Vollstreckung der wesentlichen **Zwangs- und Ordnungsmittel** in Familiensachen auf. Soweit lediglich **Ordnungsgeld** im laufenden Verfahren verhängt wird, etwa gegen säumige Beteiligte (§ 33 Abs. 3 FamFG) oder Sachverständige (§§ 409, 411 ZPO), wird die Vollziehung von Amts wegen nach dem JBeitrG vorgenommen.

Vollstreckung von Zwangs- und Ordnungsmitteln in Familiensachen

	§ 888 ZPO	**§ 890 ZPO**	**§ 89 FamFG**	**§ 35 FamFG**
Regelungsgegenstand	**Unvertretbare Handlung**	**Unterlassung / Duldung**	**Umgang / Kindesherausgabe**	**Mitwirkung im Verfahren**
– Anwendungsschwerpunkt:	Auskunftserteilung	Gewaltschutz	Umgangsregelung	Versorgungsausgleich
Festsetzungsverfahren				
– Maßnahme	**Zwangsmittel**	**Ordnungsmittel**	**Ordnungsmittel**	**Zwangsmittel**
– Antrag / von Amts wegen	Antrag	Antrag	Antrag	v.A.w.
– Androhung / Hinweis	nein	Androhung	Hinweis	Hinweis
– Verschulden des Verpfl.	nein	ja	vermutet (Abs. 4)	nein
– Entschließungsermessen	nein (*ist … zu erkennen)*	nein (*ist … zu verurteilen)*	ja *(kann …)*, aber begrenzt	ja *(kann …)*
– Anordnung von Ersatzhaft	zwingend	zwingend	zwingend	Ermessen
– Anordnung sofortiger Haft bei absehbarer Erfolglosigkeit	Ermessen	Ermessen	Ermessen	geringes Ermessen *(soll …)*

722 Dazu näher Rn. 520.
723 Dazu Rn. 268.
724 Dazu Rn. 367 mit **Synopse**.
725 Dazu Rn. 305 ff.
726 Dazu Rn. 301.
727 Dazu Rn. 280.
728 Dazu Rn. 557.

	§ 888 ZPO	§ 890 ZPO	§ 89 FamFG	§ 35 FamFG
Beitreibung des Zwangs-/Ordnungsgeldes				
– Auftrag	Gläubiger	Gericht *(Rpfleger)*	Gericht *(Rpfleger)*	Gericht *(Rpfleger)*
– Abführung an Staatskasse	ja	ja	ja	ja
– bei Nichtbeitreibbarkeit: *richterlicher* Haftbefehl	ja (Antrag des Gl.)	ja (Vorlage des *Rpfl.*)	ja (Vorlage des *Rpfl.*)	ja (Vorlage des *Rpfl.*)
Vollziehung der Zwangs-/Ordnungshaft				
– Verhaftungsauftrag an GV	Gläubiger	Gericht *(Rpfleger)*	Gericht *(Rpfleger)*	Gericht *(Rpfleger)*
– (bloße) Aushändigung des Haftbefehls bei Verhaftung	ja	ja	ja	ja
– Hafthöchstdauer	6 Monate	2 Jahre	6 Monate	6 Monate

2. Unvertretbare Handlung

a) Auskunftserteilung

Für den richtigen Vollstreckungsweg bedarf es insbesondere der Klärung, ob die geschuldete Leistung eine auch einem Dritten mögliche **vertretbare** Handlung – dann Vollstreckung nach **§ 887 ZPO**[729] – oder eine vom Schuldner persönlich zu erbringende **unvertretbare** Handlung – dann Vollstreckung nach **§ 888 ZPO** – darstellt.[730] Freilich kann die **Abgrenzung** im Einzelfall schwierig sein. 278

Praxistipp: Für den Fall, dass das Gericht zur Vertretbarkeit eine abweichende Auffassung vertritt, sollte der Gläubiger bereits in seinem Antrag um einen entsprechenden Hinweis bitten oder sofort hilfsweise einen zusätzlichen Antrag stellen.

Meist geht es in Familiensachen um die Vollstreckung **unvertretbarer** Handlungen. So kann die **Auskunftserteilung** in der Regel nur unter Mitwirkung des Schuldners und nicht durch Dritte (als „Vertreter") erbracht werden. Der Schuldner selbst muss die Richtigkeit der Angaben durch seine Unterschrift bestätigen. Geboten ist dabei grundsätzlich eine in sich geschlossene Zusammenstellung; die bloße Bezugnahme auf beigefügte Belege genügt nicht.[731] 279

---

729 Dazu Rn. 268.

730 OLG Koblenz, Beschl. v. 2.1.2014, 3 W 648/13, MDR 2014, 244.

731 Anders, wenn die Auskunft nur durch Vorlage der begehrten Belege zu erteilen ist, OLG München, Beschl. v. 27.5.1992, 12 WF 707/92, FamRZ 1992, 1207.

Gelegentlich bedarf der Schuldner der **Mitwirkung Dritter**, um seiner Pflicht nachzukommen. In solchen Fällen scheidet eine Vollstreckung nach § 888 ZPO erst dann aus, wenn dem Vollstreckungsschuldner die Erlangung der Mitwirkungshandlung des Dritten objektiv oder subjektiv eindeutig unmöglich ist.[732]

Ist der Schuldner im Zugewinnausgleichsverfahren verpflichtet worden, bei der Anfertigung des von ihm nach § 260 BGB vorzulegenden **Verzeichnisses** den **anderen Ehegatten hinzuzuziehen**, so droht bei der Nichtbeachtung dieser Pflicht die Verhängung eines hohen Zwangsgeldes.[733]

b) Vorlage von Belegen

280 Der Anspruch auf **Vorlage von Belegen** (§§ 1379 Abs. 1 S. 2, 1605 Abs. 1 S. 2 BGB) und derjenige auf **Auskunftserteilung** sind getrennte Ansprüche.[734] Danach wäre die Belegpflicht grundsätzlich als **vertretbare** Handlung entsprechend § 883 Abs. 1 ZPO i.V.m. § 120 Abs. 1 FamFG zu vollstrecken, indem der Gerichtsvollzieher dem Verpflichteten die Belege **wegnimmt** und sie dem Berechtigten übergibt; denn der Begriff „Vorlage" (§§ 1379 Abs. 1 S. 2, 1605 Abs. 1 S. 2 BGB) beinhaltet die körperliche Übergabe. Eine solche zweigleisige Vollstreckung des Auskunftsanspruchs einerseits und des Beleganspruchs andererseits durch unterschiedliche Vollstreckungsorgane wäre freilich problematisch.[735] Das ohnehin schwerfällige Zwangsmittelverfahren würde zusätzlichen Hemmnissen ausgesetzt. Daher wird in der Praxis die **Belegpflicht** im Rahmen einer Auskunftserteilung vollstreckungsrechtlich meist als ergänzende und von der Vollstreckung nach § 888 ZPO mit abgedeckte **Nebenpflicht** eingestuft.[736]

c) Wertermittlung

281 Gerade in **güterrechtlichen** Verfahren ist der Schuldner im Rahmen seiner Auskunftspflicht gehalten, ein **Sachverständigengutachten** über den Wert eines Grundstücks vorzulegen. Kommt er dieser Pflicht trotz entsprechender Verurteilung nicht nach, stellt sich für den Gläubiger die Frage, ob er den Titel nach § 887 ZPO oder nach § 888 ZPO zu vollstrecken hat. Überwiegend wird die Auffassung vertreten, dass die Einholung eines Sachverständigengutachtens zur Wertermittlung eines Grundstücks eine **unvertretbare** Handlung i.S.v. § 888 ZPO ist. Denn die Erstellung eines

---

732 OLG Rostock, Beschl. v. 22.8.2016, 3 W 53/16, NJW 2016, 3539.

733 OLG Hamm, Beschl. v. 21.3.2011, 8 WF 14/11, FamRZ 2011,1732 (i.H.v. 20.000 EUR).

734 OLG Jena, Beschl. v. 3.7.2012, 1 WF 306/12, FamRZ 2013, 656; *Borth/Grandel* in: Musielak/Borth, § 120 FamFG Rn. 1.

735 *Dose* in: Wendl/Dose, § 1 Rn. 1193; eingehend *Erbarth*, NZFam 2015, 1061, 1062 m.w.N.

736 OLG Jena, a.a.O; OLG Braunschweig, Beschl. v. 16.11.2016, 1 WF 203/16, FamRZ 2017, 788.

solchen Gutachtens erfordert in aller Regel **Mitwirkungshandlungen** des Auftraggebers persönlich wie Herausgabe von Unterlagen betreffend das Grundstück oder Mitteilung früherer Umstände, die den Wert des Grundstücks mit beeinflussen.[737]

3. Festsetzungsverfahren

a) Gang des Verfahrens

Verfahrensrechtlich bei der Vollstreckung von Zwangsmitteln nach § 888 ZPO zwischen deren **Festsetzung** einerseits und der anschließenden **Zwangsgeldbeitreibung** und **Haftvollziehung** andererseits zu unterscheiden: 282

- Auf **Antrag** des Gläubigers **setzt** das **Familiengericht** als Prozessgericht Zwangsmittel **fest**:
  - **Zwangsgeld** nebst Ersatzzwangshaft *oder*
  - originäre **Zwangshaft**
- Auf **Antrag** des Gläubigers erfolgt:
  - **Beitreibung des Zwangsgeldes** durch Gerichtsvollzieher, Rechtspfleger oder Grundbuchamt *oder*
  - **Vollziehung der Zwangshaft** durch Gerichtsvollzieher.

b) Vollstreckbarer Titel

Wie bei jeder Vollstreckung ist auch für die Zwangsmittelfestsetzung Voraussetzung, dass der zugrunde liegende Titel **hinreichend bestimmt** ist[738] und einen **vollstreckbaren Inhalt** hat. Insbesondere sollte die geforderte Handlung genau umschrieben sein. 283

Beispiel: Der Unterhaltsschuldner ist zur Vorlage von **Einkommensteuererklärungen** für zurückliegende Jahre verpflichtet worden, die er jedoch bislang noch nicht gefertigt hat. Hier ist unklar, ob das Gericht den Unterhaltsschuldner bei Nichtexistenz der Erklärungen zu deren **Erstellung** verpflichten wollte oder ob es – gegebenenfalls irrig – von deren Existenz ausgegangen ist. Dies ist durch **Auslegung** zu ermitteln.[739]

Der Titel muss dem Schuldner ordnungsgemäß **zugestellt** worden sein. Einer **Vollstreckungsklausel** bedarf er dann **nicht**, wenn es sich um ein **fG-Verfahren**[740] handelt (§ 86 Abs. 3 FamFG).[741]

---

737 OLG Celle, Beschl. v. 17.10.2012, 4 W 181/12, BeckRS 2012, 22270; OLG München, Beschl. v. 10.1.2017, 20 W 2044/16, BeckRS 2017, 100172; OLG Oldenburg, Beschl. v. 14.1.2010, 12 W 233/09, ZEV 2011, 383; a.A. OLG Hamm, Beschl. v. 26.1.2010, 25 W 10/10, ZEV 2011, 383 (§ 887 ZPO); kritisch auch *Lackmann* in: Musielak/Voit, § 887 Rn. 8; differenzierend MünchKomm-BGB/*Koch*, § 1379 Rn. 29.

738 Zur erforderlichen **Bestimmtheit** des Auskunftstitels vgl. Rn. 20.

739 BGH, Beschl. v. 2.9.2015, XII ZB 132/15, FamRZ 2015, 2142 = NZFam 2015, 1059 mit Anm. *Erbarth*; vgl. auch oben Rn. 23 (Vorlage *abgegebener* ESt-Erklärungen).

740 Mit Verweisung auf § 888 ZPO in § 95 Abs. 1 Nr. 3, Abs. 4 FamFG.

741 Dazu Rn. 440.

c) Antrag

284 Verweigert der Schuldner die Vornahme der titulierten unvertretbaren Handlung, kann gegen ihn auf **Antrag des Gläubigers** (nicht von Amts wegen)[742] ein **Zwangsgeld oder Zwangshaft** festgesetzt werden (§ 888 Abs. 1 ZPO). Mit dem Antrag vorzulegen ist die **vollstreckbare Ausfertigung** des Titels mit einem Nachweis über die Zustellung an den Schuldner. Auch sollte das **Aktenzeichen** des Ursprungsverfahrens deutlich angegeben werden, um eine rasche gerichtsinterne Zuordnung zu erleichtern.[743]

Praxistipp: Auf genaue Begriffe sollte stets geachtet werden. Doch ist ein unrichtiger **Antrag** nach Möglichkeit auszulegen und **umzudeuten**, etwa dann, wenn er – wie in der Praxis nicht selten – unter Gebrauch der Bezeichnungen „Bestrafungsantrag“ und „Ordnungsgeld“ zu Unrecht auf § 890 ZPO gestützt wird.[744]

285 **Zuständig** für die Verhängung von Zwangsmitteln ist das **Prozessgericht**, das den Vollstreckungstitel geschaffen hat – in Familiensachen also stets das **Familiengericht**. Der Antrag wird in dem Ausgangsverfahren bearbeitet.

Praxistipp: Noch immer stellen manche Gläubiger den Antrag bei dem (unzuständigen) **Vollstreckungsgericht** und provozieren damit eine unnötige Verfahrensverzögerung.

Der **Antrag** kann nach folgendem **Muster** verfasst werden:

> *An das Amtsgericht – Familiengericht*
> ...
> *zu Az: ...*
>
> ***Antrag auf Festsetzung von Zwangsmitteln nach § 888 ZPO***
>
> *In der Zwangsvollstreckungssache*
> ... *– Gläubigerin –*
> *Verfahrensbevollmächtigter: ...*
> *gegen*
> ... *– Schuldner –*
> *Verfahrensbevollmächtigter: ...*

742 OLG Celle, Beschl. v. 26.6.2006, 4 W 103/06, FamRZ 2006, 1689.

743 Nicht selten landen die zutreffend als *Zwangsvollstreckungssache* gekennzeichneten Anträge zunächst in der **Vollstreckungsabteilung** des Amtsgerichts.

744 Dazu MünchKomm-ZPO/*Gruber*, § 888 Rn. 18; BeckOK-ZPO/*Stürner*, § 888 Rn. 13 m.w.N; zu dem umgekehrten Fall vgl. OLG Zweibrücken, Beschl. v. 16.3.2010, 6 WF 55/10, FamRZ 2010, 1369.

beantrage ich namens und in Vollmacht der Gläubigerin,

gegen den Schuldner zur Erzwingung der ihm in dem … (genaue Bezeichnung des Vollstreckungstitels) auferlegten Verpflichtung, Auskunft zu erteilen über … (Bezeichnung wie im Vollstreckungstitel), ein angemessenes Zwangsgeld, im Falle der Nichtbeitreibung Zwangshaft, festzusetzen.

Begründung:

Nach dem im Antrag bezeichneten und beigefügten Vollstreckungstitel ist der Schuldner verpflichtet, der Gläubigerin Auskunft über … zu erteilen.

***Beweis:** vollstreckbare Ausfertigung des … (Vollstreckungstitel) vom …, Az. …, mit Zustellungsnachweis*

Mit Schreiben vom … wurde der Schuldner aufgefordert, dieser Pflicht nachzukommen.

***Beweis:** …*

Da der Schuldner auch hierauf bislang nicht reagiert hat, ist nunmehr die Festsetzung eines Zwangsgeldes und im Fall der Nichtbeitreibbarkeit die Verhängung von Zwangshaft gegen ihn geboten.

Rechtsanwalt/Rechtsanwältin

Zu dem Antrag ist der Schuldner nach § 891 ZPO **anzuhören**, und zwar in der (fakultativen) mündlichen Verhandlung oder durch Gelegenheit zur schriftlichen Äußerung.[745]

d) Rechtsschutzinteresse

Für die Beurteilung des **Rechtsschutzbedürfnisses** spielt es grundsätzlich keine Rolle, ob zum Zeitpunkt des Erlasses der gerichtlichen Entscheidung greifbare Möglichkeiten zur Vollstreckung eines Titels erkennbar sind. Daher können Zwangsmittel wegen Nichterbringung einer Auskunft auch dann festgesetzt werden, wenn der **Schuldner unbekannten Aufenthalts** ist und ihm deshalb gerichtliche Entscheidungen durch öffentliche Bekanntmachung zugestellt worden sind.[746] Auch spielt es keine Rolle, ob die Auskunftserteilung im Ergebnis eine Pflicht zur Zahlung höheren Unterhalts nicht erwarten lässt.[747] Ein schutzwürdiges Interesse an einer **wie-** 286

745 *Lackmann* in: Musielak/Voit, § 891 Rn. 2.
746 BGH, Beschl. v. 14.8.2013, I ZB 76/10, NJW 2013, 2906.
747 OLG Brandenburg, Beschl. v. 27.7.2006, 10 WF 149/06, FamRZ 2007, 63.

derholten Zwangsmittelfestsetzung ist jedoch nur gegeben, wenn das zuvor angeordnete Zwangsgeld beigetrieben ist.[748]

e) Keine Androhung

287 Im Gegensatz zu Ordnungsmitteln nach §§ 890 ZPO, 89 FamFG und zum Zwangsmittel nach § 35 FamFG bedarf es nach § 888 Abs. 2 ZPO einer vorherigen **Androhung** der Zwangsmittel **nicht**. Die Rechte des Schuldners sind durch die jederzeitige Abwendungsbefugnis gewahrt. Durch diese Regelung ist allerdings eine **Fristsetzung nicht ausgeschlossen**. Sie kann etwa dann geboten sein, wenn die Verpflichtung zu einer umfangreichen Rechnungslegung im Erkenntnisverfahren streitig war und dem Schuldner dafür nunmehr eine angemessene Frist eingeräumt werden muss.[749]

f) Verschulden

288 Die Verhängung der Zwangsmittel bezweckt allein die Willensbeugung und ist kein Straf- oder Ordnungsmittel. Daher bedarf es hierfür **nicht** eines **Verschuldens**.[750]

Im Falle der **Verfahrensunfähigkeit** des Schuldners ist das Zwangsgeld gegen diesen, die (Ersatz-)Zwangshaft aber gegen den gesetzlichen Vertreter festzusetzen.[751]

g) Festsetzung des Zwangsmittels

289 Die Bestimmung der **Höhe** des Zwangsgeldes (5 – 25.000 €)[752] sowie der **Dauer** der Zwangshaft (bis zu sechs Monaten)[753] liegt im pflichtgemäßen **Ermessen** des Gerichts unter Beachtung des Grundsatzes der Verhältnismäßigkeit. So soll die Festsetzung eines Zwangsgeldes von 2.000 € wegen Nichterfüllung der Auskunftspflicht **unverhältnismäßig** sein, wenn sich der Gläubiger des Auskunftsanspruchs eine Erhöhung des titulierten Unterhalts um lediglich 50 € verspricht. Demgemäß soll es aufzuheben sein.[754] Solche Anforderungen erscheinen in diesem oft langwierigen Verfahren mit Blick auf die **Abwendungsbefugnis** des Schuldners[755] fehl am Platze.

748 OLG Celle, Beschl. v. 26.6.2006, 4 W 103/06, FamRZ 2006, 1689.

749 OLG München, Beschl. v. 10.1.2017, 20 W 2044/16, BeckRS 2017, 100172 unter Verweis auf den Grundsatz der Verhältnismäßigkeit.

750 Einhellige Auffassung, vgl. OLG Saarbrücken, Beschl. v 28.1.2011, 5 W 312/10, FamRZ 2011, 1258 m.w.N.

751 OLG Karlsruhe, Beschl. v. 16.4.2013, 7 W 20/13, JurBüro 2013, 661.

752 Die Untergrenze folgt aus Art. 6 Abs. 1 S. 1 EGStGB, die Obergrenze aus § 888 Abs. 1 S. 2 ZPO.

753 Das Mindestmaß von einem Tag ergibt sich aus Art. 6 Abs. 1 EGStGB, das Höchstmaß von sechs Monaten aus § 888 Abs. 1 S. 3 i.V. mit § 802j Abs. 1 ZPO.

754 OLG Brandenburg, Beschl. v. 27.7.2006, 10 WF 149/06, FamRZ 2007, 63 (Abänderung auf 500 €).

755 Dazu Rn. 292.

In einem **Zwangsgeldbeschluss** nach § 888 ZPO ist für den Fall der Nichtbeitreibbarkeit zwingend die Dauer der **Ersatzzwangshaft** im Verhältnis zur Höhe des Zwangsgeldes festzusetzen. Diese Bestimmung kann notfalls entsprechend Art. 8 EGStGB nachgeholt werden.[756] **290**

Die Anordnung der (unmittelbaren) **Zwangshaft** nach § 888 ZPO setzt hingegen **nicht** die Festsetzung einer bestimmten Dauer voraus, da sich das Mindestmaß von einem Tag aus Art. 6 Abs. 1 EGStGB und das Höchstmaß von sechs Monaten aus § 888 Abs. 3 i.V.m. § 802j Abs. 1 ZPO ergibt und diese Haft von vornherein (bis zur Höchstdauer) solange andauert, bis die zu erfüllende Handlung bewirkt ist.[757] **291**

In dem **Tenor**, hilfsweise in den Gründen des Zwangsmittelbeschlusses ist die zu erzwingende **Handlung** im Einzelnen aufzuführen.

h) Abwendungsbefugnis

Da durch die Verhängung von **Zwangsmitteln** lediglich ein bestimmtes Verhalten erzwungen werden soll, kann der Verpflichtete der Ahndung durch „Wohlverhalten" entgehen. Diese **Abwendungsbefugnis** sollte zur Klarstellung im Tenor oder jedenfalls in den Gründen des **Zwangsmittelbeschlusses** erwähnt werden. **292**

Beispiel: *„Der Antragsgegner kann die Vollziehung des Beschlusses durch **vollständige Erfüllung** der Auskunftsverpflichtung abwenden."*

4. Einwand der Erfüllung

Trägt der Schuldner vor, die geschuldete Leistung vollumfänglich bereits erbracht zu haben, ist dieser **Erfüllungseinwand** aus Gründen der Verfahrensökonomie grundsätzlich auch im Vollstreckungsverfahren nach § 888 ZPO zu berücksichtigen.[758] Es bedarf nur dann eines **Vollstreckungsabwehrantrages**, wenn eine **Beweisaufnahme** über die dem Erfüllungseinwand zugrunde liegenden streitigen Tatsachen stattfinden muss.[759] **293**

Praxistipp: Diese Verlagerung in die Zwangsvollstreckung hat für den Schuldner auch aus Kostengründen große Vorteile, denn die **Kosten** der Vollstreckungsgegenklage liegen um ein Vielfaches höher.[760]

---

756 MünchKomm-ZPO/*Gruber* § 888 Rn. 29.

757 LAG Hamm, Beschl. v. 7.3.2012,1 Ta 75/12, BeckRS 2012, 67520; eingehend *Cirullies*, NJW 2013, 203, 205.

758 BGH, Beschl. v. 11.12.2014, IX ZB 42/14, MDR 2015, 425; Beschl. v. 6.6.2013, I ZB 56/12, MDR 2013, 1188.

759 *Dose* in: Wendl/Dose, § 1 Rn. 1190.

760 Vgl. dazu eingehend *Huber*, JuS 2005, 521 mit Berechnungsbeispiel.

Allerdings entzündet sich an der Frage der **Vollständigkeit** der Auskunftserteilung in der Praxis immer wieder Streit. Sie kann sich sowohl im Festsetzungs- wie auch im Beitreibungsverfahren stellen. Dabei ist auf alle Einzelheiten des Beschlusstenors zu achten.

Beispiel: So ist der **Auskunftsanspruch** zum Zugewinnausgleich **nicht** erfüllt, wenn die Verpflichtete den Berechtigten entgegen der ausdrücklich titulierten Verpflichtung und trotz rechtzeitig gestellten Verlangens nicht zur Anfertigung des Bestandsverzeichnisses hinzugezogen hat.[761]

Ist der konkrete Umfang der Leistungspflicht zunächst unklar, so ist er nach Möglichkeit durch **Auslegung** zu ermitteln.[762]

294 Der Auskunftsanspruch kann zwar nicht bei jeder Unvollständigkeit als unerfüllt angesehen werden. Allerdings besteht ein Anspruch auf **Ergänzung der Auskunft**, wenn der Schuldner infolge Irrtums einen Teil des Bestandes weggelassen hat, wenn in der Aufstellung bestimmte sachliche oder zeitliche Teile völlig fehlen, wenn die Angaben erkennbar unvollständig sind oder wenn das Verzeichnis aufgrund gefälschter Unterlagen aufgestellt worden ist.[763]

Ebenso bleiben Zwangsmittel gegen einen Auskunftsschuldner gerechtfertigt, solange das insgesamt Mitgeteilte wegen **erkennbarer Lücken** vage und oberflächlich bleibt.[764] Eine erteilte Auskunft ist auch dann **unvollständig**, wenn der Schuldner zuvor nicht alle Erkenntnismöglichkeiten ausgeschöpft oder zumindest die ihm aus dem Gedächtnis möglichen Angaben gemacht hat.[765]

295 Schwierig ist die Behandlung **unrichtiger Auskünfte**. So können Zwangsmittel nach einer **offensichtlich falschen Auskunft** verhängt werden.[766] Geht es um die Präzisierung erteilter Auskünfte oder gar um deren Richtigkeit, so ist dieser Streit nicht im Zwangsmittelverfahren auszutragen, sondern in den Verfahren über die Abgabe einer **eidesstattlichen Versicherung** oder zur Hauptsache.[767]

296 Die Pflicht zur Berücksichtigung des **Erfüllungseinwands** gilt nach Ansicht des **BGH**[768] sogar, wenn der Schuldner **nach rechtskräftiger Festsetzung** des Zwangsgeldes die verlangte Handlung nachholt. Denn Zweck der Zwangsgeldfestsetzung sei es, pflichtgerechtes Verhalten des Schuldners zu erzwingen, nicht aber eine begangene Pflichtverletzung zu sanktionie-

761 OLG Hamm, Beschl. v. 21.3.2011, 8 WF 14/11, FamRZ 2011, 1732.
762 Dazu BGH, Beschl. v. 25.2.2014, X ZB 2/13, MDR 2014, 617.
763 BGH, Urt. v. 29.6.1983, IVb ZR 391/81, FamRZ 1983, 996.
764 OLG Brandenburg, Beschl. v. 17.3.2015, 13 WF 58/15, FamRZ 2015, 1999.
765 OLG Frankfurt, Beschl. v. 7.3.2016, 6 W 19/16, NJW-RR 2016, 960.
766 OLG Frankfurt, a.a.O.
767 OLG Brandenburg, Beschl. v. 17.3.2015, 13 WF 58/15, FamRZ 2015, 1999.
768 BGH, Beschl. v. 11.12.2014, IX ZB 42/14, MDR 2015, 425.

ren. Nimmt dieser also die geschuldete Handlung vor Vollstreckung des festgesetzten Zwangsmittels vor, ist die **Zwangsvollstreckung einzustellen**. Deswegen ist während des gesamten Vollstreckungsverfahrens zu prüfen, ob die Zwangsvollstreckung noch notwendig ist und der Gläubiger noch einen Anspruch auf Erzwingung der geschuldeten Leistung hat. Den Erfüllungseinwand kann der Schuldner grundsätzlich mit einem **Vollstreckungsabwehrantrag** (§ 767 ZPO) geltend machen.[769]

Praxistipp: Damit das Ringen um die vollständige Auskunftserteilung nicht zu einer „unendlichen Geschichte" ausufert, sollte der **Unterhaltsgläubiger** rechtzeitig:

- einen Antrag auf Abgabe einer **eidesstattlichen Versicherung** stellen *oder*
- mit „Mut zur Lücke" eine **(Teil-)Bezifferung** des Leistungsanspruchs vornehmen *und/oder*
- eine **einstweilige Unterhaltsanordnung** beantragen und so den Druck auf den Schuldner erhöhen.

5. Vollstreckungshindernisse

a) Unmöglichkeit der Erfüllung

Im Vollstreckungsverfahren nach § 888 ZPO prüft das Gericht auch den **Einwand der Unmöglichkeit**. Die titulierte Handlungspflicht darf nicht auf eine **unmögliche Leistung** gerichtet sein.[770] Allerdings gelten hierfür besondere Regeln: Zwar sind die Möglichkeit der Handlungsvornahme ebenso wie alle übrigen Voraussetzungen der Zwangsvollstreckung vom Gläubiger zu beweisen. Jedoch hat der **Schuldner** den Einwand, dass ihm die Vornahme der geschuldeten Handlung **nicht möglich** sei, zunächst **substantiiert und nachprüfbar darzulegen**; der Verhängung der Zwangsmittel nach § 888 ZPO stehen deshalb nur solche Zweifel entgegen, die durch ein substantiiertes und nachprüfbares Vorbringen des Schuldners begründet sind.[771] 297

Erfordert die Vornahme einer Handlung die **Mitwirkung eines Dritten**, kann von einer Unmöglichkeit erst ausgegangen werden, wenn der Vollstreckungsschuldner alles in seiner Macht Stehende getan hat, um die Mitwirkung oder Zustimmung des Dritten zu erlangen, und er seine darauf gerichteten Bemühungen im Einzelnen dargelegt hat.[772] 298

769 BGH, a.a.O.

770 BGH, Beschl. v. 2.9.2015, XII ZB 132/15, FamRZ 2015, 2142 = NZFam 2015, 1059 mit Anm. *Erbarth*; vgl. auch oben Rn. 23 (Vorlage *abgegebener* ESt-Erklärungen).

771 OLG Hamm, Beschl. v. 14.9.2011, 8 WF 208/11; OLG Brandenburg, Beschl. v. 27.7.2006, 10 WF 149/06, FamRZ 2007, 63.

772 OLG Karlsruhe, Beschl. v. 16.4.2013, 7 W 20/13, JurBüro 2013, 661.

b) Unverhältnismäßigkeit

299 An die Verhältnismäßigkeit der Verhängung von Zwangshaft dürfen im Hinblick auf die jederzeit mögliche **Abwendungsbefugnis** keine strengen Anforderungen gestellt werden.[773] Die **Haftanordnung** kann insbesondere dann nicht gegen den Grundsatz der Verhältnismäßigkeit verstoßen, wenn es dem Schuldner ein Leichtes wäre, der titulierten Verpflichtung nachzukommen.[774]

Soll ein Auskunftspflichtiger mit Zwangsmitteln nicht bloß zu einer wahrheitsgemäßen Auskunft, sondern zu einer **Auskunft bestimmten Inhalts** gezwungen werden, kann dies **Grundrechte** des Auskunftspflichtigen verletzen.[775]

c) Insolvenzeröffnung

300 Überdies hindert eine etwaige Eröffnung des **Insolvenzverfahrens** über das Vermögen des Schuldners die Zwangsvollstreckung **nicht**. Denn der Anspruch auf Vornahme einer unvertretbaren Handlung i.S.d. § 888 ZPO ist vom Schuldner persönlich zu erfüllen und unterfällt damit nicht dem Vollstreckungsverbot des § 89 InsO.[776]

6. Beitreibung des Zwangsgeldes

a) Vollstreckungsvoraussetzungen

301 Der Zwangsmittelbeschluss ist ein eigener **Vollstreckungstitel** i.S. von § 794 Abs. 1 Nr. 3 ZPO für die Beitreibung des Zwangsgeldes und die Vollstreckung der (Ersatz-)Zwangshaft.[777] Er bedarf daher einer **Vollstreckungsklausel**[778] und muss förmlich **zugestellt** werden.[779] Ferner stellt er einen Beschluss i.S.d. § 86 Abs. 1 Nr. 1 FamFG dar.[780]

---

773 Dazu OLG Saarbrücken, BeckRS 2011, 24196; OLG Zweibrücken, Beschl. v. 21.3.2003, 3 W 51/03, NJOZ 2003, 2477; s.a. Rn. 292.

774 LAG Düsseldorf, Beschl. v. 23.7.1998, 7 Ta 209/98, BeckRS 2007, 47641.

775 BVerfG, Beschl. v. 11.6.2010, 2 BvR 535/10, BeckRS 2010, 50782, dazu *Kipping*, GRUR-Prax 2010, 374.

776 LAG Hamm, Beschl. v. 7.3.2012, 1 Ta 75/12; ferner Beschl. v. 8.8.2012, 7 Ta 173/12; anders bei einer **Ersatzvornahme** nach § 887 ZPO, OLG Stuttgart, Beschl. v. 14.9.2011, 10 W 9/11, NZI 2011, 907.

777 BGH, Beschl. v. 3.7.2008, I ZB 87/06, FamRZ 2008, 1751; h.M. vgl. OLG Saarbrücken, Beschl. v. 29.8.2011, 5 W 197-11/85, BeckRS 2011, 24196; Zöller/*Stöber*, § 888 Rn. 13.

778 §§ 795, 724 ZPO.

779 Vgl. LAG Hamm, Beschl. v. 7.3.2012, 1 Ta 75/12, BeckRS 2012, 67520; ferner OLG Düsseldorf, Beschl. v. 12.12.2011, 24 W 109/11, NJOZ 2012, 1740, auch zu der (unbeantwortet gebliebenen) Frage, ob eine Ausfertigung oder nur eine beglaubigte Abschrift des Zwangsmittelbeschlusses zuzustellen ist.

780 Dazu *Cirullies*, FPR 2012, 473.

b) Staatskasse als Empfänger

Die Beitreibung eines Zwangsgeldes wird nach den Vorschriften über die Zwangsvollstreckung wegen **Geldforderungen** durchgeführt, und zwar nicht von Amts wegen, sondern nur auf **Antrag des Gläubigers**. Dies steht zwar nicht mit dem Wortlaut des § 1 Abs. 1 Nr. 3 JBeitrG[781] in Einklang, entspricht jedoch seit einer grundlegenden Entscheidung des **BGH**[782] der ganz überwiegenden Auffassung[783] und zudem der Regelung in § 1 Abs. 1 Nr. 3 EBAO.[784] **302**

Das beigetriebene Zwangsgeld steht allein der **Landeskasse** zu.[785] Einziehungsbehörde ist grundsätzlich die **Gerichtskasse**[786]. Doch immer wieder geschieht es, dass Vollstreckungsorgane (Gerichtsvollzieher bei der Sachpfändung, Rechtspfleger im Rahmen der Forderungspfändung) das beigetriebene Zwangsgeld an den **Gläubiger** auskehren. Richtig ist je nach Vollstreckungsweg: **303**

- Nach erfolgreicher **Einziehung** überweist der Gerichtsvollzieher das Zwangsgeld unmittelbar an die zuständige Kasse.
- Im **Pfändungs- und Überweisungsbeschluss** ist dem Drittschuldner Zahlung an die **Gerichtskasse** aufzugeben.
- Bei Eintragung einer **Zwangshypothek** nach § 867 ZPO ist der Gläubiger als Vollstreckungsgläubiger, jedoch die **Gerichtskasse** als Zahlungsempfänger zu bezeichnen.[787]

c) Stundung und Ratenzahlung

Wegen des Beugecharakters des Zwangsgeldes sind Zahlungsvergünstigungen **unzulässig**. Dies gilt erst recht bei § 888 ZPO, weil der Gläubiger dort Herr des Beitreibungsverfahrens ist. Weder der Gerichtsvollzieher noch der Rechtspfleger noch die Gerichtskasse darf folglich **Stundung** oder **Ratenzahlung** gewähren. **304**

---

781 „Ordnungs- und Zwangsgelder".

782 BGH, Beschl. v. 2.3.1983, IVb ARZ 49/82, NJW 1983, 1859.

783 Etwa Zöller/*Stöber*, § 888 Rn. 13 m.w.N.

784 „Ordnungs- und Zwangsgelder mit Ausnahme der im Auftrag des Gläubigers zu vollstreckenden Zwangsgelder". Diese Vorschrift ist als Spezialregelung zu § 1 JBeitrG zu verstehen, vgl. auch § 196 Abs. 2 S. 1 GVGA.

785 BGH, a.a.O; vgl. § 196 Abs. 2 S. 2 GVGA.

786 Oder die jeweilige **landesrechtlich** bestimmte Behörde, § 2 Abs. 1 S. 2 JBeitrG. In NRW ist dies die Oberjustizkasse.

787 Dazu Rn. 261.

7. Anordnung der Ersatzzwangshaft

a) Feststellung der Nichtbeitreibbarkeit

305 Mit dem Zwangsgeldbeschluss ist die Ersatzzwangshaft in der Regel (wie in § 888 Abs. 1 ZPO vorgesehen) bereits festgesetzt worden – allerdings lediglich unter der Voraussetzung, dass das **Zwangsgeld nicht beigetrieben** werden kann. Tritt diese „Bedingung" ein, so erlangt der Zwangsgeldbeschluss nicht etwa automatisch den Charakter einer Haftanordnung. Der Gläubiger kann also nicht nach Vorliegen einer „Fruchtlosigkeitsbescheinigung" unmittelbar den Gerichtsvollzieher mit der Verhaftung beauftragen. Vielmehr bedarf es (auf Antrag) jetzt noch eines **weiteren Beschlusses** des Richters, der nicht nur die Frage der Uneinbringlichkeit des Zwangsgeldes, sondern auch die übrigen Vollstreckungsvoraussetzungen prüft und dann den **Haftantrag** bescheidet.

306 Wenngleich die Ersatzzwangshaft einen Eingriff in die Freiheit des Schuldners darstellt, dürfen an den **Nachweis der Uneinbringlichkeit** des Zwangsgeldes nicht zu strenge Anforderungen gestellt werden. Immerhin ist es dem Schuldner jederzeit möglich, durch titelkonformes Verhalten die Haft abzuwenden.[788] So ist es auch nicht erforderlich, dass sich der Gläubiger die für eine erfolgreiche Beitreibung benötigten Kenntnisse durch Antrag auf Abgabe der **Vermögensauskunft** nach §§ 802c, 802f ZPO n.F. verschafft.[789]

Grundsätzlich bleibt es dem Gläubiger überlassen, ob er

- zunächst die **Erzwingungshaft**, die das **Vollstreckungsgericht** gegen den zur Erteilung der Vermögensauskunft verpflichteten Schuldner nach § 802g ZPO im Zuge der (erfolglosen) Zwangsgeldbeitreibung verhängen kann, *oder*
- sofort die nach § 888 ZPO von dem **Prozessgericht** festgesetzte **Zwangshaft**

vollstrecken lassen will.[790]

Praxistipp: Allerdings sollte der Gläubiger grundsätzlich auf den Umweg über das zwischengeschaltete **Vermögensauskunftsverfahrens** verzichten. Denn ihm geht es ja nicht um die Zahlung des Zwangsgeldes, sondern um die zu erzwingende Handlung. Daher sollte er, sobald sich die Uneinbringlichkeit des Zwangsgeldes abzeichnet, umgehend den Erlass eines **Zwangshaftbefehls** beantragen.

---

788 Näher *Cirullies*, NJW 2013, 203, 204.

789 OLG Düsseldorf, Beschl. v. 29.06.1988, 7 W 57/88, JurBüro 1989, 277 (zum alten Recht).

790 Vgl. OLG Düsseldorf, a.a.O.; KG, Beschl. v. 28.6.1963, 9 W 674/63, NJW 1963, 2081.

b) Haftbefehl

307 Für die Vollstreckung der (Ersatz-)Zwangshaft gelten nach § 888 Abs. 1 S. 3 ZPO die in den §§ 802a ff. ZPO[791] enthaltenen Vorschriften über die Haft entsprechend. Infolge der 2. Zwangsvollstreckungsnovelle ist in diesen Bestimmungen seit dem 1.1.1999 einheitlich von **„Haftbefehl"** als Synonym für die Haftanordnung die Rede. Mit den Gesetzesänderungen ist klargestellt, dass jede richterliche Entscheidung, die die **Ersatzzwangshaft** endgültig **anordnet**, zur Haftvollstreckung ausreicht. Die Ausfertigung dieser **Haftanordnung** ist bereits der **Haftbefehl** i.S.d. § 802g ZPO.[792] Es bedarf folglich keines darüber hinaus gehenden „Haftbefehls", wie er mitunter von Gerichtsvollziehern verlangt wird.

Tenorierungsbeispiel: *„Gegen den Schuldner wird wegen … (Nichterteilung der Auskunft etc.) die Ersatzzwangshaft für die Dauer von … Tagen angeordnet (oder: … Haftbefehl mit einer Haftdauer von … Tagen erlassen)."*

Praxistipp: Es empfiehlt sich, den Beschlusstenor nicht mit detaillierten Angaben zu der zu erzwingenden Handlung zu überfrachten. Ein (gerade bei Auskünften) oft umfangreicher Tenor des Ausgangstitels kann auch in den Gründen wiedergegeben werden.

c) Verhaftung

308 Den **Verhaftungsauftrag** an den **Gerichtsvollzieher** erteilt der Gläubiger. Einer förmlichen **Zustellung** des Haftbefehls bedarf es im Rahmen des § 888 ZPO **nicht**. Vielmehr ist dem Schuldner bei der Verhaftung der Haftbefehl in beglaubigter Form **auszuhändigen**.[793]

Die **Vollziehung** der Haft richtet sich grundsätzlich nach den Vorschriften über den Vollzug einer Freiheitsstrafe (§ 171 StVollzG).

Der **verhaftete Schuldner** kann von dem **Gerichtsvollzieher** des Amtsgerichts des Haftortes verlangen, ihm Gelegenheit zur Vornahme der geforderten Handlung zu geben.[794] Erfüllt der Schuldner (endlich) diese Pflicht, ist er aus der Haft zu **entlassen**.[795] Zuvor sollte der **Gläubiger** Gelegenheit erhalten, dies durch Einlegung eines Rechtsbehelfes (Erinnerung) zu verhindern, z.B. wegen Unvollständigkeit der Auskunft.[796] Da der

791 = §§ 899 ff. ZPO a.F.

792 So auch Keidel/*Zimmermann*, § 35 Rn. 33; *Steiner/Theede/Knop*, Kap. F. II. Rn. 40; ausführlich *Cirullies*, NJW 2013, 203, 205.

793 § 802g Abs. 1 S. 3, Abs. 2 ZPO.

794 § 802i Abs. 1 S. 1 i.V.m. § 888 Abs. 1 S. 3 ZPO.

795 § 802i Abs. 2 S. 1.

796 Aber streitig, vgl. *Voit* in: Musielak/Voit, § 802i Rn. 8; *Sternal* in: Kindl/Meller-Hannich/Wolf, § 802 i Rn. 8 je m.w.N.

Haftbefehl mit der tatsächlichen Entlassung **verbraucht** ist, müsste der Gläubiger die Festsetzung des Zwangsmittels neu beantragen.

309 Kann der Schuldner **vollständige Auskunft nicht** erteilen, weil er die erforderlichen Unterlagen nicht bei sich hat, so kann der Gerichtsvollzieher einen neuen Termin bestimmen und die Vollziehung des **Haftbefehls** bis zu diesem Termin **aussetzen**.[797]

8. Originäre Zwangshaft

310 Das Gericht kann nach § 888 Abs. 1 ZPO auch **unmittelbar Zwangshaft** anordnen, nämlich

- falls die Festsetzung von **Zwangsgeld** von vornherein **keinen Erfolg** verspricht (insb. bei geringem Einkommen), *oder*
- für den Fall, dass die bereits durchgeführte **Zwangsgeldbeitreibung** den Schuldner nicht zur Vornahme der verlangten Handlung bewegen konnte.

Für die Anordnung und Vollstreckung dieser Haft gelten die obigen Ausführungen zur Festsetzung und Vollziehung der **Ersatzzwangshaft** entsprechend.

9. Beschlussaufhebung und Rückzahlung

311 Kommt der Schuldner seiner Pflicht – auch noch im Beschwerdeverfahren[798] – in vollem Umfang nach, ist für die Aufrechterhaltung des festgesetzten Zwangsmittels kein Raum (mehr).

Allerdings ist umstritten, ob auch ein bereits **rechtskräftiger** Zwangsmittelbeschluss ohne Weiteres aufgehoben werden kann.[799] Dafür spricht, dass der **Erfüllungseinwand** des Schuldners selbst dann noch zu berücksichtigen ist, wenn dieser erst nach **rechtskräftiger** Festsetzung des Zwangsgeldes die verlangte Handlung vornimmt.[800] Da das Zwangsgeld allein der Staatskasse zugutekommt und Rechte des Gläubigers oder Dritter nicht tangiert werden, soll die Beschlussaufhebung möglich und in der Konsequenz auch die Anordnung der **Rückzahlung** des bereits beigetriebenen Zwangsgeldes geboten sein.[801]

---

797 § 802i Abs. 3 S. 1 ZPO.

798 Dazu OLG Naumburg, Beschl. v. 9.8.2007, 8 WF 192/07, NJOZ 2008, 503.

799 *Cirullies*, Rpfleger 2011, 573.

800 BGH, Beschl. v. 11.12.2014, IX ZB 42/14, MDR 2015, 425; dazu oben Rn. 296.

801 *Lorenz*, FamRZ 2016, 688 m.w.N; wohl auch Zöller/*Stöber*, § 888 Rn. 14, § 890 Rn. 26; kritisch OLG Köln, Beschl. v. 29.12.2016, 4 WF 143/16, BeckRS 2016, 112315 (zu § 35 FamFG), vgl. Rn. 533.

Praxistipp: Setzt sich diese Auffassung durch, ist die Festsetzung von **Zwangsgeld** gegen einen notorisch säumigen Schuldner noch weniger erfolgversprechend als bisher schon. In der Praxis besteht eine unnötige Scheu vor der Verhängung von **Zwangshaft**. Von dieser im Ermessen des Gerichts stehenden Möglichkeit sollte bei erkennbar zahlungsunfähigen und/oder destruktiv agierenden Schuldnern häufiger Gebrauch gemacht werden – eben wegen deren Recht, Sanktionen jederzeit durch Wohlverhalten abwenden zu können.

VIII. Abgabe der eidesstattlichen Versicherung (§ 889 ZPO)

1. Unrichtige Auskunft?

Vor allem in Unterhalts- und Zugewinnausgleichsverfahren kann zwi- 312
schen den Parteien Streit darüber bestehen, ob eine **zutreffende Auskunft** erteilt worden ist. Besteht Grund zu der Annahme, dass der Verpflichtete das Verzeichnis nicht mit der erforderlichen Sorgfalt aufgestellt hat, so muss er auf Verlangen zu Protokoll **an Eides statt versichern**, dass er nach bestem Wissen den Bestand so vollständig angegeben habe, als er dazu imstande sei (§ 260 Abs. 2 BGB). Gleiches gilt im Übrigen für die Pflicht zur **Rechnungslegung** (§ 259 Abs. 2 BGB).

Ein solcher **Anspruch nach § 260 Abs. 2 BGB** setzt voraus, dass

- eine in formaler Hinsicht **vollständige Auskunft** erteilt ist,
- der **Verdacht** besteht, dass die erteilte Auskunft nicht mit der erforderlichen **Sorgfalt** erstellt und daher unrichtig ist,
- durch die fehlende Auskunft ein Irrtum bei dem Auskunftsberechtigten hervorgerufen worden ist **(Rechtsschutzinteresse)**.[802]

Ein gerichtlich festgestellter Auskunftsanspruch gilt dann nicht als er- 313
füllt, wenn die Erklärung nicht ernst gemeint, unvollständig oder von vornherein unglaubhaft ist. In diesem Fall besteht der nach § 888 ZPO mit einem Zwangsgeld vollstreckbare Auskunftsanspruch fort (**Auskunftsergänzungsanspruch**).[803] Erklärt der Auskunftsverpflichtete im Bewusstsein des Umfangs seiner Auskunftsverpflichtung, nur in einem **bestimmten Umfang** etwas zu wissen, so kann **nicht** von einer unvollständigen Erklärung gesprochen werden, die es rechtfertigte, den Schuldner durch Zwangsmittel gemäß § 888 ZPO „zur Gewissenserforschung anzuhalten". Vielmehr kommt dann die Abgabe einer **eidesstattlichen Versicherung** der Richtigkeit seiner Erklärung und seiner schriftsätzlichen Einlassung in Be-

802 OLG Naumburg, Beschl. v. 4.12.2006, 4 UF 29/06, FamRZ 2007, 1813.
803 BGH, Urt. v. 17.5.2001, I ZR 291/98, MDR 2002, 228; OLG Naumburg, a.a.O.

tracht.[804] Allerdings hat sich der Verpflichtete die für die Auskunft notwendigen Kenntnisse und Unterlagen – soweit erforderlich – auch **von Dritten** zu beschaffen.[805]

314 Ist die Auskunft in formaler Hinsicht vollständig und hinreichend substantiiert, steht aber ihre **Glaubhaftigkeit** in Zweifel, kann der Gläubiger grundsätzlich die Abgabe der eidesstattlichen Versicherung verlangen.[806] Die Unvollständigkeit und Unrichtigkeit der erteilten Auskunft und die **mangelnde Sorgfalt** müssen nicht feststehen. Es genügt ein Verdacht, der regelmäßig dann besteht, wenn die ursprüngliche Auskunft **mehrfach berichtigt** wurde.[807]

Praxistipp: Die Abgrenzung ist oft schwierig. Die Abgabe der eidesstattlichen Versicherung hilft dem Gläubiger im Hinblick auf seinen Leistungsantrag wenig und sollte daher nicht vorschnell beantragt werden. Wichtig ist die Erteilung einer möglichst **vollständigen Auskunft**, die sich bei hartnäckigen Schuldnern am ehesten mit **Zwangsmitteln** nach § 888 ZPO erwirken lässt.

Im Übrigen ist die eidesstattliche Versicherung nach bürgerlichem Recht zu unterscheiden von jenen, die im Rahmen der **Vermögensauskunft** (§ 802c Abs. 3 ZPO)[808] oder der **Herausgabevollstreckung** (§ 883 Abs. 2 ZPO)[809] abzugeben sind. Sie unterliegen anderen Verfahrensvorschriften.

2. Vollstreckungstitel

315 Sind die Voraussetzungen der §§ 260 Abs. 2, 259 Abs. 2 BGB erfüllt, kann der Schuldner zur **Abgabe der eidesstattlichen Versicherung** verpflichtet werden – häufig durch **Teilbeschluss** im Rahmen eines Stufenverfahrens. Da die eidesstattliche Versicherung inhaltlich an eine vorangegangene Auskunft anknüpft, muss schon das Prozessgericht dementsprechend die **Formel** der Versicherung genau festlegen.[810] Auf einen entsprechend **bestimmten** Verfahrensantrag und Beschlusstenor ist zu achten.[811]

---

804 BGH, Urt. v. 24.3.1994, I ZR 42/93, NJW 1994, 1958.
805 BGH, Beschl. v. 12.6.2014, I ZB 37/13, Rpfleger 2015, 44.
806 Staudinger/*Bittner*, 2014, § 260 Rn. 46.
807 LG Düsseldorf, Urt. v. 19.6.2012, 4a O 122/11, BeckRS 2013, 14823.
808 Dazu Rn. 151.
809 Dazu Rn. 267.
810 BayObLG, Beschl. v. 15.12.2004, 2Z BR 203/04, BeckRS 2005, 01588.
811 Dazu oben Rn. 25.

Beispiel: Die Antragsgegnerin ist verpflichtet, vor dem zuständigen Amtsgericht an Eides statt zu versichern, dass sie die Auskünfte in ihrem Schriftsatz vom … betreffend … so vollständig und richtig erteilt hat, wie sie dazu imstande war.[812]

Eine vollständige Wiedergabe des Inhalts des Schriftsatzes im Tenor des Beschlusses ist entbehrlich. Denn die **Bezugnahme** auf ein bei den Akten befindliches Schriftstück (nebst etwaiger Anlagen und gegebenenfalls sonstiger Unterlagen, auf die verwiesen wird) ist **konkret** genug, um den Gegenstand der eidesstattlichen Versicherung für das Vollstreckungsgericht ausreichend zu bestimmen.[813]

Die Pflicht zur Abgabe der eidesstattlichen Versicherung ist gemäß **316**
§ 889 ZPO (i.V.m. § 120 FamFG) auch zwangsweise durchsetzbar. Als **Vollstreckungstitel** kommt nicht nur ein gerichtlicher **Beschluss** in Betracht,[814] sondern auch ein **gerichtlicher Vergleich** (§ 794 Nr. 1 ZPO).[815] Zwar spricht § 889 Abs. 1 ZPO von „verurteilt", doch anders als in der ähnlich lautenden Vorschrift des § 894 ZPO kommt es hier nicht auf die Rechtskraft an.[816]

3. Freiwillige Abgabe

Grundsätzlich kann der Schuldner die eidesstattliche Versicherung **317**
auch vor dem Gericht der freiwilligen Gerichtsbarkeit **freiwillig** abgeben, §§ 410 Nr. 1, 413 FamFG. Streitig ist dabei, ob dieses Verfahren nur **vor** der Verurteilung zur Abgabe der eidesstattlichen Versicherung zulässig ist[817] oder auch **danach**.[818] Allerdings können sich die Beteiligten noch nach Erlass des Vollstreckungstitels auf das Verfahren der freiwilligen Gerichtsbarkeit **einigen**.[819]

Örtlich zuständig ist nach § 411 Abs. 1 FamFG das Gericht, in dessen Bezirk die Verpflichtung zur Auskunft, zur Rechnungslegung oder zur Vorlegung des Verzeichnisses zu erfüllen ist (Erfüllungsort) oder bei dem Wohnsitzgericht des Schuldners. **Funktionell** zuständig ist der **Rechtspfleger** (§ 3 Nr. 1b RPflG).

---

812 Vgl. LG Düsseldorf, Urt. v. 19.6.2012, 4a O 122/11, BeckRS 2013, 14823.

813 BayObLG, Beschl. v. 15.12.2004, 2Z BR 203/04, BeckRS 2005, 01588.

814 So aber *Lackmann*: Musielak/Voit, § 889 Rn. 2 „wegen des Fehlens einer § 795 ZPO entsprechenden Verweisungsnorm"; doch dann könnte aus einem Vergleich auch nicht nach §§ 888, 890 ZPO vollstreckt werden.

815 H.M., vgl. Zöller/*Stöber*, § 889 Rn. 1; BeckOK-ZPO/*Stürner*, § 889 vor Rn. 1; MünchKomm-ZPO/*Gruber*, § 889 Rn. 3.

816 Dazu Rn. 371.

817 *Bendtsen* in: Kindl/Meller-Hannich/Wolf, § 889 Rn. 2; *Steiner/Theede/Knop*, F. III. Rn. 46.

818 MünchKomm-ZPO/*Gruber*, § 889 Rn. 5.

819 H.M., *Lackmann* in: Musielak/Voit, § 889 Rn. 2; Zöller/*Stöber*, § 889 Rn. 1.

4. Vollstreckungsverfahren

a) Terminsantrag

318 Eingeleitet wird das Verfahren nicht von Amts wegen, sondern nur durch einen **Antrag des Gläubigers** auf Anberaumung eines **Termins** zur Abgabe der eidesstattlichen Versicherung. Da es hierbei um die noch mögliche **freiwillige** Erfüllung durch den Schuldner geht, handelt es sich noch **nicht** um eine Zwangsvollstreckungsmaßnahme.[820] Dies ergibt sich aus der Regelung in § 889 Abs. 2 ZPO.[821] Dementsprechend prüft das Gericht zu diesem Zeitpunkt noch nicht die Vollstreckungsvoraussetzungen.

b) Zuständigkeit

319 Zur Abnahme der eidesstattlichen Versicherung **zuständig** ist:

- **örtlich** in erster Linie das **Wohnsitzgericht** des Schuldners (§ 889 Abs. 1 S. 1 ZPO);
- **sachlich** ausnahmsweise nicht – wie bei Anträgen nach §§ 887, 888, 890 ZPO – das Prozessgericht (Familiengericht), sondern das **Vollstreckungsgericht**;
- **funktionell** grundsätzlich der **Rechtspfleger**; sobald jedoch die Androhung eines Zwangsmittels nach § 888 ZPO erforderlich wird, das stets mit der Festsetzung zumindest ersatzweiser Zwangshaft einhergeht, muss hierüber der **Richter** entscheiden (§ 4 Abs. 2 Nr. 2, Abs. 3 RPflG).

Dabei handelt es sich stets um eine **ausschließliche** Zuständigkeit (§ 802 ZPO).

c) Termin zur Abgabe

320 Erscheint der Schuldner freiwillig zu dem anberaumten Termin, so kann er die geforderte **Versicherung** zu Protokoll des Rechtspflegers erklären. Deren **Inhalt** richtet sich grundsätzlich nach dem **Beschlusstenor** (oder dem Vergleich).

Doch kann das Vollstreckungsgericht gemäß § 261 BGB eine den Umständen entsprechende **Änderung** der vom Prozessgericht angeordneten eidesstattlichen Versicherung beschließen. So können beispielsweise in der abgegebenen Erklärung enthaltene **Zusätze** Anlass geben zu der Annahme, dass der Schuldner eine möglicherweise unvollständige und deshalb **unrichtige Auskunft** erteilt hat. Dann kann das Vollstreckungsgericht eine

820 OLG Düsseldorf, Beschl. v. 12.7.1993, 3 W 253/93, Rpfleger 1993, 494; MünchKomm-ZPO/*Gruber*, § 889 Rn. 7; *Bendtsen* in: Kindl/Meller-Hannich/Wolf, § 889 Rn. 4; BeckOK ZPO/*Stürner* ZPO § 889 Rn. 3; a.A. OLG Frankfurt, Beschl. v. 30.7.2003, 3 WF 177/03, FamRZ 2004, 129; Zöller/*Stöber*, § 889 Rn. 2; *Steiner/Theede/Knop*, Kap. F. III. Rn. 49.

821 *Lackmann* in: Musielak/Voit, § 889 Rn. 4.

den Umständen entsprechende **Änderung der eidesstattlichen Versicherung** beschließen und anordnen, dass der Schuldner seine bisher unvollständige Auskunft in einem neuen Termin **nachbessert** und die vollständige Auskunft an Eides Statt versichert.[822]

d) Zwangsmaßnahmen

Bleibt der Schuldner in dem vom Rechtspfleger anberaumten Termin 321
zur Abgabe der eidesstattlichen Versicherung **fern** oder verweigert er die Abgabe, so kann gemäß § 889 Abs. 2 ZPO der **Vollstreckungsrichter** gegen ihn mit **Zwangsmitteln** nach § 888 ZPO in dem dafür vorgesehenen Verfahren[823] vorgehen. Dies geschieht wiederum nur auf **Antrag** des Gläubigers,[824] der nun auch die allgemeinen **Vollstreckungsvoraussetzungen** nachweisen muss (Vorlage einer vollstreckbaren Ausfertigung des Titels mit Zustellungsbeleg).

Einer gesonderten **Anhörung** des Schuldners (§ 891 ZPO) bedarf es nicht. Diesem Erfordernis ist bereits durch die Ladung zum Termin Rechnung getragen.[825]

IX. Erzwingung von Unterlassungen (§ 890 ZPO)

1. Unterlassungspflicht

Handelt der Schuldner der Verpflichtung zuwider, eine **Handlung** zu 322
unterlassen oder zu **dulden**, kommt eine Zwangsvollstreckung im engeren Sinne nicht in Betracht. Das Gesetz ermöglicht lediglich mittelbaren Druck: Der Schuldner kann nach **§ 890 ZPO** auf Antrag des Gläubigers vom **Prozessgericht** (Familiengericht) zu einem **Ordnungsgeld**, hilfsweise Ordnungshaft verurteilt werden.

Diese **Ordnungsmittel** haben im Gegensatz zu den Zwangsmitteln 323
nicht nur Beuge-, sondern auch repressiven, strafähnlichen Sanktionscharakter.[826] Das bedeutet: Sie dürfen noch festgesetzt und vollstreckt werden, wenn das geschuldete Verhalten wegen Zeitablaufs nicht mehr vorgenommen werden kann. Verstöße gegen solche **Unterlassungspflichten** spielen im Familienrecht vor allem bei Anordnungen nach **§ 1 GewSchG** eine Rolle (§ 95 Abs. 1 Nr. 4 FamFG i.V.m. § 890 ZPO),[827] aber auch bei **Kon-**

822 BGH, Beschl. v. 12.6.2014, I ZB 37/13, Rpfleger 2015, 44.
823 Dazu Rn. 282 ff.
824 *Steiner/Theede/Knop*, Kap. F. III. Rn. 63 m.w.N.
825 MünchKomm-ZPO/*Gruber*, § 889 Rn. 10; *Steiner/Theede/Knop*, Kap. F. III. Rn. 67.
826 Dazu Rn. 275; eingehend *Cirullies*, Rpfleger 2011, 573; vgl. auch BVerfG, Beschl. v. 9.5.2017, 2 BvR 335/17, juris.
827 Vgl. OLG Schleswig, Beschl. v. 10.12.2013, 15 WF 401/13, FamRZ 2014, 1659; oder nach § 96 Abs. 1 S. 2 FamFG.

taktverboten (§ 1666 Abs. 3 Nr. 3 und 4, Abs. 4 BGB).[828] **Duldungspflichten** können zu erzwingen sein etwa bei einer Probeentnahme in **Abstammungsverfahren** (§ 1598a Abs. 2 BGB)[829] oder bei der **Wertermittlung** durch einen Sachverständigen (§ 1379 Abs. 1 S. 3 BGB).[830] Um diese Vollstreckung nach **§ 890 ZPO** geht es im Folgenden.[831]

324 Bei der Formulierung im Titel ist es gleichgültig, ob die Unterlassungsanordnung – wie etwa in § 1 Abs. 1 S. 3 GewSchG vorgesehen – als **Unterlassungsgebot** oder aber – wie beispielsweise in § 1666 Abs. 3 Nr. 3 und 4 BGB genannt[832] – als **Handlungsverbot** gefasst wird. Verstöße hiergegen können in jedem Fall nach § 890 ZPO geahndet werden.[833]

Ordnungsmittel werden in **Familiensachen** auch in anderem Zusammenhang verhängt, insbesondere im Rahmen von **Kindschaftssachen** nach § 89 FamFG.[834] Auch dort geht es gelegentlich um das Erzwingen von Unterlassungen.[835]

Wie bei der Vollstreckung von Zwangsmitteln[836] ist auch im Verfahren nach § 890 ZPO zwischen der **Festsetzung** der Ordnungsmittel und deren **Vollstreckung** (Beitreibung/Verhaftung) zu unterscheiden.

2. Ordnungsmittel und Vertragsstrafe

325 Wird die Unterlassungspflicht des Schuldners in einer (notariellen, anwaltlichen oder gerichtlichen) **Vereinbarung** geregelt, kann das zusätzliche Versprechen einer **Vertragsstrafe** für den Gläubiger sinnvoll sein.[837] Zum einen erhöht sich hierdurch der Druck auf den Schuldner. Zum anderen steht dieses Strafgeld dem Gläubiger persönlich zu, während das Ordnungsgeld in die Landeskasse fließt.

Zu beachten ist auch, dass im Falle des **Vergleichsschlusses** – anders als bei einem Beschluss – eine Anordnung der sofortigen Wirksamkeit

---

828 I.V.m. §§ 95 Abs. 1 Nr. 4 FamFG, 890 ZPO.

829 I.V.m. §§ 95 Abs. 1 Nr. 4 FamFG, 890 ZPO.

830 I.V.m. §§ 120 FamFG, 890 ZPO, dazu OLG Naumburg, Beschl. v. 28.8.2014, 8 UF 153/14, FamRZ 2015, 1046; ferner BGH, Beschl. v. 13.8.2009, I ZB 43/08, MDR 2010, 51.

831 Sie kommt auch zum Tragen bei **zivilrechtlichen** auf § 1004 BGB gestützten Unterlassungstitel, ferner bei der Vollstreckung von Titeln in einer **sonstigen Familiensache** (i.V.m. § 120 FamFG), dazu Rn. 647.

832 Dazu OLG Brandenburg, Beschl. v. 25.2.2016, 9 UF 132/15, FamRZ 2016, 1282 mit Anm. *Hoffmann*.

833 *Cirullies*, DGVZ 2016, 17, 20.

834 Dazu Rn. 461 ff. Wegen weiterer Anwendungsfälle vgl. *Cirullies*, Rpfleger 2011, 573.

835 Dazu Rn. 470.

836 Rn. 282.

837 Eingehend *Böse*, MDR 2014, 809.

nicht möglich ist. Insoweit können die Beteiligten, damit für die Zeit bis zur Zustellung des Beschlusses betreffend die Ordnungsmittelandrohung **keine Rechtsschutzlücke** entsteht, eine **Vertragsstrafe** vereinbaren.[838] Dann muss der Schuldner das Unterlassungsgebot bereits mit Abschluss des Prozessvergleichs beachten, wenn er die Vertragsstrafe nicht verwirken will.[839]

Die Verwirkung einer **Vertragsstrafe** (§ 339 BGB) und die Verhängung eines **Ordnungsmittels** nach § 890 ZPO schließen sich nicht unter dem Gesichtspunkt der Spezialität aus. Beide Sanktionen können vom Gläubiger grundsätzlich nebeneinander geltend gemacht werden.[840]

Praxistipp: Der **Schuldner** kann der Doppelsanktion dadurch entgehen, dass er entweder keine Vertragsstrafe verspricht oder aber darauf besteht, dass der Gläubiger auf die Vollstreckung nach § 890 ZPO verzichtet.[841]

Im Übrigen ist die früher verhängte Sanktion bei der Höhe der jeweils späteren zu berücksichtigen.[842] Daher kann es sich für den **Gläubiger** empfehlen, das Ordnungsmittel erst nach Durchsetzung der Vertragsstrafe zu fordern, um eine Reduzierung der Vertragsstrafe zu vermeiden.[843] Freilich muss eine solche Vertragsstrafe erst in einem separaten Verfahren eingeklagt werden, in dem der Gläubiger dann die Zuwiderhandlung zu **beweisen** hat (§ 345 BGB).

3. Ordnungsmittel und Strafe

Auch wenn wegen derselben Handlung bereits eine **Kriminalstrafe**, 326
etwa nach § 4 GewSchG, verhängt wurde, ist die Festsetzung von Ordnungsmitteln nach § 890 ZPO zulässig; allerdings ist bei der Höhe des Ordnungsgeldes die strafgerichtliche Verurteilung zu berücksichtigen.[844]

---

838 BGH, Beschl. v. 2.2.2012, I ZB 95/10, MDR 2012, 1060 = FamRZ 2012, 1563 (LS), dazu *Meller-Hannich*, LMK 2012, 338485; vgl. auch OLG Saarbrücken, Beschl. v. 4.3.2013, 6 WF 27/13, FamRZ 2014, 146, dazu *Hamm*, FamFR 2013, 186. Die Androhung soll aber in der gerichtlichen **Genehmigung** eines derartigen Vergleichs gesehen werden können, OLG Frankfurt, Beschl. v. 6.3.2006, 6 WF 33/06, NJW-RR 2006, 1441.

839 Zu dem Problem auch OLG Düsseldorf, Beschl. v. 4.5.2016,15 W 13/16, GRUR-Prax 2016, 272 (Zulässigkeit einstweiligen Rechtsschutzes trotz notarieller Unterwerfungserklärung).

840 BGH, Beschl. v. 3.4.2014, I ZB 3/12, MDR 2014, 800; Beschl. v. 9.10.2014, I ZB 57/13, BeckRS 2014, 20419.

841 Zu dem Problem OLG Frankfurt, Beschl. v. 8.7.2013, 6 W 64/13, BeckRS 2013, 13236.

842 BGH, Urt. v. 17.9.2009, I ZR 217/07, NJW-RR 2010, 1127.

843 *Abrar*, GRUR-Prax 2014, 290.

844 OLG Schleswig, Beschl. v. 17.7.2006, 13 WF 118/06, FamRZ 2007, 300. Umgekehrt bewirkt die Ahndung einer Tat durch Ordnungsmittel keinen sog. Strafklageverbrauch, vgl. *Cirullies/Cirullies*, Rn. 551 m.w.N.

4. Festsetzungsverfahren

a) Vollstreckungsvoraussetzungen

327 Die Verhängung von Ordnungsmitteln erfordert, dass die allgemeinen Vollstreckungsvoraussetzungen erfüllt sind. Hierzu gehört insbesondere das Vorliegen eines **vollstreckbaren Titels**. Dabei kann es sich um einen Beschluss, eine notarielle Urkunde, einen Anwaltsvergleich oder einen gerichtlichen Vergleich[845] handeln. Aus einer einfachen – nicht strafbewehrten – Unterlassungsverpflichtungserklärung kann nicht unmittelbar vollstreckt werden,[846] ferner nicht aus einem Feststellungsbeschluss.[847]

328 Der Titel muss ferner dem Schuldner ordnungsgemäß **zugestellt** worden sein.[848] Eine **Vollstreckungsklausel** ist grundsätzlich erforderlich. Es bedarf ihrer dann **nicht**, wenn es sich um ein **fG-Verfahren**[849] handelt und das Prozessgericht den Titel selbst erlassen hat (§ 86 Abs. 3 FamFG)[850] oder eine einstweilige Anordnung erlassen worden ist (§ 53 Abs. 1 FamFG).[851]

Praxistipp: Bei der Ordnungsmittelvollstreckung in **Gewaltschutzsachen** kann mithin auf eine **Vollstreckungsklausel** regelmäßig **verzichtet** werden. Die vor Inkrafttreten des FamFG ergangene gegenteilige und mitunter noch immer zitierte Rechtsprechung[852] ist obsolet.

329 Gerade in **Gewaltschutzsachen** kommt es nicht selten zur **Versöhnung der Beteiligten** mit der Folge, dass das Verfahren nicht mehr verfolgt wird. Dann scheidet die Festsetzung von Ordnungsmitteln aus.

Beispiel: Nach Zustellung einer noch nicht rechtskräftigen Schutzanordnung mit Ordnungsmittelandrohung kommt es zu einer Zuwiderhandlung des Antragsgegners. Daraufhin stellt die Antragstellerin einen Ordnungsgeldantrag, teilt jedoch alsbald dem Gericht mit, sie lebe mit dem Antragsgegner wieder zusammen. Auch der Antragsgegner erklärt das Verfahren für erledigt.

Wird die Hauptsache übereinstimmend und uneingeschränkt **für erledigt erklärt**, hat dies zur Folge, dass ein im Verfahren erlassener, noch nicht rechtskräftig gewordener **Unterlassungstitel** ohne weiteres **entfällt**. Der Titel kann danach auch dann keine Grundlage für Vollstreckungsmaßnahmen mehr sein, wenn die Zuwiderhandlung gegen das ausgesprochene

---

845 OLG Frankfurt, Beschl. v. 6.4.2016, 6 W 30/16, BeckRS 2016, 08146; dazu unten Rn. 337.

846 OLG Hamburg, Beschl. v. 10.6.2014, 7 W 51/14, NJW-RR 2014, 1402.

847 BGH, Urt. v. 4.12.2015, V ZR 22/15, DNotZ 2016, 289.

848 Dazu eingehend *Cirullies*, DGVZ 2015, 33; ferner Rn. 96 ff.

849 Mit Verweisung auf § 890 ZPO in §§ 95 Abs. 1 Nr. 4, 96 Abs. 1 S. 3 FamFG.

850 Dazu Rn. 440.

851 Dazu Rn. 441.

852 OLG Karlsruhe, Beschl. v. 19.9.2007, 20 WF 104/07, FamRZ 2008, 291; vgl. auch *Looff*, FamRZ 2008, 1391.

Unterlassungsgebot zuvor begangen worden ist.[853] Ein Gläubiger kann jedoch seine Erledigterklärung auf die Zeit **nach** dem erledigenden Ereignis beschränken.[854]

b) Zuständigkeit

Zuständig für die Verhängung der Ordnungsmittel ist – wie auch bei § 888 ZPO – stets das Prozessgericht, mithin das **Familiengericht**. Die Festsetzung erfolgt auf Antrag des Gläubigers lediglich als Annex des Hauptsacheverfahrens. Demgemäß wird der Antrag in dem Ausgangsverfahren beschieden. 330

c) Festsetzungsantrag

Im Fall der Zuwiderhandlung gegen die titulierte Unterlassungspflicht, kann der Gläubiger **beantragen**, gegen den Schuldner ein **Ordnungsgeld oder Ordnungshaft** festsetzen zu lassen (§ 890 Abs. 1 ZPO). Die Festsetzung darf nicht von Amts wegen erfolgen. 331

Praxistipp: Der Antrag sollte zum einen auf das **Aktenzeichen** des Ausgangsverfahrens hinweisen, um die gerichtsinterne Zuordnung zu erleichtern. Ferner sollte auf eine **Bezifferung** wegen des Kostenrisikos **verzichtet** werden.[855]

Antragsmuster:

An das Amtsgericht – Familiengericht

...

zu Az: ...

Antrag auf Festsetzung von Ordnungsmitteln nach § 890 ZPO

In der Zwangsvollstreckungssache

... – *Gläubigerin* –

Verfahrensbevollmächtigter: ...

gegen

... – *Schuldner* –

Verfahrensbevollmächtigter: ...

853 BGH, Beschl. v. 23.10.2003, I ZB 45/02, NJW 2004, 506, 510.

854 BGH, a.a.O.

855 Dazu Rn. 349.

beantrage ich namens und in Vollmacht der Gläubigerin,

dem Schuldner wegen wiederholter Zuwiderhandlung gegen das Unterlassungsgebot gemäß Nr. 1 des Beschlusses vom … (genaue Bezeichnung des Vollstreckungstitels)

ein angemessenes Ordnungsgeld und für den Fall, dass dieses nicht beigetrieben werden kann, ersatzweise Ordnungshaft aufzuerlegen.

Begründung:

Nach dem im Antrag bezeichneten und beigefügten Vollstreckungstitel ist dem Schuldner untersagt, …

***Beweis:** vollstreckbare Ausfertigung des … (Vollstreckungstitel) mit Zustellungsnachweis*

d) Zuwiderhandlung

(a) Hinreichend bestimmter Titel

332 Die Ahndung setzt nach § 890 Abs. 1 ZPO eine **„Zuwiderhandlung"** seitens des Schuldners voraus. Für die entsprechende Feststellung ist es unerlässlich, dass der Vollstreckungstitel **hinreichend bestimmt** ist, also die Verpflichtung des Schuldners – notfalls im Wege der Auslegung – eindeutig erkennen lässt. Die Prüfung, welche Maßnahme der Schuldner zu unterlassen hat, darf grundsätzlich nicht in das Vollstreckungsverfahren verlagert werden.[856]

333 Die Verpflichtung zur Unterlassung einer Handlung, durch die ein **fortdauernder Störungszustand** geschaffen wurde, ist mangels abweichender Anhaltspunkte regelmäßig dahin **auszulegen**, dass sie nicht nur die Unterlassung derartiger Handlungen, sondern auch die Vornahme möglicher und zumutbarer **Handlungen zur Beseitigung** des Störungszustands umfasst. Eine Unterlassungsverpflichtung erschöpft sich nicht im bloßen Nichtstun, sondern umfasst die Vornahme von Handlungen zur Beseitigung eines zuvor geschaffenen Störungszustands, wenn allein dadurch dem Unterlassungsgebot entsprochen werden kann.[857]

Beispiel: Die Schuldnerin hat ein den Gläubiger beleidigendes Video in das **Internet** gestellt, es jedoch nicht gelöscht trotz der titulierten Pflicht, die Videoaufnahme nicht zu verbreiten oder öffentlich zur Schau zu stellen. Hier werden die Rechte des Gläubigers verletzt, solange die Videoaufnahme im Internet noch zu finden ist.[858]

---

856 BGH, Urt. v. 11.6.2015, I ZR 226/13, WRP 2016, 35 (Rn. 13); Urt. v. 23.6.1994, I ZR 15/92, NJW 1994, 2820, 2822; ferner *Cirullies/Cirullies*, Rn. 255 mit **Beispielsfällen**.

857 BGH, Urt. v. 18.9.2014, I ZR 76/13, MDR 2015, 291.

858 BGH, Beschl. v. 8.12.2016, I ZB 118/15, MDR 2017, 357.

Eine **Verallgemeinerung** der zu unterlassenden Handlung ist nur dann zulässig, wenn das Charakteristische der beanstandeten Verletzungshandlung klar zum Ausdruck kommt.[859] Insoweit muss das Vorliegen einer **Zuwiderhandlung** unter Beachtung der sog. **Kerntheorie** geprüft werden: Danach beschränkt sich der Schutzumfang eines Unterlassungstitels nicht auf Handlungen, die mit der tenorierten Verpflichtung identisch sind; vielmehr erstreckt er sich auf alle Verletzungshandlungen, die als **gleichwertig** anzusehen sind.[860] Der Betroffene kann sich also nicht nur gegen eine exakte Wiederholung der Verletzungshandlung wehren, sondern auch gegen zwar leicht abgewandelte, aber in ihrem Kern gleiche Eingriffe, die von der im Titel bezeichneten Verletzungsform geringfügig abweichen.[861] 334

Praxistipp: Hierbei zeigt sich, dass bereits der **Unterlassungsantrag** im Ausgangsverfahren wohlüberlegt sein sollte. Ist nämlich das begehrte Verbot (zu) eng auf eine konkrete Verletzungshandlung beschränkt, sind einer **erweiternden Auslegung** des Unterlassungsantrags und dementsprechend auch der **Beschlussformel** im Hinblick auf kerngleiche Verletzungshandlungen enge Grenzen gesetzt.[862]

Allerdings: Ist der Wortlaut eines Unterlassungstenors mangels Bestimmtheit **nicht vollstreckungsfähig**, kann der Verbotsinhalt im Wege der Auslegung auf einen vollstreckungsfähigen Inhalt **beschränkt** werden unter Orientierung an der konkreten Verletzungshandlung, die zum Erlass des Titels geführt hat.[863]

Mitunter ist der Ausgang im Zwangsvollstreckungsverfahren ungewiss wegen der **Unklarheit**, ob eine neue Rechtsverletzung unter einen bereits vorliegenden Titel fällt. Droht dann auch noch die Verjährung des neuen Anspruchs, so besteht ein **Rechtsschutzbedürfnis** für einen **neuen Vollstreckungstitel** und die entsprechende Einleitung eines weiteren Erkenntnisverfahrens.[864]

(b) Zeitliche Grenzen

Bei der Prüfung der Zuwiderhandlung ist ferner ein **zeitlicher Rahmen** zu beachten: Ein Ordnungsmittel kann nur festgesetzt werden, wenn 335

---

859 OLG Köln, Beschl. v. 15.8.2014, 12 UF 61/14, BeckRS 2014, 17774, dazu *Neumann*, NZFam 2014, 1002.

860 OLG Frankfurt, Beschl. v. 18.3.1999, 16 W 2/99, NJW-RR 2001, 187.

861 BGH, Urt. v. 23.6.1994, I ZR 15/92, NJW 1994, 2820, 2822.

862 BGH, Urt. v. 22.10.2009, I ZR 58/07, MDR 2010, 826; eingehend *Schmitt-Gaedke/Arz*, JuS 2015, 126.

863 OLG Frankfurt, Beschl. v. 5.8.2013, 6 W 67/13, WRP 2013, 1402, dazu *Schembecker*, GRUR-Prax 2013, 434.

864 BGH, Urt. v. 7.4.2011, I ZR 34/09, NJW 2011, 2787.

der Schuldner den Verstoß **nach** Eintritt der Zulässigkeit der Zwangsvollstreckung und **nach** Zustellung der erforderlichen Androhung begangen hat, andererseits **vor** dem Wegfall der Vollstreckbarkeit des Titels, z.B. infolge Ablaufs seiner **Befristung** (vgl. § 1 Abs. 1 S. 2 GewSchG).

Der Verstoß gegen ein **befristetes** Unterlassungsgebot nach § 1 GewSchG kann auch noch nach Fristende durch Verhängung eines Ordnungsgeldes geahndet werden, sofern der **Verstoß innerhalb der Verbotsfrist** geschehen ist.[865]

Praxistipp: Um diese Probleme zu vermeiden, sollte das Opfer bei der Beantragung von Ordnungsmitteln auf eine hinreichende Wirkungsdauer der Schutzanordnung achten und notfalls eine **Verlängerung der Frist** beantragen.

Bei einer **unbefristeten** Schutzanordnung kann sich im Falle einer erst Jahre später begangenen Zuwiderhandlung die Ahndung aus Gründen der (Un-)**Verhältnismäßigkeit** verbieten.[866]

e) Androhung

336 Der Ahndung durch Ordnungsmittel muss zwingend eine entsprechende **Androhung** vorausgegangen sein (§ 890 Abs. 2 ZPO). Sie soll dem Schuldner die möglichen Folgen eines Verstoßes gegen das Unterlassungsgebot deutlich vor Augen führen und ihn dadurch anhalten, die Unterlassungspflicht zu befolgen.[867] Dementsprechend können Verletzungshandlungen des Schuldners für die Zeit **vor** der Zustellung des gerichtlichen Androhungsbeschlusses **nicht** geahndet werden.

Die Ordnungsmittelandrohung kann (und sollte zwecks Verfahrensbeschleunigung) bereits Gegenstand des die Verpflichtung aussprechenden **Beschlusses** sein. Erforderlich hierfür ist stets ein **Antrag** des Gläubigers, denn die Androhung bringt seinen Willen zur zwangsweisen Durchsetzung der Unterlassungsverpflichtung zum Ausdruck.[868]

Praxistipp: Häufig wird die Androhung in das Unterlassungsgebot integriert (*„Dem Schuldner wird bei Meidung eines Ordnungsgeldes … untersagt, …“*). Sie sollte jedoch separat in Antrag und Beschlusstenor ausgeworfen sein. Dies verbessert die Verständlichkeit und verdeutlicht dem Schuldner die Ahndungsmöglichkeiten in stärkerem Maße.

---

865 OLG Karlsruhe, Beschl. v. 1.6.2015, 20 WF 35/15, BeckRS 2015, 10548; *Giers*, FamFR 2013, 161; *Cirullies/Cirullies*, Rn. 279; a.A. OLG Celle, Beschl. v. 21.1.2013, 21 WF 318/12, FamRZ 2013, 1758.

866 Dazu unten Rn. 588.

867 BGH, Beschl. v. 2.2.2012, I ZB 95/10, MDR 2012, 1060 = FamRZ 2012, 1563 (LS).

868 BGH, Urt. v. 29.9.1978, I ZR 107/77, NJW 1979, 217 (zu II. 3.).

Alternativ wird die Androhung – nur auf **Antrag** – **nachträglich** vom Prozessgericht erster Instanz erlassen. Sie ist – im Gegensatz zur „Sofortandrohung“ – als Beginn der Zwangsvollstreckung anzusehen und erfordert ein **besonderes Verfahren**, in dem Voraussetzungen der Zwangsvollstreckung nach den §§ 750 ff. ZPO grundsätzlich gegeben sein müssen und der Schuldner anzuhören ist.[869] 337

Praxistipp: Diese verzögernden Abläufe lassen sich vermeiden, indem der Gläubiger mit dem Unterlassungsgebot routinemäßig auch die **Ordnungsmittelandrohung** beantragt.

Die Möglichkeit **nachträglicher Androhung** besteht gleichermaßen bei einem gerichtlichen **Vergleich**, der keine wirksame Ordnungsmittelandrohung enthalten kann.[870] Erst nach Abschluss des Vergleichs können Ordnungsmittel auf **Antrag** des Gläubigers durch **Beschluss** angedroht werden.[871] Dies setzt nicht voraus, dass der Unterlassungsschuldner bereits gegen die im Prozessvergleich titulierte Unterlassungspflicht verstoßen hat.[872]

Praxistipp: Der Gläubiger sollte den Androhungsbeschluss unmittelbar **nach Vergleichsschluss** bei Gericht beantragen, um den sanktionslosen Zeitraum kurz zu halten. Wird der Prozessvergleich in der Beschwerdeinstanz geschlossen, ist zu beachten, dass der Androhungsbeschluss bei dem **Prozessgericht des ersten Rechtszuges** beantragt werden muss.

Mitunter übereicht der Schuldner eine **notarielle Unterlassungserklärung**, um der gerichtlichen Verfolgung zu entgehen. Hier hat der Gläubiger die Wahl, ob er sich auf die notariell beurkundete Unterwerfung einlässt und die **Androhung** von Ordnungsmitteln beantragt oder davon absieht und einen gerichtlichen Unterlassungstitel erwirkt.[873]

Zur Vermeidung unnötiger Verzögerungen sollte das Gericht bei der Abfassung des **Androhungsbeschlusses** einige weitere **verfahrensrechtliche** Besonderheiten berücksichtigen:[874] 338

---

869 BGH, a.a.O.

870 Ganz h.M., a.A. MünchKomm-ZPO/*Wolfsteiner*, § 795 Rn 1. Die Androhung soll aber in der gerichtlichen Genehmigung eines derartigen Vergleichs liegen können, so OLG Frankfurt, Beschl. v. 6.3.2006, 6 WF 33/06, NJW-RR 2006, 1441.

871 OLG Frankfurt, Beschl. v. 6.4.2016, 6 W 30/16, BeckRS 2016, 08146; OLG Hamburg, Beschl. v. 10.6.2014, 7 W 51/14, NJW-RR 2014, 1402. Der **Gegenstandswert** für diesen Antrag entspricht dem Wert der Hauptsache, OLG Hamm, Beschl. v. 21.5.2015, 4 W 77/14, NJOZ 2015, 1900.

872 BGH, Beschl. v. 3.4.2014, I ZB 3/12, MDR 2014, 800.

873 BGH, Urt. v. 21.4.2016, I ZR 100/15, NJW 2017, 171 m. Anm. *Pustovalov* unter Hinweis auf die Probleme bei der Bestimmung des für die Androhung **zuständigen** Gerichts.

874 Im Einzelnen *Cirullies/Cirullies*, Rn. 262.

- Der Androhungsbeschluss ist dem Schuldner **von Amts wegen zuzustellen** (§ 329 Abs. 3 ZPO).
- Die Androhung muss, um wirksam zu sein, **Art und Höchstmaß** des angedrohten hoheitlichen Zwangs bestimmt angeben.[875]
- Wurde nur **Ordnungs*geld*** angedroht, kann **nicht ersatzweise Ordnungs*haft*** verhängt werden.[876]
- Wurde versehentlich die Festsetzung eines ***Zwangs*geldes** angedroht, liegt darin nicht auch die Androhung eines *Ordnungs*geldes.[877]
- Mit dem Abschluss eines **gerichtlichen Vergleichs** kann der Schuldner **nicht** wirksam auf die Androhung von Ordnungsmitteln **verzichten.**[878]

Die Androhung eines Ordnungsgeldes nach § 890 Abs. 2 ZPO setzt eine **vollstreckbare Entscheidung** voraus. Ein **Feststellungsurteil** kommt dafür mangels vollstreckbaren Inhalts **nicht** in Betracht.[879]

f) Anhörung und Beweisverfahren

339 Vor der Entscheidung muss der Schuldner (schriftlich) **angehört** werden, § 891 ZPO. Es steht im Ermessen des Gerichts, ob es eine mündliche Verhandlung anberaumt. Das Anhörungsgebot hat zwar Verfassungsrang (Art. 103 Abs. 1 GG). Ein Verstoß hiergegen macht jedoch den Ordnungsmittelbeschluss trotz dieses schweren Verfahrensmangels[880] lediglich anfechtbar, nicht unwirksam.

340 Bestreitet der Schuldner eine **Zuwiderhandlung**, muss der Gläubiger sie **beweisen**. Auch wegen des Sanktionscharakters der Ordnungsmittel muss daher im Vollstreckungsverfahren die Zuwiderhandlung des Vollstreckungsschuldners gegen die titulierte Verpflichtung mit dem vollen Beweismaß des § 286 ZPO **nachgewiesen** sein.[881] Dementsprechend darf die Beweiswürdigung nicht vorweggenommen werden, indem der angebotene Zeugenbeweis übergangen und die richterliche Überzeugung allein auf das Ergebnis der persönlichen Anhörung der Beteiligten gestützt wird.[882] Eine **Glaubhaftma-**

---

875 BGH, Beschl. v. 23.10.2003, I ZB 45/02, NJW 2004, 506.

876 OLG Hamm, Urt. v. 17.10.1991, 4 U 192/91, MDR 1992, 411.

877 OLG Brandenburg, Beschl. v. 16.10.2008, 10 WF 165/08, FamRZ 2009, 1084 (betr. § 33 FGG); OLG Celle, Beschl. v. 18.5.2010, 10 WF 152/10, FamRZ 2010, 1593 (betr. § 35 FamFG).

878 BGH, Beschl. v. 2.2.2012, I ZB 95/10, MDR 2012, 1060 = FamRZ 2012, 1563 (LS).

879 BGH, Urt. v. 4.12.2015, V ZR 22/15, MDR 2016, 512.

880 OLG Bremen, Beschl. v. 7.12.2006, 4 WF 138/06, FamRZ 2007, 1033.

881 OLG Hamm, Beschl. v. 30.6.2014, 14 WF 39/14, BeckRS 2015, 02897; OLG Saarbrücken, Beschl. v. 8.6.2011, 6 WF 60/11, FamRZ 2012, 998; OLG Hamm, Beschl. v. 6.1.2011, 8 WF 322/10, FPR 2011, 232; OLG Schleswig, Beschl. v. 10.12.2013, 15 WF 401/13, FamRZ 2014, 1659.

882 OLG Saarbrücken, a.a.O.

chung genügt auch dann **nicht**, wenn das Erkenntnisverfahren als **einstweiliger Rechtsschutz** durchgeführt worden ist.[883] Nicht selten scheitert die Verhängung von Ordnungsmitteln, weil „Aussage gegen Aussage" steht.[884]

g) Verschulden

Ordnungsmittel sind nicht nur Maßnahmen zur Beugung des Willens des Schuldners, sondern enthalten auch **strafrechtliche** Elemente. Dementsprechend setzt ihre Festsetzung **Verschulden** voraus.[885] Allerdings wird der Täter plausibel darlegen müssen, aus welchen Gründen ihm (ausnahmsweise) kein **vorsätzliches oder fahrlässiges**[886] Verhalten anzulasten ist. Der Verpflichtete trägt grundsätzlich die Feststellungslast für seine **Schuldunfähigkeit**, die eine Ausnahme vom Grundsatz der Eigenverantwortlichkeit des Handelns darstellt.[887] Ergeben sich jedoch im Vollstreckungsverfahren aus dem Akteninhalt oder sonstigen Umständen – etwa aufgrund vorliegender Gutachten – wegen einer vermeintlichen psychischen Erkrankung **offenkundige Zweifel** an der Schuldfähigkeit des Verpflichteten, so hat das Familiengericht dies von Amts wegen aufzuklären.[888] **341**

Praxistipp: Gegen einen schuldunfähigen Täter kann **unmittelbarer Zwang** angewendet werden.[889]

h) Festsetzung des Ordnungsmittels

Beantragt der Gläubiger die Vollstreckung nach § 890 ZPO, so „verurteilt" das Familiengericht den Schuldner wegen jeder Zuwiderhandlung zu **342**

- einem **Ordnungsgeld, ersatzweise Ordnungshaft**, *oder*
- unmittelbar zur **Ordnungshaft**.

---

883 OLG München, Beschl. v. 11.3.2015, 29 W 290/15, NJW-RR 2015, 1204; OLG Schleswig, Beschl. v. 10.12.2013, 15 WF 401/13, FamRZ 2014, 1659 je m.w.N.

884 Dazu OLG Hamm, Beschl. v. 30.6.2014, 14 WF 39/14, BeckRS 2015, 02897; vgl. auch OLG Koblenz, Beschl. v. 9.5.2016, 13 WF 432/16, BeckRS 2016, 18362 (betr. Erkenntnisverfahren).

885 BVerfG, Beschl. v. 9.5.2017, 2 BvR 335/17, juris; OLG Hamm, Beschl. v. 3.3.2017, 7 WF 130/16, BeckRS 2017, 104328; OLG Schleswig, Beschl. v. 10.12.2013, 15 WF 401/13, FamRZ 2014, 1659; OLG Schleswig, Beschl. v. 1.8.2011, 16 W 90/11, MDR 2011, 1204; BVerfG, Beschl. v. 4.12.2006, 1 BvR 1200/04, NJW-RR 2007, 860.

886 Hierzu OLG Brandenburg, Beschl. v. 9.1.2006, 10 WF 315/05, FamRZ 2006 S. 1860; ferner BVerfG, a.a.O., S. 862 mit Hinweis auf § 276 BGB.

887 KG, Beschl. v. 27.2.2012, 19 WF 254/11, BeckRS 2012, 07256.

888 OLG Hamm, a.a.O.; OLG Frankfurt, Beschl. v. 4.6.2014, 5 WF 110/14, FamRZ 2014, 1956; OLG Bremen, Beschl. v. 14.4.2015, 4 UF 10/15,FamRZ 2015, 2002; ausführlich zu Problemen bei **Schuldunfähigkeit des Täters** *Cirullies*, FamRZ 2014, 1901; vgl. ferner Rn. 591.

889 Dazu Rn. 589.

343 Das **Ordnungsgeld** beträgt pro Zuwiderhandlung 5 € bis 250.000 €.[890] Die mögliche **Ordnungshaftdauer** liegt zwischen einem Tag und sechs Monaten für jede Zuwiderhandlung (bei mehreren Verstößen maximal zwei Jahre).[891] Diese Höchstgrenze kann in gravierenden Fällen sogar erreicht werden.[892] Wegen ihres strafähnlichen Charakters kann das Ordnungsgeld wie eine Geldstrafe gemäß § 40 StGB **in Tagessätzen** verhängt werden.[893]

344 **Ordnungshaft** wird zwar in der Regel nur ersatzweise festgesetzt, kann jedoch in geeigneten Fällen – wenn nämlich die Anordnung eines Ordnungsgelds keinen Erfolg verspricht[894] – auch **unmittelbar** verhängt werden.[895] Auch ohne konkreten Antrag ist die **Ersatzordnungshaft** von Amts wegen anzuordnen.[896]

Beispiel: *„Gegen den Antragsgegner wird ein Ordnungsgeld in Höhe von … € und für den Fall, dass dieses nicht beigetrieben werden kann, Ersatzordnungshaft von … Tagen (für jeweils … € ein Tag) festgesetzt."*

345 Für die **Bemessung** der Ersatzordnungshaft gibt es keine starren Vorgaben; sie muss aber in einem angemessenen Verhältnis zum uneinbringlichen Ordnungsgeld stehen.[897] Ist die (eigentlich gebotene) Festsetzung der **Ersatzordnungshaft unterblieben**, kann das nicht beitreibbare Ordnungsgeld nachträglich in Ordnungshaft umgewandelt werden (Art. 8 Abs. 1 EGStGB).

346 **Wahl und Bemessung** der Ordnungsmittel stehen im **Ermessen** des Tatrichters. Bei der Zumessung der **Höhe** eines Ordnungsmittels sind insbesondere Art, Umfang und Dauer des Verstoßes, der Verschuldensgrad, der Vorteil des Schuldners aus der Verletzungshandlung und die Gefährlichkeit der begangenen und möglichen künftigen Verletzungshandlungen für den Verletzten zu berücksichtigen. Eine Titelverletzung soll sich für den Schuldner nicht lohnen.[898] Dieser Zweck wird sich grundsätzlich in der Festsetzung **empfindlich hoher** Ordnungsgeldbeträge auszudrücken haben.[899] Hierbei sind die **wirtschaftlichen Verhältnisse** des Zuwiderhandelnden zu berücksichtigen.[900]

---

890 Art. 6 Abs. 1 S. 1 EGStGB, § 890 Abs. 1 S. 2 ZPO.

891 Art. 6 Abs. 2 EGStGB, § 890 Abs. 1 S. 1 und 2 ZPO.

892 OLG Hamm, Beschl. v. 28.2.2013, 1 WF 47/13, BeckRS 2013, 06006, dazu *Cirullies/Cirullies*, Rn. 271.

893 BGH, Beschl. v. 8.12.2016, I ZB 118/15, NJW-RR 2017, 382.

894 Vgl. auch § 89 Abs. 1 S. 2 FamFG.

895 Eindrucksvoll: OLG Hamm, Beschl. v. 28.2.2013, 1 WF 47/13, BeckRS 2013, 06006.

896 BGH, Urt. v. 21.5.1992, I ZR 9/91, NJW-RR 1992, 145.

897 BGH, Beschl. v. 8.12.2016, I ZB 118/15, NJW-RR 2017, 382.

898 BGH, Beschl. v. 23.10.2003, I ZB 45/02, NJW 2004, 506, 510.

899 OLG Schleswig, Beschl. v. 14.8.2015, 16 W 76/15, juris; OLG Düsseldorf, Beschl. v. 24.10.2014, 6 W 47/14, VuR 2015, 71; OLG Frankfurt, Beschl. v. 17.6.2015, 6 W 48/15 GRUR-RR 2016, 48.

900 BGH, Beschl. v. 8.12.2016, I ZB 118/15, NJW-RR 2017, 382.

i) Ahndung mehrfacher Zuwiderhandlungen

Mehrere Verstöße gegen das Unterlassungsgebot können mit **je** bis zu 250.000 € Ordnungsgeld oder entsprechender Ordnungshaft geahndet werden. Die Grundsätze des Fortsetzungszusammenhangs bzw. der **Fortsetzungstat** gelten auch in der Zwangsvollstreckung und für die Vertragsstrafe **nicht** mehr. Allerdings können bei der Bemessung des Ordnungsmittels auch ohne die Grundsätze der fortgesetzten Handlung alle Umstände berücksichtigt werden, die es angemessen erscheinen lassen, bei wiederholten Verstößen **nicht das Vielfache** der für eine einzelne Zuwiderhandlung als angemessen erachteten Sanktion zu verhängen.[901] Sind mehrere Verhaltensweisen zu einer **natürlichen Handlungseinheit** zusammenzufassen, weil sie auf Grund ihres räumlich-zeitlichen Zusammenhangs so eng miteinander verbunden sind, dass sie bei natürlicher Betrachtungsweise als einheitliches zusammengehörendes Tun erscheinen, ist dafür nur **eine Sanktion** zu verhängen.[902] 347

j) Kosten des Verfahrens

In Verfahren der **freiwilligen Gerichtsbarkeit**, also auch in den praktisch bedeutsamen **Gewaltschutzsachen**, gelten gemäß **§ 87 Abs. 5 FamFG** für die **Kostenentscheidung** in Vollstreckungsverfahren die §§ 80 bis 82 und 84 FamFG entsprechend.[903] Denn die Vollstreckung richtet sich gemäß § 95 Abs. 1 FamFG nur dann nach den ZPO-Normen, soweit in §§ 86 ff. FamFG nichts Abweichendes bestimmt ist. Daraus folgt: Das Familiengericht hat stets über die Kosten der Vollstreckung zu entscheiden. Es kann die Kosten nach billigem Ermessen den Beteiligten ganz oder **zum Teil auferlegen** und auch von der Erhebung der Kosten absehen (§ 81 Abs. 1 FamFG). In **Gewaltschutzsachen** allerdings werden die Kosten regelmäßig dem Verpflichteten aufzuerlegen sein (§ 81 Abs. 2 Nr. 1 FamFG analog). Das Gewaltschutzopfer – obwohl Antragsteller – ist auch nicht hilfsweise Kostenschuldner (§ 21 S. 2 Nr. 1 FamGKG). 348

In Einzelfällen ist § 890 ZPO in **sonstigen Familiensachen** nach § 266 FamFG anzuwenden, insbesondere wenn kein Rechtsgut nach § 1 GewSchG, sondern beispielsweise (nur) das **allgemeine Persönlichkeitsrecht** verletzt ist.[904] Dann beurteilt sich die **Kostenentscheidung** gemäß 349

901 BGH, Beschl. v. 18.12.2008, I ZB 32/06, NJW 2009, 921.

902 OLG Schleswig, Beschl. v. 10.12.2013, 15 WF 401/13, FamRZ 2014, 1659; ferner OLG Hamm, Beschl. v. 28.2.2013, 1 WF 47/13, BeckRS 2013, 06006, dazu *Alberts*, FamFR 2013, 208.

903 Dazu Rn. 460.

904 Eingehend *Cirullies/Cirullies*, Rn. 17 ff. Mitunter wird allerdings die **Zuständigkeit der Familiengerichte** in Zweifel gezogen, vgl. OLG Karlsruhe, Beschl. v. 8.7.2016, 18 WF 183/15, FamRZ 2016, 2138; OLG Karlsruhe, Beschl. v. 17.5.2016, 7 W 12/16, FamRZ 2016, 1863.

§ 120 Abs. 1 FamFG i.V.m. 891 S. 3 ZPO im Wesentlichen nach §§ 91 ff. ZPO. Auch hier ist ein **Teilunterliegen** möglich (§ 92 ZPO). Dies kann etwa dann zum Tragen kommen, wenn der Gläubiger in seinem Antrag einen **Mindestbetrag** des festzusetzenden Ordnungsgeldes nennt und das Gericht einen geringeren Betrag festsetzt.[905] § 788 Abs. 1 ZPO findet insoweit keine Anwendung. Dabei ist es ohne Bedeutung, ob der Gläubiger seine Vorstellungen zur Höhe des festzusetzenden Ordnungsmittels in Form eines **bezifferten** Antrags zum Ausdruck bringt oder ob er in der zur Auslegung des Antrags heranzuziehenden **Begründung** einen festzusetzenden Mindestbetrag nennt.[906] In diesen Fällen ist dem Gläubiger unter teilweiser Zurückweisung des Vollstreckungsantrages ein **Teil der Kosten** des Vollstreckungsverfahrens aufzuerlegen.[907]

Praxistipp: Zur Vermeidung dieses Kostenrisikos sollte der Gläubiger einen **unbestimmten Antrag** formulieren und sich auch nicht in der Begründung zur Höhe äußern. Im Falle einer zu niedrig erachteten Strafe kann er gleichwohl Rechtsmittel einlegen.[908]

k) Rechtsmittel

350 Sowohl die selbständige Androhung der Ordnungsmittel wie auch der Festsetzungsbeschluss sind mit der **sofortigen Beschwerde** gemäß § 793 ZPO anfechtbar, auch bezüglich der **Höhe** des Ordnungsmittels. Dies gilt selbst dann für den **Gläubiger**, wenn er keinen bezifferten Ordnungsgeldantrag gestellt hat und die gerichtlich festgesetzte Strafe für zu niedrig hält.[909] Die **Beschwerdefrist** beträgt zwei Wochen.

Die Beschwerde hat **aufschiebende Wirkung** (lediglich) hinsichtlich der Festsetzung von Ordnungs- und Zwangsmitteln (§ 570 Abs. 1 ZPO). Das gilt nach Ansicht des BGH[910] auch für Maßnahmen der Zwangsvollstreckung, insbesondere für Beschlüsse nach §§ 888, 890 ZPO.

---

905 BGH, Beschl. v. 19.2.2015, I ZB 55/13, NJW 2015, 1829.

906 BGH, a.a.O.

907 OLG Schleswig, Beschl. v. 14.8.2015, 16 W 76/15, juris; OLG Frankfurt, Beschl. v. 17.6.2015, 6 W 48/15, GRUR-RR 2016, 48.

908 Dazu Rn. 350; ausführlich dazu *Hoof*, jM 2016, 363.

909 OLG Düsseldorf, Beschl. v. 24.10.2014, 6 W 47/14, VuR 2015, 71 (in Abgrenzung zum Schmerzensgeldantrag).

910 BGH, Beschl. v. 17.8.2011, I ZB 20/11, NJW 2011, 3791, dazu *Feskorn*, FamRB 2012, 162.

5. Vollstreckungshindernisse

a) Verjährung

Bei der Verjährung von Ordnungsmitteln ist zum einen die **Verfolgungsverjährung** nach Art. 9 Abs. 1 EGStGB von Bedeutung: Sie schließt eine Festsetzung von Ordnungsmitteln nach Ablauf der zweijährigen Verjährungsfrist aus und endet mit der Festsetzung eines Ordnungsmittels.[911] 351

Hiervon zu unterscheiden ist die **Vollstreckungsverjährung** (Art. 9 Abs. 2 EGStGB).[912] Sie beginnt, sobald das Ordnungsmittel vollstreckbar ist, also mit Zustellung an den Verpflichteten. Bei der endgültigen Festsetzung von **Ersatzordnungshaft** ist die Zustellung des **Haftbefehls**, nicht des vorangegangenen Ordnungsgeldbeschlusses maßgeblich. 352

Die Verjährungsfrist beträgt **zwei Jahre**.[913] Sie berechnet sich nach § 222 ZPO[914] und wird durch die **Antragstellung** bei dem zuständigen Vollstreckungsorgan gewahrt.[915] 353

Der Eintritt der Verjährung kann nur mit der **Erinnerung** nach § 766 ZPO, nicht mit einem Vollstreckungsabwehrantrag nach § 767 ZPO geltend gemacht werden.[916]

Die Verjährungsvorschriften sind im Übrigen **von Amts wegen** zu berücksichtigen.

b) Unverhältnismäßigkeit

Ein erheblicher Zeitablauf kann dazu führen, dass die Festsetzung von Ordnungsmitteln als **unverhältnismäßig** anzusehen ist und daher zu **unterbleiben** hat. Dies gilt etwa bei einer nicht befristeten Gewaltschutzanordnung, wenn das Ordnungsgeldverfahren wegen behaupteter Verstöße erst mehrere Jahre später geführt wird.[917] 354

c) Fehlende Befristung

Der Vollstreckungsschuldner wird im Vollstreckungsverfahren gemäß § 95 Abs. 1 Nr. 4 FamFG, § ZPO § 890 ZPO nicht mit dem Einwand gehört, dass es an einer nach § 1 Abs. 1 S. 2 GewSchG gebotenen **Befristung** 355

---

911 BGH, Beschl. v. 5.11.2004, IXa ZB 18/04, NJW 2005, 509.

912 Näher dazu BGH, Urt. v. 7.3.2013, IX ZR 123/12, MDR 2013, 675.

913 Dies entspricht § 802h Abs. 1 ZPO bezüglich der **Vollziehung des Haftbefehls**.

914 I.V.m. §§ 187–193 BGB.

915 BGH, Beschl. v. 15.12.2005, I ZB 63/05, NJW 2006, 1290.

916 OLG Düsseldorf, Urt. v. 19.4.2012, 2 U 17/11, BeckRS 2012, 09384.

917 OLG Hamm, Beschl. v. 30.1.2015, 2 WF 232/14, 2 WF 237/14, FamRZ 2015, 1405, dazu *Cirullies*, NZFam 2015, 726.

fehle.[918] Denn diese Vorschrift sieht eine Befristung nur für den Regelfall vor („soll"), lässt also auch **unbefristete** Maßnahmen zu.[919] Im Übrigen kann der Verstoß gegen ein **befristetes** Unterlassungsgebot auch noch nach Fristende geahndet werden, sofern er innerhalb der Verbotsfrist erfolgt ist.[920]

d) Widersprüchliches Verhalten

356 Wirkt der Schuldner im Rahmen eines **gerichtlichen Vergleichs** selbst an der Schaffung des Titels mit, soll es ihm verwehrt sein, sich auf eine **mangelnde Bestimmtheit** des Titels zu berufen. Hierin liege ein Verstoß gegen das **Verbot widersprüchlichen Verhaltens** (§ 242 BGB).[921]

6. Beitreibung des Ordnungsgeldes

a) Von Amts wegen

357 Die Vollstreckung von **Ordnungsmitteln** nach § 890 ZPO unterscheidet sich wesentlich von der Zwangsmittelvollstreckung gemäß § 888 ZPO: Sie wird nicht durch den Gläubiger, sondern gemäß § 1 Abs. 1 Nr. 3 JBeitrG **von Amts wegen** durch das Gericht vorgenommen.[922] Der **Rechtspfleger** ist für die Beitreibung des Ordnungsgeldes ebenso zuständig wie für die etwaige Verhaftung des Schuldners.

Das beigetriebene Ordnungsgeld ist in jedem Fall an die **Staatskasse** (Gerichtskasse) abzuführen und steht nicht dem Gläubiger zu.[923]

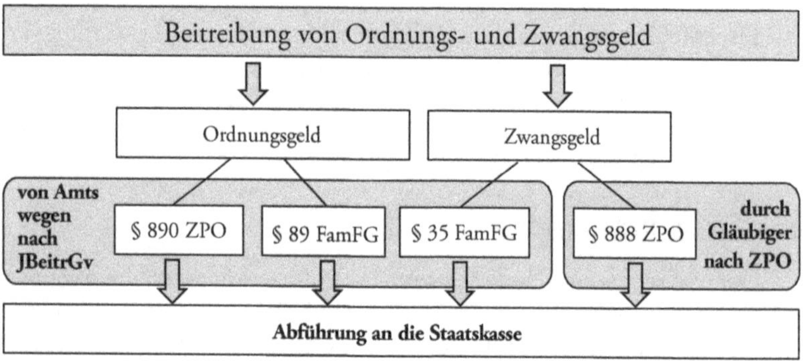

918 OLG Karlsruhe, Beschl. v. 16.4.2015, 20 WF 33/15, FamRZ 2015, 1405, dazu *Breidenstein*, NZFam 2015, 680.

919 BGH, Beschl. v. 26.2.2014, XII ZB 373/11, FamRZ 2014, 825 = NZFam 2014, 555 mit Anm. *Cirullies*; vgl. auch *Wilsch*, NZFam 2016, 949.

920 OLG Karlsruhe, Beschl. v. 1.6.2015, 20 WF 35/15, BeckRS 2015, 10548, dazu Rn. 587.

921 LAG Rheinland-Pfalz, Beschl. v. 11.12.2014, 3 Ta 126/14, BeckRS 2015, 66361.

922 BGH, Urt. v. 7.3.2013, IX ZR 123/12, MDR 2013, 675.

923 BGH, Beschl. v. 2.3.1983, IVb ARZ 49/82, FamRZ 1983, 578; wie bei **Zwangsgeld**, vgl. Rn. 301 ff.

b) Beitreibung im Ausland

Eine Vollstreckung im **Ausland** ist der Vollstreckungsbehörde wegen des Territorialitätsprinzips nicht möglich. Jedoch steht das Justizbeitreibungsgesetz einer solchen Vollstreckung nicht entgegen.[924] Insoweit muss der **Gläubiger** selbst tätig werden und das Ordnungsgeld im europäischen Ausland insbesondere mittels eines europäischen Vollstreckungstitels nach der EuVTVO[925] beitreiben.[926] **358**

c) Stundung und Ratenzahlung

Auch noch im Beitreibungsverfahren kann das Gericht dem Verpflichteten **Zahlungserleichterungen** gewähren und eine Stundung oder Teilzahlung bewilligen, wenn ihm die sofortige Zahlung wirtschaftlich nicht zumutbar ist (Art. 7 EGStGB). Zuständig hierfür ist die Stelle, der die Vollstreckung obliegt, also der **Rechtspfleger**. Hingegen ist eine **Begnadigung** ausgeschlossen, da Ordnungsmittel keine Strafe darstellen.[927] **359**

Der Einwand **mangelnder Leistungsfähigkeit** kann nur sofort im Anhörungsverfahren oder jedenfalls durch Einlegung der Beschwerde, nicht jedoch später mit einem Vollstreckungsschutzantrag erhoben werden.[928]

d) Rückzahlung des Ordnungsgeldes

Hat der Schuldner auf Grund eines rechtskräftigen Ordnungsgeldbeschlusses das verhängte Ordnungsgeld an die Staatskasse geleistet, kann sich etwa im Fall einer Verfahrenserledigung die Frage stellen, ob das Ordnungsgeld **zurückzugewähren** ist. **360**

Dabei gilt im Grundsatz: Solange der Ordnungsmittelbeschluss nicht **aufgehoben** ist, kommt eine **Rückzahlung** des gezahlten Ordnungsgeldes **nicht** in Betracht.[929]

Haben die Beteiligten – etwa im Falle ihrer Versöhnung in einer Gewaltschutzsache – das Verfahren übereinstimmend in der Hauptsache **für erledigt erklärt**, so berührt dieser Wegfall des Titels **ex nunc** nicht den Bestand einer bereits rechtskräftigen Ordnungsgeldfestsetzung. Die Aufhebung des Ordnungsmittelbeschlusses ist nicht möglich.[930]

---

924 BGH, Beschl. v. 25.3.2010, I ZB 116/08, NJW 2010, 1883.

925 Dazu Rn. 15.

926 Dazu *Bittmann*, IPrax 2012, 62; ferner *Kieser/Buckstegge*, GRUR-Prax 2016, 253; BeckOK ZPO/*Stürner*, § 890 Rn. 58 ff.

927 Zöller/*Stöber*, § 890 Rn. 22.

928 OLG Köln, Beschl. v. 15.7.2010, 19 W 20/10, BeckRS 2011, 05614.

929 BGH, Urt. v. 22.9.1988, IX ZR 168/87, Rpfleger 1989, 34.

930 OLG Zweibrücken, Beschl. v. 28.4.1988, 3 W 65/88, NJW-RR 1988, 1280.

Auch eine **rückwirkende** Aufhebung des Unterlassungstitels führt nicht ohne weiteres die Unwirksamkeit eines rechtskräftigen Bestrafungsbeschlusses herbei. Denn die Aufhebung dieses Titels bewirkt nicht unmittelbar auch die Aufhebung der Bestrafung. Dazu ist vielmehr in jedem Fall eine ausdrückliche **Aufhebung** des Beschlusses erforderlich.[931]

Im Falle der rückwirkenden **Aufhebung des Ordnungsmittelbeschlusses** kann der Schuldner nach überwiegender Auffassung das gezahlte Ordnungsgeld wegen ungerechtfertigter Bereicherung zurückverlangen.[932] Dann ist die Rückzahlung **von Amts wegen** anzuordnen.[933]

7. Vollzug der Ordnungshaft

a) Grundsatz

361 Das Gericht kann **Ordnungshaft** gegenüber dem Verpflichteten anordnen, und zwar:

- sofort (statt der Festsetzung von Ordnungsgeld) *oder*
- bei Nichtbeitreibbarkeit des Ordnungsgeldes (Ersatzordnungshaft).

Die **Haftvollstreckung** liegt – wie die Ordnungsgeldbeitreibung – in der Hand des **Familiengerichts**, nicht etwa der Staatsanwaltschaft, auch nicht des Gläubigers (auch wenn er mit seinem Antrag das Ordnungsmittelverfahren erst in Gang gebracht hat).

b) Originäre Ordnungshaft

362 Die Rechtslage bei der Vollstreckung der **Ordnungshaft nach § 890 ZPO** stellt sich kompliziert dar, weil – anders als in § 888 ZPO, §§ 35, 89 FamFG – eine explizite Verweisung auf die Haftvorschriften in §§ 802g ff. ZPO fehlt. Diese Lücke ist mit der wohl inzwischen h.M.[934] durch **entsprechende Anwendung** dieser Normen auf die Vollstreckung nach § 890

---

931 BGH, Urt. v. 22.9.1988, IX ZR 168/87, Rpfleger 1989, 34.

932 Dafür: OLG Hamm, Beschl. v. 8.1.2002, 4 W 163/01, WRP 2002, 472; OLG Köln, Beschl. v. 2.8.1991, 6 W 79/86, GRUR 1992, 476; dagegen: OLG Nürnberg, Beschl. v. 7.3.2006, 3 W 2443/05, MDR 2006, 945; ausführlich dazu *Cirullies*, Rpfleger 2011, 573, 574.

933 H.M., vgl. OLG Hamm, a.a.O.; OLG Zweibrücken, Beschl. v. 13.3.2000, 3 W 44/00, InVo 2000, 287 (betr. Zwangsgeld); *Lackmann* in: Musielak/Voit, § 890 Rn. 16; vgl. auch BeckOK-ZPO/*Stürner*, § 890 Rn. 63 m.w.N.

934 *Lackmann* in: Musielak/Voit, § 890 Rn. 15; Schuschke/Walker/*Sturhahn*, § 890 ZPO Rn. 53 m.w.N.; MünchKommZPO/*Gruber*, § 890 Rn. 39; *Hilbig-Lugani* in: Prütting/Gehrlein, § 890 Rn. 24; *Bendtsen* in: Kindl/Meller-Hannich/Wolf, § 890 ZPO Rn. 64; *Cirullies*, Rpfleger 2011, 573, 574 m.w.N.; vgl. auch OLG München, Beschl. v. 26.5.1988, 22 AR 37/88, Rpfleger 1988, 540 (Verhaftung durch Gerichtsvollzieher); unklar Zöller/*Stöber*, § 890 Rn. 23.

ZPO zu schließen, sofern nicht die Vorschrift abweichende Spezialregelungen enthält (z.B. max. Haftdauer von zwei Jahren, Abs. 1 S. 2).

Alternativ wird die Vollstreckung nach der **Strafvollstreckungsordnung** befürwortet,[935] die jedoch nach ihrem § 1 allein für strafrechtliche Entscheidungen geschaffen ist. Konsequenz wäre hierbei auch, dass die Ordnungshaft nach § 890 ZPO durch **Polizeibeamte** vollzogen werden müsste,[936] während diejenige nach § 89 FamFG – wie auch eine *Zwangs*haftvollziehung – unter Einschaltung eines **Gerichtsvollziehers** durchgeführt wird. Eine solche unterschiedliche Behandlung gleichgelagerter Fälle ist jedenfalls für die familiengerichtliche Praxis kaum vertretbar.

c) Ersatzordnungshaft

Mit dem Ordnungsgeldbeschluss wird die **Ersatzordnungshaft** in der Regel bereits festgesetzt[937] – allerdings nur bezüglich des „Umrechnungsfaktors" und lediglich unter dem Vorbehalt, dass das Ordnungsgeld nicht beigetrieben werden kann. Bei dieser Uneinbringlichkeit handelt es sich **nicht** etwa um eine **„Bedingung"** mit der Folge, dass bei Vorliegen einer Unpfändbarkeitsbescheinigung des Gerichtsvollziehers der Ordnungsgeldbeschluss automatisch den Charakter einer Haftanordnung erlangte. Vielmehr bedarf es jetzt noch eines **weiteren Beschlusses des Richters**, der nicht nur die Frage der Nichtbeitreibbarkeit des Ordnungsgeldes, sondern auch die weiteren Vollstreckungsvoraussetzungen prüft und dann den Haftantrag bescheidet. Der für die Haftvollziehung grundsätzlich zuständige Rechtspfleger kann also nicht bereits nach Eingang einer „Fruchtlosigkeitsbescheinigung" des Gerichtsvollziehers diesen mit der Verhaftung beauftragen, sondern erst nach Vorliegen des **Haftbefehls**. 363

Gleichwohl ist in der Praxis immer wieder festzustellen, dass **Rechtspfleger** nach eigener Bewertung der Nichtbeitreibbarkeit des Ordnungsgeldes ohne Vorlage der Akten an den Richter den Verpflichteten zum Haftantritt laden.[938] Diese Handhabung beruht wohl auf einem verfehlten Verständnis des **§ 4 Abs. 2 Nr. 2 lit. a) RPflG**, der die Anordnung von Ordnungshaft nach § 890 ZPO in die Hände des Rechtspflegers zu legen 364

935 Vgl. Thomas/Putzo/*Seiler*, § 890 Rn. 32; Stein/Jonas/*Brehm*, § 890 Rn. 45; *Mümmler*, JurBüro 1975, 579, 582; *Steiner/Theede/Knop*, Kap. F. IV. Rn. 96 m.w.N.; Baumbach/*Hartmann*, § 890 Rn. 30

936 Vgl. § 33 Abs. 5 StVollstrO.

937 Ist die Ersatzordnungshaft nicht angeordnet worden, kann das nicht beitreibbare Ordnungsgeld nachträglich in Ordnungshaft **umgewandelt** werden, Art. 8 Abs. 1 EGStGB.

938 Vgl. etwa BVerfG, Beschl. v. 17.2.1992, 2 BvR 1021/91, BeckRS 1992, 08081; BayObLG, Beschl. v. 7.2.2002, 2Z BR 11/02, Rpfleger 2002, 254; KG, Beschl. v. 14.8.2007, 5 W 187/07, BeckRS 2007, 14247; vgl. auch OLG München, Beschl. v. 26.5.1988, 22 AR 37/88, Rpfleger 1988, 540.

scheint.[939] Indes gebietet Art. 104 Abs. 2 S. 1 GG[940] die Auslegung dieser Norm dahingehend, dass für die Durchsetzung des *zivilrechtlichen* Anspruchs auf Ahndung durch Ersatzordnungshaft nach § 890 ZPO die vorherige Haftanordnung eines **Richters** „zwischengeschaltet" ist.[941] Ihm obliegt es, im Rahmen seines Ermessens zu prüfen, ob die Nichtbeitreibbarkeit des Ordnungsgeldes gewiss ist und keine Vollstreckungshindernisse entgegenstehen. Alsdann erlässt er die **Haftanordnung** und legt dabei die Haftdauer in der bereits bestimmten Relation zur Höhe des Ordnungsgeldes fest. Die **weitere Vollstreckung** veranlasst dann entsprechend § 4 Abs. 2 Nr. 2 lit. a) RPflG der **Rechtspfleger** durch Beauftragung des Gerichtsvollziehers.[942]

Praxistipp: Auch wenn die IT-gestützten Anwenderprogramme der Gerichte dies häufig so „vorgeben": Die Ladung des Schuldners zum **Haftantritt** fällt in solchen *zivilrechtlichen* Verfahren **nicht** in den Zuständigkeitsbereich des **Rechtspflegers**, sondern in den des **Gerichtsvollziehers**.

d) Bekanntgabe des Haftbefehls

365 Kann mithin bei der Vollstreckung von Ordnungshaft nach **§ 890 ZPO** von einer entsprechenden Anwendung der Haftvorschriften der ZPO (wie gemäß § 888 Abs. 1 S. 3 ZPO) ausgegangen werden, händigt der zuständige **Gerichtsvollzieher** – analog zum Zwangshaftbefehl nach § 888 ZPO – dem Schuldner bei der Verhaftung von Amts wegen den richterlichen **Ordnungshaftbefehl** in beglaubigter Form aus (§ 802g Abs. 1 S. 3, Abs. 2 S. 2 ZPO). Der Gerichtsvollzieher händigt dem Schuldner bei der Verhaftung eine beglaubigte Abschrift des Haftbefehls aus.

Die **Vollziehung** der Haft richtet sich grundsätzlich nach den Vorschriften über den Vollzug einer Freiheitsstrafe (§ 171 StVollzG).

e) Haftverschonung

366 Die Vollstreckung der **Ersatzordnungshaft** hat zu unterbleiben, wenn die weitere Vollziehung aufgrund der Geschehnisse und Entwicklungen, die **nach der Rechtskraft** des Ordnungsmittelbeschlusses eingetreten sind,

---

939 So etwa *Hilbig-Lugani* in: Prütting/Gehrlein, § 890 Rn. 24.

940 „Über die Zulässigkeit einer Freiheitsentziehung hat nur der Richter zu entscheiden".

941 Ausführlich *Cirullies*, DGVZ 2017, 81, 83.

942 Vgl. auch *Lackmann* in: Musielak/Voit, § 890 Rn. 15, sowie MünchKomm-ZPO/*Gruber*, § 890 Rn. 38; (jeweils: „Vollstreckung der Ordnungsmittel … auf Veranlassung des Vorsitzenden des Prozessgerichts durch den Rechtspfleger"); ferner *Radke* in: Kindl/Meller-Hannich/Wolf, § 4 RPflG Rn. 7; *Rellermeyer* in: Arnold/Meyer-Stolte/Rellermeyer/Hintzen/Georg, § 4 RPflG Rn. 18.

eine **unbillige Härte** darstellen würde (Art. 8 Abs. 2 EGStGB).[943] Auf **Antrag** des Schuldners trifft das Familiengericht (als Prozessgericht)[944] eine entsprechende Anordnung.

Die **Zahlungsunfähigkeit** ist bereits Voraussetzung für die Vollstreckung von Ersatzordnungshaft und begründet daher allein keine unbillige Härte.[945] Im Übrigen müssen die Verschonungsgründe **nachträglich** eingetreten sein.

Beispiel: Der Schuldner begehrt die Einstellung der Vollstreckung der Ersatzhaft, weil seine **wirtschaftlichen Verhältnisse** bereits bei Erlass des Ordnungsmittelbeschlusses derart angespannt gewesen seien, dass von vornherein vorhersehbar gewesen sei, dass er das verhängte Ordnungsgeld nicht werde aufbringen können.

Damit kann der Schuldner mit Blick auf die Rechtskraft eines Titels nicht gehört werden: Er hätte derartige Einwendungen, wenn schon nicht in seiner schriftsätzlichen Stellungnahme zum Ordnungsmittelantrag, jedenfalls mit der **sofortigen Beschwerde** gegen den Ordnungsmittelbeschluss vorbringen können. Mit jenem Rechtsmittel kann der Schuldner auch die Höhe und Art des verhängten Ordnungsmittels angreifen.[946]

Der Schuldner kann seinen bereits formell rechtskräftig abgelehnten Antrag, von der Vollstreckung der Ordnungshaft abzusehen, nur dann wirksam **wiederholen**, wenn er für sein Schutzbegehren neue Sachgründe vorträgt.[947] In Betracht kommt allerdings eine **Verfassungsbeschwerde**, in deren Rahmen beantragt werden kann, im Wege der einstweiligen Anordnung die Vollziehung der Ordnungshaft **auszusetzen**.[948]

8. Gegenüberstellung § 888 ZPO – § 890 ZPO

Die Vollstreckung nach **§ 890 ZPO** ähnelt derjenigen nach **§ 888** 367
ZPO, weist jedoch praktisch bedeutsame **Unterschiede** auf, insbesondere bei der Rolle des **Gläubigers**:

---

943 Zu einem solchen **Ausnahmefall** OLG Bamberg, Beschl. v. 29.11.2004, 1 W 57/04, NJOZ 2005, 1173. Auch die Eröffnung des **Insolvenzverfahrens** könnte hierzu zählen, *Zeitler*, Rpfleger 2012, 113, 116; vgl. aber LG Leipzig, Beschl. v. 27.2.2015, 5 O 1161/14, ZInsO 2015, 1579.

944 Nicht das **Vollstreckungsgericht**. Streitig ist, ob dies auch dann gilt, wenn der Antrag auf die ähnliche Vorschrift des **§ 765a ZPO** gestützt wird, weil die Vollstreckungsmaßnahme von dem Prozessgericht getroffen wird, so LG Frankenthal, Beschl. v. 9.7.1982, 1 T 192/82, Rpfleger 1982, 479; a.A. LG Berlin, Beschl. v. 27.5.1958, 81 T 1751/58, NJW 1959, 53.

945 OLG Bremen, Beschl. v. 14.6.1988, 3 W 24/88, BeckRS 1988, 07146.

946 OLG Köln, Beschl. v. 15.7.2010, 19 W 20/10, BeckRS 2011, 05614.

947 OLG Bremen, Beschl. v. 14.6.1988, 3 W 24/88, BeckRS 1988, 07146.

948 BVerfG, Einstweilige Anordnung v. 16.2.2017, 2 BvR 335/17, BeckRS 2017, 102108.

	§ 888 ZPO	§ 890 ZPO
Regelungsgegenstand	**Unvertretbare Handlung**	**Unterlassung / Duldung**
Festsetzungsverfahren		
– Maßnahme	**Zwangsmittel**	**Ordnungsmittel**
– Antrag / v. A. w.	Antrag	Antrag
– Vollstreckungsklausel	ja	ja (Gewaltschutz: nein)
– **Androhung** erforderlich?	**nein**	**ja**
– **Verschulden** erforderlich?	**nein**	**ja**
– Entschließungsermessen	nein (*ist … zu erkennen*)	nein (*ist … zu verurteilen*)
– Anordnung von Ersatzhaft	ja	ja
Beitreibung des Zwangs-/Ordnungsgeldes		
– **Auftrag**	**Gläubiger**	**Gericht *(Rpfleger)***
– Abführung an Staatskasse	ja	ja
– bei **Nichtbeitreibbarkeit**: *richterlicher* Haftbefehl	**ja (Antrag des Gl.)**	**ja (Vorlage des *Rpfl.*)**
Vollziehung der Zwangs-/Ordnungshaft		
– Verhaftungsauftrag an GV	**Gläubiger**	**Gericht *(Rpfleger)***
– (bloße) Aushändigung des Haftbefehls bei Verhaftung	ja	ja
– Hafthöchstdauer	**6 Monate**	**2 Jahre**

X. Wertfestsetzung und Gebühren in Ordnungs- und Zwangsmittelverfahren

1. Gerichtsverfahren

368 In Ordnungs- und Zwangsmittelverfahren setzt das Gericht keinen Verfahrenswert fest. Vielmehr entsteht eine **feste Gebühr** von 20 €.[949] Die Kosten einer **Ordnungshaft** sind ebenfalls Verfahrenskosten, und zwar **Auslagen** gemäß Nr. 2009 KV FamGKG. Die Kosten, die durch die Beitreibung des **Ordnungsgeldes** entstehen, sind hingegen keine Verfahrenskosten, sondern solche gemäß § 788 ZPO i.V.m. § 11 Abs. 2 JBeitrG und den entsprechenden Vorschriften des GvKostG.[950]

2. Rechtsanwaltsgebühren

369 Bezüglich der **Rechtsanwaltsgebühren** gilt § 33 Abs. 1 RVG: Da es an einer speziellen Vorschrift bezüglich der Festsetzung des Verfahrenswertes fehlt, setzt das Gericht des Rechtszugs den **Wert des Gegenstands** der an-

949 Nr. 2111 KV-GKG bzw. Nr. 1602 KV-FamGKG, für Zwangsgeldbeschlüsse nach § 35 FamFG: Nr. 1502 KV-FamGKG.

950 *Giers* in: Kindl/Meller-Hannich/Wolf, §§ 149–270 FamFG Rn. 181.

waltlichen Tätigkeit auf Antrag durch Beschluss selbstständig fest. Bei der **Schätzung** des Wertes der durch das Ordnungsmittel zu erzwingenden Schuldnerhandlung kommt es nach § 25 Abs. 1 Nr. 3 RVG auf die Gläubigersicht an, wofür ein Bruchteil des Wertes der Hauptsache herangezogen werden kann. **Nicht** maßgebend ist die Höhe des in Rede stehenden Ordnungsgeldes.[951]

Ordnungs-und Zwangsmittelverfahren, die **auf Antrag** eingeleitet werden (§ 89 FamFG, § 888 ZPO,[952] § 890 ZPO), sind Vollstreckungsverfahren und gemäß § 18 Abs. 1 RVG **besondere Angelegenheiten**. Gleiches gilt für das Zwangsmittelverfahren gemäß **§ 35 FamFG** (§ 18 Abs. 1 Nr. 21 RVG). Für Tätigkeiten des Rechtsanwalts in den bezeichneten Verfahren entsteht eine **gesonderte Vergütung** nach den Nrn. 3309, 3310 RVG-VV.

Alle **anderen Ordnungs- und Zwangsmittelverfahren** (z.B. § 33 Abs. 3 FamFG) sind keine besonderen Angelegenheiten i.S.d. RVG, so dass entfaltete Tätigkeiten des Rechtsanwalts keine gesonderten Gebühren auslösen.

XI. Abgabe einer Willenserklärung (§ 894 ZPO)

1. Der einfache Weg

Auch in Familiensachen können die Beteiligten um die Pflicht zur Abgabe einer **Willenserklärung** streiten. **370**

Beispiele:

- Einigungserklärung zwecks Übereignung bestimmter Gegenstände, z.B. Auflassungserklärung[953] oder aufgrund Anordnung nach § 1383 BGB,[954]
- Bewilligung der Eintragung eines dinglichen Rechts,[955]
- Erklärung gegenüber Grundbuchamt, z.B. Zustimmung zur Löschung nicht valutierter Grundschulden,[956] oder Hinterlegungsstelle,

---

951 OLG Celle, Beschl. v. 23.4.2009, 13 W 32/09, NJOZ 2010, 9; OLG München, Beschl. v. 10.3.2011, 33 WF 430/11, FamRZ 2011, 1686; kritisch dazu *Schneider*, FamFR 2011, 182.

952 Dazu OLG Saarbrücken, Beschl. v. 11.10.2011, 5 W 211/11, BeckRS 2011, 24585, dazu NJW-Spezial 2012, 61.

953 Dazu BGH, Beschl. v. 8.5.2013, XII ZB 198/12, FamRZ 2013, 1218; OLG Hamm, Beschl. v. 13.12.2013, 15 W 322/13, Rpfleger 2014, 366.

954 Eine Verurteilung zur **Übereignung beweglicher Sachen** enthält auch die Herausgabepflicht; die Vollstreckung erfolgt insoweit nach §§ 883, 897 ZPO, *Lackmann* in: Musielak/Voit, § 894 Rn. 1.

955 BGH, Beschl. v. 17.11.2011, V ZB 58/11, MDR 2012, 87.

956 OLG Schleswig, Beschl. v. 20.4.2016, 15 UF 84/15, FamRB 2016, 293 mit Anm. *Kogel*.

- Erteilung einer Zustimmung, z.B. zum begrenzten Realsplitting[957], zur steuerlichen Veranlagung[958], zur Veräußerung einer gemeinsamen Immobilie[959] oder zu einer Banküberweisung[960],
- Ersetzung einer Zustimmung, z.B. zu einer Gesamtvermögensverfügung (§ 1365 BGB)[961] oder genetischen Abstammungsuntersuchung (§ 1598a Abs. 2 BGB),
- Begründung eines Mietverhältnisses nach § 1568a Abs. 4 und 5 BGB,
- Mitwirkung an einer Mitteilung nach § 1568a Abs. 3 Nr. 1 BGB,[962]
- Kündigung eines Mietvertrages oder eines Stromliefervertrags[963] nach Trennung.

Ist der Schuldner zur Abgabe einer solchen Willenserklärung „verurteilt" worden, bedarf es zur Vollstreckung dieses Leistungstitels nicht des Umweges über § 888 ZPO. Vielmehr gilt die Erklärung bereits als abgegeben mit **Rechtskraft** der Entscheidung (§ 894 S. 1 ZPO).

Die Vorschrift ist in **fG-Verfahren** über § 95 Abs. 1 Nr. 5 FamFG[964] entsprechend anzuwenden.[965] Vielfach handelt es jedoch um eine **Familienstreitsache** in Form einer sonstigen Familiensache gemäß §§ 112 Nr. 3, 266 Abs. 1 Nr. 3 FamFG, wenn es um die Auseinandersetzung gemeinschaftlichen Eigentums der Eheleute geht.

2. Vollstreckungsvoraussetzungen

371 Die Fiktionswirkung gilt nur für der **Rechtskraft** fähige **Entscheidungen**. Entscheidend ist der Eintritt der **formellen** Rechtskraft (§§ 705 ZPO, 45 FamFG). Im Bedarfsfall kann ein **Rechtskraftzeugnis** ausgestellt werden (§§ 706 ZPO, 46 FamFG).

Ergibt sich die Verpflichtung des Schuldners zur Abgabe einer Willenserklärung hingegen aus einem **gerichtlichen Vergleich** oder einer **vollstreckbaren Urkunde**[966], kann sie lediglich nach § 888 ZPO oder durch Titulierung in einem separaten Erkenntnisverfahren zwangsweise durchgesetzt werden.[967]

---

957 Dazu OLG Koblenz, Beschl. v. 18.7.2014, 7 WF 587/14, FamRZ 2015, 260.

958 OLG Schleswig, Beschl. v. 23.5.2014, 10 UF 63/13, FamRZ 2014, 1924.

959 OLG Frankfurt, Beschl. v. 9.9.2016, 5 WF 168/16, BeckRS 2016, 16862, dazu *Schneider*, NZFam 2017, 182.

960 OLG Saarbrücken, Beschl. v. 28.8.2014, 5 W 56/14, FamRZ 2015, 430.

961 Dazu Rn. 846.

962 OLG Hamm Beschl. v. 21.1.2016, 12 UF 170/15, NJW-RR 2016, 644, dazu *Derichs*, NZFam 2016, 378.

963 BGH, Beschl. v. 24.4.2013, XII ZR 159/12, FamRZ 2013, 1199.

964 Dazu Rn. 508.

965 Etwa betreffend § 1383 BGB, dazu Rn. 729.

966 Dazu BGH, Beschl. v. 8.5.2013, XII ZB 198/12, FamRZ 2013, 1218.

967 BGH, Urt. v. 19.6.1986, IX ZR 141/85, MDR 1986, 931; OLG Saarbrücken, Beschl. v. 13.8.2013, 5 W 79/13, MDR 2013, 1311.

Praxistipp: In dem Vergleich sollte nach Möglichkeit bereits die nach § 127a BGB zulässige *Abgabe* der Willenserklärung statt der bloßen *Verpflichtung* hierzu tituliert werden.

Damit die Wirkung der **Fiktion** nach § 894 S. 1 ZPO eintreten kann, muss der Beschlusstenor zweifelsfrei ergeben, welche **konkrete Erklärung** als abgegeben gelten soll. Ein solch **bestimmter Inhalt** muss durch **Auslegung** zu ermitteln sein, wobei dies auch unter Zuhilfenahme des Tatbestandes und der Entscheidungsgründe erfolgen kann. Genügt eine entsprechende Verurteilung **nicht** dem Bestimmtheitserfordernis, lässt sich die Abgabe auch nicht nach § 888 ZPO erzwingen.[968] **372**

Ist die geschuldete Willenserklärung von einer **Gegenleistung** des Gläubigers abhängig, tritt die Fiktion erst mit der Erteilung einer **qualifizierten vollstreckbaren Ausfertigung** ein (§ 894 S. 2 i.V.m. §§ 726, 730 ZPO). Eine zeitlich zuvor erklärte einseitige **Auflassung** des Titelgläubigers ist auch dann unwirksam, wenn ihm der Urkundsbeamte der Geschäftsstelle eine einfache vollstreckbare Ausfertigung des Urteils erteilt hat.[969]

Die **Fiktion** ist nach § 894 S. 1 ZPO Folge des Ausspruchs im Leistungstitel und demnach Teil der **Zwangsvollstreckung**: Die Wirkung der Verurteilung zur Abgabe der Erklärung tritt erst eine „juristische Sekunde" nach der Rechtskraft des Urteils ein.[970] Dementsprechend ist, soweit § 894 ZPO eingreift, eine Zwangsvollstreckung im Übrigen (insbesondere nach §§ 887, 888 ZPO) nicht nur überflüssig, sondern auch unzulässig.[971]

Der rechtskräftige Beschluss ersetzt die Willenserklärung des Schuldners in der **notwendigen Form** (Schriftform, gerichtliche oder notarielle Form und eine notwendige Beglaubigung).[972]

Praxistipp: Die Fiktionswirkung des § 894 betrifft lediglich die **Abgabe** der Willenserklärung des **Schuldners**. Für den erforderlichen **Zugang** (§§ 130 ff. BGB) muss der Gläubiger selbst Sorge tragen. Ebenso müssen für den Erfolg eines Rechtsgeschäfts etwa erforderliche weitere Erklärungen und Maßnahmen (z.B. Auflassungserklärung des Gläubigers, Grundbucheintragung) noch vorgenommen werden.

968 BGH, Beschl. v. 19.5.2011, I ZB 57/10, FamRZ 2011, 1290; OLG Saarbrücken, Beschl. v. 28.8.2014, 5 W 56/14, FamRZ 2015, 430.

969 OLG Hamm, Beschl. v. 13.12.2013, 15 W 322/13, Rpfleger 2014, 366, dazu *Toussaint*, FD-ZVR 2014, 356287.

970 BGH, Urt. v. 25.11.2004, I ZR 49/02, NJW-RR 2005, 687, 692.

971 OLG Koblenz, Beschl. v. 4.5.2004, 11 WF 288/04, FamRZ 2005, 224.

972 *Lackmann* in: Musielak/Voit, § 894 Rn. 11 m.w.N.

D. Einzelne Verfahrensfragen

I. Anwaltszwang

373 In **Familienstreitsachen** besteht gemäß §§ 113 Abs. 1, 114 Abs. 1 FamFG zwar grundsätzlich **Anwaltszwang.** Dies gilt für die **Vollstreckung** jedoch nur insoweit, als der Antrag bei dem **Prozessgericht** als Vollstreckungsgericht zu stellen und hier der **Richter** zuständig ist, also insbesondere in Verfahren nach §§ 887 ff. ZPO.[972a] Hingegen unterliegen Anträge an den Gerichtsvollzieher, das Vollstreckungsgericht, das Grundbuchamt sowie an den Rechtspfleger des Prozessgerichts (Vollstreckungsklausel) **nicht** dem Anwaltszwang.[973]

II. Prozesskostenhilfe und Anwaltsbeiordnung

1. Grundsatz

374 Da in Vollstreckungssachen in der Regel kein Anwaltszwang besteht, richtet sich die Frage, ob und inwieweit dem Antragsteller im Rahmen der bewilligten **Prozesskostenhilfe** ein **Rechtsanwalt beizuordnen** ist, nach **§ 121 Abs. 2 ZPO.**[974] Danach ist die Beiordnung geboten, wenn die Vertretung durch einen Rechtsanwalt **erforderlich** erscheint oder der Gegner durch einen Rechtsanwalt vertreten ist („Waffengleichheit").

Die **Erforderlichkeit** anwaltlicher Vertretung hängt einerseits von der Schwierigkeit der im konkreten Fall zu bewältigenden Rechtsmaterie und andererseits von den persönlichen Fähigkeiten und Kenntnissen des Antragstellers ab.[975] Sie ist gegeben, wenn **Umfang, Schwierigkeit und Bedeutung** der Sache Anlass zu der Befürchtung geben, der Hilfsbedürftige werde nach seinen persönlichen Fähigkeiten nicht in der Lage sein, seine Rechte sachgemäß wahrzunehmen und die notwendigen Maßnahmen in mündlicher oder schriftlicher Form zu veranlassen.[976] Entscheidend sind folglich – man ahnt es – stets die Umstände des **Einzelfalls**. Maßgebend ist die jeweilige **Zwangsvollstreckungsmaßnahme.**[977]

972a Vgl. OLG Bamberg, Beschl. v. 22.2.2017, 2 WF 18/17, BeckRS 2017, 108560.

973 *Griesche* in: Ehinger/Griesche/Rasch, Kap. M., Rn. 2 und 16.

974 I.V.m. § 120 FamFG. Es gilt also **nicht § 78 FamFG**, der nur in fG-Verfahren anzuwenden ist (unzutreffend daher OLG Stuttgart, Beschl. v. 30.8.2010, 8 W 354/10, FamRZ 2011, 128).

975 BGH, Beschl. v. 9.8.2012, VII ZB 84/11, NJW-RR 2012, 1153, dazu *Schael*, FamFR 2012, 475.

976 BGH, Beschl. v. 18.7.2003, IXa ZB 124/03, FamRZ 2003, 1547.

977 BGH, Beschl. v. 10.12.2009, VII ZB 31/09, FamRZ 2010, 288.

Praxistipp: Damit ist der **BGH** erheblich „bürgerfreundlicher" als viele Instanzgerichte, die – auch mit dem Hinweis auf die **Rechtsantragstelle** des Gerichts – die Beiordnung in Vollstreckungsverfahren oft stereotyp verweigern.[978]

2. Einzelfälle

Die „besten Karten" hat bei der Frage der Anwaltsbeiordnung noch der **Unterhaltsgläubiger**. Wie jeder Praktiker erkennen auch viele Obergerichte rechtliche Schwierigkeiten, die sich bei der Anwendung des **§ 850d ZPO** ergeben. Daher ist es in der Regel erforderlich, dem Unterhaltsgläubiger im Rahmen der Prozesskostenhilfebewilligung einen **Rechtsanwalt** beizuordnen.[979] **375**

Auch der Gläubiger, der die Eintragung einer **Zwangssicherungshypothek** beantragen möchte und hierfür um Prozesskostenhilfe nachsucht, wird in der Regel nicht alleingelassen: Hier kommt regelmäßig auch die **Beiordnung** eines Rechtsanwalts in Betracht. Denn es handele sich um **keine einfache Rechtsmaterie**. Daran ändere die Möglichkeit nichts, den Antrag formlos, gegebenenfalls unter Zuhilfenahme der Rechtsantragstelle einreichen zu können.[980]

III. Rechtsbehelfe im Vollstreckungsverfahren

1. Übersicht

Das **Rechtsbehelfssystem der ZPO** ist verwirrend und kann hier lediglich in den **Grundzügen** veranschaulicht werden. Zu differenzieren ist danach, **376**

- ob Maßnahmen oder Entscheidungen in dem der Vollstreckung vorgeschalteten **Klauselerteilungsverfahren**[981] oder aber in dem eigentlichen **Zwangsvollstreckungsverfahren** angefochten werden,
- ob der **Gläubiger**, der **Schuldner** oder ein **Dritter** Einwendungen erhebt,
- ob **formelle** Verfahrensfehler oder aber **materiell-rechtliche** Einwendungen geltend gemacht werden *und*
- welches **Vollstreckungsorgan** tätig geworden ist (Prozessgericht, Vollstreckungsgericht, Rechtspfleger, Gerichtsvollzieher, Grundbuchamt).

978 Etwa LG Koblenz, Beschl. v. 13.5.2011, 2 T 232/11, MDR 2011, 883.

979 BGH, Beschl. v. 9.8.2012, VII ZB 84/11, NJW-RR 2012, 1153; OLG Stuttgart, Beschl. v. 30.8.2010, 8 W 354/10, FamRZ 2011, 128.

980 OLG München, Beschl. v. 21.11.2016, 34 Wx 420/16, FamRZ 2017, 747 (Unterhaltsvollstreckung); KG, Beschl. v. 7.6.2012, 1 W 94/12, Rpfleger 2012, 552.

981 Dazu oben Rn. 92 ff.

Flankiert werden die dem **Schuldner** eröffneten Rechtsbehelfe vielfach durch die Möglichkeit, die **vorläufige Einstellung** der Zwangsvollstreckung zu beantragen.[982] Hilfsweise kann er Vollstreckungsschutz nach **§ 765a ZPO**[983] begehren. Bei alledem zu beachten ist das Gebot, **effektiven Rechtsschutz** zu gewährleisten.[984]

Die in der Praxis bedeutsamsten **Rechtsbehelfe** werden im Folgenden kurz erläutert.

2. Vollstreckungserinnerung

a) Statthaftigkeit

377 Mit der Erinnerung nach § 766 Abs. 1 ZPO können allein Einwände gegen die **Art und Weise der Zwangsvollstreckung** erhoben oder Verstöße des **Gerichtsvollziehers** gegen das von ihm bei der Zwangsvollstreckung zu beobachtende Verfahren gerügt werden, **nicht** hingegen **materiell-rechtliche Einwendungen** gegen den durch den Vollstreckungstitel rechtskräftig zuerkannten Anspruch.[985] Überhaupt ist die Vollstreckungserinnerung der „Standardrechtsbehelf" des Gläubigers im Umgang mit dem **Gerichtsvollzieher**, wie sich auch aus § 766 Abs. 2 ZPO ergibt.[986] Die Vollstreckungserinnerung ist **nicht** statthaft, wenn das **Prozessgericht**[987] oder das **Grundbuchamt**[988] als Vollstreckungsorgan tätig geworden sind.

Grundsätzlich steht die Erinnerung sowohl dem **Gläubiger** wie auch dem **Schuldner**, ferner einem betroffenen **Dritten** zu. Ein Anwaltszwang besteht nicht. Allerdings kann der **Schuldner** nur Verstöße gegen das Vollstreckungsrecht geltend machen, durch die er **selbst beschwert** ist; daran fehlt es, wenn der Schuldner seine Beeinträchtigung ausschließlich aus der Verletzung eines Rechts eines **Dritten** ableitet.[989]

Die Erinnerung ist weder an eine **Form** noch an eine **Frist** gebunden. Sie ist wegen **kostenrechtlicher** Beanstandungen auch nach Erledigung des Vollstreckungsauftrags zulässig.[990]

---

982 Dazu Rn. 382, 393.

983 Dazu Rn. 400.

984 Anschaulich: BVerfG, Beschl. v. 16.7.2015, 1 BvR 625/15, NJW 2015, 3432.

985 BGH, Beschl. v. 16.6.2016, I ZB 58/15, NJW 2016, 3455.

986 Eingehend *Glenk*, NJW 2016, 1864; ferner *Becker*, JuS 2011, 37.

987 Etwa nach §§ 888, 890 ZPO, dazu Rn. 285; vgl. aber OLG Düsseldorf, Urt. v. 19.4.2012, 2 U 17/11, BeckRS 2012, 09384 betreffend das JBeitrG.

988 Dann Beschwerde nach § 71 GBO.

989 BGH, Beschl. v. 13.8.2009, I ZB 91/08, Rpfleger 2010, 33.

990 Zöller/*Stöber*, § 766 Rn. 13; *Kessel* in: Kindl/Meller-Hannich/Wolf, § 5 GvKostG Rn. 14.

b) Zuständigkeit

Für das Erinnerungsverfahren ist **zuständig** das **Vollstreckungsgericht**, eine Abteilung des Amtsgerichts, in dessen Bezirk die Vollstreckung erfolgt (§ 764 ZPO). Funktionell zuständig ist der **Richter**. Gegen dessen Entscheidung findet die sofortige Beschwerde nach § 793 ZPO statt.[991] 378

Hinweis: Diese Regelung gilt auch für **familiengerichtliche** Titel.[992] Zum einen handelt es sich dabei um einen ausschließlichen Gerichtsstand.[993] Im Übrigen ist das Familiengericht im Rahmen der Zwangsvollstreckung nur zuständig, soweit es als **Prozessgericht** entschieden hat.

c) Verfahrensfehler

Verfahrensmängel, die mit der Vollstreckungserinnerung gerügt werden können, sind das Fehlen einer allgemeinen oder besonderen **Vollstreckungsvoraussetzung**, das Entgegenstehen von **Vollstreckungshindernissen** sowie Fehler bei der Durchführung des **Vollstreckungsverfahrens**.[994] Hierzu zählt auch der Einwand, der Tenor eines Vollstreckungstitels weise **mangels hinreichender Bestimmtheit** keinen vollstreckbaren Inhalt auf.[995] Hingegen kann der Schuldner im der Erinnerung **nicht** materiell-rechtliche Fragen überprüfen lassen, beispielsweise ob in Bezug auf eine **Zug-um-Zug-Verpflichtung** das Angebot des Gläubigers ausreicht.[996] 379

Praxistipp: Im Wege der **Erinnerung** kann lediglich die Aufhebung einer **einzelnen Vollstreckungsmaßnahme** erreicht werden. Eine zwischen den Parteien auch für die Zukunft verbindliche Festlegung des **Inhalts des Vollstreckungstitels** kann allein mit einem (zulässigen) **Feststellungsantrag** getroffen werden.[997]

d) Abgrenzung

Zu den Tücken des Rechtsmittelsystems in der Zwangsvollstreckung gehört die mitunter schwierige **Abgrenzung** zwischen den einzelnen Rechtsbehelfen. 380

---

991 Dazu Rn. 383.

992 §§ 95 Abs. 1, 120 Abs. 1 FamFG.

993 § 802 ZPO.

994 BeckOK-ZPO/*Preuß*, Vorbem. § 766.

995 BGH, Beschl. v. 11.4.2013, I ZB 61/12, NJW 2013, 2287, dazu oben Rn. 30 (Bestimmtheit – Rechtsschutz).

996 BGH, Beschl. v. 16.6.2016, I ZB 58/15, NJW 2016, 3455.

997 OLG Karlsruhe, Beschl. v. 23.8.2004, 16 WF 75/04, Rpfleger 2005, 95.

So ist die auf die Überprüfung von **Verfahrensfehlern** ausgerichtete Vollstreckungserinnerung zu unterscheiden von dem gerichtlichen **Vollstreckungsabwehrantrag** (§ 767 ZPO), mit dem **materiell-rechtliche** Einwendungen erhoben werden.[998]

Die **sofortige Beschwerde** nach § 793 ZPO bzw. § 11 Abs. 1 RPflG dient ebenfalls der Überprüfung formeller Verfahrensfehler, jedoch nur soweit es um gerichtliche **„Entscheidungen"** des Richters oder Rechtspflegers geht.[999]

e) Entscheidung

381 Ist die Vollstreckungserinnerung des **Schuldners** erfolgreich, so wird die betreffende **Zwangsvollstreckungsmaßnahme** des Gerichtsvollziehers für **unzulässig erklärt**. Einer zusätzlichen Aufforderung an den Gerichtsvollzieher, eine bestimmte Vollstreckungsmaßnahme **aufzuheben**, bedarf es **nicht**, da bereits aus § 776 i.V.m. § 775 Abs. 1 Nr. 1 ZPO eine Verpflichtung zur Aufhebung der Zwangsvollstreckungsmaßnahme folgt.[1000]

Praxistipp: Im Sinne dieser Vorschriften **aufgehoben** werden kann aber nur eine **noch nicht beendete Maßnahme**, wie etwa eine unzulässige Sachpfändung durch Entfernen der Pfandsiegel, **nicht** dagegen eine bereits endgültig **vollzogene Maßnahme** wie etwa eine durchgeführte Räumung. Sie müsste vielmehr rückgängig gemacht werden, was nicht mit der Erinnerung, sondern nur mit einem im Erkenntnisverfahren erlangten Titel durchgesetzt werden kann.[1001]

f) Einstweilige Anordnung

382 Nach § 766 Abs. 1 S. 2 ZPO ist das **Vollstreckungsgericht** befugt, bis zur Entscheidung über die Vollstreckungserinnerung die in § 732 Abs. 2 ZPO bezeichneten **einstweiligen Anordnungen** zu erlassen. Es kann insbesondere – auch von Amts wegen – eine Vollstreckungsmaßnahme gegen oder ohne Sicherheitsleistung einstweilen einstellen oder anordnen, dass die Vollstreckung nur gegen Sicherheitsleistung fortgesetzt wird (vgl. § 775 Nr. 2 ZPO). Die Entscheidungen sind **nicht anfechtbar**.

Diese **einstweilige Anordnung** ist zu **unterscheiden** von:

- der vorläufigen Einstellung nach **§ 769 ZPO** insofern, als dort das **Prozessgericht** entscheidet, und zwar lediglich auf **Antrag** und grundsätzlich erst nach Zahlung des **Kostenvorschusses**;[1002]

998 Dazu näher *Staufenbiel/Meurer*, JA 2005, 879; ferner Rn. 384.
999 Dazu Rn. 383.
1000 *Hein*, JuS 2015, 900.
1001 BGH, Beschl. v. 21.12.2004, IXa ZB 324/03, MDR 2005, 648.
1002 Dazu näher Rn. 395.

– von dem **selbständigen** Verfahren der einstweilige Anordnung nach **§ 49 FamFG**; demgegenüber stellt die Anordnung nach § 732 Abs. 2 ZPO – ähnlich wie bei § 769 ZPO – einen **Annex** zum Hauptsacheverfahren dar, löst folglich auch keine Kosten aus.

3. Sofortige Beschwerde (§ 793 ZPO)

Gegen **Entscheidungen**, die im Zwangsvollstreckungsverfahren ohne mündliche Verhandlung ergehen können, findet gemäß § 793 ZPO das Rechtsmittel der **sofortigen Beschwerde** statt. Dies gilt auch für Entscheidungen des **Rechtspflegers** im Vollstreckungsverfahren (§ 11 Abs. 1 RPflG).[1003] 383

Eine **Entscheidung** liegt nach h.M. grundsätzlich vor bei der Ablehnung des Antrags des Gläubigers, ferner wenn ein Beschluss nach tatsächlicher und rechtlicher Würdigung des Parteivorbringens ergangen ist, insbesondere nach Anhörung beider Parteien.[1004] Sie ist abzugrenzen von bloßen mit der Erinnerung nach § 766 ZPO anfechtbaren **Vollstreckungsmaßnahmen**.[1005]

In der Praxis von Bedeutung sind insoweit Beschlüsse, die **Zwangs- oder Ordnungsmittel** androhen, festsetzen oder den Antrag zurückweisen. Gegen die **Vollstreckung** des Festsetzungsbeschlusses sind die für die betreffende Zwangsvollstreckungsmaßnahme jeweils einschlägigen Rechtsbehelfe gegeben.

4. Vollstreckungsabwehrantrag (§ 767 ZPO)

a) Voraussetzungen

(a) Materiell-rechtliche Einwendungen

Wegen der Formalisierung der Vollstreckung darf das Vollstreckungsorgan den Bestand des titulierten Anspruchs nicht überprüfen. Ist der **materiell-rechtliche Anspruch** des Gläubigers geringer als der titulierte Anspruch geworden, kann der Schuldner dies mit dem **Vollstreckungsabwehrantrag** (auch: Vollstreckungsgegenantrag) nach § 767 ZPO einwenden.[1006] **Formelle** Mängel einzelner Vollstreckungsmaßnahmen sind hingegen mit der **Vollstreckungserinnerung** nach § 766 ZPO[1007] (oder 384

1003 MünchKomm-ZPO/*Schmidt/Brinkmann*, § 793 Rn. 20.

1004 *Lackmann* in: Musielak/Voit, § 766 Rn. 11; BeckOK-ZPO/*Preuß*, Vorbem. § 766 je m.w.N.; streitig ist die Frage bei der richterlichen **Durchsuchungsanordnung**, dazu Rn. 173.

1005 Eingehend *Hintzen*, Rpfleger 2016, 258, 259.

1006 OLG Braunschweig, Beschl. v. 16.11.2016, 1 WF 203/16, FamRZ 2017, 788; *Lackmann* in: Musielak/Voit, § 767 Rn. 1.

1007 Dazu Rn. 377.

der sofortigen Beschwerde nach § 793 ZPO, § 11 Abs. 1 RPflG)[1008] geltend zu machen.

385 Beachtlich sind nach Erlass des Titels entstandene **materiell-rechtliche** Einwendungen gegen den zugrunde liegenden Anspruch wie etwa: **Wegfall der Verfahrensstandschaft**,[1009] **gesetzlicher Forderungsübergang**,[1010] **Forderungsverzicht**, **Verwirkung**, Einrede der **Verjährung** oder sonstige **Erlöschensgründe**.[1011]

386 Bei dem **Einwand der Erfüllung** ist zu bedenken:

- Eine Erfüllung des **Unterhaltsanspruches** durch **„Verrechnung"** kommt in der Regel wegen des **Aufrechnungsverbots**[1012] nicht in Betracht.
- Wird der **Nachweis** der Befriedigung vom Schuldner **urkundlich** geführt, ist zwar das Zwangsvollstreckungsverfahren grundsätzlich gemäß § 775 Nr. 4, 5 ZPO einzustellen oder zu beschränken. **Bestreitet** dann aber der **Gläubiger** die urkundlich belegte Befriedigung, ist der Schuldner doch auf den Weg des **Vollstreckungsabwehrverfahrens** zu verweisen.[1013]
- In Verfahren nach **§§ 887, 888 ZPO** ist der **Einwand der Erfüllung** zu berücksichtigen; eines Vollstreckungsabwehrverfahrens bedarf es nicht.[1014]
- Erfüllt der Antragsgegner die Forderung während des Verfahrens, darf er nicht auf den Antragsteller vertrauen und muss **Erfüllung einwenden**, wenn er nicht später mit dieser Einwendung nach § 767 Abs. 2 ZPO **ausgeschlossen** sein will.[1015]

(b) Vollstreckungsfähige Titel

387 Durch ein Vollstreckungsabwehrverfahren vermag der Schuldner nicht die Aufhebung des angegriffenen Titels zu erreichen, sondern lediglich die **Beseitigung** oder **Einschränkung der Vollstreckbarkeit**. Daher ist dieses

1008 Dazu oben Rn. 383.

1009 OLG Hamm, Beschl. v. 23.12.2015, 2 WF 198/15, FamRZ 2016, 1100; KG, Beschl. v. 13.7.2015, 25 UF 57/15, FamRZ 2016, 379.

1010 OLG Köln, Urt. v. 30.8.2001,14 UF 143/00, FamRZ 2002, 555.

1011 Z.B. der **Wegfall des Unterhaltsanspruchs** bei **Wiederheirat**, OLG Naumburg, Beschl. v. 24.8.2005, 14 WF 126/05, FamRZ 2006, 1402, oder bei **Eintritt einer Bedingung**, OLG Köln, Beschl. v. 28.2.2000, 16 W 4/00, FamRZ 2001, 177.

1012 §§ 394 BGB, 850b Abs. 1 Nr. 2 ZPO; ausführlich *Wohlfahrt*, FamRZ 2001, 1185.

1013 BGH, Beschl. v. 15.10.2015, V ZB 62/15, Rpfleger 2016, 177, dazu *Toussaint*, FD-ZVR 2016, 375069; vgl. auch OLG Saarbrücken, Beschl. v. 26.4.2016, 1 W 10/16, NJOZ 2017, 117.

1014 Dazu oben Rn. 293.

1015 BGH, Urt. v. 1.12.2011, IX ZR 56/11, MDR 2012, 368, dazu *Elzer*, FD-ZVR 2012, 327055; sinnvoll kann insoweit ein **Zwischenfeststellungsantrag** nach § 256 Abs. 2 ZPO sein, dazu *Kaiser*, NJW 2017, 1223, 1224.

Verfahren auch nur gegen Titel mit **vollstreckungsfähigem** Inhalt zulässig (also **nicht** gegen Feststellungs- und Gestaltungsbeschlüsse).

Das Vollstreckungsabwehrverfahren ist auch gegen **gerichtliche Vergleiche** möglich. Falls allerdings die **Unwirksamkeit** des Vergleichs selbst geltend gemacht wird, ist vorrangig das Ausgangsverfahren fortzusetzen.

Bei dem Vollstreckungsabwehrverfahren gegen **Beschlüsse** können nur Gründe geltend gemacht werden, die nach Abschluss des ursprünglichen Verfahrens entstanden sind (§ 767 Abs. 2 ZPO). Entscheidend ist für die **Präklusion** allein der Zeitpunkt der Entstehung, nicht der der Kenntnis des jeweiligen Beteiligten.[1016] Diese Einschränkung gilt **nicht** bei Titeln ohne Rechtskraftwirkung wie etwa einem Verfahrensvergleich oder einer notariellen Urkunde gemäß § 797 Abs. 4 ZPO.

Bei **einstweiligen Anordnungen** nach § 49 FamFG ist der Schuldner nicht auf die Möglichkeiten des § 54 FamFG beschränkt. Er kann vielmehr wahlweise ein **Vollstreckungsabwehrverfahren** einleiten, wenn die Vollstreckbarkeit einer Anordnung beseitigt werden soll.[1017]

b) Abgrenzung zum Abänderungsantrag (§ 238 FamFG)

In **Unterhaltssachen** bereitet mitunter die Abgrenzung zu einem **Abänderungsantrag** nach §§ 238 ff. FamFG Schwierigkeiten. Herkömmlicherweise werden die beiden Verfahrens unter dem Gesichtspunkt der in Betracht kommenden **Antragsbegründungen** gegeneinander abgegrenzt: § 767 ZPO dient der Durchsetzung rechtsvernichtender, rechtshemmender und beschränkender Einwendungen, während § 238 FamFG die anspruchsbegründenden Tatsachen und damit den Antragsgrund selbst betrifft.[1018] Dabei ermöglicht der Abänderungsantrag sowohl dem **Schuldner** wie dem **Gläubiger**, einen Unterhaltstitel unter Durchbrechung seiner Rechtskraft an veränderte Verhältnisse anzupassen. Demgegenüber beschränkt sich das Ziel des nur von dem **Schuldner** zu erhebenden Vollstreckungsabwehrantrags auf die vollständige oder teilweise **Beseitigung der** Vollstreckbarkeit des Titels, dessen Inhalt und Rechtskraft aber bestehen bleiben.[1019] 388

Beispiel: Wendet sich der Unterhaltsschuldner wegen des inzwischen eingetretenen Rentenbezugs des Unterhaltsberechtigten gegen einen titulierten Unterhaltsanspruch, ist hierfür der **Abänderungsantrag** nach § 238 FamFG und nicht der Vollstreckungsgegenantrag nach § 767 ZPO eröffnet.[1020]

1016 BGH, Urt. v. 19.10.2000, IX ZR 255/99, NJW 2001, 231.

1017 *Borth/Grandel* in: Musielak/Borth, § 54 FamFG Rn. 13; Keidel/*Giers*, § 54 FamFG Rn. 9, ferner § 246 FamFG Rn. 8 zu den Möglichkeiten eines **negativen Feststellungsantrags**; dazu auch OLG Hamm, Beschl. v. 14.11.2016, 13 UF 126/16, FamRZ 2017, 724.

1018 *Schmitz* in: Wendl/Dose, § 10 Rn. 153.

1019 Keidel/*Meyer-Holz*, § 238 FamFG Rn. 38 m.w.N.

1020 BGH, Urt. v. 8.6.2005, XII ZR 294/02, FamRZ 2005, 1479.

Vollstreckungsabwehr- und Abänderungsantrag schließen sich grundsätzlich gegenseitig aus. Eine **Abgrenzung** ist auch deshalb zwingend geboten, weil das Abänderungsverfahren nur bei wesentlichen Änderungen und zudem unter der zeitlichen Begrenzung durch § 238 Abs. 3 FamFG Aussicht auf Erfolg bietet, ein Vollstreckungsabwehrverfahren aber schon mit dem Zeitpunkt der Entstehung der Einwendung einsetzen kann.[1021] Auch unterscheiden sie sich bei den Voraussetzungen für den Erlass **einstweiliger Anordnungen.**[1022]

Praxistipp: Allerdings können der Vollstreckungsabwehr- und Abänderungsantrag, sofern eine Klageverbindung gemäß § 260 ZPO (bei gleichem Gerichtsstand)[1023] zulässig ist, als **Haupt- und Hilfsantrag** gestellt werden.[1024] Das Gericht muss dann gemäß § 139 ZPO auf den „richtigen" Klageantrag hinweisen.[1025]

c) Rechtsschutzbedürfnis

389 Hat der Gläubiger einen **Vollstreckungsverzicht** erklärt, kann das **Rechtsschutzbedürfnis** für den **Vollstreckungsabwehrantrag** fehlen,[1026] nicht jedoch für eine Klage auf **Herausgabe des Titels.**[1027] Freilich kommt es gelegentlich trotz Verzichtserklärung noch zu Vollstreckungsmaßnahmen.[1028]

Ein **Rechtsschutzinteresse** kann ferner zu verneinen sein, wenn ein einfacherer und billigerer Weg zur Beseitigung der Vollstreckbarkeit möglich ist, etwa durch Vorlage einer **Zahlungsquittung** oder eines Überweisungsbelegs als urkundlicher Nachweis i.S.d. § 775 Nr. 4, 5 ZPO. Allerdings reichen solche Nachweise nicht aus, wenn der Gläubiger eine **Befriedigung** oder die Stundung der titulierten Forderung **bestreitet.**[1029] Im Übrigen fehl das Rechtschutzbedürfnis, wenn eine Vollstreckung unzweifelhaft nicht mehr droht. Wann dies der Fall ist, ist eine von Umständen des Einzelfalles abhängige Tatfrage.[1030]

1021 *Schmitz* in: Wendl/Dose, § 10 Rn. 152.

1022 Dazu Rn. 64.

1023 Dazu *Kasenbacher*, NJW-Spezial 2014, 324.

1024 BGH, Urt. v. 14.3.1979, IV ZR 80/78, MDR 1979, 829; OLG Köln, Urt. v. 30.8.2001, 14 UF 143/00, FamRZ 2002, 555.

1025 Vgl. BGH, Urt. v. 7.12.2005, XII ZR 94/03, FamRZ 2006, 261.

1026 OLG Stuttgart, Beschl. v. 9.2.2016, 9 W 72/15, BeckRS 2016, 18442; ausführlich *Holznagel*, NZFam 2014, 58.

1027 BGH, Urt. v. 21.1.1994, V ZR 238/92, NJW 1994, 1161; dazu Rn. 391.

1028 Dazu *Romeyko*, FamRZ 2007, 1217.

1029 BGH, Beschl. v. 15.10.2015, V ZB 62/15, Rpfleger 2016, 177, vgl. Rn. 386.

1030 OLG Hamm, Urt. v. 23.6.2016, 5 U 157/15, NJOZ 2016, 1865.

Hingegen bleibt ein **Vollstreckungsabwehrantrag** nach § 767 ZPO selbst dann zulässig, wenn der Schuldner zuvor mit denselben Einwendungen im **Klauselerteilungsverfahren** nach § 732 ZPO vorgegangen ist.[1031]

d) Antrag und Beschlusstenor

Der **Vollstreckungsabwehrantrag** deckt sich mit dem erstrebten Beschlusstenor und orientiert sich an § 775 Nr. 1 ZPO: *„Die Zwangsvollstreckung aus dem … (genaue Titelbezeichnung) wird für unzulässig erklärt“.*[1032] Weil sich der Vollstreckungsabwehrantrag gegen einen bestimmten titulierten Anspruch und nicht gegen einen konkreten Pfändungsakt richtet, ist die (gesamte) Zwangsvollstreckung und **nicht** bloß eine **einzelne Maßnahme** „für unzulässig zu erklären“.[1033] **390**

Allerdings ist hierbei hinreichend klar zu formulieren, ob die Vollstreckbarkeit des Titels **vollständig** aufgehoben oder **nur teilweise** beschränkt werden soll *(„wegen eines Betrages von“, „aus Nr. 2. des Vergleichs vom …“, „bis zum …“).*[1034]

Praxistipp: Sollte sich aus dem Antrag nicht klar ergeben, dass nur für einen **begrenzten Zeitraum** die Unzulässigkeit der Zwangsvollstreckung geltend gemacht wird, erhöht dies unnötig den **Verfahrenswert**[1035] – und damit die Regressgefahr. Auf die Annahme einer **konkludenten** Beschränkung der titulierten Forderung aufgrund der Klagebegründung[1036] sollte man nicht vertrauen.

e) Herausgabe des Titels

Hat der **Vollstreckungsabwehrantrag** Erfolg, besteht die Gefahr, dass der Gläubiger trotz der gerichtlich ausgesprochenen Unzulässigkeit der Zwangsvollstreckung weiter aus dem Titel gegen den Schuldner vorgeht. Daher sollte mit der Hauptsache die **Herausgabe der vollstreckbaren Ausfertigung** nach § 371 BGB analog beantragt werden. Einer besonderen Begründung bedarf es nicht. **391**

1031 OLG Celle, Urt. v. 9.12.2009, 4 U 144/09, JurBüro 2010, 159.

1032 **Nicht** also: *„… wird festgestellt, dass die Vollstreckung … unzulässig ist.“*, denn es handelt sich um einen prozessualen **Gestaltungsantrag**.

1033 *Hein*, JuS 2015, 900, 901.

1034 *Lackmann* in: Musielak/Voit, § 767 Rn. 44; BGH, Urt. v. 17.4.1986, III ZR 246/84, NJW-RR 1987, 59.

1035 BGH, Beschl. v. 2.2.1962, V ZR 70/60, NJW 1962, 806; OLG Karlsruhe, Beschl. v. 13.2.2012, 18 WF 169/11, FamRZ 2013, 325; OLG Hamm, Beschl. v. 8.3.1991, 12 W 2/91, Rpfleger 1991, 387. Der **Verfahrenswert** bestimmt sich grundsätzlich nach § 51 Abs. 1 und 2 FamGKG.

1036 OLG Koblenz, Beschl. v. 18.2.2000, 13 WF 64/00, FamRZ 2001, 845 (LS).

Beispiel: „*Die Antragsgegnerin ist verpflichtet, die vollstreckbare Ausfertigung des Beschlusses … an den Antragsteller herauszugeben.*“

392 Diese Anträge sind **kumulativ** im Wege der objektiven Klagehäufung gemäß § 260 ZPO möglich.[1037] Im Erfolgsfall kann der Schuldner jedenfalls umgehend die **Herausgabevollstreckung** durch Wegnahme der vollstreckbaren Ausfertigung durch den Gerichtsvollzieher (§ 883 ZPO) betreiben.[1038]

Praxistipp: Probleme bestehen bei einer nur **teilweisen** Unzulässigkeit der Vollstreckung dann, wenn der Gläubiger den Titel noch für zukünftige (Teil-)Ansprüche oder wegen noch offener Rückstände benötigt. Dann soll es ihm zumutbar sein, eine **Teilausfertigung** (für die seiner Ansicht nach offenen Zeiträume) zu beantragen und im Übrigen die unbeschränkte Ausfertigung aus der Hand zu geben.[1039] Wichtig ist in jedem Fall die **einstweilige Einstellung** der Vollstreckung[1040] mit den Möglichkeiten nach §§ 775 Nr. 1, 776 ZPO.

f) Einstweilige Einstellung (§ 769 ZPO)

(a) Vorläufiger Rechtsschutz

393 Gemeinsam mit dem Vollstreckungsabwehrverfahren kann der Schuldner für den Fall, dass der Gläubiger aus dem Titel vollstreckt bzw. dies androht, gemäß § 769 ZPO die **vorläufige Einstellung der Zwangsvollstreckung** beantragen. Hierfür muss er darlegen, dass sein Schutzbedürfnis das Interesse des Gläubigers an der Durchführung der Zwangsvollstreckung überwiegt.[1041]

Praxistipp: Der Antrag sollte in Unterhaltssachen sofort bei **Einleitung des Verfahrens** gestellt werden. Denn spätere Ansprüche zur Rückzahlung überzahlten Unterhalts können nur selten realisiert werden. Dem Unterhaltsschuldner hilft insoweit nur eine rasche Entscheidung über den Einstellungsantrag.

1037 OLG Hamm, Urt. v. 24.6.2015, 30 U 155/14, BeckRS 2015, 13308, dazu *Toussaint*, FD-ZVR 2015, 371633; trotz missverständlicher Formulierungen des BGH (etwa BGH, Urt. v. 9.10.2013, XII ZR 59/12, Rpfleger 2014, 91), die jedoch lediglich die **nachträgliche** Herausgabeklage betreffen, dazu *Kaiser*, NJW 2014, 364, 366.

1038 *Kaiser*, NJW 2014, 364, 365.

1039 *Holznagel*, NZFam 2016, 370; *derselbe*, NZFam 2014, 58.

1040 Dazu Rn. 393.

1041 BGH, Beschl. v. 4.1.2017, I ZR 64/16, BeckRS 2017, 100148.

In Betracht kommt ferner ein Antrag auf **Aufhebung** von Vollstreckungsmaßnahmen, die jedoch nur gegen **Sicherheitsleistung**[1042] zulässig ist (§ 769 Abs. 1 S. 1 ZPO). In jedem Fall ist der Tatsachenvortrag **glaubhaft zu machen** (§ 769 Abs. 1 S. 3 ZPO), in der Regel durch eidesstattliche Versicherung. 394

Die einstweilige Anordnung nach § 769 ZPO stellt ein gebührenfreies **Annexverfahren zur Hauptsache** nach § 767 ZPO dar.[1043]

Praxistipp: Wird wegen eines Einstellungsantrags neben dem Hauptsacheverfahren **fehlerhaft** ein **gesondertes** Verfahren geführt, ist für das Verfahren über die Einstellung der Zwangsvollstreckung auch gesondert **Verfahrenskostenhilfe** zu bewilligen.[1044]

(b) Vorschusspflicht

Über den Antrag nach § 769 ZPO kann das Prozessgericht grundsätzlich erst befinden, wenn die Hauptsache anhängig gemacht worden und die Rechtshängigkeit sichergestellt ist. Der **Vorschuss** muss gezahlt sein. Ein **Verfahrenskostenhilfeantrag** reicht hier **nicht**.[1045] 395

Praxistipp: Damit unterscheidet sich das Verfahren nach §§ 767, 769 ZPO wesentlich von dem **Abänderungsantrag**, bei dem nach § 242 FamFG im Falle eines Herabsetzungsantrages bereits die Einleitung eines VKH-Prüfungsverfahrens genügt.

Diese Einschränkung soll auch in **dringenden Fällen** gelten, weil dann nach Abs. 2 eine Anordnung des **Vollstreckungsgerichts** eingeholt werden kann.[1046] Zudem ist eine Abhilfe über den Antrag gemäß **§ 15 FamGKG** auf Zustellung unter Verzicht auf vorherige Vorschusszahlung möglich.[1047]

(c) Kosten und Rechtsmittel

Die **einstweilige Anordnung** nach § 769 ZPO stellt einen bloßen **Annex** zum Hauptsacheverfahren nach § 767 ZPO dar, weicht also grundsätzlich von dem **selbständigen** Verfahren der einstweilige Anordnung 396

1042 Vgl. § 108 ZPO.

1043 Dazu Rn. 396.

1044 OLG Nürnberg, Beschl. v. 14.10.2013, 10 WF 1461/13, MDR 2014, 36.

1045 H.M., vgl. *Lackmann* in: Musielak/Voit, § 769 Rn. 2 m.w.N., allerdings streitig, vgl. MünchKomm-ZPO/*Schmidt/Brinkmann*, § 769 Rn. 12 m.w.N.

1046 *Lackmann*, a.a.O.

1047 Dazu Rn. 397.

nach **§ 49 FamFG** ab.[1048] Der Antrag löst für das Gericht keine Gebühren aus.

Anderes gilt für den Zusatzantrag auf **Herausgabe des Titels**, der gesondert zu bewerten ist nach § 42 Abs. 1 FamGKG, und zwar üblicherweise mit 20 % der titulierten Forderung.[1049]

Gegen die Entscheidung nach § 769 ZPO ist **kein Rechtsmittel** gegeben.[1050]

g) Antrag auf sofortige Zustellung

397 Gemäß § 14 Abs. 1 S. 1 FamGKG soll in selbstständigen Familienstreitsachen die **Antragsschrift** erst nach **Zahlung der Verfahrensgebühr zugestellt** werden. Dieser Grundsatz kann Probleme bereiten, wenn der Schuldner mit seinem Vollstreckungsabwehrantrag um die Bewilligung von **Verfahrenskostenhilfe** nachsucht. Denn die Zustellung der Antragsschrift wird erst nach Bewilligung vorgenommen, die häufig auf sich warten lässt. Die umgehende Zustellung wiederum ist für die wichtige vorläufige **Einstellung der Zwangsvollstreckung** notwendig.

Praxistipp: In solchen Fällen sollte der **Antrag auf sofortige Zustellung** unter Verzicht auf die Einzahlung eines Gerichtskostenvorschusses gestellt werden.

Insoweit müssen allerdings die Voraussetzungen des **§ 15 FamGKG** erfüllt sein. Danach gilt die **Vorschusspflicht** u.a. **nicht**, soweit dem Antragsteller Verfahrenskostenhilfe bewilligt ist, ferner dann nicht, wenn die beabsichtigte Rechtsverfolgung nicht aussichtslos oder mutwillig erscheint und wenn **glaubhaft gemacht** wird, dass entweder dem Antragsteller die alsbaldige Zahlung der Kosten mit Rücksicht auf seine Vermögenslage oder aus sonstigen Gründen Schwierigkeiten bereiten würde oder eine Verzögerung dem Antragsteller einen nicht oder nur schwer zu ersetzenden **Schaden** bringen würde.[1051]

Praxistipp: Hierzu ist substantiierter **Vortrag** erforderlich und auch **glaubhaft** zu machen.

1048 OLG Nürnberg, Beschl. v. 14.10.2013, 10 WF 1461/13, BeckRS 2013, 18216 = FamRZ 2014, 410 (LS); ausführlich *Schneider*, NZFam 2014, 940; zur kostenrechtlichen Behandlung des **Nichtbetreibens** des Verfahrens vgl. OLG Nürnberg, Beschl. v. 3.2.2017, 13 W 348/17, BeckRS 2017, 105977.

1049 OLG Köln, Beschl. v. 10.11.2015, 4 UF 257/13, FamRZ 2016, 1172, dazu *Schneider*, NZFam 2016, 474.

1050 BGH, Beschl. v. 21.4.2004, XII ZB 279/03, NJW 2004, 2224; OLG Hamm, Beschl. v. 17.2.2010, 5 W 10/10, BeckRS 2010, 22733.

1051 Dazu OLG Brandenburg, Beschl. v. 29.1.2013, 3 WF 5/13, FamRZ 2014, 1223.

h) Kostenentscheidung

Abweichend von den üblichen Vorschriften der ZPO über die Kostenverteilung entscheidet das Gericht in **Unterhaltssachen**, also auch in einem Vollstreckungsabwehrverfahren, **nach billigem Ermessen** über die Verteilung der **Kosten** des Verfahrens auf die Beteiligten (§ 243 FamFG). **398**

5. Negativer Feststellungsantrag

Die Entscheidung nach § 767 ZPO betrifft nur die **Vollstreckbarkeit** des angefochtenen Titels und erwächst in entsprechend beschränkter Rechtskraft. Daher ist daneben grundsätzlich ein **(negativer) Feststellungsantrag** zulässig, mit dem eine rechtskräftige Entscheidung über das Nichtbestehen des **titulierten Anspruchs** herbeigeführt werden kann.[1052] Allein so kann die Rechtskraft der Entscheidung über einen Vollstreckungsgegenantrag auf den materiell-rechtlichen Anspruch erstreckt werden.[1053] **399**

Ebenso kann der **Unterhaltsschuldner** zulässigerweise mit dem **negativen Feststellungsantrag** geltend machen, dass ein gegen ihn gerichteter Unterhaltsanspruch **nicht auf die Unterhaltsvorschusskasse übergegangen** ist. Er ist nicht darauf verwiesen, abzuwarten, bis der Unterhaltsvorschusskasse eine Rechtsnachfolgeklausel erteilt ist, um dann erst nach § 732 ZPO hiergegen Erinnerung einzulegen.[1054]

Der Feststellungsantrag ist nur zulässig, soweit nicht **§ 767 Abs. 2 ZPO** (Präklusion) entgegensteht.[1055] Er ermöglicht auch die **einstweilige Einstellung** der Vollstreckung nach **§ 769 ZPO analog**.

6. Vollstreckungsschutzantrag (§ 765a ZPO)

a) Subsidiarität

Wenn für den **Schuldner** „alle Stricke reißen“, kann er sich ausnahmsweise auf die **Härteklausel** des § 765a Abs. 1 ZPO berufen, die dem verfassungsrechtlichen Verhältnismäßigkeitsgrundsatz Rechnung trägt. Diese Vorschrift ist anwendbar auf **alle Arten der Zwangsvollstreckung**, auch in der Teilungsversteigerung,[1056] jedoch erst dann, wenn die speziellen Rechtsbehelfe erschöpft sind oder versagen.[1057] Denn die vorrangige Zuständigkeit des **Richters** im Rahmen des § 766 ZPO und des vorläufigen Rechts- **400**

1052 Wegen der Abgrenzung zum Leistungsantrag vgl. *Gottwald*, MDR 2016, 936.
1053 BGH, Urt. v. 19.6.1984, IX ZR 89/83, FamRZ 1984, 878.
1054 OLG Karlsruhe: Beschl. v. 19.7.2007, 16 WF 131/07, FamRZ 2008, 1457.
1055 *Lackmann* in: Musielak/Voit, § 767 Rn. 9 m.w.N.
1056 Dazu Rn. 862.
1057 *Steinert/Theede/Knop*, Kap. M., Rn. 2.

schutzes soll nicht durch Ermessensentscheidungen des Rechtspflegers[1058] umgangen werden. Allerdings verdrängen andere mögliche Rechtsbehelfe § 765a ZPO nur dann, wenn sie grundsätzlich geeignet sind, dem Schuldner im konkreten Fall auch – effektiv – Schutz zu gewähren.[1059]

b) Verfahren

401 Das **Vollstreckungsgericht** (Rechtspfleger) kann – nur auf **Antrag** des Schuldners – eine Maßnahme der Zwangsvollstreckung ganz oder teilweise aufheben, untersagen oder einstweilen einstellen, wenn die Maßnahme unter voller Würdigung des **Schutzbedürfnisses des Gläubigers** wegen ganz besonderer Umstände eine **Härte** bedeutet, die mit den **guten Sitten nicht vereinbar** ist (§ 765a Abs. 1 S. 1 ZPO).

402 Zu dem Antrag ist der **Gläubiger** grundsätzlich **anzuhören**. Denn es ist stets eine **Abwägung** der Interessen des Schuldners mit den ebenfalls grundrechtlich geschützten Vollstreckungsinteressen des Gläubigers vorzunehmen. Diese Abwägung fällt in der **Räumungsvollstreckung** oft zum Nachteil des Gläubigers aus, insbesondere wenn der Schuldner eine **Selbstmordgefahr** behauptet und entsprechende ärztliche Atteste vorlegt, mit der häufigen Folge des Vollstreckungsstillstands – nicht zuletzt aufgrund der höchstrichterlichen Rechtsprechung.[1060]

Das Gericht kann nach § 765a Abs. 1 S. 2 ZPO vor der Entscheidung eine **einstweilige Anordnung** erlassen, wie sie auch bei § 766 ZPO möglich ist.[1061]

Praxistipp: Mit dem regelmäßig zu stellenden Antrag auf **einstweilige Einstellung** der Vollstreckung sollte auch entsprechend glaubhaft gemacht werden, dass etwa eine **Sicherheitsleistung** nicht erbracht werden kann.

403 Bei einer **Herausgabevollstreckung** kann sogar der **Gerichtsvollzieher** eine Maßnahme bis zur Entscheidung des Vollstreckungsgerichts unter bestimmten Voraussetzungen aufschieben, allerdings für **maximal eine Woche** (§ 765a Abs. 2 ZPO).[1062]

1058 Die Aussparung des § 765a ZPO vom Richtervorbehalt des § 20 Nr. 17 S. 2 RPflG (anders als § 766 ZPO) wird verschiedentlich als **verfassungswidrig** angesehen, vgl. etwa *Stamm*, LMK 2017, 385016.

1059 *Schuschke*, NZM 2015, 233, 236.

1060 Etwa BVerfG, Beschl. v. 6.7.2016, 2 BvR 548/16, FamRZ 2016, 1645; BGH, Beschl. v. 16.6.2016, I ZB 109/15, NJW-RR 2016, 1104; Beschl. v. 13.10.2016, V ZB 138/15, MDR 2017, 238 (Zwangsversteigerung); ausführlich *Schuschke*, a.a.O., (NZM 2015, 233, 236); bezüglich einer **Teilungsversteigerung** vgl. Rn. 863.

1061 Dazu Rn. 382.

1062 Dies gilt auch bei der **Kindesherausgabe**, dazu Rn. 620.

IV. Rechtsbehelfsbelehrung

Instanz abschließende Beschlüsse bedürfen nach **§ 39 FamFG** einer **Rechtsbehelfsbelehrung**. Die Vorschrift gilt in allen **familienrechtlichen** Verfahren[1063] und auch im **Zwangsvollstreckungsverfahren.**[1064] **404**

Mit der Pflicht zur Rechtsbehelfsbelehrung sollen nach dem Willen des Gesetzgebers unzulässige, insbesondere nicht fristgerecht eingelegte Rechtsbehelfe vermieden werden.[1065] Wie dargelegt, ist das Rechtsbehelfssystem unübersichtlich – und die Fehlerquote bei den erteilten Rechtsmittelbelehrungen sehr hoch.[1066]

Praxistipp: Jedenfalls der **anwaltlich vertretene** Beschwerdeführer muss auch mit einer inhaltlich unzutreffenden Rechtsmittelbelehrung rechnen und eigenständig den richtigen Rechtsbehelf in Erfahrung bringen. Der Anwalt sollte den Mandanten entsprechend richtig „belehren“.[1067] Der Antrag auf **Wiedereinsetzung** in den vorigen Stand hat hier nur selten Erfolg.[1068]

V. Tod des Schuldners

Eine Zwangsvollstreckung, die zur Zeit des **Todes des Schuldners** gegen ihn bereits **begonnen** hatte, wird in seinen **Nachlass** fortgesetzt (§ 779 Abs. 1 ZPO). Hierfür bedarf es keiner Klausel gegen den Erben. Es reicht für den Beginn der Zwangsvollstreckung aus, dass Vollstreckungstitel und Klausel noch auf den verstorbenen Schuldner lauten.[1069] **405**

Soweit die Zuziehung des Schuldners bei Vollstreckungshandlungen notwendig ist, sieht § 779 Abs. 2 ZPO die Bestellung eines **besonderen Vertreters** vor.[1070] Ist allerdings der Schuldner einer unvertretbaren Handlung mit einem Zwangsgeld belegt worden und verstirbt er danach, kann die Zwangsvollstreckung nicht in den Nachlass fortgesetzt werden; das Verfahren hat sich vielmehr erledigt.[1071] **406**

1063 § 113 Abs. 1 S. 1 FamFG; vgl. im Übrigen § 232 ZPO.

1064 *Steiner/Theede/Knop*, Kap. E. Rechtsbehelfe in der Zwangsvollstreckung, Rn. 308; *Griesche* in: Ehinger/Griesche/Rasch, Kap. M., Rn. 23.

1065 Vgl. BT-Drs. 17/10490 S. 1 (zu § 232 ZPO).

1066 Dazu BGH NJW 2014, 3731 mit Anm. *Fölsch*.

1067 Dazu *Wohlgemuth*, FamRZ 2013, 674, 676.

1068 OLG Zweibrücken, Beschl. v. 3.1.2013, 6 WF 182/1, FamRZ 2013, 1329 unter Bezugnahme auf BGH, Beschl. v. 13.6.2012, XII ZB 592/11, FamRZ 2012, 1287.

1069 LG Meiningen, Beschl. v. 14.11.2006, 4 T 278/06, Rpfleger 2007, 217; zur **Erbenermittlung** durch Einsichtnahme in die **Nachlassakten** vgl. OLG Koblenz, Beschl. v. 6.3.2017, 14 W 60/17, FoVo 2017, 70.

1070 Dazu BGH, Beschl. v. 23.9.2009, V ZB 60/09, NJW 2010, 157.

1071 OLG Köln, Beschl. v. 2.11.2000, 15 W 133/98, InVo 2002, 346.

Stirbt der Schuldner vor Beginn der Zwangsvollstreckung, scheitert die notwendige Klauselerteilung gegen den Erben an § 1958 BGB, wenn dieser die Erbschaft noch nicht angenommen hat. Insofern ermöglicht die Bestellung eines **Nachlasspflegers** nach § 1961 BGB dem Gläubiger die Zwangsvollstreckung.

407 Die Bestellung eines Nachlasspflegers für die **unbekannten Erben** zum Zweck der Fortsetzung der zu Lebzeiten des Erblassers begonnenen Zwangsvollstreckung in das Nachlassvermögen kann auch dann **nicht** beantragt werden, wenn dem Gläubiger Nachlassgegenstände, in die er vollstrecken könnte, nicht bekannt sind.[1072]

408 Verstirbt der Schuldner während des **gläubigerseitig beantragten Insolvenzeröffnungsverfahren**, muss der antragstellende Gläubiger einen Antrag auf Umstellung in das **Nachlassinsolvenzeröffnungsverfahren** stellen und zu dessen Zulässigkeit die Zahlungsunfähigkeit des Nachlasses, sowie die Qualifizierung der Antragsforderung als Nachlassforderung glaubhaft machen und die zustellfähigen Adressen der Erben benennen.[1073]

409 Ein gegen einen **verstorbenen Unterhaltsschuldner** ergangener Unterhaltstitel wegen **nachehelichen** Unterhalts kann gemäß § 727 ZPO gegen dessen **Erben umgeschrieben** werden.[1074]

1072 OLG München, Beschl. v. 20.11.2013, 31 Wx 413/13, FamRZ 2014, 966.

1073 LG Hamburg, Beschl. v. 15.4.2016, 326 T 18/16, NZI 2016, 743.

1074 Rn. 677.

3. Kapitel: Vollstreckung in fG-Verfahren (§§ 86 ff. FamFG)

A. Überblick

Verfahrensgegenstände der **freiwilligen Gerichtsbarkeit** nehmen in der familiengerichtlichen Praxis breiten Raum ein. Zu nennen sind vor allem die Kindschafts- und Gewaltschutzsachen, aber auch Abstammungs-, Ehewohnungs- und Haushaltsverfahren. Für die **Vollstreckung** der in jenen Verfahren ergangenen Titel enthält das **FamFG** in Buch 1, Abschnitt 8 (§§ 86–96a FamFG) folgendes Regelwerk: **410**

- Der erste Unterabschnitt (§§ 86, 87 FamFG) umfasst **allgemeine Vorschriften**.
- Der zweite Unterabschnitt (§§ 88–94 FamFG) behandelt die Vollstreckung von Entscheidungen über die **Herausgabe** von Personen und die Regelung des **Umgangs**.
- Der dritte Unterabschnitt (§§ 95–96a FamFG) bezieht sich auf Verfahren, bei denen die Vollstreckung nach den Vorschriften der **ZPO** verläuft, sofern §§ 86–94 FamFG nichts Abweichendes regeln; dies betrifft insbesondere **Abstammungs-, Gewaltschutz-, Ehewohnungs- und Haushaltssachen**.

Wegen der Unübersichtlichkeit dieser Verfahren werden die Vollstreckungsmöglichkeiten für jede **einzelne Familiensache** gesondert in alphabetischer Folge dargestellt.[1]

1 Dazu Rn. 543 ff.

B. Allgemeine Voraussetzungen

I. Vollstreckungsverfahren

1. Selbständiges Verfahren

411 Bei der Vollstreckung in Verfahren der freiwilligen Gerichtsbarkeit ist zu beachten, dass entsprechende **Anträge** nicht das Hauptsacheverfahren fortsetzen, sondern **selbständige Verfahren** einleiten. Denn das Vollstreckungsverfahren richtet sich nach besonderen Verfahrensvorschriften (§§ 86ff. FamFG) und wird mit einer Endentscheidung abgeschlossen.[2] Entsprechend ist beispielsweise auch die Zuständigkeit neu zu prüfen.[3]

Praxistipp: In jedem Falle sollte für solche Vollstreckungsanträge eine **neue Akte** angelegt werden.[4] Das gilt auch bei einer von Amts wegen eingeleiteten Vollstreckung.

Ein **Anwaltszwang** besteht in Vollstreckungsverfahren grundsätzlich **nicht** (§ 10 Abs. 1 FamFG).

2. Amts- und Antragsverfahren

412 Die **Vollstreckung** erfolgt **von Amts wegen**, sofern das Gericht auch im **Erkenntnisverfahren** von Amts wegen tätig werden kann. Das Gericht, nicht der Berechtigte bestimmt im Falle der Zuwiderhandlung die vorzunehmenden Vollstreckungsmaßnahmen. Darüber hinaus kann der Berechtigte deren Vornahme beantragen. Im Fall der Ablehnung entscheidet das Gericht durch Beschluss (§ 87 Abs. 1 FamFG).

Amts- und Antragsverfahren sind entsprechend abzugrenzen:

- Bei Erkenntnisverfahren, die **nur auf Antrag** eingeleitet werden können, (sog. **echte Antragsverfahren**, z.B. §§ 1, 2 GewSchG, § 203 Abs. 1 FamFG, § 1632 Abs. 1–3 BGB)[5] wird die Vollstreckung nur auf **Antrag** durchgeführt.
- Bei Verfahren, die zwar stets nach § 24 FamFG angeregt, aber nur **von Amts wegen** eingeleitet werden (reine **Amtsverfahren**, z.B. § 1666 BGB), entscheidet allein das Gericht über die im Fall der Zuwiderhandlung vorzunehmenden Vollstreckungsmaßnahmen.

---

2 BGH, Beschl. v. 17.8.2011, XII ZB 621/10, FamRZ 2011, 1729, dazu *Cirullies*, FamFR 2011, 491.

3 Dazu Rn. 452.

4 Anders als etwa bei Zwangs- und Ordnungsmittelanträgen nach §§ 888, 890 ZPO, die als Annex des Hauptsacheverfahrens geführt werden.

5 Zur Definition und Abgrenzung im Einzelnen Keidel/*Giers*, § 87 Rn. 3 ff.; Heilmann/*Cirullies*, §§ 23–25 FamFG Rn. 1 ff.

- Bei **doppeltypischen Verfahren**[6], die sowohl auf **Antrag** wie auch **von Amts wegen** eingeleitet werden können (insbesondere **Umgangssachen** sowie **Rückführungsanordnungen nach § 1632 Abs. 4 ZPO**)[7], muss das Gericht über einen Vollstreckungsantrag des Berechtigten entscheiden (§ 87 Abs. 1 S. 2 FamFG). Das Gericht kann aber auch von Amts wegen tätig werden, wenn dies zum Wohl des Kindes angezeigt ist.[8]

Dies gilt grundsätzlich ebenfalls für **einstweilige Anordnungen**. Auch die Befugnis des Gerichts zum Erlass von Durchführungsanordnungen (§ 49 Abs. 2 S. 3 FamFG) ändert nichts daran, dass in reinen **Antragsverfahren** – man denke nur an Gewaltschutzsachen – die Initiative zur Vollstreckung vom Berechtigten auszugehen hat.[9] **413**

Diese Antragsrechte betreffen lediglich die **Einleitung** des Vollstreckungsverfahrens. Nur dies regelt § 87 Abs. 1 FamFG.[10] Hiervon zu unterscheiden ist die wesentliche Frage, wer für die **Durchführung der Vollstreckung** verantwortlich ist: **414**

- In Einzelfällen (z.B. unmittelbarer Zwang in Gewaltschutzsachen, Räumung der Ehewohnung, Herausgabe von Haushaltsgegenständen, Zwangsmittel nach § 888 ZPO) können und müssen die konkreten **Vollstreckungsmaßnahmen** durch den **Berechtigten** selbst verfolgt werden.
- In der Regel (insbesondere in Kindschaftssachen oder bei festgesetzten Ordnungsmitteln nach § 890 ZPO) liegt die **Durchführung der Vollstreckung** allein in den Händen des **Familiengerichts**.

3. Vollstreckungsorgane

Zuständiges Vollstreckungsorgan ist je nach konkreter Vollstreckungsmaßnahme das **Familiengericht** (als „Prozessgericht"),[11] der **Rechtspfleger** oder der **Gerichtsvollzieher**. Mitunter besteht eine „Zuständigkeitskette", etwa bei der Vollziehung von Ordnungsmitteln.[12] **415**

Das **Jugendamt** ist niemals Vollstreckungsorgan, auch nicht in Kindschaftssachen. Es kann nur vom Gericht oder vom Gerichtsvollzieher um **Unterstützung** beim Vollzug ersucht werden (§ 88 Abs. 2 FamFG).[13] **416**

---

6 Auch **unechte Antragsverfahren** genannt.

7 Dazu Rn. 611.

8 OLG Jena, Beschl. v. 17.7.2015, 1 WF 154/15, BeckRS 2015, 13401.

9 A.A. *Althammer* in: Bork/Jacoby/Schwab, § 87 Rn. 3 m.w.N.

10 Ebenso MünchKomm-FamFG/*Zimmermann*, § 87 Rn. 2.

11 Die Erinnerung nach § 766 ZPO ist jedoch bei dem **Vollstreckungsgericht** zu einzulegen.

12 Dazu Rn. 485.

13 MünchKomm-FamFG/*Zimmermann*, § 90 Rn. 18.

4. Titel, Klausel, Zustellung

417 In Anlehnung an die Vorschriften der ZPO bestimmen auch §§ 86 Abs. 1 und 3, 87 Abs. 2 FamFG als allgemeine Vollstreckungsvoraussetzungen, dass ein **Vollstreckungstitel** vorliegen muss, der mit einer **Vollstreckungsklausel** versehen und ordnungsgemäß **zugestellt** ist. Allerdings gibt es von dieser Regel zahlreiche Ausnahmen.

II. Vollstreckungstitel

1. Arten der Titel

418 Entsprechend der abschließenden Aufzählung in **§ 86 Abs. 1 FamFG** findet die Vollstreckung statt aus

- gerichtlichen Beschlüssen (Nr. 1),
- gerichtlich gebilligten Vergleichen nach § 156 Abs. 2 FamFG (Nr. 2)[14] sowie
- *weiteren Vollstreckungstiteln* i.S.d. § 794 ZPO, soweit die Beteiligten über den Gegenstand des Verfahrens bestimmen können (Nr. 3).

Urteile sind nicht genannt, weil das Gericht in Verfahren nach dem FamFG grundsätzlich durch **Beschluss** entscheidet (§ 38 FamFG). Obwohl sich das Rechtsmittelsystem nach dem neuen Recht übersichtlicher gestaltet als bislang, ist jeder Beschluss generell mit einer **Rechtsbehelfsbelehrung** zu versehen (§ 39 FamFG).

2. Gerichtliche Beschlüsse

419 Beschlüsse nach § 86 Abs. 1 Nr. 1 FamFG sind in erster Linie **Endentscheidungen** i.S.d. § 38 Abs. 1 FamFG.

Ferner gehören hierzu sonstige im **fG-Verfahren** ergangene verfahrensabschließende Beschlüsse mit einem vollstreckbaren Inhalt, insbesondere

- Beschlüsse im Verfahren auf Erlass einer **einstweiligen Anordnung**[15]; sie ergehen in selbständigen Verfahren und sind mit einer Kostenentscheidung zu versehen,
- **Kostenfestsetzungsbeschlüsse**, § 85 FamFG i.V.m. § 104 ZPO.
- **Zwangsmittelbeschlüsse** nach **§ 888 ZPO**[16].

---

14 Dazu Rn. 420.

15 Dies ergibt sich aus der Beschwerdefähigkeit, vgl. §§ 57 S. 2, 58 Abs. 1, 63 Abs. 2 Nr. 1 FamFG.

16 *Cirullies*, FPR 2012, 473. Gleiches gilt für Vorschusstitel im Rahmen der **Ersatzvornahme nach § 887 Abs. 2 ZPO**, weil dabei erst ein Titel für den Gläubiger geschaffen wird, Keidel/*Giers*, § 86 Rn. 9.

Nicht zu den Beschlüssen i.S.d. Abs. 1 Nr. 1 gehören u.a.:

- **verfahrensleitende Verfügungen** und Anordnungen, auch wenn sie in Form eines Beschlusses ergehen. Sie werden nach der insoweit spezielleren Vorschrift des **§ 35 FamFG** vollstreckt;[17]
- Entscheidungen über **Ordnungsmittel**;[18]
- gerichtliche **Entscheidungen ohne vollzugsfähigen Inhalt**, z. B. Regelungen der **elterlichen Sorge**; Grundlage für den Vollzug sind erst die Entscheidungen, die zur Durchsetzung der Regelung der elterlichen Sorge angeordnet werden, z. B. eine Herausgabeanordnung nach § 1632 Abs. 2 BGB.[19]

3. Gerichtlich gebilligter Vergleich

a) Einvernehmen der Beteiligten

§ 156 Abs. 2 FamFG ermöglicht den Abschluss eines **gerichtlich gebilligten Vergleichs**, falls die Beteiligten **Einvernehmen** über den Umgang oder die Herausgabe des Kindes erzielen und das **Gericht** dieser Regelung nach Kindeswohlprüfung **zustimmt**.[20] Es handelt sich um eine Sonderregelung zu § 36 FamFG, denn die Regelungsgegenstände Kindesherausgabe und Umgang – wie auch Teilbereiche der elterlichen Sorge[21] – unterliegen eigentlich nicht der Disposition der Beteiligten.[22] Daher ist die Vollstreckung in Kindschaftssachen nicht aus **bloßen Vereinbarungen** der Beteiligten, sondern nur aus einem solchen gerichtlich gebilligten Vergleich zulässig.[23] 420

Die Regelung in § 156 Abs. 2 FamFG betrifft **alle formell am Verfahren Beteiligten**. Dies bedeutet für die nötige **Zustimmung** im Einzelnen:[24] 421

- Eine Zustimmung des **Jugendamtes** ist nur notwendig, wenn dieses einen Antrag auf förmliche Beteiligung i.S.v. § 162 Abs. 2 FamFG gestellt hat.
- (Nur) das **verfahrensfähige Kind**[25] muss dem Vergleich zustimmen.

---

17 Dazu Rn. 520.

18 Für ihre Vollziehung ist stets das Gericht nach den Regeln des **Justizbeitreibungsgesetzes** zuständig.

19 Ausführlich *Cirullies*, FPR 2012, 473.

20 Eingehend *Ernst*, NZFam 2015, 804; *Cirullies*, FPR 2012, 473, 474.

21 OLG Stuttgart, Beschl. v. 4.3.2014, 11 UF 42/14, FamRZ 2014, 1653, dazu *Leipold*, NZFam 2014, 919; differenzierend OLG Nürnberg, Beschl. v. 30.1.2014, 7 UF 54/14, FamRZ 2014, 854 = JAmt 2014, 273.

22 BT-Drs. 16/6308 S. 237; Heilmann/*Cirullies*, § 36 FamFG Rn 3.

23 BGH, Beschl. v. 1.2.2012, XII ZB 188/11, FamRZ 2012, 533.

24 Vgl. *Heilmann*, ZKJ 2011, 104, 106; *Büte* in: Johannsen/Henrich, § 156 Rn. 9; ausführlich *Hammer*, FamRZ 2011, 1268, 1269.

25 Ab dem 14. Lebensjahr, vgl. § 9 Abs. 1 Nr. 3 FamFG.

- Ist ein **Verfahrensbeistand**[26] bestellt, ist seine Zustimmung unerlässlich.[27] Anderenfalls bedarf es hinsichtlich der Zustimmung zu dem Vergleich in der Regel auch **nicht** der Bestellung eines **Ergänzungspflegers** für das Kind.[28]
- Eine gemäß § 161 FamFG als Beteiligte hinzugezogene **Pflegeperson** muss ebenfalls zustimmen.

Ohne eine solche erforderliche Zustimmung der (weiteren) Beteiligten ist der Vergleich **unwirksam.**[29]

Praxistipp: Bei lange währenden Vergleichsgesprächen ist gelegentlich einer der zustimmungspflichtigen Beteiligten bei der Protokollierung nicht mehr anwesend. In einem solchen Fall[30] kann und muss **vor** der gerichtlichen Billigung die Zustimmung **nachträglich** eingeholt werden.

b) Formvorschriften

422 Ferner ist der im Protokoll festgestellte **Vergleich** den anwesenden Beteiligten **vorzulesen und** von diesen **zu genehmigen.**[31] Eine Heilung tritt auch nicht durch die Billigung des Gerichts ein; denn diese setzt gerade einen formal wirksamen Vergleich voraus.[32]

c) Billigungsbeschluss

423 Gemäß § 156 Abs. 2 S. 2 FamFG **billigt** das Gericht die Umgangsregelung, wenn sie dem Kindeswohl nicht widerspricht (sog. negative Kindeswohlprüfung).[33] Nach inzwischen ganz überwiegender Auffassung ist Grundlage der Vollstreckung die Umgangsvereinbarung in Verbindung mit einem entsprechenden **gerichtlichen Billigungsbeschluss**. Die bloße Protokollierung des Vergleichs genügt insoweit nicht.[34] Dabei ist auch eine

---

26 Beteiligter gemäß § 158 Abs. 3 S. 2 FamFG.

27 OLG Brandenburg, Beschl. v. 10.10.2016,13 WF 226/16, FamRZ 2017, 391 m.w.N.

28 *Cirullies*, ZKJ 2011, 448, 451; vgl. auch BGH FamRZ 2011, 1788; FamRZ 2012, 436: nur im Fall eines erheblichen Interessengegensatzes zwischen Eltern und Kind, der durch die Bestellung eines Verfahrensbeistands nicht beseitigt werden kann.

29 OLG Brandenburg, a.a.O.; vgl. auch These 4 des Arbeitskreises 10 des 20. DFGT.

30 Vgl. OLG München, Beschl. v. 1.9.2014, 4 UF 508/14, FamRZ 2015, 1422.

31 Heilmann/*Cirullies*, § 36 FamFG Rn. 6.

32 *Völker*, FPR 2012, 485, 486.

33 Dazu *Hammer* in: Prütting/Helms, § 156 Rn. 58.

34 KG, Beschl. v. 8.11.2010, 19 WF 112/10, FamRZ 2011, 588; MünchKomm-BGB/*Hennemann*, § 1684 Rn. 111; MünchKomm-FamFG/*Schumann*, § 156 Rn. 26; Bahrenfuss/*Hentschel*, § 86 FamFG Rn. 5; *Ernst*, NZFam 2015, 804, 807; *Völker*, FPR 2012, 485; Heilmann/*Cirullies*, § 89 FamFG Rn. 15 je m.w.N.

konkludente Billigung möglich, wenn mindestens die Erteilung des Warnhinweises nach § 89 Abs. 2 FamFG gewährleistet ist.[35]

Der **Billigungsbeschluss** wirkt nicht nur deklaratorisch, sondern konstitutiv und ist dementsprechend **anfechtbar**.[36] **Inhaltlich** beschränkt sich der Beschluss in der Regel auf die schlichte **Billigung**.[37] Er soll im Einzelfall auch mit **Auflagen** versehen werden können.[38] Die nach § 38 Abs. 3 S. 1 FamFG grundsätzlich erforderliche **Begründung** ist dann entbehrlich, wenn die Entscheidung dem Willen der Beteiligten entspricht (§ 38 Abs. 4 Nr. 2 FamFG). 424

Praxistipp: Enthält der Billigungsbeschluss – wie in der Praxis üblich – **keine Begründung**, ist er möglicherweise anfechtbar,[39] stellt jedoch grundsätzlich eine wirksame Vollstreckungsgrundlage dar.

Bezüglich der **Kindeswohlprüfung** wird vielfach und mitunter vehement vertreten, vor einer Billigung müsse das betroffenen **Kind** – ungeachtet seines Alters – **persönlich angehört** werden, da sich nur so zuverlässig feststellen lasse, ob die gefundene Regelung dem Kindeswohl widerspricht.[40] Auch könnten die Eltern über das Umgangsrecht des Kindes nicht frei verfügen und daher keinen Vergleich schließen (§ 36 Abs. 1 FamFG).[41] Dabei wird wohl übersehen, dass § 156 Abs. 2 FamFG den Anwendungsbereich des § 36 FamFG auf das Umgangsrecht, das grundsätzlich nicht zur Disposition der Beteiligten steht, gerade erweitert.[42] Auch muss die obligatorische Kindesanhörung jedenfalls dann entbehrlich sein, wenn bei Vergleichsschluss der (zwingend anzuhörende) **Verfahrensbeistand** als „Anwalt des Kindes" zugegen ist.[43] Der Gesetzgeber hat sich 425

35 OLG Koblenz, Beschl. v. 25.4.2016, 13 UF 142/16, FamRZ 2017, 42 mit kritischer Anm. *Hammer*, dazu ferner *Clausius*, FamRB 2016, 422; OLG Naumburg, Beschl. v. 10.8.2011, 3 UF 170/11, dazu *Ernst*, FamFR 2012, 44.

36 Heilmann/*Cirullies*, a.a.O.; auch durch die in die Umgangsregelung eingebundene **Großmutter**, OLG München, Beschl. v. 1.9.2014, 4 UF 508/14, FamRZ 2015, 1422.

37 AG Ludwigslust, Beschl. v. 19.11.2009, 5 F 283/09, FamRZ 2010, 489; *Schmid*, NZFam 2014, 881, 883; *Borth/Grandel* in: Musielak/Borth, § 156 FamFG, Rn. 18.

38 So *Spangenberg*, ZKJ 2012, 222.

39 Mit der **Beschwerde** nach § 58 FamFG, OLG München, a.a.O.; OLG Hamm, Beschl. v. 21.5.2015, 2 UF 3/15, FamRZ 2015, 1988; Beschl. v. 7.8.2014, 10 UF 115/14, FamRZ 2014, 273. Dies gilt gemäß § 57 S. 1 FamFG **nicht**, wenn ein Umgangsvergleich im Verfahren der **einstweiligen Anordnung** gerichtlich gebilligt wird, *Ernst*, NZFam 2015, 804, 807.

40 *Ivanits*, NZFam 2016, 7, 9; *Ernst*, NZFam 2015, 804, 806; *Hammer* in: Prütting/Helms, § 156 Rn. 60; MünchKomm-FamFG/*Schumann*, § 156 Rn. 20 je m.w.N.

41 *Ivanits*, a.a.O., S. 10.

42 BT-Drs. 16/6308 S. 237.

43 Vgl. auch Arbeitskreis 23 des 21. DFGT 2015, These 5, Brühler Schriften, Band 19, 2016, 184. Im **Ausland** ist eine **mittelbare Anhörung** des Kindes selbst in Sorgerechtsfällen vielfach gang und gäbe, vgl. *Menne*, FamRB 2015, 399.

im Übrigen bei Schaffung der Vorschrift ausweislich der Regelung in Abs. 3 S. 3 (Kindesanhörung bei fehlender Einigung) erkennbar mit der Frage der Notwendigkeit einer persönlichen Anhörung des Kindes auseinandergesetzt, jedoch eine vergleichbare Bestimmung für den Fall des **Einvernehmens** der Beteiligten nicht formuliert. Und dies nicht ohne Grund: Regelmäßig sind die Eltern als diejenigen anzusehen, die am besten die Interessen des Kindes bestimmen und wahren können.[44] Sobald und soweit das Kind die bei Gericht „ausgehandelte" und als kindeswohlgemäß erachtete Umgangsregelung nicht mitträgt, wird einer der Beteiligten dies dem Gericht signalisieren, das dann – in diesen wenigen Ausnahmefällen – die Anhörung des Kindes im Rahmen eines Abänderungsverfahrens nachholen kann. Im Ergebnis bedarf es folglich **nicht** notwendig der persönlichen Anhörung des Kindes.[45] Damit korrespondiert, dass die Zustimmungserklärungen der Eltern konkludent die Zustimmung des nicht verfahrensfähigen Kindes enthalten.[46]

Praxistipp: Auch **ohne** persönliche Anhörung des Kindes ist der gerichtlich gebilligte Vergleich grundsätzlich **wirksam**, da regelmäßig von einer **Kindeswohlprüfung** auszugehen ist und überhaupt Anhaltspunkte dafür vorliegen müssen, dass der Vergleich dem Kindeswohl widerspricht. Der etwaige Mangel muss von einem Beteiligten durch **Anfechtung** des Billigungsbeschlusses gerügt werden.[47]

d) Vollstreckbarkeit

426 Zusammenfassend ergibt sich für die **Vollstreckbarkeit** eines **gerichtlich gebilligten Vergleichs** damit folgende **„Gleichung"**:

hinreichend bestimmte Regelung
+ Zustimmung aller Beteiligten
+ „vorgelesen und genehmigt"
+ Billigungsbeschluss nebst Folgenankündigung (§ 89 Abs. 2 FamFG)[48]
+ Zustellung von Amts wegen (Protokoll und Beschluss)[49]

= **vollstreckbarer gerichtlich gebilligter Vergleich.**

44 *Obermann*, NZFam 2015, 1129, 1130.

45 *Obermann*, a.a.O.; vgl. auch *Borth/Grandel* in: Musielak/Borth, § 159 FamFG, Rn. 3: persönliche Anhörung zwingend nur bei streitigen Auseinandersetzungen.

46 BeckOK-FamFG/*Schlünder* § 156 Rn. 12.

47 OLG Hamm, Beschl. v. 7.8.2014, 10 UF 115/14, FamRZ 2014, 273; dazu Rn. 424.

48 Dazu Rn. 462.

49 Dazu Rn. 447.

4. Weitere Titel i.S.d. § 794 ZPO

Vollstreckungstitel können auch solche gemäß § 794 ZPO sein, soweit die Beteiligten über den Verfahrensgegenstand **verfügen** können (§ 86 Abs. 1 Nr. 3). Sie spielen im fG-Verfahren schon deswegen eine eher untergeordnete Rolle, weil in **Amtsverfahren**[50] die Dispositionsbefugnis in der Regel fehlt. Insoweit ist allenfalls über Kostenfragen eine Einigung möglich.[51] 427

Andere Titel sind nur in **Familienstreitsachen** möglich, etwa der Vollstreckungsbescheid oder der Europäische Zahlungsbefehl; sie werden gemäß § 120 Abs. 1 FamFG nach den Vorschriften der ZPO vollstreckt.[52]

Im Ergebnis bedeutsam sind daher – neben **notariellen Urkunden** 428
i.S.d. § 794 Abs. 1 Nr. 5 ZPO – **gerichtliche Vergleiche** (§ 794 Abs. 1 Nr. 1 ZPO), soweit die Beteiligten über den Gegenstand des Verfahrens bestimmen können (gleichlautend § 36 Abs. 1 S. 1 FamFG). Die **Dispositionsbefugnis** fehlt bei über die gerichtlich gebilligte Umgangsvereinbarung hinausgehende Regelungsgegenständen wie etwa die Verpflichtung zur Teilnahme an einer gemeinsamen **Erziehungsberatung**,[53] oder bezüglich der **elterlichen Sorge** (oder auch eines Teilbereichs wie das Aufenthaltsbestimmungsrecht).[54] Diese kann nur durch gerichtlichen Beschluss, nicht jedoch im Wege der Elternvereinbarung wirksam geregelt werden. Gleichwohl sind solche Absprachen im Rahmen von Umgangsvergleichen durchaus üblich und auch möglich – nur eben ohne Außenwirkung.[55]

Da Vereinbarungen zum Umgang und zur Kindesherausgabe unter §§ 86 Abs. 1 Nr. 2, 156 Abs. 2 FamFG fallen, verbleiben für die familiengerichtliche Praxis im Wesentlichen die Regelungsgegenstände **Gewaltschutz, Ehewohnung, Haushalt und Versorgungsausgleich**.[56]

---

50 Dazu Rn. 412; eingehend Heilmann/*Cirullies*, §§ 23–25 FamFG Rn. 3 ff.

51 *Keidel/Giers*, § 86 Rn. 12; MünchKomm-FamFG/*Zimmermann*, § 86 Rn 21.

52 Dazu Rn. 9 ff.

53 OLG Frankfurt, Beschl. v. 19.2.2015, 5 WF 45/15, FamRZ 2015, 2001.

54 BGH, Beschl. v. 25.11.1981, IV b ZB 756/81, NJW 1982, 2505. Dies gilt trotz der Regelungsmöglichkeit bei Übereinstimmung der Eltern nach § 1671 Abs. 2 Nr. 1 BGB, denn es sind eine Überprüfung nach § 1671 Abs. 4 BGB und ein gerichtlicher Übertragungsakt erforderlich.

55 Dazu *Cirullies*, FamFR 2012, 305.

56 Auch durch **schriftliche** Vereinbarung, vgl. OLG Frankfurt, Beschl. v. 14.12.2010, 5 UF 105/10, BeckRS 2012, 16081.

5. Bestimmtheit

a) Grundsatz

429 Die Durchsetzung eines Vollstreckungstitels nach § 86 FamFG erfordert, dass dieser aus sich heraus für eine Auslegung **genügend bestimmt** ist oder jedenfalls sämtliche Kriterien für seine Bestimmbarkeit eindeutig festlegt.[57] Die Regelung muss so präzise und erschöpfend sein, dass sie erforderlichenfalls auch zwangsweise vollzogen werden kann.[58] Mangelnde Konkretisierung kann zur Aufhebung und Zurückverweisung der Sache führen.[59]

Praxistipp: Neben der unzureichenden Belehrung nach § 89 Abs. 2 FamFG ist die **mangelnde Bestimmtheit** des Titels der Hauptgrund für die (kostenträchtige) Zurückweisung von Vollstreckungsanträgen. Bei dem Abschluss von Vergleichen können und sollten die Beteiligten dies stets im Blick haben.

b) Umgangsregelung

(a) Notwendiger Inhalt

430 An die Bestimmtheit eines gerichtlichen **Umgangsbeschlusses** stellt die Rechtsprechung erhebliche Anforderungen.[60] Diese Ansicht vertritt grundsätzlich auch der **BGH**[61], allerdings etwas eingeschränkt: Die Vollstreckung eines Umgangstitels nach § 89 Abs. 1 FamFG durch Festsetzung eines Ordnungsmittels gegen den betreuenden Elternteil setze eine hinreichend bestimmte und konkrete Regelung des Umgangsrechts voraus. Dafür sei eine genaue und erschöpfende Bestimmung über **Art, Ort und Zeit des Umgangs** erforderlich. **Nicht** geboten seien hingegen detailliert bezeichnete Verpflichtungen des betreuenden Elternteils, etwa zum **Bereithalten und Abholen** des Kindes.[62] Ein besonderer Regelungsbedarf kann insoweit allerdings bestehen, wenn im Rahmen eines vorangegangenen Gewaltschutzverfahrens **Kontakt- und Näherungsverbote** ausgesprochen worden sind.[63] Auch die zeitliche Lage eines **Ferienumgangs** ist konkret zu regeln.[64]

---

57 KG, Beschl. v. 8.11.2010, 19 WF 112/10, FamRZ 2011, 588.

58 Eingehend zu der Problematik *Cirullies*, ZKJ 2011, 448 m.w.N.

59 Dazu OLG Hamm, Beschl. v. 9.7.2012, 9 UF 105/12, FamRZ 2013, 310.

60 OLG Köln, Beschl. v. 17.1.2011, 21 UF 190/10, ZKJ 2011, 181; extensiv: OLG Hamm FamRZ 2010, 1926 (LS) = BeckRS 2010, 20165 (mit einem 10-Punkte-Tenor).

61 BGH FamRZ 2012, 533 mit Anm. *Hammer* = ZKJ 2012, 219 mit Anm. *Spangenberg*; dazu ferner *Spieker*, FamFR 2012, 158.

62 BGH a.a.O.; OLG Bamberg FamRZ 2013, 1759, dazu *Cirullies*, FamFR 2013, 286; *Hammer* in: Prütting/Helms, § 89 Rn. 7 m.w.N.; a.A. *Niepmann*, FamFR 2013, 327.

63 OLG Frankfurt, Beschl. v. 21.2.2013, 5 UF 25/13, BeckRS 2014, 17407.

64 OLG Brandenburg, Beschl. v. 21.2.2014, 10 UF 159/13, FamRZ 2014, 1716.

Probleme kann die Ahndung von Verstößen gegen **Unterlassungspflichten des Umgangsberechtigten** bereiten. Grundsätzlich beinhaltet eine gerichtliche Umgangsbestimmung, durch die der Umgang positiv geregelt wird, stets das konkludente Gebot an den Umgangsberechtigten, sich außerhalb der festgelegten Umgangszeiten eines Kontaktes zum Kind zu enthalten.[65] Diese Verpflichtung ist mit Ordnungsmitteln durchsetzbar. Soll aber dem Umgangsberechtigten jedwede, auch nur ganz kurze **Kontaktaufnahme untersagt** werden, so ist diese Untersagung – gestützt auf § 1684 Abs. 4 BGB – **ausdrücklich** in die entsprechende Umgangsregelung aufzunehmen, um eine Ahndung nach § 89 FamFG zu ermöglichen.[66] 431

Praxistipp: Bei der Formulierung des **Kontaktverbots** kann auf die Regelbeispiele in **§ 1 Abs. 1 S. 3 GewSchG** zurückgegriffen werden.

Nicht vollstreckbar ist eine Umgangsregelung, in der zeitlich näher bestimmte Besuchstermine **„alle 14 Tage"** ohne eine kalendermäßige Festlegung des Anfangstermins vorgesehen sind.[67] Gleiches soll aber ebenfalls gelten, wenn zwar der Tag des Beginns und des Endes des **Ferienumgangs** festgelegt sind, nicht jedoch die jeweilige Uhrzeit für das Abholen und Zurückbringen des Kindes.[68] Schwierigkeiten bei der grundsätzlich erforderlichen **Auslegung** kann bereits die Formulierung *„Der Kindesvater verpflichtet sich, zu den regelmäßigen Umgangszeiten auch nachts zu Hause zu sein"* bereiten.[69] Auch komplexe Umgangsregelungen mit Überschneidung der Besuchskontakte an Wochenenden, Feiertagen und in den Ferien stellen die Beteiligten gelegentlich vor große Herausforderungen.[70] 432

Bei alledem ist zu bedenken, dass Umgangsregelungen **praktikabel** sein müssen[71] und notwendig lückenhaft sind, da nicht alle Eventualitäten vorhersehbar sind.[72] Eine **übertriebene Detaillierung** kann dem Kindeswohl auch abträglich sein.[73] Mitunter sind die Vorgaben gar nicht voll- 433

---

65 KG, Beschl. v. 12.2.2015, 13 WF 203/14, FamRZ 2015, 940.

66 OLG Frankfurt, Beschl. v. 31.10.2016, 2 WF 302/16, FamRZ 2017, 744 = ZKJ 2017, 73 mit Anm. *Gottschalk*, dazu *Engelmann*, NZFam 2017, 83, ferner *Giers*, jurisPR-FamR 4/2017 Anm. 1.

67 OLG Saarbrücken FamRZ 2013, 1760 (LS), dazu *Zimmermann*, FamFR 2013, 302; OLG Hamm FamRZ 2014, 1792.

68 So OLG Bamberg, Beschl. v. 12.3.2013, 7 WF 356/12, FamRZ 2013, 1759, kritisch dazu *Cirullies*, FamFR 2013, 286.

69 KG, Beschl. v. 8.10.2015, 13 WF 146, 149/15, BeckRS 2015, 17367.

70 OLG Brandenburg, Beschl. v. 3.6.2015,10 WF 54/15, BeckRS 2016, 08416, dazu *Schneider*, NZFam 2016, 766.

71 *Spangenberg*, ZKJ 2012, 222.

72 *Spangenberg/Spangenberg*, FamRZ 2011, 1704, 1705.

73 Vgl. *van Els*, FF 2013, 458, 459.

streckbar.[74] Damit laufen die von der Rechtsprechung aufgestellten Vollstreckbarkeitsanforderungen dem Verfahrensziel einer flexiblen, eigenverantwortlichen Umgangsregelung eigentlich zuwider.[75] Im Übrigen können auch noch so detaillierte Vereinbarungen zu Streit führen. In jedem Fall sind die Grundsätze von Treu und Glauben (§ 242 BGB), aber auch das Schikaneverbot des § 226 BGB bei der **Auslegung** der wechselseitigen Pflichten der am Umgangsverhältnis Beteiligten zu berücksichtigen.[76]

Praxistipp: Mitunter können und wollen sich die beteiligten Eltern **nicht** auf **genaue Daten** festlegen, weil etwa die konkrete Berufssituation dies nicht ermöglicht. Dann kann selbstverständlich auch eine entsprechende – allerdings **nicht vollstreckbare** – Umgangsregelung geschaffen werden, in der nur die Grundzüge (Intervalle, Übernachtungen, Feiertage usw.) bestimmt sind.

(b) Umgangspflegschaft / begleiteter Umgang

434 Das Gericht darf die Entscheidung über die Frage zu der **Häufigkeit,** der **Art** und der **Zeit des Umgangs** eines Elternteils mit dem gemeinsamen Kind **nicht** einem **Umgangspfleger**[77] überlassen; vielmehr hat es hierüber selbst eine Entscheidung zu treffen.[78] Lediglich hinsichtlich **untergeordneter Aspekte des Umgangs** soll sich das Familiengericht auf die Vorgabe von Höchstgrenzen bzw. eines ausfüllungsfähigen Rahmens beschränken und die „Feinabstimmung“ dem Umgangspfleger nach Maßgabe der Verhältnisse vor Ort überlassen können.[79] Diese Maßstäbe werden in gleicher Weise an die gerichtliche Anordnung von **begleiteten Umgangskontakten** (§ 1684 Abs. 4 S. 3 BGB) angelegt.[80] Dabei darf die Auswahl der Person des mitwirkungsbereiten Dritten weder dem Jugendamt überlassen noch einer späteren gerichtlichen Bestimmung vorbehalten werden.[81]

74 *Cirullies*, ZKJ 2011, 448 m.w.N.

75 Vgl. *Spangenberg*, FamRZ 2007, 13, 14.

76 KG, Beschl. v. 18.8.2016, 13 WF 116/16, FamRZ 2017, 457.

77 Zur Abgrenzung gegenüber der **Umgangsbestimmungspflegschaft** vgl. BGH, Beschl. v. 6.7.2016, XII ZB 47/15, NJW-RR 2016, 1089, dazu *Giers*, FamRB 2016, 386.

78 Dazu OLG Hamm FamRZ 2014, 1792; FamRZ 2013, 310; OLG Frankfurt FamRZ 2013, 1824 (LS), dazu *van Els*, FamFR 2013, 381; ferner OLG Saarbrücken FamRZ 2010, 2085 (Regelung des begleiteten Umgangs durch Erziehungsberatungsstelle).

79 KG, Beschl. v. 6.5.2016, 13 UF 40/16, FamRZ 2016, 1780 (LS) m. Anm. *Dürbeck*, dazu *Luthin*, FamRB 2016, 390, ferner *Kemper*, NZFam 2016, 957.

80 OLG Frankfurt, Beschl. v. 10.8.2016, 5 UF 167/16, BeckRS 2016, 14864, dazu *Bülow*, NZFam 2016, 952; KG, a.a.O.; OLG Brandenburg, Beschl. v. 16.4.2015, 10 UF 226/14, BeckRS 2015, 08563; Heilmann/*Gottschalk*, § 1684 BGB Rn. 75.

81 OLG Frankfurt, a.a.O.

In der **familiengerichtlichen Praxis** bereitet diese Rechtsprechung vielfach Probleme. Denn die Instrumente der Umgangspflegschaft und des begleiteten Umgangs werden in der Regel nach einer längeren Unterbrechung der Besuchskontakte zur vorsichtigen Anbahnung neuer regelmäßiger Begegnungen eingesetzt.[82] Zum Zeitpunkt der Anordnung lässt sich die kindeswohlgerechte Ausgestaltung im Einzelnen (Dauer, Intervalle, konkrete Besuchszeiten usw.) meist noch gar nicht absehen.[83]

Praxistipp: Auch in diesen Fällen kann es sinnvoll sein, zunächst eine Umgangsregelung zu finden, die nicht höchsten Ansprüchen an die Bestimmtheit genügt, jedoch eine individuelle Gestaltung zulässt. In den wenigen Ausnahmefällen, in denen sich die Anordnung oder Vereinbarung als nicht tragfähig erweist, kann in dem noch nicht abgeschlossenen Verfahren[84] ein **vollstreckbarer Beschluss** „nachgeschoben" werden.[85]

III. Wirksamkeit des Titels

1. Beschlüsse

Beschlüsse sind mit ihrer verfahrensrechtlichen **Wirksamkeit vollstreckbar** (§ 86 Abs. 2 FamFG). Dieses **Wirksamwerden** entspricht der Vollstreckbarerklärung nach der ZPO. 435

Von der Wirksamkeit eines Beschlusses ist seine **Existenz** zu unterscheiden, die bereits durch seinen **Erlass**[86] eintritt und zunächst Rechtswirkungen lediglich für das Gericht mit sich bringt. Im Falle einer mündlichen Bekanntgabe gegenüber einem anwesenden maßgeblichen Adressaten (vgl. § 41 Abs. 2 FamFG) fallen beide Zeitpunkte zusammen.[87]

Für die Wirksamkeit eines **Beschlusses** knüpft das Gesetz gerade im familienrechtlichen Verfahren an verwirrend viele **unterschiedliche Zeitpunkte** an. 436

Je nach Fallgestaltung tritt **Wirksamkeit** ein:

– in der Regel mit der **Bekanntgabe** (§ 40 Abs. 1 FamFG), d. h. entweder schriftlich durch **Zustellung** oder mündlich durch **Verkündung**[88]

82 KG, a.a.O.

83 Näher Heilmann/*Cirullies*, § 86 FamFG Rn. 24.

84 OLG Frankfurt, Beschl. v. 21.1.2014, 5 WF 310/13, BeckRS 2014, 02061, dazu *Opitz*, NZFam 2014, 610.

85 Vgl. OLG Oldenburg, Beschl. v. 6.7.2009, 13 UF 54/09, ZKJ 2009, 462 = FamRZ 2010, 44.

86 Dazu unten Rn. 436.

87 MünchKomm-FamFG/*Ulrici*, § 40 Rn. 1.

88 Zu den Anforderungen an ein wirksames **Verkündungsprotokoll** vgl. BGH, Beschl. v. 25.1.2017, XII ZB 504/15, FamRZ 2017, 821.

(§ 41 Abs. 1 und 2 FamFG); dies gilt auch und gerade für **einstweilige Anordnungen**,[89]

- (erst) mit **Rechtskraft**:
  - bei **Abstammungs-, Ehewohnungs-, Haushalts- und Gewaltschutzsachen**; **Ausnahme** in Verfahren nach § 1361b BGB und Gewaltschutzsachen im Falle der Anordnung der **sofortigen Wirksamkeit** (vgl. §§ 209 Abs. 2, 216 Abs. 1 FamFG; dann gilt wieder der Grundsatz des § 40 Abs. 1 FamFG),
  - bei **Versorgungsausgleichssachen** (§ 224 Abs. 1 FamFG) sowie bei **Genehmigungen eines Rechtsgeschäfts** und anderen in § 40 Abs. 2 und 3 FamFG genannten Fällen,
  - bei Anhängigkeit des Verfahrens als **Folgesache** im Scheidungsverbund mit **Rechtskraft des Scheidungsausspruchs** (§ 148 FamFG),
- (bereits) mit der **Übergabe an die Geschäftsstelle** des Gerichts: sofern in **Ehewohnungs- und Gewaltschutzsachen** neben der sofortigen Wirksamkeit auch die Zulässigkeit der **Vollstreckung vor der Zustellung** angeordnet wird (§§ 209 Abs. 3, 216 Abs. 2 FamFG),[90]
- (ausnahmsweise) mit **Erlass**: bei einer **einstweiligen Anordnung** in **Gewaltschutzsachen** und vergleichbaren Fällen (etwa dringende Kindesherausgabe), wenn das Gericht die Zulässigkeit der **Vollstreckung vor der Zustellung** anordnet (§ 53 Abs. 2 FamFG). **„Erlass"** wiederum ist definiert als **Übergabe** des unterschriebenen Beschlusses an die Geschäftsstelle oder **Bekanntgabe** durch Verlesen der Beschlussformel (§ 38 Abs. 3 FamFG).[91]

Chronologisch geordnet kann also die Wirksamkeit eines Beschlusses eintreten mit:

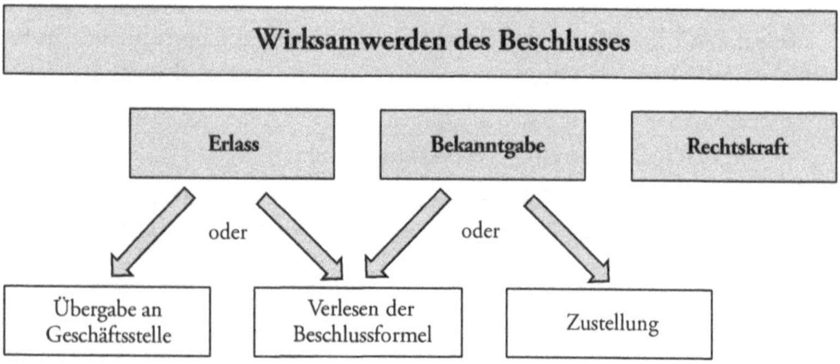

---

89 Zöller/*Feskorn*, § 53 FamFG Rn. 3; *Büte* in: Johannsen/Henrich, § 53 FamFG Rn. 4; **nicht** – wie gelegentlich vertreten – **mit Erlass**, wie die Regelung in § 53 Abs. 2 S. 2 FamFG zeigt.

90 Dazu Rn. 562, 583.

91 Dazu OLG Frankfurt, Beschl. v. 13.1.2016, 4 UF 272/15, FamRZ 2016, 1801.

Praxistipp: Das Familiengericht darf im Rahmen der Entscheidung in einer Kindschaftssache **nicht** einen **abweichenden Zeitpunkt der Wirksamkeit** (insbesondere Rechtskraft der Entscheidung) aussprechen, etwa um zu vermeiden, dass das Kind bei einer abweichenden Entscheidung des Beschwerdegerichts mehrfach den Aufenthaltsort wechseln muss. Für eine solche Verlagerung des Zeitpunkts der Wirksamkeit in die Zukunft fehlt die Rechtsgrundlage.[92]

2. Vergleiche

Der **Vergleich** wird grundsätzlich mit seinem **Abschluss** wirksam – es sei denn, er wurde unter einer **Bedingung** geschlossen. So wird ein unter **Widerrufsvorbehalt** geschlossener Vergleich wegen seiner Bindung an die Wirksamkeit des materiellen Rechtsgeschäfts erst dann zum Vollstreckungstitel, wenn innerhalb der bestimmten Widerrufsfrist kein Widerruf erfolgt.[93] Besondere Voraussetzungen müssen für die Vollstreckbarkeit eines **gerichtlich gebilligten Vergleichs** (§ 156 Abs. 2 FamFG) erfüllt sein.[94] **437**

Auch im Verfahren nach dem FamFG sind bei der **Protokollierung** eines Vergleichs die Formvorschriften der ZPO einzuhalten (§ 36 Abs. 2 S. 2 FamFG). Folglich ist der im Protokoll festgestellte Vergleich den Beteiligten **vorzulesen** oder zur Durchsicht vorzulegen; ferner ist in dem Protokoll zu vermerken, dass dies geschehen und die **Genehmigung erteilt** ist (§ 162 Abs. 1 S. 1 und 3 ZPO). Sind diese Erfordernisse nicht erfüllt, ist der Vergleich **unwirksam**. Das Verfahren ist nicht beendet.[95] **438**

§ 36 Abs. 3 FamFG lässt auch einen **schriftlichen Vergleichsabschluss** entsprechend § 278 Abs. 6 ZPO zu. Ein auf diese Weise abgeschlossener Vergleich entspricht in seinen Wirkungen einem in einer mündlichen Verhandlung abgeschlossenen Prozessvergleich.[96] Nach § 278 Abs. 6 S. 2 ZPO stellt das Gericht das Zustandekommen und den Inhalt des Vergleichs durch **Beschluss** fest; erst diese (deklaratorische) Entscheidung führt die **Wirksamkeit** und Vollstreckbarkeit des Vergleichs herbei. **439**

---

92 Es kommt nur eine **Aussetzung der Vollziehung** durch das **Beschwerdegericht** nach § 64 Abs. 3 FamFG in Betracht, OLG Celle, Beschl. v. 2.5.2013, 10 UF 100/13, FamRZ 2013, 2001.

93 Dazu OLG Zweibrücken, Urt. v. 25.2.2010, 6 UF 39/09, FamRZ 2010, 1357.

94 Dazu Rn. 426.

95 OLG Naumburg, Beschl. v. 25.7.2006, 8 WF 75/06, FamRZ 2007, 1178.

96 BGH, Beschl. v. 2.2.2012, I ZB 95/10, MDR 2012, 1060 = FamRZ 2012, 1563 (LS). Er ersetzt sogar die **notarielle Beurkundung**, vgl. Rn. 52.

IV. Vollstreckungsklausel

1. Beschluss

440 Vollstreckungstitel i.S.d. § 86 Abs. 1 FamFG bedürfen nach Abs. 3 einer **Vollstreckungsklausel** nur dann, wenn die Vollstreckung nicht durch das Gericht erfolgt, das den Titel erlassen hat. Denn die Klausel bezweckt, dem Vollstreckungsorgan außerhalb des „Prozessgerichts" (Gerichtsvollzieher, Vollstreckungsgericht, Grundbuchamt) die Prüfung abzunehmen, ob der Titel bereits vollstreckbar ist. Dementsprechend bedarf der Titel einer Klausel **nicht**, wenn der Vollstreckungsgläubiger sich mit seinem Antrag an das **Gericht der Hauptsache** zu wenden hat, das den Bestand und die Wirksamkeit des Titels anhand der bei ihm noch geführten oder verwahrten Akten ohne Weiteres prüfen kann.

Mit anderen Worten: **Benötigt** wird die Klausel, wenn ein **anderes Vollstreckungsorgan** (z.B. ein anderes **Gericht** in Kindschaftssachen nach Umzug des Kindes[97] oder der **Gerichtsvollzieher** in Gewaltschutzsachen bei der Anwendung unmittelbaren Zwangs[98]) oder ein **Beteiligter** (etwa zwecks Herausgabe oder Räumung) vollstreckt.

Praxistipp: Bedarf es zur Vollstreckung grundsätzlich keiner Klausel, so kann doch eine solche als „weitere" erteilt werden, wenn zugleich auch durch ein **anderes Gericht** vollstreckt werden soll.[99]

441 Eine Besonderheit ist für die **einstweilige Anordnung** bestimmt: Sie bedarf der Vollstreckungsklausel nur, wenn die Vollstreckung für oder gegen eine nicht im Beschluss genannte Person erfolgen soll (§ 53 Abs. 1 FamFG).

442 Auch wenn der Gläubiger ein **Ordnungsmittelverfahren** mit seinem Antrag einleitet, wird das daraufhin festgesetzte Ordnungsmittel stets von Amts wegen durch das **Prozessgericht** vollstreckt, so dass bereits aus diesem Grund eine **Klausel entbehrlich** ist. Im Übrigen ist umstritten, ob § 86 FamFG überhaupt Beschlüsse betrifft, die im Rahmen der **Zwangsvollstreckung** eines Titels erlassen werden.[100] Jedenfalls für **Ordnungsmittel** ist dies zu verneinen, weil sich deren Vollziehung nach dem Justizbeitreibungsgesetz richtet.[101] Folglich bedarf der Ordnungsmittelbeschluss auch aus diesem Grund keiner Vollstreckungsklausel.

---

97 Vgl. auch Rn. 452.

98 Dazu Rn. 580.

99 MünchKomm-ZPO/*Wolfsteiner*, § 733 Rn. 10.

100 Keidel/*Giers*, § 86 FamFG Rn. 9; differenzierend *Cirullies*, FPR 2012, 473, je m.w.N.

101 *Cirullies*, a.a.O.

2. Vergleich

Auch zur Vollstreckung aus einem **gerichtlich gebilligten Vergleich** wird eine **Klausel** benötigt, wenn der Gläubiger sich nicht an das Gericht der Hauptsache zu wenden hat (§ 86 Abs. 3 FamFG analog). Die vollstreckbare Ausfertigung muss körperlich vorgelegt werden, damit das Vollstreckungsorgan prüfen kann, ob die Vollstreckungsvoraussetzungen noch gegeben sind.[102] Gleiches gilt für einen „einfachen" gerichtlichen Vergleich nach §§ 86 Abs. 1 Nr. 3 FamFG, 794 Abs. 1 Nr. 1 ZPO bzw. § 36 FamFG. 443

Bestand **keine Dispositionsbefugnis** der Beteiligten, dann darf daraus **nicht** vollstreckt werden. Die Erteilung der Vollstreckungsklausel ist dann vom Urkundsbeamten bzw. vom Rechtspfleger[103] zu versagen.[104]

V. Zustellung

1. Vollstreckungsvoraussetzung

Weitere Voraussetzung der Vollstreckung ist – wie nach § 750 Abs. 1 S. 1 ZPO – die **Zustellung des Titels** (§ 87 Abs. 2 FamFG). Grundsätzlich muss der Titel spätestens mit Beginn der Vollstreckung zugestellt sein, und zwar **förmlich**[105] und – soweit erforderlich – mit **Vollstreckungsklausel**.[106] 444

Eine **Besonderheit** kann bestehen für die einstweilige Anordnung in **Gewaltschutzverfahren** und vergleichbaren Verfahren (§ 53 Abs. 2 FamFG) sowie für die Hauptsacheverfahren in Ehewohnungs- und Gewaltschutzsachen (§§ 209 Abs. 3, 216 Abs. 2 FamFG): Danach kann das Gericht nämlich anordnen, dass die **Vollstreckung vor Zustellung** zulässig ist.[107] Die Entscheidungen werden dann bereits mit **Erlass**[108] wirksam. Diese Möglichkeit enthebt jedoch nicht der Pflicht, die Zustellung alsbald **nachzuholen**.

2. Beschluss

a) Amtszustellung

Die Bekanntgabe eines Beschlusses hat in jedem Fall das **Gericht** zu veranlassen (§ 41 Abs. 1 FamFG).[109] Die Kundgabe durch Beteiligte oder sonstige Dritte genügt der Bekanntgabepflicht nicht.[110] Im FamFG fehlt 445

102 OLG Brandenburg, Beschl. v. 2.5.2016, 13 WF 75/16, FamRZ 2016, 1960.
103 Zuständig z. B. bei Widerrufsvergleichen.
104 MünchKomm-FamFG/*Zimmermann*, § 86 Rn. 23.
105 Dazu unten Rn. 446.
106 Keidel/*Giers*, § 87 Rn. 12.
107 Rn. 562, 583.
108 Dazu Rn. 436.
109 So auch *Giers*, DGVZ 2009, 127, 129.
110 MünchKomm-FamFG/*Ulrici*, § 41 Rn. 5.

eine § 750 Abs. 1 S. 2 ZPO entsprechende Regelung, wonach auch eine Zustellung im Parteibetrieb ausreicht.

Praxistipp: Eine **„Parteizustellung" heilt nicht** die eigentlich gebotene **Amtszustellung**; die Zustellung bleibt unwirksam.[111] Dies wird in der Praxis nicht selten verkannt.[112] Wegen dieser Amtshandlung ist der Nachweis über die Zustellung (oder die Mitteilung über erfolglose Zustellungsversuche) dem **Familiengericht** und nicht dem Antragsteller(vertreter) zu übersenden.

Die Pflicht zur Amtszustellung gilt auch für die einstweilige Anordnung in **Gewaltschutzsachen**, wie § 214 Abs. 2 FamFG[113] nun endgültig klarstellt.

Praxistipp: Danach beauftragt die **Geschäftsstelle** den Gerichtsvollzieher mit der Zustellung. Zuständig hierfür ist die Geschäftsstelle des **Familiengerichts**, nicht des Vollstreckungsgerichts.[114] Sie leitet den Zustellungsauftrag an die **Gerichtsvollzieherverteilungsstelle**.

b) Form der Bekanntgabe

446 Die **Form** der Bekanntgabe bestimmt sich gemäß § 15 Abs. 2 FamFG. Danach ist die Bekanntgabe an die Beteiligten durch **förmliche Zustellung** nach den Vorschriften der ZPO oder durch einfache **Versendung per Post** grundsätzlich in das Ermessen des Gerichts gestellt.

Praxistipp: Bei der **förmlichen Zustellung** ist zu beachten, dass eine **Ausfertigung**[115] des Beschlusses und nicht lediglich eine beglaubigte Abschrift[116] an den Antragsgegner zuzustellen ist.[117]

---

111 BGH, Urt. v. 19.5.2010, IV ZR 14/08, FamRZ 2010, 1328.

112 Vgl. etwa OLG Celle, Beschl. v. 30.6.2011, 10 WF 176/11, BeckRS 2011, 17564 (Zustellung im – durch das Gericht lediglich vermittelten – „Parteibetrieb"); widersprüchlich auch *Plastrotmann* in: Kindl/Meller-Hannich/Wolf, Zwangsvollstreckung und Gewaltschutzgesetz, Rn. 42 und 44.

113 Neugefasst aufgrund des Gesetzes zur Änderung des Sachverständigenrechts und zur weiteren Änderung des FamFG sowie zur Änderung des SGG, der VwGO, der FGO und des GKG v. 11.10.2016, BGBl. I, 2222, in Kraft seit 15.10.2016; dazu *Linha*, DGVZ 2017, 86.

114 Dies gilt auch für § 216 Abs. 2 S. 2 FamFG, ebenso *Giers*, FPR 2011, 224, 225 unter Hinweis auf § 192 Abs. 3 ZPO; vgl. auch Rn. 583.

115 Abschrift der Urschrift mit Ausfertigungsvermerk, Unterschrift und Siegel; sie vertritt die Urschrift im Rechtsverkehr.

116 Abschrift einer Urkunde mit Beglaubigungsvermerk.

117 Vgl. auch MünchKomm-FamFG/*Erbarth*, § 214 Rn. 9; Zöller/*Feskorn*, § 41 FamFG Rn. 2. Allerdings wird – wie bei der einstweiligen Verfügung – auch die Zustellung einer **beglaubigten Abschrift der Ausfertigung** ausreichen, vgl. BGH, Beschl. v. 23.10.2003, I ZB 45/02, NJW 2004, 506.

Hieran hat sich nichts durch die Modifizierung der Vorschrift des § 317 ZPO[118] geändert, die nur auf Urteile nach der ZPO und Familienstreitsachen,[119] nicht jedoch in fG-Familiensachen anwendbar ist.[120]

Die Zustellung einer **Gewaltschutzanordnung** an den der Wohnung verwiesenen Antragsgegner gestaltet sich in der Praxis oft problematisch, wenn dessen ladungsfähige (neue) **Anschrift** dem Gericht **nicht bekannt** ist.[121]

3. Vergleich

Auch ein **gebilligter Vergleich** muss zu Beginn der Zwangsvollstreckung **zugestellt** sein, obgleich § 87 Abs. 2 FamFG dem Wortlaut nach die Zustellung nur für die Vollstreckung aus „Beschlüssen" verlangt.[122] Doch wie die Beschränkung des Hinweiserfordernisses nach § 89 Abs. 2 FamFG ist auch die Beschränkung des Zustellungserfordernisses auf Beschlüsse in § 87 Abs. 2 FamFG als gesetzgeberisches Redaktionsversehen anzusehen.[123] Für das Zustellungsgebot spricht bereits die **Warnfunktion**, die der Titelzustellung neben dem nach § 89 Abs. 2 FamFG erforderlichen Hinweis zukommt, für deren Beschränkung auf bestimmte Vollstreckungstitel aber kein sachlicher Grund bestünde.[124] Schon im Hinblick auf den gerichtlichen **Billigungsbeschluss**, der den Vergleich erst vollstreckbar macht und die hoheitlich errichtete Vollstreckungsgrundlage darstellt,[125] ist eine Zustellung **von Amts wegen** (§ 41 FamFG) geboten. Allerdings wird auch eine Zustellung im „Parteibetrieb" für zulässig erachtet.[126] 447

Praxistipp: Wegen fehlender oder **mangelhafter Zustellung** kommt es nicht selten zu Verzögerungen im Vollstreckungsverfahren. Eine unterbliebene Zustellung kann jederzeit nachgeholt werden, so dass ab dann vollstreckt werden kann.[127]

---

118 Zum 1.7.2014, BGBl. I, 3786.

119 Dazu Rn. 8 ff.

120 Zur **Heilung** von Zustellungsmängeln nach § 15 Abs. 2 i.V.m. **§ 189 ZPO** vgl. Rn. 105.

121 Dazu Rn. 584.

122 *Heilmann*, NJW 2012, 887, 889; *Völker*, FPR 2012, 485, 486 m.w.N.; Zöller/*Feskorn*, § 87 FamFG Rn. 4; *Schmid*, NZFam 2014, 881, 883.

123 H.M., KG, Beschl. v. 16.12.2016, 15 WF 22/16, BeckRS 2016, 110669; OLG Frankfurt, Beschl. v. 2.11.2011, 5 WF 151/11, FamRZ 2012, 573; *Ernst*, NZFam 2015, 804, 807; *Büte* in: Johannsen/Henrich, § 87 Rn. 4; FamFG Verfahren; BeckOK-FamFG/*Sieghörtner*, § 87 Rn. 9 m.w.N.

124 KG, a.a.O.

125 OLG Brandenburg, Beschluss v. 15.12.2016, 13 WF 279/16, FamRZ 2017, 746.

126 OLG Brandenburg, Beschl. v. 10.10.2016, 13 WF 226/16, FamRZ 2017, 391 (jedoch gestützt auf eine Zustellung nach § 750 Abs. 1 ZPO) m.w.N.

127 *Völker*, a.a.O.

4. Sonstige Titel

448 **Sonstige Titel** nach § 86 Abs. 1 Nr. 3 i.V.m. § 794 ZPO[128] sind gemäß § 95 Abs. 1 FamFG i.V.m. §§ 795, 750 Abs. 1 ZPO **von Amts wegen** zuzustellen.[129] Allerdings genügt hier für die Vollstreckung eine Zustellung durch den **Gläubiger** (§ 750 Abs. 1 S. 2 ZPO).

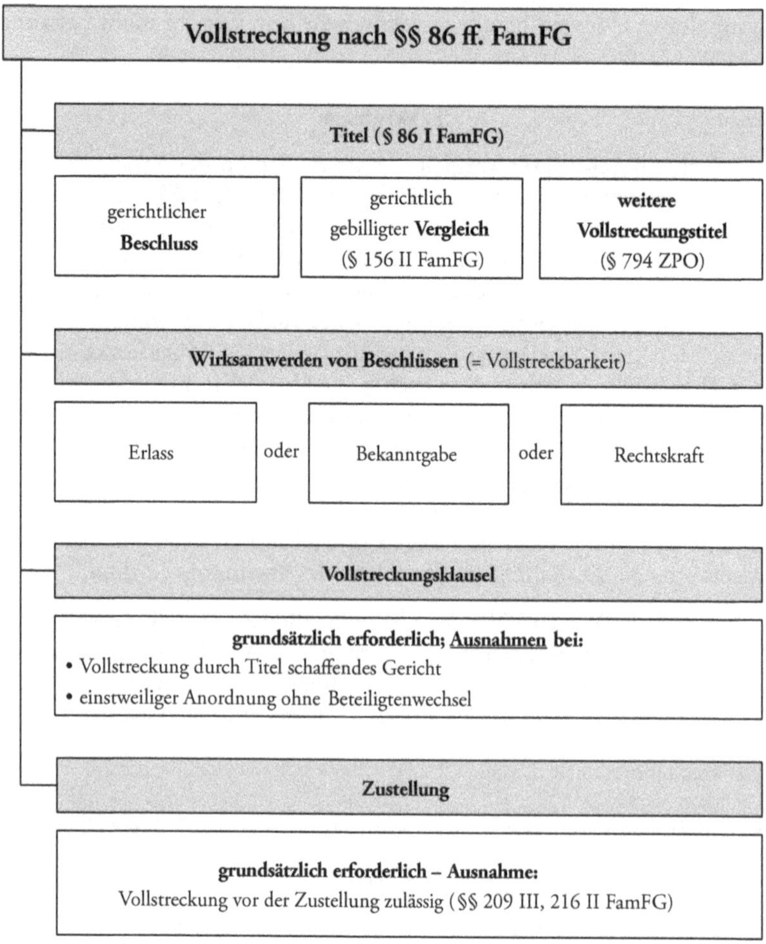

128 Dazu oben Rn. 427.

129 *Hammer* in: Prütting/Helms, § 87 Rn. 8.

C. Vollstreckung wegen Umgang und Kindesherausgabe

I. Allgemeine Vorschriften

1. Anwendungsbereich

§§ 88–94 FamFG normieren speziell die Vollstreckung von **Umgangsregelungen** sowie von Entscheidungen über die **Herausgabe von Personen**. Sofern es um die Kindesherausgabe aufgrund **internationaler** Übereinkommen geht, beurteilt sich die Vollstreckung nach § 44 IntFamRVG.[130] **449**

Für **Herausgabeanordnungen** nach § 1632 Abs. 1 BGB können sich **unterschiedliche Vollstreckungszuständigkeiten** ergeben, wenn neben der Herausgabe des Kindes auch diejenige seiner **persönlichen Gegenstände** angeordnet wird.[131]

Das Gericht kann gemäß § 89 Abs. 1 FamFG **Ordnungsgeld**, ersatzweise **Ordnungshaft** verhängen, um eine bereits erfolgte Zuwiderhandlung zu ahnden. Lediglich als letztes Mittel der Vollstreckung kommt die Anwendung **unmittelbaren Zwangs** in Betracht, allerdings nicht gegenüber dem Kind zur Ausübung des Umgangsrechts (§ 90 FamFG).[132] Der vorherigen Durchführung eines **Vermittlungsverfahrens** nach § 165 FamFG bedarf es **nicht** (§ 92 Abs. 3 FamFG).

Vereinzelt wird die Auffassung vertreten, auch der **Auskunftsanspruch** über die persönlichen Verhältnisse des Kindes gemäß § 1686 BGB sei ein **Annexanspruch** zum Anspruch auf **Umgangsregelung** und daher ebenfalls durch Festsetzung von Ordnungsmitteln nach § 89 FamFG (und nicht durch Zwangsmittel nach § 95 Abs. 1 Nr. 3 FamFG i.V.m. § 888 ZPO) zu vollstrecken.[133]

Nicht nach § 89 FamFG vollstreckbar ist die angeordnete Verpflichtung eines Elternteils, an einem gemeinsamen **Elterngespräch teilzunehmen**, nicht vollstreckt werden kann. Denn es fehlt – über die Möglichkeit der nicht durchsetzbaren Anordnung nach § 156 Abs. 1 S. 3 FamFG hinaus – an einer gesetzlichen Grundlage, jemanden zur Teilnahme an einem Gespräch zu verpflichten.[134]

---

130 Dazu *Hammer* in: Prütting/Helms, § 88 Rn. 1a; ferner Heilmann/*Schweppe*, § 44 IntFamRVG Rn. 1 ff.

131 Dazu Rn. 624.

132 Dazu Rn. 495.

133 Rn. 557.

134 KG, Beschl. v. 17.6.2015, 18 WF 109/14, BeckRS 2016, 08685.

2. Beschleunigungsgebot

450 Das Familiengericht ist verpflichtet, die in Umgangs- und Kindesherausgabeverfahren vorgesehenen Vollstreckungsmittel ausreichend **schnell und systematisch** einzusetzen. Dies gilt insbesondere, wenn die mangelnde Umsetzung des Umgangsrechts in erster Linie auf der offensichtlichen Ablehnung des Verpflichteten sowie des durch ihn „programmierten" Kindes beruht.[135] Der **BGH**[136] hat wiederholt betont, dass ein nach § 86 Abs. 2 FamFG mit seiner Wirksamkeit vollstreckbarer Umgangstitel einer **effektiven Durchsetzungsmöglichkeit** bedarf. Noch in jüngerer Zeit hat der **EGMR**[137] die Schwerfälligkeit des deutschen Vollstreckungsrechts in **Umgangssachen** wie auch das Fehlen eines Primärrechtsbehelfs gegen Untätigkeit des Gerichts gerügt.

451 Hierauf hat der Gesetzgeber reagiert: Nach § 88 Abs. 3 FamFG n.F.[138] ist auch die **Vollstreckung** in Umgangs- und Kindesherausgabeverfahren **vorrangig und beschleunigt** durchzuführen. Die neuen **Rechtsbehelfe** nach §§ 155b und 155c FamFG (Beschleunigungsrüge und Beschleunigungsbeschwerde)[139] gelten hier entsprechend.[140] Flankierend wurden die Bestimmungen über die Verhängung eines **Ordnungsgeldes** gegen den Sachverständigen wegen Fristüberschreitung (§ 411 Abs. 2 ZPO n.F.) verschärft.

Praxistipp: Die Wirkung dieser Maßnahmen bleibt abzuwarten. Nach wie vor ist es wichtig, in diesen ohnehin problematischen Verfahren **Formfehler**, die mitunter zur Zurückverweisung durch das Beschwerdegericht führen,[141] und entsprechende Verzögerungen bereits im **Erkenntnisverfahren** zu vermeiden.

---

135 EGMR, Urt. v. 20.7.2006, 1633/05, FamRZ 2008, 1059 mit Anm. *Rixe*.

136 BGH, Beschl. v. 19.2.2014, XII ZB 165/13, FamRZ 2014, 732; zur **„angemessenen Verfahrensführung"** vgl. VerfGH Berlin, Beschl. v. 9.11.2016, VerfGH 159/15, FamRZ 2017, 732.

137 EGMR, Urt. v. 15.1.2015, 62198/11, FamRZ 2015, 469 = NJW 2015, 1433 mit Anm. *Steinbeiß-Winkelmann*.

138 Aufgrund des Gesetzes zur Änderung des Sachverständigenrechts und zur weiteren Änderung des FamFG sowie zur Änderung des SGG, der VwGO, der FGO und des GKG v. 11.10.2016, BGBl. I, 2222, in Kraft seit 15.10.2016; dazu *Stockmann*, FamRB 2016, 442; *Schneider*, FamRB 2016, 479.

139 Kritisch dazu *Keuter*, FamRZ 2016, 1817, 1819; vgl. auch *Heilmann/Salgo*, FamRZ 2016, 432; *Schneider*, a.a.O.; zu den **Voraussetzungen** vgl. OLG Stuttgart, Beschl. v. 17.3.2017 17 WF 31/17, BeckRS 2017, 104725; OLG Bremen, Beschl. v. 2.2.2017, 4 UF 13/17, ZKJ 2017, 198, dazu *Erbarth*, NZFam 2017, 278; zur Subsidiarität der **Verfassungsbeschwerde** vgl. BVerfG, Beschl. v. 1.3.2017, 1 BvR 2311/16, NZFam 2017, 311 mit Anm. *Burschel*.

140 Allerdings wurde schon bisher angenommen, dass § 155 FamFG auch für die Vollstreckung zu beachten ist, vgl. *Keuter*, a.a.O., S. 1823 m.w.N.

141 Vgl. etwa OLG Hamm, Beschl. v. 21.5.2015, 2 UF 3/15, FamRZ 2015, 1988; Beschl. v. 9.7.2012, 9 UF 105/12, FamRZ 2013, 310; OLG Frankfurt, Beschl. v. 21.2.2013, 5 UF 25/13, BeckRS 2014, 17407.

3. Zuständigkeit

Da das Vollstreckungsverfahren gegenüber dem Hauptsacheverfahren **selbständig** ist, muss auch die **örtliche Zuständigkeit** neu geprüft werden: Die Vollstreckung nimmt dasjenige Gericht vor, in dessen Bezirk das Kind zum Zeitpunkt der Einleitung der Vollstreckung seinen **gewöhnlichen Aufenthalt** hat (§ 88 Abs. 1 FamFG). Den durch die Ortsnähe erleichterten Ermittlungen im Vollstreckungsverfahren hat der Gesetzgeber den Vorrang eingeräumt gegenüber dem familienspezifischen „Insiderwissen" des erkennenden Gerichts. **452**

Die deutschen Gerichte sind für die Vollstreckung eines Umgangstitels auch dann **international zuständig**, wenn das Kind Deutscher ist, aber seinen gewöhnlichen Aufenthalt im **Ausland** hat und vorgehende Bestimmungen i.S.d. § 97 Abs. 1 FamFG fehlen.[142]

4. Mitwirkung des Jugendamtes

Das **Jugendamt** hat gemäß § 88 Abs. 2 FamFG die Pflicht, das Gericht in geeigneten Fällen zu unterstützen, etwa durch **Beratung** der Eltern. Insbesondere in Fällen der **Kindesherausgabe** soll durch die Mitwirkung der Aufenthalt des Kindes gesichert werden. Auch kann die Anwesenheit eines Mitarbeiters zur Deeskalation und Vermeidung unmittelbaren Zwangs beitragen. **453**

Nicht hingegen kann und darf das Gericht die Vollstreckung der **Kindesherausgabe** auf das **Jugendamt** übertragen und gegen dieses – im Weigerungsfall – gar Ordnungsmittel verhängen.[143] Vielmehr hat das Gericht den **Gerichtsvollzieher** zu beauftragen.[144]

5. Anhörung der Beteiligten

Der Verpflichtete ist vor der Festsetzung von **Ordnungsmitteln** grundsätzlich **anzuhören**, vor der Anordnung **unmittelbaren Zwangs** nur, wenn hierdurch nicht die Vollstreckung vereitelt oder wesentlich erschwert wird (§ 92 Abs. 1 FamFG). Allerdings ist streitig, ob diese Anhörung nicht nur schriftlich, sondern auch persönlich zu erfolgen hat. Für die Ansicht, die **schriftliche Anhörung** sei ausreichend, spricht der Wortlaut der Vorschrift, wonach – wie bei § 891 S. 1 ZPO – der Verpflichtete „zu hören" ist. Diese Formulierung ist im FamFG von der „persönlichen Anhörung" **454**

---

142 BGH, Beschl. v. 30.9.2015, XII ZB 635/14, FamRZ 2015, 2147 (betreffend Volksrepublik China); zum **„gewöhnlichen Aufenthalt"** vgl. EuGH, Urt. v. 15.2.1017, C-499/15, FamRZ 2017, 734.

143 Dazu DIJuF-Rechtsgutachten v. 27.3.2012, JAmt 2012, 311.

144 Dazu Rn. 619.

zu unterscheiden, die in anderen Vorschriften[145] ausdrücklich vorgesehen ist.[146]

Insbesondere in **Kindschaftssachen** ist jeweils im Einzelfall sorgfältig zu prüfen, ob durch die **persönliche** Anhörung der **Beteiligten** die Vollstreckung im Interesse des Kindeswohls schonender durchgeführt werden kann.[147] In jedem Fall zwingend erforderlich ist sie nicht.[148]

6. Kindeswohlprüfung?

455 Eine **erneute Prüfung** der Rechtmäßigkeit der zu vollstreckenden Entscheidung findet im Vollstreckungsverfahren grundsätzlich **nicht** statt.[149] Denn gerichtliche Entscheidungen zum Sorge- und Umgangsrecht haben stets das **Kindeswohl** zu berücksichtigen. Auch bedarf der mit seiner Wirksamkeit vollstreckbare Titel einer effektiven Durchsetzungsmöglichkeit.[150] Etwas anderes soll gelten bei der Festsetzung von Ordnungsmitteln gegen einen **umgangswilligen** Elternteil, weil ein nur mit Ordnungsmitteln durchgesetzter Umgang in aller Regel nicht dem Kindeswohl diene.[151]

456 Widerspricht ein bestehender Umgangs- oder Kindesherausgabetitel dem Kindeswohl, steht es den Beteiligten frei, eine **Abänderung oder Aufhebung** des Titels zu beantragen. Daneben kann das Gericht auch von Amts wegen ein Abänderungsverfahren einleiten und im Rahmen dessen gemäß § 93 Abs. 1 Nr. 4 FamFG jederzeit die Vollstreckung des ursprünglichen Titels **einstweilen einstellen.**[152]

7. Einstellung der Vollstreckung (§ 93 FamFG)

457 Die Durchsetzung einer gerichtlichen Entscheidung hat häufig eine endgültige, nicht mehr umkehrbare Wirkung. Daher ermöglicht es **§ 93 FamFG** für bestimmte typische Konstellationen, die Vollstreckung zu un-

145 Vgl. etwa §§ 34, 160 FamFG.

146 H.M., vgl. OLG Karlsruhe, Beschl. v. 5.5.2011, 5 WF 51/11, FamRZ 2011, 1669; Zöller/*Feskorn*, § 92 Rn. 2; MünchKomm-FamFG/*Zimmermann*, § 92 Rn. 2; a.A. *Büte* in: Johannsen/Henrich, § 92 Rn. 1; Keidel/*Giers*, § 92 Rn. 2.

147 *Borth/Grandel* in: Musielak/Borth, § 92 Rn. 2.

148 OLG Karlsruhe, Beschl. v. 18.3.2015, 18 WF 46/14, FamRZ 2015, 2000.

149 BGH, Beschl. v. 1.2.2012, XII ZB 188/11, FamRZ 2012, 533; OLG Saarbrücken, Beschl. v. 2.4.2012, 6 WF 130/11, BeckRS 2012, 12908; OLG Frankfurt, Beschl. v. 28.6.2012, 4 WF 122/12, FamRZ 2013, 475.

150 BGH, Beschl. v. 30.9.2015, XII ZB 635/14, FamRZ 2015, 2147, dazu *Stockmann*, jurisPR-FamR 25/2015 Anm. 7; OLG Schleswig, Beschl. v. 16.7.2014, 12 WF 67/14, FamRZ 2015, 1222.

151 OLG Frankfurt, Beschl. v. 12.9.2013, 5 WF 171/13, FamRZ 2014, 403; vgl. aber OLG Oldenburg, Beschl. v. 28.7.2016, 13 WF 55/16, FamRZ 2017, 390 = FuR 2017, 41.

152 Dazu auch OLG Frankfurt, Beschl. v. 11.9.2012, 4 WF 196/12, FamRZ 2013, 812 (LS) = BeckRS 2013, 02547, dazu *Többen*, FamFR 2013, 113.

terbrechen, einzuschränken oder einzelne Maßnahmen gänzlich aufzuheben. Diese „Einstellung“ entspricht inhaltlich der **Aussetzung** der Vollziehung (etwa in § 64 Abs. 3 FamFG) oder dem **Aufschub** der Vollstreckung in § 156 Abs. 1 S. 3 GVGA.

Nach der systematischen Stellung im Unterabschnitt 2 betrifft die Vorschrift lediglich Verfahren über die Herausgabe von Personen und die Regelung des Umgangs. Formulierung und Gesetzesbegründung[153] dürften allerdings dafür sprechen, dass es sich auch um eine für **alle fG-Verfahren** geltende Vorschrift handelt.[154] Für **einstweilige Anordnungen** gilt die Sondervorschrift des **§ 55 FamFG**.

§ 93 Abs. 1 S. 1 FamFG nennt fünf Einstellungsgründe, von denen nur **Nr. 3 und 4** von größerer praktischer Relevanz sind.

- Bei **Nr. 3** geht es um die Einlegung einer Beschwerde gegen den **Vollstreckungstitel** selbst nach § 58 FamFG. Die Beschwerde gegen ein **Ordnungsmittel** hat nach § 87 Abs. 4 i.V.m. § 570 Abs. 1 ZPO ohnehin aufschiebende Wirkung, so dass es einer Einstellung nicht bedarf.[155] Zuständig ist das **Beschwerdegericht**, das wahlweise auch nach § 64 Abs. 3 FamFG die Vollziehung des angefochtenen Beschlusses aussetzen kann. 458

Praxistipp: Über die einstweilige Einstellung der Vollstreckung ist nach § 93 Abs. 1 S. 2 FamFG **vorab zu entscheiden**. Diese Vorabentscheidung sollte mit der Beschwerdeeinlegung ausdrücklich **beantragt** werden.

- Nach **Nr. 4** besteht die Einstellungsmöglichkeit, wenn die **Abänderung** einer Entscheidung **beantragt** wird. Dieses Vorgehen ist gerade bei Umgangstiteln von Bedeutung, wenn der betreuende Elternteil aufgrund geänderter Verhältnisse Umgangskontakte nicht (mehr) für vertretbar hält. Doch besteht die Möglichkeit der Vollstreckungseinstellung auch im Falle des nach § 166 Abs. 1 S. 1 FamFG i.V.m. § 1696 BGB **von Amts wegen** eingeleiteten Abänderungsverfahrens.[156] So kann das Gericht auch **Umgangsregelungen** – etwa bei dem Vorwurf des sexuellen Missbrauchs durch den Umgangsberechtigten – von Amts wegen überprüfen und die Vollstreckung aussetzen.[157] 459

---

153 BT-Drs. 16/6308, S. 483.

154 *Giers*, FPR 2008, 441, 443, aber streitig.

155 Rn. 519.

156 Einhellige Auffassung, OLG Celle, Beschl. v. 12.8.2011, 10 WF 246/11, ZKJ 2011, 433, dazu *Leipold*, FamFR 2011, 448; Zöller/*Feskorn*, § 93 Rn. 3; *Hammer* in: Prütting/Helms, § 93 Rn. 2.

157 Vgl. OLG Karlsruhe, Beschl. v. 3.7.2014, 18 WF 11/14, FamRZ 2014, 2012 = NZFam 2014, 793 mit Anm. *Cirullies*.

8. Kostenentscheidung

460 Für die **Kostengrundentscheidung** im Vollstreckungsverfahren verweist § 87 Abs. 5 FamFG auf die **§§ 80–82 und 84 FamFG**, die auch im Erkenntnisverfahren gelten.[158] Über die Kostentragungspflicht ist nach § 82 FamFG mit der Endentscheidung nach den Grundsätzen des § 81 FamFG zu befinden.[159]

Allerdings ist die Sonderregelung in **§ 92 Abs. 2 FamFG** zu beachten: Ordnet das Gericht **Ordnungsmittel** oder **unmittelbaren Zwang** an, sind dem **Verpflichteten** zwingend die **Kosten** des Vollstreckungsverfahrens aufzuerlegen. Die Regelung ist entsprechend anzuwenden bei einer **Durchsuchungsanordnung** oder einer Entscheidung nach **§ 94 FamFG**.[160] Weist das Gericht die entsprechenden Anträge zurück, verbleibt es bei der Kostenregelung in § 87 Abs. 5 FamFG.

II. Anordnung der Ordnungsmittel (§ 89 FamFG)

1. Vom Beugemittel zur Strafsanktion

461 Nach altem Recht (§ 33 Abs. 1 FGG) konnte das Familiengericht durch Verhängung von **Zwangsgeld** versuchen, für die Zukunft auf die Betroffenen einzuwirken. Lediglich bei der Herausgabe von Personen war die Anordnung von **Zwangshaft** gestattet. Nunmehr kann gemäß § 89 Abs. 1 FamFG zur Durchsetzung von Kindesherausgabetiteln und Umgangsregelungen **Ordnungsgeld**, ersatzweise **Ordnungshaft** festsetzt werden, um eine bereits erfolgte Zuwiderhandlung zu ahnden. Diese Ordnungsmittel haben nicht nur Beuge-, sondern auch repressiven, **strafähnlichen Sanktionscharakter**: Sie dürfen noch festgesetzt und vollstreckt werden, wenn das geschuldete Verhalten wegen Zeitablaufs nicht mehr vorgenommen werden kann.[161] Dies gilt auch bei einem Verstoß gegen **Unterlassungspflichten**, etwa bei einem Umgangsausschluss[162] oder der Untersagung von Umgangskontakten außerhalb der konkreten Besuchszeiten.[163]

---

158 § 92 ZPO ist nicht anwendbar, so aber KG, Beschl. v. 17.06.2015,18 WF 109/14, 18 WF 136/14, BeckRS 2016, 08685.

159 Keidel/*Giers*, § 87 Rn. 17.

160 Keidel/*Giers*, § 92 Rn. 4.

161 Dazu Rn. 275.

162 Nicht: Ordnungsmittel nach § 95 Abs. 1 Nr. 4 FamFG i.V.m. § 890 ZPO.

163 OLG Frankfurt, Beschl. v. 31.10.2016, 2 WF 302/16, ZKJ 2017, 73 mit Anm. *Gottschalk*, dazu *Engelmann*, NZFam 2017, 83.

Praxistipp: Immer noch wird gelegentlich verkannt, dass Umgangstitel **nicht gemäß § 35 FamFG,**[164] sondern nach Maßgabe der §§ 86 ff. FamFG zu vollstrecken sind.[165]

Mit der Gesetzesänderung sollte die **Effektivität der Vollstreckung** bei Umgangs- und Herausgabeentscheidungen erhöht werden. Doch die inzwischen langjährige Praxis zeigt: Diese Hoffnungen haben sich kaum erfüllt. Weder der Wechsel von Zwangs- zu Ordnungsmitteln noch die Verschuldensvermutung hat eine nennenswerte Verbesserung gebracht.

2. Folgenankündigung (Abs. 2)

a) Warnfunktion

Wesentliche Besonderheit für die Vollstreckung in Umgangs- und Kin- **462**
desherausgabesachen ist die sog. **Folgenankündigung** nach § 89 Abs. 2 FamFG: Bereits in dem Beschluss, der die Regelung des Umgangs oder die Herausgabe einer Person anordnet, ist auf die Folgen der Zuwiderhandlung **hinzuweisen**. Diese Belehrung ist für eine Festsetzung von Ordnungsmitteln unerlässlich und als Teil des Erkenntnisverfahrens der Vollstreckung vorgeschaltet. Sie ersetzt die nach früherem Recht[166] erst im Vollstreckungsverfahren erforderliche Androhung des Zwangsmittels.[167]

b) Erforderlichkeit

Der Hinweis bedarf keines Antrags und steht auch nicht im Ermessen **463**
des Gerichts, sondern ist **zwingend** zu erteilen.[168] Diese Pflicht gilt – entsprechend dem Wortlaut der Vorschrift – für gerichtliche **Beschlüsse**, aber auch für **gerichtlich gebilligte Vergleiche** nach 156 Abs. 2 FamFG,[169] ferner für negative Umgangsregelungen wie einen **Umgangsausschluss**.[170] Auch wenn dem Umgangsberechtigten außerhalb der festgelegten Besuchszeiten jedwede **Kontaktaufnahme** mit dem Kind **untersagt** sein soll, muss sich dies aus dem Tenor der Umgangsregelung zweifelsfrei ergeben und der Hinweis nach § 89 Abs. 2 FamFG eindeutig darauf bezogen

---

164 Dazu Rn. 520.

165 OLG Jena, Beschl. v. 17.7.2015, 1 WF 154/15, FuR 2016, 664.

166 § 33 Abs. 3 S. 6 FGG.

167 Ausführlich zu Problemen der **Folgenankündigung** *Keuter*, FamRZ 2016, 1732; *Cirullies*, ZKJ 2016, 450.

168 BGH, Beschl. v. 17.8.2011, XII ZB 621/10, FamRZ 2011, 1729, dazu *Cirullies*, FamFR 2011, 491.

169 BVerfG, Beschl. v. 9.3.2011, 1 BvR 752/10, FamRZ 2011, 957; OLG Naumburg, FamRZ 2015, 777 (LS), dazu *Cirullies*, NZFam 2015, 182; *Borth/Grandel* in: Musielak/Borth, § 89 Rn. 6.

170 OLG Saarbrücken, Beschl. v. 14.11.2016, 6 UF 90/16, FamRZ 2017, 809, dazu *Engelmann*, NZFam 2017, 134.

sein.[171] Dabei ist die Abgrenzung freilich schwierig.[172] Schließlich ist der Hinweis ebenfalls an den **Umgangsberechtigten** zu richten, da Ordnungsmittel gegen ihn wegen Verletzung seiner Umgangs*pflicht* verhängt werden können.[173]

464 Ohne eine solche Folgenankündigung können auch nachhaltige Verstöße gegen die Umgangsregelung nicht sanktioniert werden.[174] Wird der Fehler erst im Falle einer Zuwiderhandlung erkannt, kann die Belehrung zwar noch **nachgeholt** werden, jedoch lediglich mit Wirkung für die **Zukunft**.

Praxistipp: Die mangelhafte Folgenankündigung führt nicht nur zu Verzögerungen bei der Vollstreckung, sondern kann den Berechtigten auch teuer zu stehen kommen. Denn im Falle eines absehbar erfolglosen, aber gleichwohl gestellten Ordnungsmittelantrags trägt er die gesamten **Kosten des Verfahrens**.[175]

c) Form und Inhalt

465 Die Folgenankündigung ist Beschlussinhalt und grundsätzlich in den **Tenor** der Entscheidung aufzunehmen. Wird der Hinweis erst an das Ende eines Beschlusses gesetzt, muss er sich deutlich von der Begründung absetzen. Er ist entsprechend hervorzuheben, etwa durch andere Formatierung, oder mit einer entsprechenden Überschrift zu versehen.[176] In jedem Fall muss er von der **Unterschrift des Richters** gedeckt sein.

Da sich die Folgenankündigung an Laien richtet, muss sie **verständlich** formuliert sein.[177] Notwendig ist ein ausdrücklicher Hinweis auf die möglichen vom Gesetz vorgeschriebenen Folgen einer Zuwiderhandlung.[178] Formulierungen wie: „Die Beteiligten wurden gemäß § 89 FamFG belehrt“ und auch die bloße **Wiederholung des Gesetzestextes** reichen

---

171 OLG Frankfurt, Beschl. v. 31.10.2016, 2 WF 302/16, ZKJ 2017, 73.

172 Dazu *Gottschalk*, ZKJ 2017, 75.

173 BGH, Beschl. v. 17.8.2011, XII ZB 621/10, FamRZ 2011, 1729; OLG Oldenburg, Beschl. v. 28.7.2016, 13 WF 55/16, FuR 2016, 41; OLG Saarbrücken, Beschl. v. 10.1.2011, 6 UF 126/10, FamRZ 2011, 826; *Hammer* in: Prütting/Helms, § 89 Rn. 10; *Völker*, FPR 2012, 485, 487.

174 OLG Köln, Beschl. v. 16.4.2014, 25 WF 45/14, BeckRS 2015, 00951 = FamRZ 2015, 163 (LS).

175 OLG Köln, a.a.O.

176 OLG Oldenburg, Beschl. v. 13.8.2015, 11 WF 159/15, FamRZ 2016, 845, dazu *Schneider*, NZFam 2016, 37.

177 OLG Brandenburg, Beschl. v. 29.7.2014, 13 WF 259/13, FamRZ 2015, 693.

178 OLG Hamm, Beschl. v. 23.12.2015, 2 WF 207/15, FamRZ 2016, 1105; OLG Schleswig, Beschl. v. 21.9.2015, 10 WF 144/15, FamRZ 2016, 845.

nicht aus.[179] Das Ordnungsgeld muss **nicht betragsmäßig** konkretisiert werden.[180] Ausreichend, aber auch erforderlich ist es, die **Obergrenzen** für Ordnungsgeld und Ordnungshaft zu bezeichnen.[181]

Die obergerichtliche Rechtsprechung neigt zu recht **umfangreichen Belehrungen**, die den angesprochenen Laien eher verwirren können. Sie beruhen auf folgendem **„Musterhinweis" des BGH**,[182] der häufig in Bezug genommen wird:[183] **466**

> *Bei schuldhafter Zuwiderhandlung gegen die sich aus dem Beschluss des ... vom ... ergebenden Verpflichtungen kann das Gericht gegenüber dem Verpflichteten Ordnungsgeld bis zur Höhe von 25.000 € und für den Fall, dass dieses nicht beigetrieben werden kann, Ordnungshaft bis zu sechs Monaten anordnen. Verspricht die Anordnung eines Ordnungsgeldes keinen Erfolg, kann das Gericht Ordnungshaft bis zu sechs Monaten anordnen. Die Festsetzung eines Ordnungsmittels unterbleibt, wenn der Verpflichtete Gründe vorträgt, aus denen sich ergibt, dass er die Zuwiderhandlung nicht zu vertreten hat.*

Danach soll mithin auch der Hinweis erforderlich sein, dass die Zuwiderhandlung **schuldhaft** erfolgen muss und der Verpflichtete etwaige **Gründe**, die gegen eine schuldhafte Handlung sprechen, **vorzutragen** hat.[184] Mit einer solchen „Rund-um-Belehrung" ist das Familiengericht gewiss auf der sicheren Seite. Ein Hinweis auf die Exkulpationsmöglichkeit nach § 89 Abs. 4 FamFG erscheint gleichwohl entbehrlich.[185]

---

179 OLG Brandenburg, Beschl. v. 29.7.2014, 13 WF 259/13, FamRZ 2015, 693; OLG Hamm, a.a.O.

180 OLG Naumburg, Beschl. v. 5.1.2016, 3 WF 231/15, FamRZ 2016, 1106 m.w.N.; *Cirullies*, ZKJ 2011, 448, 450; vgl. auch BGH, FamRZ 1973, 622 (zu § 33 FGG).

181 OLG Brandenburg, Beschl. v. 2.5.2016, 13 WF 75/16, FamRZ 2016, 1960; OLG Oldenburg, Beschl. v. 13.8.2015, 11 WF 159/15, FamRZ 2016, 845; Beschl. v. 25.3.2013, 4 WF 34/13, FamRZ 2014, 145 m.w.N.

182 BGH, Beschl. v. 17.8.2011, XII ZB 621/10, FamRZ 2011, 1729, dazu *Cirullies*, FamFR 2011, 491.

183 OLG Köln, Beschl. v. 1.4.2016, 10 WF 21/16, BeckRS 2016, 17015; OLG Celle, Beschl. v. 28.2.2013, 10 UF 12/13, FamRZ 2014, 413 = ZKJ 2013, 416 (a.E.); OLG Oldenburg, Beschl. v. 25.3.2013, 4 WF 34/13, FamRZ 2014, 145; OLG Naumburg, Beschl. v. 9.7.2014, 8 WF 120/14, FamRZ 2015, 777 (LS), dazu *Cirullies*, NZFam 2015, 182; OLG Schleswig, a.a.O. (FamRZ 2016, 845); Keidel/*Giers*, § 89 FamFG Rn. 12.

184 BGH, a.a.O.; OLG Celle, Beschl. v. 17.6.2011, 10 UF 125/11, BeckRS 2011, 16188, dazu *Galinsky*, FamFR 2011, 330; OLG Oldenburg, a.a.O.; widersprüchlich OLG Hamm, Beschl. v. 23.12.2015, 2 WF 207/15, FamRZ 2016, 1105.

185 So OLG Naumburg, Beschl. v. 5.1.2016, 3 WF 231/15, FamRZ 2016, 1106; Bahrenfuss/*Hentschel*, § 89 FamFG Rn. 24; *Cirullies*, NZFam 2015, 182; ferner Heilmann/*Cirullies*, § 89 FamFG Rn. 5 mit eigenem „Musterhinweis".

Nicht zu belehren ist über die Möglichkeit der Anordnung **unmittelbaren Zwangs** nach § 90 FamFG, da es sich hierbei nicht um ein Ordnungsmittel handelt.[186]

d) Unzureichende Belehrung

467 Der **ordnungsgemäße Hinweis** – wie auch immer man ihn gestaltet wissen will – ist Voraussetzung für die Verhängung von Ordnungsmitteln. Hieran scheitert die Vollstreckung erstaunlich häufig. Doch fragt es sich, ob die Festsetzung von **Ordnungsgeld** tatsächlich ausscheidet, wenn einzelne Elemente der „Ideal-Belehrung" fehlen, wenn etwa die Möglichkeit der isolierten Verhängung von Ordnungshaft unerwähnt bleibt. Entsprechend seiner Warnfunktion soll der Hinweis dem Pflichtigen vor Augen führen, welche konkreten Rechtsfolgen ein Verstoß gegen den vorliegenden Titel haben kann.[187] Wenn bezüglich der möglichen Ordnungsgeldfestsetzung beanstandungsfrei belehrt wurde, kann das Gericht eine Zuwiderhandlung (eben nur) durch dieses konkrete Ordnungsmittel ahnden.[188] Gleiches gilt, wenn der Höchstbetrag des Ordnungsgeldes zu gering angegeben worden ist[189] und der „angedrohte" Höchstbetrag nicht überschritten wird.

468 Eine etwa unzureichende Belehrung kann nach einhelliger Auffassung **nachgeholt** werden, auch in der Beschwerdeinstanz.[190] Allerdings wirkt der Hinweis dann lediglich für die **Zukunft**.

469 Wird eine Umgangsregelung aufgrund veränderter Verhältnisse **modifiziert**, muss der **Warnhinweis** in dem neuen Titel **wiederholt** werden.[191] Denn der bereits erteilte Hinweis ist gegenstandslos geworden. Darauf, wieviel Zeit seit der Erteilung des Hinweises vergangen ist, kommt es nicht an.[192]

---

186 *Hammer* in: Prütting/Helms, FamFG, 3. Aufl. 2014, § 89 Rn. 10 m.w.N; Bahrenfuss/*Hentschel*, § 89 FamFG Rn. 25; so aber AG Regensburg, Beschl. v. 12.12.2012, 201 F 716/11, BeckRS 2014, 07000.

187 BGH, Beschl. v. 17.8.2011, XII ZB 621/10, FamRZ 2011, 1729.

188 OLG Brandenburg, Beschl. v. 2.5.2016, 13 WF 75/16, FamRZ 2016, 1960; OLG Jena, Beschl. v. 4.3.2013, 1 WF 662/12, FamRZ 2014, 732; *Keuter*, FamRZ 2016, 1732, 1735; *Cirullies*, NZFam 2015, 182.

189 Vgl. KG, Beschl. v. 17.6.2015,18 WF 109/14, 18 WF 136/14, BeckRS 2016, 08685 (10.000 € statt 25.000 €).

190 Etwa BVerfG, Beschl. v. 9.3.2011, 1 BvR 752/10, FamRZ 2011, 957 = ZKJ 2011, 219; OLG Schleswig, Beschl. v. 21.9.2015, 10 WF 144/15, FamRZ 2016, 845.

191 OLG Hamm, Beschl. v. 23.12.2015, 2 WF 207/15, FamRZ 2016, 1105; *Cirullies*, ZKJ 2011, 448, 450.

192 BGH, Beschl. v. 3.8.2016, XII ZB 86/15, FamRZ 2016, 1763 mit Anm. *Keuter*, FamRZ 2016, 1732, dazu *Cirullies*, ZKJ 2016, 450.

Wird der **Hinweis** trotz Gegenvorstellung unterlassen, ist dies wegen der damit verbundenen Einschränkung der Vollstreckung mit der sofortigen Beschwerde anfechtbar.[193]

3. Verpflichtete

a) Grundsatz

Verpflichtete, gegen die nach § 89 Abs. 1 FamFG Ordnungsmittel verhängt werden dürfen, können nur **Beteiligte** des Erkenntnisverfahrens i.S.d. § 7 FamFG sein. In erster Linie sind hier die Eltern zu nennen. In Betracht kommen aber auch die Pflegeeltern, der Vormund oder der Ergänzungspfleger mit entsprechendem Aufgabenkreis.[194] Grundsätzlich ist auch der **Umgangsberechtigte** Verpflichteter, da ihn zum einen auch eine Umgangs*pflicht* trifft (§ 1684 Abs. 1 BGB).[195] Zudem enthält eine gerichtliche Entscheidung, die den Umgang positiv regelt, stets das konkludente Gebot an den Umgangsberechtigten, außerhalb der festgelegten Umgangszeiten einen Kontakt zum Kind zu **unterlassen**; diese Verpflichtung ist mit Ordnungsmitteln durchsetzbar.[196] **470**

b) Sonderfall: Jugendamt

Im Rahmen der Vollstreckung, insbesondere aufgrund eines gerichtlich gebilligten Vergleichs, kann unter bestimmten Umständen Ordnungsgeld sogar gegen das **Jugendamt** festgesetzt werden, sofern es etwa Umgangskontakte zwischen dem (etwa bei einer Pflegefamilie lebenden) Kind und den Eltern nicht hinreichend fördert. Voraussetzung für die Ahndung ist ein **Beteiligtenstatus** gemäß § 7 FamFG. Dies ist beispielsweise der Fall, wenn das Jugendamt als **Beschwerdeführer** auftritt[197] oder in seiner Eigenschaft als **Amtsvormund** an einem gerichtlich gebilligten Umgangsvergleich beteiligt ist.[198] **471**

Praxistipp: In derartigen Fällen sollte das **Jugendamt** bei Gericht vorsorglich eine **Abänderung** des Vergleichs nebst **Einstellung der Vollstreckung** anzuregen.

---

193 BVerfG, a.a.O.; *Borth/Grandel* in: Musielak/Borth, § 89 Rn. 7.

194 *Hammer* in: Prütting/Helms, § 89 Rn. 7c.

195 OLG Oldenburg, Beschl. v. 28.7.2016, 13 WF 55/16, FuR 2017, 41; a.A. OLG Frankfurt, Beschl. v. 12.9.2013, 5 WF 171/13, FamRZ 2014, 403.

196 KG, Beschl. v. 13.2.2015, 13 WF 203/14, FamRZ 2015, 2168; zu **Einschränkungen** vgl. Rn. 463.

197 OLG Frankfurt, Beschl. v. 28.11.2012, 1 WF 294/12, FamRZ 2013, 809 = ZKJ 2013, 167 mit Anm. *Gottschalk*.

198 BGH, Beschl. v. 19.2.2014, XII ZB 165/13, FamRZ 2014, 732 mit Anm. *Hammer* = NZFam 2014, 358 mit Anm. *Heiß*; vgl. auch Heilmann/*Cirullies*, § 89 Rn. 15 m.w.N.

4. Schuldhafte Zuwiderhandlung

a) Zuwiderhandlung

472 Die Anordnung von Ordnungsmitteln setzt die gerichtliche Feststellung voraus, dass der Verpflichtete dem Titel **zuwidergehandelt** hat. Nicht ausreichend ist die bloße Ankündigung einer Zuwiderhandlung, da dies mit dem Sanktionscharakter der Ordnungsmittel nicht vereinbar wäre.[199] Der betreuende Elternteil handelt dem Umgangstitel zuwider, wenn er dem Kind im Ergebnis freistellt, ob es den Umgang mit dem anderen Elternteil wahrnimmt oder nicht.[200] Jedoch rechtfertigt ein bloßes **leichtes Versagen** des Obhutselternteils nicht sogleich die Festsetzung eines Ordnungsmittels; querulatorisch veranlagte Umgangsberechtigte würden hierdurch nur bestärkt.[201]

b) Vermutetes Verschulden

473 Überdies muss der Verpflichtete die Zuwiderhandlung zu **vertreten**, d.h. vorsätzlich oder fahrlässig gegen den Titel verstoßen haben. In der Praxis erweist sich die Feststellung des Verschuldens meist als hohe Hürde, insbesondere wenn festgesetzte **Besuchstermine nicht eingehalten** werden (können): Mal ist das Kind krank, mal mag es nicht, mal findet ein wichtiger Kindergeburtstag oder Sportwettkampf statt.

Aus diesem Grunde wird nunmehr ein solches **Verschulden vermutet**. Nur wenn der Verpflichtete hinreichende Gründe zu seiner Entlastung vorbringt (und im Falle des Bestreitens nachweist), kann die Festsetzung eines Ordnungsmittels unterbleiben oder wieder rückgängig gemacht werden.[202] Er trägt mithin die **Darlegungs- und Beweislast** (genauer: **Feststellungslast**)[203] für fehlendes Vertretenmüssen.[204] Führt der betreuende Elternteil **nicht detailliert** aus, warum er an der Durchführung der Umgangsvereinbarung gehindert war, kommt ein Absehen von der Festsetzung des Ordnungsmittels oder die nachträgliche Aufhebung des Ordnungsmittels nicht in Betracht.[205]

---

199 Zöller/*Feskorn*, § 89 FamFG Rn. 4.

200 OLG Saarbrücken, Beschl. v. 2.4.2012, 6 WF 130/11, FamRZ 2013, 48 (LS), dazu *Schmid*, FamFR 2012, 358.

201 Dazu OLG Brandenburg, Beschl. v. 27.8.2015, 9 WF 185/15, BeckRS 2016, 01662; KG, Beschl. v. 17.8.2016, 13 WF 116/16, FamRZ 2017, 457 (mit „Fortsetzung" in dem Beschl. v. 3.3.2017, 13 WF 39/17, BeckRS 2017, 103984).

202 BGH, Beschl. v. 19.2.2014, XII ZB 165/13, FamRZ 2014, 732; OLG Saarbrücken, Beschl. v. 29.10.2014, 6 WF 186/14, BeckRS 2015, 00275.

203 Vgl. *Völker*, FPR 2012, 485, 487; Heilmann/*Cirullies*, §§ 29–31 FamFG Rn. 4.

204 OLG Saarbrücken, Beschl. v. 30.10.2014, 6 WF 186/14, FamRZ 2015, 863; *Hammer* in: Prütting/Helms, § 89 Rn. 14.

205 OLG Köln, Beschl. v. 14.4.2015, 26 WF 57/15, FamRZ 2015, 1734.

Praxistipp: Grundsätzlich obliegt es dem zur **Umgangsgewährung** verpflichteten Elternteil, seine familiären und beruflichen Verhältnisse so einzurichten, dass er seiner Verpflichtung nachkommen kann. Anderenfalls sollte er im Wege der **Abänderung** eine Neuregelung des Umgangs beantragen.[206]

Das Verschulden kann zum einen im Wege des **Freibeweises** nach § 29 Abs. 1 FamFG festgestellt werden. Doch sind auch im Rahmen des Ordnungsmittelverfahrens grundsätzlich Beweiserhebungen zulässig und im Einzelfall nach den Grundsätzen des **Strengbeweises** (§ 30 Abs. 3 FamFG) geboten[207] – sei es auf Grund konkreter Beweisangebote der Beteiligten oder wegen des Amtsermittlungsgrundsatzes von Amts wegen. Hat etwa der Verpflichtete konkrete Anhaltspunkte für Gewaltanwendungen oder **sexuellen Missbrauch** durch den Umgangsberechtigten dargelegt, muss das Familiengericht von sich aus diesen Vorwürfen nachgehen, u.U. auch von Amts wegen ein Abänderungsverfahren einleiten.[208] Ohne entsprechende Beweiserhebungen kann auch der Antrag des Umgangsberechtigten auf Bewilligung von **Verfahrenskostenhilfe** für den Ordnungsgeldantrag nicht negativ beschieden werden.[209] 474

Hinweis: Verschulden setzt im Übrigen **Kenntnis** von der konkreten Verpflichtung voraus. Hieran fehlt es, wenn der betreffende Beschluss vom Bevollmächtigten nicht an den Verpflichteten weitergeleitet wurde.[210]

Erst recht schwierig wird die Feststellung eines Verschuldens dann, wenn der verpflichtete Elternteil **seelisch erkrankt** ist, etwa an einer schweren **Depression** mit Antriebsschwäche leidet. In solchen Fällen wird es meist generell unmöglich sein, aus objektiv feststellbaren Verstößen gegen Umgangsvereinbarungen ein erforderliches subjektives Verschulden des erkrankten Elternteils herzuleiten.[211]

Wird der zur Umgangsgewährung Verpflichtete **anwaltlich unzutreffend beraten**, kann im Einzelfall ein nicht vermeidbarer **Verbotsirrtum** vorliegen, der ein Verschulden ausschließt (§ 17 StGB).[212]

---

206 OLG Köln, Beschl. v. 9.7.2012, 4 WF 63/12, FF 2012, 504, dazu *Leipold*, FamFR 2012, 397.

207 *Büte* in: Johannsen/Henrich, § 89 FamFG Rn. 7.

208 Hierzu OLG Karlsruhe, Beschl. v. 3.7.2014, 18 WF 11/14, FamRZ 2014, 2012 = NZFam 2014, 793 mit Anm. *Cirullies*; näher dazu Rn. 478.

209 OLG Naumburg, Beschl. v. 8.5.2013, 3 WF 120/13, FamRZ 2014, 145 (LS) = NJOZ 2013, 2045.

210 OLG Jena, Beschl. v. 17.7.2015, 1 WF 154/15, BeckRS 2015, 13401.

211 KG, Beschl. v. 16.12.2016, 15 WF 22/16, BeckRS 2016, 110669.

212 KG, Beschl. v. 8.11.2010, 19 WF 112/10, FamRZ 2011, 588.

c) Entgegenstehender Wille des Kindes

475 Vielfach beruft sich der Verpflichtete im Umgangsverfahren auf einen entgegenstehenden **Willen des Kindes**. Dann obliegt es ihm, gehaltvoll darzulegen, auf welche Weise er auf das Kind **erzieherisch eingewirkt** hat, um es zum Umgang zu bewegen.[213] An den Vortrag, der **Wohlverhaltenspflicht** nach § 1684 Abs. 2 BGB nachgekommen zu sein, sind hohe Anforderungen zu stellen.[214] Es genügt nicht, dem Kind im Ergebnis freizustellen, ob es den Umgang mit dem anderen Elternteil wahrnimmt oder nicht.[215] Vielmehr muss der Verpflichtete gegenüber dem Kind, das einen Umgang mit dem umgangsberechtigten Elternteil verbal ablehnt, ebenso strenge Maßnahmen zur Herstellung der Umgangskontrolle ergreifen wie diejenigen, die er zum Zweck der **Sicherstellung des Schulbesuchs** des Kindes wählen würde und müsste, falls das Kind diesen verweigern würde.[216]

Allerdings ist zu bedenken, dass das Kind mit der Kundgabe seines Willens von seinem Recht zur Selbstbestimmung Gebrauch macht. Ein gegen den **ernsthaften Widerstand des Kindes** erzwungener Umgang kann durch die Erfahrung der Missachtung der eigenen Persönlichkeit unter Umständen mehr Schaden verursachen als nutzen. Selbst ein auf einer bewussten oder unbewussten **Beeinflussung** beruhender Wunsch kann beachtlich sein, wenn er Ausdruck echter und damit schützenswerter **Bindungen** ist.[217]

476 Bei alledem ist freilich das **Alter des Kindes** zu beachten: Seinem Willen kommt mit zunehmendem Alter vermehrt Bedeutung zu.[218] Bei jüngeren Kindern wird im Allgemeinen davon auszugehen sein, dass die Durchsetzung des Umgangs mit erzieherischen Mitteln erreicht werden kann.[219] Die Altersgrenze wird bei ca. **9 bis 11 Jahren** zu ziehen sein.[220] Dabei müssen die Gerichte der wachsenden Fähigkeit eines Kindes zu eigener Willensbildung und selbstständigem Handeln Rechnung tragen.[221]

---

213 BGH, Beschl. v. 1.2.2012, XII ZB 188/11, FamRZ 2012, 533; OLG Köln, Beschl. v. 14.4.2015, 26 WF 57/15, FamRZ 2015, 1734; s.a. BT-Drs. 16/6308, S. 218.

214 OLG Karlsruhe, Beschl. v. 5.5.2011, 5 WF 51/11, FamRZ 2011, 1669; OLG Frankfurt, Beschl. v. 11.9.2012, 4 WF 196/12, FamRZ 2013, 812 (LS), dazu *Többen*, FamFR 2013, 113.

215 OLG Saarbrücken, Beschl. v. 2.4.2012, 6 WF 130/11, FamRZ 2013, 48 (LS), dazu *Schmid*, FamFR 2012, 358.

216 OLG Saarbrücken, Beschl. v. 30.10.2014, 6 WF 186/14, FamRZ 2015, 863, dazu *Clausius*, jurisPR-FamR 4/2015 Anm. 3; ausführlich *Ernst*, NZFam 2015, 641 mit **Rechtsprechungsübersicht**.

217 BVerfG, Beschl. v. 25.4.2015, 1 BvR 3326/14, FamRZ 2015, 1093.

218 BVerfG, a.a.O.; ausführliche Kasuistik bei *Balloff/Vogel*, FF 2017, 98, 105.

219 OLG Frankfurt, Beschl. v. 28.6.2012, 4 WF 122/12, FamRZ 2013, 475 (4 Jahre).

220 OLG Köln, Beschl. v. 12.3.2014, 4 WF 167/13, BeckRS 2015, 00599 m.w.N.; *Hammer* in: Prütting/Helms, § 89 Rn. 17.

221 BbgVerfG, Beschl. v. 24.1.2014, VfGBbg 13/13, dazu *Rogalla*, NZFam 2014, 473.

Dass jedoch erzieherisch überzeugendes Auftreten des betreuenden Elternteils eines Kindes im Alter von **6 bis 8 Jahren** nicht zur Herstellung des Umgangs führen würde, kann vorbehaltlich besonderer Einzelfallumstände nicht angenommen werden.[222] Eine andere Beurteilung kann wiederum gerechtfertigt sein, wenn die Verweigerung auf **negative Erlebnisse** (in Abgrenzung zu kindeswohlschädigendem Verhalten) zurückzuführen ist.[223] Bestehen greifbare Anhaltspunkte dafür, dass der von einem **10 Jahre** alten Kind geäußerte, einen Umgang ablehnende Wille möglicherweise nicht seinem wirklichen Willen und seiner wahren Bindung zu seinem Vater entspricht, darf das Gericht nicht ohne Einholung eines kinderpsychologischen **Sachverständigengutachtens** entscheiden.[224] Hingegen hat der ernsthafte Wille eines fast **14 Jahre** alten Kindes, mit dem umgangsberechtigten Elternteil auch keinen begleiteten Umgang mehr zu pflegen, erhebliches Gewicht und kann im Einzelfall einen längerfristigen Umgangsausschluss rechtfertigen.[225]

Praxishinweis: Bei beharrlicher Verweigerungshaltung des Kindes sollte eine geeignete **Dokumentation** der gleichwohl durchgeführten Bemühungen erfolgen, notfalls unter Beteiligung des **Jugendamtes**. Eltern haben Anspruch auf **Beratung** und Unterstützung bei der Ausübung des Umgangsrechts (§ 18 Abs. 3 S. 3 SGB VIII).[225a]

d) Erkrankung des Kindes

Bisweilen scheitert die Durchführung einer Umgangsregelung an einer angeblichen oder tatsächlichen **Erkrankung** des Kindes. Um dem insoweit grundsätzlich bestehenden Misstrauen der Elternteile Rechnung zu tragen und Streit in der Vollstreckung zu vermeiden, sollten bereits bei der Errichtung des Umgangstitels Regelungen hinsichtlich des **Krankheitsnachweises** und eines **Nachholtermins** aufgenommen werden.[226] 477

---

222 OLG Saarbrücken, Beschl. v. 2.4.2012, 6 WF 130/11, FamRZ 2013, 48 (LS), dazu *Schmid*, FamFR 2012, 358.

223 *Balloff*, FPR 2013, 303, 307.

224 OLG Saarbrücken, Beschl. v. 3.4.2012, 6 UF 10/12, FamRZ 2013, 48 (LS), dazu *Voges-Wallhöfer*, FamFR 2012, 285; vgl. auch AG Detmold, Beschl. v. 26.10.2016, 33 F 169/16, FuR 2017, 106.

225 OLG Saarbrücken, Beschl. v. 12.7.2010, 6 UF 32/10, FamRZ 2011, 122 (LS), dazu *Hoffmann*, FamFR 2010, 503; ferner OLG Köln, Beschl. v. 12.3.2014, 4 WF 167/13, BeckRS 2015, 00599.

225a Dazu OVG Münster, Beschl. v. 28.12.2016, 12 B 1336/16, FamRZ 2017, 808.

226 Dazu OLG Köln, Beschl. v. 19.1.2010, 4 UF 163/09, BeckRS 2010, 05235; OLG Brandenburg, Beschl. v. 29.6.2009, 9 UF 102/08, FamRZ 2009, 1688; eingehend *Finke*, NZFam 2015, 1114, 1117.

Formulierungsbeispiel: *„Aus Krankheitsgründen kann der Umgangskontakt nur dann abgesagt werden, wenn das Kind bettlägerig erkrankt ist oder ein Krankenhausaufenthalt notwendig wird. Die Mutter hat den Vater unverzüglich schriftlich und vorab telefonisch über die krankheitsbedingte Verhinderung zu informieren und ihm auf Verlangen ein ärztliches Attest vorzulegen, aus dem sich Art und Dauer der Erkrankung sowie der behandelnde Arzt ergeben.*

Fällt ein Umgangstermin wegen einer Erkrankung des Kindes oder aus einem sonstigen wichtigen Grund aus, findet der Umgang ersatzweise am … statt."

e) Vorwurf des sexuellen Missbrauchs

478 Die Frage, ob und inwieweit bei einem erhobenem Vorwurf des **sexuellen Missbrauchs** eines Kindes dem verdächtigten Elternteil **Umgang** gewährt werden kann, stellt die Familiengerichte immer wieder vor Probleme. Mit dem Geschehen ist dann meist auch die **Strafjustiz** befasst. Lässt sich der Tatvorwurf nach Einschätzung der Strafverfolgungsbehörden nicht erhärten, wird oft schon das Ermittlungsverfahren mangels hinreichenden Tatverdachts eingestellt. Gleichwohl hält der betreuende Elternteil an seinem Urteil in der Regel fest, während der Umgangsberechtigte nun erst recht seine Besuchsrechte einfordert. Dem hinreichend substantiierten Vorwurf des Missbrauchs muss das Gericht grundsätzlich in dem von dem Umgangsberechtigten angestrengten **Ordnungsmittelverfahren** von Amts wegen nachgehen. Übergangsweise hilft sich die familiengerichtliche Praxis häufig mit der Anordnung eines **begleiteten Umgangs** nach § 1684 Abs. 3 und 4 BGB.[227] Bei der erforderlichen **Interessenabwägung** gilt im Zweifel: Kinderschutz vor Umgangsrecht.

Praxishinweis: Oft ist es sachdienlich und empfehlenswert, ein **Abänderungsverfahren** (nebst Einstellung der Vollstreckung) zu beantragen oder von Amts wegen einzuleiten, um zu klären, ob der Umgangstitel noch dem Wohl des Kindes entspricht.[228]

5. Festsetzung der Ordnungsmittel

a) Auswahl

479 Auch wenn das Gericht nach § 89 FamFG Ordnungsmittel anordnen **„kann"**, verdichtet sich das dem Gericht eingeräumte Ermessen im Falle einer schuldhaften Zuwiderhandlung regelmäßig zu einer **Pflicht** zur Verhängung von Ordnungsmitteln. Allerdings besteht bei der Bestimmung

227 Dazu *Cirullies/Cirullies*, Rn. 379ff.

228 OLG Karlsruhe, Beschl. v. 3.7.2014, 18 WF 11/14, FamRZ 2014, 2012 = NZFam 2014, 793 mit Anm. *Cirullies*; vgl. auch BGH, Beschl. v. 1.2.2012, XII ZB 188/11, FamRZ 2012, 533; OLG Frankfurt, Beschl. v. 11.9.2012, 4 WF 196/12, FamRZ 2013, 812 (LS), dazu *Többen*, FamFR 2013, 113.

des „richtigen" Ordnungsmittels grundsätzlich ein breites **Auswahlermessen**[229] und lediglich eine eingeschränkte **Überprüfungsbefugnis** des Beschwerdegerichts.[230]

480 In der Regel ist zunächst ein **Ordnungsgeld** festzusetzen.[231] Auch eine weitgehende **Mittellosigkeit** des Ordnungsgeldschuldners steht der Verhängung von Ordnungsgeld nicht entgegen.[232]

481 Das Gericht kann aber (auch) **Ordnungshaft** anordnen, und zwar bei **Nichtbeitreibbarkeit** des Ordnungsgeldes **(Ersatzordnungshaft)**[233] oder sofort im Fall der bereits feststehenden oder absehbaren **Erfolglosigkeit** der Ordnungsgeldfestsetzung. Letzteres ist z.B. anzunehmen, wenn bereits früher ein Ordnungsgeld erfolglos festgesetzt wurde oder die Vermögenslosigkeit offenkundig ist oder ein Ordnungsgeld den Verpflichteten erkennbar nicht beeindrucken würde. Gleiches gilt, wenn der Herausgabeverpflichtete das Kind bei Dritten (meist Verwandten) versteckt hält.[234] Freilich werden gegen die Verhängung von Ordnungshaft gegen den betreuenden Elternteil Bedenken wegen gravierender Nachteile für das Kind vorgetragen.[235] Indes wird es auf die Umstände in jedem Einzelfall ankommen. So muss das Gericht hierbei auch das **Elternrecht** des umgangsberechtigten Elternteils und seinen Anspruch auf Justizgewährung im Blick haben. In Fällen nicht nachvollziehbarer und **dauerhafter Umgangsverweigerung** kann daher eine Ordnungshaft – ungeachtet der Notwendigkeit einer Fremdunterbringung des Kindes – durchaus als zulässig anzusehen sein.[236]

b) Höhe und Dauer

482 Für ein Ordnungsgeld legt § 89 Abs. 3 S. 1 FamFG eine **Obergrenze von 25.000 €** fest. Die Untergrenze bestimmt sich nach Art. 6 Abs. 1 EGStGB auf 5 €. Auch die Festsetzung der **Höhe** steht im pflichtgemäßen **Ermessen** des Gerichts und wird sich in erster Linie am Einkommen des Verpflichteten orientieren.[237] Maßgeblich sind ferner Art und Intensität

229 OLG Frankfurt, Beschl. v. 11.9.2012, 4 WF 196/12, FamRZ 2013, 812 (LS); OLG Celle, Beschl. v. 12.8.2011, 10 WF 246/11, ZKJ 2011, 433.

230 OLG Brandenburg, Beschl. v. 27.8.2015, 9 WF 187/15, BeckRS 2016, 01664.

231 OLG Jena, Beschl. v. 24.3.2015, 1 W 60/15, BeckRS 2015, 17853.

232 OLG Koblenz, Beschl. v. 3.6.2015, 11 WF 415/15, FamRZ 2016, 1104.

233 Dazu näher Rn. 486.

234 EGMR, Entscheidung v. 4.9.2007, 4065/04, FamRZ 2008, 1317.

235 Etwa *Diehl*, FPR 2008, 426,428; *Salgo*, FPR 2008, 401, 405 m.w.N.

236 OLG Jena, Beschl. v. 24.3.2015, 1 W 60/15, BeckRS 2015, 17853, dazu *Niederl*, NZFam 2015, 1174; ferner *Völker*, FPR 2012, 485, 487, 488.

237 Dazu OLG Saarbrücken, Beschl. v. 2.4.2012, 6 WF 130/11, FamRZ 2013, 48 (LS), dazu *Schmid*, FamFR 2012, 358.

des Verstoßes sowie der Grad des Verschuldens des Verpflichteten, aber auch und vor allem **spezialpräventive** Aspekte.[238] Zudem ist das **Verhalten des Verpflichteten** im Zeitraum zwischen dem Verstoß und der Vollstreckungsentscheidung zu berücksichtigen,[239] ferner eine etwaige zusätzliche Verpflichtung zur Zahlung von **Schadensersatz** wegen Umgangsvereitelung.[240] Üblich sind Beträge zwischen 300 € und 5.000 €.[241] Bei beengten wirtschaftlichen Verhältnissen (Sozialhilfebezug) soll nur ein Bruchteil des Regelsatzes angemessen sein.[242]

483 Die **Ordnungshaft** dauert entsprechend Art. 6 Abs. 2 EGStGB mindestens einen Tag und darf nach § 89 Abs. 3 S. 2 FamFG i.V.m. § 802j Abs. 1 ZPO nicht **sechs Monate** übersteigen. In Fällen hartnäckiger **Umgangsboykotts** kann eine Gesamtordnungshaft von 5 Tagen[243] oder 6 Tagen[244] verhängt werden.

6. Beitreibung des Ordnungsgeldes

484 Ordnungsgeld wird stets **von Amts wegen** durch das Gericht **beigetrieben**. Die Vollstreckung erfolgt also nicht durch den Berechtigten, sondern auf Veranlassung des Familiengerichts durch den Rechtspfleger nach den Vorschriften des Justizbeitreibungsgesetzes.[245] Das beigetriebene Ordnungsgeld ist in jedem Fall an die **Landeskasse** (Gerichtskasse) abzuführen und steht nicht dem Berechtigten zu.[246]

7. Vollzug der Ordnungshaft

a) Zuständigkeit

485 Die **Haftvollstreckung** liegt ebenfalls in der Hand des **Familiengerichts**, nicht des berechtigten Elternteils. Dabei ist folgende **„Zuständigkeitskette"** zu beachten:

238 OLG Jena, Beschl. v. 24.3.2015, 1 W 60/15, dazu *Niederl*, NZFam 2015, 1174; OLG Saarbrücken, Beschl. v. 29.10.2014, 6 WF 186/14, BeckRS 2015, 00275; OLG Köln, Beschl. v. 4.7.2014. 4 WF 6/13, FamRZ 2015, 163.

239 OLG Frankfurt, Beschl. v. 11.9.2012, 4 WF 196/12, FamRZ 2013, 812 (LS).

240 OLG Köln, Beschl. v. 4.7.2014, 4 WF 6/13, FamRZ 2015, 163.

241 Keidel/*Giers*, § 89 Rn. 14a m.w.N.

242 KG, Beschl. v. 17.06.2015,18 WF 109/14, 18 WF 136/14, BeckRS 2016, 08685 (nur 100 €); a.A. OLG Koblenz, Beschl. v. 3.6.2015, 11 WF 415/15, FamRZ 2016, 1104 (500 €).

243 OLG Schleswig, Beschl. v. 16.7.2014, 12 WF 67/14, FamRZ 2015, 1222.

244 OLG Jena, a.a.O.

245 Nach § 1 I Nr. 3, II, §§ 2 ff. des Justizbeitreibungsgesetzes i.V.m. § 1 I Nr. 3, IV, §§ 2 ff. der Einforderungs- und Beitreibungsanordnung, vgl. hierzu *Schulte-Bunert*, FPR 2008, 397, 399.

246 BGH, Beschluss v. 2.3.1983, IVb ARZ 49/82, FamRZ 1983, 578; vgl. Schaubilder Rn. 277, 541.

- Für die **Haftanordnung** ist der **Richter** zuständig (Art. 104 Abs. 2 S. 1 GG). Er erlässt gegen den Verpflichteten den **„Haftbefehl"** entsprechend § 802g Abs. 1 ZPO.[247]
- Die **Vollstreckung** dieses Ordnungshaftbefehls ist grundsätzlich dem **Rechtspfleger** übertragen, soweit sich nicht der Richter im Einzelfall die Vollstreckung vorbehält (§ 31 Abs. 3 RPflG).
- Der Rechtspfleger beauftragt dann entsprechend § 802g Abs. 2 ZPO mit der **Verhaftung** den **Gerichtsvollzieher**, der bei der Verhaftung dem Verpflichteten den richterlichen **Ordnungshaftbefehl** in beglaubigter Form **aushändigt** (§ 802g Abs. 2 S. 2 ZPO)[248] und notfalls polizeiliche Unterstützung in Anspruch nehmen kann (§ 87 Abs. 3 S. 1 FamFG). Der Ablauf des **Verhaftungsverfahrens** im Einzelnen ergibt sich aus § 145 GVGA.

Praxistipp: Aufgrund des eindeutigen Verweises auf § 802g Abs. 2 ZPO fällt die **Ladung des Schuldners** zum Haftantritt **nicht** in den Zuständigkeitsbereich des **Rechtspflegers** – auch wenn dies gelegentlich in der Praxis vertreten wird[249] und in den Computerprogrammen der Gerichte so vorgesehen sein mag. Zuständig ist allein der **Gerichtsvollzieher**.

b) Ersatzordnungshaft

Mit dem Ordnungsgeldbeschluss wird die **Ersatzordnungshaft** in der Regel bereits festgesetzt[250] – allerdings nur bezüglich des „Umrechnungsfaktors" und lediglich unter dem Vorbehalt, dass das Ordnungsgeld nicht beigetrieben werden kann. Bei dieser Uneinbringlichkeit handelt es sich **nicht** etwa um eine **Bedingung** mit der Folge, dass bei Vorliegen einer Unpfändbarkeitsbescheinigung des Gerichtsvollziehers der Ordnungsgeldbeschluss automatisch den Charakter einer Haftanordnung erlangte. Vielmehr bedarf es – auf Vorlage des Rechtspflegers – jetzt noch eines weiteren Beschlusses des Richters, der nicht nur die Frage der Nichtbeitreibbarkeit des Ordnungsgeldes, sondern auch die weiteren Vollstreckungsvoraussetzungen prüft und dann den Haftantrag bescheidet. Der Rechtspfleger kann also nicht bereits nach Eingang einer „Fruchtlosigkeitsbescheini- 486

247 I.V.m. § 89 Abs. 3 S. 2 FamFG.

248 Auch wenn § 89 Abs. 3 S. 2 FamFG nicht auf § 802g Abs. 1 S. 3 ZPO („Einer Zustellung des Haftbefehls vor seiner Vollziehung bedarf es nicht") verweist und hieraus auf eine Pflicht zu der **förmlichen Zustellung** des Haftbefehls vor oder bei Vollzug geschlossen werden könnte, vgl. *Cirullies*, Rpfleger 2011, 573.

249 BayObLG, Beschl. v. 7.2.2002, 2Z BR 11/02, Rpfleger 2002, 254.

250 Ist die Ersatzordnungshaft nicht angeordnet worden, kann das nicht beitreibbare Ordnungsgeld nachträglich in Ordnungshaft **umgewandelt** werden, Art. 8 Abs. 1 EGStGB.

gung" des Gerichtsvollziehers diesen mit der Verhaftung beauftragen, sondern erst nach Vorliegen des **Haftbefehls.**[251]

c) Unzulässigkeit der Haftvollstreckung

487 Von Amts wegen zu berücksichtigen ist die **Vollstreckungsverjährung** (Art. 9 Abs. 2 EGStGB).[252] Die Frist beträgt zwei Jahre und beginnt, sobald das Ordnungsmittel vollstreckbar ist, also mit Zustellung an den Verpflichteten.[253]

Hiervon abzugrenzen ist die Frage der **Statthaftigkeit der Haftbefehlsvollziehung**, die nach § 802h Abs. 1 ZPO auf ebenfalls **zwei Jahre** begrenzt ist, jedoch bereits ab **Erlass** des Haftbefehls. Dieser wird an dem Tag erlassen, an dem er in vollständiger Fassung von dem Richter **unterschrieben** ist.[254]

Droht dem Schuldner durch die Inhaftierung eine **erhebliche Gesundheitsgefährdung**, darf in dieser Zeit die **Haft nicht vollstreckt** werden (§ 802h Abs. 2 ZPO).

8. Vollstreckungskosten und Gebühren

488 Die **Kosten** der Ordnungsmittelvollstreckung trägt entsprechend der gesetzlichen Vorgabe in § 92 Abs. 2 FamFG grundsätzlich der **Schuldner**. Die Kosten einer **Ordnungshaft** sind Verfahrenskosten, und zwar Auslagen gemäß Nr. 2009 KV-FamGKG. Die Kosten, die durch die Beitreibung des **Ordnungsgeldes** entstehen, sind hingegen keine Verfahrenskosten, sondern solche gemäß § 788 ZPO i.V.m. § 10 Abs. 2 JBeitrG n.F.[255] und den entsprechenden Vorschriften des GvKostG.[256]

489 In **Ordnungs- und Zwangsmittelverfahren** werden **Gerichtsgebühren** nach Nr. 1602 KV-FamGKG in Höhe einer **Festgebühr von 20 €** erhoben (nicht jedoch für die Anordnung unmittelbaren Zwangs nach § 90 FamFG). Das Gericht setzt also keinen Verfahrenswert fest.

490 Bezüglich der **Rechtsanwaltsgebühren** gilt § 33 Abs. 1 RVG. Da es an einer speziellen Vorschrift bezüglich der Festsetzung des Verfahrenswertes fehlt, setzt das Gericht des Rechtszugs den **Wert des Gegenstands** der anwaltlichen Tätigkeit **auf Antrag** durch Beschluss selbstständig fest. Bei der **Schätzung** des Wertes der durch das Ordnungsmittel zu erzwingenden

251 Wie bei § 890 ZPO, Rn. 363.

252 Näher dazu BGH, Urt. v. 7.3.2013, IX ZR 123/12, MDR 2013, 675.

253 Dazu Rn. 352.

254 OLG Köln Beschl. v. 18.12.1989, 2 W 179/89, Rpfleger 1990, 216; BeckOK-ZPO/*Utermark/Fleck*, § 802h Rn. 1; *Voit* in: Musielak/Voit, § 802g Rn. 7.

255 In Kraft ab 1.7.2017.

256 *Giers* in: Kindl/Meller-Hannich/Wolf, §§ 149–270 FamFG, Rn. 181.

Schuldnerhandlung kommt es nach § 25 Abs. 1 Nr. 3 RVG auf die Gläubigersicht an, wofür ein Bruchteil des Wertes der Hauptsache herangezogen werden kann. **Nicht** maßgebend ist die Höhe des in Frage stehenden Ordnungsgeldes.[257]

Ordnungs-und Zwangsmittelverfahren, die – wie hier nach § 89 FamFG – **auf Antrag** eingeleitet werden, sind Vollstreckungsverfahren und gemäß § 18 Abs. 1 i.V.m. Abs. 2 Nr. 2 RVG **besondere Angelegenheiten**. Für Tätigkeiten des Rechtsanwalts in diesen Verfahren entsteht eine **gesonderte Vergütung** nach den Nrn. 3309, 3310 RVG-VV.

Der **Gerichtsvollzieher** kann für seine Vollstreckungstätigkeit Gebühren nach der Anlage zu § 9 GvKostG ansetzen. So fällt etwa für die **Verhaftungstätigkeit** eine **Gebühr von** derzeit 39 € an (Nr. 270 KV-GvKostG).[258] **491**

III. Anordnung unmittelbaren Zwangs (§ 90 FamFG)

1. Anwendungsbereich

Neben der Verhängung von Ordnungsmitteln kommt als letztes Mittel zur Durchsetzung einer **Umgangsregelung** oder der **Kindesherausgabe** die Anwendung unmittelbaren Zwangs[259] in Betracht (§ 90 Abs. 1 FamFG). **492**

Die Vorschrift betrifft **nicht**:

- die Herausgabe von **Sachen** (Vollstreckung nach den Regelungen der **ZPO**),[260]
- die **grenzüberschreitende Rückführung von Kindern** nach dem HKÜ, ESÜ etc. (Vollstreckung nach der inhaltsgleichen Vorschrift des **§ 44 IntFamRVG**),[261]
- die zwangsweise Zuführung von Minderjährigen in eine **geschlossene Einrichtung** (Gestattung der Gewaltanwendung nach § 167 Abs. 1 S. 1 i.V.m. § 326 Abs. 2 FamFG).

Für die Anwendung unmittelbaren Zwangs bedarf es einer entsprechenden **Anordnung** (besser: Gestattung) des Gerichts durch „ausdrücklichen Beschluss". Insofern unterscheidet sich die Regelung von **§ 96 Abs. 1 FamFG**, wonach der Berechtigte in **Gewaltschutzverfahren** gestützt auf **493**

---

257 OLG Celle, Beschl. v. 23.4.2009, 13 W 32/09, NJOZ 2010, 9; OLG München, Beschl. v. 10.3.2011, 33 WF 430/11, FamRZ 2011, 1686; kritisch dazu *Schneider*, FamFR 2011, 182.

258 Dazu Keidel/*Giers*, § 92 Rn. 5.

259 Zu dem Begriff vgl. Heilmann/*Cirullies*, § 90 FamFG Rn. 2.

260 § 95 Abs. 1 Nr. 2 FamFG, dazu Rn. 510.

261 Dazu Rn. 637.

die Schutzanordnung im Fall der Zuwiderhandlung sofort die Anwendung unmittelbaren Zwangs durch den Gerichtsvollzieher begehren kann.[262]

Zulässig ist die Anwendung gegen die **Eltern** und gegen **Dritte**, gegenüber **Kindern** nur mit den Einschränkungen des § 90 Abs. 2 FamFG.[263]

2. Verhältnismäßigkeit

494 Bei der Wahl der Zwangsmaßnahmen ist der Grundsatz der **Verhältnismäßigkeit** zu beachten: Nach § 90 Abs. 1 FamFG kann das Gericht zur Vollstreckung (erst dann) unmittelbaren Zwang gestatten, wenn

- die Festsetzung von Ordnungsmitteln erfolglos geblieben ist oder keinen Erfolg verspricht

  oder

- eine alsbaldige Vollstreckung der Entscheidung unbedingt geboten ist.

Es muss also in der Regel eine besondere **Eilbedürftigkeit** zur Gefahrenabwehr bestehen, um körperliche Gewalt zum Schutz des Kindes einzusetzen.[264] Ob die Anwendung unmittelbaren Zwanges bereits geboten ist, um Umgangskontakte zu Weihnachten oder zu wichtigen Familienfeiern durchzusetzen,[265] muss bezweifelt werden.

3. Gewalt gegen Kinder

495 Bei der Anwendung unmittelbaren Zwanges besteht eine wesentliche Einschränkung: Gegen ein **Kind** darf sie **nicht** zugelassen werden, wenn das Kind herausgegeben werden soll, um das **Umgangsrecht** auszuüben (Abs. 2 S. 1). Gewalt darf jedoch gegen den **Herausgabepflichtigen** angewendet werden.

Zulässig ist die **Gewaltanwendung gegen das Kind** vor allem in Fällen der Herausgabevollstreckung bei Kindeswohlgefährdung (§ 1666 BGB). Fraglich ist, ob die Kinder einem eigensinnigen **Umgangsberechtigten** nach Beendigung des Besuchskontakts gewaltsam wieder weggenommen werden dürfen.[266]

496 In jedem Fall sind nach § 90 Abs. 2 S. 2 FamFG das **Kindeswohl** und in ganz besonderem Maße der **Verhältnismäßigkeitsgrundsatz** zu berücksichtigen. Eine gewaltsame Kindeswegnahme ist unter **größtmögli-**

---

262 Dazu Rn. 589.

263 Dazu Rn. 495.

264 Eingehend Bahrenfuss/*Hentschel*, § 90 Rn. 5.

265 So *Büte* in: Johannsen/Henrich, § 90 FamFG Rn. 6.

266 Dazu VG Berlin, Urt. v. 18.1.2012, VG 1 K 321.11, FamRZ 2012, 1665 (LS) = BeckRS 2012, 48775.

cher Schonung des betroffenen Kindes durchzuführen.[267] Sie sollte in Abwesenheit des Herausgabepflichtigen versucht werden (auch in Schule oder Kindergarten) – und wird unter Berücksichtigung des Schonungsgebots häufig überhaupt nicht vertretbar sein.[268]

4. Verfahren

Das Gericht kann die Gewaltanwendung in Fällen absehbarer Dringlichkeit bereits in der **Hauptsacheentscheidung** (z.B. Herausgabeanordnung nach § 1632 BGB) gestatten. Stellt sich die entsprechende Notwendigkeit erst im Verlauf des Vollstreckungsverfahrens heraus, ergeht die Anordnung – wie bei der Festsetzung von Ordnungsmitteln – in einem **selbständigen Verfahren.**[269] Ist zur Vollstreckung voraussichtlich die zwangsweise Öffnung einer Wohnung bzw. deren Betreten vonnöten, muss das Gericht zusätzlich einen **Durchsuchungsbeschluss** nach § 91 FamFG erlassen.[270] 497

Sofern es sich um ein reines **Antragsverfahren** handelt (insbesondere nach § 1632 Abs. 1 BGB), kann die Vollstreckung nur auf entsprechenden **Antrag** eingeleitet werden (§ 87 Abs. 1 FamFG). In den übrigen Fällen kann das Gericht von Amts wegen tätig werden.

5. Vollstreckung

Die Anwendung unmittelbaren Zwangs obliegt dem **Gerichtsvollzieher**. Ihm erteilt das **Familiengericht**, nicht der Herausgabeberechtigte den Vollstreckungsauftrag (§ 156 Abs. 1 GVGA).[271] 498

IV. Richterliche Durchsuchungsanordnung (§ 91 FamFG)

1. Geschützter Raum

Um den titulierten Anspruch auf Kindesherausgabe oder Umgang zu vollstrecken, ist mitunter das Betreten der **Wohnung** des Pflichtigen oder eines Dritten gegen dessen Willen erforderlich. Bei diesem Eingriff in die räumliche Lebenssphäre handelt es sich um eine **Durchsuchung** i.S.d. Art. 13 Abs. 2 GG. Danach dürfen Durchsuchungen nur durch den Richter, bei Gefahr im Verzuge auch durch die in den Gesetzen vorgesehenen anderen Organe angeordnet und nur in der dort vorgeschriebenen Form durchgeführt werden.[272] Dies regelt **§ 91 FamFG**. 499

267 BVerfG, Beschl. v. 22.12.2005, 1 BvR 2349/05, FamRZ 2006, 537 a.E.
268 *Völker*, FPR 2012, 485, 489.
269 MünchKomm-FamFG/*Zimmermann*, § 90 Rn. 4 m.w.N.
270 Vgl. OLG Zweibrücken, Beschl. v. 19.9.2003, 6 WF 167/03, FamRZ 2004, 1592.
271 Dazu Rn. 619.
272 BVerfG, Beschl. v. 19.11.1999, 1 BvR 2017/97, FamRZ 2000, 411.

Die Vorschrift betrifft nur **Umgangs- und Kindesherausgabeverfahren**. Bei einer Vollstreckung nach §§ 95, 96, 120 FamFG gilt die inhaltsgleiche Vorschrift des **§ 758a ZPO**.

2. Durchsuchungsbeschluss

500 Sofern nicht **Gefahr im Verzug** vorliegt (oder der Wohnungsinhaber einwilligt), bedarf es für die Durchsuchung eines entsprechenden **Gerichtsbeschlusses** (§ 91 Abs. 1 FamFG). Diese **richterliche** Anordnung muss Rahmen, Grenzen und Ziel der Durchsuchung definieren. Sie muss

- so **bestimmt** sein, dass Missverständnisse ausgeschlossen sind,
- mit der erforderlichen Sicherheit erkennen lassen, wozu die **Vollstreckungsorgane** befugt sind *und*
- klar umreißen, was der Inhaber der Wohnung **dulden** muss.[273]

Dementsprechend sind in der **Beschlussformel** genau zu bezeichnen:

- die **Wohnung** (mit genauer Anschrift, bei Mehrfamilienhaus Stockwerk, und etwa dazu gehörenden Nebenräumen),
- die zu vollstreckende **Maßnahme** (Herausgabe der namentlich benannten Person) *sowie*
- der **zeitliche Rahmen.**[274]

Mitgewahrsamsinhaber müssen die Durchsuchung dulden (§ 91 Abs. 3 FamFG). Nach Abs. 4 ist der Durchsuchungsbeschluss jeder duldungspflichtigen Person unaufgefordert **vorzulegen**. Dies ersetzt nicht die förmliche Zustellung nach § 41 Abs. 1 FamFG, ermöglicht jedoch die Durchsuchung bereits vorher.[275]

3. „Nachtbeschluss“

501 Die in § 758a Abs. 4 ZPO enthaltene Einschränkung der Vollstreckung durch den Gerichtsvollzieher zur **Nachtzeit** sowie an **Sonn- und Feiertagen** nennt § 91 FamFG nicht. Die Vorschrift ist jedoch **entsprechend anzuwenden**.[276] Daher ist für die Vollstreckung außerhalb der üblichen Zeiten eine entsprechende **richterliche Anordnung** erforderlich – jedenfalls für die Vollstreckung eines **Haftbefehls** (§ 802g ZPO) in der Wohnung

---

273 BVerfG, a.a.O.

274 *Borth/Grandel* in: Musielak/Borth, § 91 Rn. 3 mit Formulierungsbeispiel. Allerdings darf nicht – wie dort gefordert – der Name des Gerichtsvollziehers bezeichnet werden, da im Fall von dessen Verhinderung die oft eilbedürftige Vollstreckung gefährdet wäre.

275 *Hammer* in: Prütting/Helms, § 91 Rn. 8.

276 So *Althammer* in: Bork/Jacoby/Schwab, § 91 Rn. 9; *Schlünder*, FamRZ 2009, 1636, 1639; Heilmann/*Cirullies*, § 91 FamFG Rn. 3.

des Schuldners.[277] Nach anderer Auffassung verbietet sich eine analoge Anwendung des § 758a Abs. 4 ZPO, da nicht ersichtlich sei, dass der Gesetzgeber diese Regelung versehentlich nicht übernommen hat.[278]

4. Haftbefehle

Soll gegen den Betroffenen ein **Haftbefehl** zur Erzwingung der Abgabe der eidesstattlichen Versicherung[279] vollstreckt werden, impliziert dieser Beschluss bereits die Durchsuchungsanordnung (Abs. 2). Dies muss gleichfalls für die **Ordnungshaft** nach § 89 Abs. 3 FamFG i.V.m. § 802g ZPO gelten.[280] Vorsorglich sollte allerdings der Richter den Ordnungshaftbefehl um die Durchsuchungsanordnung ergänzen.[281] **502**

5. Unmittelbarer Zwang

Dagegen beinhaltet die **Anordnung unmittelbaren Zwangs** (§ 90 FamFG) **nicht** die Erlaubnis zur Wohnungsdurchsuchung.[282] Insoweit bedarf es eines ergänzenden Beschlusses, der mit der Gestattung der Kindeswegnahme und Gewaltanwendung kombiniert werden kann.[283] **503**

V. Eidesstattliche Versicherung (§ 94 FamFG)

1. Anordnung

Wird das herauszugebende **Kind** vom Gerichtsvollzieher **nicht vorgefunden**, kann das Familiengericht (Richter) den Verpflichteten durch entsprechende Anordnung anhalten, eine eidesstattliche Versicherung über den Verbleib des Kindes abzugeben. Ein Antrag ist hierfür nicht erforderlich, da die Vollstreckung Die Regelungen in § 883 Abs. 2 und 3 i.V.m. §§ 478 ff., 802g ff. ZPO gelten entsprechend. Dementsprechend hat der Verpflichtete dann zu Protokoll **an Eides statt zu versichern**, dass er das Kind nicht bei sich oder in seinem Haushalt habe und auch nicht wisse, wo es sich befinde. **504**

2. Abnahme durch Gerichtsvollzieher

Funktionell **zuständig** für die Abnahme der eidesstattlichen Versicherung ist der **Gerichtsvollzieher**, der den Verpflichteten unmittelbar[284] **505**

277 BGH, Beschl. v. 16.7.2004, IXa ZB 46/04, NJW-RR 2005, 146.

278 So Keidel/*Giers*, § 91 Rn. 2; Zöller/*Feskorn*, § 91 Rn. 8; *Borth/Grandel* in: Musielak/Borth, § 91 Rn. 3.

279 Nach § 94 S. 2 FamFG i.V.m. §§ 883 Abs. 2 S. 3, 802g ZPO.

280 Ganz h.M. („Redaktionsversehen"), vgl. Keidel/*Giers*, § 91 Rn. 3 m.w.N.

281 MünchKomm-FamFG/*Zimmermann*, § 91 Rn. 20.

282 Eingehend *Cirullies*, ZKJ 2010, 174, 178.

283 OLG Zweibrücken, Beschl. v. 19.9.2003, 6 WF 167/03, FamRZ 2004, 1592.

284 Auch wenn ein Verfahrensbevollmächtigter bestellt ist (§ 802f Abs. 2 ZPO).

zum Termin lädt und die Erklärungen zu **Protokoll** nimmt.[285] Die vereinzelt vertretene Auffassung[286], die insoweit eine Zuständigkeit des Rechtspflegers annimmt, erscheint im Hinblick auf die Bezugnahme in § 94 FamFG auf § 883 Abs. 2 S. 2 ZPO eher abwegig. Nur in den Fällen des § 410 FamFG ist die Abnahme eidesstattlicher Versicherungen dem Rechtspfleger übertragen (§ 3 Nr. 1b RPflG).[287]

3. Haftbefehl

506 Falls der Verpflichtete zu dem Termin nicht erscheint oder die Abgabe der eidesstattlichen Versicherung grundlos verweigert, kann das Gericht (Richter) gegen ihn einen **Erzwingungshaftbefehl** erlassen.

Praxistipp: Zuständig hierfür ist das **Familiengericht**, in dessen Hand die Vollstreckung der Kindesherausgabe liegt. Insofern weichen die Zuständigkeiten in diesem Verfahren ab von demjenigen nach § 889 ZPO.[288]

Damit ergibt sich bei **§ 94 FamFG** folgende **„Zuständigkeitskette"**:

- Anordnung der Abgabeverpflichtung: (Familien-)Richter
- Terminsladung und -durchführung: Gerichtsvollzieher
- Erlass des Haftbefehls: (Familien-)Richter
- Verhaftung: Gerichtsvollzieher

Die **Verhaftung** wird wie bei der Ordnungshaft nach § 89 FamFG durchgeführt.[289]

4. Ermittlungen des Berechtigten

507 Wegen des zeitaufwendigen Verfahrens nach § 94 FamFG beauftragen die Herausgabeberechtigten nicht selten **Privatdetektive** mit der Suche nach dem Kind. Die entsprechenden **Kosten** können grundsätzlich gegen den anderen Elternteil im Wege des Schadensersatzes oder bereits im Kostenfestsetzungsverfahren geltend gemacht werden.[290]

---

285 Zöller/*Feskorn*, § 94 FamFG Rn. 3; Keidel/*Giers*, § 94 Rn. 2; *Büte* in: Johannsen/Henrich, § 94 Rn. 2; BeckOK-FamFG/*Sieghörtner*, § 94 Rn. 2 m.w.N.

286 *Borth/Grandel* in: Musielak/Borth, § 94 Rn. 2; Bumiller/Harders/*Schwamb*, § 94 Rn. 2.

287 MünchKomm-FamFG/*Zimmermann*, § 94 Rn. 19.

288 Dazu Rn. 319.

289 Dazu Rn. 485.

290 Hierzu BGH, Urt. v. 24.4.1990, VI ZR 110/89, FamRZ 1990, 966; ausführlich *Wever*, Rn. 837ff.

D. Vollstreckung nach der ZPO (§§ 95 ff. FamFG)

I. § 95 FamFG (Anwendung der ZPO)

1. Auffangnorm

Diese Norm ordnet für die Vollstreckung bestimmter Verpflichtungen im Bereich der **fG-Verfahren**[291] die entsprechende Anwendung der **Vorschriften der ZPO** an, soweit nicht die Spezialregelungen in §§ 88 ff. FamFG[292] eingreifen. Dabei tritt begrifflich der **Beschluss** nach § 38 FamFG an die Stelle des Urteils, um die Einheitlichkeit des FamFG-Verfahrens zu wahren (§ 95 Abs. 2 FamFG). Auch beurteilen sich die **allgemeinen Vollstreckungsvoraussetzungen** in erster Linie nach §§ 86, 87 FamFG,[293] nicht nach der ZPO. Doch da spezielle Regelungen zu **besonderen** Vollstreckungsvoraussetzungen fehlen, sind insoweit die vollstreckungsrechtlichen Vorschriften der ZPO anzuwenden. 508

Beispiel: Ist der vollstreckbare Anspruch vom **Eintritt eines Kalendertages** abhängig (z.B. bei Gewährung einer Räumungsfrist), gilt § 751 Abs. 1 ZPO entsprechend. Danach darf die Zwangsvollstreckung nur beginnen, wenn der Kalendertag abgelaufen ist.

Aufgrund des Verweises auf die ZPO kann das **Vollstreckungsgericht** in besonderen Härtefällen Schuldnerschutz nach **§ 765a ZPO** gewähren. Im Übrigen werden durch die Bestimmung die Vollstreckungsmöglichkeiten der ZPO teilweise modifiziert (Abs. 3) und erweitert (Abs. 4).

2. Geldforderung (Nr. 1)

Um **Geldforderungen** geht es meist in Familienstreitsachen, seltener in **fG-Sachen**. Die Bestimmung spielt eine untergeordnete Rolle. Sie kommt vor allem zum Tragen bei: 509

- der **Vergütung** des Pflegers und Vormunds (§ 168 FamFG),[294]
- **Kostenfestsetzungsbeschlüssen**,
- Ausgleichszahlungen in **Ehewohnungs- und Haushaltssachen** (§§ 1361a Abs. 3 S. 2, 1361b Abs. 3 S. 2, 1568b BGB),
- Leistungspflichten im **Versorgungsausgleich** (§§ 20 ff. VersAusglG).

Nicht hierzu zählen **Ordnungs- und Zwangsgelder**, die grundsätzlich nach § 1 Abs. 1 Nr. 3 JBeitrG vollstreckt werden.

---

291 Also **nicht** für **Familienstreitsachen**, für die **§ 120 FamFG** gilt, dazu Rn. 8 ff.

292 Dazu Rn. 449 ff.

293 Dazu Rn. 410 ff.

294 Vgl. Keidel/*Giers*, § 95 Rn. 5.

3. Herausgabe von Sachen (Nr. 2)

510 Die Vollstreckung von Titeln auf Herausgabe **beweglicher Sachen** erfolgt nach §§ 883ff. ZPO analog. Dabei geht es vor allem um folgende **Gegenstände:**[295]

- **Haushaltsgegenstände** (§§ 1361a, 1568b BGB),
- **Wohnungsschlüssel** (§ 209 Abs. 1 FamFG),[296]
- persönliche Gebrauch **Sachen** des **Kindes** bei gerichtlicher Anordnung der **Kindesherausgabe.**[297]

Räumungstitel in Gewaltschutz- und Ehewohnungssachen werden nach § 885 ZPO durch den Gerichtsvollzieher vollstreckt.[298] Für die Vollstreckung einer **einstweiligen Anordnung** gilt ergänzend § 96 Abs. 2 FamFG.[299]

Nach § 95 Abs. 4 FamFG kann das Gericht anstelle einer Herausgabevollstreckung (oder zusätzlich) **Zwangsgeld bzw. Zwangshaft** nach § 888 Abs. 1 ZPO verhängen, wenn es diesen Weg für effektiver erachtet.

4. (Nicht) vertretbare Handlungen (Nr. 3)

511 Die Vorschrift betrifft die Erwirkung **vertretbarer und unvertretbarer Handlungen.**[300]

Vertretbare Handlungen sind nach **§ 887 ZPO** im Wege der Ersatzvornahme zu vollstrecken. **Beispiel:** Sicherheitsleistung nach § 1667 Abs. 3 BGB.[301]

Unvertretbare Handlungen kann nur der Verpflichtete selbst ausführen. Sie werden nach **§ 888 ZPO** durch Verhängung von **Zwangsgeld und -haft** vollstreckt.[302] Zu ihnen zählt vor allem die **Auskunftserteilung.**

512 Folgende **Ansprüche auf Auskunft** kommen vor allem in Betracht:

- über **die persönlichen Verhältnisse des Kindes** nach §§ 1686, 1686a Abs. 1 Nr. 2 BGB,[303]

---

295 Vgl. Keidel/*Giers*, § 95 Rn. 8.
296 Dazu Rn. 571.
297 Vgl. auch § 156 Abs. 6 GVGA, ferner Rn. 623.
298 Ausführlich *Cirullies/Cirullies*, Rn. 285ff.
299 Rn. 565.
300 Eingehend zu **Begriff und Abgrenzung** Rn. 268, 278.
301 Dazu Keidel/*Giers*, § 95 Rn. 11.
302 Rn. 282ff.
303 Dazu Rn. 555ff.

– gegen die Kindesmutter auf **Auskunft** über die Identität des biologischen oder des rechtlichen Vaters,[304]
– Ansprüche des Kindes über die Identität seines anonymen Samenspenders,[305]
– nach § 4 VersAusglG im **Versorgungsausgleichsverfahren**.[306]

Auch die vom Gericht verhängten **Gebote** nach § 1666 Abs. 3 BGB[307] sowie **Auflagen** nach § 1667 Abs. 1 BGB (Einreichung eines Vermögensverzeichnisses und Rechnungslegung) gehören hierzu.

5. Duldung und Unterlassung (Nr. 4)

Duldungen und Unterlassungen werden nach **§ 890 ZPO** analog durch Verhängung von **Ordnungsmitteln** vollstreckt.[308] **513**

Duldungstitel sind in Familiensachen eher selten. Zu nennen ist die **Duldung der Probeentnahme** nach § 1598a Abs. 2 BGB.[309]

Unterlassungspflichten bestehen insbesondere bei Schutzanordnungen in **Gewaltschutzsachen** (§ 1 GewSchG)[310] oder in **Ehewohnungssachen** (§ 209 Abs. 1 FamFG). Auch in Fällen von Kindeswohlgefährdung gemäß **§ 1666 Abs. 3 BGB** können bestimmte Maßnahmen angeordnet werden, vor allem die **Wegweisung** eines Elternteils oder eines Dritten (nebst Platzverweis), ferner ein **Kontakt- und Näherungsverbot**.[311]

Hinweis: Im Zusammenhang mit **Umgangsregelungen** bestehende Duldungs- und Unterlassungspflichten werden dagegen nach **§§ 88 ff. FamFG** vollstreckt.[312] Dazu gilt auch für die Anordnung, dass ein Elternteil außerhalb der festgelegten Umgangsbefugnis **Kontakte** zu dem Kind zu **unterlassen** hat.[313]

---

304 Vgl. etwa BGH, Beschl. v. 2.7.2014, XII ZB 201/13, FamRZ 2014, 1440 (Anspruch des Scheinvaters); OLG Oldenburg, Urt. v. 28.6.2010, 13 UF 12/10, FamRZ 2010, 1819 (Anspruch des biologischen Vaters), dazu Rn. 552.

305 BGH, Urt. v. 28.1.2015, XII ZR 201/13, FamRZ 2015, 642, dazu Rn. 552.

306 Diese Auskunftspflicht wird jedoch in der Praxis durchweg nach **§ 35 FamFG** i.V.m. § 220 FamFG seitens des Gerichts durchgesetzt, dazu Rn. 713 ff.

307 Dazu Rn. 720.

308 Dazu Rn. 322 ff.

309 Dazu Rn. 543 ff.

310 Ausführlich zur Vollstreckung Rn. 575 ff.

311 Dazu OLG Brandenburg, Beschl. v. 24.3.2016, 9 UF 132/15, FamRZ 2016, 1282 mit Anm. *Hoffmann*, vgl. Rn. 720.

312 Rn. 449 ff.

313 A.A. BT-Drs. 16/6308 S. 220: Vollstreckung nach § 95 Abs. 1 Nr. 4 FamFG i.V.m. § 890 ZPO; dem folgend die h.M. (ohne Begründung). Doch es handelt sich um einen (teilweisen) **Umgangsausschluss**, der einen Hinweis nach § 89 Abs. 2 FamFG erfordert, OLG Saar-

6. Abgabe einer Willenserklärung (Nr. 5)

514 Lautet der Vollstreckungstitel auf Abgabe einer **Willenserklärung**, so gilt diese nach **§ 894 ZPO** mit Rechtskraft des Titels als abgegeben; einer weiteren Vollstreckung bedarf es nicht.[314] Hierzu zählen in **fG-Sachen** beispielsweise:

- **Zustimmungen und Einwilligungen**, etwa die nach § 1598a Abs. 2 BGB vom Gericht zu ersetzende Einwilligung in eine genetische Abstammungsuntersuchung[315] oder Zustimmung zur Ausstellung eines Reisepasses,[316]
- der Anspruch auf **Begründung eines Mietverhältnisses** nach § 1568a Abs. 5 BGB,[317]
- die Verpflichtung zur Erklärung der **Namensänderung** im Ehevertrag,[318]
- **Abtretungserklärung** nach § 21 VersAusglG.[319]

Davon zu unterscheiden ist die Möglichkeit der **Ersetzung** von Erklärungen gemäß § 1666 Abs. 3 Nr. 5 BGB.

Praxistipp: Zu beachten ist, dass die entsprechende Anwendbarkeit des § 894 ZPO eine **Entscheidung** voraussetzt.[320] Daher kann etwa die Pflicht zur Abgabe von Willenserklärungen, die auf notariell bestätigten Teilungsvereinbarungen und Auseinandersetzungen betreffend die **Auseinandersetzung der Gütergemeinschaft** beruhen (§§ 366, 368, 371, 373 FamFG), allenfalls nach § 888 ZPO vollstreckt werden.[321]

II. § 96 FamFG

1. Gewaltschutzsachen (Abs. 1)

515 Die Vorschrift stellt lediglich klar, dass das Opfer bei der beabsichtigten Vollstreckung von **Schutzmaßnahmen nach § 1 GewSchG** die Wahl hat: Es kann im Falle der Zuwiderhandlung gegen eine gerichtliche Unterlassungsanordnung

---

brücken, Beschl. v. 14.11.2016, 6 UF 90/16, ZKJ 2017, 152, dazu *Engelmann*, NZFam 2017, 134; dazu Rn. 463.

314 Dazu Rn. 372.

315 *Borth/Grandel* in: Musielak/Borth, § 95 Rn. 6.

316 Dazu EuGH, Urt. v. 21.10.2015, C-215/15, FamRZ 2016, 438.

317 Dazu Rn. 574, 857.

318 *Giers* in: Kindl/Meller-Hannich/Wolf, § 149 FamFG Rn. 215.

319 Dazu Rn. 719.

320 Vgl. Rn. 371.

321 A.A.: *Giers*, a.a.O.

- die Festsetzung von **Ordnungsmitteln** beantragen (§ 95 Abs. 1 Nr. 4 FamFG i.V.m. § 890 ZPO) *und/oder*
- zur Beseitigung einer andauernden Zuwiderhandlung einen **Gerichtsvollzieher** zuziehen (sog. **unmittelbarer Zwang**, Abs. 1 S. 1 und 2).

Diese Vollstreckungsmöglichkeiten bestehen alternativ und kumulativ (Abs. 1 S. 3). Welchen Weg der Berechtigte beschreiten will, kann er nach freiem Ermessen situationsabhängig selbst entscheiden.[322]

Ist der **Täter schuldunfähig**, kann § 96 FamFG entsprechend angewendet werden.[323]

2. Räumung bei einstweiliger Anordnung (Abs. 2)

In Ergänzung von § 95 FamFG wird hinsichtlich einer nach **§ 2 GewSchG** oder in einer **Ehewohnungssache** ergangenen **einstweiligen Anordnung** klargestellt: Es ist die **mehrfache Einweisung** in den Besitz i.S.d. § 885 Abs. 1 ZPO (sprich: die Räumung) während der Geltungsdauer möglich. Einer erneuten Zustellung an den Verpflichteten bedarf es nicht.[324] 516

III. § 96a FamFG (Abstammungssachen)

Die Vorschrift betrifft die Durchsetzung eines titulierten Anspruchs nach § 1598a Abs. 1 und 2 BGB auf Duldung einer nach den anerkannten Grundsätzen der Wissenschaft durchgeführten **Probeentnahme**. Aus Gründen der Rechtssicherheit ist hier (ausnahmsweise) die **Rechtskraft** des entsprechenden Beschlusses erforderlich. Die Vollstreckung muss nach § 87 Abs. 1 Satz 1 FamFG **beantragt** werden, da das Verfahren nach § 1598a Abs. 2 BGB i.V.m. § 169 Nr. 2 FamFG ein **Antragsverfahren** ist (§ 171 FamFG). 517

Neben der Verhängung von **Ordnungsmitteln** nach § 890 ZPO i.V.m. § 95 Abs. 1 Nr. 4 FamFG kann das Gericht entsprechend §§ 90, 92 FamFG als letztes Mittel **unmittelbaren Zwang** anwenden, insbesondere die **zwangsweise Vorführung zur Untersuchung** anordnen (§ 96 Abs. 2 FamFG).[325]

---

322 Eingehend *Cirullies/Cirullies*, Rn. 251 ff.; zum **unmittelbaren Zwang** vgl. Rn. 589 ff.

323 *Cirullies*, FamRZ 2014, 1901, 1903; a.A. *Pheiler-Cox*, FuR 2014, 558, 565 (ohne Begründung).

324 Ausführlich Rn. 565.

325 Dazu Rn. 546.

E. Kosten des Verfahrens

518 Die **Kostenentscheidung** richtet sich im Vollstreckungsverfahren wesentlich nach den Grundsätzen des Hauptsacheverfahrens (§§ 87 Abs. 5 i.V.m. §§ 80–82 und 84 FamFG). Dementsprechend kann das Gericht im Rahmen seines **Ermessens** (§ 81 FamFG)

- die Kosten des Verfahrens (Gerichts- und Rechtsanwaltskosten) den **Beteiligten** ganz oder zum Teil auferlegen,
- von der Erhebung von Kosten ganz **absehen**, etwa wenn die Belastung der Beteiligten mit den Gerichtskosten auf Grund des Verfahrensablaufs oder des Verfahrensausgangs unbillig erscheint,
- die Kosten des Verfahrens **einem Beteiligten** ganz oder teilweise auferlegen, z.B. wenn ein Beteiligter in **Gewaltschutzverfahren** durch grobes Verschulden Anlass für das Verfahren gegeben hat.[326]

Auch wenn § 83 FamFG nicht ausdrücklich erwähnt ist, soll die Vorschrift im Fall der **Antragsrücknahme** oder **Erledigung** entsprechend anzuwenden sein.[327]

Hinweis: Abweichend hiervon sind bei der Festsetzung von **Ordnungsmitteln** oder der Anordnung des **unmittelbaren Zwangs** die Kosten des Verfahrens zwingend dem **Verpflichteten** aufzuerlegen (§ 92 Abs. 2 FamFG).[328]

Die Kostenentscheidung ist isoliert mit der Beschwerde **anfechtbar** und nicht nur zusammen mit der Hauptsacheentscheidung.[329]

Wegen der **Wertfestsetzung** und der **Gebühren** wird auf die Ausführungen zu § 890 ZPO verwiesen.[330]

---

326 Zur Kostentragung bei **Schuldunfähigkeit** des Antragsgegners vgl. OLG Hamm, Beschl. v. 3.3.2017, 7 WF 130/16, BeckRS 2017, 104328.

327 Keidel/*Giers*, § 87 Rn. 17 m.w.N.

328 Dazu Rn. 488.

329 *Borth/Grandel* in: Musielak/Borth, § 87 Rn. 6; vgl. auch OLG Hamm, Beschl. v. 13.4.2010, 13 WF 55/10, FGPrax 2010, 166; ausführlich zur Überprüfung der familiengerichtlichen Kostenentscheidung *Augstein*, FamRZ 2016, 1833.

330 Rn. 368.

F. Rechtsbehelfe

Beschlüsse im **Vollstreckungsverfahren** sind nicht mit der Beschwerde nach §§ 58 ff. FamFG (mit einmonatiger Beschwerdefrist), sondern ausschließlich mit der **sofortigen Beschwerde** binnen (nur) **zwei Wochen** anfechtbar (§ 87 Abs. 4 FamFG i.V.m. §§ 567 ff. ZPO). Hiermit kann auch die **Kostenentscheidung** im Ordnungsgeldverfahren nach § 89 FamFG isoliert angegriffen werden.[331] Das Rechtsmittel hat entsprechend § 570 Abs. 1 ZPO **aufschiebende Wirkung**. **519**

Wird allerdings die **Art und Weise** der Vollstreckung von Ordnungsmitteln oder unmittelbarem Zwang angegriffen, ist die **Erinnerung** nach § 766 ZPO[332] der richtige Rechtsbehelf.

Im Übrigen nimmt der **BGH**[333] bei der Vollstreckung eines als **einstweilige Anordnung** erlassenen Umgangstitels die **Statthaftigkeit der Rechtsbeschwerde** an. Da das Vollstreckungsverfahren selbstständig mit eigenständigem Rechtsmittelzug ausgestaltet ist, steht § 70 Abs. 4 FamFG nicht entgegen.

---

331 OLG Zweibrücken, Beschl. v. 3.11.2015, 2 WF 244/15, BeckRS 2016, 15187 mit kritischer Anm. *Schneider*, NZFam 2016, 1003; OLG Hamm, Beschl. v. 13.4.2010, 13 WF 55/10, FamRZ 2010, 1838; Keidel/*Giers*, § 87 Rn. 15.

332 Dazu Rn. 377.

333 BGH, Beschl. v. 30.9.2015, XII ZB 635/14, FamRZ 2015, 2147 mit Anm. *Giers*.

4. Kapitel: Vollstreckung nach § 35 FamFG

A. Anwendungsbereich

I. Verfahrensleitende Anordnung

Die Durchsetzung einer **gerichtlichen Anordnung**, mit der die Vornahme oder Unterlassung einer bestimmten Handlung auferlegt wird, ist vollstreckbar: Nach **§ 35 Abs. 1 FamFG** kann das Gericht, sofern ein Gesetz nicht etwas anderes bestimmt, gegen den Verpflichteten durch Beschluss **Zwangsmittel** festsetzen. **520**

Die Vorschrift bezieht sich (nur) auf Entscheidungen mit **verfahrensleitendem** Charakter, die also das Gericht **während des laufenden Verfahrens** trifft. Meist geht es um **Mitwirkungspflichten** zur Sicherung eines gesetzmäßigen und zweckentsprechenden Verfahrensablaufs.[1] Doch gibt § 35 FamFG dem Gericht **nicht** die Befugnis, einem Beteiligten **Verpflichtungen beliebigen Inhalts** aufzuerlegen und diese durch Zwangsmittel zu erzwingen.[2] Vielmehr bedarf es einer gesetzlichen Regelung, die eine Verpflichtung zur Vornahme oder Unterlassung einer Handlung enthält. **521**

II. Gesetzliche Grundlage

Solche Rechtsgrundlagen für **verfahrensleitende Anordnungen** sieht das Gesetz in verschiedenen Vorschriften vor. **Familienrechtlich** von Bedeutung ist im Wesentlichen **§ 220 Abs. 3 FamFG** (Auskunftspflicht in Versorgungsausgleichssachen).[3] **522**

Kaum jedoch eine Rolle spielt § 35 FamFG in **Kindschafts- und Gewaltschutzsachen**. Zu nennen sind lediglich **§§ 1640, 1667 Abs. 1 BGB** (Vorlegung eines Vermögensverzeichnisses).[4] Vor der Anwendung der Norm in jenen Verfahren ist darüber hinaus **Vorsicht** geboten, weil es immer wieder zu unsachgemäßer Anwendung kommt:

---

1 *Borth/Grandel* in: Musielak/Borth, § 35 Rn. 1; Haußleiter/*Gomille*, FamFG, § 35 Rn. 5; Keidel/*Zimmermann*, § 35 Rn. 1.

2 OLG Karlsruhe, Beschl. v. 18.5.2016, 11 W 41/16 (Wx), NJW-RR 2016, 981 (Aufforderung an Beteiligten, Anschriften seiner Geschwister mitzuteilen).

3 Dazu *Cirullies*, FamRZ 2012, 157; ferner Rn. 715.

4 Palandt/*Götz*, § 1640 Rn. 8; MünchKomm-BGB/*Huber*, § 1640 Rn. 22; MünchKomm-BGB/*Olzen*, § 1667 Rn. 11.

- So musste obergerichtlich klargestellt werden, dass die Vollstreckung aus **Umgangstiteln nicht** nach § 35 FamFG erfolgt, sondern nach Maßgabe der § 86 ff. FamFG.[5]
- Eine ebensolche Korrektur war geboten für die Vollstreckung der gerichtlichen Anordnung nach dem **Gewaltschutzgesetz** (Vollstreckung nach § 96 FamFG)[6] sowie zur **Auskunftserteilung nach § 1686 BGB** (§ 95 Abs. 1 Nr. 3 FamFG i.V.m. § 888 ZPO).[7]
- Auch sind Anordnungen des Gerichts, dass die Eltern an einem Informationsgespräch über Mediation oder an einer **Beratung** teilnehmen,[8] **nicht** mit Zwangsmitteln durchsetzbar (§ 156 Abs. 1 S. 3–5 FamFG).
- **Verweigert** der Verpflichtete in **Abstammungssachen** die Probenentnahme, erfolgt die **Vollstreckung** gemäß **§ 96a FamFG**,[9] **nicht** jedoch nach **§ 35 FamFG**, denn die Duldungsanordnung ist eine Endentscheidung.[10]
- Die **Kindesherausgabe** wird nach § 89 FamFG, gegebenenfalls durch unmittelbaren Zwang (§ 90 FamFG) erzwungen.[11]

Im Übrigen ist **nicht** jede gerichtlich bestimmte **Mitwirkungspflicht** nach § 35 FamFG durchsetzbar.

Beispiele:

- Ein Verstoß gegen die durch § 206 Abs. 1 FamFG ermöglichte Auflage zur **Mitwirkung** in **Haushaltssachen** wird allein durch Präklusion nach § 206 Abs. 2 FamFG sanktioniert. Ein Vorgehen nach § 35 FamFG ist unzulässig.
- Die gemäß § 1667 Abs. 3 S. 1 BGB angeordnete **Sicherheitsleistung** darf nach S. 4 nur dadurch erzwungen werden, dass die **Vermögenssorge** gemäß § 1666 Abs. 1 BGB ganz oder teilweise **entzogen** wird.[12]

Ferner sind **Sondervorschriften** zu beachten, die der Auffangnorm des § 35 FamFG vorgehen und einen abweichenden **Ahndungsrahmen** festlegen.

Beispiele:

- Gemäß § 1837 Abs. 3 BGB kann gegen den **Vormund** wegen Nichtbefolgung gerichtlicher Anordnungen lediglich **Zwangsgeld** (nach § 95 Abs. 1 Nr. 3 FamFG i.V.m. § 888 ZPO) verhängt werden.[13]
- Bleibt der ordnungsgemäß geladene **Beteiligte** unentschuldigt im Termin aus, kommt nur die Ahndung durch **Ordnungsgeld** in Betracht (§ 33 Abs. 3 FamFG).

---

5 OLG Saarbrücken ZKJ 2013, 507, dazu *Cirullies*, FamFR 2013, 496.

6 OLG Brandenburg, Beschl. v. 23.11.2015, 10 WF 125/15, BeckRS 2016, 08423; OLG Celle, Beschl. v. 18.5.2010, 10 WF 152/10, FamRZ 2010, 1593.

7 OLG Saarbrücken, Beschl. v. 1.8.2014, 9 WF 58/14, FamRZ 2015, 162; vgl. Rn. 555.

8 Dazu *Gartenhof/Schmid/Normann/v. Thüngen/Wolf*, NZFam 2014, 972.

9 Dazu Rn. 547.

10 So aber Palandt/*Brudermüller*, § 1598a BGB Rn. 17.

11 Dazu Rn. 492.

12 MünchKomm-BGB/*Olzen*, § 1667 Rn. 21.

13 Palandt/*Götz*, § 1837 Rn. 11; a.A. Keidel/*Zimmermann*, § 35 Rn. 8.

III. Abgrenzung

Da § 35 FamFG nur gerichtliche Verfügungen im laufenden Verfahren betrifft, findet die Norm **nicht** Anwendung auf die Vollstreckung von Instanz abschließenden **Endentscheidungen** i.S.v. § 38 Abs. 1 FamFG, deren Vollstreckung sich allein nach §§ 86 ff. FamFG beurteilt.[14] **523**

Insgesamt sind bei der Durchsetzung gerichtlicher Anordnungen nach **§ 35 FamFG** verschiedene **Schritte** zu **unterscheiden**:[15]

- die **gesetzliche Ermächtigung** zu einer Verpflichtung zur Vornahme einer konkreten Handlung,
- die darauf beruhende **gerichtliche Anordnung** nebst **Folgenankündigung** bei Zuwiderhandlung,
- der **Verstoß** des Verpflichteten,
- die **Festsetzung** des Zwangsmittels;
- die **Vollstreckung** des festgesetzten Zwangsmittels.

B. Folgenankündigung

Wie bei der Vollstreckung nach § 89 FamFG hat auch hier die gerichtliche Anordnung der Verpflichtung auf die **Folgen** einer Zuwiderhandlung gegen die Entscheidung **hinzuweisen** (§ 35 Abs. 2 FamFG). Dieser Hinweis kann (wie bei § 89 Abs. 2 FamFG) **nachgeholt** werden.[16] **524**

Praxistipp: Gerade in Versorgungausgleichsverfahren macht es die Verweigerungshaltung des Verpflichteten nicht selten erforderlich, an der „Zwangsmittelschraube zu drehen". Bei **wiederholter** Verhängung von Zwangsmitteln bedarf es – wie bei § 89 FamFG[17] – eines **erneuten** Hinweises.[18] Dies wird in der Praxis häufig übersehen.

---

14 BT-Drs. 16/6308 S. 192.

15 Vgl. auch Keidel/*Zimmermann*, § 35 Rn. 2.

16 OLG Naumburg, Beschl. v. 7.8.2014, 8 WF 176/14, FamRZ 2015, 1222.

17 Dazu Rn. 469.

18 OLG Karlsruhe, Beschl. v. 5.1.2016, 16 WF 272/15, FamRZ 2016, 1103.

C. Festsetzung des Zwangsmittels

I. Voraussetzungen

525 Für die Verhängung der Zwangsmittel bedarf es **keines Antrags**. Sie erfolgt von Amts wegen. Freilich kann ein Beteiligter solche Maßnahmen anregen.

Im Übrigen setzt die **Festsetzung** voraus:[19]

– Die gerichtliche Anordnung muss **hinreichend bestimmt** sein.[20] Hieran scheitern Vollstreckungsversuche gerade in Versorgungsausgleichsverfahren.[21]
– Die gerichtliche Anordnung muss gegenüber dem Verpflichteten durch Bekanntgabe[22] **wirksam** geworden sein.[23]
– Der Verpflichtete muss über die **Folgen** einer Zuwiderhandlung gegen die Anordnung **belehrt** worden sein.[24]
– Hat das Gericht zur **Erfüllung** der Anordnung eine **Frist** gesetzt, muss diese ausreichend lang und zudem eindeutig bestimmt sein.[25]

526 Im Hinblick auf die bereits erteilte Belehrung sowie die jederzeit bestehende Abwendungsbefugnis ist dem Betroffenen vor der Zwangsmittelfestsetzung **nicht rechtliches Gehör** zu gewähren.[26] Dies rechtfertigt sich auch aus einem Vergleich mit der möglichen Ersatzvornahme nach § 35 Abs. 4 FamFG: Dort wird zu Recht auf die **Anhörungspflicht nach § 891 ZPO** verwiesen, weil in den in Bezug genommenen Verfahren nach §§ 883, 886, 887 ZPO eine Folgenankündigung nicht vorgesehen ist. Im Übrigen hat das Gericht gegenüber dem kooperativen Beteiligten (meist Antragsteller) eine Fürsorge- und Justizgewährungspflicht, die Veranlassung zu einer möglichst zügigen Durchführung des Verfahrens gibt.

527 Ebenso ist eine **schuldhafte** Zuwiderhandlung **nicht** erforderlich. Die gegenteilige h.M.[27] übersieht, dass es sich hier – wie bei der gleich gelagerten Vorschrift des § 888 ZPO[28] – nicht um strafähnliche *Ordnungs*mittel (wie etwa bei § 890 ZPO),[29] sondern um *Zwangs*mittel handelt, deren Voll-

---

19 Vgl. auch Keidel/*Zimmermann*, § 35 Rn. 35.

20 MünchKomm-FamFG/*Ulrici*, § 35 Rn. 5 m.w.N.

21 Dazu Rn. 712.

22 § 15 Abs. 2 FamFG.

23 MünchKomm-FamFG/*Ulrici*, § 35 Rn. 5.

24 Dazu Rn. 524.

25 Etwa: „binnen zwei Wochen nach Zugang", vgl. BeckOK-FamFG/*Burschel*, § 35 Rn. 9.

26 So aber Zöller/*Feskorn*, § 35 FamFG Rn. 3; Keidel/*Zimmermann*, § 35 Rn. 35; *Hammer* in: Prütting/Helms, § 35 Rn. 9 m.w.N.

27 Zöller/*Feskorn*, § 35 FamFG Rn. 3; Johannsen/*Büte*, § 35 FamFG Rn. 3; Keidel/*Zimmermann*, § 35 Rn. 39 je m.w.N.

28 Vgl. Zöller/*Stöber*, § 888 ZPO Rn. 7.

29 Rn. 323.

streckung jederzeit abgewendet werden kann.[30] Sofern die gerichtliche Anordnung **missverständlich** ist, kann sie ohnehin nicht vollstreckt werden. Legt der Verpflichtet plausibel dar, dass ihm die Erfüllung der auferlegten Pflicht **unmöglich** ist, wird das Gericht von einer Ahndung absehen.

II. Ermessen des Gerichts

Denn die **Festsetzung** ist in das Ermessen des Gerichts gestellt. Dieses *kann* **Zwangsgeld** festsetzen und für den Fall der Nichtbeitreibbarkeit **(Ersatz-)Zwangshaft** anordnen. Es *soll* bei absehbarer Erfolglosigkeit (sofort) Zwangshaft anordnen. Hierin unterscheidet sich die Vorschrift von § 888 ZPO.[31] **528**

Praxistipp: Insbesondere bei **mittellosen Beteiligten** (Verfahrenskostenhilfe ohne Raten!) erweist sich die Verhängung eines Zwangsgeldes häufig als wenig wirkungsvoll. Hier sollte von vornherein **Zwangshaft** festgesetzt werden, die der Schuldner jederzeit abwenden kann und die er nach aller Erfahrung auch zu vermeiden trachtet.

Bei hartnäckigen Schuldnern ist die **wiederholte** Festsetzung möglich, allerdings erst nach **erneutem Hinweis** gemäß § 35 Abs. 2 FamFG.[32]

III. Zwangsgeld

Das Gericht kann ein **Zwangsgeld** im Rahmen zwischen 5 € und 25.000 € verhängen.[33] Auch die Bemessung der **Höhe** steht in seinem pflichtgemäßen Ermessen. Dabei sind die Umstände des Einzelfalles zu berücksichtigen, insbesondere die Stärke der Missachtung des gerichtlichen Willens, das Maß des Verschuldens, die wirtschaftlichen Verhältnisse sowie gegebenenfalls die Wirkungslosigkeit bisheriger Zwangsvollstreckungen.[34] **529**

IV. Zwangshaft

Die Dauer der festzusetzenden **Zwangshaft** beträgt entsprechend Art. 6 Abs. 2 EGStGB mindestens einen Tag und darf nach § 35 Abs. 3 S. 3 FamFG i. V. m. § 802j Abs. 1 ZPO nicht **sechs Monate** übersteigen. **530**

V. Kosten

Mit der Festsetzung des Zwangsmittels sind dem Verpflichteten zugleich die **Kosten** dieses Verfahrens aufzuerlegen (§ 35 Abs. 3 S. 2 FamFG). **531**

---

30 MünchKomm-FamFG/*Ulrici*, § 35 Rn. 11 mit überzeugender Argumentation.

31 Dazu Rn. 542; ferner *Cirullies*, Rpfleger 2011, 573.

32 Dazu Rn. 524.

33 Die Untergrenze folgt aus Art. 6 Abs. 1 S. 1 EGStGB, die Obergrenze aus § 35 Abs. 3 S. 1 FamFG.

34 OLG Karlsruhe, Beschl. v. 26.10.2004. 2 WF 176/04, FamRZ 2005, 1698, 1700.

D. Vollstreckung

I. Voraussetzungen

532 Die festgesetzten Zwangsmittel sind zu vollstrecken, soweit die gerichtlich angeordnete Verpflichtung noch Bestand hat und der Verpflichtete die Anordnung nicht befolgt hat. Auch für die Zwangsmittelvollstreckung ist daher erforderlich, dass der Umfang der Verpflichtung **hinreichend klar** umrissen ist.

Besondere Anforderungen an die Vollstreckbarkeit der gerichtlichen Anordnung (z.B. Rechtskraft, Klausel, Zustellung) bestehen für derartige verfahrensleitende Verfügungen **nicht**.

II. Beitreibung des Zwangsgeldes

533 Das vom Gericht festgesetzte **Zwangsgeld** wird wie ein Ordnungsgeld **von Amts wegen** durch den Rechtspfleger nach dem Justizbeitreibungsgesetz vollstreckt, nicht also durch einen Beteiligten. Das beigetriebene Zwangsgeld steht allein der **Landeskasse** zu.[35]

Umstritten ist, ob auch ein bereits **rechtskräftiger** Zwangsmittelbeschluss ohne Weiteres aufgehoben werden kann.[36] Zwar ist der **Erfüllungseinwand** des Schuldners selbst dann noch zu berücksichtigen, wenn dieser erst nach **rechtskräftiger** Festsetzung des Zwangsgeldes die verlangte Handlung vornimmt.[37] Insofern wird sich eine Beitreibung nach erfolgter Mitwirkung verbieten. Eine **Rückerstattung** des bereits gezahlten Zwangsgeldes kommt jedoch **nicht** in Betracht.[38]

Praxistipp: Über den **Befriedigungseinwand** hat das Familiengericht auf Antrag des Verpflichteten durch Beschluss zu befinden.[39]

III. Vollzug der Zwangshaft

1. Haftbefehl

534 Für den **Vollzug** der (Ersatz-)Zwangshaft gelten §§ 802g ff. ZPO entsprechend (§ 35 Abs. 3 S. 3 FamFG). Die Vollstreckung der Haft setzt

35 BGH, Beschl. v. 2.3.1983, IVb ARZ 49/82, FamRZ 1983, 578.

36 *Cirullies*, Rpfleger 2011, 573.

37 BGH, Beschl. v. 11.12.2014, IX ZB 42/14, MDR 2015, 425; dazu oben Rn. 296.

38 OLG Köln, Beschl. v. 29.12.2016, 4 WF 143/16, BeckRS 2016, 112315, dazu *Szantay*, NZFam 2017, 230; Keidel/*Zimmermann*, § 35 FamFG Rn. 49; a.A. *Lorenz*, FamRZ 2016, 688, vgl. auch Rn. 311 zu § 888 ZPO.

39 **Nicht** in Betracht kommen Verfahren nach §§ 766, 767 ZPO, BGH, a.a.O. (betr. Zwangsgeld nach § 58 Abs. 2 InsO).

demzufolge einen **Haftbefehl** voraus, für dessen Erlass stets das Familiengericht als Prozessgericht ausschließlich zuständig ist, nicht etwa das Vollstreckungsgericht.[40]

2. Ersatzzwangshaft

Mit dem Zwangsgeldbeschluss ist die **Ersatzzwangshaft** in der Regel bereits „festgesetzt" worden – allerdings nur bezüglich der etwaigen Haftdauer und lediglich unter dem Vorbehalt, dass das Zwangsgeld nicht beigetrieben werden kann. Im Falle der Uneinbringlichkeit (meist: Unpfändbarkeitsbescheinigung des Gerichtsvollziehers) bedarf es auf Vorlage des für die Beitreibung zuständigen Rechtspflegers jetzt noch eines **weiteren Beschlusses des Richters**, der auch die Vollstreckungsvoraussetzungen prüft und dann den Haftantrag bescheidet.[41] 535

Das Gericht erlässt – im Verhältnis zur Höhe des Zwangsgeldes – die Haftanordnung, deren Ausfertigung den **Haftbefehl** i.S.d. § 802g Abs. 1 und 2 ZPO darstellt. Zur Klarstellung sollte als Überschrift des Beschlusses „Haftbefehl" gewählt werden, um unnötige Rückfragen der Gerichtsvollzieher zu vermeiden. 536

Tenorierungsbeispiel: „*Gegen den Schuldner wird die mit Beschluss vom … festgesetzte Ersatzzwangshaft für die Dauer von … Tagen angeordnet (oder: … Haftbefehl mit einer Haftdauer von … Tagen erlassen), da er der Verpflichtung gemäß der gerichtlichen Anordnung vom … bislang nicht nachgekommen ist.*"[42]

3. Bekanntgabe des Haftbefehls

§ 35 Abs. 3 S. 3 FamFG verweist – im Gegensatz zu § 888 ZPO – lediglich auf ausgewählte Haftvorschriften, so auf § 802g Abs. 2 ZPO, **nicht** jedoch auf § 802g Abs. 1 **S. 3** ZPO[43]. Hieraus könnte geschlossen werden, dass eine förmliche **Zustellung** des Haftbefehls bereits **vor** Vollzug geboten ist.[44] Allerdings dürfte der Verweis auf § 802g Abs. 2 S. 2 ZPO nahelegen, dass auch hier die Zustellung durch **Aushändigung** der beglaubigten Abschrift des Haftbefehls bei Verhaftung des Schuldners **genügt**.[45] 537

---

40 Eingehend zu den Modalitäten der Vollstreckung *Cirullies*, NJW 2013, 203; vgl. auch Rn. 307.

41 Ähnlich der Handhabung bei **§ 888 ZPO** (dazu Rn. 305) und bei der Ersatzordnungshaft nach **§ 89 ZPO** (dazu Rn. 486).

42 Ein – gerade bei den aufzuklärenden Versicherungsfehlzeiten in **Versorgungsausgleichsverfahren** – oft umfangreicher Tenor der Verpflichtungsanordnung kann auch in den Gründen wiedergegeben werden, falls die bloße Bezugnahme als nicht ausreichend erachtet wird.

43 „Einer Zustellung des Haftbefehls vor seiner Vollziehung bedarf es nicht."

44 *Cirullies*, Rpfleger 2011, 573.

45 Keidel/*Zimmermann*, § 35 Rn. 33.

4. Verhaftung

538 Die **Verhaftung** des Schuldners nimmt auf Antrag des Rechtspflegers der **Gerichtsvollzieher** vor.[46]

Der **verhaftete Schuldner** kann von dem **Gerichtsvollzieher** des Amtsgerichts des Haftortes verlangen, ihm Gelegenheit zur Vornahme der geforderten Handlung zu geben.[47]

Praxistipp: Der (Zwangs-)Haftbefehl – meist zur Erzwingung der Auskünfte im **Versorgungsausgleichsverfahren** – wird mitunter verwechselt mit dem Haftbefehl, den das Vollstreckungsgericht gegen den gemäß § 802c ZPO zur **Vermögensauskunft** verpflichteten Schuldner im Rahmen der (erfolglosen) Zwangsgeldbeitreibung erlassen kann. Der **Gerichtsvollzieher** sollte daher bei der Erteilung des Verhaftungsauftrages auf das eigentliche **Vollstreckungsziel** hingewiesen werden unter Beifügung z.B. eines VA-Fragebogens zur Vorlage an den Schuldner.

E. Ersatzvornahme

539 Ist die Verpflichtung zur **Herausgabe oder Vorlage einer Sache** oder zur Vornahme einer **vertretbaren Handlung** zu vollstrecken, so kann das Gericht **neben oder anstelle** einer Zwangsmittelfestsetzung die in §§ 883, 886, 887 ZPO vorgesehenen Maßnahmen anordnen (§ 35 Abs. 4 FamFG).[48] Diese Möglichkeit spielt im familienrechtlichen Bereich keine praktisch nennenswerte Rolle.

F. Rechtsmittel

540 Weder die durchzusetzende verfahrensleitende Anordnung selbst noch die Folgenankündigung nach Abs. 2[49] sind selbstständig anfechtbar. Lediglich gegen den Beschluss, durch den Zwangsmaßnahmen **angeordnet**

46 Dazu *Cirullies*, Rpfleger 2011, 573.

47 § 802i Abs. 1 S. 1 i.V.m. § 35 Abs. 3 S. 3 FamFG.

48 Ausführlich Keidel/*Zimmermann*, § 35 Rn. 50 ff; *Borth/Grandel* in: Musielak/Borth, § 35 Rn. 8 ff.

49 BGH, Beschl. v. 23.5.2012, XII ZB 417/11, FamRZ 2012, 1204.

werden, ist das Rechtsmittel der **sofortigen Beschwerde** (§ 35 Abs. 5 FamFG i.V.m. §§ 567 ff. ZPO) gegeben.[50]

Praxistipp: Hoch umstritten ist, ob für die Einlegung des Rechtsmittels **Anwaltszwang** besteht.[51]

G. Gegenüberstellung § 35 FamFG – § 89 FamFG

Die Durchsetzung von ***Zwangs*mitteln** gemäß **§ 35 FamFG** ähnelt eher einer Vollstreckung von ***Ordnungs*mitteln** nach **§ 89 FamFG**, weil Festsetzung und Beitreibung **von Amts wegen** vorgenommen werden: 541

	§ 89 FamFG	**§ 35 FamFG**
Regelungsgegenstand	Umgang / Kindesherausgabe	Mitwirkung im Verfahren
Festsetzungsverfahren		
– Maßnahme	**Ordnungsmittel**	**Zwangsmittel**
– Antrag / von Amts wegen	**Antrag**	**v.A.w.**
– Vollstreckungsklausel	bei Umzug des Kindes	nein
– Zustellung des Titels	ja	Bekanntgabe
– Hinweis auf Folgen	ja	ja
– Verschulden des Verpflichteten?	**vermutet (Abs. 4)**	**nein**
– Entschließungsermessen	ja (*kann* …)[52]	ja (*kann* …)
– Anordnung von Ersatzhaft	**zwingend**	**Ermessen**
– Anordnung sofortiger Haft bei absehbarer Erfolglosigkeit	**Ermessen (*kann* …)**	**geringes Ermessen (*soll* …)**
Beitreibung des Zwangs-/Ordnungsgeldes		
– Auftrag	Gericht *(Rpfleger)*	Gericht *(Rpfleger)*
– Abführung an Staatskasse	ja	ja
– bei **Nichtbeitreibbarkeit**: *richterlicher* Haftbefehl	ja (Vorlage des *Rpfl.*)	ja (Vorlage des *Rpfl.*)
Vollziehung der Zwangs-/Ordnungshaft		
– Verhaftungsauftrag an GV	Gericht *(Rpfleger)*	Gericht *(Rpfleger)*
– (bloße) Aushändigung des Haftbefehls bei Verhaftung	ja	ja
– Hafthöchstdauer	6 Monate	6 Monate

50 Dazu Heilmann/*Dürbeck*, § 58 FamFG Rn. 13.

51 Dafür etwa OLG Brandenburg Beschl. v. 12.1.2017, 15 WF 243/16, BeckRS 2017, 100606, kritisch dazu *Schwamb*, FamRB 2017, 84 m.w.N.

52 Allerdings oft auf null reduziert.

H. Gegenüberstellung § 35 FamFG – § 888 ZPO

542 Demgegenüber bestehen zu der **Vollstreckung nach § 888 ZPO** deutliche **Unterschiede**, weil dort im Wesentlichen der **Gläubiger** „Herr des Verfahrens" ist:

	§ 888 ZPO	**§ 35 FamFG**
Regelungsgegenstand	Unvertretbare Handlung	Mitwirkung im Verfahren
Festsetzungsverfahren		
– Maßnahme	Zwangsmittel	Zwangsmittel
– Antrag / von Amts wegen	**Antrag**	**v.A.w.**
– Vollstreckungsklausel	ja	nein
– Zustellung des Titels	ja	Bekanntgabe
– Hinweis auf Folgen	**nein**	**ja**
– Entschließungsermessen	**nein** *(ist … zu erkennen)*	**ja** *(kann …)*
– Anordnung von Ersatzhaft	**zwingend**	**Ermessen**
– Anordnung sofortiger Haft bei absehbarer Erfolglosigkeit	**Ermessen**	**geringes Ermessen** (soll …)
Beitreibung des Zwangsgeldes		
– Auftrag	**Gläubiger**	**Gericht** ***(Rpfleger)***
– Abführung an Staatskasse	ja	ja
– bei **Nichtbeitreibbarkeit**: *richterlicher* Haftbefehl	**ja (Antrag des Gl.)**	**ja (Vorlage des** ***Rpfl.*****)**
Vollziehung der Zwangshaft		
– Verhaftungsauftrag an GV	**Gläubiger**	**Gericht** ***(Rpfleger)***
– (bloße) Aushändigung des Haftbefehls bei Verhaftung	ja	ja
– Hafthöchstdauer	6 Monate	6 Monate

5. Kapitel: Verfahrensgegenstände von A–Z

A. Abstammungssachen

I. Duldung der Probenentnahme

1. Überblick

Abstammungssachen sind als Familiensachen (§ 111 Nr. 3 FamFG) sämtlich der freiwilligen Gerichtsbarkeit zuzuordnen und verfahrensrechtlich in **§§ 169 ff. FamFG** geregelt. Streitig ist hierbei in der Regel die Vaterschaft eines Kindes. Bei der im Fall ungeklärter Paternität meist unerlässlichen **Beweisaufnahme** kann sich die Notwendigkeit von **Vollstreckungsmaßnahmen** ergeben, wenn Verfahrensbeteiligte die gerichtlich angeordnete, für die genetische Abstammungsuntersuchung benötigte (Blut- oder Speichel-)Probe verweigern und diese dann zwangsweise herbeigeführt werden muss. 543

Die Pflicht zur **Duldung von Probenentnahmen** ist zum einen für **familiengerichtliche Abstammungsverfahren** geregelt in **§§ 167a Abs. 2, 178 Abs. 1 FamFG**. Ferner kann das Gericht in dem grundsätzlich außergerichtlichen Verfahren nach **§ 1598a BGB** eine entsprechende **Duldung anordnen** (Abs. 2).

Für die **Durchsetzung** dieser Duldungsansprüche sieht das Gesetz unterschiedliche, jedenfalls aber unklare und daher umstrittene **Vollstreckungswege** vor.

2. §§ 167a, 178 FamFG

a) Duldungspflichten

Gängig ist außerhalb des Familienrechts § 372a Abs. 1 ZPO, dem **§ 178 Abs. 1 FamFG** inhaltsgleich nachgebildet ist: „*Soweit es zur* ***Feststellung der Abstammung*** *erforderlich ist, hat jede Person Untersuchungen, insbesondere die Entnahme von Blutproben, zu* ***dulden****, es sei denn, dass ihr die Untersuchung* ***nicht zugemutet*** *werden kann*". Die gleiche Duldungspflicht bestimmt **§ 167a Abs. 2 FamFG** für Verfahren zum Umgangs- oder Auskunftsrecht nach **§ 1686a BGB**[1], soweit dort eine Klärung der leiblichen Vaterschaft erforderlich ist. 544

---

1 Dazu OLG Oldenburg, Beschl. v. 14.2.2017, 13 WF 14/17, BeckRS 2017, 103855.

Bei der Prüfung der Frage, ob eine **Unzumutbarkeit der Untersuchung** anzunehmen ist, bedarf es in jedem Einzelfall einer **Interessenabwägung**: Dem Interesse der Person, die die Abstammung geklärt haben will, ist dasjenige der zu untersuchenden Person gegenüberzustellen. Freilich wird in der Regel von einer Zumutbarkeit auszugehen sein. Denn das Gericht hat vor deren Prüfung bereits die **Erforderlichkeit** gerade des ausgewählten Untersuchungsmittels für die Beweiserhebung bejaht.[2] Auch sieht das Gesetz im Fall einer gerichtlichen Beweisanordnung im Grundsatz die Pflicht vor, eine Blutentnahme und deren Untersuchung auch **gegen den eigenen Willen zu dulden**. Diese Verpflichtung wäre sinnlos, wenn das auf diese Weise gewonnene Beweisergebnis anschließend nicht verwertbar wäre.[3]

Sein **Weigerungsrecht** kann die Testperson entsprechend §§ 386–389 ZPO i.V.m. § 178 Abs. 2 FamFG geltend machen.[4] Über die **Rechtmäßigkeit** der Weigerung wird in einem Zwischenstreitverfahren nach § 387 ZPO analog entschieden.[5] Im Falle unberechtigter Weigerung sind dem Verpflichteten die durch den Mehraufwand entstehenden **Kosten** aufzuerlegen.[6]

b) Vollstreckung

545 Die **Durchsetzung** dieser Duldungspflichten richtet sich gemäß §§ 178 Abs. 2, 167a Abs. 3 jeweils nach **§ 178 Abs. 2 FamFG**, der auf §§ 386 bis 390 ZPO verweist. Danach ergibt sich im Fall der Weigerung des Duldungspflichtigen bei den **Zwangsmaßnahmen** folgende **Stufenleiter:**

- Zunächst ist gegen ihn ein **Ordnungsgeld, ersatzweise Ordnungshaft** zu verhängen (§ 390 Abs. 1 S. 2 ZPO). Die **Höhe** beträgt 5 € bis 1.000 € (Art. 6 Abs. 1 EGStGB).
- Bei **wiederholter** (unberechtigter) **Verweigerung** der Untersuchung ist **nicht** nach § 390 Abs. 2 ZPO **Erzwingungshaft** festzusetzen. Vielmehr ist für diesen Fall § 178 Abs. 2 S. 2 FamFG als die speziellere Vor-

2 Keidel/*Engelhardt*, § 178 Rn. 12.

3 BGH, Urt. v. 1.3.2006, XII ZR 210/04, FamRZ 2006, 686; zur **Mitwirkungspflicht anderer Kinder** des verstorbenen Putativvaters vgl. OLG München, Beschl. v. 27.6.2011, 33 UF 942/11, NJW 2011, 2892.

4 Zöller/*Feskorn*, § 178 FamFG Rn. 8.

5 Dazu OLG Brandenburg, Beschl. v. 29.9.2010, 9 WF 237/10, FamRZ 2011, 397; gegen einen Beweisbeschluss zur Abklärung der Abstammung ist eine **Verfassungsbeschwerde unzulässig**, BVerfG, Beschl. v. 4.12.2013, 1 BvR 3169/13, FamRZ 2014, 460.

6 § 390 Abs. 1 S. 1 ZPO i.V.m. § 178 Abs. 2 FamFG, z.B. für die **zwangsweise Vorführung** durch den Gerichtsvollzieher.

schrift zu erachten.[7] Um also die Blut- oder Speichelprobe zu erlangen, muss die **zwangsweise Vorführung** zur Untersuchung angeordnet werden, die gegenüber der Erzwingungshaft ohnehin das mildere Mittel darstellt.[8]

Bleibt auch der **unmittelbare Zwang erfolglos**, können sich die Folgen seines Verhaltens nach den Grundsätzen der **Beweisvereitelung** beurteilen: Der Verpflichtete wird so behandelt, als wäre die Begutachtung erfolgt und hätte keine schwerwiegenden Zweifel an seiner Vaterschaft begründet.[9] Allerdings gebietet es der Grundsatz der Amtsaufklärung, zuvor die Möglichkeit der Begutachtung **dritter Personen**, etwa der leiblichen Eltern oder weiterer Verwandter des als Vater in Betracht kommenden Mannes, zu prüfen. Zudem ist der Verpflichtete – zweckmäßigerweise gleich mit der Ladung – über die Rechtsfolgen seines Verhaltens zu **belehren.**[10]

Praxistipp: Die Ladung zur Blutentnahme muss in diesen Verfahren das **Gericht** vornehmen; eine „Ladung" durch den Sachverständigen (das Gesundheitsamt) ist nicht ausreichend.[11]

Mit der zwangsweisen Vorführung beauftragt das **Gericht**, nicht der Berechtigte den **Gerichtsvollzieher** (§ 149 S. 1 GVGA).

3. § 1598a BGB

a) Duldungsanordnung

546 Um heimliche Vaterschaftstest zu vermeiden oder entbehrlich zu machen, wurde neben den gerichtlichen Vaterschaftsanfechtungs- und Feststellungsverfahren ein hiervon unabhängiges, grundsätzlich **außergerichtliches Verfahren auf Klärung der Abstammung** eingeführt (§ 1598a BGB).[12] Nach Abs. 2 hat jedoch das Familiengericht auf Antrag eines Klärungsberechtigten eine nicht erteilte Einwilligung zu ersetzen und die **Duldung** einer Probeentnahme **anzuordnen**. Möglich ist auch die Selbstverpflichtung der zu untersuchenden Person im Wege eines gerichtlichen **Vergleichs.**[13]

---

7 *Vogel*, FPR 2011, 526, 528; Keidel/*Engelhardt*, § 178 FamFG Rn. 20.

8 *Kieninger*, FPR 2011, 376, 378.

9 BGH, Urt. v. 9.4.1986, IVb ZR 27/85, FamRZ 1986, 663; Urt. v. 10.02.1993, XII ZR 241/91, FamRZ 1993, 691; vgl. auch OLG Bremen, Beschl. v. 20.1.2009, 4 UF 99/08, FamRZ 2009, 802 mit Anm. *Knöfel*, FamRZ 2009, 1339; ferner *Vogel*, a.a.O.

10 *Kieninger*, a.a.O.

11 OLG Brandenburg, Beschl. v. 13.10.2000, 9 WF 198/00, FamRZ 2001, 1010; *Vogel*, a.a.O.

12 Zum **Rechtsschutzinteresse** trotz bereits vorliegenden Abstammungsgutachtens vgl. BGH, Beschl. vom 30.11.2016, XII ZB 173/16, FamRZ 2017, 219 mit Anm. *Reuß*, dazu *Schwonberg*, FamRB 2017, 54; *Zimmermann*, NZFam 2017, 86.

13 Vgl. § 96a Abs. 1 FamFG.

b) Durchsetzung

(a) Vollstreckungsmöglichkeiten

547 **Verweigert** in einem solchen Fall der Verpflichtete die Probenentnahme, kann grundsätzlich die **Vollstreckung** eines rechtskräftigen Beschlusses oder gerichtlichen Vergleichs gemäß **§ 96a FamFG** eingeleitet werden.[14] Allerdings ist insoweit kein bestimmtes Verfahren vorgegeben. § 96a Abs. 2 FamFG stellt lediglich klar, dass bei **wiederholter unberechtigter Verweigerung** der Untersuchung – wie im Fall des § 178 Abs. 2 S. 2 FamFG – auch **unmittelbarer Zwang** angewendet, insbesondere die zwangsweise Vorführung des Betroffenen zur Probenentnahme angeordnet werden kann.

548 Ganz überwiegend wird angenommen, **vorrangig** müsse die Vollstreckung durch Verhängung von **Ordnungsmitteln** gemäß § 95 Abs. 1 Nr. 4 FamFG i. V. m. § 890 ZPO[15] beantragt und versucht werden.[16] Das Gesetz gibt hierfür wenig her. Immerhin weicht § 96a Abs. 2 FamFG von der Regelung in § 178 Abs. 2 FamFG insoweit ab, als dort ausdrücklich Ordnungsmittel als erster Schritt zur Durchsetzung vorgesehen sind. Zwar hat der Gesetzgeber bezüglich der Vorgängervorschrift (§ 56 FGG) die Anwendung unmittelbaren Zwangs ausdrücklich als Ultima Ratio bezeichnet.[17] Dies hat jedoch im FamFG keinen Niederschlag gefunden; eine § 90 Abs. 1 FamFG entsprechende Regelung fehlt.[18] Die zügige Gestattung unmittelbaren Zwangs ist auch deshalb sinnvoll, weil hier eine Fiktion der Vaterschaft wegen „Beweisvereitelung“[19] mangels Beweisaufnahme im gerichtlichen Verfahren nicht in Betracht kommt und der Berechtigte somit auf eine effektive Abgabe der Blutprobe dringend angewiesen ist. Überhaupt ist die Ahndung durch *Ordnungs*mittel in Fällen wie diesen, bei denen es vorrangig um Erzwingung eines bestimmten Verhaltens und weniger um „Bestrafung“ eines unbotmäßigen Verhaltens geht, kaum sinnvoll. Streng genommen müsste das Gericht die Ordnungsmittelbeschlüsse auch nach Durchführung der Probenentnahme noch vollstrecken – was in der Praxis freilich nicht geschieht.

Jedenfalls muss entsprechend § 90 FamFG von der Festsetzung von Ordnungsmitteln dann **abgesehen** werden können, wenn diese Maßnah-

---

14 **Nicht** nach **§ 35 FamFG**, denn die Duldungsanordnung ist eine Endentscheidung; a.A. Palandt/*Brudermüller*, § 1598a BGB Rn. 17.

15 Zur Vollstreckung im Einzelnen vgl. Rn. 322 ff.

16 Keidel/*Giers*, § 96a Rn. 2; MünchKomm-FamFG/*Zimmermann*, § 96a Rn. 4; *Hammer* in: Prütting/Helms, FamFG, § 96a Rn. 6a; BeckOK-FamFG/*Sieghörtner*, § 96a Rn. 1.

17 BT-Drs. 16/6561 S. 17. Allerdings konnte seinerzeit alternativ noch **Zwangsgeld** nach § 33 FGG festgesetzt werden.

18 Zöller/*Feskorn*, § 96a FamFG Rn. 4.

19 Wie in gerichtlichen Abstammungsverfahren, s. Rn. 545.

me keinen Erfolg verspricht oder den Erfolg der Vollstreckung verhindern würde.[20]

(b) Verfahren

Die Anordnung der zwangsweisen Vorführung setzt – wie auch die Verhängung von Ordnungsmitteln – einen entsprechenden **Antrag** des Berechtigten voraus (§ 87 Abs. 1 FamFG). **Zuständig** für die Gestattung des unmittelbaren Zwangs ist entsprechend § 890 Abs. 1 Satz 1 ZPO das **Familiengericht**, das den Titel erlassen hat und auch für die Anordnung der Ordnungsmittel zuständig wäre.[21] Vor der Entscheidung ist dem Verpflichteten **rechtliches Gehör** zu gewähren (§ 37 Abs. 2 FamFG), sofern hierdurch nicht der Vollstreckungserfolg gefährdet ist (§ 92 Abs. 1 FamFG analog). 549

Die Anordnung setzt den **rechtskräftig titulierten** Duldungsanspruch voraus. Der Titel bedarf **nicht** der **Klausel**, sofern – wie regelmäßig – das erkennende Gericht selbst vollstreckt (§ 86 Abs. 3 FamFG), wohl aber der **Zustellung** (§ 87 Abs. 2 FamFG).

Unmittelbarer Zwang darf (erst) nach **wiederholter**, d.h. zweimaliger Verweigerung, der das Nichterscheinen gleichsteht, angewendet werden. Dies ist der Fall, wenn die Probenentnahme gegenüber dem Sachverständigen ausdrücklich verweigert wird oder dessen Ladungen wiederholt unbeachtet geblieben sind, ohne dass ein ausreichender Entschuldigungsgrund vorlag.[22] 550

Praxistipp: Eine **gerichtliche** Ladung ist hier – anders als bei einem durch das Gericht im Rahmen der Beweiserhebung in Auftrag gegebenen Abstammungsgutachten – **nicht** erforderlich, da das Gutachten privat durch den Berechtigten eingeholt wird.[23]

Ausgeschlossen ist die Vollstreckung auch hier, wenn die Art der Probeentnahme der zu untersuchenden Person **nicht zugemutet** werden kann.[24] Dies kann bei der Gefahr gesundheitlicher Schäden anzunehmen sein.[25]

Mit der zwangsweisen **Vorführung** des Betroffenen zur Probenentnahme wird der **Gerichtsvollzieher** beauftragt, und zwar – wie stets bei der 551

---

20 *Hammer*, a.a.O.

21 Zöller/*Feskorn*, § 96a FamFG Rn. 5.; *Hammer*, a.a.O.

22 *Hammer*, a.a.O., Rn. 6.

23 *Hammer*, a.a.O., Rn. 6; Zöller/*Feskorn*, § 96a FamFG Rn. 4.

24 Dazu Rn. 544.

25 Keidel/*Giers*, § 96a Rn. 2.

Anwendung unmittelbaren Zwangs – durch das **Gericht.**[26] Der Gerichtsvollzieher kann notfalls **polizeiliche** Unterstützung anfordern.

II. Benennung des Erzeugers

1. Auskunftsrecht

552 Bereits an dem überkommenen Grundsatz „mater semper certa est"[27] können Zweifel bestehen in Zeiten ständig verfeinerter Reproduktionsmedizin. Noch unsicherer kann freilich die Identität des Kindesvaters sein, an deren Aufklärung nicht immer alle Beteiligten Interesse zeigen. Dementsprechend werden in unterschiedlichen Fallkonstellationen **Auskunftsansprüche** geltend gemacht.[28]

So gibt das Recht auf Kenntnis der Abstammung dem **Kind** einen Auskunftsanspruch gegen seine **Mutter** auf Benennung des leiblichen Vaters oder der als Erzeuger in Betracht kommenden Männer.[29] Der Anspruch wird meist aus **§ 1618a BGB** hergeleitet. Gleiches gilt für einen Anspruch des Kindes gegen seinen Vater auf Nennung von Namen und Anschrift seiner **Großmutter.**[30] Das mittels künstlicher heterologer Insemination gezeugte Kind kann gegen den **Reproduktionsmediziner** einen aus den Grundsätzen von Treu und Glauben folgenden Anspruch auf Auskunft über die Identität seines anonymen **Samenspenders** haben.[31]

553 Umstritten ist, ob und auf welcher rechtlichen Grundlage der **Scheinvater gegen die Kindesmutter** einen Anspruch auf Benennung der Person des mutmaßlichen Vaters des Kindes hat. Der BGH[32] hatte ihm einen auf Treu und Glauben (§ 242 BGB) gestützten Auskunftsanspruch zuerkannt, der jedoch verfassungsrechtlich bedenklich ist.[33] In Reaktion hier-

---

26 Vgl. auch § 149 S. 1 GVGA.

27 „Die Mutter ist immer sicher", vgl. § 1591 BGB.

28 Palandt/*Brudermüller*, Einf. v. § 1591 Rn. 2 m.w.N.; *Löhnig*, JA 2015, 641, 642.

29 BVerfG, Beschl. v. 6.05.1997, 1 BvR 409/90, FamRZ 1997, 869; OLG Bremen, Beschl. v. 21.7.1999, 6 W 21/98, NJW 2000, 963; OLG Hamm, Beschl. v. 16.1.2001, 14 W 129/99, NJW 2001, 1870; eingehend *Frank*, FamRZ 2017, 161.

30 AG Lüdinghausen, Beschl. v. 6.7.2012, 14 F 76/12, FamRZ 2013, 633, dazu *Poppen*, FamFR 2012, 384.

31 BGH, Urt. v. 28.1.2015, XII ZR 201/13, NJW 2015, 1098 mit Anm. *Löhnig* = FamRZ 2015, 642; OLG Hamm, Urt. v. 6.2.2013, 14 U 7/12, NJW 2013, 1167; AG Hannover, Urt. v. 17.10.2016, 432 C 7640/15, FamRZ 2017, 223 mit Anm. *Schriftleitung*; AG Wedding, Urt. v. 27.4.2017, 13 C 259/16, juris (Samenbank), eingehend *Meier*, NZFam 2016, 692. Inzwischen liegt ein **Gesetzentwurf** zur Regelung des Rechts auf Kenntnis der Abstammung bei heterologer Verwendung von Samen vor, BT-Drs. 18/11291.

32 BGH, Beschl. v. 2.7.2014, XII ZB 201/13, FamRZ 2014, 1440 m.w.N.

33 BVerfG, Beschl. v. 24.2.2015, 1 BvR 472/14, FamRZ 2015, 729.

auf wird der Gesetzgeber[34] den geltenden § 1607 BGB um einen entsprechenden **Auskunftsanspruch des Scheinvaters** gegen die Mutter ergänzen.[35]

2. Vollstreckung

Diese Auskunftsansprüche sind in jedem Fall durch Verhängung von **Zwangsmitteln** gemäß **§ 888 Abs. 1 ZPO**[36] zu vollstrecken.[37] Die Vorschrift wird in zivilrechtlichen Verfahren (insbesondere Anspruch Kind gegen Mediziner) unmittelbar, in den familienrechtlichen Verfahren je nach Anspruchsgrundlage entsprechend angewandt (§ 113 Abs. 1 S. 2 oder § 95 Abs. 1 Nr. 3 FamFG). 554

B. Auskunftsanspruch der Eltern (§ 1686 BGB)

I. Anspruchsgegner

Erstaunlich häufig müssen nicht sorgeberechtigte Eltern um **Informationen** über ihr Kind kämpfen und sogar das Familiengericht anrufen. Nach § 1686 BGB kann jeder Elternteil vom anderen Elternteil bei berechtigtem Interesse **Auskunft** über die persönlichen Verhältnisse des Kindes verlangen, soweit dies dem Wohl des Kindes nicht widerspricht (negative Kindeswohlprüfung).[38] Hierfür ist **nicht** Voraussetzung, dass der Auskunftsverpflichtete die **Obhut** über das Kind ausübt. Grundsätzlich kommt daher auch ein auf **Umgangskontakte** beschränkter Elternteil als Anspruchsgegner in Betracht.[39] Ferner gilt die Vorschrift entsprechend für Institutionen, die in ihrer rechtlichen oder tatsächlichen Stellung einem Elternteil vergleichbar sind, insbesondere das **Jugendamt**[40] oder den Ergänzungspfleger oder Vormund.[41] 555

---

34 Entwurf eines Gesetzes zur Reform des Scheinvaterregresses, zur Rückbenennung und zur Änderung des Internationalen Familienrechtsverfahrensgesetzes v. 31.8.2016, BT-Drs. 18/10343, BR-Drs. 493/16.

35 *Wellenhofer*, FamRZ 2016, 1717, 1721; *Wendelmuth*, FF 2017, 16.

36 Dazu Rn. 274.

37 Vgl. etwa OLG Bremen, Beschl. v. 21.7.1999, 6 W 21/98, NJW 2000, 963; OLG Hamm, Beschl. v. 16.1.2001, 14 W 129/99, NJW 2001, 1870.

38 Ausführlich *Clausius*, FamRB 2015, 65; zum Anspruch des **Samenspenders** vgl. OLG Düsseldorf, Beschl. v. 14.3.2017, 5 WF 29/16, FamRZ 2017, 819 mit Anm. *Hammer*, dazu *Groeneveld*, NZFam 2017, 380.

39 BGH, Beschl. v. 14.12.2016, XII ZB 345/16, FamRZ 2017, 378 mit Anm. *Fröschle* = NZFam 2017, 121 mit Anm. *Wache* = NJW 2017, 1239 mit Anm. *Löhnig*.

40 BGH, a.a.O.

41 OLG Hamm, Beschl. v. 1.8.2016, 4 UF 99/16, FamRZ 2017, 384, dazu *Luthin*, NZFam 2016, 1052; ferner *Schmid*, FamRB 2016, 422.

Der Auskunftsanspruch gegen die das Kind betreuende Obhutsperson besteht nur bis zur **Volljährigkeit** des Kindes, das alsdann selbst in der Lage ist, über seine persönlichen Verhältnisse Auskunft zu geben.[42]

Praxistipp: Die Auskunft wird nur auf **Antrag** gewährt. Dieser kann nicht im Umgangsverfahren in der Beschwerdeinstanz „nachgeschoben" werden, weil es sich um verschiedene Verfahrensgegenstände handelt.[43]

II. Inhalt

556 Der Umfang der Informationen, die der Auskunftsberechtigte beanspruchen kann, richtet sich nach den Umständen des **Einzelfalls**. Der Elternteil soll in die Lage versetzt werden, sich einen Überblick über die Entwicklung und das Befinden des Kindes zu verschaffen. Die von § 1686 BGB erfassten persönlichen Verhältnisse beinhalten alle insoweit **wesentlichen Umstände**, insbesondere das schulische Fortkommen, außerschulische Betätigungen, die gesundheitliche Situation und die soziale Entwicklung des Kindes.[44] Die Auskunft ist dabei als Wissenserklärung durch Vorlage einer systematischen **Aufstellung** der erforderten Angaben vom Auskunftspflichtigen in Person zu erteilen und grundsätzlich von der Pflicht zur Vorlage von **Belegen** zu unterscheiden.[45]

III. Vollstreckung

557 Weil der Auskunftsanspruch der Regelung des **Umgangs** zuzurechnen sei, wird teilweise vertreten, es handele sich hierbei um einen **Annexanspruch** zum Anspruch auf Regelung des Umgangs. Daher unterliege er im Falle der Zuwiderhandlung gegen die Anordnung, Auskunft zu erteilen, den Vollstreckungsregeln der §§ 88 ff. FamFG (Ahndung durch **Ordnungsmittel**).[46] Allerdings betreffen diese Vorschriften nur den Umgang und die Kindesherausgabe; sie regeln nicht die Vollstreckung von Auskunftspflichten, die regelmäßig und nicht ohne Grund durch **Zwangs-**

---

42 OLG Saarbrücken, Beschl. v. 1.8.2014, 9 WF 58/14, FamRZ 2015, 162; zum Auskunftsanspruch nach Ablauf des Ausschlusses des Umgangsrechts vgl. OLG Jena, Beschl. v. 13.5.2016, 1 UF 109/16, FuR 2017, 37.

43 OLG Saarbrücken, Beschl. v. 14.11.2016, 6 UF 90/16, ZKJ 2017, 152.

44 BGH, a.a.O.; Heilmann/*Gottschalk*, § 1686 BGB Rn. 10; einschränkend OLG Köln, Beschl. v. 28.6.2016, 10 UF 21/15, FamRZ 2017, 385 (LS) = BeckRS 2016, 105803 (betr. 15-jährige Tochter), dazu *Finke*, NZFam 2016, 1110.

45 OLG Brandenburg, Beschl. v. 14.4.2016, 10 WF 48/16, FamRZ 2016, 1945.

46 OLG Brandenburg, a.a.O.; *Peschel*-Gutzeit in: Kaiser/Schnitzler/Friederici/Schilling, § 1686 Rn. 13; unklar: *Völker/Clausius*, § 2 Rn. 214: „nach den §§ 86 ff. FamFG vollstreckt"; widersprüchlich: *Clausius*, FamRZ 2015, 99 (mit Zustimmung zu OLG Saarbrücken, Beschl. v. 1.8.2014, 9 WF 58/14 (§ 888 ZPO) und gleichzeitigem Verweis auf Ordnungsmittel nach § 89 FamFG).

mittel vollstreckt werden. Die Ahndung durch *Ordnungs*mittel – mit den erhöhten Anforderungen bezüglich Verschulden und Folgenankündigung – ist bei der Durchsetzung von Umgangsregelungen eingeführt worden, um eine Sanktionierung im Falle verweigerten (und nicht nachholbaren) Umgangs zu ermöglichen. Hingegen können nicht erteilte Auskünfte (etwa die quartalsweise Übersendung von Fotos etc.) problemlos auch nachträglich noch durch Verhängung von *Zwangs*mitteln durchgesetzt werden. Auch stellt der Auskunftsanspruch nach § 1686 BGB einen **selbständigen Verfahrensgegenstand** dar.[47] Hierüber entscheidet funktionell der **Rechtspfleger,**[48] der jedoch für die Verhängung von *Ordnungs*mitteln nach § 89 FamFG nicht zuständig ist.

Daher richten sich Vollstreckungsmaßnahmen nach **§ 95 Abs. 1 Nr. 3 FamFG** (Durchsetzung einer nicht vertretbaren Handlung)[49] mit der Folge, dass Zwangsmittel nach **§ 888 ZPO**[50] zu verhängen sind.[51] Dies gilt auch für eine titulierte **Belegpflicht**.[52] Keinesfalls ist **§ 35 FamFG**[53] einschlägig.

Die Zuständigkeit des Rechtspflegers umfasst grundsätzlich auch die **558**
Vollstreckung, allerdings nur bezogen auf die reine **Festsetzung** von Zwangsgeld nach § 888 ZPO. Deren Beantragung und die Beitreibung obliegen dem **Auskunftsberechtigten**.[54]

Praxistipp: Sollte im Falle einer hartnäckigen Auskunftsverweigerung die Verhängung von **(Ersatz-)Zwangshaft** in Betracht kommen, ist für deren Anordnung der **Richter** zuständig (Art. 104 Abs. 2 GG).

Anders zu beurteilen ist die Zuständigkeit, wenn man mit der Minder- **559**
meinung eine Vollstreckung nach **§ 89 FamFG** aufgrund einer Annexkompetenz annimmt. In diesem Fall muss auf Antrag des Auskunftsberechtigten der auch mit der Umgangsregelung befasste **Richter** über die Festsetzung von Ordnungsmitteln entscheiden. Deren Vollziehung liegt dann in der Hand des **Rechtspflegers** – mit Ausnahme der etwaigen Anordnung von **(Ersatz-)Ordnungshaft**.[55]

---

47 Vgl. § 45 Abs. 1 Nr. 3 FamGKG, dazu *Dürbeck*, ZKJ 2017, 72.

48 § 3 Nr. 2 lit. a), § 14 Abs. 1 Nr. 16 RPflG.

49 Dazu Rn. 511.

50 Dazu Rn. 274.

51 Ganz h.M., BGH, Beschl. v. 15.3.2017, XII ZB 245/16, BeckRS 2017, 106169; OLG Saarbrücken, Beschl. v. 1.8.2014, 9 WF 58/14, FamRZ 2015, 162; MünchKomm-BGB/*Hennemann*, § 1686 Rn. 14; Heilmann/*Gottschalk*, § 1686 BGB Rn. 17; BeckOK-BGB/*Veit*, § 1686 Rn. 7; Staudinger/*Rauscher*, § 1686 Rn. 17; *Borth/Grandel* in: Musielak/Borth, § 95 FamFG Rn 5; Zöller/*Feskorn*, § 95 FamFG Rn. 6.

52 Rn. 280.

53 Dazu Rn. 508.

54 Rn. 282.

55 Rn. 305.

C. Ehewohnungssachen

I. Vollstreckungsvoraussetzungen

1. Titel, Klausel, Zustellung

560 Da sich das Erkenntnisverfahren in Ehewohnungssachen nach §§ 200 ff. FamFG vollzieht, beurteilt sich die Vollstreckung gemäß **§ 86 ff. FamFG**. Danach sind erforderlich:

- ein **wirksamer**[56] und **hinreichend bestimmter**[57] **Titel** (Beschluss, gerichtlicher Vergleich oder vollstreckbare Urkunde[58]),
- in Hauptsacheverfahren regelmäßig eine **Vollstreckungsklausel**[59] *sowie*
- die **Zustellung** des Titels.[60]

2. Räumungsanordnung

561 Der Titel muss klar zum Ausdruck bringen, dass der Schuldner die **Wohnung zu verlassen** hat. Dafür wäre eine Titulierung des Überlassungsanspruchs eigentlich hinreichend deutlich, zumal auch in der maßgeblichen Vorschrift des § 885 Abs. 1 ZPO von „überlassen" die Rede ist.[61] Allerdings soll nach ganz h.M. die **Pflicht zur „Räumung"** ausdrücklich im Beschlusstenor[62] genannt sein.[63] Es handelt sich insoweit um eine **Durchführungsanordnung** nach §§ 49 Abs. 2 S. 3, 209 Abs. 1 FamFG.[64]

Praxistipp: Im Hinblick auf eine möglichst zügige Vollstreckung sollte bereits in dem Antrag auf eine **klare Wortwahl** Wert gelegt werden. Formulierungen wie „ausziehen" oder „verlassen" können bei manchem Gerichtsvollzieher zu Zweifeln und damit zu Zeitverzögerungen führen.[65]

---

56 Dazu Rn. 436.

57 Dazu Rn. 429, 578.

58 Dazu AG Berlin-Schöneberg, Beschl. v. 11.3.2016, 33 M 8177/15, DGVZ 2016, 207.

59 Dazu Rn. 440. Eine **einstweilige Anordnung** bedarf der Vollstreckungsklausel nur, wenn die Vollstreckung für oder gegen einen anderen als den in dem Beschl. bezeichneten Beteiligten erfolgen soll (§ 53 Abs. 1 FamFG).

60 Dazu Rn. 444.

61 So auch *Erbarth*, § 6 Rn. 59; MünchKomm-FamFG/*Erbarth*, § 209 Rn. 11.

62 Oder auch Vergleich oder notarielle Vereinbarung.

63 *Giers*, NZFam 2014, 496, 499 m.w.N.

64 Dazu unten Rn. 571.

65 Vgl. AG Gladbeck, Beschl. v. 27.11.1991, 13 M 2458/91, FamRZ 1992, 589.

3. Wirksamkeit

Die Vollstreckung ist grundsätzlich nur aus formell **rechtskräftigen** Entscheidungen zulässig (§ 209 Abs. 2 S. 1 FamFG). Jedoch bestehen folgende Besonderheiten: 562

- Werden Verfahren nach **§ 1568a BGB** als **Folgesachen** im Scheidungsverbund nach § 137 FamFG geltend gemacht, tritt die Wirksamkeit erst mit Rechtskraft des **Scheidungsausspruchs** ein (§ 148 FamFG).
- In Ehewohnungssachen nach **§ 1361b BGB**[66] *soll* das Gericht die **sofortige Wirksamkeit** anordnen (§ 209 Abs. 2 S. 2 FamFG).
- Mit der Anordnung der sofortigen Wirksamkeit *kann* das Gericht auch die Zulässigkeit der **Vollstreckung vor der Zustellung** an den Antragsgegner anordnen. In diesem Fall tritt die Wirksamkeit mit dem Zeitpunkt ein, in dem die Entscheidung der Geschäftsstelle des Gerichts zur Bekanntmachung übergeben wird (§ 209 Abs. 3 FamFG).[67]

II. Vollstreckungsverfahren

So wie das Erkenntnisverfahren nur auf Antrag eingeleitet wird, bedarf auch das Vollstreckungsverfahren stets eines **Antrags** des Berechtigten. Für die Vollstreckung im Einzelnen verweisen §§ 95, 96 FamFG auf die Vorschriften der **ZPO**. Der **Gang des Verfahrens** hängt wesentlich vom Gegenstand der Vollstreckung ab: Räumungs- oder Herausgabevollstreckung, Vollstreckung von Handlungen, Unterlassungen oder Willenserklärungen, Vollstreckung eines Zahlungstitels.[68] 563

Praxistipp: Ist die **Wohnungsüberlassung befristet**, muss darauf geachtet werden, dass die Zwangsvollstreckung innerhalb dieser Frist durchgeführt wird.

III. Wohnungsüberlassung und Räumung

1. Besitzeinweisung

Die Vollstreckung einer **Wohnungsüberlassung** nach §§ 1361b, 1568a BGB oder eines entsprechenden Vergleichs wird im Wege der **Räumung** vorgenommen, § 885 ZPO i.V.m. § 95 Abs. 1 Nr. 2 FamFG. 564

Auf Antrag hat der **Gerichtsvollzieher** den Verpflichteten aus dem Besitz der Wohnung zu setzen und den Berechtigten **in den Besitz einzuweisen** (§ 885 Abs. 1 S. 1 ZPO, § 128 GVGA). Dabei setzt er (lediglich) den Schuldner nebst persönlicher Habe wie Kleidung etc. aus der Wohnung;

66 Und § 14 LPartG, vgl. §§ 269, 270 FamFG.

67 Dazu oben Rn. 436.

68 Eingehend *Giers*, FPR 2010, 564.

gemeinsame eheliche **Haushaltsgegenstände** verbleiben in der Wohnung – es sei denn, das Familiengericht hätte ihm bestimmte Haushaltsgegenstände zugewiesen.[69] § 885 Abs. 2–4 ZPO findet demnach nicht Anwendung.[70] Allerdings ist diese Frage umstritten.[71]

Praxistipp: Daher sollte das Gericht klarstellend die Räumung der Wohnung mit der **Einschränkung** anordnen, dass Haushaltsgegenstände in der Wohnung zu belassen sind, oder die Anwendung des § 885 Abs. 2–4 ZPO ausschließen. Entsprechend sollte auch bereits der **Antrag** formuliert werden.[72]

Dies gilt im Übrigen auch für einen **gerichtlichen Vergleich:** Verpflichtet sich darin ein Ehegatte gegenüber dem anderen für die Zeit vor Rechtskraft der Scheidung zur „Räumung der Ehewohnung", so bezieht sich der Titel im Zweifel lediglich auf die Entfernung der **Person** des Schuldners aus den Räumen.[73]

2. Wiederholte Räumung

565 Grundsätzlich ist der **Räumungstitel** nach vollständiger Durchführung der Räumung **„verbraucht"**. Eine Ausnahme besteht jedoch während der Geltungsdauer einer **einstweiligen Anordnung**, die in Ehewohnungssachen (oder nach § 2 GewSchG) ergangenen ist: Hier ist die **mehrfache Einweisung** des Berechtigten in den Besitz i.S.d. § 885 Abs. 1 ZPO zulässig. Einer erneuten Zustellung an den Schuldner bedarf es nicht (§ 96 Abs. 2 FamFG).[74] Dies gilt auch dann, wenn der Berechtigte den Antragsgegner – aus welchen Gründen auch immer – **freiwillig** wieder in die Wohnung aufgenommen hat.[75]

3. Anwesenheit von Kindern

566 Je nach Fallgestaltung besteht die Gefahr, dass **Kinder** Zeugen des Räumungsgeschehens werden. Um dies zu vermeiden, soll das Gericht, sofern Kinder mit im Haushalt leben, bereits im Erkenntnisverfahren das **Jugendamt** einbinden (§ 205 Abs. 1 FamFG). Durch diese Mitteilung kann

69 AG Tübingen, Beschl. v. 6.8.1993, 1 M 1153/93, DGVZ 1994, 14 m.w.N.

70 OLG Saarbrücken, Beschl. v. 22.8.2005, 9 WF 65/05, FuR 2005, 574; *Hohloch*, FPR 2008, 430, 433; *Ehinger*, FPR 2010, 567, 570; *Harnacke*, DGVZ 2002, 65, 69; aber streitig, vgl. *Giers*, FPR 2010, 564, 565 m.w.N.

71 Vgl. *Schulte-Bunert*, FPR 2012, 491, 493; *Giers*, FPR 2011, 224, 226; vgl. *Götz* in: Johannsen/Henrich, § 209 Rn. 28a; *Eckebrecht*, FPR 2008, 436, 438.

72 Vgl. OLG Hamm, Beschl. v. 28.12.2015, 2 UF 186/15, BeckRS 2016, 13940.

73 KG, Beschl. v. 14.8.1987, 1 WF 5804/86, FamRZ 1987, 1290.

74 Rn. 516.

75 Dies ist vor allem in Gewaltschutzsachen von Belang, dazu Rn. 595.

das Jugendamt auch erfahren, dass Vollstreckungsmaßnahmen drohen, die Auswirkungen auf das Kindeswohl haben können.

4. Räumung des Mitbesitzers

Die Wohnungsüberlassung wird in aller Regel bedeuten, dass (nur) ein **567** bestimmter Ehegatte die vormals eheliche Wohnung zu verlassen hat. Sollte sich die Räumung ausnahmsweise gegen eine **weitere Person** (etwa ein gemeinsames Kind oder den neuen Lebensgefährten) richten, ist je nach Fallgestaltung das Erfordernis eines separaten **Titels gegen den Mitbesitzer** zu prüfen. Richtschnur ist dabei § 750 Abs. 1 S. 1 ZPO, wonach die Zwangsvollstreckung nur beginnen darf, wenn u.a. die Personen, gegen die sie stattfinden soll, in dem Urteil oder in der diesem beigefügten Vollstreckungsklausel namentlich bezeichnet sind. Entsprechend der Rechtsprechung des **BGH**[76] zur allgemeinen Räumungsvollstreckung ist zu **differenzieren**:

- Hat der Mieter in die Mietwohnung einen nichtehelichen **Lebensgefährten** aufgenommen, ist für die Räumungsvollstreckung ein Vollstreckungstitel auch gegen den nichtehelichen Lebensgefährten dann erforderlich, wenn dieser **Mitbesitz** an der Wohnung begründet hat.[77] Ebenso ist bei der die Wohnung mitbenutzenden **Mutter** des Räumungsschuldners von einem solchen Mitbesitz auszugehen.[78] Diese Personen sind am Verfahren zu **beteiligen**.[79]
- Hingegen haben **minderjährige Kinder**, die mit ihren Eltern (oder einem Elternteil) zusammenleben, grundsätzlich keinen Mitbesitz an der gemeinsam genutzten Wohnung. Die Besitzverhältnisse an der Wohnung ändern sich nach Auffassung des BGH im Regelfall nicht, wenn die Kinder nach Erreichen der **Volljährigkeit** mit ihren Eltern weiter zusammenleben.[80] Haben Kinder **keinen Mitbesitz** an der Wohnung erlangt, reicht für eine Räumungsvollstreckung ein Vollstreckungstitel gegen die Eltern (oder einen Elternteil) aus.

Praxistipp: Zeichnet sich ab, dass sich in der Wohnung neben dem Schuldner **weitere Personen** (Lebensgefährten, volljährige Kinder) aufhalten, sollten diese bereits in dem **Antrag** und dem Beschlusstenor genannt werden, um entsprechende

---

76 BGH, Beschluss v. 19.3.2008, I ZB 56/07, FamRZ 2008, 1174 = NJW 2008, 1959 mit Anm. *Schuschke*; vgl. auch *Mroß/Fischer*, DGVZ 2016, 195; *Eckebrecht*, FPR 2008, 436, 437.

77 Vgl. auch *Riecke*, DGVZ 2006, 81 ff; ferner *Gilleßen*, DGVZ 2006, 145, 152; *Eckebrecht*, FPR 2008, 436, 437; *Pauly*, DGVZ 2008, 165.

78 AG Tettnang, Beschl. v. 23.4.2008, 2 M 1024/08, DGVZ 2008, 174.

79 *Götz/Brudermüller*, FamRZ 2009, 1261, 1267.

80 BGH, a.a.O.; kritisch dazu *Schuschke*, JuS 2008, 977, 978; *Pauly*, a.a.O.

Hindernisse bei der Räumungsvollstreckung zu vermeiden.[81] Allerdings kann der Überlassungsverpflichtete durch die Festsetzung von **Zwangsmitteln** nach § 95 Abs. 4 FamFG i.V.m. § 888 ZPO dazu angehalten werden, auf die von ihm abhängigen Wohnungsmitbesitzer einzuwirken, dass auch sie die Wohnung verlassen.[82]

5. Durchsuchung und Gewaltanwendung

568 Einer gesonderten richterlichen **Durchsuchungsanordnung** bedarf es zur Räumung **nicht** (§ 758a Abs. 2 ZPO). Dies gilt auch für die Vollstreckung wegen **Geldforderungen** aus demselben Titel (z.B. Nutzungsentschädigung, Vollstreckungskosten).[83]

Es ist auch **nicht** erforderlich, dem Gerichtsvollzieher die **Anwendung von Gewalt** zu gestatten: Hierzu ist er im Rahmen des gebotenen unmittelbaren Zwangs ohnehin nach § 758 Abs. 3 ZPO berechtigt.

6. Zwangsmittel

569 Neben oder anstelle der Räumungsvollstreckung kann das Gericht nunmehr auch Zwangsmittel nach **§ 888 ZPO** verhängen (§ 95 Abs. 4 FamFG). Insoweit ist ebenfalls ein **Antrag** des Berechtigten erforderlich, und zwar bei dem Familiengericht. Von dieser Möglichkeit wird allerdings bezüglich des eigentlichen Räumungsanliegens nur selten Gebrauch gemacht, weil das Verfahren schwerfälliger und meist **wenig effektiv** ist. Denn in der im allgemeinen spannungsreichen und schwierigen Situation im Zusammenhang mit dem Scheitern einer Ehe besteht ein besonderes Bedürfnis, die gerichtliche Anordnung an einen Ehegatten, die Wohnung zu verlassen, schnell durchzusetzen. Dies kann aber am effektivsten gemäß § 885 Abs. 1 ZPO geschehen, indem der Gerichtsvollzieher die Räumungsanordnung vollstreckt. Demgegenüber ist das Verfahren nach § 888 ZPO in der Praxis vor allem im Hinblick auf den zeitlichen Ablauf – auch im Hinblick auf die Beschwerdemöglichkeit – und angesichts der Schwierigkeiten bei der Beitreibung von Zwangsgeld weniger wirkungsvoll.[84]

---

81 Zur Fassung entsprechender Anträge vgl. *Erbarth*, § 6 Rdn. 85.

82 So *Schuschke*, NZM 2010, 137, 141; MünchKomm-FamFG/*Zimmermann*, § 95 Rdn. 42.

83 OLG Düsseldorf, Beschl. v. 9.11.1979, 3 W 262/79, Rpfleger 1980, 28; MünchKomm-ZPO/*Heßler*, § 758a Rn. 41.

84 OLG Saarbrücken, Beschl. v. 22.8.2005, 9 WF 65/05, FuR 2005, 574; OLG Karlsruhe, Beschl. v. 6.9.1993, 16 WF 123/93, FamRZ 1994, 1185; *Eckebrecht*, FPR 2008, 436, 437.

7. Räumungsschutz

Mit der Entscheidung über die Überlassung der Ehewohnung wird dem Verpflichteten in der Regel eine angemessene **Räumungsfrist** bewilligt, sofern nicht die sofortige Räumung notwendig erscheint. Diese Räumungsfrist kann gemäß § 48 Abs. 1 FamFG auf Antrag **verlängert** werden.[85] 570

Umstritten ist, ob der Verpflichtete in Ausnahmefällen einen **Vollstreckungsschutzantrag nach § 765a ZPO**[86] stellen kann.[87] **Nicht** anwendbar ist **§ 721 ZPO**, weil diese Vorschrift nur für Räumungsurteile gilt.[88]

IV. Durchführungsanordnungen

1. Flankierende Maßnahmen

In Ehewohnungssachen soll das Gericht in der Endentscheidung von Amts wegen die zu ihrer **Durchführung** erforderlichen Anordnungen treffen (§ 209 Abs. 1 FamFG).[89] Diese Maßnahmen sollen die Umsetzung der Hauptsacheentscheidung sichern und erleichtern. Art und Umfang bestimmen sich nach den konkreten Umständen des Einzelfalls. Je nach Fallgestaltung können angezeigt sein: 571

- **Gebote** (Verpflichtungen), z.B. Räumungspflicht, Zutrittgewährung, Schlüsselherausgabe, Türschlossentfernung, Zahlung einer Nutzungsvergütung *oder*
- **Verbote** (Untersagungen), z.B. Betretungs- oder Näherungsverbot.[90]

Auch die Gewährung einer **Frist zur Wohnungsüberlassung** zählt zu solchen Anordnungen. 572

Praxistipp: Auch wenn es für diese Durchführungsanordnungen grundsätzlich keines entsprechenden **Antrags** bedarf, sollte ein solcher durchaus gestellt werden, wenn auf bestimmte Maßnahmen Wert gelegt wird. Dies gilt für beide Beteiligten: So kann es in Ehewohnungssachen dem Nutzungsberechtigten um ein Näherungsverbot gehen, dem anderen hingegen um die Gewährung einer möglichst großzügig bemessenen **Räumungsfrist**.

---

85 Dazu *Götz* in: Johannsen/Henrich, § 209 FamFG Rn. 19; *Schuschke*, NZM 2010, 137, 139.

86 Dazu Rn. 400.

87 Dafür OLG Frankfurt, Beschl. v. 22.2.2013, 4 WF 48/13, FamRZ 2013, 1760; Keidel/*Giers*, § 209 Rn. 3a; dagegen OLG Dresden, Beschl. v. 31.3.2005, 21 WF 214/05, FamRZ 2005, 1581; *Götz* in: Johannsen/Henrich, § 209 FamFG Rn. 19.

88 Keidel/*Giers*, § 209 Rn. 3a m.w.N.

89 Vgl. auch § 49 Abs. 2 S. 3 FamFG.

90 Näher Bergschneider/*Cirullies*, Rn. 3.235.

2. Vollstreckung

573 Diese flankierenden Anordnungen, die für die Durchführung der Räumung notwendig und hilfreich sind, werden auf **Antrag** – unabhängig von der eigentlichen Räumung – vollstreckt nach § 95 Abs. 1 FamFG i.V.m. den jeweiligen Vorschriften der ZPO:[91]

- Bei einem Verstoß gegen **Gebote** ist zu unterscheiden, ob die Verpflichtung eine **vertretbare** Handlung betrifft (z.B. Entfernung neu eingebauter Türschlösser – dann Gestattung der Ersatzvornahme nach **§ 887 ZPO**) oder eine **unvertretbare** Handlung (z.B. bei der Pflicht zur Kündigung eine Untermietverhältnisses oder zur Mitnahme persönlicher Habe – dann Zwangsmittel nach **§ 888 ZPO**).[92]
- Die verweigerte **Herausgabe** beweglicher Sachen, z.B. der Wohnungsschlüssel, wird nach **§ 883 ZPO** durch den Gerichtsvollzieher vollstreckt.[93]
- Ansprüche auf **Nutzungsvergütung** in Ehewohnungssachen werden wie andere **Geldforderungen** nach der ZPO vollstreckt (§ 95 Abs. 1 Nr. 1 FamFG).
- Bei einem Verstoß gegen **Verbote** (z.B. Beachtung einer „Bannmeile“, Betreten der Wohnung) können Ordnungsmittel gemäß **§ 890 ZPO**[94] verhängt werden.

V. Abgabe einer Willenserklärung

574 Auch in Ehewohnungssachen kann die Pflicht zur Abgabe einer **Willenserklärung** zu titulieren sein.

Beispiele:

- Begründung eines **Mietverhältnisses** nach § 1568a Abs. 4 und 5 BGB,
- **Kündigung** eines Mietvertrages oder eines Stromliefervertrags[95] nach Trennung,
- Mitwirkung an einer **Mitteilung** nach § 1568a Abs. 3 Nr. 1 BGB.[96]

Diese Willenserklärungen gelten als **abgegeben** mit **Rechtskraft** der Entscheidung (§ 894 ZPO).[97]

---

91 Näher dazu *Giers*, FPR 2010, 564, 566.

92 Dazu Rn. 274.

93 Dazu Rn. 266.

94 Dazu Rn. 322.

95 BGH, Beschl. v. 24.4.2013, XII ZR 159/12, FamRZ 2013, 1199.

96 OLG Hamm Beschl. v. 21.1.2016, 12 UF 170/15, NJW-RR 2016, 644, dazu *Derichs*, NZFam 2016, 378.

97 Dazu Rn. 370.

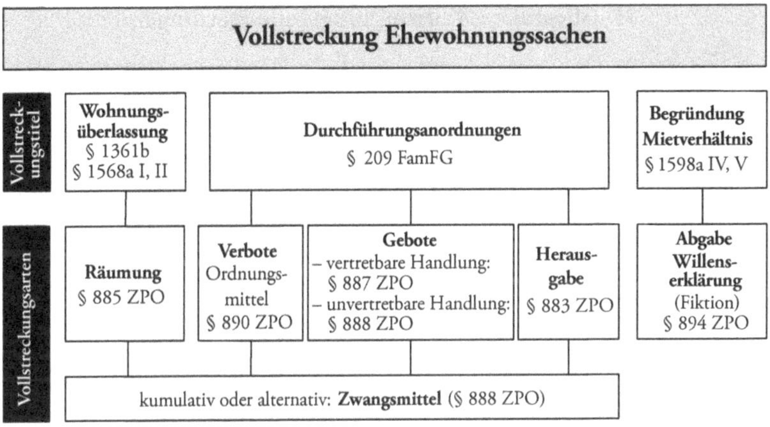

D. Gewaltschutzsachen

I. Opferschutz in Gefahr

Der Schutz des Opfers bei **häuslicher Gewalt und Stalking** ist umfassend geregelt: Gewaltschutzgesetz und FamFG ermöglichen vollstreckbare familienrechtliche Maßnahmen. Strafrechtsnormen (§ 4 GewSchG und § 238 StGB)[98] sollen für Abschreckung und Ahndung sorgen. Auch in den Polizei- und Ordnungsgesetzen der Bundesländer hat der Gewaltschutz seinen Niederschlag gefunden.[99] **575**

Doch insbesondere bei der **Durchsetzung familiengerichtlicher Schutzanordnungen** zeigen sich in der Praxis diverse **Probleme**: Ist der Titel hinreichend bestimmt? Wie wirkt sich seine Befristung oder eine fehlende Befristung aus? Wie ist er zuzustellen, wenn der Antragsgegner „untergetaucht" ist? Wann ist eine Vollstreckungsklausel vonnöten? Wie ist bei Zweifeln an der Schuldfähigkeit des Täters oder bei einer Versöhnung der Beteiligten zu verfahren? Wie werden Ordnungsgeld und Ordnungshaft korrekt vollstreckt?

Hierbei begangene **Fehler** der Rechtsberater oder der Vollstreckungsorgane können sich vor allem für das Opfer – allein wegen der vermeidbaren Verzögerung – nachteilig auswirken.

---

98 Zu den Neuerungen und Problemen *Cirullies/Cirullies*, FamRZ 2017, 493.

99 Hierzu *Cirullies*, FamRB 2014, 229.

II. Allgemeine Vollstreckungsvoraussetzungen

576 Die Vollstreckung in Verfahren der freiwilligen Gerichtsbarkeit beurteilt sich nach §§ 86–96a FamFG.[100] Diese Vorschriften enthalten in §§ 86, 87 FamFG allgemeine, in §§ 88 ff. FamFG hingegen spezielle Regelungen, so § 96 FamFG betreffend das Gewaltschutzverfahren. Für die Vollstreckung in **Gewaltschutzsachen** sind (lediglich) **§§ 86, 87, 95 und 96 FamFG** maßgeblich.

1. Titel

a) Beschluss und Vergleich

577 Ansprüche nach §§ 1 und 2 GewSchG können nach § 86 Abs. 1 FamFG insbesondere durch gerichtliche **Beschlüsse**, zu denen auch **einstweilige Anordnungen** zählen, aber auch durch gerichtliche **Vergleiche** tituliert werden.[101]

Die nunmehr vorgesehene **Bestätigung des Vergleichs** nach § 214a FamFG[102] wirkt sich nur auf eine mögliche **Strafbarkeit** nach § 4 GewSchG aus,[103] nicht jedoch auf die zivilrechtliche Vollstreckbarkeit. Der Vergleich in einer Gewaltschutzsache bleibt auch ohne gerichtliche Bestätigung **Vollstreckungstitel** nach § 86 Abs. 1 Nr. 3 FamFG.[104]

b) Bestimmtheit

578 Wie bei jedem Titel ist auch in Gewaltschutzverfahren auf die nötige **Bestimmtheit** zu achten.[105] Gebote und Verbote müssen hinreichend deutlich umrissen sein. Soll eine **Wohnung** zugewiesen werden, müssen ihre Lage und die herauszugebenden Räume genau beschrieben sein.[106] Eine Geheimhaltung der **Anschrift** ist nicht möglich.

Praxistipp: Zieht das Opfer nach Erlass des Titels um, gilt ein darin angeordnetes, auf die frühere Wohnanschrift bezogenes Näherungsverbot nicht für die neue Adresse. Legt sich das Opfer nach Schaffung des Titels eine **neue Wohnanschrift** zu, kann der Titel insoweit nicht einfach „berichtigt" werden. Es bedarf vielmehr eines **neuen** Vollstreckungstitels.

---

100 Dazu Rn. 410 ff.

101 Dazu Rn. 427.

102 Eingefügt durch das Gesetz zur Verbesserung des Schutzes gegen Nachstellungen v. 1.3.2017, BGBl. I S. 386, dazu *Cirullies/Cirullies*, FamRZ 2017, 493.

103 Hierzu *Krumm*, FamRB 2017, 153.

104 BT-Drs. 18/9946, S. 14.

105 Dazu Rn. 429.

106 Dazu OLG Celle, Beschl. v. 25.10.2012, 10 WF 310/12, FamRZ 2013, 569 (LS) = BeckRS 2012, 22269, dazu *Kemper*, FamFR 2012, 567.

2. Wirksamwerden

Erst mit der **Wirksamkeit** tritt ein **Beschluss** in Kraft und kann seine Folgen entfalten (§ 86 Abs. 2 FamFG). Allerdings sind hier verschiedene **Zeitpunkte** auseinanderzuhalten:[107] 579

- **Hauptsache-Entscheidungen** in **Gewaltschutzsachen** werden grundsätzlich (erst) mit **Rechtskraft** wirksam. Allerdings soll das Gericht in der Regel die **sofortige Wirksamkeit** des Gewaltschutzbeschlusses anordnen (§ 216 Abs. 1 S. 2 FamFG). Wird dabei auch die Zulässigkeit der **Vollstreckung vor der Zustellung** angeordnet, tritt **Wirksamkeit** (bereits) mit der **Übergabe an die Geschäftsstelle** des Gerichts ein (§ 216 Abs. 2 S. 2 FamFG).
- **Einstweilige Anordnungen** hingegen sind **sofort wirksam**, so dass es der Anordnung der sofortigen Wirksamkeit nicht bedarf.[108] Diese Formulierung ist jedoch zumindest missverständlich: Wirksam wird ein Beschluss grundsätzlich erst mit **Zustellung** an den betroffenen Beteiligten (§§ 40 Abs. 1, 41 Abs. 1 FamFG).[109] Gestattet das Gericht die Vollstreckung der einstweiligen Anordnung **vor Zustellung** an den Verpflichteten, wird der Beschluss mit **Erlass**[110] wirksam (§ 53 Abs. 2 FamFG).

Ein **Vergleich** wird grundsätzlich mit seinem **Abschluss** wirksam, sofern alle Formvorschriften eingehalten sind.[111]

3. Klausel

a) Hauptsacheverfahren

Nach § 86 Abs. 3 FamFG ist eine **Vollstreckungsklausel**[112] nur erforderlich, wenn die Vollstreckung nicht durch das Gericht erfolgt, das den Titel in der Hauptsache erlassen hat. Denn die Klausel bezweckt, dem Vollstreckungsorgan außerhalb des „Prozessgerichts“ (Gerichtsvollzieher, Vollstreckungsgericht, Grundbuchamt) die Prüfung abzunehmen, ob der Titel bereits vollstreckbar ist. 580

Folglich ist bei der Vollstreckung in **Gewaltschutzsachen** danach zu **differenzieren**, welche Vollstreckungsart das Opfer wählt:

---

107 Ausführlich Rn. 436.

108 OLG Hamm, Beschl. v. 6.1.2011, 8 WF 322/10, FPR 2011, 232, dazu *Burschel*, FamFR 2011, 111; Keidel/*Giers*, § 53 Rn. 2; *Neumann* in: Prütting/Helms, § 216 Rn. 4; a.A. Bahrenfuss/*von Milczewski*, § 216 Rn. 3 (§ 216 FamFG auf einstweilige Anordnung anwendbar).

109 Ausführlich *Cirullies*, FPR 2012, 473.

110 Definition: § 38 Abs. 3 FamFG.

111 Dazu Rn. 437.

112 Vgl. § 725 ZPO, ferner Rn. 440.

- Für die Vollstreckung einer Unterlassungsverpflichtung durch **Ordnungsmittel** nach §§ 95 Abs. 1 Nr. 4, 96 Abs. 1 S. 3 FamFG, 890 Abs. 1 ZPO ist das **Gericht** zuständig, das den Titel erlassen hat. Mithin ist hier eine Klausel **nicht** geboten, und zwar auch dann nicht, wenn aus einem **Vergleich** vollstreckt wird.[113]
- Soll hingegen der **Gerichtsvollzieher** als Vollstreckungsorgan **unmittelbaren Zwang** (§ 96 Abs. 1 FamFG)[114] gegen den Zuwiderhandelnden anwenden oder im Fall des § 2 GewSchG eine **Räumungs- oder Herausgabevollstreckung**[115] durchführen, muss der Antragsteller einen **mit Klausel** versehenen Titel vorlegen.

b) Einstweilige Anordnung

581 Eine Besonderheit betrifft die **einstweilige Anordnung**: Sie bedarf der Vollstreckungsklausel nur, wenn die Vollstreckung für oder gegen eine nicht im Beschluss genannte Person erfolgen soll (§ 53 Abs. 1 FamFG).

4. Zustellung

a) Grundsatz

582 Weitere Vollstreckungsvoraussetzung ist die **Zustellung des Titels** (§ 87 Abs. 2 FamFG).

Beschlüsse sind **von Amts wegen** zuzustellen (§ 41 Abs. 1 FamFG). Die Kundgabe durch Beteiligte oder sonstige Dritte genügt der Bekanntgabepflicht nicht[116]. Dies wird in der Praxis gelegentlich verkannt.[117] Auch die in Gewaltschutzsachen erlassene **einstweilige Anordnung** ist – wie der Gesetzgeber[118] nun klargestellt hat – **von Amts wegen** zuzustellen, wobei die **Geschäftsstelle**[119] den Gerichtsvollzieher mit der Zustellung beauftragt (§ 214 Abs. 2 S. 1 und 2 FamFG).

---

113 OLG Brandenburg, Beschl. v. 15.12.2014, 13 WF 298/14, FamRZ 2015, 1224, dazu *Breidenstein*, NZFam 2015, 328; ferner Keidel/*Giers*, § 86 Rn. 17.

114 Rn. 589 ff.

115 Rn. 596 ff.

116 MünchKomm-FamFG/*Ulrici*, § 41 Rn. 6.

117 Vgl. etwa OLG Celle, Beschl. v. 30.6.2011, 10 WF 176/11, FamRZ 2011, 1971 (Zustellung im – durch das Gericht lediglich vermittelten – „Parteibetrieb"); widersprüchlich auch *Plastrotmann* in: Kindl/Meller-Hannich/Wolf, Zwangsvollstreckung und Gewaltschutzgesetz, Rn. 42 und 44.

118 Aufgrund des Gesetzes zur Änderung des Sachverständigenrechts und zur weiteren Änderung des FamFG sowie zur Änderung des SGG, der VwGO, der FGO und des GKG v. 11.10.2016, BGBl. I, 2222, in Kraft seit 15.10.2016; dazu *Stockmann*, FamRB 2016, 442.

119 Dazu unten Rn. 583.

Praxistipp: Bei der **förmlichen Zustellung** ist zu beachten, dass eine **Ausfertigung** des Beschlusses und nicht lediglich eine beglaubigte Abschrift an den Antragsgegner zuzustellen ist.[120]

Ob auch **Vergleiche** von Amts wegen zuzustellen sind, ist zwar umstritten, im Ergebnis jedoch zu bejahen.[121] Dies entspricht auch gängiger Praxis.

b) Vollstreckung vor Zustellung

Meist erlässt das Gericht eine **einstweilige Anordnung ohne mündliche Erörterung**. Dann gilt der entsprechende **Antrag** zugleich 583

- als **Auftrag zur Zustellung** durch den Gerichtsvollzieher unter Vermittlung der **Geschäftsstelle** *sowie*
- als **Auftrag zur Vollstreckung**; auf Verlangen des Antragstellers darf die Zustellung nicht vor der Vollstreckung bewirkt werden (§ 214 Abs. 2 S. 3 FamFG).

Die Vollstreckung wird in dieser Standardkonstellation also ohne Zutun des Schutzsuchenden eingeleitet. Zuständig ist – wie auch im Fall des § 216 Abs. 2 S. 2 FamFG – die **Geschäftsstelle des Familiengerichts**, nicht des Vollstreckungsgerichts.[122] Ein Streit hierüber ist allerdings entbehrlich. Denn der Urkundsbeamte der Geschäftsstelle des Familiengerichts ist ohnehin entsprechend § 129a Abs. 2 S. 1 ZPO gehalten, umgehend den Vollstreckungsauftrag nebst einer vollstreckbaren Ausfertigung des Beschlusses an die Geschäftsstelle des **Vollstreckungsgerichts** zwecks Weiterleitung an den Gerichtsvollzieher zu übergeben.[123]

c) Zustellungsprobleme in Gewaltschutzsachen

Die Zustellung einer **Gewaltschutzanordnung** nach §§ 1, 2 GewSchG 584
an den der Wohnung verwiesenen Antragsgegner bereitet in der Praxis immer wieder Schwierigkeiten, wenn dessen ladungsfähige (neue) **Anschrift** dem Gericht **nicht bekannt** ist. Auch wenn die **Vollstreckung vor der Zustellung** zulässig ist (§ 216 Abs. 2 FamFG), muss die Zustellung der Voll-

---

120 Vgl. Rn. 446.

121 Ausführlich dazu *Cirullies*, FPR 2012, 473; *Cirullies/Cirullies*, Rn. 239; vgl. auch OLG Brandenburg, Beschl. v. 15.12.2014, 13 WF 298/14, FamRZ 2015, 1224 (die Zustellung des Protokolls im Amtsbetrieb reicht jedenfalls aus, um die Vollstreckung aus einem in einer Gewaltschutzsache geschlossenen Vergleich beginnen zu können), dazu *Breidenstein*, NZFam 2015, 328.

122 H.M., vgl. *Giers*, FPR 2011, 224, 225 (unter Hinweis auf § 192 Abs. 3 ZPO); Bahrenfuss/*von Milczewski*, § 214 Rn. 25; *Neumann* in: Prütting/Helms, § 214 Rn. 9 m.w.N.

123 MünchKomm-FamFG/*Erbarth*, § 214 Rn. 9.

streckung nachfolgen. Sie ist dann alsbald **nachzuholen** – was sich in der Praxis oft als schwierig erweist:

- Eine **Ersatzzustellung** an den **Antragsteller** scheidet aus, da dieser an dem Verfahren beteiligt ist (§ 178 Abs. 2 ZPO).
- Das Gleiche gilt für eine **Ersatzzustellung** in der **früheren Wohnung**, die der Antragsgegner aufgrund polizeilicher oder gerichtlicher Weisung nicht mehr betreten darf.
- Kommt eine Ersatzzustellung – auch durch Einlegung in ein **Postfach**[124] oder an der **Arbeitsstelle**[125] – nicht in Betracht, ist eine Zustellung an den **Antragsgegner persönlich** erforderlich, die an jedem Ort erfolgen kann, an dem er angetroffen wird (§ 177 ZPO). Da die Zustellung **von Amts wegen** durchgeführt wird, muss auch der Gerichtsvollzieher Erkundigungen einziehen, insbesondere bei der Polizei, dem Opfer oder dem Antragsgegner selbst im Falle telefonischer Erreichbarkeit.[126]
- Als letztes Mittel ist eine **öffentliche Zustellung**[127] zu erwägen, die auch in Verfahren der freiwilligen Gerichtsbarkeit grundsätzlich zulässig ist.

Bei alledem ist auch im Interesse des Opferschutzes zu beachten, dass der Nachweis einer **korrekten Zustellung** an den Antragsgegner unerlässlich ist für die **Strafbarkeit nach § 4 GewSchG**.[128]

III. Vollstreckungsverfahren

1. Vollstreckungswege

585 Während sich das Erkenntnisverfahren in **Gewaltschutzsachen** nach dem FamFG, also nach den Regeln der freiwilligen Gerichtsbarkeit vollzieht, richtet sich die Vollstreckung aus den entsprechenden Titeln nach der **ZPO** (§§ 95, 96 FamFG). Dabei ist je nach Regelungsgegenstand zu unterscheiden:

- Bei der Vollstreckung gerichtlicher **Schutzanordnungen nach § 1 GewSchG** stehen dem Opfer bei einer Zuwiderhandlung gegen eine Unterlassungsanordnung zwei Möglichkeiten zur Verfügung: Es kann

---

124 Vgl. BGH NJW-RR 2012, 1012.

125 Dazu BGH NJW 2001, 885: Es muss die ernsthafte Möglichkeit bestehen, dass dort eine ordnungsgemäße Zustellung vorgenommen werden kann.

126 Eingehend *Cirullies*, FamRZ 2012, 1854; *ders.*, DGVZ 2015, 33.

127 Dazu BGH, Urt. v. 23.2.2016, VI ZR 80/15, BeckRS 2016, 10588 (a.E.); ferner Rn. 103.

128 BGH, Beschl. v. 10.5.2012, 4 StR 122/12, FamRZ 2012, 1216; Beschl. v. 3.2.2016, NStZ-RR 2016, 155.

- zwecks Beseitigung der Störung einen Gerichtsvollzieher hinzuziehen (**unmittelbarer Zwang**, § 96 Abs. 1 FamFG)[129] *oder wahlweise*[130]
- die Festsetzung von **Ordnungsmitteln** (Ordnungsgeld oder Ordnungshaft)[131] beantragen.

– Die Vollstreckung einer **Wohnungsüberlassung** § 2 GewSchG wird im Wege der **Räumung** vorgenommen.[132] Neben oder anstelle der Räumungsvollstreckung kann das Gericht auf Antrag auch **Zwangsmittel** verhängen.[133]

Vollstreckungsmöglichkeiten

Schutzmaßnahmen
(§ 1 GewSchG)

- **unmittelbarer Zwang** (§ 96 I FamFG) durch Gerichtsvollzieher (+ Polizei)

und/oder

- **Ordnungsmittel** (§ 890 ZPO)

Wohnungsüberlassung
(§ 2 GewSchG / § 1361b BGB)

- **Räumung** (§ 885 ZPO)

und/oder

- **Zwangsmittel** (§ 888 ZPO)

2. Zuständigkeit

Die **funktionelle** Zuständigkeit des **Vollstreckungsorgans** hängt von der jeweiligen Art der Maßnahme und des Antrags ab: **586**

– Über Anträge zur Festsetzung von **Zwangs- und Ordnungsmitteln** nach §§ 888, 890 ZPO entscheidet ausschließlich[134] das **Familiengericht** als Prozessgericht des ersten Rechtszugs.[135] Sie werden aktenmäßige nicht in einem selbständigen Verfahren bearbeitet, sondern lediglich als Annex des Ausgangsverfahrens, in dem der Titel (Beschluss oder Vergleich) entstanden ist.[136] Wechselt das Opfer oder der Täter den

129 Dazu *Cirullies,* DGVZ 2016, 17.

130 Alternativ oder kumulativ, § 96 Abs. 1 S. 3 FamFG.

131 § 890 ZPO i.V.m. § 95 Abs. 1 Nr. 4 FamFG.

132 § 885 ZPO i.V.m. § 95 Abs. 1 Nr. 2 FamFG.

133 § 888 ZPO i.V.m. § 95 Abs. 4 FamFG.

134 § 802 ZPO.

135 Nicht das Vollstreckungsgericht und nicht das OLG, falls der Titel im Beschwerdeverfahren geschaffen wurde, BGH, Beschl. v. 25.11.1999, IX ZB 95/99, NJW 2000, 590; Beschl. v. 8.11.2001, IX ZB 44/01, NJW 2002, 754.

136 Anderes gilt etwa bei § 89 FamFG, dazu Rn. 411, ferner *Cirullies*, Rpfleger 2011, 573, 574.

Wohnort, nachdem die **örtliche** Zuständigkeit des Prozessgerichts begründet worden ist, hat dies keinen Einfluss auf die (weiterhin bestehende) Zuständigkeit des Ursprungsgerichts für die Entscheidung über Zwangs- und Ordnungsmittelanträge.

- Geht es um die **Räumung** oder die Anwendung **unmittelbaren Zwangs**, ist der **Gerichtsvollzieher** der richtige Ansprechpartner.
- **Vollstreckungsschutzanträge** nach **§ 765a ZPO** bescheidet ausschließlich das **Vollstreckungsgericht**,[137] solche nach Art. 8 Abs. 2 EGStGB analog (bei Ordnungshaft) das **Familiengericht**.[138]

3. (Fehlende) Befristung des Titels

587 Nach § 1 Abs. 1 S. 2 GewSchG ist eine Schutzmaßnahme im Regelfall („soll") zu **befristen**. Für die gerichtliche **Bestätigung eines Vergleichs** nach § 214a FamFG ist dies sogar Voraussetzung.[139] Allerdings sind Schutzanordnungen und Vergleiche **ohne** zeitliche Begrenzung mitunter angezeigt und dann auch wirksam,[140] selbst bei Erlass einer **einstweiligen Anordnung**.[141] Daher wird der Verpflichtete im **Vollstreckungsverfahren** nicht mit dem Einwand gehört, dass es an einer **Befristung fehle**.[142]

Praxistipp: Damit die Vollstreckung nicht auf unbestimmte Zeit droht, sollte der Antragsgegner bereits im **Erkenntnisverfahren** darauf hinwirken, dass eine etwa ergehende vorläufige Schutzanordnung jedenfalls **befristet** wird, und hilfsweise Beschwerde einlegen. Beim Abschluss eines **Vergleichs** hat er dies selbst in der Hand.[143]

Auf eine solche **Befristung** muss das zuständige Vollstreckungsorgan (Familiengericht oder Gerichtsvollzieher) achten. Zwar kann der Verstoß gegen ein befristetes Unterlassungsgebot auch noch nach Fristende durch Verhängung eines **Ordnungsgeldes** geahndet werden, sofern der Verstoß

137 Dazu Rn. 400. Allerdings ist streitig, ob bei einer Zwangsvollstreckung nach § 890 ZPO § 765a ZPO überhaupt anwendbar ist; dafür: LG Frankenthal, Beschl. v. 9.7.1982, 1 T 192/82, Rpfleger 1982, 479; dagegen: LG Berlin, Beschl. v. 27.5.1958, 81 T 1751/58, NJW 1959, 53.

138 Dazu Rn. 366.

139 Dazu *Cirullies/Cirullies*, FamRZ 2017, 493, 495.

140 BGH, Beschl. v. 26.2.2014, XII ZB 373/11, FamRZ 2014, 825 = NZFam 2014, 555 mit Anm. *Cirullies*; vgl. auch *Wilsch*, NZFam 2016, 949.

141 OLG Hamm, Beschl. v. 30.1.2015, 2 WF 232/14, 2 WF 237/14, FamRZ 2015, 1405, dazu *Cirullies*, NZFam 2015, 726.

142 OLG Karlsruhe, Beschl. v. 16.4.2015, 20 WF 33/15, FamRZ 2015, 1405, dazu *Breidenstein*, NZFam 2015, 680.

143 Vgl. auch *Giers*, jurisPR-FamR 14/2015 Anm. 5.

innerhalb der Verbotsfrist erfolgt ist.[144] Dies gilt aber nicht für die Anwendung **unmittelbaren Zwangs**: Hier geht es um die unmittelbare Beseitigung einer andauernden Zuwiderhandlung, die nach Ablauf der festgesetzten Frist überhaupt nicht mehr vorliegen kann.

Im Übrigen kann ein erheblicher Zeitablauf dazu führen, dass die Fest- **588**
setzung von Ordnungsmitteln als **unverhältnismäßig** anzusehen ist und daher zu unterbleiben hat. Dies gilt etwa bei einer **nicht befristeten** Gewaltschutzanordnung, wenn das Ordnungsgeldverfahren wegen behaupteter Verstöße erst mehrere Jahre später geführt wird.[145]

IV. Vollstreckung durch unmittelbaren Zwang

1. Hinzuziehung eines Gerichtsvollziehers

Bei einem Verstoß gegen eine Schutzanordnung kann das Opfer zur **589**
Beseitigung einer **andauernden Zuwiderhandlung** einen **Gerichtsvollzieher** zuziehen (§ 96 Abs. 1 FamFG). Die diesem nach § 758 Abs. 3 ZPO gestattete Anwendung von **Gewalt** wird auch als **unmittelbarer Zwang** bezeichnet.[146] Die Bestimmungen in § 87 Abs. 3 FamFG einerseits und § 96 Abs. 1 S. 1 und 2 FamFG andererseits ergänzen sich, soweit sie nicht identische Regelungen enthalten.

Erläuternde Vorschriften zur Verfahrensweise finden sich in **§§ 62, 133, 134 GVGA**. So wird der Gerichtsvollzieher zu der Vollstreckungshandlung **ermächtigt** durch den Besitz einer **Ausfertigung** der gerichtlichen Schutzanordnung.[147]

Praxistipp: Die gelegentlich anzutreffende Übersendung der Gewaltschutzanordnung an den Gerichtsvollzieher **per Fax** oder dergleichen ist folglich **unzulässig**. Im Übrigen enthebt diese Ermächtigung den Gerichtsvollzieher nicht der Pflicht, die Anforderungen an die **Vollstreckbarkeit** des zugrunde liegenden Unterlassungstitels zu prüfen.

---

144 OLG Karlsruhe, Beschl. v. 1.6.2015, 20 WF 35/15, BeckRS 2015, 10548, dazu *Ebert*, NZFam 2015, 771; *Hilbig-Lugani* in Prütting/Gehrlein, § 890 Rn. 18; dazu Rn. 355.

145 OLG Hamm, Beschl. v. 30.1.2015, 2 WF 232/14, 2 WF 237/14, FamRZ 2015, 1405, dazu *Cirullies*, NZFam 2015, 726.

146 Zur Terminologie und zum Verfahren ausführlich vgl. *Cirullies*, DGVZ 2016, 17.

147 § 134 Abs. 2 S. 1 und 2 GVGA.

2. Gewaltanwendung

590 Im Falle des **Widerstandes** kann der Gerichtsvollzieher entweder selbst **Gewalt** anwenden oder die **Polizei** zur Unterstützung einschalten (§ 758 Abs. 3 ZPO i.V.m. § 96 Abs. 1 S. 2 FamFG). Die Entscheidung hierüber steht in seinem pflichtgemäßen **Ermessen**. Gängige **Zwangshandlungen** sind das Festhalten (auch mittels Polizeigriff), das körperliche Versperren des Weges und das Fixieren an der Wand oder auf dem Boden.[148] Dabei hat der Gerichtsvollzieher stets den auch in Zwangsvollstreckungsverfahren geltenden **Grundsatz der Verhältnismäßigkeit** zu beachten.[149] So ist bei der Gewaltanwendung jede unnötige Härte zu vermeiden.[150]

Im Falle der **Gewaltanwendung** hat der Gerichtsvollzieher zwei erwachsene Personen oder einen Gemeinde- oder Polizeibeamten als **Zeugen** zuzuziehen (§ 759 ZPO).[151] Es steht im **Ermessen** des Gerichtsvollziehers, ob und in welchem Stadium der Vollstreckung er einen **Polizeibeamten** anfordert.[152] Über den Vorgang errichtet der Gerichtsvollzieher ein **Protokoll** (§ 87 Abs. 3 S. 2 FamFG i.V.m. § 762 ZPO).

Praxistipp: Allerdings sind **Gerichtsvollzieher** außerhalb ihrer Geschäftszeiten kaum erreichbar. Ihr Bereitschaftsdienst deckt in der Regel nur die Öffnungszeiten des Gerichts, nur selten auch längere Zeiträume ab. Im Zweifel wird sich der Betroffene hilfesuchend an die **Polizei** wenden müssen.[153]

3. Schuldunfähiger Täter

591 Insbesondere bei Fällen intensiven Stalkings handelt es sich nicht selten um **zurechnungsunfähige** Täter. Gerade hier kann die Anwendung unmittelbaren Zwangs angebracht sein. Denn dieser setzt – im Gegensatz zu § 890 ZPO – **nicht** eine **schuldhafte** Zuwiderhandlung voraus, weil es um die körperliche Erzwingung der Unterlassung durch die Staatsgewalt geht.[154]

148 *Hammer*, FPR 2008, 413, 414 m.w.N.
149 BVerfG, Beschl. v. 11.7.2007, 1 BvR 501/07, NJW 2007, 2910 m.w.N.
150 § 134 Abs. 2 S. 3 GVGA.
151 Hinweise zum weiteren Vorgehen gibt § 62 Abs. 2 GVGA.
152 *Noack*, JurBüro 1977, 307, 310 f.
153 Bahrenfuss/*von Milczewski*, § 210 Rn. 62; *Cirullies/Cirullies*, Rn. 251.
154 Eingehend *Cirullies*, FamRZ 2014, 1901, auch zu den Lücken im Opferschutz.

Anwendung unmittelbaren Zwangs (§ 96 FamFG)

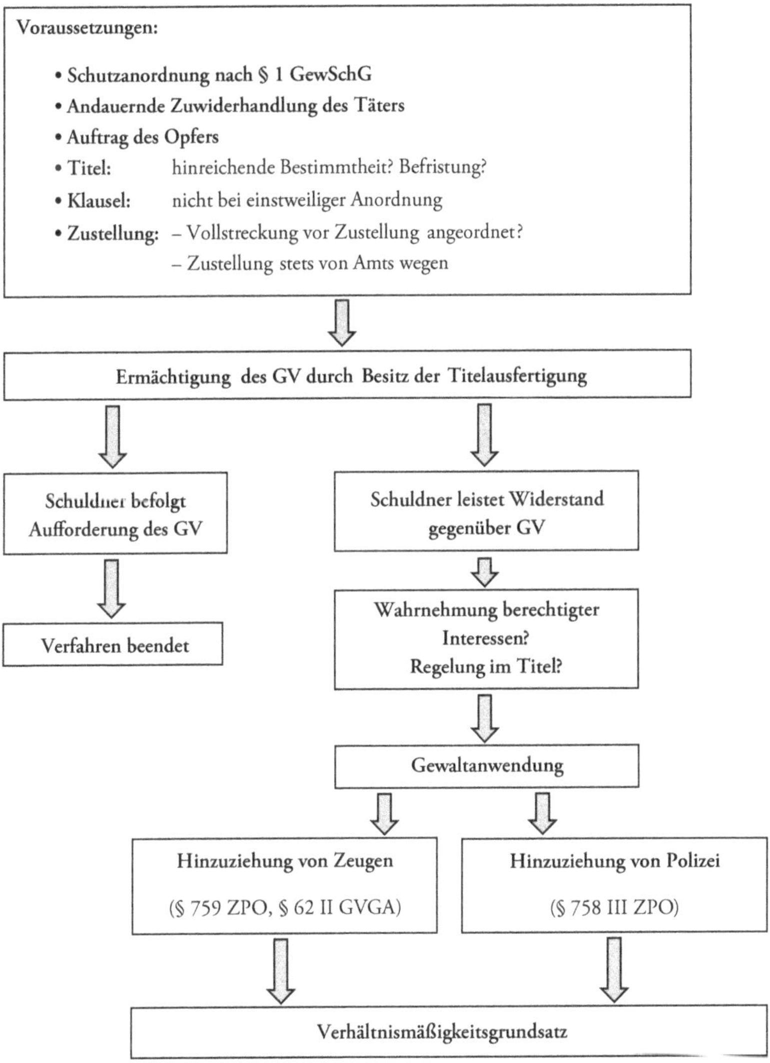

V. Festsetzung von Ordnungsmitteln

1. Ermessen des Gerichts

592 Beantragt der Berechtigte die Vollstreckung nach § 890 ZPO i.V.m. § 95 Abs. 1 Nr. 4 FamFG, so „verurteilt" das Familiengericht nach seinem Ermessen den Schuldner wegen jeder Zuwiderhandlung zu

- einem **Ordnungsgeld, ersatzweise Ordnungshaft**, *oder*
- unmittelbar zur **Ordnungshaft**.

Auch ohne konkreten Antrag ist die **Ersatzordnungshaft** von Amts wegen anzuordnen.[155]

Praxistipp: Wird der Gerichtsvollzieher mit der Beitreibung von Ordnungsgeld oder der Vollziehung von Ordnungshaft beauftragt, ist für ihn (lediglich) die Vollstreckbarkeit des betreffenden **Ordnungsmittelbeschlusses** maßgeblich, der einen selbständigen Vollstreckungstitel darstellt. Die Vollstreckungsvoraussetzungen der zugrundeliegenden Schutzanordnung sind **nicht** (erneut) zu prüfen.

2. Vollziehung

593 Die Vollstreckung von **Ordnungsmitteln** unterscheidet sich wesentlich von der Zwangsmittelvollstreckung nach § 888 ZPO:

Das **Ordnungsgeld** wird nicht im Parteibetrieb, sondern gemäß § 1 Abs. 1 Nr. 3 JBeitrG **von Amts wegen** durch das Gericht (Rechtspfleger) vollstreckt, allerdings nur auf **Antrag des Gläubigers**. Das beigetriebene Ordnungsgeld ist – wie das Zwangsgeld – in jedem Fall an die Landeskasse (Gerichtskasse) abzuführen und steht nicht dem Gläubiger zu.[156]

Auch die **Haftvollstreckung** liegt in der Hand des Familiengerichts, nicht des Gläubigers.[157]

---

155 Im Einzelnen Rn. 327 ff.

156 Rn. 357.

157 Eingehend Rn. 361.

Gewaltschutzverfahren – Vollstreckung der Ordnungshaft

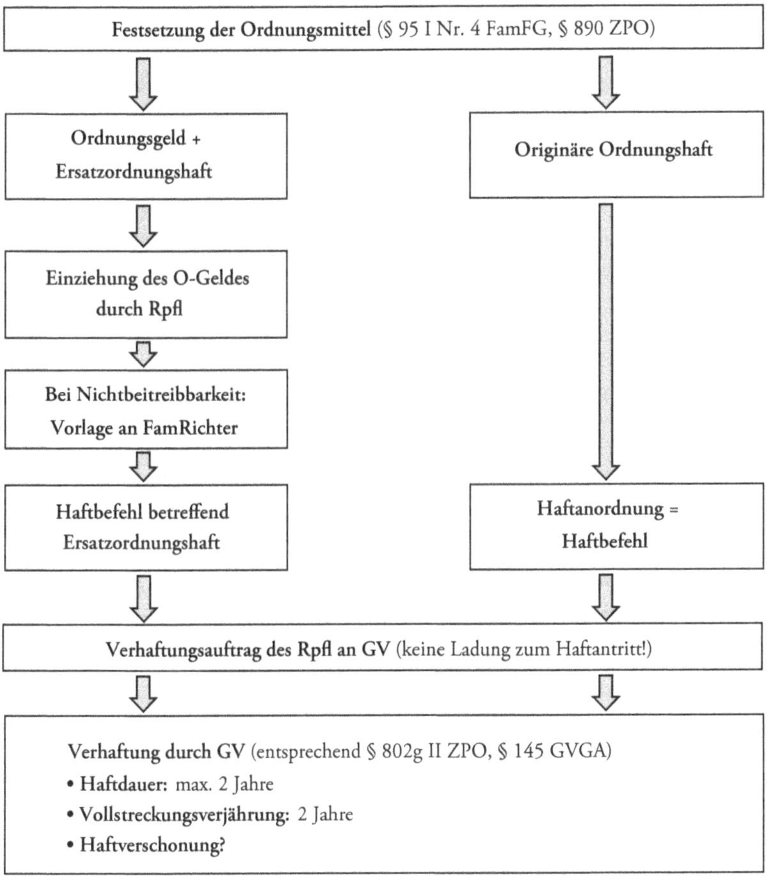

3. Versöhnung der Beteiligten

Die materiell-rechtliche Richtigkeit des Vollstreckungstitels wird im 594
Vollstreckungsverfahren grundsätzlich **nicht** erneut geprüft.[158] Der Antragsgegner kann (und muss) sein Bestreiten der Zuwiderhandlungen nebst Beweisanträgen im Rahmen einer **sofortigen Beschwerde** gegen den Ordnungsmittelbeschluss vortragen. Erst wenn der zugrunde liegende Vollstreckungstitel rückwirkend beseitigt oder die Vollstreckung eingestellt

158 BGH, Beschl. v. 1.2.2012, XII ZB 188/11, FamRZ 2012, 533.

ist, kommt eine Aufhebung des Ordnungsmittelbeschlusses in Betracht (§ 775 Nr. 1, 2 ZPO).[159]

595 Sofern sich die Grundlage der ursprünglichen Gewaltschutzregelung **verändert**, etwa im Falle der **Versöhnung der Beteiligten**,[160] sollte der Verpflichtete vorsichtshalber für den Fall des erneuten Sinneswandels die Vollstreckbarkeit des Vergleichs (oder eines sonstigen Titels) beseitigen lassen. So kann er, falls die Beteiligten mit dem **Vergleich** eine **endgültige Regelung** getroffen haben, einen **Vollstreckungsgegenantrag** gemäß § 95 FamFG i.V.m. § 767 ZPO stellen mit der Begründung, die Anordnungsvoraussetzungen seien nunmehr entfallen. In diesem Rahmen kann dann auch die **Einstellung** der Vollstreckung gemäß § 769 ZPO beantragt werden.[161] Stattdessen wird auch eine **Abänderung** des Vergleichs nach § 48 FamFG analog mit der Einstellungsmöglichkeit nach § 93 Abs. 1 Nr. 4 FamFG für zulässig erachtet.[162]

VI. Vollstreckung der Wohnungsüberlassung

1. Räumung

596 Auf **Antrag** hat der Gerichtsvollzieher den Täter aus dem Besitz der Wohnung zu setzen und das Opfer **in den Besitz einzuweisen** (§ 885 Abs. 1 S. 1 ZPO i.V.m. § 95 Abs. 1 Nr. 2 FamFG). **„Räumung"** im Rahmen eines solchen Verfahrens bedeutet: Der Gerichtsvollzieher setzt (lediglich) den **Schuldner nebst persönlicher Habe** wie Kleidung etc. aus der Wohnung; gemeinsame eheliche Haushaltsgegenstände verbleiben in der Wohnung.

Wegen der Einzelheiten wird verwiesen auf die entsprechenden Ausführungen zu der Vollstreckung einer Überlassung der **Ehewohnung**.[163]

2. Durchführungsanordnungen

597 Auch in Gewaltschutzsachen soll das Gericht in der Endentscheidung von Amts wegen die zu ihrer **Durchführung** erforderlichen Anordnungen treffen (§ 215 FamFG).[164] Diese für die Durchführung der Räumung notwendigen Anordnungen werden auf Antrag **vollstreckt** nach § 95 Abs. 1 FamFG i.V.m. den jeweiligen Vorschriften der ZPO.[165]

---

159 KG, Beschl. v. 2.7.1999, 5 W 2664/99, NJW-RR 2000, 1523.

160 Dazu *Cirullies*, FamRZ 2016, 953, 955.

161 OLG Karlsruhe, Beschl. v. 16.4.2015, 20 WF 33/15, FamRZ 2015, 1405, dazu *Breidenstein*, NZFam 2015, 680; Keidel/*Giers*, § 95 FamFG Rn. 19; näher Rn. 393.

162 Keidel/*Meyer-Holz*, § 36 Rn. 49; Heilmann/*Cirullies*, § 48 FamFG Rn. 3 m.w.N.

163 Rn. 564.

164 Vgl. auch § 49 Abs. 2 S. 3 FamFG.

165 Rn. 573.

VII. Auslandsbezug

Innerhalb der **Europäischen Union** ist inzwischen für grenzüberschreitenden Gewaltschutz gesorgt worden durch Verabschiedung der **EU-Gewaltschutzrichtlinie**[166] sowie der **EU-Gewaltschutzverordnung.**[167] Hierdurch können in den einzelnen Mitgliedstaaten erlassene Gewaltschutzanordnungen auch in anderen Mitgliedstaaten anerkannt und die getroffenen Schutzmaßnahmen auf einen anderen Mitgliedstaat ausgedehnt werden. 598

Zur Umsetzung und Durchführung der EU-Verordnung wurde das **EU-Gewaltschutzverfahrensgesetz (EUGewSchVG)**[168] geschaffen. Es ermöglicht die Transformation ausländischer zivilrechtlicher Gewaltschutzmaßnahmen und schafft insoweit ein **weiteres Gewaltschutzgesetz** für internationale Fälle.[169] Dabei bedarf es für die **Vollstreckung** einer Vollstreckungsklausel nicht mehr (§ 17 EUGewSchVG). Erkennt das Gericht die Europäische Schutzanordnung an, erlässt es zugleich eine geeignete Maßnahme nach § 1 GewSchG, die in höchstmöglichem Maße der angeordneten Schutzmaßnahme entspricht (§ 9 EUGewSchVG). Im Fall der Ablehnung weist das Gericht die geschützte Person auf die Möglichkeit hin, den Erlass einer Anordnung nach dem Gewaltschutzgesetz zu beantragen (§ 7 Abs. 2 Nr. 2 EUGewSchVG).

Praxistipp: Im Justizalltag haben sich diese Neuerungen noch nicht bewährt. Es sind trotz mancher Vereinfachung einige bürokratische Hürden zu überwinden. Daher erscheint es praktikabler, im **Inland** eine inhaltsgleiche Schutzanordnung zu beantragen.[170]

---

166 Richtlinie 2011/99/EU des Europäischen Parlaments und des Rates über die Europäische Schutzanordnung v. 13.12.2011 (ABl. 2011 L 338, S. 2).

167 Verordnung (EU) Nr. 606/2013 des Europäischen Parlaments und des Rates über die gegenseitige Anerkennung von Schutzmaßnahmen in Zivilsachen v. 12.6.2013 (ABl. 2013 L 181, S. 4).

168 Gesetz zum Europäischen Gewaltschutzverfahren (EU Gewaltschutzverfahrensgesetz – EUGewSchVG) als Art. 1 des Gesetzes zur Umsetzung der Richtlinie 2011/99/EU über die Europäische Schutzanordnung und zur Durchführung der Verordnung (EU) Nr. 606/2013 über die gegenseitige Anerkennung von Schutzmaßnahmen in Zivilsachen v. 5.12.2014 (BGBl. I S. 1964), in Kraft seit 11.1.2015.

169 Ausführlich dazu *Dutta*, FamRZ 2015, 85; *Pietsch*, NZFam 2015, 726; *Kemper*, FuR 2015, 218; *Campbell*, NJW-Spezial 2014, 708.

170 Vgl. *Dutta*, a.a.O., S. 92.

E. Gütergemeinschaft

I. Vollstreckung in Gesamtgut

599 Die Besonderheit der Gütergemeinschaft[171] besteht darin, dass sowohl die in die Ehe eingebrachten als auch die während der Ehe erworbenen Vermögen der Ehegatten grundsätzlich gemeinschaftliches Vermögen beider Ehegatten werden, das sog. **Gesamtgut** (§ 1416 Abs. 1 BGB). Daneben kann jeder Ehegatte noch zwei weitere Vermögensmassen besitzen: das **Vorbehaltsgut** und das **Sondergut**, das jeder Ehegatte selbstständig verwaltet.

Für die **Vollstreckung** in das **Gesamtgut** ist ein Titel gegen denjenigen oder gegen diejenigen Ehegatten erforderlich, die das Gesamtgut verwalten (§ 740 ZPO). Auch bei der **Errungenschaftsgemeinschaft italienischen Rechts** ist die Zwangsvollstreckung in das von beiden Ehegatten gemeinschaftlich verwaltete Gesamtgut nur dann zulässig, wenn beide Ehegatten zur Leistung verurteilt worden sind.[172]

Dabei kann es auch um zwei verschiedene Titel handeln.[173] Ein Urteil, das zur Duldung der Zwangsvollstreckung „in das Gesamtgut" verpflichtet, ist ausreichend bestimmt.[174]

II. Anteilspfändung

600 Der Anteil an dem Gesamtgut ist grundsätzlich **pfändbar**, jedoch erst nach Beendigung der Gemeinschaft (§ 860 Abs. 2 ZPO). Der **zukünftige Anteil am Gesamtgut** einer Gütergemeinschaft kann während des Bestehens dieses Güterstandes **nicht gepfändet** werden. Die mit dem **Hauptantrag** beantragte Eintragung einer Zwangssicherungshypothek kommt bei Vorliegen eines Titels nur gegen einen der **beiden in Gütergemeinschaft lebenden Ehegatten** allein dann in Betracht, wenn derjenige Ehegatte, gegen den sich der Titel richtet, das Gesamtgut allein verwaltet (§ 740 Abs. 1 ZPO).[175]

III. Auseinandersetzungsantrag

601 Kommt eine Auseinandersetzungsvereinbarung der Ehegatten nicht zustande, muss derjenige Ehegatte, der die Auseinandersetzung betreiben will, vor dem zuständigen Familiengericht einen **Auseinandersetzungsan-**

171 Vgl. §§ 1415 ff. BGB. Der Güterstand der Gütergemeinschaft kann nur durch notariellen Ehevertrag wirksam begründet werden.

172 OLG Düsseldorf, Beschl. v. 18.6.2010, 3 Wx 79/10, FamRZ 2010, 1593.

173 OLG Zweibrücken, Beschl. v. 4.3.2009, 3 W 38/09, FamRZ 2009, 1910.

174 AG Menden, Urt. v. 26.4.2006, 3 C 518/03, FamRZ 2006, 1471.

175 OLG München, Beschl. v. 3.1.2013, 34 Wx 481/12, FamRZ 2013, 1404.

trag zu stellen.[176] Im Rahmen des Auseinandersetzungsverfahrens hat der antragstellende Ehegatte einen **Auseinandersetzungsplan** aufzustellen und dem Gericht zu übergeben. Dabei erfolgt Auseinandersetzung nicht durch einen Leistungsantrag, sondern durch einen Auseinandersetzungsvertrag, weshalb der Antrag auf **Zustimmung zu** einem vom Antragsteller vorgelegten **Auseinandersetzungsplan** lauten muss. Die verweigerte Zustimmungserklärung wird gemäß **§ 894 ZPO**[177] durch den Beschluss ersetzt.[178]

F. Güterrecht: Auslandsvollstreckung

I. Europäische Verordnungen

Bei unbestrittenen Forderungen kann der Gläubiger innerhalb der EU **602** auch den Weg über den **Europäischen Vollstreckungstitel** mit seiner erleichterten Vollstreckung nach der **EG-Vollstreckungstitel-Verordnung (EuVTVO)**[179] wählen. Diese Verordnung ist jedoch nach ihrem Art. 2 Abs. 2 **nicht** anzuwenden auf die ehelichen Güterstände, und zwar auch dann, wenn ein vertraglicher Anspruch auf Wertsicherung einer notariell vereinbarten **Zugewinnausgleichsforderung** geltend gemacht wird.[180]

Gleiches gilt für die am 10.1.2015 in Kraft getretene **Brüssel Ia-VO**[181] gemäß Art. 1 Abs. 2 lit. a).

Da europäische oder staatsvertragliche Regelungen fehlen, gilt **§ 110 FamFG**. Nach Anerkennung einer **ausländischen** Entscheidung ist die Vollstreckbarkeit durch Beschluss auszusprechen. Die Vollstreckung selbst richtet sich dann gemäß § 120 FamFG nach den Vorschriften der ZPO.[182]

II. Neues Recht

Die bestehende Lücke wird geschlossen durch die am 28.7.2016 in **603** Kraft getretenen **Europäischen Güterrechtsverordnungen** für **Ehegatten**

176 Dazu OLG Koblenz, Urt. v. 5.7.2005, 11 UF 663/04, FamRZ 2006 S. 40. Zuvor muss das **Vermittlungsverfahren** nach §§ 373 Abs. 1, 363 ff. FamFG durchgeführt werden, OLG Oldenburg, Beschl. v. 14.12.2010, 11 UF 1/10, FamRZ 2011, 1059.

177 Dazu Rn. 370.

178 OLG Oldenburg, a.a.O.

179 Verordnung (EG) Nr. 805/2004 des Europäischen Parlaments und des Rates v. 21.4.2004 zur Einführung eines Europäischen Vollstreckungstitels für unbestrittene Forderungen, ABl EU Nr. L 143 v. 30.4.2004, S. 15; dazu §§ 1082 ff. ZPO.

180 KG, Beschl. v. 16.4.2010, 3 WF 49/10, FamRZ 2010, 1596.

181 Dazu Rn. 17.

182 *Henrich* in: Johannsen/Henrich, § 110 FamFG Rn. 24.

(EuGüVO)[183] und für **eingetragene Partner** (EuPartVO)[184] im Rahmen einer sog. Verstärkten Zusammenarbeit. Die meisten und wichtigsten Regelungen sind **ab 29.1.2019 anwendbar.**[185] Die Verordnungen gelten für die Güterstände mit grenzüberschreitendem Hintergrund (d.h. Paare, die unterschiedliche EU-Staatsbürgerschaften haben und/oder Güter in einem anderen EU-Mitgliedstaat besitzen).

Durch die Verordnungen soll auch die Anerkennung und **Vollstreckung** von Entscheidungen in diesbezüglichen grenzüberschreitenden Fällen **erleichtert** werden. Damit wird grundsätzlich das mitgliedstaatliche Verfahrensrecht verdrängt, also auch **§§ 108 ff. FamFG**, die allerdings nach dem Günstigkeitsprinzip herangezogen werden können, soweit sie im konkreten Fall anerkennungsfreundlicher sind.[186]

G. Haushaltssachen

I. Vollstreckungsvoraussetzungen

1. Titel, Klausel, Zustellung

604 Wie auch in Ehewohnungssachen[187] bestimmt sich die Vollstreckung in Haushaltssachen gemäß **§ 86 ff. FamFG**. Danach sind erforderlich:

- ein **wirksamer**[188] und **hinreichend bestimmter**[189] **Titel** (Beschluss, gerichtlicher Vergleich oder vollstreckbare Urkunde),
- in Hauptsacheverfahren regelmäßig eine **Vollstreckungsklausel**[190] *sowie*
- die **Zustellung** des Titels.[191]

---

183 Verordnung (EU) 2016/1103 v. 24.7.2016 zur Durchführung einer Verstärkten Zusammenarbeit im Bereich der Zuständigkeit, des anzuwendenden Rechts und der Anerkennung und Vollstreckung von Entscheidungen in Fragen des ehelichen Güterstands, ABl. 2016 L 183/1.

184 Verordnung (EU) 2016/1104 v. 24.7.2016 zur Durchführung einer Verstärkten Zusammenarbeit im Bereich der Zuständigkeit, des anzuwendenden Rechts und der Anerkennung und Vollstreckung von Entscheidungen in Fragen güterrechtlicher Wirkungen eingetragener Partnerschaften, ABl. 2016 L 183/30.

185 Jeweils Art. 70.

186 *Dutta*, FamRZ 2016, 1973, 1084; zur Vertragsgestaltung eingehend *Rieck*, NJW 2016, 3755.

187 Dazu Rn. 560 ff.

188 Dazu Rn. 436.

189 Dazu Rn. 606.

190 Dazu Rn. 440. Eine **einstweilige Anordnung** bedarf der Vollstreckungsklausel nur, wenn die Vollstreckung für oder gegen einen anderen als den in dem Beschl. bezeichneten Beteiligten erfolgen soll (§ 53 Abs. 1 FamFG).

191 Dazu Rn. 444.

2. Herausgabeanordnung

605 Bei der Schaffung des Titels ist zu beachten, dass die bloße Zuweisung (Überlassung) keinen vollstreckbaren Herausgabetitel nach § 883 Abs. 1 ZPO i.V.m. § 95 Abs. 1 Nr. 2 FamFG darstellt. Daher bedarf es bei einer solchen Verteilung stets einer zusätzlichen **Herausgabeanordnung.**[192]

3. Bestimmtheit

606 Zudem müssen die zu überlassenden **Gegenstände** im Vollstreckungstitel **bestimmt bezeichnet** sein, und zwar so genau, dass sie gegen weitere im Haushalt befindliche Gegenstände derselben Gattung bei einem Streit unverwechselbar abzugrenzen sind. Der Umstand, dass das Hausratsverfahren ein Verfahren der freiwilligen Gerichtsbarkeit ist, entbindet die daran Beteiligten nicht von dieser Pflicht.[193] Bei der Verpflichtung zur Herausgabe von Haushaltsgegenständen muss der **Gerichtsvollzieher** allein anhand des Titels die herauszugebenden Gegenstände identifizieren können.[194] Diese Konkretisierung ist dadurch erleichtert, dass in Haushaltssachen bereits dem **Antrag** eine **Aufstellung** sämtlicher Haushaltsgegenstände beigefügt werden soll, die auch deren genaue Bezeichnung enthält (§ 203 Abs. 2 FamFG). Zudem kann das Gericht gemäß § 206 Abs. 1 Nr. 2 FamFG von jedem Ehegatten eine solche Aufstellung **anfordern.**

Praxistipp: Unentschuldigte Verstöße gegen diese **Mitwirkungspflicht** werden allein durch „Nichtbeachtung" bei der Entscheidung sanktioniert (§ 206 Abs. 2 FamFG). Ein Vorgehen nach § 35 FamFG ist unzulässig.

4. Wirksamkeit

607 Die Vollstreckung ist grundsätzlich nur aus formell **rechtskräftigen** Entscheidungen zulässig (§ 209 Abs. 2 S. 1 FamFG).[195] Für Verfahren nach **§ 1568b BGB** ist zu beachten, dass sie für den Fall der Geltendmachung als **Folgesachen** im Scheidungsverbund nach § 137 FamFG erst mit Rechtskraft des **Scheidungsausspruchs** wirksam werden (§ 148 FamFG).

Im Gegensatz zu den die Trennungszeit betreffenden Ehewohnungssachen, bei denen das Gericht die **sofortige Wirksamkeit** anordnen soll, ist dies bei Haushaltssachen in Hauptsacheverfahren **nicht** vorgesehen.

---

192 OLG Zweibrücken, Beschl. v. 19.8.1992, 5 UF 191/91, FamRZ 1993, 82, 84; *Götz* in: Johannsen/Henrich, § 209 Rn. 14.

193 OLG Zweibrücken, a.a.O., mit dem Negativbeispiel „diverse Gläser".

194 OLG Naumburg, Beschl. v. 23.6.2006, 3 UF 22/06, FamRZ 2007, 565; OLG Brandenburg, Beschl. v. 17.2.2000, 9 UF 39/99, FamRZ 2000, 1102.

195 Ausführlich zur Wirksamkeit Rn. 436.

Praxistipp: Bei dringendem Regelungsbedarf kann der Erlass einer **einstweiligen Anordnung** beantragt werden, die **sofort**, d.h. mit ihrer Bekanntgabe **wirksam** ist.[196]

II. Vollstreckungsverfahren

608 Da das Haushaltsverfahren nur auf Antrag eingeleitet wird, bedarf auch das Vollstreckungsverfahren stets eines **Antrags** des Berechtigten (§ 87 Abs. 1 FamFG).[197]

Für die Vollstreckung im Einzelnen verweist § 95 FamFG auf die Vorschriften der **ZPO**. Anzuwenden ist die **Herausgabevollstreckung nach § 883 ZPO**, für die der Gerichtsvollzieher zuständig ist.[198] Das gilt auch, wenn die herauszugebenden Gegenstände zu einem im Vollstreckungstitel bezeichneten Ort **geliefert** werden sollen.[199]

Neben oder anstelle der Herausgabevollstreckung kann das Gericht nunmehr auch **Zwangsmittel nach § 888 ZPO** verhängen (§ 95 Abs. 4 FamFG). Insoweit ist ebenfalls ein **Antrag** des Berechtigten erforderlich, und zwar bei dem Familiengericht.[200]

III. Durchführungsanordnungen

609 Auch in Haushaltssachen soll das Gericht in der Endentscheidung von Amts wegen die zu ihrer **Durchführung** erforderlichen Anordnungen treffen (§ 209 Abs. 1 FamFG).[201] Zu nennen sind hier insbesondere das **Verbot**, Haushaltsgegenstände wegzuschaffen, und das **Gebot**, sie zurückzuschaffen. Diese flankierenden Anordnungen werden unabhängig von der eigentlichen Herausgabevollstreckung nach §§ 888, 890 ZPO vollzogen. **Ausgleichszahlungen** in Haushaltssachen sind wie andere **Geldforderungen** nach der ZPO beizutreiben (§ 95 Abs. 1 Nr. 1 FamFG).

---

196 OLG Hamm, Beschl. v. 6.1.2011, 8 WF 322/10, FPR 2011, 232.
197 Rn. 412.
198 Rn. 266.
199 BGH, Beschl. v. 7.1.2016, I ZB 110/14, NJW 2016, 645 mit Anm. *Schäfer*.
200 Dazu Rn. 282.
201 Vgl. auch § 49 Abs. 2 S. 3 FamFG.

H. Kindesherausgabe

I. Überblick

Insbesondere in hochstrittigen Familienkonflikten oder bei psychischer Erkrankung eines Elternteils kann sich aus Gründen des Kindeswohls die Notwendigkeit ergeben, Kinder aus der Familie oder aus der Obhut einer dritten Person herauszunehmen. Diese Fälle stellen die Praxis immer wieder vor rechtliche Probleme. So wird nicht selten übersehen, dass die bloße **sorgerechtliche** Gerichtsentscheidung als Gestaltungsakt **nicht** zugleich eine **Herausgabepflicht** bestimmt, diese vielmehr einer gesonderten **Titulierung** bedarf. Dies gilt auch, wenn das Gericht den Eltern (teilweise oder vollständig) die **elterliche Sorge** nach § 1666 Abs. 1 und 3 BGB entzieht und die Herausgabe des Kindes an das Jugendamt anordnet.[202] Darüber hinaus bereitet die Anwendung der einschlägigen §§ 86 ff. FamFG, etwa zum **Antragsrecht** oder zur Gestattung **unmittelbaren Zwangs**, mitunter Schwierigkeiten. 610

Einen Sonderfall der Kindesherausgabe stellt § 42 Abs. 1 S. 2 SGB VIII dar, wonach dem Jugendamt bei der Gefährdung des Kindeswohls die **Inobhutnahme** eines Kindes gestattet ist.[203]

Besondere Regelungen sind zu beachten, wenn es um die **Rückführung entführter Kinder** geht – sei es **innerstaatlich**,[204] sei es mit **Auslandsbezug**.[205]

II. Vollstreckungsvoraussetzungen

1. Wirksamer Herausgabetitel

Herausgabeansprüche können sich insbesondere ergeben aus: 611

- § 1632 Abs. 1 BGB (Personensorgeberechtigter),
- § 1684 Abs. 3 BGB (Umgangspfleger),
- § 1632 Abs. 4 BGB (Anordnung der Rückführung eines Pflegekindes).

Die Durchsetzung erfordert stets einen entsprechenden **Gerichtsbeschluss**, der die Pflicht zur Herausgabe des Kindes ausdrücklich festlegt. Dieser Beschluss kann im Fall des § 1632 Abs. 1 BGB auch in der Billigung eines **Vergleichs** bestehen, mit dem dieser Herausgabeanspruch wirksam tituliert werden kann (§§ 86 Abs. 1 Nr. 2, 156 Abs. 2 FamFG). Auch

---

202 Hierzu unten Rn. 622.

203 Hierzu VGH München, Beschl. v. 20.1.2014, 12 ZB 12.2766, NJW 2014, 715.

204 Dazu Rn. 629.

205 Dazu Rn. 630 ff.

der Erlass einer **einstweiligen Anordnung** ist möglich und vielfach auch geboten.

612 Der Beschluss ist in der Regel mit der Bekanntgabe **wirksam** (§ 40 Abs. 1 FamFG).[206] Zur Vollstreckbarkeit gehört die **hinreichende Bestimmtheit** des Herausgabetitels. Aus ihm muss sich genau ergeben, wer welches Kind an wen zu übergeben hat. Als Zeitangaben genügen „sofort" oder „unverzüglich" oder auch „nach Aufforderung durch …".[207]

2. Klausel und Zustellung

613 Für den in einem **Hauptsacheverfahren** ergangenen Beschluss wird eine **Vollstreckungsklausel** nur dann benötigt, wenn nicht dasjenige Gericht vollstreckt, das den Titel erlassen hat (§ 86 Abs. 3 FamFG) – also bei der Vollstreckung der Kindesherausgabe lediglich, wenn ein **anderes Gericht** nach einem Wohnortwechsel des Kindes vollstreckt. Die **einstweilige Anordnung** wiederum bedarf der Vollstreckungsklausel nur, wenn die Vollstreckung für oder gegen eine nicht im Beschluss genannte Person erfolgen soll (§ 53 Abs. 1 FamFG).[208]

Grundsätzlich muss der Titel spätestens mit Beginn der Vollstreckung **förmlich** zugestellt sein (§ 87 Abs. 2 FamFG). Die Bekanntgabe hat in jedem Fall das **Gericht** zu veranlassen (§ 41 Abs. 1 FamFG).[209]

III. Vollstreckungsverfahren

1. Auf Antrag oder von Amts wegen

614 Die Frage, ob die Vollstreckung der Kindesherausgabe **auf Antrag** oder **von Amts wegen** vorgenommen wird, hängt gemäß **§ 87 Abs. 1 FamFG** von der Art des Erkenntnisverfahrens ab:[210]

- Bei einem Verfahren nach **§ 1632 Abs. 1 BGB**, das gemäß Abs. 3 einen Antrag des Berechtigten voraussetzt, wird auch die Vollstreckung nur auf dessen **Antrag** eingeleitet.
- Bei **Umgangssachen** sowie **Rückführungsanordnungen nach § 1632 Abs. 4 ZPO**, die sowohl auf Antrag wie auch von Amts wegen eingeleitet werden können, kann das Gericht sowohl auf **Antrag** des Berechtigten wie auch **von Amts wegen** tätig werden, wenn dies zum Wohl des Kindes angezeigt ist.

---

206 Ausführlich Rn. 436.
207 Meysen/*Meysen*, § 89 Rn. 4.
208 Dazu Rn. 441.
209 Dazu Rn. 446.
210 Eingehend Rn. 412.

Praxistipp: Diese Abgrenzung betrifft lediglich die **Initiierung** des Vollstreckungsverfahrens. Für die **Durchführung** der konkreten Vollstreckungsmaßnahmen ist in jedem Fall das **Familiengericht** verantwortlich.

2. Zuständigkeit

Die **Vollstreckung** eines Kindesherausgabetitels nimmt dasjenige **Gericht** vor, in dessen Bezirk das Kind zum Zeitpunkt der Einleitung der Vollstreckung seinen **gewöhnlichen Aufenthalt** hat (§ 88 Abs. 1 FamFG). Wird neben der Herausgabe des Kindes auch diejenige seiner **persönlichen Gegenstände** angeordnet, können sich **unterschiedliche** Vollstreckungszuständigkeiten ergeben.[211] 615

3. Kindeswohlprüfung

Bei der **Herausgabeanordnung** handelt es sich in der Regel nicht um die Vollstreckungsanordnung einer vorausgegangenen Sorgerechtsentscheidung. Deshalb ist im nachfolgenden Herausgabeverfahren grundsätzlich eine – unter Umständen eingeschränkte – am **Kindeswohl** orientierte Prüfung durchzuführen.[212] Wegen dieser dort bereits vorgenommenen Abwägung bedarf es bei der **Vollstreckung** der Herausgabeanordnung einer erneuten Kindeswohlprüfung grundsätzlich **nicht** mehr.[213] Etwas anderes gilt bei der Anwendung **unmittelbaren Zwangs** gegen das Kind (§ 90 Abs. 2 S. 2 FamFG).[214] 616

4. Vollstreckungsarten

Über den „richtigen“ Vollstreckungsweg entscheidet allein das **Familiengericht**. Es kann nach seinem Ermessen **Ordnungsmittel** nach § 89 FamFG[215] verhängen oder die Anwendung **unmittelbaren Zwangs**[216] gestatten, wobei die Anordnung der Gewaltanwendung nach dem Verhältnismäßigkeitsgrundsatz und der Wertung in § 90 Abs. 1 FamFG grundsätzlich die Ultima Ratio darstellt.[217] Freilich wird oft die **Eilbedürftigkeit** der Vollstreckung erfordern, die Gewaltanwendung unmittelbar zu gestatten. Denn ein Zuwarten, bis das festgesetzte **Ordnungsgeld** – mit ungewissem Ausgang – beigetrieben ist, verbietet meist das Kindeswohl. 617

---

211 Dazu Rn. 623.

212 OLG Koblenz, Beschl. v. 10.3.2016, 11 UF 790/15, FamRZ 2016, 1860 mit Anm. *Schriftleitung*.

213 Dazu oben Rn. 455.

214 Dazu Rn. 496.

215 Dazu Rn. 461.

216 Dazu Rn. 618.

217 Dazu Rn. 494.

Und die Verhängung von **Ordnungshaft** gegen den die Herausgabe verweigernden Elternteil dürfte kaum weniger in dessen Rechte eingreifen als die Anwendung unmittelbaren Zwangs.

IV. Unmittelbarer Zwang

1. Anordnung des Gerichts

618 Die Anwendung unmittelbaren Zwangs setzt gemäß **§ 90 Abs. 1 FamFG** eine entsprechende **Anordnung des Gerichts** durch „ausdrücklichen Beschluss" voraus, in dem die Personen, gegen die Gewalt angewendet werden darf, jedoch nicht benannt werden müssen. Das Gericht kann die Gewaltanwendung in Fällen absehbarer Dringlichkeit bereits in der Herausgabeanordnung gestatten oder später in einem selbständigen Verfahren.

Ist zur Vollstreckung voraussichtlich die zwangsweise Öffnung einer **Wohnung** bzw. deren Betreten vonnöten, muss das Gericht zusätzlich einen **Durchsuchungsbeschluss** nach § 91 FamFG[218] erlassen.

2. Vollstreckungsersuchen

619 Das **Familiengericht**, nicht der Herausgabeberechtigte **ersucht** den **Gerichtsvollzieher** um die Vollstreckung (§ 156 Abs. 1 GVGA). Hierzu bedarf es grundsätzlich eines **konkreten Auftrags** des Familiengerichts. In der Praxis freilich überreicht meist der herausgabeberechtige Elternteil (oder sein Vertreter) dem Gerichtsvollzieher den Herausgabetitel, in dessen Tenor das Familiengericht häufig schon den Gerichtsvollzieher mit der Herausnahme des Kindes „beauftragt" hat.

Beispiel: Das Familiengericht hat die Herausgabe eines Kindes an einen Elternteil angeordnet. Im Beschlusstenor heißt es weiter: *„Der Gerichtsvollzieher wird beauftragt, unter Einbindung des Jugendamtes das Kind … dem Verpflichteten wegzunehmen und an die Berechtigte herauszugeben."* Der Rechtsanwalt der berechtigten Kindesmutter legt diesen Beschluss dem Gerichtsvollzieher zur Vollziehung vor.

In einer solchen Übermittlung kann ein „Ersuchen des Gerichts" **nicht** gesehen werden. Denn es ist allein Sache des Familiengerichts, unter Kindeswohlgesichtspunkten abzuwägen, ob, wann und wie die Herausgabe erzwungen wird. Möglicherweise hat der Verpflichtete nach Beschlussfassung, die schon längere Zeit zurückliegen kann, beachtliche Einwendungen erhoben.

---

218 Dazu Rn. 499.

Praxistipp: Der Gerichtsvollzieher sollte in diesen Fällen den Auftrag nicht einfach ablehnen, sondern telefonisch Kontakt mit dem **Familiengericht** aufnehmen und auf das fehlende Ersuchen hinweisen. Eine mündliche Bestätigung durch den Richter kann genügen, um die Vollstreckung durchzuführen.

An Stelle des Gerichtsvollziehers können auch **Gerichtswachtmeister** mit der Vollstreckung betraut werden, wenn der unmittelbare Zwang im **Gerichtsgebäude** oder in dessen räumlicher Nähe angewendet werden soll.[219]

3. Aufgaben des Gerichtsvollziehers

a) Vollzug der Herausgabeanordnung

Im Zuge der Herausgabevollstreckung ist der **Gerichtsvollzieher** be- **620**
rechtigt, erforderlichenfalls **Polizeibeamte** zur Unterstützung anzufordern. Entsprechend der Verweisung auf §§ 758 ff. ZPO darf er beispielsweise eine **Haustüröffnung** und (nach § 91 FamFG richterlich genehmigte) **Wohnungsdurchsuchung**[220] vornehmen und hat hierüber Protokoll zu führen (§ 87 Abs. 3 FamFG).

Im Übrigen ergeben sich die **Rechte und Pflichten** anschaulich aus **§ 156 GVGA**:

Der **Gerichtsvollzieher**

- ist befugt, die **Vollstreckung** in sinngemäßer Anwendung des § 65 GVGA i.V.m. § 765a Abs. 2 ZPO bis zu einer Woche **aufzuschieben** (etwa bei einer Suizid-Drohung),
- weist den Herausgabeberechtigten darauf hin, dass die Vollstreckung nur durchgeführt werden kann, wenn der **Berechtigte** das **Kind an Ort und Stelle übernimmt**,[221]
- prüft, ob zur Vermeidung und notfalls Überwindung eines Kindeswiderstandes von vornherein ein Vertreter des **Jugendamts** zur Unterstützung des Herausgabeberechtigten zuzuziehen ist,
- darf **Sachen**, die das **Kind** sofort benötigt, wie zum Beispiel angemessene Kleidung für eine Reise sowie Schulsachen, gleichzeitig **wegnehmen**,
- hat dem Gericht über die Erledigung des Ersuchens schriftlich zu **berichten**.

---

219 Bahrenfuss/*Hentschel*, § 90 Rn. 8.

220 Dazu Rn. 499.

221 Es ist also nicht Aufgabe des Gerichtsvollziehers oder des Jugendamtes, das Kind zum Berechtigten „zurückzubringen“.

b) Erfolglose Suche

621 Findet der Gerichtsvollzieher das herauszugebende Kind **nicht** vor, kann das Gericht den Verpflichteten anhalten, eine **eidesstattliche Versicherung** über den Verbleib des Kindes abzugeben (§ 94 FamFG). Dieser hat dann zu Protokoll des funktionell zuständigen **Gerichtsvollziehers** an Eides statt zu versichern, dass er das Kind nicht bei sich oder in seinem Haushalt habe und auch nicht wisse, wo es sich befinde. Falls der Verpflichtete zu dem Termin nicht erscheint oder die Abgabe der eidesstattlichen Versicherung grundlos verweigert, kann das Gericht (Richter) gegen ihn einen **Erzwingungshaftbefehl** erlassen.[222]

4. Rolle des Jugendamtes

622 Das **Jugendamt** hat gemäß § 88 Abs. 2 FamFG die Pflicht, das Gericht in geeigneten Fällen zu **unterstützen**. Gerade in Fällen der Kindesherausgabe kann die Anwesenheit eines Mitarbeiters zur Deeskalation und Vermeidung unmittelbaren Zwangs beitragen.

Dagegen kann und darf das Gericht die Vollstreckung der Kindesherausgabe **nicht** auf das Jugendamt **übertragen**. Dies wird gelegentlich verkannt:

Beispiel:[223] Auf Antrag des Jugendamtes hat das Familiengericht nach § 1666 Abs. 1, 3 BGB im Wege der **einstweiligen Anordnung**

- das **Aufenthaltsbestimmungsrecht** den sorgeberechtigten Eltern vorläufig entzogen und auf das **Jugendamt** als Ergänzungspfleger **übertragen**,
- die **Herausgabe** der Kinder an das **Jugendamt „auf dessen Anforderung“** angeordnet,
- zur Vollstreckung der Herausgabe der Kinder an das Jugendamt **unmittelbaren Zwang** angeordnet; hierzu sollte es sich der Hilfe der **Polizei** bedienen.

Monate später veranlasst das Jugendamt die Herausnahme der Kinder mit Hilfe der Polizeibeamten.

Hier wurde übersehen, dass die Vollstreckung **nicht** in die Hände des **Jugendamtes** gelegt und **unmittelbarer Zwang** nach § 90 FamFG ausschließlich nach einem Auftrag des Familiengerichts an den **Gerichtsvollzieher** angewendet werden darf. Das Jugendamt hat lediglich begleitende Funktion.[224]

222 Eingehend Rn. 506.

223 Vgl. VG Ansbach, Beschl. v. 25.3.2013, AN 14 E 13.00553, BeckRS 2013, 49153.

224 Vgl. auch Bahrenfuss/*Hentschel*, § 90 Rn. 8.

V. Herausgabe persönlicher Sachen des Kindes

1. Gesetzeslücke

623 Wohl ist die Herausgabe des **Kindes** selbst im Gesetz geregelt, **nicht** jedoch die Herausgabe der **Sachen**, die das Kind zum **persönlichen Gebrauch** benötigt. Trotz mancher Appelle[225] hat der Gesetzgeber bislang nicht die dringend gebotene Ergänzung umgesetzt. Im Gegenteil: Durch ersatzlose Streichung des früheren § 50d FGG[226] ist selbst diese verfahrensrechtliche Stütze weggebrochen.

Einigkeit besteht, dass **persönliche Unterlagen** wie Schulsachen, Reisepass, Impfausweis, Untersuchungsheft, aber auch **Kleidung, Medikamente** und **Spielsachen** des Kindes an den Sorge- oder auch Umgangsberechtigten herauszugeben sind. Heftig gestritten wird jedoch über die richtige **Anspruchsgrundlage**, die nur über extensive Auslegung oder Analogien gefunden werden kann. Die hierzu vertretenen Theorien können hier nicht näher dargestellt werden.[227] Vorzugswürdig erscheint eine möglichst praktikable Lösung, die auch Brüche im Verfahren und bei der Vollstreckung weitgehend vermeidet. Insoweit bietet sich eine extensive Auslegung des **§ 1632 Abs. 1 BGB** an mit der Annahme eines **Annexanspruchs** auf Herausgabe von Sachen des Kindes, die für dessen persönlichen Gebrauch bestimmt sind.[228]

2. Vollstreckung

624 Während die Vollstreckung wegen **Kindesherausgabe** nach §§ 88 ff. FamFG durch das **Familiengericht** erfolgt, wird die Herausgabe von **Gegenständen** gemäß § 95 Abs. 1 Nr. 2 FamFG nach der **ZPO** (§§ 883 ff.) im Auftrag des **Berechtigten** durch den **Gerichtsvollzieher** vollstreckt.[229] Um die damit drohenden unterschiedlichen Vollstreckungszuständigkeiten zu vermeiden, wird überwiegend eine **Annexkompetenz** des nach § 88 Abs. 1 FamFG zuständigen Gerichts für die gesamte Vollstreckung gemäß §§ 88 ff. FamFG angenommen, wenn beide Vollstreckungen gleichzeitig durchgeführt werden.[230]

---

225 Vgl. bereits *Peschel-Gutzeit*, MDR 1984, 890.

226 „Ordnet das Gericht die Herausgabe eines Kindes an, so kann es die Herausgabe der zum persönlichen Gebrauch des Kindes bestimmten Sachen durch einstweilige Anordnung regeln."

227 Vgl. etwa OLG Nürnberg, Beschl. v. 24.11.2015, 11 UF 1140/15, FuR 2016, 184 (Analogie zu §§ 1601, 1610 BGB), dazu *Heinemann*, FamRB 2016, 58; *Wohlgemuth*, FamRZ 2016, 1135 (Analogie zu §§ 97, 1618a BGB); Heilmann/*Gottschalk*, § 1684 BGB Rn. 21 (§ 1684 Abs. 2 BGB in Umgangsfällen).

228 Eingehend *Götz*, FamRZ 2016, 519; zustimmend *Gottschalk*, ZKJ 2016, 64; *Opitz*, NZFam 2016, 90; BeckOK-BGB/*Veit*, § 1632 Rn. 25 m.w.N.

229 Dazu Rn. 266.

230 Keidel/*Giers*, § 88 Rn. 3; *Götz*, FamRZ 2016, 519, 521. Ohnehin darf der Gerichtsvollzieher **Sachen**, die das **Kind sofort benötigt,** gleichzeitig wegnehmen (§ 156 Abs. 6 S. 2 GVGA).

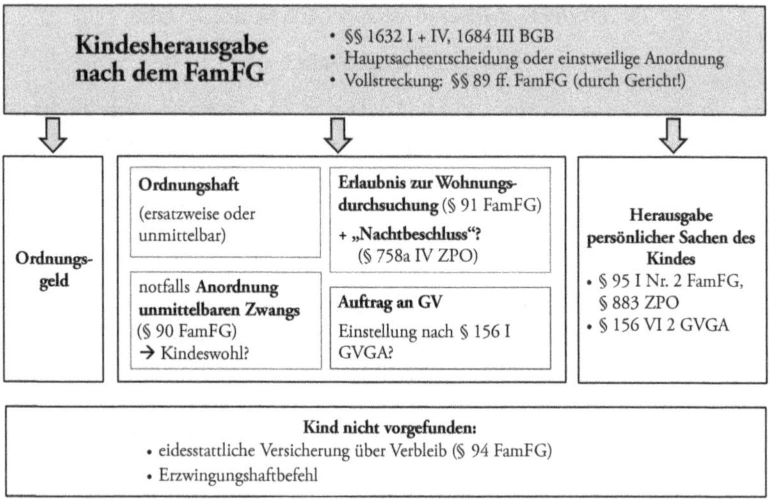

I. Namensrechtliche Vereinbarungen

I. Nacheheliche Namensführung

625 In Eheverträgen und notariellen Scheidungsvereinbarungen finden sich mitunter Regelungen über die Führung des Ehenamens nach rechtskräftiger Scheidung. Die grundsätzliche Wirksamkeit solcher **Vereinbarungen zur nachehelichen Namensführung** dürfte mit der Rechtsprechung und überwiegenden Meinung in der Literatur nicht mehr in Frage stehen.[231]. Eine generelle **Sittenwidrigkeit** solcher Regelungen besteht **nicht.**[232] Denn nach § 1355 Abs. 5 S. 2 BGB kann der geschiedene Ehegatte durch Erklärung gegenüber dem Standesamt seinen Geburtsnamen (oder den bis zur Bestimmung des Ehenamens geführten) wieder annehmen. Dann wird auch eine entsprechende ehevertragliche Verpflichtung als grundsätzlich zulässig zu erachten sein.[233]

---

231 Dazu *von Oertzen/Engelmeier*, FamRZ 2008, 1133; *Berger*, DNotZ 2008, 851; *Wellenhofer* in: Kaiser/Schnitzler/Friederici/Schilling, § 1355 Rn. 15, je m.w.N.

232 BGH, Urt. v. 6.2.2008, XII ZR 185/05, FamRZ 2008, 859, dazu *Born*, FPR 2008, 321; *Wellenhofer*, JuS 2008, 748; ferner LG Bonn, Urt. v. 13.11.2007, 9 O 260/07, FamRZ 2008, 1183; AG Hamburg, Beschl. v. 14.4.2009, 60 III 225/08, NJW 2010, 1890; *Kasenbacher*, NJW-Spezial 2010, 388.

233 *Eckebrecht* in: Scholz/Kleffmann/Motzer, Teil A Rn. 33.

II. Vollstreckung

1. Zulässigkeit

Wenn also ehevertragliche Vereinbarungen zur nachehelichen Namensführung zulässig sind, sollte auch deren **Vollstreckbarkeit** gewährleistet sein.[234] **626**

Zwar wird verschiedentlich wegen der Höchstpersönlichkeit des Namensrechts von einer **Nichtvollstreckbarkeit** ausgegangen unter Hinweis auf eine entsprechende Anwendung des **§ 120 Abs. 3 FamFG**.[235] Eine nähere Begründung für das Vorhandensein einer Regelungslücke, die eine solche Analogie rechtfertigte, wird indessen nicht gegeben und ist auch schwerlich zu finden. Die in § 888 Abs. 3 ZPO bislang aufgeführten nicht vollstreckbaren Handlungen (Eingehung der Ehe, Herstellung des ehelichen Lebens, Dienstleistungen) sind in der Praxis – ohne Verletzung der Menschenwürde – tatsächlich nicht erzwingbar; auf dieser Ebene liegt das Namensrecht sicher nicht. Zudem stellt die Vollstreckbarkeit des rechtskräftig titulierten Anspruchs die Regel dar; daher müssen im Einzelfall besondere, die Belange des Gläubigers deutlich überwiegende Umstände vorliegen, um **ausnahmsweise** von einer **Nichtvollstreckbarkeit** ausgehen zu können.[236]

Nicht unberücksichtigt bleiben darf in diesem Zusammenhang der Wille des **Gesetzgebers**, der durch das FGG-Reformgesetz[237] die Alternativen 1 und 2 des § 888 Abs. 3 ZPO gestrichen und nun in § 120 Abs. 3 FamFG angesiedelt sowie § 894 Abs. 2 ZPO gänzlich gestrichen hat. Von einer planwidrigen Regelungslücke, die im Wege der Analogie geschlossen werden müsste, kann nun erst recht keine Rede mehr sein.

2. Vollstreckungsweg

Eine Vollstreckung unmittelbar aufgrund der notariellen Vereinbarung nach **§ 888 ZPO** scheitert bereits mangels eines vollstreckbaren Titels: Denn nach § 794 Abs. 1 Nr. 5 ZPO darf der Anspruch, über den die notarielle Urkunde errichtet wird, nicht auf Abgabe einer Willenserklärung gerichtet sein. Im Übrigen hat der Gesetzgeber für die Vollstreckung der Ver- **627**

---

234 So auch *Berger*, DNotZ 2008, 851, 853 und die ganz h.M., etwa Keidel/*Weber*, § 120 Rn. 19.

235 Vormals §§ 888 Abs. 3 bzw. 894 Abs. 2 ZPO; so Baumbach/*Hartmann*, § 120 FamFG Rn. 5; Stein/Jonas/*Brehm*, § 888 Rn. 38 je unter Bezugnahme auf *Diederichsen*, NJW 1976, 1169, 1170, und die dort in Fn. 32 nur vorsichtig geäußerten Zweifel: „Entsprechende Klagen … scheitern aber wohl in der Zwangsvollstreckung (§ 888 II ZPO analog; s. auch § 894 ZPO)"; zweifelnd Palandt/*Brudermüller*, § 1355 Rn. 5.

236 BGH, Beschl. v. 3.7.2008, I ZB 87/06, FamRZ 2008, 1751, dazu *Löhnig*, FamRZ 2008, 1653.

237 Vom 29.8.2008, BGBl. I S. 2586.

pflichtung zur Abgabe einer bestimmten Willenserklärung in § 894 ZPO eine Sonderregelung geschaffen; im Anwendungsbereich des § 894 ZPO ist deshalb eine Heranziehung von §§ 887, 888 ZPO ausgeschlossen.[238]

628 So gehen denn Rechtsprechung[239] und Literatur[240] auch inzwischen einhellig davon aus, dass Vereinbarungen über die nacheheliche Namensführung **vollstreckbar** sind, und zwar nach **§ 894 ZPO**. Dementsprechend bedarf es der Einleitung eines familiengerichtlichen Verfahrens nach § 266 Abs. 1 Nr. 2 FamFG mit einem auf die notarielle Vereinbarung gestützten **Antrag**, etwa wie folgt:[241]

„Die Antragsgegnerin wird verpflichtet, durch öffentlich beglaubigte Erklärung gegenüber dem Standesbeamten ihren Geburtsnamen, den Namen, den sie bis zur Bestimmung des Ehenamens „X" anlässlich der Eheschließung mit dem Kläger geführt hat, oder für den Fall einer zwischenzeitlich erfolgten erneuten Eheschließung den Namen ihres neuen Ehegatten, jeweils ohne Voranstellung oder Anfügung des Ehenamens „X", anzunehmen."

Mit Rechtskraft des Beschlusses gilt die Erklärung als **abgegeben** (§ 894 Abs. 1 ZPO).[242] Sodann kann die **Eintragung im Familienbuch** beantragt werden. Die Frage, ob die notarielle Vereinbarung wirksam ist, kann (vom Standesbeamten) regelmäßig **nicht mehr geprüft** werden. Verweigert der Standesbeamte die Eintragung gleichwohl, muss in einem Personenstandsverfahren das Amtsgericht angerufen werden.[243]

Hat der aus einer solchen Vereinbarung verpflichtete Ehegatte **vertragswidrig** den von dem geschiedenen Ehegatten abgeleiteten Ehenamen zum Ehenamen einer neuen Ehe mit einer dritten Person bestimmt, ist diese Ehenamensbestimmung nach § 138 Abs. 1 BGB nichtig und die Ehenamensbestimmung im Eheregister zu berichtigen.[244]

Praxistipp: Um diese Komplikationen möglichst zu vermeiden, kann es sich empfehlen, in der notariellen Vereinbarung über die nacheheliche Namensführung für den Fall der Zuwiderhandlung eine **Vertragsstrafe** zu vereinbaren.[245]

---

238 LG München I, Beschl. v. 23.12.1999, 16 T 14752/99, FamRZ 2000, 1168, 1169 m.w.N.

239 LG München I, Beschl. v. 23.12.1999, 16 T 14752/99, FamRZ 2000, 1168; LG Bonn, Urt. v. 13.11.2007, 9 O 260/07 (n.rk.), FamRZ 2008, 1183.

240 *Everts*, FamRZ 2005, 249, 253; Staudinger/*Voppel*, § 1355 Rn. 110b; *Berger*, DNotZ 2008, 851, 853; MünchKomm-BGB/*v. Sachsen Gessaphe*, § 1355 Rn. 61 m.w.N.

241 Vgl. BGH, Urt. v. 6.2.2008, XII ZR 185/05, FamRZ 2008, 859; LG Bonn, Urt. v. 13.11.2007, 9 O 260/07, FamRZ 2008, 1183; vgl. auch LG München I, a.a.O.

242 Rn. 370.

243 LG München I, a.a.O.

244 AG Hamburg, Beschl. v. 14.4.2009, 60 III 225/08, NJW 2010, 1890.

245 Näher dazu von *Oertzen/Engelmeier*, FamRZ 2008, 1133, 1138; Göppinger/*Börger*, Vereinbarungen anlässlich der Ehescheidung, 8. Teil, Rn. 3, je mit Formulierungsvorschlag.

J. Rückführung entführter Kinder

I. Gerichtsverfahren oder Einigung?

Die wachsende Zahl binationaler Partnerschaften bringt es mit sich, dass in verstärktem Maße Kinder gegen den Willen eines sorgeberechtigten Elternteils ins **Ausland**[246] verbracht oder dort zurückgehalten werden. Dies geschieht meist nach einem Ferienaufenthalt im Rahmen der Umgangsausübung oder anlässlich der Trennung, und zwar überwiegend seitens der Mutter.[247] Dann muss rasch die **Rückführung** des betroffenen Kindes betrieben und eine entsprechende Gerichtsentscheidung **vollstreckt** werden. Hierbei gewähren Gerichte und Behörden bei der Bewältigung des Verfahrens im internationalen Regelgeflecht professionelle Hilfe. Statt eines juristischen Tauziehens empfiehlt sich freilich eine **gütliche Einigung**, etwa im Rahmen eines **Mediationsverfahrens**. 629

Mitunter zeichnen sich die Entführungspläne eines Elternteils bereits ab. Doch **vorbeugende Maßnahmen** sind nur begrenzt wirksam. Bloße Befürchtungen des anderen Elternteils rechtfertigen behördliche Maßnahmen in der Regel nicht.

II. Internationale Regelungen

1. Überblick

Im grenzüberschreitenden Kindschaftsrecht existiert neben der **Brüssel IIa-Verordnung**[248] eine Fülle von **internationalen Übereinkommen**,[249] deren genauer Anwendungsbereich für manche Praktiker im Nebel liegt. In den **Entführungsfällen** ist die Rechtslage etwas überschaubarer: In der Regel kommt das **Haager Kindesentführungsübereinkommen (HKÜ)**[250] zum Tragen, das inzwischen in über 90 Staaten gilt. Das dort geregelte Ver- 630

---

246 Gelegentlich kommt es zu einer eigenmächtigen Mitnahme des Kindes durch einen Elternteil **innerhalb Deutschlands**, hierzu OLG Nürnberg, Beschl. v. 22.5.2013, 7 UF 641/13, FamRZ 2013, 1588, dazu *Rixe*, FamFR 2013, 358.

247 *Finger*, FamRB 2014, 153.

248 Auch **EG-VO Nr. 2201/2003** oder **EuEheVO** genannt: Verordnung (EG) Nr. 2201/2003 des Rates v. 27.11.2003 über die Zuständigkeit und die Anerkennung und Vollstreckung von Entscheidungen in Ehesachen und in Verfahren betreffend die elterliche Verantwortung und zur Aufhebung der Verordnung (EG) Nr. 1347/2000, ABl EU Nr. L 338/1 v. 23.12.2003, abgedruckt in FamRZ 2004, 1443; dazu *Wagner/Janzen*, FPR 2011, 110, 111; ferner *Grabow* in: Motzer/Kugler/Grabow, Rn. 197. Der kindschaftsrechtliche Teil der Verordnung wird derzeit überarbeitet, vgl. FamRZ 2016, 1339; FamRB 2016, 291.

249 Zu Übersicht bei Heilmann/*Schweppe*, Vorbemerkungen Auslandsbezüge Rn. 4 ff.

250 Haager Übereinkommen v. 25.10.1980 über die zivilrechtlichen Aspekte internationaler Kindesentführung, BGBl. II 1990, 207, in Kraft seit dem 1.12.1990, dazu *Finger*, FamFR 2012, 316; *Völker*, FamRZ 2010, 157.

fahren wird allerdings durch die **Brüssel IIa-VO** – im Verhältnis der EU-Mitgliedsstaaten[251] zueinander – in einigen Punkten **modifiziert.**[252] So scheidet etwa die Ablehnung einer Rückgabe aus, wenn nachgewiesen ist, dass angemessene **Vorkehrungen** getroffen wurden, um den Schutz des Kindes nach seiner Rückkehr zu gewährleisten.[253] Auch ermöglicht Art. 11 Abs. 8 Brüssel IIa-VO trotz einer Versagung der Rückführung nach Art. 13 Abs. 1 HKÜ die Vollstreckbarkeit einer **späteren Rückgabeentscheidung.**[254]

2. Haager Kindesentführungsübereinkommen (HKÜ)

631 Im Falle einer grenzüberschreitenden Kindesentführung soll das **HKÜ** bewirken, dass widerrechtlich in einen Vertragsstaat verbrachte oder dort zurückgehaltene Kinder **sofort zurückgeführt** werden. Auch soll die Sorgerechtsentscheidung am Ort des früheren gewöhnlichen Aufenthalts des Kindes sichergestellt werden.[255]

Dementsprechend sieht Art. 12 HKÜ vor, dass die Behörden (Gerichte) des Vertragsstaates, in dem sich das Kind nach der Entführung befindet, die **sofortige Rückgabe des Kindes** anzuordnen haben. Eine Anordnung der Rückgabe kann nur dann – in eng auszulegenden Ausnahmefällen – **abgelehnt** werden, wenn die sorgeberechtigte Person dem Verbringen oder Zurückhalten zugestimmt hat oder dann, wenn die Rückgabe mit der **schwerwiegenden Gefahr** eines körperlichen oder seelischen Schadens für das Kind verbunden ist bzw. das Kind auf andere Weise in eine unzumutbare Lage bringt (Art. 13 Abs. 1 HKÜ). Je nach **Alter des Kindes** kann auch dessen **Wille** hierbei maßgeblich sein.[256] Die Ausnahmeregelungen sind restriktiv zu handhaben, damit das Ziel des HKÜ, den vor der Kindesentführung bestehenden Zustand wiederherzustellen, nicht leerläuft.[257]

251 Mit Ausnahme Dänemarks.

252 Heilmann/*Schweppe*, Art. 12 HKÜ Rn. 22; *Völker/Clausius*, Rz. 150 ff.; *Finger*, FamFR 2012, 316, 319; *Nehls*, ZKJ 2014, 62, 64.

253 Art. 11 Brüssel IIa-VO; vgl. *EuGH*, Urt. v. 1.7.2010, FamRZ 2010, 1229, dazu *Schulz*, FamRZ 2010, 1307; vgl. auch AG Hamm, Beschl. v. 8.11.2010, 3 F 512/10, dazu *Rauscher*, FamFR 2011, 94.

254 Vgl. auch Art. 40 Brüssel IIa-VO.

255 BVerfG, Beschl. v. 18.7.2016, 1 BvQ 27/16, FamRZ 2016, 1571, dazu *Niethammer-Jürgens/Wölfer*, FamRB 2016, 342.

256 Dazu AG Hamm, Beschl. v. 8.11.2010, 3 F 512/10 (12 Jahre alt), dazu *Rauscher*, FamFR 2011, 94; ferner *OLG Düsseldorf*, Beschl. v. 2.2.2011, 1 UF 110/10, dazu *Rieck*, FamFR 2011, 144; OLG Hamm, Beschl. v. 27.11.2012, 11 UF 250/12, NJW-RR 2013, 580 (9 und 12 Jahre alt).

257 OLG Hamm, Beschl. v. 28.6.2012, 11 UF 85/12, dazu *Rieck*, FamFR 2012, 429 (Ablehnung der Rückführung bei **Suizidgefahr**).

Häufig geht der Streit um die Frage der **Widerrechtlichkeit** des Verbringens oder Zurückhaltens eines Kindes aufgrund einer Verletzung des **(Mit-)Sorgerechts** (vgl. Art. 3 HKÜ).[258]

Das Gericht kann **einstweilige Anordnungen** treffen, um Gefahren von dem Kind abzuwenden oder eine Beeinträchtigung der Interessen der Beteiligten zu vermeiden (Art. 15 IntFamRVG).

(Nur) wenn sich das Kind in einer ausgeprägten Konfliktsituation befindet, etwa bei gegenläufigen Rückführungsanträgen, bedarf es der Bestellung eines **Verfahrensbeistandes**.[259]

III. Hilfe durch Behörden und Gerichte

1. Zentrale Behörde

Wie in anderen internationalen Übereinkommen ist auch nach Art. 6 HKÜ vorgesehen, dass jeder Mitgliedsstaat eine **Zentrale Behörde** einrichtet, die bei der Anwendung der Regelungen **behilflich** ist. Die Kontaktdaten werden auf der Internetseite der Haager Konferenz für Internationales Privatrecht[260] zur Verfügung gestellt und laufend aktualisiert. In Deutschland ist hierzu das **Bundesamt für Justiz**[261] bestimmt, an das sich Betroffene gerade in Fällen grenzüberschreitender Kindesentführung unmittelbar wenden können; dort sind entsprechende **Antragsformulare** und Vollmachten zu erhalten. Es veranlasst mit Hilfe der zuständigen Stellen alle im konkreten Fall erforderlichen Maßnahmen und leitet erforderlichenfalls **gerichtliche Verfahren** ein (§ 6 IntFamRVG). Die Behörde ist auch bei Ermittlung des **Aufenthalts** des Kindes behilflich (§ 7 IntFamRVG).[262] **632**

In Art. 7 HKÜ ist ausdrücklich eine **Zusammenarbeit** der mit dem Fall befassten Zentralen Behörden gefordert. Im Anwendungsbereich der Brüssel IIa-VO folgt dies aus Art. 55.

---

258 Dazu OLG Stuttgart, Beschl. v. 23.4.2012, 17 UF 35/12, FamRZ 2013, 51; zum **Verfahrensgang** näher Heilmann/*Schweppe*, Art. 12 HKÜ Rn. 21 mit Schaubild; ferner *Nehls*, ZKJ 2014, 62; *Pasche*, NJW-Spezial 2013, 580.

259 OLG Düsseldorf, Beschl. v. 4.3.2008, 1 UF 18/08, FamRZ 2008, 1775; vgl. aber BVerfG, Beschl. v. 29.10.1998, 2 BvR 1206/98, FamRZ 1999, 85; ferner *Prenzlow*, ZKJ 2009, 241.

260 www.hcch.net unter „Instruments" und „Authorities (per Convention)". Die „International Child Abduction Database" (www.incadat.com) enthält eine Fallsammlung verschiedener HKÜ-Verfahren.

261 § 3 IntFamRVG; Anschrift: Bundesamt für Justiz – Zentrale Behörde – 53094 Bonn; Telefon: +49 228 99 410-40; www.bundesjustizamt.de (à „Bürgerdienste" à „Int. Sorgerecht") mit **Gesetzestexten und Formularen** zum Herunterladen.

262 Zu dem **automatisierten Datenabruf** aufgrund des von Gesetzes zur Änderung von Vorschriften im Bereich des Internationalen Privat- und Zivilverfahrensrechts vgl. BT-Drs. 18/10714 S. 24, BT-Drs. 18/11637 und BR-Drs. 294/17 (B).

Das Bundesamt für Justiz ist **Anlauf- und Koordinierungsstelle** gerade für Anträge nach dem **HKÜ**, mit denen die Rückführung unrechtmäßig entführter oder zurückgehaltener Kinder und die Durchsetzung des Rechts auf persönlichen Umgang mit Kindern im Wege internationaler Rechtshilfe verfolgt werden.[263] Dies gilt sowohl für Anträge aus den Vertragsstaaten wie auch für dorthin gerichtete Ersuchen. Das Bundesamt ermittelt den Aufenthalt des Kindes und wirkt auf eine freiwillige Rückgabe des Kindes hin.[264] Im Einzelfall tritt es auch als **Verfahrensbevollmächtigter** des Antragstellers auf.[265]

Praxistipp: Jeder, der mit einem Kindesentführungsfall konfrontiert wird, sollte die Kompetenz des Bundesamtes für Justiz nutzen und dort um Rat und Unterstützung nachsuchen.[266]

2. Internationaler Sozialdienst

633 Überdies ist der **Internationale Sozialdienst**[267] als **Zentrale Anlaufstelle für grenzüberschreitende Kindschaftskonflikte (ZAnK)**[268] mandatiert. Er berät neutral und kostenfrei Anrufer aus Jugendämtern, Ausländerbehörden und Beratungsstellen, aber auch Richter, Rechtsanwälte und Privatpersonen. Dies gilt auch für Fälle in Staaten, mit denen **keine internationalen Übereinkommen** existieren.

3. Jugendamt

634 Das für den gewöhnlichen Aufenthaltsort des Kindes zuständige **Jugendamt** hat das Gericht und die Zentrale Behörde bei allen Vollstreckungsmaßnahmen zu **unterstützen** (§ 9 IntFamRVG). Selbstverständlich können sich auch die **Beteiligten** in Rückführungsverfahren an das **Jugendamt** zwecks Beratung und Unterstützung wenden. Es ist häufig die erste Anlaufstelle bei Entführungsfällen und kann bei Anhaltspunkten für eine bevorstehende Entführung von Amts wegen eingreifen.[269] Allerdings ist in der Praxis gelegentlich festzustellen, dass der Jugendamtsmitarbei-

---

263 Zu den Aufgaben vgl. auch *Schlauß*, ZKJ 2016, 162, 164; *Völker/Clausius*, § 11 Rz. 133.

264 Der Antragsteller kann sich allerdings auch unmittelbar an die Gerichte und Behörden wenden.

265 Vgl. zu einem solchen Fall OLG Koblenz, Beschl. v. 28.2.2007, 13 UF 765/06, FamRZ 2007, 1034.

266 Ausführliche „Hinweise zur Rückführung entführter Kinder und zu grenzüberschreitenden Umgangs- und Sorgerechtskonflikten" finden sich unter www.bundesjustizamt.de „Internationales Sorgerecht".

267 Die deutsche Zweigstelle des „International Social Service".

268 Telefon: +49 (0)30/62 980 403, ferner www.ZAnK.de. Beratung bietet ferner der **Verband binationaler Familien und Partnerschaften** (www.verband-binationaler.de).

269 *Völker/Clausius*, § 11 Rz. 141.

ter – auch aufgrund falscher oder unzureichender Information – den entführenden Elternteil sogar in der Richtigkeit seines Verhaltens bestärkt. Hierdurch werden Bemühungen, den entführenden Elternteil zu einer freiwilligen Rückkehr in den Herkunftsstaat zu bewegen, oft erschwert.[270]

4. Netzwerk der Verbindungsrichter

Schließlich ermöglicht ein länderübergreifendes Netzwerk von **Verbindungsrichtern** die direkte richterliche Kommunikation von Richter zu Richter über die Grenzen hinweg und trägt so dazu bei, grenzüberschreitende Kindschafts- und Familienkonflikte besser zu bewältigen.[271] Dieses Angebot, das sich lediglich an die **Familiengerichte** richtet, wird inzwischen verstärkt angenommen.[272] **635**

IV. Vollstreckung

1. Wirksamkeit des Titels

Die **Durchsetzung** von Rückführungsansprüchen auf nationaler Ebene durch deutsche Gerichte beurteilt sich nach dem **Internationalen Familienrechtsverfahrensgesetz** (IntFamRVG).[273] Es sieht in § 13 **Zuständigkeitskonzentrationen** für eingehende Gesuche bei bestimmten Familiengerichten vor. Danach entscheidet grundsätzlich das Familiengericht, in dessen Bezirk ein OLG seinen Sitz hat, für den gesamten Bezirk dieses OLG. **636**

Hat das Familiengericht nach Art. 12 HKÜ die **sofortige Rückgabe** des Kindes angeordnet, wird diese Entscheidung nach § 40 Abs. 1 IntFamRVG (erst) mit deren Rechtskraft **wirksam**. Allerdings kann das OLG als Beschwerdegericht nach Abs. 3 die **sofortige Wirksamkeit** der angefochtenen Entscheidung über die Rückgabe des Kindes anordnen.

2. Vollstreckungsverfahren

Alsdann kann die **Vollstreckung** der Rückgabeanordnung beginnen. Sie beurteilt sich gemäß § 14 Nr. 2 IntFamRVG im Wesentlichen dem Verfahren nach **§ 89 FamFG**,[274] soweit sich nicht aus **§ 44 IntFamRVG** Sonderregelungen ergeben. Insoweit bestehen folgende **Abweichungen**: **637**

---

270 *Völker/Clausius*, a.a.O.

271 *Brieger*, DRiZ 2017, 98; eingehend *Carl/Menne*, NJW 2009, 3537.

272 *Menne*, FamRB 2015, 441; vgl. auch *Brieger/Erb-Klünemann*, FamRZ 2016, 962.

273 Gesetz zur Aus- und Durchführung bestimmter Rechtsinstrumente auf dem Gebiet des internationalen Familienrechts (Internationales Familienrechtsverfahrensgesetz – IntFamRVG), BGBl. I 2005, 162; ausführlich dazu *Schulz*, FamRZ 2011, 1273.

274 Rn. 460.

- Das Gericht **soll** (nicht: kann) bei Zuwiderhandlung eines Elternteils gegen einen im Inland zu vollstreckenden Titel nach dem HKÜ **Ordnungsgeld** und für den Fall, dass dieses nicht beigetrieben werden kann oder keinen Erfolg verspricht, **Ordnungshaft** anordnen (Abs. 1).
- Für die Vollstreckung ist das **OLG zuständig**, sofern es die Anordnung für vollstreckbar erklärt, erlassen oder bestätigt hat (Abs. 2).
- Ferner hat das Gericht die Vollstreckung **von Amts wegen** (nicht: auf Antrag wie bei §§ 1632 Abs. 1 BGB, 87 Abs. 1 FamFG)[275] einzuleiten, es sei denn, die Anordnung ist auf Herausgabe des Kindes zum Zweck des Umgangs gerichtet. Auf Antrag der berechtigten Person soll das Gericht hiervon absehen (Abs. 3).

Ordnungsmittel kann das Gericht mithin auch hier nur nach vorangegangenem **Hinweis** auf die Folgen einer Zuwiderhandlung (§ 89 Abs. 2 FamFG analog) festsetzen.[276]

Die **Rückführungsverpflichtung** ist erst dann vollständig **erfüllt**, wenn sich das Kind wieder **auf Dauer** im Herkunftsstaat aufhält.[277]

Praxistipp: Die Rückgabepflicht kann auch im Inland mittels eines **gerichtlich gebilligten Vergleichs** (§ 156 Abs. 2 FamFG)[278] tituliert werden, der dann gemäß § 89 FamFG ohne die Vorgaben des § 44 IntFamRVG zu vollstrecken ist.[279]

3. Kindeswohlprüfung

638 Im Vollstreckungsverfahren nach § 44 IntFamRVG wird – wie bei der „normalen" Herausgabevollstreckung nach dem FamFG[280] – grundsätzlich **keine** (erneute) Kindeswohlprüfung mehr vorgenommen. Indes besteht bei der Durchsetzung einer Rückführungsanordnung nach dem HKÜ ein wesentlicher Unterschied: Wie bereits erwähnt, kann nach **Art. 13 HKÜ** aus bestimmten Gründen des **Kindeswohls** die Rückgabe des Kindes **abgelehnt** werden.[281] Diese Bestimmung gilt für das gesamte

---

275 Rn. 412.

276 § 44 IntFamRVG enthält insoweit keine Sonderregelung.

277 OLG Karlsruhe, Beschl. v. 14.8.2008, 2 UF 4/08, FamRZ 2008, 2223; *Völker/Clausius*, § 11 Rz. 143; einschränkend OLG Schleswig, Beschl. v. 28.6.2013, 12 UF 4/12, FamRZ 2014, 494.

278 Rn. 420.

279 Etwas anderes kann gelten, wenn die Rückführungspflicht in einem **Verfahren nach dem HKÜ** tituliert worden ist, vgl. OLG Schleswig, Beschl. v. 28.6.2013, 12 UF 4/12, FamRZ 2014, 494.

280 Rn. 616.

281 Rn. 631.

Rückführungsverfahren und damit auch für die **Vollstreckung**.[282] Sie kann aus Gründen des Kindeswohls **versagt** werden.

Praxistipp: Insoweit ist Vorsicht geboten, wenn der Berechtigte trotz erwirkter Rückführungsanordnung während des Vollstreckungsverfahrens **Einigungsversuche** unternimmt. Verzögert sich nämlich hierdurch die Rückführung in das Herkunftsland, riskiert er, dass auf Grund **Zeitablaufs** Umstände eintreten, die eine Rückführung in das Herkunftsland als **unzumutbar** erscheinen lassen.[283]

4. Unmittelbarer Zwang

§ 44 IntFamRVG gestattet zur Durchsetzung der Rückführungsanord- **639**
nung als letztes Mittel auch die **Anwendung von Gewalt**, und zwar gegen den entführenden **Elternteil**, gegen **Dritte** und auch gegen das **Kind**, sofern es sich nicht um eine Herausgabe zum Zwecke des **Umgangs** handelt. Die Regelung entspricht § 90 Abs. 2 S. 1 FamFG.[284] Das Verfahren richtet sich nach § 90 FamFG.[285]

5. Abänderung nach § 1696 BGB?

Die Rückführungsanordnung nach Art. 12 HKÜ ist **nicht** als Entschei- **640**
dung über das **Sorgerecht** anzusehen (Art. 19 HKÜ). Daher **verbietet** sich ein Abänderungsverfahren nach § 1696 BGB.

Umstritten ist, wie gleichwohl nach Eintritt der Rechtskraft der Rückführungsentscheidung oder vor der Vollstreckung des Rückgabebeschlusses die Rückgabe gestoppt werden kann, wenn neue tatsächliche **Ablehnungsgründe** nach Art. 13 HKÜ eintreten.[286]

V. Gütliche Einigung

Die knappen Ausführungen deuten bereits an, welche juristischen Hür- **641**
den es in dem **Rückführungsverfahren** zu überwinden gilt und welche seelischen und nervlichen Belastungen für alle Beteiligten damit einhergehen können. Vor diesem Hintergrund ist eine **gütliche Einigung** ernsthaft in Erwägung zu ziehen. Darauf hinzuwirken, sind die **Zentralen Behör-**

---

282 OLG Nürnberg, Beschl. v. 7.7.2003, 7 UF 954/03, FamRZ 2004, 726; *Vogel*, FPR 2012, 403, 407.

283 OLG Hamburg, Beschl. v. 25.6.2014, 12 UF 111/13, FamRZ 2015, 64 = NZFam 2014, 843 mit kritischer Anm. *Fahl*.

284 *Vogel*, FPR 2012, 403, 407; *Völker/Clausius*, § 11 Rz. 144.

285 Rn. 492.

286 Dazu OLG Karlsruhe, Beschl. v. 3.4.2000, 2 WF 31/0033/0038/00, FamRZ 2000, 1428; *Vogel*, FPR 2012, 403, 408; *Völker/Clausius*, § 11 Rz. 146.

den nach § 7 Abs. 2 lit. c) HÜK[287] verpflichtet. Nach **Art. 23 Abs. 2 Brüssel IIa-VO n.F.** wird für Verfahren um die **Rückführung** ins Ausland entführter Kinder sogar eine Pflicht des Gerichts zur raschen Prüfung der Möglichkeit einer **Mediation** begründet.[288]

Insoweit hat sich bereits ein Verfahren zur **internationalen Familienmediation** im Rahmen von HKÜ-Verfahren etabliert. Im Falle der Bereitschaft der Eltern zu einem solchen Vorgehen informiert das **Bundesamt für Justiz** den Verein MiKK e.V. (Mediation in internationalen Kindschaftskonflikten e.V.),[289] mit dem es seit Juli 2011 auf vertraglicher Grundlage kooperiert. Dieser Verein übernimmt dann die Information der Eltern, die Organisation der Mediatoren und die Logistik.[290]

VI. Vorbeugende Maßnahmen

1. Begrenztes Arsenal

642 Mitunter bestehen schon im Vorfeld **Verdachtsmomente** für eine geplante Entführung. Doch rechtfertigen bloße Befürchtungen des anderen Elternteils behördliche Maßnahmen in der Regel **nicht**.

Praxistipp: Auch dem sicherheitshalber gestellten Antrag auf Übertragung des **Aufenthaltsbestimmungsrechts** kann das Gericht nur bei einer hinreichend konkret dargelegten **Entführungsgefahr** entsprechen.

Die mögliche **Strafbarkeit** wegen (versuchter) Kindesentführung nach § 235 Abs. 2 Nr. 1 StGB mag vielleicht abschreckend wirken. Indes ist ein **effektiver Schutz** vor solchen Entführungen nur sehr **begrenzt** möglich.

2. Hinterlegung des Reisepasses

643 Grundsätzlich könnte die Inverwahrungnahme des **Reisepasses** des betreffenden Elternteils ein gewisses Hindernis schaffen. Indes verfügen Eltern und/oder Kind in diesen Konstellationen nicht selten über eine **doppelte Staatsangehörigkeit**, so dass auf einen zweiten Pass zurückgegriffen werden kann.[291]

---

287 Entsprechend: Art. 55 S. 2 lit. e) Brüssel IIa-VO.

288 Vgl. BR-Drs. 368/16, ferner FamRB 2017, 42. Die Vorschrift soll lauten: *„Das Gericht prüft zum frühestmöglichen Zeitpunkt im Verfahren, ob die Parteien gewillt sind, zum Wohle des Kindes im Wege einer* ***Mediation*** *eine einvernehmliche Lösung herbeizuführen, sofern das Verfahren hierdurch nicht über Gebühr hinausgezögert wird."*

289 MiKK e.V., Fasanenstraße 12, 10623 Berlin, www.mikk-ev.de; info@mikk-ev.de; Telefon 030-74787879.

290 Wegen der Einzelheiten des **Mediationsverfahrens** vgl. Heilmann/*Wegener*, Auslandsbezüge, Kap. 6 Rn. 2 ff; ferner *von Ballestrem/Schmid/Loebel*, NZFam 2015, 811.

291 *Menne*, FamRB 2015, 359, 361.

Im Übrigen wird es wegen der **Passhoheit** des ausländischen Staates sowie der Ausweispflicht des Ausländers im Inland als **unzulässig** erachtet, die Ausübung des Umgangsrechts von der Hinterlegung des Passes oder Personalausweises des Umgangsberechtigten abhängig zu machen, um eine Kindesentführung ins Ausland zu verhindern.[292]

Allerdings: Ist ein Elternteil bereits im Besitz eines **Reisepasses** für das gemeinsame **Kind**, so kann dieser auch bei gemeinsamer elterlicher Sorge die **Herausgabe** des Ausweises an den anderen Elternteil **verweigern**, wenn eine Verbringung des Kindes durch diesen ins Ausland gegen den ausdrücklichen Willen des Elternteils droht.[293]

3. Ausreiseverbot und Grenzsperre

Vorbeugend kann das Familiengericht ein **Ausreiseverbot** verhängen **644** und eine **Grenzsperre** durch Ausschreibung zur Grenzfahndung im Bereich der Vertragsstaaten des „Schengener Abkommens“ anordnen.[294] Parallel hierzu wird das Kind in der Regel auch zur **Ingewahrsamnahme** ausgeschrieben.[295] Die Durchführung obliegt dem **Bundespolizeipräsidium** in Potsdam,[296] an das auch entsprechende **Ersuchen** zu richten sind.[297]

4. Kaution

Als weitere Möglichkeit, um einer befürchteten Entführung des Kindes **645** vorzubauen, bleibt vielfach nur der Rückgriff auf ein **zivilrechtliches Strafversprechen**. Hierbei treffen die Eltern eine **Kautionsabrede**, aufgrund derer ein bestimmter Geldbetrag hinterlegt wird, beispielsweise bei einem Notar. Die Summe verfällt, sobald das Kind nicht oder nicht pünktlich in den Heimatstaat zurückgebracht wird.[298]

292 OLG Karlsruhe, Beschl. v. 14.12.1995, 2 UF 176/94, FamRZ 1996, 424.

293 OLG Köln, Beschl. v. 19.2.2001, 25 UF 213/00, FamRZ 2002, 404; ferner *Motzer* in: Motzer/Kugler/Grabow, Rn. 189.

294 § 30 Abs. 3 Bundespolizeigesetz (BPolG).

295 Eine solche Ausschreibung ermöglicht § 30 Abs. 5 BPolG. Nach Art. 97 des Schengener Durchführungsübereinkommens wird der aufgegriffene Minderjährige festgehalten und dem Aufenthaltsbestimmungsberechtigten übergeben.

296 Vormals: Bundespolizeidirektion in Koblenz.

297 *Grabow* in: Motzer/Kugler/Grabow, Rn. 190; vgl. auch KG, Beschl. v. 14.11.2007, 3 WF 167/07, FamRZ 2008, 1648.

298 *Menne*, FamRB 2015, 359, 361; vgl. auch *Mäsch*, FamRZ 2002, 1069, 1077.

K. Sonstige Familiensachen (§ 266 FamFG)

I. Erweiterte Zuständigkeit

646 Die seit langem geforderte Schaffung des „Großen Familiengerichts"[299] hat neue Zuständigkeiten der Familiengerichte mit sich gebracht. Im Rahmen dieser Neuordnung wurden bestimmte **Zivilrechtsstreitigkeiten**, die eine besondere Nähe zu familienrechtlich geregelten Rechtsverhältnissen aufweisen oder die in engem Zusammenhang mit der Auflösung eines solchen Rechtsverhältnisses stehen, zu **Familiensachen**.[300] Dies betrifft insbesondere alle vermögensrechtlichen Rechtsstreitigkeiten, deren Ergebnis für den Unterhalts- und Zugewinnausgleichsprozess von Bedeutung sein kann, z.B. Streitigkeiten über den Gesamtschuldnerausgleich unter Ehegatten, über die Auseinandersetzung einer Ehegattengesellschaft und um die Rückgewähr ehebedingter Zuwendungen. **§ 266 FamFG** bezeichnet diesen erweiterten Kreis der Regelungsgegenstände als **„sonstige Familiensachen"**.

II. Vollstreckung

647 Aufgrund ihrer Zugehörigkeit zu den sog. **Familienstreitsachen** (§ 112 Nr. 3 FamFG) werden die sonstigen Familiensachen gemäß **§ 120 FamFG** nach den Vorschriften der **ZPO** vollstreckt.[301] Dabei gestaltet sich die Vollstreckung je nach Art des Anspruchs unterschiedlich:

Überwiegend werden **Geldforderungen** (z.B. im Rahmen des Gesamtschuldnerausgleichs, des Schadensersatzanspruchs oder der Rückabwicklung finanzieller Zuwendungen) mit den bereits dargestellten Mitteln durchzusetzen sein.[302] **Unterlassungsansprüche** sind nach § 890 ZPO[303] zu vollstrecken, **Auskunftspflichten** nach § 888 ZPO[304], **Herausgabeansprüche** nach § 883 ZPO[305] und die Abgabe von **Willenserklärungen** (etwa bei Mitwirkungspflichten) nach § 894 ZPO.[306]

Nicht selten geht es um **Befreiungs- oder Freistellungsansprüche**.[307] So kann ein Ehegatte verpflichtet sein, den anderen Ehegatten nach der Ehescheidung von einer während intakter Ehe eingegangenen gesamtschuldnerischen Darlehensverbindlichkeit oder aber von Unterhaltsan-

299 Dieser Begriff findet allerdings im gesamten FamFG keine Erwähnung.
300 Zu Beispielsfällen vgl. *Fellner*, MDR 2014, 694.
301 Dazu Rn. 9 ff.
302 Rn. 132.
303 Dazu Rn. 322.
304 Vgl. Rn. 274.
305 Dazu Rn. 266.
306 Dazu Rn. 370.
307 Ausführlich dazu Rn. 270; ferner *Görmer*, JuS 2009, 7.

sprüchen der gemeinsamen Kinder[308] zu befreien. Die **Vollstreckung** des Titels auf Befreiung richtet sich grundsätzlich nach **§ 887 ZPO** (nicht nach § 888 ZPO oder §§ 803 ff. ZPO).[309]

L. Umgangssachen

I. Sind Umgangstitel überhaupt vollstreckbar?

648 *Ein Pärchen sitzt im romantischen Mondschein auf der Parkbank. Sagt sie zu ihm: „Und wenn wir dann mal Kinder haben, dann verspreche ich Dir, dass Du das volle Besuchsrecht bekommst!"*

Auf Zusagen dieser Art ist nur selten Verlass. Vielmehr wird im Falle des Scheiterns der Partnerschaft oft und lange Zeit um die Gestaltung der **Umgangskontakte** gerungen. Ist ein Umgangstitel dann in der Welt, setzen die Eltern bei dessen Umsetzung ihren Streit fort. Die vielfach geforderte **effektive Vollstreckung** von Umgangsregelungen gelingt auch mit den Instrumenten des FamFG kaum, wenn die Beteiligten ihr Blockadeverhalten beibehalten.[310]

649 Bei verhärteten Fronten ist schon aus Gründen des **Kindeswohls** beratende Hilfe durch **professionelle Begleiter** geboten. Kirchliche oder städtische **Beratungsstellen**, deren Kontaktdaten auch das Jugendamt vermitteln kann, bieten ihre bewährte und in der Regel kostenfreie Unterstützung an. Jeder Anwalt sollte seinen Mandanten grundsätzlich ermuntern, diese Möglichkeit zu nutzen. Denn auf Dauer kann ein kindgerechter, unbeschwerter Umgang nur funktionieren, wenn er von beiden Elternteilen und dem Kind akzeptiert wird.[311] Im Einzelfall kann sich eine **Mediation** empfehlen, die auch das Familiengericht vorschlagen kann (§ 36a FamFG).[312]

Lässt sich die Zwangsvollstreckung nicht vermeiden, sind diverse **verfahrensrechtliche** Hindernisse zu beachten. Dies gilt erst recht bei einem **Auslandsbezug** (dazu **Abschnitt III.**). Alternativ oder parallel zu der Vollstreckung sind weitere **Optionen** zu erwägen, die im Interesse des Kindes wenigstens ein Mindestmaß an **Besuchskontakten** ermöglichen (insbesondere begleiteter Umgang) oder mit denen **stärkerer Druck** auf den boykottierenden Elternteil ausgeübt werden kann (dazu **Abschnitt IV.**).

308 Dazu OLG Hamburg, Beschl. v. 12.8.1982, 2a WF 56/82, FamRZ 1983, 212; OLG Jena, Beschl. vom 3.7.2008, 1 UF 141/08, NJW-RR 2008, 1678.

309 Ganz h.M., vgl. *Schlappa*, DGVZ 2011, 21 m.w.N.; eingehend Rn. 270.

310 Vgl. auch *Elden*, NZFam 2017, 7.

311 *Gottschalk*, FPR 2007, 308.

312 Heilmann/*Wegener*, § 36a FamFG Rn. 1 ff.; Keidel/*Meyer-Holz*, § 36a FamFG Rn. 1 ff.; *Spangenberg*, NZFam 2017, 6; nähere Informationen unter www.bafm-mediation.de.

II. Vollstreckung der Umgangstitel im Überblick

1. Vollstreckungsvoraussetzungen

650 Umgangstitel werden nach **§§ 86 ff. FamFG** vollstreckt. Auch hierfür müssen grundsätzlich die **allgemeinen Vollstreckungsvoraussetzungen** (Titel, Klausel, Zustellung) erfüllt sein.

„Checkliste" für vollstreckbaren Umgangstitel

- Der **Titel** – Beschluss oder gerichtlich gebilligter Vergleich – muss **hinreichend bestimmt** sein.[313]
- Erforderlich ist ein **Hinweis** auf die Folgen der Zuwiderhandlung (§ 89 Abs. 2 FamFG).[314]
- Der **gerichtlich gebilligte Vergleich** (§ 156 Abs. 2 FamFG) benötigt zur **Wirksamkeit** zusätzlich:[315]
  - Billigungsbeschluss
  - Zustimmung der Beteiligten
  - Genehmigung durch Beteiligte
- Einer **Vollstreckungsklausel** bedarf es nur dann, wenn nach einem Umzug des Kindes ein **anderes Gericht** mit der Vollstreckung befasst wird.[316]
- **Beschluss** und **Vergleich** (Billigungsbeschluss!) müssen spätestens mit Beginn der Vollstreckung von Amts wegen förmlich **zugestellt** sein.[317] Beschlüsse sind mit ihrer **Bekanntgabe** wirksam und damit vollstreckbar.[318]

2. Vollstreckungsverfahren

a) Verfahrensgrundsätze

651
- Ist das Umgangsverfahren auf **Antrag** eingeleitet worden, wird auch die **Vollstreckung** nur **auf Antrag** des Berechtigten durchgeführt.[319]
- **Zuständig** ist dasjenige Gericht, in dessen Bezirk das Kind nunmehr seinen **gewöhnlichen Aufenthalt** hat.
- **Verpflichteter** kann auch der **Umgangsberechtigte** sein.[320]

---

313 Rn. 429.
314 Rn. 462.
315 Rn. 420 ff.
316 Rn. 440.
317 Rn. 444 ff.
318 Rn. 436.
319 Rn. 412.
320 Rn. 470.

- Die Vollstreckung ist **vorrangig und beschleunigt** durchzuführen (§ 88 Abs. 3 FamFG).
- **Vollstreckungsmöglichkeiten: Ordnungsmittel** (§ 89 FamFG) *oder* **unmittelbarer Zwang** (§ 90 FamFG).

b) Festsetzung von Ordnungsmitteln

- **Verschulden** des Verpflichteten (§ 89 Abs. 4 FamFG)?[321] **652**
- **Auswahlermessen** des Gerichts:[322]
  - **Ordnungsgeld**, ersatzweise Ordnungshaft
  - **originäre Ordnungshaft**
- **Beitreibung** und **Verhaftung** von Amts wegen

c) Unmittelbarer Zwang

- **Gewaltanwendung** als letztes Mittel (§ 90 Abs. 1 FamFG).[323] **653**
- Zuständig hierfür ist der **Gerichtsvollzieher**.
- Den Vollstreckungsauftrag erteilt das **Familiengericht**.
- Gewaltanwendung **unzulässig** gegen ein **Kind**, das zwecks Ausübung des **Umgangsrechts** herausgegeben werden soll, **zulässig** aber gegen den **Herausgabepflichtigen**.

III. Auslandsbezug

1. Durchsetzung ausländischer Titel

Die durch ein **ausländisches Gericht** getroffene **Umgangsregelung** **654** wird in Deutschland nach **§ 44 IntFamRVG** vollstreckt. Wegen der Einzelheiten kann im Wesentlichen auf die Ausführungen zur Rückführung entführter Kinder Bezug genommen werden.[324] Zu beachten ist, dass unter Vollstreckungstitel nach Kapitel III der **Brüssel IIa-VO**[325] nicht nur gerichtliche Entscheidungen fallen, sondern gemäß Art. 46 auch öffentliche Urkunden und Vereinbarungen zwischen den Parteien, insbesondere **Prozessvergleiche**.[326]

---

321 Rn. 472.

322 Rn. 479.

323 Rn. 495.

324 Rn. 637. Vgl. ferner die ausführlichen „Hinweise … zu grenzüberschreitenden Umgangs- und Sorgerechtskonflikten" unter www.bundesjustizamt.de („Internationales Sorgerecht").

325 Auch **„EG-VO 2201/2003"** genannt, dazu Rn. 630.

326 Zu der Abgrenzung und Anwendung des **Haager Kinderschutzübereinkommens (KSÜ)** in Deutschland vgl. *Wagner/Janzen*, FPR 2011, 110.

Sofern ein Familiengericht in einem **Mitgliedstaat** zur Durchsetzung einer Umgangsregelung bereits ein **Ordnungs- oder Zwangsgeld endgültig** festgesetzt hat, ist dies nach der **Brüssel IIa-VO** i.V.m. **§ 44 IntFamRVG** zu vollstrecken.[327]

Praxistipp: Wegen der absehbaren Vollstreckungsprobleme sollte eine vergleichsweise Umgangsregelung mit der Vereinbarung einer in Deutschland vollstreckbaren **Vertragsstrafe** angestrebt werden.[328]

2. Vollstreckung im Ausland

655 **Innerhalb der EU** kann das vereinfachte Vollstreckbarkeitsverfahren nach **Art. 41 Brüssel IIa-VO** betrieben werden. Insoweit muss in der Regel das erstinstanzliche Familiengericht[329] eine **Bescheinigung** nach Art. 41 Abs. 2 Brüssel IIa-VO (Formblatt Anhang III) ausstellen. Alsdann kann unmittelbar vollstreckt werden, ohne dass es zuvor der Vollstreckbarerklärung bedarf und ohne dass die Anerkennung angefochten werden könnte.[330]

Im Inland ergangene Umgangsentscheidungen können auch dann durch ein deutsches Gericht nach § 89 FamFG vollstreckt werden, wenn der Umgangsverpflichtete **außerhalb der EU** lebt. Die **internationale Zuständigkeit** der Familiengerichte leitet sich aus **§ 99 Abs. 1 FamFG** her, wenn sich nicht aus Regelungen in völkerrechtlichen Vereinbarungen oder aus Rechtsakten der Europäischen Gemeinschaft anderes ergibt. Daher sind die deutschen Gerichte für die Vollstreckung eines Umgangstitels auch dann international zuständig, wenn das **Kind Deutscher** ist, aber seinen **gewöhnlichen Aufenthalt** etwa in **China** hat. Begründet wird diese Rechtsauffassung auch mit der Möglichkeit der effektiven Durchsetzung eines Umgangstitels.[331]

Praxistipp: Die Durchsetzung eines hier nach § 89 FamFG festgesetzten Ordnungsgeldes gegen den im **Ausland** lebenden Umgangsverpflichteten ist außerhalb der deutschen Grenzen kaum möglich. Beitreibungsversuche können sich jedoch auf dessen **inländisches Vermögen** erstrecken.

---

327 EuGH, Urt. v. 9.9.2015, C-4/14, FamRZ 2015, 1866; dazu *Finger*, NZFam 2015, 983; ferner *Streicher*, FamRB 2016, 50.

328 *Rauscher*, NZFam 2015, 95.

329 Zuständig ist der Urkundsbeamte der Geschäftsstelle, § 48 IntFamRVG.

330 *Streicher*, FamRB 2016, 50; ausführlich Heilmann/*Schweppe*, Art. 41 Brüssel IIa-VO Rn. 6 ff.

331 BGH, Beschl. v. 30.9.2015, XII ZB 635/14, FamRZ 2015, 2147 mit Anm. *Giers*; dazu *Dimmler*, FamRB 2016, 15.

IV. Boykottierter Umgang: Was hilft?

1. Alternative Strategien

Die zwangsweise Durchsetzung von Umgangsregelungen ist kompliziert, 656 selten erfolgreich und dem Kindeswohl nicht immer dienlich.[332] In Fällen eines **hartnäckigen Umgangsboykotts** stoßen das Familiengericht und damit der Rechtsstaat vielfach an die Grenzen ihrer Möglichkeiten – auch weil der verweigernde Elternteil häufig eine psychische Auffälligkeit aufweist, die einer (nicht erzwingbaren) therapeutischen Behandlung bedürfte.[333] Daher sollten im Einzelfall **alternative Strategien**[334] versucht werden, wenngleich auch hieran keine zu hohen Erwartungen gestellt werden dürfen. Doch bevor etwa ein gänzlicher **Umgangsausschluss** angeordnet wird, müssen **mildere Eingriffe** in die Elternrechte in Betracht gezogen werden.[335]

a) Vermittlungsverfahren

Die Durchführung eines **Vermittlungsverfahrens** nach § 165 FamFG 657 ist **nicht** Voraussetzung für die Festsetzung von Ordnungsmitteln. § 92 Abs. 3 FamFG stellt klar, dass das Vermittlungsverfahren und das Vollstreckungsverfahren zwei voneinander unabhängige Verfahrensarten sind. Wenn also die Umgangsregelung nicht umgesetzt wird, kann der Berechtigte das Gericht anrufen, das dann ein Vermittlungsverfahren einleitet. Dessen Erfolgsaussichten dürfen allerdings nach aller Erfahrung eher als gering eingestuft werden.

b) Begleiteter Umgang

Nicht selten werden die Umgangskontakte aus Gründen möglicher 658 **Kindeswohlgefährdung** verweigert. Der betreuende Elternteil befürchtet beispielsweise – berechtigt oder unberechtigt –, dass das Kind ins Ausland verbracht oder sexuell missbraucht[336] wird oder wegen einer psychischen Erkrankung oder Alkohol- oder Drogenmissbrauchs des Umgangsberechtigten[337] in Gefahr gerät. Bis entsprechende Behauptungen verifiziert sind, vergeht häufig viel Zeit. Hier vermag der (in § 1684 Abs. 4 S. 3 und 4 BGB ausdrücklich geregelte) **Umgang in Gegenwart einer Vertrauensperson**, die dem Umgangsverpflichteten (und auch dem Kind) ein Gefühl der Si-

332 Rn. 461 ff.

333 Dazu auch *Barschel*, NZFam 2015, 623, 624.

334 Eingehend *Balloff*, FPR 2013, 303; *Gottschalk*, FPR 2007, 308.

335 Etwa eine **Umgangspflegschaft**, OLG Brandenburg, Beschl. v. 6.10.2015, 10 UF 57/13, FuR 2016, 303; vgl. auch BGH, Beschl. v. 26.10.2011, XII ZB 247/11, FamRZ 2012, 99; BbgVerfG, Beschl. v. 16.12.2016, 55/16, BeckRS 2016, 112909.

336 Vgl. OLG Schleswig, Beschl. v. 16.4.2014, 8 UF 81/13, FamRZ 2015, 62 = NZFam 2014, 910; *Ehmke*, NZFam 2016, 1132; *Keuter*, JAmt 2011, 373.

337 Dazu OLG Dresden, Beschl. v. 6.9.2016, 18 UF 342/16, ZKJ 2017, 112, dazu *Hennemann*, NZFam 2016, 1203.

cherheit gibt, der drohenden Entfremdung zwischen Kind und Umgangsberechtigtem vorzubeugen.[338]

659 Die **Terminologie** ist unterschiedlich:[339] Bezeichnungen wie „begleiteter", „betreuter" oder „unterstützter"[340] Umgang stehen für den Oberbegriff des Umgangs in Gegenwart eines mitwirkungsbereiten Dritten. Ein „behüteter", „beschützter", „beaufsichtigter", „überwachter" oder „kontrollierter" Umgang engt die Gestaltungsmöglichkeiten des Umgangsberechtigten noch stärker ein. Derartige Besuchsformen bieten sich bei bereits bestehender starker Entfremdung, Entführungsgefahr oder bei Gefahr unangemessener Beeinflussung oder Misshandlung des Kindes an.

Freilich kann die Durchführung eines vom Familiengericht befürworteten begleiteten Umgang daran scheitern, dass sich das **Jugendamt** weigert, die Kosten des „mitwirkungsbereiten Dritten" (§ 1684 Abs. 4 S. 3 BGB) zu tragen.[341]

c) Umgangspflegschaft

660 Nach **§ 1684 Abs. 3 BGB** kann das Familiengericht bei dauerhafter oder wiederholter Verletzung der Wohlverhaltenspflicht nach Abs. 2 auch eine (zu befristende)[342] Pflegschaft für die Durchführung des Umgangs anordnen.[343] Diese Umgangspflegschaft umfasst das Recht, die **Herausgabe** des Kindes zur Durchführung des Umgangs zu verlangen und für die Dauer des Umgangs dessen **Aufenthalt** zu bestimmen.

Die **Umgangspflegschaft** ist durch jüngere Entscheidungen des **BGH**[344] und des **BVerfG**[345] verstärkt in den Fokus gerückt, weil sie gegenüber Eingriffen in das Sorgerecht eines Elternteils als das **mildere Mittel** gesehen wird: Vor Entziehung des (gesamten) Aufenthaltsbestimmungsrechts wegen Umgangsvereitelung ist eine Umgangspflegschaft einzurichten. Davon kann nur bei offensichtlicher Aussichtslosigkeit abgesehen werden.[346]

---

338 Grundlegend *Fthenakis* (Herausgeber), Begleiteter Umgang von Kindern, Handbuch, 2008; ferner *Luthin*, FamRB 2016, 69.

339 Vgl. das Glossar in: „Deutsche Standards zum begleiteten Umgang", S. 28; ferner *Vergho*, FPR 2007, 296, 297; *Luthin*, a.a.O.

340 AG Tempelhof-Kreuzberg, Beschl. v. 19.9.2002, 142 F 1693/01, FamRZ 2003, 948.

341 Zu dieser Problematik *Dürbeck*, ZKJ 2015, 457; *Keuter*, JAmt 2011, 373.

342 Vgl. etwa OLG Köln, Beschl. v. 16.11.2012, 25 UF 143/12, BeckRS 2013, 07154.

343 Eingehend *Kaufhold/Hornung*, ZKJ 2017, 97; *Prenzlow*, ZKJ 2017, 125 ff., 166 ff. mit einer Bestandsaufnahme.

344 BGH, Beschl. v. 26.10.2011, XII ZB 247/11, FamRZ 2012, 99; dazu *Hennemann*, FamFR 2012, 71; *Heilmann*, ZKJ 2012, 105.

345 BVerfG, Beschl. v. 28.2.2012, 1 BvR 3116/11, FamRZ 2012, 1127; dazu *Ernst*, FamFR 2012, 211; *Coester*, ZKJ 2012, 182.

346 BGH, a.a.O.; zum **Schmerzensgeldanspruch** gegen den **Umgangspfleger** wegen einer Verletzung des Umgangsrechts vgl. OLG Köln, Beschl. v. 16.10.2014, 19 U 45/14, FamRZ 2015, 971.

d) Anordnung von Therapien

§ 1684 BGB gestattet dem Familiengericht zwar weitgehende Anordnungen zur Durchführung und Sicherung des Umgangsrechts, nach allgemeiner Meinung jedoch **nicht** die Anordnung einer **Familientherapie** oder die Verpflichtung der Eltern zur Inanspruchnahme psychologisch-pädagogischer **Beratung oder Mediation**.[347] Bereits das **BVerfG**[348] hatte entschieden, es fehle der gerichtlichen Anordnung, dass sich ein **Elternteil** wegen eingeschränkter Erziehungsfähigkeit einer Psychotherapie unterziehen solle, an einer Gesetzesgrundlage; eine solche Weisung stelle einen Eingriff in das allgemeine Persönlichkeitsrecht des Betroffenen dar. Bedenklich ist es daher, wenn das Gericht der Mutter aufgibt, „ihre bestehenden Ängste vor der Gewährung des Umgangs **psychotherapeutisch** behandeln zu lassen".[349] **661**

Praxistipp: Doch gilt dies nur bezüglich der **Eltern**: Das **BVerfG**[350] hat demgegenüber moniert, dass das Familiengericht – statt des Sorgerechtsentzugs – nicht (auch) eine **Therapieauflage** in Betracht gezogen hatte, wonach der Mutter auferlegt wird, die **Kinder** einer therapeutischen Behandlung zuzuführen, um die Umgangskontakte mit dem Vater zu fördern.

e) Änderung der elterlichen Sorge

In besonders schwierigen Fällen kann wegen offen zu Tage tretender Zweifel an der Erziehungsfähigkeit des betreuenden Elternteils als letztes Mittel die **Abänderung der Sorgerechtsregelung** bzw. eine erstmalige Entscheidung über die elterliche Sorge in Erwägung gezogen werden (§§ 1666, 1666a, 1696 BGB).[351] Allerdings rechtfertigt ein Fehlverhalten grundsätzlich **nicht** die Entziehung des Sorgerechts im Wege der **einstweiligen Anordnung**.[352] **662**

In Betracht kommt zunächst die Übertragung des **Aufenthaltsbestimmungsrechts**, schließlich aber auch die **Übertragung der elterlichen Sorge insgesamt** auf den anderen Elternteil. Bei einer solchen Entscheidung muss abgewogen werden zwischen den Gefahren, die sich für das Kindeswohl aus der Beibehaltung der bisherigen Situation ergeben, und den Gefahren, die durch einen Wechsel der Lebensumstände des Kindes insgesamt drohen.[353]

---

347 OLG Hamm, Beschl. v. 19.3.2012, 8 UF 43/12, BeckRS 2012, 10098, dazu *van Els*, FamFR 2012, 308.

348 BVerfG, Beschl. v. 1.12.2010, 1 BvR 1572/10, NJW 2011, 1661, dazu *Burschel*, FamFR 2011, 167.

349 OLG Hamm, Beschl. v. 10.5.2010, 6 WF 184/09, FamRZ 2010, 1574 mit Anm. der *Red.*

350 BVerfG, Beschl. v. 28.2.2012, 1 BvR 3116/11, FamRZ 2012, 1127 a.E.

351 Dazu OLG Frankfurt, Beschl. v. 28.3.2011, 2 UF 109/10, BeckRS 2011, 10903.

352 KG, Beschl. v. 18.6.2010, 19 UF 22/10, FamRZ 2010, 1749.

353 *Haußleiter*, NJW-Spezial 2007, 151, 152; ferner *Gottschalk*, FPR 2007, 308, 310 m.w.N.

Fraglich ist hierbei der Stellenwert des wichtigen **Kontinuitätsgrundsatzes**: Jedenfalls hat der **BGH**[354] betont, den Bindungen des Kindes an die Mutter sowie dem Gedanken der **Erziehungskontinuität** im Haushalt der Mutter seien ein so hohes Gewicht beizumessen, dass diese Gesichtspunkte ein erzieherisches Versagen der Mutter in Teilbereichen, etwa in Bezug auf den Erhalt der Bindungen zum Vater, insgesamt überwiegen können.

663 Zudem gilt bei Eingriffen in das Sorgerecht in besonderem Maße der **Verhältnismäßigkeitsgrundsatz**: Auch bei Wahl des mildesten Mittels hat ein Eingriff in das Sorgerecht zu unterbleiben, wenn dieser mit anderweitigen Beeinträchtigungen des Kindeswohls einhergeht und bei einer **Gesamtbetrachtung** zu keiner Verbesserung der Situation des gefährdeten Kindes führt.[355]

Freilich darf hierbei nicht übersehen werden, dass nach h.M. die **Umgangspflegschaft** selbst einen **Eingriff in das elterliche Sorgerecht** darstellt.[356] Denn der Umgangspfleger hat die gesetzliche Befugnis, die Herausgabe des Kindes zur Durchführung des Umgangs zu verlangen und für die Dauer des Umgangs dessen Aufenthalt zu bestimmen (§ 1684 Abs. 3 S. 4 BGB). Er nimmt insoweit Rechte des Sorgerechtsinhabers wahr.[357]

f) Verwirkung des Unterhaltsanspruchs

664 Bei fortgesetzter massiver und schuldhafter Vereitelung des Umgangsrechts kann neben den Sanktionen, die direkt die Ausübung des Umgangsrechts bzw. die elterliche Sorge beeinflussen, auch eine (vollständige oder teilweise) **Verwirkung** des Anspruchs auf **Ehegattenunterhalt nach § 1579 Nr. 7 BGB** in Frage kommen. Dazu muss sich der Verstoß gegen die Wohlverhaltenspflicht durch den betreuenden Elternteil als ein offensichtlich schwerwiegendes, eindeutig bei ihm liegendes Fehlverhalten gegen den unterhaltsrechtlich verpflichteten Umgangsberechtigten darstellen.[358]

Um die Kindesbelange zu wahren, kommt eine Unterhaltsversagung bzw. eine Kürzung nur dann in Betracht, wenn die Pflege und Erziehung des Kindes gleichwohl gesichert bleiben. Dabei wird man in der Regel zu

---

354 BGH, Beschl. v. 12.12.2007, XII ZB 158/05, FamRZ 2008, 592 mit Anm. *Luthin*;.

355 BGH, Beschl. v. 26.10.2011, XII ZB 247/11, FamRZ 2012, 99; ferner BVerfG, Beschl. v. 28.2.2012, 1 BvR 3116/11, FamRZ 2012, 1127.

356 BGH, Beschl. v. 6.7.2016, XII ZB 47/15, FamRZ 2016, 1752 m. Anm. *Lack*; OLG Schleswig, Beschl. v. 3.3.2011, 15 UF 2/11, FamRZ 2012, 151; *Gottschalk*, ZKJ 2016, 466.

357 *Heilmann*, ZKJ 2012, 105, 106; a.A. OLG Schleswig, Beschl. vom 12.7.2016, 8 UF 133/16, ZKJ 2016, 464 m.w.N.

358 BGH, Urt. v. 14.3.2007, XII ZR 158/04, NJW 2007, 1969; OLG München, Urt. v. 14.2.2006, 4 UF 193/05, FamRZ 2006, 1605; OLG Saarbrücken, Beschl. v. 16.11.2011, 6 UF 126/11, FamRZ 2012, 884; *Haußleiter*, NJW-Spezial 2007, 151, 152; *Gottschalk*, FPR 2007, 308, 310 m.w.N.

dem Ergebnis kommen, dass dem betreuenden Elternteil der **Mindestunterhalt** verbleiben muss.[359]

2. Schadensersatz

Erwachsen dem umgangsberechtigten Elternteil dadurch finanziellen Nachteile, dass ihm der Umgang nicht in der vorgesehenen Art und Weise gewährt wurde, kann er von dem anderen nach einhelliger Auffassung grundsätzlich **Schadensersatz** verlangen.[360] Meist geht es um Ansprüche auf Ersatz unnötig angefallener **Fahrtkosten**, mitunter auch des Verdienstausfalls. Rechtsgrundlage ist § 280 BGB i.V.m. den allgemeinen Rücksichtspflichten aus einem Schuldverhältnis, welche insbesondere durch die Wohlverhaltenspflicht des § 1684 Abs. 2 BGB konkretisiert werden.[361] **665**

Verfahren, die solche „aus dem Umgangsrecht herrührende Ansprüche betreffen", sind nach § 266 Abs. 1 Nr. 5 FamFG **sonstige Familiensachen**.

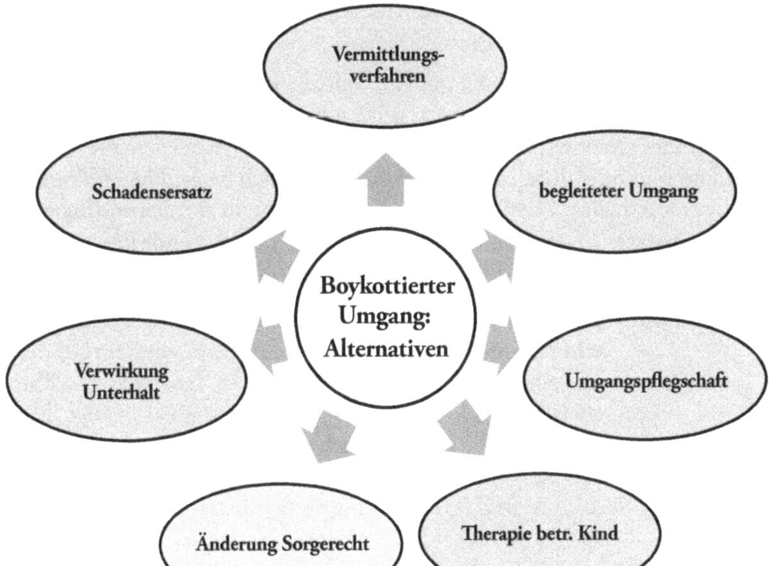

359 OLG Nürnberg, Urt. v. 8.2.1994, 11 UF 2641/93, FamRZ 1994, 1393 = NJW 1994, 2964; OLG Karlsruhe, Beschl. v. 11.11.1997, 2 UF 62/97, FamRZ 1999, 92; *Gottschalk*, a.a.O.

360 BGH, Urt. v. 19.6.2002, XII ZR 173/00, FamRZ 2002, 1099 m.w.N.; eingehend *Heiderhoff*, FamRZ 2004, 324.

361 OLG Frankfurt, Beschl. v. 21.7.2015, 4 UF 379/14, FamRZ 2016, 387; OLG Köln, Beschl. v. 4.7.2014, 4 UF 22/13, FamRZ 2015, 151.

M. Unterhaltssachen

I. Umschreibung von Unterhaltstiteln

1. Vollstreckungsvereinfachung

666 Nach § 750 Abs. 1 ZPO darf die Zwangsvollstreckung grundsätzlich nur beginnen, wenn die Personen, für und gegen die sie stattfinden soll, in dem vollstreckbaren Titel namentlich bezeichnet sind. Gerade in Unterhaltssachen kommt es indes gelegentlich zu einem Austausch des **Gläubigers**, insbesondere wegen **Wegfalls der Verfahrensstandschaft** oder durch **Forderungsübergang** kraft Gesetzes. Doch auch auf Seiten des **Schuldners** kann ein Wechsel stattfinden, etwa im Falle seines Todes. In diesen Fällen ist zu prüfen, ob der Titel auf den **Rechtsnachfolger übertragen** werden kann: Um nämlich zu vermeiden, dass dieser zur Erlangung einen eigenen Vollstreckungstitels ein weiteres Verfahren anstrengen muss, schafft **§ 727 ZPO** unter den dort genannten Voraussetzungen eine einfache, schnelle und kostengünstige Möglichkeit, den existierenden Titel der materiellen Rechtslage anzupassen.[362]

667 Nach § 727 Abs. 1 ZPO kann eine vollstreckbare Ausfertigung für den **Rechtsnachfolger** des in dem Beschluss bezeichneten **Gläubigers oder Schuldners** erteilt werden, sofern die Rechtsnachfolge bei dem Gericht offenkundig ist oder durch öffentliche oder öffentlich beglaubigte Urkunden nachgewiesen wird. Die Vorschrift gilt entsprechend für **urkundliche** Titel, die **notariell** oder von der Urkundsperson des **Jugendamts** errichtet worden sind (§ 795 S. 1 ZPO, § 60 S. 3 SGB VIII).[363]

Praxistipp: § 727 ZPO ist auf **Pfändungs- und Überweisungsbeschlüsse nicht** anzuwenden.[364] Das bedeutet: Um aus dem von einem früheren Gläubiger bereits erwirkten Beschluss noch vorzugehen, genügt es, den zugrunde liegenden **Titel** gemäß § 727 ZPO **umschreiben** zu lassen. Dabei kann sich der **Hinweis** empfehlen, dass die Rechte aus Pfändungs- und Überweisungsbeschlüssen als Nebenrechte nach § 401 Abs. 1 BGB automatisch auf den neuen Gläubiger übergehen.[365]

---

362 BGH, Beschl. v. 23.9.2015, XII ZB 62/14, FamRZ 2015, 2150.

363 Hierzu DIJuF-Rechtsgutachten v. 29.12.2015, JAmt 2016, 124.

364 BGH, Beschl. v. 21.9.2016, VII ZB 45/15, MDR 2016, 1411.

365 *Fischer*, MDR 2017, 14.

2. Verfahrensstandschaft

a) Vollstreckungsbefugnis

Sobald die miteinander verheirateten Eltern des Kindes getrennt leben, begründet **§ 1629 Abs. 3 S. 1 BGB** bis zum rechtskräftigen Abschluss des Scheidungsverfahrens eine **gesetzliche Verfahrensstandschaft** des betreuenden Elternteils: Dieser muss **Kindesunterhaltsansprüche** gegen den anderen Elternteil im eigenen Namen geltend machen. Entsprechendes gilt für Passivverfahren, etwa den negativen Feststellungsantrag oder den Abänderungsantrag des anderen Elternteils. Ein von dem Verfahrensstandschafter erwirkter Unterhaltstitel wirkt für und gegen das Kind (§ 1629 Abs. 3 S. 2 BGB). Mit dieser gesetzlichen Verfahrensstandschaft geht auch eine entsprechende **Vollstreckungsbefugnis** einher. **668**

Solange die **Verfahrensstandschaft andauert**, gilt für die **Zwangsvollstreckung**:

- Lautet der Titel ausnahmsweise und ungeachtet der gesetzlichen Verfahrensstandschaft auf den Namen der **minderjährigen Kinder**, die bei ihrer getrennt lebenden Mutter wohnen, so sind die Kinder Titelgläubiger. Die Mutter kann hieraus nur nach vorheriger **Umschreibung** der Vollstreckungsklausel auf sich die Vollstreckung betreiben.[366]
- Hat – wie regelmäßig – die **Mutter** den Titel gemäß § 1629 Abs. 3 BGB im **eigenen** Namen erstritten, so bleibt sie vollstreckungsbefugt, solange dem Inhaber des materiellen Anspruchs keine Klausel erteilt worden ist (**„Vollstreckungsstandschaft“**).[367] Bis dahin kann das unterhaltsberechtigte Kind auch keine **weitere** vollstreckbare Ausfertigung des Unterhaltstitels verlangen.[368]

b) Wegfall der Verfahrensstandschaft

Ist die **Verfahrensstandschaft** durch Rechtskraft der **Scheidung beendet**, so bleibt die **Vollstreckungsbefugnis** erhalten, weil die Vertretungsberechtigung des Elternteils fortbesteht und sich für den Titelschuldner durch diese Entwicklung in tatsächlicher Hinsicht nichts ändert.[369] Allerdings kann ein minderjähriges Kind, dessen Mutter nach § 1629 Abs. 3 **669**

---

366 AG Berlin-Tempelhof-Kreuzberg, Beschl. v. 21.12.2001, 36 M 2878/01, DGVZ 2002, 44; vgl. auch *Roßmann*, jM 2015, 55,60.

367 OLG Hamm, Beschl. v. 23.12.2015, 2 WF 198/15, FamRZ 2016, 1100, dazu *Holznagel*, NZFam 2016, 370; *Schmitz* in: Wendl/Dose, § 10 Rn. 52.

368 OLG Koblenz, Beschl. v. 4.2.2014, 13 WF 83/14, MDR 2014, 596.

369 OLG Hamm, Beschl. v. 3.6.2015, 2 WF 81/15, FuR 2016, 180, dazu *Kugler*, NZFam 2016, 332.

BGB einen Unterhaltstitel erwirkt hat, die **Umschreibung** des Titels auf seinen Namen beantragen.[370]

Hingegen enden mit Eintritt der **Volljährigkeit** des Kindes, bei einem **Obhutswechsel** wie auch bei einem **Entzug der elterlichen Sorge**[371] die **Verfahrensstandschaft** und damit auch die **Vollstreckungsbefugnis** des Elternteils.[372] Dies betrifft auch den **rückständigen** Kindesunterhalt.[373] Der weiterhin wirksame Titel kann (und muss) auf das volljährige Kind **umgeschrieben** werden (§ 120 Abs. 1 FamFG, § 727 ZPO).

Praxistipp: In diesen Fällen sollte im Hinblick auf einen durchaus möglichen **Interessengegensatz** stets geprüft werden, ob der Rechtsanwalt, der bislang Mutter und Kind vertreten hat, weiterhin beide Personen vertreten darf.[374]

670 Den **Wegfall** der Vollstreckungsbefugnis kann der Unterhaltsschuldner mit einem **Vollstreckungsabwehrantrag** (§ 767 ZPO) gegenüber dem weiter die Zwangsvollstreckung betreibenden Elternteil einwenden.[375] Dabei entfällt das **Rechtsschutzbedürfnis** für einen solchen Antrag **nicht** deswegen, weil der bisherige Titelgläubiger nicht beabsichtigt, die Zwangsvollstreckung aus der in seinem Besitz befindlichen **Teilausfertigung** des Vergleichs noch zu betreiben.[376] Auch für diese Verfahren ist die ausschließliche örtliche **Zuständigkeit** nach § 232 Abs. 1 Nr. 2 FamFG zu beachten.

Praxistipp: Die aufgezeigten Komplikationen lassen sich weitgehend vermeiden, wenn der im Unterhaltstitel ausgewiesene Elternteil auch den rückständigen Unterhalt **zügig vollstreckt**. Zwar kann noch offener Unterhalt grundsätzlich im Wege des **familienrechtlichen Ausgleichsanspruchs** geltend gemacht werden, jedoch nur in einem neuen Verfahren. Ein Auswechseln **titulierter** Ansprüche ist nicht möglich.[377]

---

370 OLG Hamm, Beschl. v. 23.12.2015, 2 WF 198/15, FamRZ 2016, 1100; OLG Saarbrücken, Beschl. v. 9.3.2007, 9 WF 19/07, FamRZ 2007, 1829.

371 OLG Jena, Beschl. v. 7.1.2013, 1 WF 410/12, FamRZ 2014, 867.

372 BGH, Beschl. v. 19.6.2013, XII ZB 39/11, FamRZ 2013, 1378; OLG Hamm, Beschl. v. 23.12.2015, 2 WF 198/15, FamRZ 2016, 1100, dazu *Roggatz*, jurisPR-FamR 10/2016 Anm. 3.

373 OLG Hamm, a.a.O.

374 Dazu *Viefhues*, FF 2008, 294, 297; *Roessink*, FPR 2008, 367, 370.

375 Ganz h.M., OLG Hamm, Beschl. v. 3.6.2015, 2 WF 81/15, FuR 2016, 180; OLG Jena, Beschl. v. 7.1.2013, 1 WF 410/12, FamRZ 2014, 867.

376 OLG Hamm, Beschl. v. 23.12.2015, 2 WF 198/15, FamRZ 2016, 1100.

377 *Schmitz* in: Wendl/Dose, § 10 Rn. 52.

Den Einwand **fehlender Leistungsfähigkeit** kann der Unterhaltsschuldner lediglich in einem **Abänderungsverfahren** nach § 238 FamFG gegen das Kind geltend machen.[378] Die Darlegungs- und Beweislast für das Fortbestehen der Unterhaltspflicht trägt das Kind.[379] 671

3. Forderungsübergang bei Sozialleistungen

a) Leistungen nach dem UVG

Ist das unterhaltsberechtigte Kind im Besitz eines Unterhaltstitels und bezieht es Leistungen nach dem **Unterhaltsvorschussgesetz**, so kann das die Leistungen gewährende Land aufgrund des gesetzlichen Forderungsübergangs nach § 7 Abs. 1 UVG als **Rechtsnachfolger** die **Umschreibung** der Vollstreckungsklausel gemäß §§ 120 FamFG, 727 ZPO erreichen.[380] 672

Schwieriger zu beurteilen ist hingegen der **umgekehrte Fall**: 673

Beispiel: Das Land, vertreten durch Kreis oder Stadt, hat aufgrund bewilligter Leistungen nach dem **Unterhaltsvorschussgesetz** als Antragsteller im vereinfachten Unterhaltsverfahren beim Familiengericht einen Unterhaltstitel für ein Kind auch für **zukünftige Leistungen** gemäß § 7 Abs. 4 UVG erlangt. Später wird die Gewährung von **Unterhaltsvorschussleistungen eingestellt** und beantragt, die Vollstreckungsklausel auf den entsprechenden Leistungszeitraum zu begrenzen. Für die Folgezeit verzichtet das Land auf Ansprüche aus dem Unterhaltstitel und gibt die vollstreckbare Ausfertigung zurück.

Kann nun das unterhaltsberechtigte **Kind** (oder sein Beistand gemäß § 1712 BGB) beantragen, ihm eine zur Zwangsvollstreckung geeignete **Teilausfertigung** zu erteilen?

Eine **unmittelbare Anwendung des § 727 ZPO scheidet** in diesem Fall **aus**. Denn eine Rechtsnachfolgeklausel ist nur zu erteilen, wenn der Antragsteller Rechtsnachfolger des Gläubigers gerade im Hinblick auf die titulierte Forderung geworden ist. Die titulierten Unterhaltsansprüche sind nicht vom Land auf das Kind übergegangen.[381]

Doch nach der neuen Rechtsprechung des **BGH**[382] kann der vom Land erstrittene Unterhaltstitel im Wege einer **analogen** Anwendung des § 727 ZPO auf das unterhaltsberechtigte Kind **umgeschrieben** werden. Eine planwidrige Gesetzeslücke liege nicht vor. Dabei sei unerheblich, ob das Land seinen Unterhaltstitel nach § 7 Abs. 4 UVG auf Grund einer gesetz- 674

---

378 OLG Hamm, a.a.O.; einschränkend KG, Beschl. v. 13.7.2015, 25 UF 57/15, FamRZ 2016, 379.

379 OLG Köln, Beschl. v. 31.7.2012, 4 UF 57/12, FamRZ 2013, 793 (LS), dazu *Bruns*, FamFR 2012, 438; KG, a.a.O.

380 OLG Koblenz, Beschl. v. 7.12.2016, 11 WF 1095/16, FamRZ 2017, 740 (LS) = BeckRS 2016, 110688.

381 So aber OLG Karlsruhe, Beschl. v. 25.2.2004, 16 WF 188/03, FamRZ 2004, 1796.

382 BGH, Beschl. v. 23.9.2015, XII ZB 62/14, FamRZ 2015, 2150 mit Anm. *Seiler*, dazu *Günther*, NZFam 2015, 1063; *Bömelburg*, FF 2016, 70; *Giers*, FamRB 2016, 90.

lichen Verfahrensstandschaft oder aus eigenem Recht erstritten habe. Für eine analoge Anwendung von § 727 ZPO sprächen auch **verfahrensökonomische** Gründe. Dem Kind sei nicht zuzumuten, nach Wegfall der Vorschussleistungen ein neues Unterhaltsverfahren einzuleiten, um einen Vollstreckungstitel zu erhalten, in dem es als Gläubiger ausgewiesen werde.[383]

Praxistipp: Um der Gefahr doppelter Inanspruchnahme zu entgehen, kann und muss der Schuldner im Wege des **Vollstreckungsabwehrverfahrens** nach §§ 120 FamFG, 767 ZPO einwenden, das Land sei mangels Vorschussleistungen materiell nicht mehr berechtigt.

b) Leistungen des Sozialhilfeträgers

675 Haben Empfänger von **Sozialhilfe** (SGB XII) oder von **Leistungen zur Sicherung des Lebensunterhalts** (SGB II) für den Leistungszeitraum einen (Unterhalts-)Anspruch gegen einen Dritten, geht dieser Anspruch bis zur Höhe der geleisteten Aufwendungen auf die Träger der Leistungen über.[384] Ein vorhandener **Titel** kann nach § 727 ZPO auf den öffentlichen Träger grundsätzlich **umgeschrieben** werden. Hierbei muss dieser das Nichtvorliegen des Ausschlussgrundes des § 33 Abs. 2 S. 3 SGB II (Unterhaltsschuldner ist seinerseits nicht sozialhilfebedürftig) mangels Offenkundigkeit nicht durch öffentliche oder öffentlich beglaubigte Urkunden nachweisen.[385]

676 Hat hingegen der **Sozialleistungsträger** einen **Unterhaltstitel** nach § 33 Abs. 3 S. 2 SGB II und § 94 Abs. 4 S. 2 SGB XII erlangt, so kann dieser nach Einstellung der Sozialhilfe auf das unterhaltsberechtigte Kind gemäß §§ 120 FamFG, 727 ZPO analog **umgeschrieben** werden. Da die Vorschriften des SGB eine dem § 7 Abs. 4 S. 1 UVG entsprechende Regelung enthalten, ist die Rechtsprechung des **BGH**[386] zu § 7 UVG auf diese Fälle deshalb ebenfalls anzuwenden.[387]

Praxistipp: Statt dieser zivilrechtlichen Vollstreckungsmöglichkeiten können die Sozialleistungsträger grundsätzlich im Wege der **Verwaltungsvollstreckung** nach „Selbsttitulierung" übergeleitete Ansprüche gegen den Unterhaltsschuldner durchsetzen.[388]

---

383 BGH, a.a.O.

384 § 94 Abs. 1 SGB XII bezüglich der Sozialhilfe, § 33 Abs. 1 SGB II bezüglich der Sicherung des Lebensunterhalts.

385 OLG Stuttgart, Beschl. v. 13.8.2012, 8 WF 88/11, FamRZ 2013, 655; a.A. OLG Dresden, Beschl. v. 8.11.2016, 20 UF 683/16, FamRZ 2017, 740, ablehnend dazu *Wersig*, NZFam 2017, 80.

386 BGH, Beschl. v. 23.9.2015, XII ZB 62/14, FamRZ 2015, 2150.

387 *Günther*, NZFam 2015, 1063; zur **Rückübertragungsvereinbarung** vgl. OLG Bremen, Beschl. v. 16.12.2016, 4 UF 91/16, FamRZ 2017, 805.

388 Rn. 708.

4. Umschreibung gegen Erben des Unterhaltsschuldners

Eine nacheheliche Unterhaltsverpflichtung geht nach **§ 1586b BGB** mit dem **Tod des Erblassers** als Nachlassverbindlichkeit auf den oder die Erben über.[389] Hat der Unterhaltsberechtigte bereits einen Titel gegen den Unterhaltspflichtigen erwirkt, so muss nach dessen Tod der Anspruch gegen den Erben nicht neu tituliert werden. Vielmehr ist eine **Umschreibung** des vorhandenen Titels nach §§ 120 FamFG, 727 ZPO zulässig. Nur diese Möglichkeit entspreche dem Willen des Gesetzgebers, eine dauerhafte Sicherung des Unterhaltsberechtigten über den Tod des Pflichtigen hinaus zu schaffen.[390] **677**

Ein auf einer gesetzlichen Unterhaltsverpflichtung beruhender Unterhaltstitel kann nach dem Tod des Unterhaltsschuldners und seines Erben unmittelbar gegen den **Erbeserben** umgeschrieben werden, ohne dass zuvor eine Umschreibung auf den Erben erfolgt ist.[391] **678**

Unterliegt der Nachlass der **Testamentsvollstreckung**, muss der Titel auf den Testamentsvollstrecker umgeschrieben werden (§§ 748, 749 ZPO).

II. Auslandsbezug

1. Grenzüberschreitende Unterhaltsvollstreckung

Die gewachsene Mobilität der Bürger wie auch die Zunahme binationaler Ehen und Partnerschaften machen immer häufiger eine Unterhaltsvollstreckung über die Ländergrenzen hinweg erforderlich. So kann ein Beteiligter seinen Wohnsitz oder Aufenthalt ins Ausland verlegt haben. Oder es soll in Auslandsvermögen des Unterhaltsschuldners vollstreckt werden. Entsprechend der Bedeutung des Unterhalts für den jeweiligen Berechtigten ist die **Auslandsvollstreckung** durch ein System supranationaler und innerstaatlicher Regelungen grundsätzlich **erleichtert** worden, zuletzt durch die **Europäische Unterhaltsverordnung (EuUntVO)**[392] und das neu gefasste **Auslandsunterhaltsgesetz (AUG)**.[393] Allerdings verändert **679**

---

389 Hierzu *Horndasch*, NJW 2015, 2168.

390 BGH, Beschl. v. 4.8.2004, XII ZB 38/04, FamRZ 2004, 1546; OLG Stuttgart, Beschl. v. 3.2.2004, 8 WF 114/03, FamRZ 2004, 1220; eingehend *Heiß*, NZFam 2016, 485, 490; ferner *Schnitzler*, FF 2005, 52.

391 OLG Koblenz, Beschl. v. 15.7.2003, 11 WF 520/03, FamRZ 2004, 557 mit Anm. *Diener*.

392 Verordnung (EG) Nr. 4/2009 des Rates v. 18.12.2008 über die Zuständigkeit, das anwendbare Recht, die Anerkennung und Vollstreckung von Entscheidungen und die Zusammenarbeit in Unterhaltssachen, ABl EU 2009 Nr. L 7, 1 ff.

393 Gesetz zur Geltendmachung von Unterhaltsansprüchen im Verkehr mit ausländischen Staaten (Auslandsunterhaltsgesetz) v. 23.5.2011, BGBl I 2011, 898; eingehend dazu *Heger/Selg*, FamRZ 2011, 1101; *Andrae*, NJW 2011, 2545; *Hoff/Schmidt*, JAmt 2011, 433; *Heger*, ZKJ 2010, 52; ferner *Breuer*, FamRB 2014, 30.

sich die Rechtslage aufgrund neuer Verordnungen, Gesetze und Abkommen immer wieder. Den Überblick zu wahren, fällt entsprechend schwer.[394]

Praxistipp: Aus diesem Grund müssen Entscheidungen und Fachliteratur, deren Erscheinen bereits einige Jahre zurückliegt, durchaus „mit Vorsicht" betrachtet werden. So dürfte vielfach nicht berücksichtigt sein, dass das **Haager Unterhaltsübereinkommen von 2007 (HUÜ 2007)**[395] am 1.8. 2014 für die EU-Mitgliedstaaten[396] und Anfang 2017 für die USA[397] und die Türkei in Kraft getreten ist. Beitritte anderer Staaten werden absehbar folgen.

2. Vollstreckung im Ausland

680 Im Vordergrund des Interesses wird meist die **Vollstreckung deutscher Unterhaltstitel im Ausland** stehen.

Praxistipp: Mitunter bereitet bereits die **Ermittlung der Anschrift** des Schuldners im Ausland Schwierigkeiten. Auch insoweit kann das **Bundesamt für Justiz** behilflich sein, im Übrigen auch die deutsche **Botschaft** des jeweiligen Landes.[398]

a) Vollstreckung in EU-Mitgliedstaaten

681 In den **EU-Mitgliedstaaten** (außer Dänemark)[399] war die Unterhaltsvollstreckung bislang in einem komplizierten Vollstreckbarerklärungsverfahren und nur bei unbestrittenen Forderungen in einem vereinfachten Verfahren möglich. Dies hat sich seit Inkrafttreten der **Europäischen Unterhaltsverordnung (EuUntVO)** am 18.6.2011 grundlegend geändert: Im Ursprungsmitgliedstaat vollstreckbare Unterhaltstitel werden wechselseitig „automatisch" anerkannt, ohne dass es Anerkennungsversagungsgründe gibt, und können auch **ohne Vollstreckbarerklärung** unmittelbar durchgesetzt werden. Es bedarf also auch nicht einer Bestätigung als Europäischer Vollstreckungstitel.[400] Voraussetzung hierfür ist allerdings, dass die

394 *Mankowski* (NZFam 2015, 346) spricht von den „neuen Leiden des Internationalen Unterhaltsverfahrensrechts"; *Heger* (ZKJ, 2010, 52, 53) fragt: „Auf welchem Gebiet sonst sprießt eine derartige Regelungsvielfalt?". Zur „Rechtsquellenvielfalt": *Hohloch*, FPR 2012, 495, 496.

395 Haager **Übereinkommen** über die internationale Geltendmachung der Unterhaltsansprüche von Kindern und anderen Familienangehörigen v. 23.11.2007 (**HUÜ 2007**), ABl. EU 2011 Nr. L 192, 51, in Kraft seit 18.6.2011, ebenso wie das Haager **Protokoll** über das auf Unterhaltspflichten anzuwendende Recht (**HUP 2007**).

396 Bedeutsam im Verhältnis zu beigetretenen **Nicht-EU-Staaten**.

397 Dazu *Schlauß/Meysen*, JAmt 2017, 2.

398 Zu weiteren Ermittlungsansätzen vgl. *Nohe*, FPR 2013, 31, 32.

399 Hierzu *Mankowski*, NZFam 2015, 346.

400 *Andrae*, NJW 2011, 2545.

betreffenden Staaten durch das **HUP 2007**[401] gebunden sind. Für die übrigen Mitgliedstaaten[402] ist nach den Art. 23 ff. EuUntVO auch künftig ein **Exequaturverfahren**[403] notwendig.[404]

Die Vollstreckung richtet sich gemäß Art. 41 Abs. 1 EuUntVO nach dem **nationalen Zwangsvollstreckungsrecht**. Zur Durchführung wurde das **Auslandsunterhaltsgesetz (AUG)** neu gefasst. Es regelt auch Vollstreckung deutscher Unterhaltstitel im Ausland (§§ 70–75 AUG). **682**

Praxistipp: Die Regelungen gelten grundsätzlich auch für „öffentliche Aufgaben wahrnehmende Einrichtungen", also für **Unterhaltsvorschusskassen** und Sozialbehörden (Art. 64 EuUntVO).[405]

Um aus einem deutschen Unterhaltstitel im Ausland vollstrecken zu können, bedarf es der Ausstellung der in **§ 71 AUG** aufgeführten **Bescheinigungen**. Der Titel kann optional mit einer **Vollstreckungsklausel** versehen werden, um auch eine inländische Vollstreckung zu ermöglichen. Dies ist insbesondere dann sinnvoll, wenn vollstreckungsfähiges Vermögen des Schuldners sowohl im Inland wie auch im Ausland belegen ist.[406]

Für entsprechende Gesuche, deren erforderlicher **Inhalt** sich aus Art. 57 EuUntVO ergibt, sind bestimmte **Formblätter**[407] zwingend zu verwenden. Die **Anträge** sind nicht direkt beim Bundesamt für Justiz, sondern bei dem zuständigen **Amtsgericht** einzureichen,[408] das eine kostenfreie Vorprüfung vornimmt. **683**

Auch die Tätigkeit der **zentralen Behörde** (Bundesamt für Justiz) als Übermittlungs- und Empfangsstellen der Anträge auf Unterstützung zur Durchsetzung von Unterhaltsansprüchen ist grundsätzlich **gebührenfrei**.[409]

Praxistipp: Dies gilt nicht für die häufig anfallenden **Übersetzungskosten** für Anträge und Unterlagen. Insofern kann und sollte um **Verfahrenskostenhilfe** nachgesucht werden.[410]

---

401 Haager **Protokoll** über das auf Unterhaltspflichten anzuwendende Recht **(HUP 2007)**, ABl. 2009 Nr. L 331 S. 19.

402 Dänemark und Großbritannien.

403 Eingehend *Dose* in: Wendl/Dose, § 9 Rn. 682.

404 *Dose* in: Wendl/Dose, § 9 Rn. 677; *Hohloch*, FPR 2012, 495, 497.

405 Eingehend *Martiny*, FamRZ 2014, 429; *Andrae*, FPR 2013, 38.

406 *Hess/Spancken*, FPR 2013, 27, 30.

407 Abrufbar unter https://e-justice.europa.eu/content_maintenance_obligations_forms-274-de.do.

408 Auch hier besteht eine **Zuständigkeitskonzentration** nach § 7 Abs. 1 AUG (Familiengericht am Sitz des OLG).

409 *Andrae*, NJW 2011, 2545, 2549, auch zum **Verfahren** im Einzelnen; ferner *Nohe*, FPR 2013, 31.

410 Hierzu *Andrae*, NJW 2011, 2545, 2550.

684 Sofern es sich bei dem zu vollstreckenden Titel um einen **dynamisierten Unterhaltstitel** nach § 1612a BGB handelt, ist der geschuldete Unterhalt auf Antrag des Gläubigers zu **beziffern** (§ 72 AUG i.V.m.§ 245 FamFG).

Bei Titeln in **abgekürzter** Form sind auf Antrag **Versäumnis- oder Anerkenntnisbeschlüsse, Arrestbefehle und einstweilige Anordnungen** nachträglich zu vervollständigen, d. h. mit Entscheidungsgründen zu versehen (§ 73 AUG).[411]

b) Vollstreckung in Drittstaaten

685 Auch um aus einem deutschen Unterhaltstitel in Nicht-EU-Staaten vollstrecken zu können, bedarf es der Ausstellung der in § 71 AUG aufgeführten **Bescheinigungen**.[412] Im Übrigen richtet sich die Vollstreckung nach dem Recht des jeweiligen Vollstreckungsstaats.[413]

Praxistipp: Bei Unterhaltsfällen mit Bezug zum außereuropäischen Ausland sollte von einer **außergerichtlichen** Titulierung Abstand genommen werden, weil die Vollstreckung **notarieller Urkunden** im Ausland Schwierigkeiten bereiten kann.[414]

3. Vollstreckung ausländischer Unterhaltstitel im Inland

a) Unterhaltstitel aus EU-Mitgliedstaaten

686 Auch in dieser Richtung gilt die **Europäische Unterhaltsverordnung (EuUntVO)**: Vollstreckbare Unterhaltsentscheidungen von Gerichten/Behörden eines Mitgliedstaates, der an das HUP gebunden ist,[415] sind in einem anderen Mitgliedstaat grundsätzlich **unmittelbar vollstreckbar**, ohne dass es der Vollstreckbarerklärung bedarf.[416] Problematisch ist hierbei, dass **Einwendungen des Schuldners**, insbesondere der Erfüllungseinwand, kaum berücksichtigungsfähig sind.[417]

Auf die **Vollstreckung** selbst ist gemäß Art. 41 EuUntVO das Recht des Vollstreckungsstaates anzuwenden.[418]

---

411 *Hess/Spancken*, FPR 2013, 27, 30.

412 Rn. 682.

413 Eine **Länderübersicht** findet sich unter „www.bundesjustizamt.de/auslandsunterhalt".

414 *Kilger/Pfeil* in: Göppinger/Börger, 5. Teil Rn. 62.

415 Nicht: Dänemark und Großbritannien, vgl. auch OLG Frankfurt, Beschl. v. 30.12.2015, 4 UF 268/15, FamRZ 2016, 1603 (Großbritannien).

416 Ausführlich *Hess/Spancken*, FPR 2013, 27, 28.

417 Hierzu *Henrich*, FamRZ 2015,1761, 1766; *Andrae*, NJW 2011, 2545, 2548; vgl. auch BGH, Beschl. v. 23.9.2015, XII ZB 234/15, FamRZ 2015, 2144 mit Anm. *Eichel*; ferner *Ülker-Can*, NZFam 2015, 1080.

418 Dazu *Rieck*, FPR 2013, 558.

b) Unterhaltstitel aus Drittstaaten

Sollen ausländische Unterhaltstitel im Inland durchgesetzt werden, ist dabei zwischen der **Anerkennung** ausländischer Entscheidungen (§ 108 FamFG) und deren **Vollstreckbarerklärung** (§§ 109 f. FamFG) zu unterscheiden.[419] **687**

Die **Vollstreckbarerklärung** von Unterhaltsentscheidungen, die in Drittstaaten ergangen sind, soll sich in einem „wahren Dschungel von Rechtsgrundlagen"[420] vollziehen, der allerdings durch das neue **AUG** etwas „gerodet" worden ist. Entsprechend dem weiten Anwendungsbereich in § 1 AUG richtet sich die Vollstreckung solcher Unterhaltstiteln durchweg nach §§ 36 ff. AUG.[421] Im Übrigen sind aufgrund des Verweises in § 65 AUG auf **§ 120 Abs. 1 FamFG** grundsätzlich die Vorschriften der **§§ 704 ff. ZPO** ergänzend anzuwenden.[422]

Allerdings können ausländische Unterhaltsentscheidungen grundsätzlich in einem innerstaatlichen **Vollstreckbarerklärungsverfahren** durch Beschluss nach **§ 110 Abs. 2 S. 1 FamFG** für vollstreckbar erklärt werden.[423]

Praxistipp: Hauptansprechpartner ist in allen Unterhaltsfällen mit Auslandsbezug das **Bundesamt für Justiz.**[424] Es hält ausführliche Informationen bereit und ist als **zentrale Behörde** vielfach in das Verfahren unmittelbar eingebunden.[425] Bei der Durchsetzung von Ansprüchen auf **Kindesunterhalt** ist zudem das **DIJuF**[426] bei der Geltendmachung und Vollstreckung im Ausland behilflich.

III. Unterhaltsvollstreckung: Checkliste von A–Z

1. Arrest

Während des (gerichtlichen) Streits um **Unterhaltszahlungen** sollte der Gläubiger stets bedenken, ob vorläufiger Rechtsschutz geboten und **688**

---

419 Näher *Dose* in: Wendl/Dose, § 9 Rn. 700.

420 *Mankowski*, IPRax 2000, 188; zu den diversen zu beachtenden völkerrechtlichen Übereinkommen (Haager Übereinkommen, Luganer Übereinkommen) vgl. *Henrich*, FamRZ 2015, 1761, 1767; *Breuer*, FamRB 2014, 30, 32 f; *Wagner/Janzen*, IPrax 2010, 298.

421 *Hess/Spancken*, FPR 2013, 27, 30; ferner *Heger/Selg*, FamRZ 2011, 1101, 1108.

422 Allerdings mit Einschränkungen, vgl. Rn. 8 ff.

423 BGH, Beschl. v. 2.9.2015, XII ZB 75/13, FamRZ 2015, 2043 mit Anm. *Gottwald*; ferner *Meller-Hannich*, LMK 2015, 374720; *Mankowski*, NZFam 2015, 1031.

424 Rn. 632; zu der Rolle der **zentralen Behörde** und des **Jugendamts** bei der Geltendmachung und Durchsetzung von Unterhaltsforderungen vgl. *Veith*, FPR 2013, 46.

425 *Veith*, FPR 2013, 46, nennt die zentrale Behörde eine „geniale Erfindung".

426 Deutsches Institut für Jugendhilfe und Familienrecht e.V. in Heidelberg. Unter „institut@dijuf.de – Unterhaltsrealisierung im Ausland" bietet es rechtliche Informationen zu einzelnen Ländern.

insbesondere ein **Arrest** gemäß § 916 ZPO zu beantragen ist.[427] Obwohl es sich bei Ansprüchen auf **laufenden Unterhalt** um erst künftig fällig werdende Forderungen handelt, ist eine Sicherung durch Arrest möglich.[428]

2. Aufrechnung

a) Aufrechnungsverbot

689 Beisteht eine **Unterhaltsüberzahlung**, ist die **Aufrechnung** mit entsprechenden Rückforderungsansprüchen problematisch. Eine entsprechende (naheliegende) Verrechnung wird vielfach wegen des **Aufrechnungsverbots** nach § 394 BGB i.V.m. § 850b Abs. 1 Nr. 2 ZPO für unzulässig erachtet.[429] Aus demselben Grund kommt auch eine **Erfüllung** des Unterhaltsanspruchs durch **„Verrechnung"** und die entsprechende Einwendung im Rahmen eines Vollstreckungsgegenantrags grundsätzlich nicht in Betracht.[430]

b) Sonderfall: Honorarforderung

690 Überweist der Schuldner nach Abschluss eines Unterhaltsverfahrens **Unterhaltsrückstandsbeträge** auf das Konto des Gläubigervertreters und zahlt die Mandantin nicht dessen Gebühren, stellt sich die Frage nach der Zulässigkeit einer **Aufrechnung mit Honoraransprüchen**.

Die Aufrechnung ist zulässig, soweit es sich um Ansprüche handelt, die im Zusammenhang mit der Durchsetzung des **konkreten Unterhaltsanspruchs** erwachsen sind.[431] Der Anwalt kann also den ihm entstandenen Gebührenbetrag den eingegangenen Unterhaltsbeträgen entnehmen.[432]

Vorsicht ist hingegen geboten bei Unterhaltsbeträgen, die ein Elternteil für ein Kind in **Verfahrensstandschaft** nach § 1629 Abs. 3 BGB geltend gemacht hat: Hier kann der Anwalt nur mit denjenigen Honoraransprüchen aufrechnen, die gerade mit der Titulierung und Durchsetzung des **Kindesunterhalts** entstanden sind.[433]

Wenn über das Vermögen des Mandanten kurz darauf das **Insolvenzverfahren** eröffnet wird, droht seitens des Insolvenzverwalters die Anfechtung der (regelmäßig inkongruenten) Aufrechnung.[434]

---

427 Dazu *Büte*, FuR 2013, 506, 507; *Cirullies*, FamRZ 2012, 1017.

428 Eingehend Rn. 108 ff.

429 Rn. 70.

430 Rn. 386.

431 BGH, Urt. v. 29.11.1990, IX ZR 94/90, NJW 1991, 839.

432 *Romeyko*, FamRZ 2005, 1727, 1728.

433 BGH, a.a.O., S. 840.

434 Dazu BGH, Urt. v. 14.6.2007, IX ZR 56/07, NJW 2007, 2640 mit Anm. *Leithaus*.

Praxistipp: Im Falle drohender Zahlungsunfähigkeit des Mandanten sollte ein (angemessener) **Vorschuss**[435] verlangt werden.

3. Auskunftserteilung

a) Auskunftstitel

691 Gerade in Unterhaltssachen wird häufig isoliert oder im Wege eines Stufenantrags **Auskunft und Belegvorlage** begehrt. Die entsprechenden Titel lassen sich indes gelegentlich nicht vollstrecken, weil es an der **hinreichenden Bestimmtheit** fehlt.[436] Zudem ist die Abgrenzung zwischen **vertretbarer** Handlung – dann Vollstreckung nach **§ 887 ZPO** – oder einer vom Schuldner persönlich zu erbringenden **unvertretbaren** Handlung – dann Vollstreckung nach **§ 888 ZPO** – nicht immer einfach.[437]

b) Verfahrensrechtliche Auskunftspflichten

692 Ähnlich wie bei dem Versorgungsausgleich besteht auch in Unterhaltssachen eine **verfahrensrechtliche** Auskunftspflicht gegenüber dem Gericht. So sind die Beteiligten (Antragsteller und Antragsgegner) gemäß **§ 235 FamFG** sowie bestimmte **Dritte** (Arbeitgeber, Sozialleistungsträger usw.) gemäß **§ 236 FamFG** verpflichtet, dem Gericht **Auskunft über die Höhe der Einkünfte** eines Beteiligten zu erteilen.

Die Auskunftspflicht der **Beteiligten** ist **nicht** mit Zwangsmitteln durchsetzbar (§ 235 Abs. 4 FamFG). Hingegen gilt für die **Dritten § 390 ZPO entsprechend**, wenn **nicht** eine **Behörde** betroffen ist (§ 236 Abs. 4 S. 2 FamFG). Gegen sie kann mithin, sofern sie den gerichtlichen Anordnungen nicht Folge leisten, **Ordnungsgeld, ersatzweise Ordnungshaft** festgesetzt werden.

4. Begrenztes Realsplitting

693 Auch nach der Scheidung ist der unterhaltsberechtigte Ehegatte nach Treu und Glauben verpflichtet, dem **begrenzten Realsplitting zuzustimmen**, um dem Unterhaltspflichtigen den Sonderausgabenabzug gemäß § 10 Abs. 1 Nr. 1 EStG zu ermöglichen.[438]

694 Die **Vollstreckung** geht hier nach **§ 894 ZPO** vonstatten: Die **Zustimmung** zu dem begrenzten Realsplitting stellt eine öffentlich-rechtliche

---

435 In Höhe eines Betrages, der „die wertäquivalente Vergütung für die nächsten 30 Tage nicht überschreitet", BGH, Urt. v. 13.4.2006, IX ZR 158/05, NJW 2006, 2701.

436 Rn. 20 ff.

437 Rn. 274.

438 Dies gilt auch, wenn der Verpflichtete seinen Wohnsitz in das **Ausland** verlegt hat, vgl. BGH, Urt. v. 17.10.2007, XII ZR 146/05, NJW-RR 2008, 156; zur **Zustimmung zum Realsplitting** ausführlich *Wever*, Rn. 803 ff.

Willenserklärung dar, die mit der rechtskräftigen Verurteilung hierzu als abgegeben gilt.[439] Häufig ist die Zustimmungserklärung nach dem Vollstreckungstitel nur „**Zug um Zug** gegen Freistellung von steuerlichen Nachteilen" abzugeben, die geschuldete Willenserklärung also von einer **Gegenleistung** des Gläubigers abhängig. Hier kann die Fiktion erst mit der Erteilung der **Vollstreckungsklausel** eintreten (§ 894 Abs. 1 S. 2 i.V.m. §§ 726, 730 ZPO).[440]

5. Dynamisierte Unterhaltstitel

695 Der **Kindesunterhalt** kann als statischer Betrag, aber auch als **Prozentsatz des Mindestunterhalts** der jeweiligen Altersstufe beantragt und im Titel ausgewiesen werden (§ 1612a BGB).

Der **unbefristete** dynamisierte Titel[441] behält auch nach Eintritt der **Volljährigkeit** Gültigkeit.[442] Dieser Umstand kann nicht mit einem Vollstreckungsgegenantrag, sondern lediglich im Wege der Abänderung geltend gemacht werden (§ 244 FamFG).[443] Jedoch kann das volljährig gewordene Kind nur den Unterhalt der 3. Altersstufe, nicht der 4. Altersstufe vollstrecken; insoweit bedarf es einer Abänderung des Titels.[444]

Im Fall der **Vollstreckung** eines solchen dynamischen Titels im **Ausland** ist der geschuldete Unterhalt auf Antrag des Gläubigers zu **beziffern** (§ 245 FamFG).[445]

6. Forderungspfändung

a) Vorrecht des Unterhaltsgläubigers

696 Für den Unterhaltsgläubiger ist die **Forderungspfändung** von besonderem Interesse, weil er gemäß **§ 850d ZPO** zusätzlich in denjenigen Teil des Schuldnereinkommens vollstrecken kann, der zwischen der üblichen Pfändungsfreigrenze und dem sich an dem Sozialhilfesatz orientierenden notwendigen Selbstbehalt (§ 850 Abs. 1 S. 2 ZPO) liegt. Gerade bei Un-

---

439 BGH, Urt. v. 29.4.1998, XII ZR 266/96, NJW-RR 1998, 1153.

440 OLG Koblenz, Beschl. v. 4.5.2004, 11 WF 288/04, FamRZ 2005, 224.

441 Dazu OLG Hamm, Beschl. v. 28.10.2011, 8 WF 160/11, FamRZ 2012, 993.

442 Dies gilt auch für **statische** Unterhaltstitel, dazu OLG München, Beschl. v. 25.2.2016, 34 Wx 19/16, FuR 2016, 363, dazu *Opitz*, NZFam 2016, 418.

443 Dazu OLG Celle, Beschl. v. 14.3.2013, 10 WF 76/13, FamRZ 2014, 134; *Knittel*, JAmt 2013, 446.

444 OLG München, Beschl. v. 30.1.2015, 34 Wx 466/14, FamRZ 2015, 1815; BeckOK-BGB/*Reinken*, § 1612a Rn. 13.

445 Rn. 684.

terhaltsschuldnern mit geringem Einkommen ist dies ganz entscheidend.[446] Dies gilt auch in der **Insolvenz** des Unterhaltsschuldners.[447]

b) Weitere Besonderheiten

- **§ 850d Abs. 3 ZPO** gestattet mit der Pfändung wegen **fälliger Unterhaltsansprüche** auch die Pfändung **künftig** fällig werdenden Arbeitseinkommens (sog. **Vorratspfändung**).[448] 697
- Der im Grundsatz **unpfändbare** gesetzliche **Unterhalt** kann ausnahmsweise doch gepfändet werden, wenn dies der **Billigkeit** entspricht **(§ 850b Abs. 2 ZPO)**. Hierzu zählt auch der Anspruch des haushaltführenden Ehegatten gegen den berufstätigen Ehepartner nach §§ 1360 S. 1, 1360a Abs. 1 BGB auf das sog. **Taschengeld**.[449]
- Bei der **Vorpfändung** (§ 845 ZPO) wegen einer **Unterhaltsforderung** ist der Drittschuldner zusätzlich darauf hinzuweisen, dass die Beschränkung des § 850c ZPO im Falle der privilegierten Vollstreckung nicht gilt.[450]
- Unbedingt zu beachten ist der **Formularzwang**: Der **Antrag unzulässig**, wenn der Unterhaltsgläubiger nicht das nach der Zwangsvollstreckungsformular-Verordnung vorgeschriebene **Antragsformular** verwendet.[451]

7. Forderungsübergang

In Fällen eines **gesetzlichen Forderungsübergangs** im Rahmen der Gewährung von Unterhaltsvorschuss und Sozialhilfe kommt eine **Umschreibung** des bestehenden Unterhaltstitels nach §§ 120 FamFG, 727 ZPO in Betracht.[452] 698

8. Insolvenz des Unterhaltsschuldners

Das **Vorrecht des Unterhaltsgläubigers** nach § 850d ZPO[453] kann sich auch in der **Insolvenz des Unterhaltsschuldners** vorteilhaft auswirken.[454] Für das **Unterhaltsverfahren** bringt die Insolvenzeröffnung zahlreiche Probleme mit sich.[455] 699

---

446 Rn. 192.
447 Rn. 737 ff.
448 Rn. 209.
449 Rn. 213.
450 Rn. 237.
451 Rn. 179.
452 Rn. 672 ff.
453 Rn. 192 ff.
454 Rn. 737 ff.
455 Rn. 750 ff.

9. Jugendamtsurkunde

700 **Kindesunterhaltsansprüche** können gemäß §§ 59 Abs. 1 S. 1 Nr. 3 und 4, 60 SGB VIII auch durch eine Urkundsperson des **Jugendamtes** tituliert werden. Aus solchen **Verpflichtungsurkunden** findet danach die Zwangsvollstreckung statt, wenn die Erklärung die Zahlung einer bestimmten Geldsumme betrifft und der Schuldner sich in der Urkunde der **sofortigen Zwangsvollstreckung** unterworfen hat.

a) Vollstreckbare Ausfertigung

701 Auf die Zwangsvollstreckung sind die Vorschriften, die für die Zwangsvollstreckung aus gerichtlichen Urkunden nach § 794 Abs. 1 Nr. 5 ZPO gelten, grundsätzlich entsprechend anzuwenden – allerdings mit der Besonderheit: Die **vollstreckbare Ausfertigung** wird von der Urkundsperson des Jugendamts erteilt. Der **gerichtlichen** Erteilung einer Vollstreckungsklausel bedarf es auch dann **nicht**, wenn die Rechtsnachfolge aufseiten des Gläubigers oder des Schuldners nachgewiesen ist (§ 727 ZPO).[456]

Praxistipp: Lediglich über Einwendungen, die die Zulässigkeit der Vollstreckungsklausel betreffen, und über die Erteilung einer weiteren vollstreckbaren Ausfertigung entscheidet das für das Jugendamt zuständige **Amtsgericht.**[457]

b) Abänderung

702 Die einseitig errichtete **Jugendamtsurkunde** ist eine für den Schuldner kostenlose Möglichkeit der Unterhaltstitulierung. Allerdings kann die **Abänderung** Probleme bereiten. Denn die Urkunde **bindet** den Unterhaltspflichtigen im Rahmen des darin liegenden Anerkenntnisses auch für die Zukunft. So ist eine bei Errichtung der Urkunde in Kauf genommene Unterschreitung des **Selbstbehalts** auch gegenüber den zukünftigen Unterhaltsforderungen (statisch) beizubehalten, und zwar auch noch, nachdem der Unterhaltsberechtigte **volljährig** geworden ist.[458]

Praxistipp: Gleiches gilt für eine **notarielle Urkunde** nach § 794 Abs. 1 Nr. 5 ZPO. Der Unterhaltsschuldner ist gut beraten, bei der Selbstverpflichtung im Rahmen solcher Urkunden die Höhe seines **Einkommens** und der **Belastungen** exakt festzustellen und eine Unterschreitung seines Selbstbehalts möglichst zu vermeiden.

---

456 DIJuF-Rechtsgutachten v. 22.7.2008, JAmt 2008, 536.

457 § 60 S. 3 Nr. 2 SGB VIII.

458 OLG Hamm, Beschl. v. 16.11.2011, 8 UF 96/11, dazu *Cirullies*, FamFR 2012, 33.

Im Übrigen sind die Beteiligten eines Unterhaltsverhältnisses nicht daran gehindert, im **gegenseitigen Einvernehmen** einen bestehenden gerichtlichen oder urkundlichen Unterhaltstitel außergerichtlich durch einen neuen Vollstreckungstitel i.S.v. § 794 Abs. 1 Nr. 5 ZPO zu **ersetzen**.[459] Beruht die Erstellung einer vollstreckbaren **Jugendamtsurkunde** auf einer Unterhaltsvereinbarung der Beteiligten, sind diese an den Inhalt der Vereinbarung materiell-rechtlich gebunden; eine **Abänderung** der Urkunde kommt für beide Beteiligten grundsätzlich nur in Betracht, wenn dies wegen nachträglicher Veränderungen nach den Grundsätzen über die **Störung der Geschäftsgrundlage** geboten ist.[460]

10. Schadensersatz

a) Aufhebung des Titels

Vollstreckt der Unterhaltsgläubiger aus einem **Arrestbefehl**, so ist er im **703**
Falle der (teilweisen) **Aufhebung** des Titels dem Unterhaltsschuldner zum Ersatz des durch die Vollstreckung entstandenen **Schadens** verpflichtet (§ 945 ZPO).[461] Eine ähnliche Regelung findet sich für die spätere Aufhebung einer nach § 248 FamFG im Rahmen eines **Vaterschaftsfeststellungverfahrens** ergangenen **einstweiligen Anordnung** (§ 248 Abs. 5 S. 2 FamFG).

Diese Vorschriften sind **nicht** entsprechend anwendbar bei Vollstre- **704**
ckung aus einer **einstweiligen Anordnung** nach § 246 FamFG.[462] Der Schutz des Unterhaltsschuldners sei ausreichend dadurch gewährleistet, dass dieser mit Erhebung der negativen Feststellungsklage die einstweilige Einstellung der Zwangsvollstreckung aus der einstweiligen Anordnung beantragen und – zugleich oder isoliert – Klage auf künftige Rückzahlung (§§ 258, 260 ZPO) erheben könne.[463]

b) Vorsätzliche Unterhaltspflichtverletzung

Der **Schadensersatzanspruch** aus einer vorsätzlichen Verletzung der **Un- 705**
terhaltspflicht (§ 823 Abs. 2 BGB i.V.m. § 170 StGB) kann als Familienstreitsache neben dem Anspruch auf **Unterhalt** gleichzeitig geltend gemacht werden. Insbesondere für die **insolvenzrechtliche** Behandlung nach § 302 Nr. 1 InsO ist aber auf die unterschiedliche **Verjährungsfrist** zu achten.[464]

---

459 Beschl. v. 7.12.2016, XII ZB 422/15, FamRZ 2017, 370 mit Anm. *Knittel* = NZFam 2017, 111 mit Anm. *Graba*; ferner *Liceni-Kierstein*, FamRB 2017, 128; vgl. auch OLG Rostock, Beschl. v. 10.11.2016, 10 UF 56/16, FamRZ 2017, 825.

460 BGH, a.a.O., ferner *Liceni-Kierstein*, FamRB 2017, 127.

461 Rn. 131.

462 Zöller/*Lorenz*, § 246 FamFG Rn. 40; *Giers*, Rn. 372.

463 BGH, Urt. v. 27.10.1999, XII ZR 239/97, FamRZ 2000, 751 m.w.N.

464 BGH, Beschl. v. 3.3.2016, IX ZB 33/14, FamRZ 2016, 972, dazu Rn. 762.

11. Tod des Unterhaltsschuldners

706 Ein gegen einen **verstorbenen** Unterhaltsschuldner ergangener Unterhaltstitel wegen **nachehelichen** Unterhalts kann gemäß § 727 ZPO auf dessen **Erben umgeschrieben** werden.[465]

12. Trennungsunterhaltstitel

707 Sofern lediglich ein Vollstreckungstitel wegen **Trennungsunterhalts** vorliegt, kann hieraus für die Zeit **nach Rechtskraft der Scheidung** wegen laufenden Unterhalts **nicht** mehr **vollstreckt** werden, denn Trennungsunterhalt und nachehelicher Unterhalt sind wesensverschieden.[466]

Praxistipp: Wird gleichwohl Unterhalt nach rechtskräftiger Scheidung beigetrieben und deswegen später durch Prozessvergleich die **Rückzahlung** an den früheren Ehegatten vereinbart, droht dem Anwalt des Gläubigers **Regress**, wenn sich der Mandant auf den **Wegfall der Bereicherung** hätte berufen können.[467]

13. Verwaltungsvollstreckung der Sozialleistungsträger

708 Sind **Unterhaltsansprüche** aufgrund von Unterhaltsvorschuss- oder anderer Sozialleistungen auf den betreffenden **Träger** gesetzlich übergegangen, kann dieser zum einen **zivilrechtlich** durch erstmalige gerichtliche Geltendmachung oder Umschreibung vorhandener Unterhaltstitel gegen den Schuldner vorgehen.[468] Er ist jedoch insoweit – je nach landesgesetzlicher Vorgabe[469] – grundsätzlich in der Lage, alternativ die deutlich kostengünstigere und schnellere **Verwaltungsvollstreckung** zu betreiben.[470]

Grundlage hierfür ist eine **Zahlungsaufforderung nebst Mahnung** seitens der heranziehenden Stelle, mit der sie sich einen Vollstreckungstitel schafft (Selbsttitulierung). Über diesen Weg ist auch die **privilegierte Pfändung** gemäß § 850d ZPO[471] gegen den Unterhaltsschuldner möglich.[472]

---

465 Rn. 677.

466 BGH, Urt. v. 24.9.1980, IV b ZR 545/80, FamRZ 80, 1099.

467 OLG Düsseldorf, Beschl. v. 13.10.2011, 24 U 108/11, FamRZ 2012, 1252, dazu *Womelsdorf*, FamFR 2012, 144.

468 Rn. 672.

469 So können z.B. in **NRW** gemäß § 1 VO VwVG NRW Nr. 1 lit. o) beigetrieben werden privatrechtliche Geldforderungen aus dem Forderungsübergang nach § 94 SGB XII und § 7 UVG, nicht jedoch nach § 33 Abs. 2 SGB II.

470 Ausführlich *Jeschke*, FamRZ 2017, 93 mit einer Übersicht über die **landesrechtlichen Regelungen**.

471 Rn. 192.

472 Vgl. etwa § 48 VwVG NRW.

Praxistipp: Allerdings kann der Schuldner dieses Vorgehen in fast allen Bundesländern rasch beenden, indem er den Rechtsbehelf der **Einwendung gegen die Verwaltungsvollstreckung** einlegt. Dann ist die Behörde gehalten, den zivilrechtlichen Weg zu beschreiten.[473]

14. Volljährigkeit des Kindes (§ 244 FamFG)

Gegen einen sog. **dynamisierten Titel** nach § 1612a BGB[474] ist es dem Unterhaltspflichtigen verwehrt, das Ende der Minderjährigkeit einzuwenden **(§ 244 FamFG)**. Bei einem **statischen** Titel gilt dies ohnehin. Der Regelung des § 244 FamFG, die nur wegen des in § 1612a BGB enthaltenen Tatbestandsmerkmals der Minderjährigkeit notwendig ist, bedarf es für diese Titel nicht.[475] 709

Der Unterhaltsschuldner kann also **nicht** mit dem **Vollstreckungsabwehrantrag** nach § 120 FamFG i. V. m. § 767 ZPO den Einwand der Volljährigkeit erheben. Dem Unterhaltspflichtigen bleibt es freilich unbenommen, die durch die Volljährigkeit des Kindes eintretenden Änderungen der Verhältnisse im Wege des **Abänderungsantrags** nach §§ 238, 240 FamFG geltend zu machen.[476] 710

§ 244 FamFG schützt jedoch nur das volljährig gewordene **Kind** bei der Durchsetzung seines Unterhaltsanspruchs. **Nicht** gesichert wird der die Zwangsvollstreckung betreibende **Elternteil**, der mittlerweile die Vollstreckungsbefugnis nach Erreichen der Volljährigkeit des Kindes verloren hat. Daher kann der Unterhaltsschuldner in diesen Fällen mit einem Vollstreckungsabwehrantrag vorgehen.[477]

15. Zustellung des Titels

Im Interesse einer erfolgreichen Vollstreckung ist auf eine **korrekte Zustellung** zu achten:[478] 711

- **Unterhaltsbeschlüsse** müssen grundsätzlich **von Amts wegen** zugestellt werden, und zwar in **beglaubigter Abschrift**.
- Dies gilt auch für **einstweilige Anordnungen**.

---

473 *Jeschke,* a.a.O., S. 95, auch zu den Bedenken gegen diese Form der Selbsttitulierung.

474 Rn. 35 ff.

475 OLG Hamm, Beschl. v. 28.10.2011, 8 WF 160/11, FamRZ 2012, 993, dazu *Niepmann,* FamFR 2012, 129; Keidel/*Giers,* § 244 FamFG Rn. 5.

476 OLG Koblenz, Beschl. vom 9.11.2006, 7 WF 1042/06, NJW-RR 2007, 438; ferner OLG Hamm, Beschl. v. 16.11.2011, 8 UF 96/11, dazu *Cirullies,* FamFR 2012, 33.

477 OLG Hamm, Beschl. vom 23.12.2015, 2 WF 198/15, FamRZ 2016, 1100; dazu Rn. 384 ff.

478 Eingehend Rn. 96 ff.

- Gerichtliche **Vergleiche** werden nur im **Parteibetrieb** zugestellt.
- Die Zustellungen sind an den für den Rechtszug bestellten **Bevollmächtigten** vorzunehmen.[479]

N. Versorgungsausgleich

I. Sanktionsmöglichkeiten

1. Fehlende Mitwirkung

712 Versorgungsausgleichsverfahren verzögern sich häufig dadurch, dass ein Beteiligter (aus welchen Gründen auch immer) an der Ermittlung seiner in der Ehezeit erworbenen Anrechte nicht mitwirkt. Ihm kann das Gericht dann – **von Amts wegen** nach **§ 220 FamFG** oder auf **Antrag eines Ehegatten** gemäß **§ 4 VersAusglG** – durch Beschluss aufgeben, alle für die Durchführung des Versorgungsausgleichs bedeutsamen Umstände mitzuteilen, insbesondere vollständig ausgefüllte Formulare nebst Belegen einzureichen.[480]

Praxistipp: Alternativ kann das Gericht – insbesondere wenn Hinweise auf eine mögliche Überforderung des Schuldners beim Beschaffen der Unterlagen bestehen – gemäß § 33 Abs. 1 FamFG dessen **persönliches Erscheinen** zwecks Sachaufklärung anordnen.

2. Auskunftspflichten

a) § 4 VersAusglG (gegenüber Ehegatten)

713 § 4 Abs. 1 VersAusglG normiert, dass die **Ehegatten** (hilfsweise ihre Hinterbliebenen und Erben) verpflichtet sind, **einander** die für den Versorgungsausgleich erforderlichen Auskünfte zu erteilen. Ergänzend bestimmt Abs. 2, dass ein Ehegatte den **Versorgungsträger** des anderen Ehegatten auf Auskunft in Anspruch nehmen kann, wenn die Gegenseite die nötigen Auskünfte nicht erteilt.

714 Der **Pflichtenumfang** ist bestimmt durch die Verweisung auf das Unterhaltsrecht in Abs. 4: Auf Verlangen sind die Angaben zu **belegen**. Ferner besteht die Pflicht zur Erstellung eines Verzeichnisses und zur **eidesstattlichen Versicherung** der Richtigkeit desselben, falls Grund zu Zweifeln an der nötigen Sorgfalt besteht (§§ 260, 261 BGB).[481]

---

479 Rn. 100.

480 Ausführlich *Cirullies*, FamRZ 2012, 157.

481 *Bergmann*, FPR 2009, 232.

Durch diesen Anspruch, der als **Versorgungsausgleichssache** i.S.d. § 217 FamFG einzuordnen ist,[482] werden die Eheleute in die Lage versetzt, sich bereits **vor Anhängigkeit** eines Scheidungsverfahrens einen Überblick über ihre bei einer Scheidung zu erwartende Versorgungssituation zu verschaffen.[483] Der Anspruch kann **isoliert** (bereits vor Einleitung eines Scheidungsverfahrens) und, soweit ein Scheidungsverbund- oder ein isoliertes Versorgungsausgleichsverfahren anhängig ist, im **Verbund** im Wege des **Stufenantrags** geltend gemacht werden; über ihn ist sodann vorab durch Beschluss zu entscheiden.[484]

b) § 220 FamFG (gegenüber Gericht)

Das Gericht holt von Amts wegen die erforderlichen Auskünfte bei den Versorgungsträgern ein. Dementsprechend besteht gemäß **§ 220 Abs. 1 FamFG** eine **verfahrensrechtliche** Auskunftspflicht gegenüber dem Gericht, und zwar sowohl für die Versorgungsträger wie auch für die Eheleute. Nach **Abs. 3** kann das Gericht anordnen, dass die Ehegatten gegenüber dem Versorgungsträger **Mitwirkungshandlungen** zu erbringen haben, die für die Feststellung der in den Versorgungsausgleich einzubeziehenden Anrechte erforderlich sind. Ferner müssen die Beteiligten die vom Gericht übersandten **Formulare** bei der Auskunft verwenden (Abs. 2). Ergänzend hierzu sind sie nach Abs. 5 verpflichtet, einer gerichtlichen **Anordnung Folge zu leisten**. 715

c) Verhältnis der Anspruchsnormen zueinander

Die verfahrensrechtliche **Auskunftspflicht nach § 220 FamFG** schließt zum einen den **Auskunftsanspruch nach § 4 VersAusglG** grundsätzlich nicht aus. Sie besteht andererseits unabhängig von diesem Auskunftsanspruch, weil sich § 220 FamFG aus dem in § 26 FamFG geregelten Untersuchungsgrundsatz sowie den in § 27 FamFG festgelegten Mitwirkungspflichten ergibt.[485] 716

3. Vollstreckung

Bei Missachtung der **verfahrensrechtlichen** Auskunftspflicht nach **§ 220 Abs. 3 FamFG** kann das Gericht gemäß **§ 35 Abs. 1 FamFG** gegen den Verpflichteten durch Beschluss **Zwangsgeld** festsetzen und **ersatzwei-** 717

---

482 *Erbarth*, FamRZ 2015, 1944, 1954,

483 MünchKomm-BGB/*Siede*, § 4 VersAusglG Rn. 2; einschränkend *Borth*/*Grandel* in: Musielak/Borth, FamFG, § 217 Rn. 7 (ab Zustellung des Scheidungsantrags).

484 MünchKomm-BGB/*Siede*, § 4 VersAusglG Rn. 19; differenzierend Musielak/Borth/Grandel, FamFG, 2. Auflage 2011, § 217 Rn. 7.

485 *Borth*/*Grandel* in: Musielak/Borth, FamFG, § 220 Rn. 12.

se für den Fall der Nichtbeitreibbarkeit **Zwangshaft** anordnen. Verspricht die Verhängung eines Zwangsgeldes keinen Erfolg, soll das Gericht Zwangshaft anordnen.[486]

Praxistipp: Gerade in Familiensachen mit hoher VKH-Bewilligungsquote erweist sich häufig die Verhängung eines Zwangsgeldes als wenig wirkungsvoll. Hier sollte von vornherein **Zwangshaft** festgesetzt werden.

Der nach **§ 4 VersAusglG** titulierte Auskunftsanspruch betrifft eine nicht vertretbare Handlung i.S.d. § 95 Abs. 1 Nr. 3 FamFG. Daher wird der entsprechende Beschluss ebenfalls durch **Zwangsmittel**, allerdings nach **§ 888 ZPO**[487] durchgesetzt.

Praxistipp: Die Ahndungsmöglichkeiten sind in beiden Fällen (nunmehr) nahezu gleich. Jedoch bestehen verfahrensmäßig grundlegende **Unterschiede.**[488]

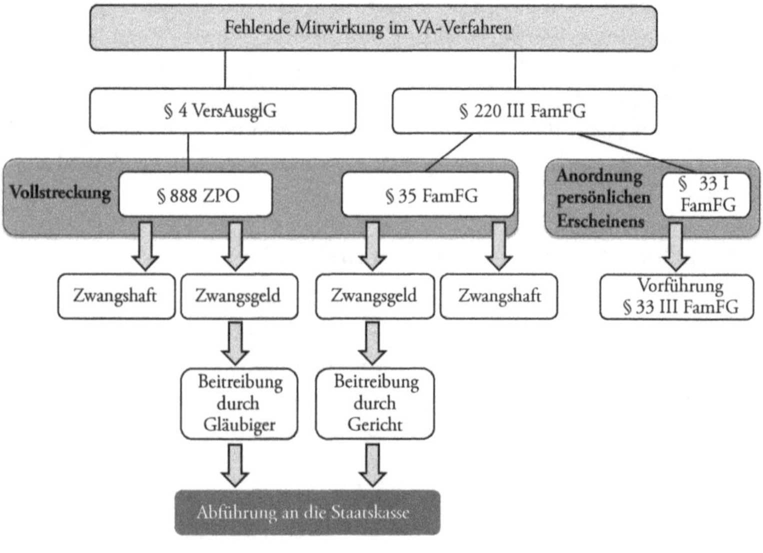

4. Inhaftierter Verpflichteter

718 Ein bereits in **Untersuchungs- oder Strafhaft** befindlicher, nicht kooperativer Schuldner ist durch gerichtliche Zwangsmittel selten zu beeindrucken. Doch kommen folgende Maßnahmen in Betracht:[489]

486 Eingehend Rn. 520 ff.
487 Rn. 274.
488 Dazu Rn. 542.
489 Ausführlich *Cirullies*, FamRZ 2012, 157, 160.

- Das Gericht kann den **Sozialdienst der Justizvollzugsanstalt** um Mitwirkung bei der Aufklärung der Fehlzeiten bitten oder die Vorführung des Schuldners vor Gericht zwecks Aufklärung gemäß § 33 Abs. 1 FamFG anordnen.
- Geht es um die Beitreibung von **Zwangsgeld,** so ist Pfändung des **Eigengeldes** möglich.
- Bei Vollziehung von **Zwangshaft** kann **Überhaft** notiert werden.

Praxistipp: Bei lediglich geringfügigen Lücken oder außerhalb der Ehezeit liegenden Fehlzeiten kann sich ferner die Einholung einer Auskunft aus dem ungeklärten Versicherungskonto nebst Entscheidung auf dieser Grundlage anbieten.

II. Zahlungsanspruch

Leistungspflichten im Versorgungsausgleich sind nach den Vorschriften der ZPO zu vollstrecken. **Zahlungsansprüche** nach §§ 20, 22 ff. VersAusglG werden wie Geldforderungen beigetrieben (§ 95 Abs. 1 Nr. 1 FamFG).[490] Ist der Anspruch auf **Abtretung** von Versorgungsansprüchen nach § 21 VersAusglG tituliert, gilt die **Abtretungserklärung** mit Wirksamkeit des Beschlusses als abgegeben (§ 95 Abs. 1 Nr. 5 FamFG i.V.m. § 894 ZPO).[491] 719

O. Wegweisung und Kontaktverbot (§ 1666 Abs. 3 BGB)

I. Schutzmaßnahmen

Um Gefahren für das **Kindeswohl** abzuwenden, hat das Gericht gemäß § 1666 Abs. 1 und 3 BGB von Amts wegen die hierfür **erforderlichen Maßnahmen** zu treffen – nach Abs. 4 auch mit Wirkung gegen **Dritte.**[492] Zu diesem Zweck kann das Familiengericht nach Abs. 3 Nr. 3 einem Elternteil oder eben einer dritten Person (z.B. Lebensgefährten, Nachbarn) die **Nutzung** der vom Kind mit bewohnten (oder einer anderen) **Wohnung untersagen** (§ 1666a Abs. 1 BGB).[493] 720

---

490 Dazu Rn. 509.

491 Palandt/*Brudermüller*, § 21 VersAusglG Rn. 2.

492 Eingehend Heilmann/*Cirullies*, § 1666 BGB Rn. 39 ff.

493 Vgl. dazu *Janzen*, FamRZ 2002, 785, 787; *Peschel-Gutzeit*, FPR 2002, 285, 288; *Götz/Brudermüller*, Rn. 235.

Praxistipp: Eine solche **Wegweisung** sollte mit einem **Rückkehrverbot** kombiniert werden: Dem „Täter" wird aufgegeben, die betreffende Wohnung umgehend zu verlassen und für eine näher zu bestimmende Dauer nicht mehr zu betreten.[494]

In anderen Fällen ist es angezeigt, zum Schutz des Kindes **Kontakt- und Näherungsverbote** nach § 1666 Abs. 3 Nr. 3 und 4 auszusprechen. Dabei müssen die **Weisungen** nicht durch den Wortlaut des Gesetzes gedeckt, jedoch mit den danach zulässigen Weisungen vergleichbar sein.[495]

II. Vollstreckung

721 Die mit einer Wegweisung bzw. einem Näherungs- und Kontaktverbot verbundenen **Unterlassungspflichten** werden – ähnlich wie Schutzanordnungen nach § 1 GewSchG[496] – vornehmlich durch Verhängung von **Ordnungsmitteln** vollstreckt nach § 890 ZPO i.V.m. § 95 Abs. 1 Nr. 4 FamFG.[497] §§ 89 ff. FamFG kommen **nicht** zur Anwendung, weil es hier nicht um Kindesherausgabe oder Umgang geht.[498]

Praxistipp: Die nach § 890 Abs. 2 ZPO gebotene **Androhung** sollte bereits in dem Weisungsbeschluss ausgesprochen werden, um einen umfassenden Rechtsschutz unmittelbar ab Wirksamwerden des Kontaktverbots zu gewährleisten.

722 Widersetzt sich der zu einer **Duldung** Verpflichtete, kann das Gericht nach § 892 ZPO i.V.m. § 95 Abs. 1 Nr. 4 FamFG zur **Beseitigung eines Widerstandes** einen **Gerichtsvollzieher** hinzuziehen, der zur Unterstützung insbesondere Polizeibeamte einschalten darf.[499]

723 Bei der Missachtung von **Geboten** nach § 1666 Abs. 3 BGB können **Zwangsmittel** gemäß § 888 ZPO i.V.m. § 95 Abs. 1 Nr. 3 FamFG festgesetzt werden.

Praxistipp: In solchen Fällen wird freilich meist Veranlassung bestehen, **strengere Maßnahmen** nach § 1666 Abs. 3 BGB zu ergreifen.

---

494 Zu einem solchen Fall vgl. AG Bremen, Beschl. v. 14.10.2003, 61 F 2745/03, BeckRS 2004, 01647; näher Heilmann/*Cirullies*, § 1666 BGB Rn. 48.

495 Vgl. BGH, Beschl. v. 23.11.2016, XII ZB 149/16, FamRZ 2017, 212, dazu *Rake*, FamRZ 2017, 285; ferner *Clausius*, FamRB 2017, 48; *Wache*, NZFam 2017, 84; OLG Brandenburg, Beschl. v. 24.3.2016, 9 UF 132/15, FamRZ 2016, 1282 mit Anm. *Hoffmann*, dazu *Reinken*, NZFam 2016, 573.

496 Dazu Rn. 592 ff.

497 Rn. 322 ff.

498 A.A. MünchKomm-BGB/*Olzen*, § 1666 Rn. 243; *Rakete-Dombek* in: Kaiser/Schnitzler/Friederici/Schilling, § 1666 Rn. 31.

499 Heilmann/*Cirullies*, § 95 FamFG Rn. 14.

P. Zugewinnausgleich

I. Auskunfts- und Belegpflicht

Durch die Neufassung der Vorschriften zum Zugewinnausgleich haben die Auskunftsansprüche noch an Gewicht gewonnen. § 1379 BGB enthält drei Neuregelungen: 724

- **Erweiterung des Auskunftsanspruchs** auch über den Bestand des Vermögens im Zeitpunkt der **Trennung**[500] und über das **Anfangsvermögen**;
- Anspruch auf **Belegvorlage**;
- Ansprüche auf Auskunft und Belegvorlage bei **vorzeitigem Zugewinnausgleich.**[501]

Zur ordnungsgemäßen Auskunftserteilung gehört in der Regel die Vorlage eines **Vermögensverzeichnisses** (§ 260 Abs. 1 BGB). Es muss die Aktiva und Passiva so übersichtlich enthalten, dass der Berechtigte eine ausreichende Grundlage für die Berechnung des Zugewinnausgleichs erhält.[502]

Die **Auskunftserteilung** stellt eine sog. **unvertretbare** Handlung dar, 725 weil es auf die speziellen Kenntnisse des Schuldners ankommt. Daher wird die **Vollstreckung** zur Durchsetzung der Verpflichtung grundsätzlich nach **§ 888 ZPO** vorgenommen (Verhängung von Zwangsmitteln).[503] Dies gilt in der Regel auch für die Erfüllung der **Belegpflicht** nach § 1379 Abs. 1 S. 2 BGB.[504]

Im Einzelfall kann zwar die **Abgrenzung zu § 887 ZPO** schwierig sein. Doch wird überwiegend die Auffassung vertreten, dass die Einholung eines Sachverständigengutachtens zur **Wertermittlung** eines Grundstücks in der Regel eine **unvertretbare** Handlung ist.[505]

II. Eidesstattliche Versicherung

Gelegentlich gibt es Streit darüber, ob das vorgelegte **Verzeichnis mit der** 726 **erforderlichen Sorgfalt aufgestellt** worden ist. Bestehen hieran begründete Zweifel, hat der Verpflichtete auf Verlangen zu Protokoll des Amtsgerichts **an Eides statt zu versichern**, dass er nach bestem Wissen den Bestand so vollständig angegeben habe, als er dazu imstande sei (§ 260 Abs. 2 BGB).[506]

500 OLG Braunschweig, Beschl. v. 2.12.2016, 1 UF 38/16, FamRZ 2017, 789; ausführlich *Kogel*, FF 2016, 449.

501 Zum Verhältnis dieser Ansprüche zueinander vgl. BGH, Beschl. v. 17.9.2014, XII ZB 604/13, FamRZ 2015, 32; zum Auskunftsanspruch gegen **Erben** vgl. OLG Stuttgart, Beschl. v. 21.9.2016, 16 UF 92/16, FamRZ 2017, 787.

502 OLG Brandenburg, Beschl. v. 12.12.2013, 9 UF 112/13, NJW-RR 2014, 519.

503 Dazu Rn. 274.

504 Dazu Rn. 280.

505 Dazu Rn. 281.

506 Rn. 312.

III. Ausgleichsansprüche

727 Die **Ausgleichsforderung** nach § 1378 BGB wie auch Ansprüche auf **Ausgleich von Zuwendungen** bei Trennung und Scheidung werden nunmehr ausnahmslos als **Familienstreitsachen** nach § 112 Nr. 2 oder 3 FamFG vor dem Familiengericht geltend gemacht. Die Vollstreckung dieser **Geldforderungen** erfolgt nach den Regeln der ZPO (§ 120 FamFG).[507]

Praxistipp: Das Familiengericht kann auf **Antrag** eine Ausgleichsforderung **stunden**, wenn die sofortige Zahlung auch unter Berücksichtigung der Interessen des Gläubigers zur Unzeit erfolgen würde (§ 1382 BGB).[508]

IV. Sicherungsmaßnahmen

728 Nach Aufhebung des § 1389 BGB, der eine Titulierung des Anspruchs auf Sicherheitsleistung auch im Wege der einstweiligen Verfügung ermöglichte, ist zur Sicherung des künftigen Zugewinnausgleichsanspruchs **einstweiliger Rechtsschutz** nur noch im Wege des **Arrests** zulässig (§§ 112 Nr. 2, 119 Abs. 2 FamFG i.V.m. §§ 916 ff. ZPO).[509] Auch der Anordnung eines **Veräußerungsverbots** im Sinne von § 938 Abs. 2 ZPO ist von vornherein der Erfolg verwehrt, da das hier heranzuziehende FamFG an keiner Stelle auf die Vorschriften der §§ 935 bis 942 ZPO verweist. Eine **einstweilige Verfügung** ist im Anwendungsbereich des FamFG generell **ausgeschlossen.**[510]

V. Übertragung von Vermögensgegenständen

729 Nach **§ 1383 BGB** kann das Familiengericht auf Antrag des Gläubigers anordnen, dass der Schuldner bestimmte **Gegenstände seines Vermögens** (auch Grundbesitz) dem Gläubiger unter Anrechnung auf die Zugewinnausgleichsforderung zu übertragen hat, wenn dies der Billigkeit entspricht. Es handelt sich um ein Verfahren der freiwilligen Gerichtsbarkeit. Gleichwohl richtet sich die **Vollstreckung** nach den Vorschriften der **ZPO** (§ 95 FamFG). Für den Eigentumsübergang sind §§ 883 ff., insbesondere **§§ 894, 897 ZPO** maßgebend: Die rechtskräftige Anordnung auf Übertragung hat die Wirkung des § 894 ZPO, d.h. alle zum Eigentumsübergang erforderlichen Erklärungen des Schuldners, also auch die **Auflassung** bei der Grundstücksübertragung, gelten als abgegeben.[511].

---

507 Zu den Vollstreckungsmöglichkeiten vgl. Rn. 133 ff.

508 Ausführlich *Krumm*, NZFam 2016, 776.

509 Ausführlich Rn. 108 ff.

510 OLG Karlsruhe, Beschl. v. 5.8.2010, 18 UF 100/10, FamRZ 2011, 234, dazu *Cirullies*, FamFR 2010, 523.

511 Zöller/*Stöber*, § 894 ZPO Rn. 5.

6. Kapitel: Insolvenzrechtliche Probleme

A. „Wettlauf" der Gläubiger

Grundsätzlich bevorteilt das in § 804 Abs. 3 ZPO verankerte **Prioritätsprinzip** den ersten vollstreckenden Gläubiger: Er wird belohnt für die Kosten und Mühen, die er zur Sicherstellung seiner Befriedigung aufwendet. Demgegenüber bekennt sich der Gesetzgeber in § 1 InsO zur **Gläubigergleichbehandlung**, wenn der Schuldner im Falle einer „Pleite" nicht alle Gläubiger befriedigen kann: Unter staatlicher Aufsicht wird sein vorhandenes Vermögen in der Regel gleichmäßig unter den Gläubigern aufgeteilt.[1] Diese erhalten dann regelmäßig nur einen geringen Bruchteil ihrer Forderung, nämlich die oft zitierte (magere) „Quote". 730

Auch das **Familienrecht** ist von **insolvenzrechtlichen** Fragestellungen durchzogen. Nicht selten liegt der mühsam erworbene Vollstreckungstitel auf Eis, weil der Schuldner zahlungsunfähig geworden ist. Häufig tritt die Eröffnung des Insolvenzverfahrens im laufenden Gerichtsverfahren ein – mit komplizierten prozessualen Folgen. Im Vordergrund steht hierbei das **Unterhaltsrecht**, doch stellen sich insolvenzrechtliche Probleme auch in anderen Bereichen, etwa im Güterrecht oder bei einem Gesamtschuldnerausgleich oder dem Versorgungsausgleich. In jedem Fall ist es Sache des einzelnen Gläubigers, das **Insolvenzrisiko** – vornehmlich bei einem selbständigen Schuldner – stets im Blick zu haben und gewappnet zu sein, um im Ernstfall seine Chancen und auch die etwaigen Vorteile gegenüber den übrigen Gläubigern nutzen zu können. Gerade der **Unterhaltsgläubiger** wird im Gesetz verschiedentlich bevorzugt – er muss dies nur erkennen und die richtigen Anträge stellen. Hierfür sind freilich Grundkenntnisse des Insolvenzverfahrens und seiner Begrifflichkeiten bis hin zu den Wirkungen der Restschuldbefreiung unerlässlich. 731

Im Folgenden werden einige wichtige Fragestellungen behandelt.

---

1 Dazu *Zipperer*, NJW 2016, 750, 753; *Konold*, JuS 2015, 1067.

B. Grenzen der Einzelzwangsvollstreckung

I. Vollstreckungsverbot (§ 89 InsO)

732 Um die **gleichmäßige** Befriedigung aller Gläubiger sicherzustellen, besteht für die einzelnen Insolvenzgläubiger ein **Vollstreckungsverbot** während der Dauer des Insolvenzverfahrens **(§ 89 Abs. 1 InsO)**.[2] Dabei kann das Vollstreckungsgericht gemäß § 21 Abs. 2 Nr. 3 InsO schon vor Eröffnung des Insolvenzverfahrens die Einstellung der Zwangsvollstreckung anordnen und so die Wirkungen des Vollstreckungsverbots vorverlagern.

II. Unzulässige Vollstreckungsmaßnahmen

733 Das Vollstreckungsverbot umfasst alle **Maßnahmen der Zwangsvollstreckung**, insbesondere die Geldvollstreckung in das **bewegliche und unbewegliche Vermögen** (§§ 803 ff., 828 ff., 864 ff. ZPO), den Vollzug von Arresten (§§ 916 ff. ZPO)[3] sowie das Verfahren auf Erteilung der **Vermögensauskunft** (§§ 802c, 807 ZPO).[4] Auch **Vorpfändungen** sind grundsätzlich unzulässig, da sie wegen ihrer Arrestwirkung bereits die Beschlagnahme der Forderung auslösen.[5] Die Erzwingung **sonstiger Ansprüche** (§§ 883 ff. ZPO) ist von dem Vollstreckungsverbot erfasst, sofern es sich um **Insolvenzforderungen** handelt.[6] Dementsprechend unzulässig ist die Zwangsvollstreckung nach **§ 888 ZPO** aus einem Titel, der den Schuldner auf Grund eines akzessorischen Anspruchs zur **Auskunft** verurteilt, wenn die Hauptforderung, deren Durchsetzung der Auskunftsanspruch dient, eine Insolvenzforderung ist.[7] Zwangsmaßnahmen sind nur möglich, wenn der Schuldner seine **insolvenzrechtlichen** Auskunfts- und Mitwirkungspflichten verletzt (§§ 97, 98 InsO).[8]

Nicht dem Vollstreckungsverbot unterliegen allerdings Maßnahmen, die lediglich die Zwangsvollstreckung **vorbereiten**:[9] So kann nach Eröffnung des Insolvenzverfahrens noch eine **Vollstreckungsklausel** erteilt wer-

---

2 Zu den Auswirkungen auf die Einzelzwangsvollstreckung vgl. Gottwald/*Eckardt*, § 33 Rn. 11 ff.; *Janlewing*, Rn. 147; *Lissner*, DGVZ 2015, 157; *Kuleisa*, ZVI 2014, 121; *Gehrlein*, ZIP 2011, 5.

3 Ausführlich Gottwald/*Eckardt*, § 33 Rn. 23.

4 BGH, Beschl. v. 6.2.2014, IX ZB 57/12, MDR 2014, 426.

5 BGH, Urt. v. 23.3.2006, IX ZR 116/03, MDR 2006, 1129.

6 Etwa eine **Ersatzvornahme** gemäß § 887 ZPO, dazu OLG Stuttgart, Beschl. v. 14.9.2011, 10 W 9/11, NZI 2011, 907.

7 Uhlenbruck/*Mock*, § 89 Rn. 29 m.w.N.

8 Dazu BGH, Beschl. v. 25.2.2016, IX ZB 74/15, NZI 2016, 365.

9 Dazu näher Gottwald/*Eckardt*, § 33 Rn. 21 m.w.N.

den.[10] **Zustellungen** sind dann nicht mehr zulässig, wenn sie unmittelbar die Vollstreckungswirkung herbeiführen, etwa bei einem Pfändungs- und Überweisungsbeschluss (vgl. § 829 Abs. 3 ZPO).[11]

III. Insolvenzgläubiger – Neugläubiger

Das Vollstreckungsverbot nach § 89 Abs. 1 InsO betrifft die **Insolvenzgläubiger**, die – entsprechend der Definition in § 38 InsO – als persönliche Gläubiger einen zur Zeit der Eröffnung des Insolvenzverfahrens begründeten Vermögensanspruch gegen den Schuldner haben (auch **Altgläubiger** genannt). Sie können ihre Forderungen nach § 87 InsO nur nach den Vorschriften über das Insolvenzverfahren verfolgen, d.h. durch **Anmeldung** zur Insolvenztabelle (§§ 174 ff. InsO). Dies gilt selbst dann, wenn sie über einen bereits vor Verfahrenseröffnung erstrittenen **vollstreckbaren Titel** gegen den Schuldner verfügen (vgl. § 179 Abs. 2 InsO). 734

Neugläubigern hingegen, die ihre Forderung gegen den Schuldner erst nach der Eröffnung erworben haben, ist der Zugriff auf das den Insolvenzgläubigern vorbehaltene Schuldnervermögen verwehrt. Dies gilt ausdrücklich auch für **Unterhaltsgläubiger** (§ 40 InsO).[12] Andererseits sind sie von dem Vollstreckungsverbot **nicht** betroffen – sofern es nicht um künftiges **Arbeitseinkommen** geht: **§ 89 Abs. 2 S. 1 InsO** erstreckt das für Insolvenzgläubiger geltende Verbot der Vollstreckung in **künftige Forderungen aus Dienstverhältnissen** auch auf die Neugläubiger des Schuldners. Mithilfe dieser Regelung soll es dem Schuldner ermöglicht werden, nach Verfahrensbeendigung seine pfändbaren Forderungen auf Bezüge aus Dienstverhältnissen zum Zwecke der Restschuldbefreiung an einen Treuhänder abzutreten.[13] Hiervon wiederum **ausgenommen** sind nach **Abs. 2 Satz 2** wegen ihrer besonderen Schutzwürdigkeit bestimmte **Delikts- und Unterhaltsgläubiger**: Sie können in den erweiterten pfändbaren Teil der Bezüge vollstrecken.[14] 735

Hiervon **abzugrenzen** sind die **Massegläubiger**, deren Ansprüche nur Masseverbindlichkeiten[15] betreffen; sie sind vorweg aus der Insolvenzmasse zu befriedigen (§ 53 InsO).[16] Bevorzugt werden ferner die dinglichen Rechte **aussonderungs- und absonderungsberechtigter Gläubiger** (§§ 47 ff. InsO). 736

---

10 BGH, Beschl. v. 12.12.2007, VII ZB 108/06, MDR 2008, 410.

11 Vgl. ausführlich *Schwörer*, DGVZ 2008, 17, 19.

12 Ausgenommen sind Unterhaltsansprüche, die sich gegen den **Erben** des Unterhaltspflichtigen richten.

13 BGH, Beschl. v. 27.9.2007, IX ZB 16/06, FamRZ 2008, 142.

14 Dazu Rn. 737.

15 Dazu § 54, 55 InsO.

16 Zu beachten ist das Vollstreckungsverbot nach § 90 InsO.

IV. Privilegierung der Unterhalts- und Deliktsgläubiger

737 Von dem Vollstreckungsverbot des **§ 89 InsO** gibt es eine familienrechtlich bedeutsame **Ausnahme**: Für **Neugläubiger** bestimmter **Unterhalts- und Deliktsforderungen** gilt die Beschränkung der Pfändung künftigen Arbeitseinkommens **nicht (Abs. 2 S. 2)**. Sie dürfen in den Teil der Bezüge vollstrecken, der für sie **erweitert pfändbar** ist (§§ 850d, 850f Abs. 2 ZPO). Dieser nicht zur Insolvenzmasse gehörende Teil der Bezüge wird von der die Restschuldbefreiung bezweckenden Abtretung der (pfändbaren) Bezüge an den Treuhänder nicht erfasst und unterliegt darum dem Zugriff der privilegierten Neugläubiger.[17]

738 Dies gilt wohlgemerkt nur für **Neuverbindlichkeiten**, die nach Insolvenzeröffnung fällig werden, nicht jedoch für Insolvenzforderungen.[18] Wegen ihrer besonderen Schutzbedürftigkeit wird das Vollstreckungsverbot zugunsten der Neugläubiger, die im Insolvenzverfahren nicht berücksichtigt werden und infolge der Einbeziehung des Neuerwerbs in die Insolvenzmasse (§ 35 InsO) keinen realistischen Vollstreckungszugriff auf das insolvenzfreie Vermögen haben, im Umfang der erweitert pfändbaren Beträge gelockert. Hingegen soll Unterhalts- und Deliktsgläubigern, die ohnehin an der gemeinschaftlichen Befriedigung im Insolvenzverfahren beteiligt sind, nicht ein zusätzlicher Vollstreckungszugriff gestattet werden.[19]

739 Für diese **Altgläubiger** besteht bei einer Verbraucherinsolvenz des Unterhaltsschuldners die Chance, dass die Restschuldbefreiung nicht die Forderungen wegen rückständigen Unterhalts erfasst. Dies ist nach § 302 Nr. 1 InsO möglich, wenn der Schuldner sich in strafbarer Weise der **Unterhaltspflicht entzogen** hat[20] oder rückständigen **gesetzlichen Unterhalt vorsätzlich pflichtwidrig nicht gewährt** hat.[21]

---

17 Dazu DIJuF-Gutachten v. 11.7.2016, JAmt 2016, 608, 610.

18 BGH, a.a.O.; dazu *Ahrens*, NZI 2008, 24; *Dahl*, NJW-Spezial 2008, 85; ferner BGH, Beschl. v. 15.11.2007, IX ZB 226/05, FamRZ 2008, 257.

19 BGH, a.a.O.; bestätigt durch Beschl. v. 20.12.2007, IX ZB 280/04, FamRZ 2008, 684; *Ahrens* a.a.O., S. 25.

20 § 823 Abs. 2 BGB i.V.m. § 170 StGB.

21 Dazu Rn. 761.

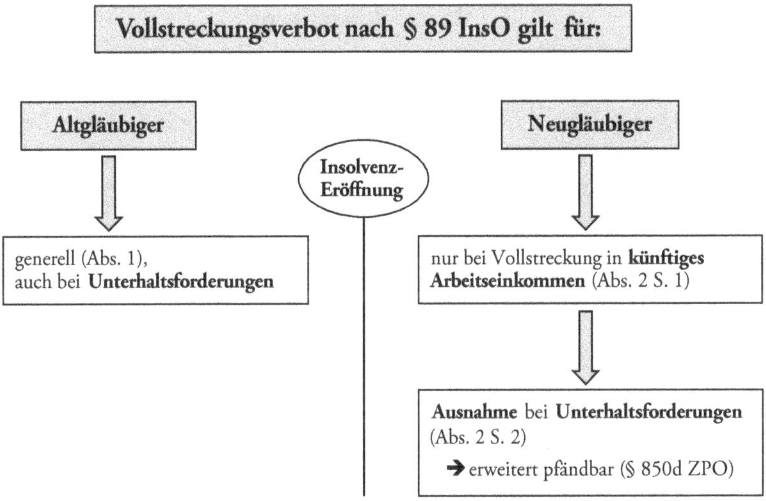

V. Rechtsbehelf

Sofern die **Vollstreckungsverbote** des § 89 Abs. 1 und 2 InsO **nicht** 740 **beachtet** werden, hat über die dagegen statthafte **Erinnerung** (§ 766 ZPO) anstelle des Vollstreckungsgerichts aufgrund seiner größeren Sachnähe gemäß § 89 Abs. 3 S. 1 InsO das **Insolvenzgericht** zu befinden. Die Zuständigkeit des Insolvenzgerichts ist aber auch dann gegeben, wenn die Vollstreckungsorgane unter Berufung auf § 89 Abs. 1 und 2 InsO den Erlass der beantragten Vollstreckungsmaßnahme ablehnen.[22] Sowohl Schuldner wie auch Gläubiger müssen sich mit ihrem Rechtsbehelf also an das Insolvenzgericht wenden. Gleiches gilt für den Insolvenzverwalter.[23]

Hat das **Grundbuchamt** unter Verstoß gegen § 89 InsO Vollstre- 741 ckungsanträge ausgeführt und Eintragungen vorgenommen, die das Grundbuch unrichtig machen, ist die Grundstücksbelastung unwirksam. Es besteht dann **Grundbuchberichtigungsanspruch** des Insolvenzverwalters (§ 894 BGB), den er mittels Eintragung eines **Widerspruchs** durchsetzen kann.

---

22 BGH, a.a.O.; OLG Köln, Beschl. v. 20.2.2002, 2 W 174/01, NZI 2002, 554; *Schwörer*, DGVZ 2008, 17, 20.

23 *App*, NZI 1999, 138.

C. Rückschlagsperre

I. Vollstreckung in der Schuldnerkrise

742 Über Vollstreckungserfolge darf sich der Gläubiger nicht zu früh freuen: Denn zunächst wirksame Vollstreckungsmaßnahmen können wieder **unwirksam** werden, wenn sie **innerhalb eines Monats** vor Beantragung des Insolvenzverfahrens[24] oder danach zur **Sicherung** des Gläubigers vorgenommen worden sind (**§ 88 Abs. 1 InsO**; sog. **Rückschlagsperre**).[25] Nach Abs. 2 beträgt diese Frist **drei Monate**, wenn ein **Verbraucherinsolvenzverfahren** nach § 304 InsO eröffnet wird.[26]

743 Die Vorschrift betrifft nur **Sicherungsmaßnahmen**, nicht hingegen die durch eine Zwangsvollstreckung in das Vermögen des Schuldners erfolgte **Befriedigung** des Gläubigers,[27] ferner nicht Maßnahmen, die lediglich der **Vorbereitung** der Zwangsvollstreckung dienen.[28] Solche **Sicherungen** sind gegenüber jedermann **unwirksam**, allerdings nur für die Dauer des Insolvenzverfahrens oder bis zu einer Freigabe durch den Insolvenzverwalter.[29] Hierdurch soll grundsätzlich eine gleichmäßige Befriedigung aller Gläubiger ermöglicht werden. Die Rückschlagsperre bewirkt – wie eine erfolgreiche Insolvenzanfechtung – den **Wegfall** des durch die Pfändung erlangten Pfändungspfandrechts des Gläubigers mit Insolvenzeröffnung, nur eben **automatisch**. Soweit die Rückschlagsperre nicht eingreift, besteht nur die Möglichkeit der **Insolvenzanfechtung** nach den §§ 129 ff. InsO. Mit **Beendigung** des Insolvenzverfahrens lebt das **Pfändungspfandrecht** wieder auf, sofern der Gegenstand noch nicht verwertet oder der Pfändungs- und Überweisungsbeschluss nicht vom Vollstreckungsgericht aufgehoben worden ist.[30]

744 Sicherungen am **insolvenzfreien Schuldnervermögen** werden **nicht** von der Rückschlagsperre erfasst. So ist § 88 InsO nicht anwendbar bei Vollstreckungssicherungen der Delikts- oder Unterhaltsgläubiger in den erweitert pfändbaren Teil des Arbeitseinkommens (§§ 850d, 850f Abs. 2 ZPO sowie § 89 Abs. 2 S. 2 InsO).[31] Im Übrigen betrifft die Rückschlag-

---

24 Dies gilt auch für einen zunächst mangelhaften oder beim unzuständigen Gericht gestellten Antrag, sofern er zur Eröffnung des Insolvenzverfahrens führt, BGH, Beschl. v. 19.5.2011, IX ZB 284/09, MDR 2011, 1205.

25 Zu den Besonderheiten bei der **Vorpfändung** vgl. Rn. 241; ferner *Trams*, NJW-Spezial 2014, 213.

26 Wegen der Berechnung der Frist vgl. § 139 InsO.

27 Jedoch kommt dann eine **Insolvenzanfechtung** nach § 131 InsO in Betracht.

28 Zu weiteren Einzelheiten vgl. MünchKomm-InsO/*Breuer*, § 88 Rn 18.

29 BGH, Beschl. v. 19.5.2011, IX ZB 284/09, MDR 2011, 1205.

30 Uhlenbruck/*Mock*, § 88 Rn. 48, 49 m.w.N.

31 Uhlenbruck/*Mock*, § 88 Rn. 12.

sperre nur die **Insolvenzgläubiger**, nicht die Aus- und Absonderungsberechtigten und Massegläubiger.[32]

II. Grundbuchverfahren

1. Nachweis

Der **grundbuchverfahrensrechtliche** Nachweis, dass das von der Rückschlagsperre erfasste Recht innerhalb der Frist des § 88 InsO eingetragen wurde, ist nicht schon durch den Eröffnungsbeschluss des Insolvenzgerichts erbracht, auch wenn in dessen Gründen der Zeitpunkt des maßgeblichen Antrags aufgeführt ist.[33] **745**

2. Zwangssicherungshypothek

Besondere Auswirkungen der Rückschlagsperre sind bei der Eintragung einer **Zwangssicherungshypothek** zu beachten: **746**

So stellt sich für die Berechnung der **Monatsfrist** die Frage, ob auf den Zeitpunkt des Eingangs des (beanstandungsfreien) **Eintragungsantrags** beim Grundbuchamt oder aber auf denjenigen der tatsächlichen **Eintragung** im Grundbuch abzustellen ist. Die überwiegende Meinung[34] vertritt den Standpunkt, dass der Gläubiger die Sicherheit erst mit der Grundbucheintragung tatsächlich „erlangt" habe. Es liege im Risikobereich des Gläubigers, die durchaus längeren Laufzeiten bei Grundbucheintragungen zu berücksichtigen.[35]

Wird infolge der Rückschlagsperre eine **Zwangshypothek unwirksam**, entsteht nach Ansicht des BGH **keine Eigentümergrundschuld**. Erhält der Schuldner nach Freigabe durch den Insolvenzverwalter die Verfügungsbefugnis zurück oder wird das Insolvenzverfahren ohne Verwertung des Grundstücks aufgehoben, kann die Zwangshypothek grundsätzlich **ohne Neueintragung** mit entsprechend verändertem Rang wirksam werden.[36]

3. Teilungsversteigerung

Hat ein **Gläubiger** den Anspruch des Schuldners auf **Aufhebung der Gemeinschaft** einschließlich des (künftigen) Anspruchs auf eine den **Mit-** **747**

32 BGH, Beschl. v. 20.3.2014, IX ZB 67/13, MDR 2014, 563.

33 BGH, Beschl. v. 13.6.2013, V ZA 24/12, BeckRS 2013, 11831; OLG München, Beschl. v. 14.8.2014, 34 Wx 328/14, NZI 2014, 927 mit Anm. *Sternal*; a.A. OLG Köln, Beschl. v. 25.2.2015, 2 Wx 29/15, FGPrax 2015, 115.

34 LG Bonn, Beschl. v. 2.12.2003, 4 T 519/03, ZIP 2004, 1374; BeckOK-GBO/*Wilsch*, Insolvenzrecht und Grundbuchverfahren, Rn. 94 m.w.N.

35 Dazu *Keller*, NZI 2012, 755.

36 BGH, Beschl. v. 12.7.2012, V ZB 219/11, MDR 2012, 1313 = NZI 2012, 753 mit Anm. *Keller*.

eigentumsanteilen entsprechende Teilung und Auskehrung des Versteigerungserlöses **gepfändet**, ist das von ihm eingeleitete **Teilungsversteigerungsverfahren** nach der Eröffnung des Insolvenzverfahrens über das Vermögen des Schuldners auch dann nicht aufzuheben, wenn die Teilungsversteigerung weniger als einen Monat vor dem Insolvenzantrag angeordnet worden ist.[37]

III. Pfändung des Arbeitseinkommens

748 Nach **§ 114 InsO a.F.** wurden **Gehaltsbezüge aus einem Dienstverhältnis** insolvenzrechtlich besonders behandelt: Hatte der Schuldner den pfändbaren Teil seines Arbeitseinkommens vor Insolvenzeröffnung **abgetreten** (§§ 398, 400 BGB), so blieb diese Abtretung für die Dauer von **zwei Jahren** seit Insolvenzeröffnung wirksam (§ 114 Abs. 1 InsO). Der Pfändungsgläubiger war damit schlechter gestellt als der Abtretungsgläubiger.[38]

Die gesamte Vorschrift wurde mit Wirkung **ab 1.7.2014 aufgehoben.**[39] Infolgedessen sind alle Privilegierungen, insbesondere das **Abtretungsprivileg** des Abs. 1, beseitigt. Die neue Rechtslage gilt für die ab dem 1.7.2014 beantragten Insolvenzverfahren.[40]

IV. Rechtsbehelf

749 Für eine **Erinnerung** wegen eines Verstoßes gegen die in § 88 InsO normierte Rückschlagsperre ist nicht das Vollstreckungs-, sondern das **Insolvenzgericht** zuständig.[41] Dies folgt aus einer entsprechenden Anwendung des § 89 Abs. 3 InsO.[42] Funktionell zuständig ist im eröffneten Verfahren nicht der Rechtspfleger, sondern gemäß § 20 Nr. 17 RPflG der **Richter.**[43]

---

37 BGH, Beschl. v. 20.3.2014, IX ZB 67/13, MDR 2014, 563, dazu *Kroth*, FD-InsR 2014, 357613.

38 *Keller*, NZI 2007, 143, 146 unter Hinweis auf BGH, Urt. v. 12.10.2006, IX ZR 109/05, NJW 2007, 81.

39 Aufgrund des Gesetzes zur Verkürzung des Restschuldbefreiungsverfahrens und zur Stärkung der Gläubigerrechte v. 15.7.2013, BGBl I S. 2379.

40 Näher dazu *Ahrens*, NZI 2014, 529; *Schmerbach/Semmelbeck*, NZI 2014, 547, 551; ferner DIJuF-Gutachten v. 11.7.2016, JAmt 2016, 608, 611.

41 AG Hamburg, Beschl. v. 3.6.2014, 67 g IN 148/13, NZI 2014, 888.

42 Dazu Rn. 740.

43 AG Hamburg, a.a.O.

D. Unterhaltsverfahren

I. Familienrechtliche Unterhaltsansprüche

1. Insolvenzforderung

Familienrechtliche (gesetzliche) **Unterhaltsansprüche**[44] können gemäß **§ 40 InsO** grundsätzlich nur für die Zeit **vor Eröffnung des Verfahrens** geltend gemacht werden. Sie nehmen als **Insolvenzforderungen** am Verfahren teil. Das gilt auch, wenn der Schuldner eine **Kapitalabfindung** (§ 1585 Abs. 2 BGB) zu zahlen hat.[45] Eine **Ausnahme** für die Zeit nach Verfahrenseröffnung besteht nur, soweit der Schuldner als **Erbe** des Verpflichteten haftet.[46] **750**

2. Ansprüche vor Insolvenzeröffnung

Familienrechtliche Unterhaltsansprüche, die **bis zur Eröffnung** des Insolvenzverfahrens fällig geworden waren, sind als Insolvenzforderungen nach § 38 InsO geltend zu machen und als **Unterhaltsrückstände** bei dem Insolvenzverwalter zur Eintragung in die Tabelle **anzumelden** (§ 174 InsO).[47] Dies gilt auch dann, wenn der Gläubiger bereits über einen **Unterhaltstitel** verfügt. **751**

Rückständig ist der gesamte Unterhalt einschließlich des Unterhalts für die im Zeitpunkt der Eröffnung des Insolvenzverfahrens laufende Periode, wenn dieser – etwa nach § 1612 Abs. 3 BGB – zum Beginn des Zeitraums im Voraus fällig geworden ist.[48]

Ein etwa **anhängiges Unterhaltsverfahren** wird bezüglich des Rückstandes **unterbrochen**.[49]

3. Ansprüche nach Insolvenzeröffnung

Die **laufenden künftigen Unterhaltsforderungen**, die erst **nach Eröffnung** des Verfahrens fällig geworden sind, können im Insolvenzverfahren nur hinsichtlich des Vorrechtsbereichs (§§ 89 Abs. 2 S. 2 InsO, 850d ZPO)[50], im Übrigen nicht geltend gemacht werden (§ 40 InsO).[51] **752**

---

44 Insbesondere solche nach §§ 1569 ff., 1601 ff., 1615l BGB, vgl. im Einzelnen *Riedel* in: Kayser/Thole, § 40 InsO Rn. 3.

45 MünchKomm-InsO/*Ehricke*, § 38 Rn. 78.

46 Dazu Uhlenbruck/*Knof*, § 40 Rn. 12.

47 OLG Jena, Beschl. v. 29.8.2011, 1 UF 324/11, FamRZ 2012, 641; *Bömelburg* in: Wendl/Dose, § 4 Rn. 135.

48 Uhlenbruck/*Knof*, § 40 Rn. 10; vgl. Rn. 786.

49 Nach § 113 Abs. 1 S. 2 FamFG i.V.m. § 240 ZPO, dazu Rn. 782.

50 Dazu Rn. 737.

51 BGH, Urt. v. 31.10.2007, XII ZR 112/05, FamRZ 2008, 137 (Rn. 21 ff.).

Ein bereits **anhängiges Verfahren** ist wegen dieser Unterhaltsforderungen mangels Unterbrechung **fortzusetzen**.[52]

II. Insolvenz des selbständigen Unterhaltsschuldners

753 Mit der Eröffnung des Insolvenzverfahrens geht die Befugnis des Schuldners, über sein Vermögen zu verfügen, auf den Insolvenzverwalter über (§ 80 Abs. 1 InsO). Dabei erfasst das Insolvenzverfahren nach § 35 Abs. 1 InsO das gesamte Vermögen, das dem Schuldner zur Zeit der Eröffnung des Verfahrens gehört und das er während des Verfahrens erlangt. Zur Insolvenzmasse gehört also auch der sog. **Neuerwerb**.

Ob und gegebenenfalls wie die Unterhaltsgläubiger ihre nach Insolvenzeröffnung entstandenen Forderungen gegen den **selbstständig tätigen Schuldner** geltend machen können, hängt davon ab, ob der **Insolvenzverwalter** die selbstständige Tätigkeit nach Insolvenzeröffnung **fortführt**, oder ob er die so genannte **„Freigabe"** der Selbstständigkeit erklärt: Nach § 35 Abs. 2 InsO muss sich der Insolvenzverwalter entscheiden, ob er

- Vermögen aus der selbstständigen Tätigkeit als zur Insolvenzmasse zugehörig ansieht und auch Ansprüche aus dieser Tätigkeit im Insolvenzverfahren geltend gemacht werden können (so genannte **„Positiverklärung"**) *oder*
- erklärt, dass ein solches Vermögen nicht zur Insolvenzmasse gehört und Ansprüche aus der Tätigkeit nicht im Insolvenzverfahren geltend gemacht werden können (so genannte **„Negativerklärung"** oder auch **„Freigabe"**).[53]

Im Falle einer Positiverklärung kann die Gläubigerversammlung gemäß **§ 100 Abs. 1 InsO** nach freiem Ermessen beschließen, ob und in welchem Umfang dem Schuldner und seiner Familie **Unterhalt aus der Insolvenzmasse** gewährt werden soll.[54] Denn das Insolvenzverfahren hat zwar den Zweck, das gesamte Vermögen des Schuldners zu liquidieren, es soll aber nicht den Schuldner zum Sozialfall werden lassen. Dabei kommt die Gewährung notwendigen Unterhalts auch an die minderjährigen Kinder des Schuldners sowie an den getrennt lebenden oder geschiedenen Ehegatten in Betracht (§ 100 Abs. 2 S. 2 InsO).[55] Freilich reicht die Insolvenzmasse häufig nicht aus, um dem Schuldner Unterhalt gewähren zu können.

---

52 *Bömelburg* in: Wendl/Dose, § 4 Rn. 135; dazu unten Rn. 789.

53 Eingehend *Janlewing*, FPR 2012, 163, 164.

54 Dazu *Janlewing*, a.a.O.; Gottwald/*Klopp/Kluth/Wimmer*, § 57 Rn. 9.

55 Zur Bemessung des **unterhaltsrelevanten Einkommens eines Selbstständigen** nach Eröffnung des Verbraucherinsolvenzverfahrens unter Berücksichtigung von **§ 100 InsO** vgl. BGH, Urt. v. 31.10.2007, XII ZR 112/05, FamRZ 2008, 137.

Grundsätzlich jedoch sind die Unterhaltsgläubiger nicht gehindert, in den für sie pfändbaren Teil des Schuldnereinkommens zu vollstrecken.[56]

III. Obliegenheit zur Einleitung der Verbraucherinsolvenz

Für den gegenüber **minderjährigen** oder **privilegierten volljährigen** 754
Kindern gemäß § 1603 Abs. 3 S. 2 BGB **gesteigert Unterhaltspflichtigen** kann eine unterhaltsrechtliche Obliegenheit bestehen, ein **Verbraucherinsolvenzverfahren** einzuleiten, wenn er aufgrund seiner **Verbindlichkeiten** ohne Gefährdung seines Selbstbehalts den Mindestbedarf der Unterhaltsberechtigten nicht zu decken vermag.[57] Dabei geht es weniger um die Obliegenheit des Unterhaltsschuldners zur Beantragung der Verbraucherinsolvenz als vielmehr darum, dass dieser sich gegenüber seinen Gläubigern auf die Pfändungsbeschränkungen der §§ 850 ff. ZPO beruft; insoweit ist der Ausdruck „Vollstreckungsschutzobliegenheit" zutreffender.[58] Die Unterhaltsgläubiger können dann nach §§ 89 Abs. 2 S. 2 InsO, 850d Abs. 2 ZPO in den zwischen Pfändungsfreigrenze und notwendigem Selbstbehalt liegenden Teil des Schuldnereinkommens vollstrecken.[59]

Allerdings muss die Einleitung des Verbraucherinsolvenzverfahrens unter Berücksichtigung aller Umstände für den Unterhaltsschuldner **zumutbar** sein. Eine etwaige Unzumutbarkeit hat der Schuldner vorzutragen.[60] In jedem Einzelfall geboten ist eine **Abwägung** der Vorteile einer Einleitung des Insolvenzverfahrens mit dessen Nachteilen. Je nach Sachlage können die Nachteile einer Verbraucherinsolvenz, nämlich die Einschränkungen der wirtschaftlichen Selbstständigkeit des Unterhaltsschuldners, die hierdurch erreichbaren Vorteile überwiegen.[61] So kann einem unterhaltspflichtigen **Rechtsanwalt** die Stellung eines Insolvenzantrages unzumutbar sein wegen des drohenden Widerrufs der Rechtsanwaltszulassung.[62]

Soweit sich die Einkommensverhältnisse des Unterhaltsschuldners 755
durch die Eröffnung des Verbraucherinsolvenzverfahrens geändert haben, ist dies auch bei der **Unterhaltsbemessung** zu berücksichtigen: Das Insolvenzverfahren erfasst gemäß §§ 35, 36 InsO das laufende Einkommen des Schuldners nur insoweit, als dieses den Pfändungsfreibetrag des § 850c

56 Uhlenbruck/*Knof*, § 40 Rn. 14.

57 BGH, Urt. v. 23.2.2005, XII ZR 114/03, FamRZ 2005, 608; Beschl. v. 19.3.2014, XII ZB 367/12, FamRZ 2014, 923; ausführlich dazu *Schürmann* FamRZ 2005, 887; *Niepmann*, FPR 2006, 91, 92.

58 *Hauß*, FamRZ 2006, 1496, 1498.

59 Eingehend mit **Berechnungsbeispielen** *Ortner*, FPR 2006, 87, 90; *Hauß*, FamRZ 2006, 1496; vgl. auch Rn. 737 ff.

60 *Ehinger* in: Ehinger/Griesche/Rasch, Kap. A., Rn. 234.

61 BGH, Beschl. v. 19.3.2014, XII ZB 367/12, FamRZ 2014, 923.

62 OLG Dresden Beschl. v. 4.12.2015, 20 UF 875/15, FamRZ 2016, 1172.

ZPO übersteigt. Die Unterhaltsansprüche sind daher an dem „insolvenzfreien" Teil des Einkommens des Unterhaltsschuldners zu orientieren, der ihm zu seinem und seiner Familie Unterhalt verbleibt. Da die Altgläubiger gemäß §§ 38, 87, 89 InsO Befriedigung nur noch im Insolvenzverfahren suchen können, steht der **pfandfreie Teil** seines Einkommens ungeschmälert zur Unterhaltsbemessung zur Verfügung.[63] Der für Drittgläubiger unpfändbare Betrag ist daher, gekürzt um den Selbstbehalt des Schuldners, für den Unterhalt einsetzbar.[64]

Die **Obliegenheit** zur Stellung eines Insolvenzantrags aus § 1603 BGB kann gegenüber dem Schuldner nicht zwangsweise durchgesetzt werden, auch macht er sich, abgesehen von den Fällen des § 170 StGB, nicht strafbar, wenn er keinen Insolvenzantrag stellt. Die unterhaltsrechtliche Obliegenheit soll dergestalt durchgesetzt werden, dass der Schuldner so zu behandeln sei, als habe er entsprechend seiner Obliegenheit gehandelt.[65]

In Abgrenzung zu seiner früheren Entscheidung hat der **BGH** nunmehr klargestellt: Im Rahmen des **Trennungsunterhalts** trifft den Unterhaltsschuldner grundsätzlich **keine** Obliegenheit zur Einleitung der Verbraucherinsolvenz.[66] Gleiches gilt für den Unterhalt **volljähriger** Kinder.[67]

Auch zur Bemessung des unterhaltsrelevanten Einkommens eines **selbstständigen Arztes** nach Eröffnung der Verbraucherinsolvenz hat der **BGH** Stellung bezogen: Hier kann (und muss) der Schuldner vor dem Vollstreckungsgericht beantragen, ihm von dem nach § 850i ZPO pfändbaren Teil seiner Honoraransprüche einen weiteren Teil zu belassen, der für seinen notwendigen Lebensunterhalt neben den geschuldeten Unterhaltsleistungen und für besondere Bedürfnisse aus persönlichen und beruflichen Gründen erforderlich ist.[68]

IV. Unterhaltsrückstand und Restschuldbefreiung

1. Problem des drohenden Rechtsverlustes

756 Wird nach Abschluss des **Verbraucherinsolvenzverfahrens** die vom Unterhaltsschuldner beantragte **Restschuldbefreiung erteilt**, so wirkt sie

---

63 OLG Koblenz, Urt. v. 15.5.2002, 9 UF 440/01, FamRZ 2003, 109, 110 mit Anm. *Melchers*, FamRZ 2003, 1033; *Ortner*, FPR 2006, 87, 89; *Niepmann*, FPR 2006, 91, 94 m.w.N.

64 OLG Nürnberg, Beschl. v. 4.10.2004, 11 WF 2713/04, FamRZ 2005, 1761, 1762.

65 *Keller*, NZI 2007, 143, 148; eingehend dazu *Janlewing*, Rn. 303 ff.

66 BGH, Urt. v. 12.12.2007, XII ZR 23/06, FamRZ 2008, 497 = FPR 2008, 107 mit Anm. *Tomfort/Carlberg*; vgl. dazu *Melchers*, NJW 2008, 806; *Ahrens*, NZI 2008, 159.

67 Palandt/*Brudermüller*, § 1603 Rn. 10.

68 BGH, Urt. v. 31.10.2007, XII ZR 112/05, FamRZ 2008, 137 = NJW 2008, 227; dazu *Ahrens*, a.a.O.

nach § 301 Abs. 1 S. 1 InsO gegen **alle Insolvenzgläubiger**, also grundsätzlich auch gegen die Unterhaltsgläubiger bezüglich der bis zur Eröffnung des Insolvenzverfahrens fällig gewordenen **Unterhaltsrückstände**.[69] Damit droht vielfach ein nahezu völliger Forderungsverlust.

Dieses Ergebnis kann allerdings dann zumindest gemildert sein, wenn die Voraussetzungen des **§ 302 Nr. 1 InsO** erfüllt sind. Danach werden von der Erteilung der Restschuldbefreiung **nicht** berührt Verbindlichkeiten des Schuldners insbesondere aus 757

- einer **vorsätzlich begangenen unerlaubten Handlung**[70] *sowie*
- aus **rückständigem gesetzlichen Unterhalt**, den der Schuldner **vorsätzlich pflichtwidrig nicht gewährt** hat.[71]

Die entsprechenden Merkmale („Attribute") müssen **angemeldet und festgestellt** sein – entweder in dem bereits bestehenden Titel oder im Rahmen des insolvenzrechtlichen Feststellungsverfahrens. Ziel des Unterhaltsgläubigers sollte es daher sein, zur Sicherung seiner oft beträchtlichen Rückstandsforderungen auf die Feststellung dieser Attribute hinzuwirken. Hierfür ist eine **Anmeldung unerlässlich**.[72] 758

Praxistipp: Freilich sollte der Gläubiger **nicht leichtfertig** eine tatsächlich nicht nachweisbare Forderung als Deliktsforderung **anmelden**. Denn er trägt im Falle eines negativen Feststellungsantrags des Schuldners die **Verfahrenskosten** bei einem Anerkenntnis.[73]

2. Der lange Weg zur Restschuldbefreiung

Sowohl in Regelinsolvenz- wie in Verbraucherinsolvenzverfahren kann der Schuldner eine **Restschuldbefreiung** erlangen (§§ 286 ff., 304 Abs. 1 InsO). Erforderlich hierfür ist sein Antrag auf Eröffnung des Insolvenzverfahrens, verbunden mit einem **Antrag** auf Erteilung der Restschuldbefreiung (§§ 305, 287 InsO). Hierfür sind nach § 305 Abs. 5 InsO die **amtlichen Formulare** zu verwenden.[74] Der **Eigenantrag** des Schuldners ist 759

---

69 Vgl. oben Rn. 751.

70 Wegen **Unterhaltspflichtverletzung** (§ 823 Abs. 2 BGB i.V.m. § 170 StGB), dazu OLG Hamm, Beschl. v. 19.3.2012, 8 UF 285/11, FamRZ 2012, 1741, mit kritischer Anm. *Schürmann*, FamFR 2012, 249; OLG Hamburg, Beschl. v. 25.11.2016, 2 UF 111/16, BeckRS 2016, 118482, dazu *Wache*, NZFam 2017, 421.

71 Diese vom Gesetzgeber später eingefügte zweite Alternative ist nur bei **ab 1.7.2014** eingeleiteten Insolvenzverfahren anzuwenden, Art. 103h EGInsO.

72 BGH, Urt. v. 16.12.2010, IX ZR 24/10, MDR 2011, 259 = Rpfleger 2011, 39.

73 OLG Saarbrücken, Beschl. v. 4.9.2014, 2 W 13/14, BeckRS 2014, 18676, dazu *Schmittmann*, VIA 2014, 93.

74 http://www.justiz.de/formulare/zwi_bund/vinsolvenz.pdf.

nur bis zur Eröffnung des Insolvenzverfahrens zulässig. Hat bereits ein Gläubigerantrag zur Insolvenzeröffnung geführt, ist bis zum Abschluss des Verfahrens ein Eigenantrag des Schuldners nicht mehr zulässig.[75]

Praxistipp: Über diese Rechtsfolge muss der Schuldner von seinem **Verfahrensbevollmächtigten aufklärt** werden. Anderenfalls **haftet** dieser auf Schadensersatz, falls wegen des unterbliebenen Antrags eine Restschuldbefreiung ausscheidet.[76]

Ist der **Antrag** auf Restschuldbefreiung **zulässig**, so stellt das Insolvenzgericht gemäß § 287a Abs. 1 InsO durch Beschluss fest, dass der Schuldner Restschuldbefreiung erlangt, wenn er den Obliegenheiten nach § 295 nachkommt und die Voraussetzungen für eine Versagung nicht vorliegen.

760 Am Ende des eröffneten Insolvenzverfahrens entscheidet das Gericht entsprechend den Voraussetzungen des § 300 InsO über die Erteilung der Restschuldbefreiung. Diese kann auf **Antrag** eines Insolvenzgläubigers **versagt** werden, wenn einer der in § 290 Abs. 1 InsO abschließend aufgeführten Versagungsgründe erfüllt ist. Praxisrelevant sind vor allem § 290 Abs. 1 Nr. 6 InsO (unzutreffende Angaben im Vermögensverzeichnis) und § 290 Abs. 1 Nr. 5 InsO (Verletzung der Auskunfts- und Mitwirkungspflichten). Zu beachten ist, dass der Schuldner dem Insolvenzverwalter, nicht aber einzelnen Gläubigern gegenüber **zur Auskunft verpflichtet** ist.[77]

761 Wird dem Schuldner die **Restschuldbefreiung nicht versagt**, endet das Insolvenzverfahren, und es beginnt die sog. **Wohlverhaltensperiode**. Auch in dieser Phase des Verfahrens ist die Einzelzwangsvollstreckung untersagt (§ 294 Abs. 1 InsO). Der Schuldner führt das nach § 287 Abs. 2 InsO für die Dauer von sechs Jahren **abgetretene pfändbare Einkommen** an den Treuhänder ab. Sonstiges Neuvermögen steht dem Schuldner zu. Am Ende der Wohlverhaltensperiode kann auf Antrag eines Gläubigers dem Schuldner die Restschuldbefreiung **versagt** werden, wenn dieser den in der Wohlverhaltensperiode bestehenden Obliegenheiten nicht nachgekommen ist (§§ 295, 296 InsO).[78] Die erteilte **Restschuldbefreiung** umfasst **alle Insolvenzforderungen** – auch die nicht angemeldeten (§ 301 Abs. 1 InsO), jedoch **nicht** die sog. **Attributsforderungen** bestimmter Delikts- und Unterhaltsgläubiger (§ 302 Nr. 1 InsO).[79]

---

75 BGH, Beschl. v. 3.7.2008, IX ZB 182/07, MDR 2008, 1304.

76 OLG Düsseldorf, Urt. v. 2.8.2012, 24 U 110/11, MDR 2012, 1435.

77 *Janlewing*, FamRB 2011, 19, 20.

78 *Janlewing*, a.a.O.

79 Dazu oben Rn. 758.

Praxistipp: Auch derjenige Gläubiger, der sich am Insolvenzverfahren **nicht beteiligt**, unterliegt gleichwohl dessen Rechtswirkungen, nimmt aber an der Verteilung nicht teil.[80] Das gilt auch, wenn er einen **Vollstreckungstitel** bereits in Händen hält. Eine **Anmeldung** sollte daher in der Regel Pflicht sein.

3. Anmeldung zur Tabelle

a) Wer muss anmelden?

Der **Unterhaltsrückstand** wird als Insolvenzforderung nur im Falle einer **Anmeldung zur Insolvenztabelle** nach §§ 174, 175 InsO berücksichtigt. Auch **titulierte Forderungen** müssen wegen des generellen Vollstreckungsverbots in § 89 InsO angemeldet werden, ebenso Forderungen, die noch **rechtshängig** sind (§ 240 ZPO).[81] **Nachrangige Unterhaltsgläubiger** i.S.v. § 1609 BGB – nicht zu verwechseln mit den nachrangigen Gläubigern i.S.d. § 174 Abs. 3 InsO – sollten ihre Forderungen ebenfalls anmelden.[82] Die **Unterhaltsvorschusskasse** kann auch eine Anmeldung als **qualifizierte** Forderung nach § 174 Abs. 2 InsO vornehmen.[83] **762**

Praxistipp: Allerdings ist darauf zu achten, dass die Forderungsanmeldung von der nach Landesrecht **zuständigen Behörde** vorgenommen wird.[84]

Die Anmeldung hat **verjährungshemmende** Wirkung (§ 204 Abs. 1 Nr. 10 BGB), jedoch nur, wenn sie **ordnungsgemäß** vorgenommen worden ist[85] und wenn die **Verjährung** noch **nicht eingetreten** ist.[86]

b) Anmeldungs- und Prüfungsverfahren

Das Insolvenzverfahren unterteilt sich in die **vier Stufen**: **Anmeldung, Prüfung, Feststellung und Verteilung.**[87] Dementsprechend ist die **Unterhaltsforderung** nach den Vorgaben des § 174 InsO unter Angabe des Grundes und der Höhe der Forderung beim Insolvenzverwalter schriftlich **763**

---

80 OLG Jena, Beschl. v. 25.8.2011, 1 WF 246/11, FamRZ 2012, 372.

81 Uhlenbruck/*Sinz*, § 174 Rn. 2.

82 Dazu *Janlewing*, Rn. 150.

83 BGH, Beschl. v. 11.5.2010, IX ZB 163/09, FamRZ 2010, 1332 (betreffend eine deliktische Forderung).

84 BGH, Beschl. v. 3.3.2016, IX ZB 65/14, NJW 2016, 1823 (Rn. 30), dazu *Pfeil*, NZFam 2016, 468.

85 BGH, Urt. v. 21.2.2013, IX ZR 92/12, NJW-RR 2013, 992.

86 BGH, Beschl. v. 3.3.2016, IX ZB 33/14, NJW 2016, 1818 (Rn. 33 ff.).

87 Dazu *Willmer/Berner*, NZI 2015, 877.

anzumelden. Die Justiz bietet je nach Bundesland unterschiedliche Formulare für die Forderungsanmeldungen an.[88]

Praxistipp: Anmeldungen sind stets nur an den **Insolvenzverwalter** zu senden, **nicht** an das **Insolvenzgericht**.

764 Möchte der Insolvenzgläubiger den Verlust seiner Forderung aufgrund der späteren Restschuldbefreiung gemäß § 302 Nr. 1 InsO vermeiden, so kann er nach § 174 Abs. 2 InsO Tatsachen vortragen, die auf eine vorsätzlich begangene **unerlaubte Handlung** oder eine vorsätzliche **pflichtwidrige Verletzung einer gesetzlichen Unterhaltspflicht**[89] seitens des Schuldners hindeuten (**„qualifizierte Anmeldung"**). Hierfür muss er (lediglich) den **Lebenssachverhalt** bezeichnen, aus dem er das Vorliegen des Rechtsgrundes ableitet: Der Schuldner muss wissen, um welche Forderung es geht und welches Verhalten ihm vorgeworfen wird. Einer schlüssigen Darlegung des Deliktstatbestandes bedarf es nicht.[90] Allerdings bedarf es bezüglich des **bedingten Vorsatzes** des Schuldners regelmäßig zusätzlicher, vom Gläubiger zu beweisender **Indizien**, aus denen sich entnehmen lässt, dass sich der Schuldner seiner Unterhaltspflicht oder seinen Handlungspflichten bewusst war.[91]

765 Die **Anmeldung** kann bis zum Schlusstermin **nachgeholt** werden, und zwar auch bezüglich des **qualifizierten Rechtsgrundes**, wenn die Forderung bereits zur Tabelle festgestellt worden ist.[92] Jedoch kann der Gläubiger die **Nachmeldung** der Forderung und des Rechtsgrundes nur innerhalb der sechsjährigen Abtretungsfrist vornehmen.[93]

Praxistipp: Selbst wenn der **Gläubiger** die Anmeldefrist verpasst hat, muss er **nicht schutzlos** dastehen: Der **BGH**[94] hat bereits mehrfach betont, dass dann, wenn der Schuldner einen Anspruch bewusst zwecks Erreichung der Restschuldbefreiung verschweigt, eine unerlaubte Handlung i.S.d. **§ 826 BGB** vorliegen kann, die eine eigenständige neue Schadensersatzforderung des Gläubigers begründet.

---

88 Etwa für **Nordrhein-Westfalen**: https://www.justiz.nrw.de/BS/formulare/insolvenz/forderungsanmeldung1/Forderungsanmeldung-im-Insolvenzverfahren-_01_07_2014_.pdf.

89 Bei **ab 1.7.2014** eingeleiteten Insolvenzverfahren, Art. 103h EGInsO. Zu der Neuerung eingehend *Kohlenberg*, FuR 2015, 515; Gottwald/*Ahrens*, § 79 Rn. 42.

90 BGH, Urt. v. 9.1.2014, IX ZR 103/13, MDR 2014, 245; zu **Mängeln bei der Anmeldung** vgl. die Fallanalyse von *Griesche*, FamFR 2013, 220 zu OLG Celle, Beschl. v. 11.3.2013, 10 WF 67/13, FamRZ 2013, 1814.

91 BGH, Beschl. v. 3.3.2016, IX ZB 65/14, NJW 2016, 1823 (Rn. 33).

92 BGH, Urt. v. 17.1.2008, IX ZR 220/06, MDR 2008, 649.

93 BGH, Urt. v. 7.5.2013, IX ZR 151/12, NJW 2013, 3300.

94 BGH, Urt. v. 5.4.2016, VI ZR 283/15, NJW-RR 2017, 37, dazu *Ahrens*, LMK 2016, 381604.

Der Insolvenzverwalter trägt jede angemeldete Forderung – nebst qualifiziertem Rechtsgrund – in eine **Tabelle** ein (§ 175 Abs. 1 InsO).[95] Im Falle einer **qualifizierten Anmeldung** hat das Insolvenzgericht den Schuldner auf die Rechtsfolgen des § 302 InsO und auf die Möglichkeit eines Widerspruchs besonders **hinzuweisen** (§ 175 Abs. 2 InsO).[96] **766**

In einem **Prüfungstermin** werden die angemeldeten Forderungen ihrem Betrag und ihrem Rang nach geprüft und die vom Insolvenzverwalter, vom Schuldner oder von einem Insolvenzgläubiger **bestrittenen** Forderungen einzeln erörtert (§§ 176, 177 InsO).

c) Feststellungsverfahren

Der Insolvenzgläubiger kann bei den Verteilungen nur dann eine Auszahlung erwarten, wenn seine **Forderung festgestellt** ist. Diese Feststellung hängt wesentlich davon ab, ob und in welchem Umfang einer der Beteiligten die Forderung **bestritten**, also **Widerspruch** erhoben hat, ferner inwieweit bereits ein **Vollstreckungstitel** vorliegt (§§ 178, 179 InsO): **767**

- Bleibt ein **Widerspruch** aus, so gilt die Forderung ohne Weiteres als festgestellt (§ 178 Abs. 1 S. 1 InsO).
- Widerspricht der **Insolvenzverwalter** oder ein **Insolvenzgläubiger**, so bleibt es dem **Gläubiger** überlassen, die Feststellung gegen den Bestreitenden zu betreiben. Liegt hingegen für eine solche Forderung ein vollstreckbarer Schuldtitel vor, so obliegt es grundsätzlich dem **Bestreitenden**, den Widerspruch zu verfolgen (§ 179 InsO).[97]

Praxistipp: Für seinen Feststellungsantrag hat der **Gläubiger** die **Ausschlussfrist** von zwei Wochen (§ 189 Abs. 1 InsO) zu beachten, sofern er nicht über einen vollstreckbaren Titel verfügt.

- Bestreitet der **Schuldner** die Forderung (ganz oder teilweise), so hindert dies zwar nicht die entsprechende **Feststellung** der Forderung und damit die Teilnahme des Anmelders an den Verteilungen (§ 178 Abs. 1 S. 2 InsO), wohl aber die Rechtskraft- und Vollstreckungswirkung des Tabelleneintrags außerhalb des Insolvenzverfahrens (§ 201 Abs. 2 S. 1 InsO).[98] Je nach Vorliegen eines **Vollstreckungstitels** und je nach

---

95 Zur möglichen Berichtigung der Insolvenztabelle vgl. BGH, Beschl. v. 24.11.2016, IX ZB 4/15, Rpfleger 2017, 298; ferner *Willmer/Berner*, NZI 2015, 877.

96 Allerdings nur, wenn der Schuldner einen **Restschuldbefreiungsantrag** gestellt hat, AG Aurich, Beschl. v. 3.12.2015, 9 IN 145/15, Rpfleger 2016, 308 = NZI 2016, 143 mit Anm. *Ahrens*, NZI 2016, 121; ferner AG Köln, Beschl. v. 1.12.2016, 73 IN 485/15, NZI 2017, 78 = VIA 2017, 20 (m. Anm. *Schmittmann*).

97 Auch der **Gläubiger** kann einen bereits anhängigen Rechtsstreit aufnehmen, vgl. BGH, Beschl. v. 31.10.2012, III ZR 204/12, NJW 2012, 3725.

98 MünchKomm-InsO/*Schumacher*, § 178 Rn. 3.

Umfang des Widerspruchs ist es dann grundsätzlich Sache des Anmeldenden (§ 184 Abs. 1 InsO) oder des Widersprechenden (§ 184 Abs. 2 InsO), im **Gerichtswege** die **positive oder negative Feststellung** der Forderung oder auch nur des qualifizierten Grundes vor den ordentlichen Gerichten zu verfolgen.

Antragsbeispiel: *„Es wird festgestellt, dass die unter Nr .... der Tabelle im Insolvenzverfahren über das Vermögen des ... festgestellte Forderung (nicht) auf einer vorsätzlichen pflichtwidrigen Verletzung einer gesetzlichen Unterhaltspflicht (oder: einer vorsätzlichen unerlaubten Handlung) des Schuldners beruht."*

Praxistipp: Der **Schuldner** muss den Widerspruch **binnen eines Monats** verfolgen und dies dem Gericht nachweisen. Anderenfalls gilt ein Widerspruch als nicht erhoben (§ 184 Abs. 2 InsO).

768 Die komplizierte Rechtslage führt auch dazu, dass dem **Schuldner** im Falle einer Stundung der Verfahrenskosten auf Antrag ein **Rechtsanwalt beizuordnen** ist (§ 4a Abs. 2 InsO). Hierfür muss er dartun, dass er nach seinen persönlichen Fähigkeiten und Kenntnissen im konkreten Fall nicht in der Lage ist, ohne anwaltliche Hilfe eine Entscheidung über die Zweckmäßigkeit der Erhebung des Widerspruchs zu treffen. Der gerichtliche Hinweis nach § 175 Abs. 2 InsO ersetzt diese Beratung nicht.[99]

Praxistipp: Auch für die **Gläubiger** stellt das **Restschuldbefreiungsverfahren** eine Herausforderung dar. Sofern sie ihre **formellen Obliegenheiten** nicht beachten, insbesondere bestimmte Fristen nicht einhalten, müssen sie einen **Rechtsverlust** hinnehmen.[100]

d) Titelergänzende Feststellung („Attributsverfahren")

769 Der Schuldner kann seinen **Widerspruch** gegen die Forderungsanmeldung **insgesamt** richten oder aber auf den **qualifizierten (deliktischen) Rechtsgrund** beschränken.[101] Wendet sich der Schuldner mit seinem Widerspruch allein gegen die Privilegierung der Forderung, so wurde nach bisheriger Auffassung die Forderung zur Tabelle festgestellt, dieses Forderungsattribut jedoch nicht in die Tabelle aufgenommen. Der **Gläubiger** musste dann, wenn er in der Zwangsvollstreckung dieses Privileg in Anspruch nehmen wollte, auf eine entsprechende Formulierung des Titels

---

99 BGH, Beschl. v. 18.9.2003, IX ZB 44/03, MDR 2004, 233.

100 Deutlich insoweit BGH, Urt. v. 16.12.2010, IX ZR 24/10, Rpfleger 2011, 395 = juris, Rn. 25 mit Auflistung einiger **Fehlerquellen**.

101 BGH, Urt. v. 10.10.2013, IX ZR 30/13, FamRZ 2014, 32.

hinwirken, und zwar mit einer **„titelergänzenden Feststellungsklage"** (auch „Attributsklage" genannt).[102]

Nach der neuen Rechtsprechung des **BGH**[103] liegt das Risiko jedoch nunmehr auf Seiten des **Schuldners**: Begrenzt dieser seinen Widerspruch auf den **Rechtsgrund**, ist dem Gläubiger[104] gemäß § 201 Abs. 2 S. 1 InsO trotz der Restschuldbefreiung eine **vollstreckbare Ausfertigung** aus der Insolvenztabelle zu erteilen, obwohl eine gerichtliche Prüfung der behaupteten Qualifizierung noch gar nicht stattgefunden hat. Es droht also nach Ablauf der Vollstreckungsverbote der §§ 89, 294 InsO die Einzelvollstreckung. Es ist dann Aufgabe des **Schuldners**, dieser Vollstreckung mit einem **Abwehrverfahren nach § 767 ZPO** zu begegnen, in dem allerdings der **Gläubiger** die **Darlegungs- und Beweislast** für das Vorliegen des besonderen Rechtsgrunds trägt.[105] **770**

Praxistipp: Auf diesen (umstrittenen) Wandel in der höchstrichterlichen Rechtsprechung muss sich der **Schuldner** einstellen. Richtet sich sein Widerspruch nur gegen die Qualifizierung als privilegierte Forderung, kann (und sollte) er frühzeitig einen **negativen Feststellungsantrag** bei dem Familiengericht[106] stellen.[107] Jedenfalls sollte er nach Erteilung der Restschuldbefreiung, sofern der Gläubiger nicht freiwillig auf seine Rechte verzichtet, alsbald einen **Vollstreckungsabwehrantrag** verbunden mit einem Antrag auf einstweiligen Rechtsschutz nach §§ 767, 769 ZPO stellen.[108]

War zur Zeit der Eröffnung des Insolvenzverfahrens ein (nach § 240 ZPO unterbrochener)[109] **Rechtsstreit** über die Forderung **anhängig**, so kann (und muss) der Gläubiger diesen Rechtsstreit gegen den Schuldner **aufnehmen** (§ 180 Abs. 2 InsO). Ein neues Verfahren gegen den Schuldner ist in diesem Falle unzulässig.[110] Dies gilt in gleicher Weise, wenn der **Schuldner** negative Feststellung begehrt.[111]

---

102 BGH, Beschl. v. 26.9.2002, IX ZB 180/02, MDR 2003, 290 unter Hinweis auf BT-Drs. III/768, S. 2; eingehend *Striewe*, NZI 2011, 619, 620.

103 BGH, Beschl. v. 3.4.2014, IX ZB 83/13, NZI 2014, 507, dazu *Buck*, FD-InsR 2014, 358955; im Wesentlichen gleichlautend BGH, Beschl. v. 3.4.2014, IX ZB 93/13, MDR 2014, 802 = NZI 2014, 568 mit kritischer Anm. *Henning*.

104 Nicht dem Insolvenzverwalter, so aber BGH, a.a.O., je Rn. 11.

105 BGH, a.a.O., Rn. 19; s.u. Rn. 773.

106 Unten Rn. 772.

107 BGH, Urt. v. 10.10.2013, IX ZR 30/13, FamRZ 2014, 32.

108 Dazu *Henning*, a.a.O.

109 Dazu Rn. 782.

110 MünchKomm-InsO/*Schumacher*, § 184 Rn. 5.

111 Dazu Rn. 770.

771 Enthält bereits ein bestehender Vollstreckungstitel den **privilegierenden Rechtsgrund** mit hinreichender Klarheit, so obliegt es grundsätzlich dem dies bestreitenden **Schuldner**, vor Gericht eine **negative Feststellung** zu erreichen (§ 184 Abs. 2 InsO).

Bei manchen Unterhaltstiteln ist eine ausreichende **Feststellung des qualifizierten Rechtsgrundes ausgeschlossen**, insbesondere bei einem **Vollstreckungsbescheid**[112] und einem **Versäumnisbeschluss**[113]. Denn bei Zustandekommen derartiger Titel ist keine Prüfung erforderlich, ob die Forderung auf rückständigen Unterhalt auch auf einem deliktischen Schuldgrund beruht. Dies gilt regelmäßig auch für **Anerkenntnis- und Verzichtsbeschlüsse** sowie für **vollstreckbare Urkunden.**[114] Hier ist mithin eine Ergänzung des bestehenden Titels geboten.

772 Es entspricht inzwischen einhelliger Auffassung, dass für solche „Attributsverfahren" die **Familiengerichte zuständig** sind.[115] Es handelt sich bei der Geltendmachung von Unterhaltsrückstand um eine Unterhaltssache i.S.d. § 231 FamFG,[116] jedenfalls aber um eine sonstige Familiensache nach § 266 Abs. 1 Nr. 3 FamFG,[117] die als Familiensachen vor den Familiengerichten verhandelt werden (§§ 111 FamFG, 23b Abs. 1 GVG).

Praxistipp: Um ein späteres Titelergänzungsverfahren zu vermeiden, empfiehlt es sich, bereits im Unterhaltsverfahren neben dem Leistungsantrag auch einen **Feststellungsantrag** betreffend die Qualifikation als **privilegierte Forderung** zu stellen.

773 Die **Darlegungs- und Beweislast** dafür, dass die angemeldete Forderung tatsächlich auf einer vorsätzlichen unerlaubten Handlung oder einer pflichtwidrigen Unterhaltspflichtverletzung beruht, trifft hierbei grundsätzlich den **Gläubiger**. Dasselbe gilt gleichermaßen, wenn der **Schuldner** mit der negativen Feststellungsklage festgestellt wissen will, dass die in Rede stehende Forderung entgegen der Berühmung des Gläubigers nicht auf einer deliktischen Handlung beruht.[118]

---

112 BGH, Beschl. v. 5.4.2005, VII ZB 17/05, FamRZ 2005, 974; s.a. Rn. 197.

113 BGH, Urt. v. 5.11.2009, IX ZR 239/07, NJW 2010, 2210; s.a. Rn. 198.

114 *Griesche*, FamFR 2013, 220, 221 m.w.N.

115 OLG Rostock, Beschl. v. 2.3.2016, 10 WF 23/16, ZInsO 2016, 857, dazu *Spieker*, NZFam 2016, 425; *Kohlenberg*, FuR 2015, 515, 516 je m.w.N.

116 So OLG Celle, Beschl. v. 7.5.2012, 10 WF 385/10, FamRZ 2012, 1838; so auch BGH, Beschl. v. 3.3.2016, IX ZB 33/14, NJW 2016, 1818 (Rn. 12 ff.) betreffend einen **Schadensersatzanspruch**.

117 OLG Hamm, Beschl. v. 19.3.2012, 8 UF 285/11, FamRZ 2012, 1741, mit Anm. *Schürmann*, FamFR 2012, 249; ferner OLG Celle, Beschl. v. 21.5.2014, 10 WF 262/13, FamRZ 2014, 1728 (LS) = BeckRS 2014, 12693 (betreffend **Gesamtschuldnerausgleich**); *Janlewing*, Rn. 174.

118 OLG Brandenburg, Urt. v. 19.11.2014, 13 U 18/11, BeckRS 2015, 11829.

Dabei kann dem Gläubiger die sog. **sekundäre Behauptungs- und Beweislast des Schuldners** zugutekommen.[119] So hat der **BGH**[120] bezüglich eines Schadensersatzanspruchs der Unterhaltsvorschusskasse aus § 823 Abs. 2 BGB i.V.m. § 170 StGB festgestellt, dass diese Darlegungslast des Schuldners für diejenigen Umstände besteht, die Zweifel an seiner **Leistungsfähigkeit** begründen können. Dies gilt in besonderem Maße, wenn bereits ein **Titel** aufgrund eines streitigen Urteils vorliegt, der den Schuldner für die Zeiträume zu Unterhalt verurteilt, für die der Gläubiger Schadensersatz wegen Verletzung der Unterhaltspflicht verlangt. Bezüglich des **Vorsatzes des Schuldners** bedarf es regelmäßig zusätzlicher, vom **Gläubiger** zu beweisender **Indizien**, aus denen sich entnehmen lässt, dass sich der Schuldner seiner Unterhaltspflicht **bewusst** war.[121]

Die insolvenzrechtliche Privilegierung der deliktischen Forderung umfasst auch bei deren Durchsetzung entstandene **Kosten und Auslagen**, etwa für Vollstreckungsversuche bezüglich des titulierten Unterhalts.[122]

e) Aufhebung des Insolvenzverfahrens

Nach Vollzug der Schlussverteilung wird das **Insolvenzverfahren aufgehoben** (§ 200 InsO). Von diesem Zeitpunkt an haftet der Schuldner für nicht befriedigte Insolvenzforderungen nunmehr grundsätzlich mit seinem gesamten Vermögen. Gleichzeitig entfällt das Vollstreckungsverbot des § 89 InsO. Die Insolvenzgläubiger können aus der **Eintragung in die Tabelle** wie aus einem vollstreckbaren Urteil die **Einzelzwangsvollstreckung** gegen den Schuldner betreiben. Durch die Feststellung zur Tabelle werden bereits **bestehende Titel „aufgezehrt“**. Auf Antrag wird eine **vollstreckbare Ausfertigung** aus der Tabelle erteilt (§ 201 Abs. 2 InsO). Das Insolvenzgericht ist für die Erteilung der Vollstreckungsklausel auf den Tabellenauszug nach den Regeln der §§ 724 ff. ZPO ausschließlich **zuständig**.[123] 774

Diese Nachhaftung ist allerdings begrenzt im Falle einer **Restschuldbefreiung**, die eine Vollstreckung lediglich wegen festgestellter **qualifizierter Unterhaltsforderungen** gestattet (§§ 201 Abs. 3, 301, 302 Nr. 1 InsO).[124] 775

---

119 Dazu *Kohlenberg*, FuR 2015, 515, 517.

120 BGH, Beschl. v. 3.3.2016, IX ZB 65/14, NJW 2016, 1823 (Rn. 22 ff.).

121 BGH, a.a.O. (Rn. 33).

122 OLG Celle, Beschl. v. 11.3.2013, 10 WF 67/13, FamRZ 2013, 1814.

123 MünchKomm-InsO/*Hintzen*, § 201 Rn. 27 unter Hinweis auf §§ 2, 179 Abs. 3 InsO.

124 Rn. 757.

Praxistipp: Hat sich der Schuldner bei einer „Attributsanmeldung“ **nur gegen den Rechtsgrund** gewendet, ist der Gläubiger gemäß § 201 Abs. 2 Satz 1 InsO berechtigt, aus der Eintragung in der Tabelle die Vollstreckung zu betreiben. Der Widerspruch des Schuldners steht nur dann der Vollstreckung entgegen, wenn er gegen die angemeldete **Forderung als solche** gerichtet war.[125]

776 Die Erteilung der **Vollstreckungsklausel** ist allerdings zu **versagen**, wenn der Gläubiger seine Forderung **nicht** unter dem deliktischen Rechtsgrund angemeldet hat und dem Schuldner Restschuldbefreiung erteilt wurde. Die Forderung des Gläubigers ist als „unvollkommene Verbindlichkeit“ nur noch erfüllbar, aber nicht mehr erzwingbar. Damit darf aus der Forderung nicht mehr vollstreckt werden.[126] Vollstreckt der Gläubiger gleichwohl ohne die Feststellung des Rechtsgrundes im Titel, kann sich der Schuldner mit einem **Vollstreckungsgegenantrag** (§ 767 ZPO)[127] zur Wehr setzen.[128]

E. Gesamtschuldnerausgleich

777 Ausgleichsansprüche eines Ehegatten als **Gesamtschuldner** nach § 426 Abs. 2 BGB gegen den anderen (nunmehr insolventen) Ehegatten stellen **Insolvenzforderungen** i.S.d. § 38 InsO dar. Entsprechende Ansprüche auf **Freistellung** im Innenverhältnis und **Ausgleich** des Geleisteten auf Grund erbrachter Zahlungen oder Pfändungen müssen – gegebenenfalls nach **Umrechnung** gemäß § 45 InsO – zur Tabelle angemeldet und festgestellt werden.[129]

Auch solche Ansprüche können von einer **Restschuldbefreiung** nach § 302 Nr. 1 InsO **ausgenommen** sein, sofern sie auf einer vorsätzlich begangenen **unerlaubten Handlung** beruhen.[130] Für den entsprechenden Antrag auf **Feststellung** des deliktischen Rechtsgrundes („Attributsverfahren“) ist das **Familiengericht** gemäß § 266 FamFG zuständig.[131]

---

125 BGH, Beschl. v. 3.4.2014, IX ZB 83/13, NZI 2014, 507, dazu *Buck*, FD-InsR 2014, 358955.

126 BGH, a.a.O.

127 Dazu Rn. 384.

128 BGH, Urt. v. 10.10.2013, IX ZR 30/13, FamRZ 2014, 32.

129 OLG Jena, Beschl. v. 25.8.2011, 1 WF 246/11, FamRZ 2012, 372; OLG Celle, Beschl. v. 21.05.2014, 10 WF 262/13, FamRZ 2014, 1728 (LS) = BeckRS 2014, 12693.

130 Dazu Rn. 757.

131 OLG Celle, a.a.O.

F. Güterrecht

I. Anfechtung güterrechtlicher Verträge

Bei der **insolvenzrechtlichen Anfechtung** bestehen nach §§ 130 Abs. 3, 133 Abs. 2 InsO **Beweiserleichterungen**, wenn eine **nahestehende Person** (vgl. § 138 Abs. 1 InsO) im Spiel ist. So werden auch und gerade im Zusammenhang mit **güterrechtlichen Verträgen**, die der Schuldner mit einer nahestehenden Person nicht früher als zwei Jahre vor dem Eröffnungsantrag schließt, sein Gläubigerbenachteiligungsvorsatz und die Kenntnis des anderen Teils hiervon widerleglich vermutet.[132] **778**

Fall: Die Klägerin ist Verwalterin in dem auf Eigenantrag vom 26.7.2004 am 29.12.2004 eröffneten Insolvenzverfahren über das Vermögen des Schuldners. Dieser lebte mit seiner Ehefrau im gesetzlichen Güterstand der Zugewinngemeinschaft. Am 5.1.2004 vereinbarten die Eheleute in einem notariell beurkundeten Vertrag Gütertrennung und nahmen einen auf den Stichtag 27.12.2003 bezogenen Zugewinnausgleich vor. Daraufhin zahlte der Schuldner 150.000 € an die Beklagte und übertrug ihr unter anderem ein unbelastetes Grundstück und verschiedene Gesellschaftsbeteiligungen. Die Klägerin hat den mit 1,7 Mio. € bezifferten vorgezogenen Zugewinnausgleich als unmittelbar benachteiligende vorsätzliche Schuldnerhandlung angefochten. Die Klage hat Erfolg.

Die Vereinbarung vom 5.1.2004 ist nach §§ 133 Abs. 4,[133] 138 Abs. 1 Nr. 1 InsO anfechtbar. Der Vertragsbegriff des § 133 Abs. 4 InsO ist weit auszulegen. Er erfasst auch entgeltliche güterrechtliche Vereinbarungen.[134]

II. Gütergemeinschaft

Im gesetzlichen Güterstand der **Zugewinngemeinschaft** oder bei **Gütertrennung** hat die Eröffnung des Insolvenzverfahrens über das Vermögen eines Ehegatten **keine Auswirkungen** auf die Stellung des anderen. Hingegen sind bei der **Gütergemeinschaft** (§§ 1408, 1415 ff. BGB) **Besonderheiten** zu beachten: **779**

- Wird derjenige Ehegatte insolvent, der das **Gesamtgut allein verwaltet**,[135] so fällt es in dessen Masse (§ 37 Abs. 1 S. 1 InsO).
- Ist der **andere insolvent** oder **verwalten beide gemeinsam**, so wird das Gesamtgut nicht berührt (§ 37 Abs. 1 S. 3, Abs. 2 InsO).

---

132 BGH, Urt. v. 1.7.2010, IX ZR 58/09, FamRZ 2010, 1548, dazu *Hosser*, ZEV 2011, 174; zur **„nahestehenden Person"** vgl. auch BGH, Versäumnisurt. v. 22.12.2016, IX ZR 94/14, NZI 2017, 358.

133 Vormals § 133 **Abs. 2** InsO, geändert aufgrund des Gesetzes zur Verbesserung der Rechtssicherheit bei Anfechtungen nach der Insolvenzordnung und nach dem Anfechtungsgesetz v. 29.3.2017, in Kraft seit 5.4.2017, BGBl. I S. 654, dazu BT-Drs. 18/7054 v. 16.12.2015; Beschlussempfehlung BT-Drs. 18/11199.

134 BGH, a.a.O.

135 Vgl. § 1421 BGB.

– Sind **beide Ehegatten zahlungsunfähig**, so ist ein selbstständiges Insolvenzverfahren über das **Gesamtgut** zulässig (§ 333 InsO).[136]

Das Insolvenzverfahren über das gemeinsam verwaltete Gesamtgut einer **beendeten** Gütergemeinschaft ist in der Insolvenzordnung nicht geregelt.[137]

III. Zugewinnausgleich und Verbraucherinsolvenz

780 Nach § 1374 Abs. 3 BGB sind Verbindlichkeiten über die Höhe des Vermögens hinaus abzuziehen. Daher kann das Anfangsvermögens auch mit einem Negativsaldo in die Zugewinnausgleichsbilanz eingestellt werden. Hierauf hat auch die **Restschuldbefreiung** in einem **Verbraucherinsolvenzverfahren** keinen Einfluss: Vielmehr sind bei dem Zugewinnausgleich auch solche Schulden des Ehegatten in sein Anfangsvermögen einzustellen, von denen er im Verlauf der Ehe infolge eines Verbraucherinsolvenzverfahrens im Rahmen eines Restschuldbefreiungsverfahrens befreit worden ist.[138]

G. Versorgungsausgleich

781 Die Durchführung des **Versorgungsausgleichs** wird durch die **Insolvenz eines Ehegatten** nach dem Ende der Ehezeit grundsätzlich **nicht** beeinflusst. Denn der Anspruch auf Teilung der Versorgungsanrechte ist bereits mit dem Ehezeitende entstanden. Bei der gerichtlichen Versorgungsentscheidung als Gestaltungsakt handelt es sich lediglich um den Vollzug, der keinen Erwerb von Rechten zu Lasten der Insolvenzmasse i.S.v. § 91 InsO darstellt.[139]

Hingegen ist der **schuldrechtliche Versorgungsausgleich** in der **Insolvenz des Ausgleichsverpflichteten** im Vergleich zu den anderen Ausgleichsformen nicht in vollem Umfang insolvenzsicher, weil nach wie vor der Versorgungsanspruch dem Vermögen des ausgleichsverpflichteten Insolvenzschuldners zugeordnet bleibt. Dementsprechend stellt der Anspruch aus schuldrechtlichem Versorgungsausgleich ab Eröffnung des Insolvenzverfahrens über das Vermögen des ausgleichspflichtigen Ehegatten eine Insolvenzforderung dar.[140] Die hiermit verbundene Belastung hat nach Auffassung des BGH der Ausgleichsberechtigte hinzunehmen.

---

136 Gottwald/*Huber*, § 38 Rn. 25.

137 Hierzu *Holzer*, NZI 2016, 713.

138 OLG Naumburg, Beschl. v. 17.12.2014, 4 UF 153/14, FamRZ 2015, 748; AG Ludwigsburg, Beschl. v. 14.2.2014, 8 F 1467/13, BeckRS 2014, 04437; *Sternal*, NZI 2016, 281, 286.

139 OLG Brandenburg, Beschl. v. 3.11.2014, 3 UF 81/14, NJW-RR 2015, 386.

140 BGH, Beschl. v. 13.10.2011, IX ZB 80/10, FamRZ 2011, 1938, dazu *Spieker*, FamFR 2011, 542; ferner *Janlewing*, Rn. 122 ff.

Praxistipp: In Konsequenz dieser Rechtslage sollte der Ausgleichsberechtigte auf hinreichende **Absicherungen** achten, etwa durch eine **Grundstücksbelastung** (Reallast) oder eine **Sicherungsabtretung** entsprechend § 1585a BGB.[141]

H. Unterbrechung des Verfahrens

I. Voraussetzungen

Im Falle der **Eröffnung** des Insolvenzverfahrens wird ein die Insolvenz- 782
masse betreffendes Gerichtsverfahren **unterbrochen** (§ 240 ZPO). Denn der Schuldner verliert mit dem Übergang des Verwaltungs- und Verfügungsrechts gemäß § 80 Abs. 1 InsO auch die Prozessführungsbefugnis an den Insolvenzverwalter. Die Unterbrechenswirkung tritt auch ein, wenn im Insolvenzeröffnungsverfahren die Verwaltungs- und Verfügungsbefugnis über das Vermögen des Schuldners auf einen **vorläufigen „starken" Insolvenzverwalter** übergeht, **nicht** dagegen, wenn nur ein Zustimmungsvorbehalt i.S.v. § 21 Abs. 2 Nr. 2 InsO auferlegt wird.[142] Die Unterbrechung tritt **kraft Gesetzes** ein und ist von einer Kenntnis des Gerichts oder der Verfahrensbeteiligten unabhängig.[143]

Das Verfahren wird nur unterbrochen, wenn es unmittelbar oder mit- 783
telbar die **Insolvenzmasse** (§§ 35, 36 InsO) **betrifft**. Der Streitgegenstand muss entweder Bestandteil der Insolvenzmasse oder aus ihr zu leisten sein. Eine Unterbrechung findet deshalb nur statt, wenn und soweit der Gegenstand des anhängigen Verfahrens ein Vermögensgegenstand ist, der rechtlich zur Insolvenzmasse gehören kann. Betrifft **nur einer von mehreren** im Verfahren zusammen geltend gemachten Ansprüchen die Insolvenzmasse, so wird grundsätzlich (zunächst) einheitlich der **gesamte Rechtsstreit unterbrochen**.[144] Dies betrifft **nicht** den Fall, dass rückständiger und laufender **Unterhalt** geltend gemacht wird.[145]

Unter **„Verfahren"** ist ein durch Antragszustellung **rechtshängig** gewordener Prozess (§§ 253 Abs. 1, 261 Abs. 1 ZPO) zu verstehen. Wird daher nach Einreichung des Antrags bei Gericht, aber noch vor Zustellung an den Antragsgegner das Insolvenzverfahren über dessen Vermögen eröffnet, findet eine Unterbrechung des Verfahrens nicht statt.[146] Diese Grund-

141 *Spieker*, a.a.O.

142 BGH, Beschl. v. 7.1.2016, I ZB 110/14, NJW 2016, 645; näher dazu *Brinkmann/Bringewat*, JuS 2012, 418.

143 OLG Düsseldorf, Urt. v. 26.4.2016, 24 U 97/15, BeckRS 2016, 17597.

144 BGH, Beschl. v. 10.12.2014, XII ZR 136/12, MDR 2015, 351 (betreffend Räumungs- und Herausgabeanspruch).

145 Dazu unten Rn. 786.

146 BGH, Beschl. v. 11.12.2008, IX ZB 322/08, FamRZ 2009, 498 (LS) = NZI 2009, 169.

sätze gelten auch für das Verfahren über einen **Vollstreckungsabwehrantrag**[147] und einen **Feststellungsantrag.**[148]

II. Ausnahmen

784 Die Insolvenzeröffnung führt im **Verfahrenskostenhilfeverfahren** eine Unterbrechung **nicht** herbei, weil ihm der kontradiktorische Charakter fehlt, den § 240 ZPO voraussetzt.[149] Die Unterbrechungswirkung tritt ferner **nicht** ein in **Klauselerteilungsverfahren,**[150] **Zwangsvollstreckungsverfahren**[151] sowie **Verfahren nach § 888 ZPO.**[152]

785 Auch ein Verfahren auf Ermächtigung zur **Ersatzvornahme nach § 887 ZPO** wird durch die Eröffnung des Insolvenzverfahrens über das Vermögen des Schuldners **nicht** nach § 240 ZPO **unterbrochen**, wenn der zu vollstreckende Anspruch eine **Insolvenzforderung** darstellt. Die Zwangsvollstreckung wird vielmehr **nach § 89 InsO unzulässig.**[153]

III. Unterhaltsverfahren

1. Abgrenzung Rückstand – laufender Unterhalt

786 Wird während eines **Unterhaltsrechtsstreits** das Insolvenzverfahren über das Vermögen des Unterhaltsschuldners eröffnet, stellt dieses Ereignis eine prozessual wichtige Zäsur dar: Die bis zur Eröffnung des Insolvenzverfahrens **fällig** gewordenen und damit rückständigen Unterhaltsansprüche werden nach §§ 38, 40 InsO vom Insolvenzverfahren erfasst; wegen dieser **Rückstände** ist der Prozess nach § 113 Abs. 1 S. 2 FamFG i.V.m. § 240 ZPO **unterbrochen.**[154]

787 Hingegen können nach ganz überwiegender Auffassung **künftige**, also nach Verfahrenseröffnung entstandene Unterhaltsansprüche unabhängig vom Insolvenzverfahren gerichtlich geltend gemacht werden. Insoweit tritt eine **Unterbrechung** des Verfahrens nach § 240 ZPO **nicht ein.**[155] Begrün-

---

147 BGH, Beschl. v. 14.8.2008, VII ZB 3/08, NJW-RR 2009, 60.

148 BGH, Urt. v. 27.3.1995, II ZR 140/93, NJW 1995, 1750.

149 BGH, Beschl. v. 4.5.2006, IX ZA 26/04, NJW-RR 2006, 1208; OLG Frankfurt, Beschl. v. 6.11.2012, 4 W 15/12, NJW-RR 2013, 685.

150 BGH, Beschl. v. 12.12.2007, VII ZB 108/06, NJW 2008, 918.

151 BGH, Beschl. v. 28.3.2007, VII ZB 25/05, Rpfleger 2007, 405 (betreffend Pfändungs- und Überweisungsbeschluss); vgl. auch Uhlenbruck/*Mock*, § 85 InsO Rn. 58 m.w.N.

152 OLG Naumburg, Beschl. v. 19.9.2007, 3 WF 284/07, FamRZ 2008, 620 (betreffend Verhängung eines Zwangsgelds wegen Nichterteilung einer Auskunft über Einkommen).

153 OLG Stuttgart, Beschl. v. 14.9.2011 10 W 9/11, NJW-RR 2011, 1589.

154 OLG Jena, Beschl. v. 29.8.2011, 1 UF 324/11, FamRZ 2012, 641; eingehend *Janlewing*, Rn. 283 ff.

155 OLG Celle, Urt. v. 8.11.2002, 15 UF 105/02, FamRZ 2003, 1116; OLG Brandenburg, Beschl. v. 13.9.2007, 9 WF 268/07, FamRZ 2008, 286; *Stadler* in: Musielak/Voit, § 240 Rn. 5; *Niepmann*, FPR 2006, 91, 94 m.w.N.

det wird dies vor allem mit dem Umstand, dass es sich bei einem Unterhaltsanspruch zwar um einen im Stammrecht einheitlichen, aber einen in die jeweiligen monatlich fällig werdenden Rentenbeträge **teilbaren Anspruch** handelt.[156] Denn Unterhaltsansprüche entstehen fortlaufend.[157]

Maßgeblich für diese Zäsur ist mithin die **Fälligkeit** des Unterhaltsanspruchs. Da Unterhalt monatlich im Voraus zu zahlen ist,[158] tritt die Fälligkeit am ersten Tag eines jeden Monats ein,[159] und zwar um 0:00 Uhr.[160] Die **Unterbrechungswirkung** umfasst folglich den gesamten Unterhalt für den im Zeitpunkt der Insolvenzeröffnung laufenden Monat.[161] Ist das Insolvenzverfahren beispielsweise am 1. Februar (im Laufe des Tages)[162] eröffnet worden, gehören zur Insolvenzmasse die Unterhaltsansprüche bis einschließlich Februar.[163] **788**

2. Verfahren wegen des laufenden Unterhalts

Unklarheit besteht darüber, wie der nicht unterbrochene Verfahrensteil bezüglich des laufenden Unterhalts **verfahrenstechnisch** zu handhaben ist. In Betracht kommen eine **Teilentscheidung** wie auch eine **Abtrennung** des Verfahrensteils. **789**

Nach einer Auffassung kann über den laufenden Unterhalt durch **Teilbeschluss** nach § 113 Abs. 1 S. 1 FamFG i.V.m. § 301 ZPO entschieden werden.[164] Vertikale, d.h. **zeitabschnittsweise** Teilentscheidungen sind grundsätzlich zulässig. Allerdings sollen sie unzulässig sein, wenn – unter Berücksichtigung auch einer etwa abweichenden Beurteilung im Instanzenzug – dadurch die **Gefahr einander widersprechender Entscheidungen** in Teil- und Schlussentscheidung entsteht.[165] Dies ist etwa dann der Fall, wenn das zwischen den Parteien streitige unterhaltsrechtlich maßgeb- **790**

---

156 OLG Karlsruhe, Beschl. v. 2.4.2003, 16 UF 4/03, NZI 2004, 343 = FamRZ 2004, 821; OLG Brandenburg, Beschl. v. 13.9.2007, 9 WF 268/07, FamRZ 2008, 286; zur **Teilbarkeit** vgl. auch BGH, Urt. v. 29.1.2003, XII ZR 92/01, FamRZ 2003, 590.

157 BGH, Urt. v. 2.12.1981, IVb ZR 638/80, FamRZ 1982, 259; OLG Nürnberg, Beschl. v. 4.10.2004, 11 WF 2713/04, FamRZ 2005, 1761; Gleiches gilt für Ansprüche auf **Nutzungsentschädigung**, dazu Rn. 792.

158 §§ 1361 Abs. 4 S. 2, 1585 Abs. 1 S. 2, 1612 Abs. 3 S. 1 BGB.

159 BGH, Urt. v. 24.2.1988, IVb ZR 3/87, FamRZ 1988, 604, 605.

160 DIJuF-Rechtsgutachten v. 1.9.2008, JAmt 2008, 433 m.w.N.

161 OLG Koblenz, Urt. v. 15.5.2002, 9 UF 440/01, FamRZ 2003, 109 mit Anm. *Melchers*, FamRZ 2003, 1033; ferner *Niepmann*, FPR 2006, 91, 94.

162 Vgl. § 27 Abs. 2 und 3 InsO.

163 Und nicht nur bis Januar, wie das OLG Düsseldorf (Urt. v. 24.9.2008, 8 UF 212/07, NZI 2008, 689) für diesen Fall annimmt.

164 OLG Koblenz, Teilurt. v. 15.5.2002, 9 UF 440/01, FamRZ 2003, 109; OLG Hamm, Urt. v. 30.6.2004, 11 UF 184/03, FamRZ 2005, 279; Braun/*Bäuerle*, § 40 InsO Rn. 11; vgl. auch BGH, Urt. v. 29.1.2003, XII ZR 92/01, FamRZ 2003, 590.

165 BGH, Urt. v. 24.2.2015, VI ZR 279/14, NJW 2015, 2429.

liche Einkommen einer Partei nicht nur für den vom Teilbeschluss umfassten, sondern auch für einen weiteren, streitgegenständlich bleibenden Unterhaltszeitraum von Bedeutung ist.[166] Daher wird auch empfohlen, in **Unterhaltssachen** (fehleranfällige) Teilentscheidungen im Zweifel zu vermeiden.[167]

Allerdings wird die Gefahr **widersprüchlicher Entscheidungen** auch bei **Teilentscheidungen** gelegentlich durchaus in Kauf genommen. So kann nach ständiger Rechtsprechung des BGH[168] ein Verfahren, das durch Insolvenz eines einfachen **Streitgenossen** unterbrochen wird, regelmäßig durch **Teilurteil** abgeschlossen werden. Die Rechtfertigung für diese Ausnahme liege darin, dass die – in ihrer Dauer nicht absehbare – Unterbrechung des Verfahrens zu einer faktischen Trennung des Rechtsstreits führe. Daher sei es mit dem Anspruch der übrigen Prozessbeteiligten auf einen **effektiven Rechtsschutz** nicht vereinbar, wenn die Unterbrechung des Verfahrens eine Entscheidung nur deshalb nachhaltig verzögern würde, weil die abstrakte Gefahr einer widersprüchlichen Entscheidung nach einer eventuellen Aufnahme des Verfahrens besteht.[169]

791 Nach wohl überwiegend vertretener Meinung ist hingegen das Verfahren wegen des **laufenden Unterhalts** gemäß § 113 Abs. 1 S. 1 FamFG i.V.m. § 145 ZPO **abzutrennen.**[170] Freilich wird auch bei diesem Vorgehen die Gefahr voneinander abweichender Entscheidungen nicht gänzlich ausgeräumt.[171]

Fazit: Ein **Teilbeschluss** bezüglich des laufenden Unterhalts in dem nicht unterbrochenen Verfahren ist in der Regel vertretbar – auch um eine unangemessene zeitliche Benachteiligung der Unterhaltsgläubiger zu vermeiden. Grundsätzlich ist dabei jedoch die Unabhängigkeit des entschiedenen Teils von den nachfolgenden Feststellungen zu beachten.[172] Die Teilentscheidung birgt eben die Gefahr einander widersprechender Entscheidungen. Sie hat überdies den Nachteil, dass eine **Kostenentscheidung** oft auf lange Zeit der (eventuellen) Schlussentscheidung vorbehalten bleiben

---

166 OLG Saarbrücken, Urt. v. 22.7.2010, 6 UF 16/10, FamRZ 2011, 317, dazu *Ernst*, FamFR 2010, 474; vgl. auch BGH, Urt. v. 21.8.2014, VII ZR 24/12, MDR 2014, 1138.

167 *Ernst*, FamFR 2010, 474 m.w.N.

168 Etwa BGH, Urt. v. 19.12.2002, VII ZR 176/02, NJW-RR 2003, 1002.

169 BGH, Urt. v. 11.5.2011, VIII ZR 42/10, NJW 2011, 2736 = MDR 2011, 935.

170 OLG Karlsruhe, Beschl. v. 2.3.2006, 2 UF 209/05, FamRZ 2006, 956 (zwecks Vermeidung der Gefahr einander widersprechender Entscheidungen); je ohne Begründung: OLG Celle, Urt. v. 8.11.2002, 15 UF 105/02, FamRZ 2003, 1116; MünchKomm-InsO/*Schumann*, § 40 Rn. 23; *Janlewing*, FamRB 2011, 19, 25; *Schwarz/Facius*, FF 2010, 189, 191.

171 OLG Karlsruhe, Beschl. v. 2.3.2006, 2 UF 209/05, FamRZ 2006, 956 unter Bezugnahme auf BGH, Urt. v. 3.4.2003, IX ZR 113/02, NJW 2003, 2386 (betreffend Stundenhonorare für gegenstandsbezogen und zeitlich getrennte Leistungen).

172 *Götsche*, MDR 2005, 1086, 1087.

muss. Schon aus praktischen Erwägungen ist daher eine **Abtrennung** des Verfahrens bezüglich des laufenden Unterhalts **vorzuziehen**: Sie ist auch bei einer etwaigen Divergenzgefahr eher zulässig[173] und führt zu einem prozessual „sauberen" Abschluss dieses Verfahrensteils.

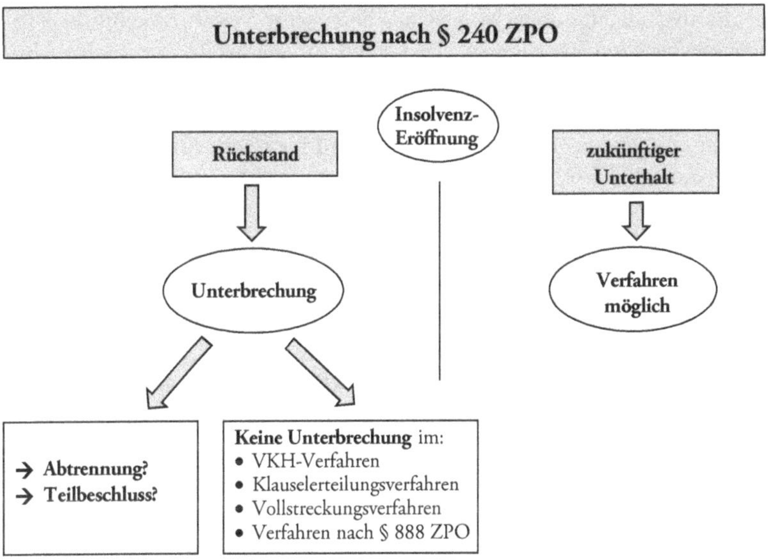

IV. Ehewohnungs- und Haushaltssachen

Das Verfahren wegen **Überlassung der Ehewohnung** wird durch eine Insolvenzeröffnung grundsätzlich **nicht** unterbrochen. Dies gilt auch für ein lebenslanges, grundbuchrechtlich gesichertes **Wohnrecht**, das einem Dritten nicht überlassen werden darf.[174] **792**

In Ehewohnungs- und Haushaltssachen werden nicht selten Ansprüche bezüglich **mehrerer Verfahrensgegenstände** miteinander **verbunden**. Betrifft nur einer von mehreren im Prozess zusammen geltend gemachten **Ansprüchen** die Insolvenzmasse, so wird grundsätzlich (zunächst) einheitlich der gesamte Rechtsstreit unterbrochen.[175]

Ein Anspruch auf **Nutzungsentschädigung** unter Miteigentümern eines Grundstücks gemäß **§ 745 BGB** kann jedenfalls für die Zeit nach der Eröffnung des Insolvenzverfahrens über das Privatvermögen des in der

173 OLG Karlsruhe, Beschl. v. 2.3.2006, 2 UF 209/05, FamRZ 2006, 956.
174 OLG Naumburg, Beschl. v. 9.12.2003, 8 UF 156/03, FamRZ 2004, 1800.
175 BGH, Beschl. v. 10.12.2014, XII ZR 136/12, MDR 2015, 351 (betreffend ein **Räumungs- und Herausgabeverfahren**), dazu *Elzer*, FD-ZVR 2015, 366089.

Ehewohnung verbliebenen Ehegatten gegen diesen persönlich geltend gemacht werden. Solche Ansprüche auf Nutzungsersatz werden wie Ansprüche aus **Dauerschuldverhältnissen** getrennt in solche Ansprüche, die vor und nach Verfahrenseröffnung entstehen, wobei nur die ersteren Insolvenzforderungen sind. Es handelt sich hier **nicht** um Ansprüche aus einem **einheitlichen Stammrecht**, welches bereits vor Verfahrenseröffnung begründet worden ist, sondern der Grund für die geltend gemachte Nutzungsentschädigung ist die geforderte Gegenleistung für **künftig erst entstehende Ansprüche** durch entsprechende Nutzung. Ansprüche aus einzelnen neu entstehenden Forderungen sind **Neuforderungen**, für die das insolvenzfreie Vermögen des Schuldners haftet.[176]

V. Aufnahme des Verfahrens

793 Das gerichtliche Verfahren ist unterbrochen bis zur Beendigung des Insolvenzverfahrens oder, bis es nach den für das Insolvenzverfahren geltenden Vorschriften **aufgenommen** wird (§ 240 ZPO). Die Aufnahme wird regelmäßig durch **Zustellung eines Schriftsatzes** vorgenommen (§ 250 InsO).

Was unter **„insolvenzmäßiger Aufnahme“** zu verstehen ist und wer dazu befugt ist, richtet sich nach dem jeweiligen Streitgegenstand und dessen Bedeutung für die Insolvenzmasse. Unterschieden wird vor allem nach **Aktiv- und Passivverfahren** des Schuldners.[177]

Liegt für die Forderung bereits ein (vorläufig) vollstreckbarer Schuldtitel vor, obliegt die **Aufnahme** des unterbrochenen Rechtsstreits dem **Bestreitenden**. Bleibt dieser untätig, ist aber auch der **Gläubiger** zur Aufnahme befugt. In jedem Fall ist Voraussetzung, dass die Forderung im Insolvenzverfahren angemeldet und geprüft worden sowie bestritten geblieben ist.[178]

Eine Aufnahmebefugnis des **Insolvenzschuldners** besteht selbst dann **nicht**, wenn allein er die Forderung im Prüfungstermin bestritten hat. Ein Insolvenzverwalter kann **nicht** einen unterbrochenen Passivprozess über eine Insolvenzforderung zur Aufnahme durch den Gemeinschuldner **„freigeben“**.[179]

176 OLG Brandenburg, Beschl. v. 15.10.2015, 9 UF 94/14, BeckRS 2015, 18206.

177 Vgl. §§ 85, 86 InsO. Wegen der Einzelheiten vgl. Gottwald/*Eckardt*, § 32 Rn. 127 ff.

178 BGH, Urt. v. 3.7.2014, IX ZR 261/12, MDR 2014, 1049 = NZI 2014 749 mit Anm. *Meyer*; ferner BGH, Beschl. v. 31.10.2012, III ZR 204/12, NJW 2012, 3725.

179 BGH, Beschl. v. 27.10.2003, II ZA 9/02, MDR 2004, 231.

7. Kapitel: Gläubigeranfechtung

A. Flüchtiges Schuldnervermögen

Vollstreckungsversuche des Gläubigers sind oft deswegen erfolglos, weil der Schuldner **Vermögen** auf den Ehegatten, Verwandte oder sonstige Dritte **verschoben** hat – ein für die Rechtsordnung schwer erträgliches Ergebnis. Hier setzt zivilrechtlich die Anfechtung nach dem **Anfechtungsgesetz**[1] an: Mit ihrer Hilfe sollen von dem Schuldner ungerechtfertigt weggegebene Vermögensteile dem vermeintlich sicheren Hafen entzogen und wieder dem **Vollstreckungszugriff des Gläubigers** zugeführt werden. Über solchen Transaktionen des Schuldners schwebt somit stets das „Damoklesschwert" des Rückgewähranspruchs des Gläubigers. 794

Während die **Insolvenzanfechtung** ein geläufiges Thema und immer wieder Gegenstand der Rechtsprechung und auch der Gesetzgebung ist, führt ihre „kleine Schwester", die Gläubigeranfechtung, eher ein Schattendasein. Doch was Finanzämter in beachtlichem Umfang praktizieren, sollte auch für andere Gläubiger einen Versuch wert sein. Es fehlt auch nicht an ermutigenden Entscheidungen: So hat der **BGH** – unter deutlicher Kritik an der Berufungsinstanz – erneut betont, dass eine Gläubigeranfechtung nicht an besonders strenge Voraussetzungen gebunden sei, unter denen nur ausnahmsweise in die Rechtssphäre Dritter eingegriffen werden könne.[2]

B. Dreiecksverhältnis

Der Gläubiger kann unter bestimmten Voraussetzungen diejenige Rechtshandlung, die die **Vermögensverschiebung** bewirkt hat (z.B. Übertragung des Eigentums an einem Grundstück, Belastung eines Grundstücks), **anfechten.** Dabei muss er sich mit dem **Dritten** (Erwerber) auseinandersetzen. Ist die Anfechtung erfolgreich, wird die Rechtshandlung nicht rückgängig gemacht. Vielmehr kann der Gläubiger in den betreffen- 795

---

1 Die Einzelgläubigeranfechtung ist geregelt im Gesetz über die Anfechtung von Rechtshandlungen eines Schuldners außerhalb des Insolvenzverfahrens (Anfechtungsgesetz – AnfG).

2 BGH, Urt. v. 16.4.2015, IX ZR 68/14, FamRZ 2015, 1389.

den Vermögensgegenstand vollstrecken, wie wenn sich dieser noch im Vermögen des Schuldners befände.[3]

Somit sind an der Gläubigeranfechtung außerhalb des Insolvenzverfahrens im Regelfall **drei Personen beteiligt:**

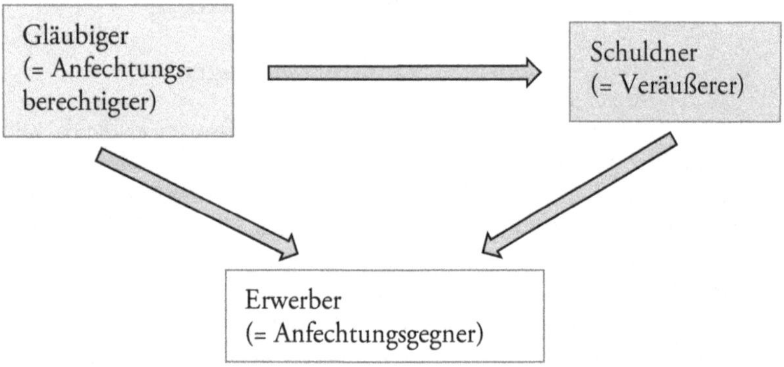

Anlass für die Anfechtung ist zwar die Tatsache, dass der Schuldner in der Vergangenheit Gegenstände seines Vermögens in bestimmter vom Gesetz missbilligter Weise dem Erwerber hat zukommen lassen und der Gläubiger deswegen vergeblich vollstreckt hat. Der **Anfechtungsvorgang** spielt sich jedoch nur ab zwischen dem **Gläubiger** (der das Anfechtungsrecht ausübt) und dem **Erwerber** (gegen den sich die Anfechtung richtet).

Die Einzelgläubigeranfechtung ist kein Gestaltungsrecht und insoweit abzugrenzen von Anfechtungen anderer Art, etwa der Testaments-, Irrtums- oder Beschlussanfechtung.[4]

C. Informationsbeschaffung

796 Der Gläubiger muss **anfechtbare Handlungen** des Schuldners **erkennen**. Wichtigster Ansatzpunkt ist der **Grundbesitz** des Schuldners oder dessen Ehegatten. Zur Ermittlung sollten **Grundbücher** (hilfsweise **Adressbücher**) derjenigen Amtsgerichtsbezirke durchforstet werden, zu denen der Schuldner persönliche Kontakte hat (jetziger und früherer Wohnort, Heimatort der Eltern oder des Ehegatten, Betriebsgrundstück). Vor allem geht es um die Frage: Bestehen **Grundpfandrechte** zugunsten des Ehegatten oder der Kinder oder sonstiger Verwandter?

---

3 Dazu Rn. 823.

4 Hierzu *Zenker*, NJW 2008, 1038; *Paulus/Zenker*, JuS 2001, 1, 8.

Auch aus einem **Pfändungsprotokoll** des Gerichtsvollziehers oder dem **Vermögensverzeichnis**, das der Schuldner im Rahmen der **Vermögensauskunft**[5] vorgelegt hat, können sich Veräußerungshandlungen ergeben. Entsprechende Nachfragen sind an das jeweilige **zentrale Vollstreckungsgericht**[6] zu richten, wo nicht nur das Schuldnerverzeichnis geführt wird, sondern auch die von den Schuldnern abgegebenen Vermögensauskünfte in einem besonderen Vermögensverzeichnis hinterlegt werden. Jeder Gläubiger hat Anspruch auf Auskunft aus dem Schuldnerverzeichnis.[7] 797

D. Gegenstand der Anfechtung

Anfechtbar sind für den Gläubiger sämtliche **Rechtshandlungen,** 798
durch die der Schuldner sein Vermögen mindert. Hierzu zählen insbesondere **Verfügungsgeschäfte,** also alle auf unmittelbare Rechtsänderung gerichteten vertraglichen oder einseitigen Verfügungen, **beispielsweise:**

- Eigentumsübertragung oder Belastung eines Grundstücks,[8]
- Übertragung einer nicht valutierten Eigentümergrundschuld,[9]
- Abtretung oder Erlass von Forderungen,
- Übertragung von Rechten,
- Anerkenntnis oder Kündigung,
- Einzahlungen auf einem fremden Bankkonto,[10]
- Verzicht auf Forderungen und Rechte,
- Übertragung eines Miterbenanteils,[11]
- Sicherungsübereignungen und -abtretungen.

Die Gläubigeranfechtung macht auch vor **Güterrechtsverträgen** nicht Halt. Daher sind auch gläubigerbenachteiligende Wirkungen ehevertraglicher Vereinbarungen grundsätzlich anfechtbar.[12]

---

5 Dazu Rn. 151.

6 Dazu Rn. 162.

7 Dazu Rn. 161.

8 Auch Auflassungsvormerkung, vgl. dazu BGH, Urt. v. 11.7.1996, IX ZR 226/94, MDR 1997, 52; zur Einräumung einer Grundschuld vgl. BGH, Urt. v. 9.5.1996, IX ZR 50/95, NJW 1996, 2231; zur Schenkung eines mit Grundpfandrechten belasteten Grundstücks vgl. BGH, Urt. v. 24.9.1996, X ZR 190/95, MDR 1997, 51.

9 OLG Hamm, Urt. v. 16.8.2001, 27 U 84/01, OLG-Report 2002, 74.

10 FG Rheinland-Pfalz, Urt. v. 22.11.2012, 5 K 1186/12; FG Münster, Beschl. v. 29.2.2016, 6 V 3164/15 AO, BeckRS 2016, 94649.

11 Vgl. dazu BGH, Urt. v. 19.3.1992, IX ZR 14/91, FamRZ 1992, 659.

12 BGH, Urt. v. 1.7.2010, IX ZR 58/09, NZI 2010, 738 (betreffend Insolvenzanfechtung), dazu *Hosser*, ZEV 2011, 174, ferner *Bisle*, DStR 2011, 2359.

Nach der Rechtsprechung des **BGH**[13] darf diese **Rechtshandlung** nicht für sich allein betrachtet werden, sondern nur im Rahmen des **Gesamtvorgangs**, der die Weggabe des Gegenstands aus dem Schuldnervermögen und damit die Vereitelung einer Zugriffsmöglichkeit bezweckt. Gegenstand der Anfechtung ist also der gesamte, diesen Rechtserfolg auslösende Geschehensablauf.

799 Auch **Unterlassungen** sind anfechtbar, wenn die Untätigkeit des Schuldners zu einer Vermögensminderung geführt hat (§ 1 Abs. 2 AnfG): Der Schuldner unterlässt es beispielsweise, gegen einen Vollstreckungstitel das zulässige Rechtsmittel einzulegen.

Ist in einem **Schenkungsvertrag** ein **Rücktrittsrecht** für den Fall von Zwangsvollstreckungsmaßnahmen in das geschenkte Grundstück vorgesehen, soll die Ausübung des Rücktrittsrechts bereits deshalb **nicht anfechtbar** sein, weil sie keine Rechtshandlung des Schuldners darstelle.[14]

Nicht anfechtbar sind z.B. die Ausschlagung einer Erbschaft, der Erbverzicht, die Nichtgeltendmachung des Pflichtteilsanspruchs[15] und die Nichtannahme einer Schenkung. Denn der Schuldner hat hierdurch nicht sein vorhandenes Vermögen vermindert, sondern nur den Anfall weiteren Vermögens verhindert.

E. Voraussetzungen der Anfechtung

800 Unter welchen Voraussetzungen ein Gläubiger zur **Anfechtung** von Rechtshandlungen des Schuldners **befugt** ist, bestimmt sich insbesondere nach **§ 2 AnfG**:

- Der Gläubiger muss eine **fällige Geldforderung** gegen den Schuldner und einen **vollstreckbaren Titel** erlangt haben.
- Die Zwangsvollstreckung in das Schuldnervermögen darf **nicht** zu einer **vollständigen Befriedigung** des Gläubigers geführt haben.
- Darüber hinaus muss durch die Rechtshandlung des Schuldners die Befriedigungsmöglichkeit des Gläubigers aus dem Schuldnervermögen beeinträchtigt sein (**objektive Benachteiligung des Gläubigers**).

---

13 BGH, Urt. v. 11.3.2010, IX ZR 104/09, NZI 2010, 414, dazu *Wilhelm*, BB 2010, 1244.

14 BGH, Beschl. v. 3.7.2008, IX ZR 233/07, BeckRS 2008 14193.

15 BGH, Urt. v. 6.5.1997, IX ZR 147/96, FamRZ 1997, 1001.

I. Fällige Geldforderung

Anfechtungsberechtigt ist nur derjenige Gläubiger, dem gegen den Schuldner ein **Geldsummenanspruch** zusteht. Es muss sich also um eine auf **Zahlung von Geld** gerichtete Forderung handeln. 801

Diesen Gläubigern werden diejenigen Gläubiger gleichgestellt, die kraft dinglichen Rechts die Zahlung einer Geldsumme aus dem belasteten Grundstück zu fordern berechtigt sind, also **Hypotheken-, Grundschuld- und Reallastgläubiger**.

Die Geldforderung muss **fällig** sein. Daher kann etwa wegen künftig fällig werdender Unterhaltsforderungen nicht angefochten, sondern allenfalls ein dinglicher Arrest[16] beantragt werden.[17]

II. Vollstreckungstitel

Die Verfolgbarkeit des Anfechtungsanspruchs setzt ferner voraus, dass der Gläubiger bereits über einen **vollstreckbaren Schuldtitel** verfügt. Der Titel gegen den Schuldner muss inhaltlich auf Zahlung einer **bestimmten Geldsumme** lauten. 802

Praxistipp: Sofern der Gläubiger noch nicht über einen Titel gegen den Schuldner verfügt, kommt die Beantragung eines **dinglichen Arrestes** in Betracht, um die „Flucht der Sachwerte" zu stoppen.[18]

Das **Titelerfordernis** soll verhindern, dass der Streit über den Bestand der Forderung des Gläubigers gegen den Schuldner im Anfechtungsprozess ausgetragen wird. Mit Angriffen, die sich gegen den Bestand des dem Vollstreckungstitel zugrunde liegenden **materiellen Anspruchs** richten, kann der Anfechtungsgegner daher in der Regel nicht gehört werden.

Etwas anderes gilt für den **gerichtlichen Vergleich**: Gegenüber dem Anspruch des Anfechtungsgläubigers aus einem Prozessvergleich kann der Anfechtungsgegner alle **Einwendungen** geltend machen, die der **Schuldner** selbst noch vorbringen kann. Denn der Anfechtungsgegner darf dem Zugriff des Gläubigers nicht stärker ausgesetzt sein als der Schuldner selbst.[19] 803

Beispiel: Ein Schuldner, der sich in einem Prozessvergleich zur Zahlung von **Ehegattenunterhalt** verpflichtet hatte, übertrug sein **Grundstück** auf seine Lebensgefährtin. Als er keinen Unterhalt mehr zahlte, focht die Ehefrau und Unterhaltsgläubigerin die Grundstücksschenkung an. Der Schuldner berief sich auf mangelnde Leistungsfähigkeit infol-

16 Dazu Rn. 108 ff.

17 Vgl. OLG Düsseldorf, Urt. v. 1.4.1969, 5 U 2/68, MDR 1970, 427.

18 Dazu Rn. 111 ff.

19 BGH, Urt. v. 19.11.1998, IX ZR 116/97, FamRZ 1999, 502.

ge Arbeitslosigkeit (Wegfall der Geschäftsgrundlage). Diese Einwendung muss im Anfechtungsprozess mit überprüft werden mit der möglichen Folge, dass die **Anfechtung mangels vollstreckbaren Titels erfolglos** bleibt.

Eine vor Titelerlangung erhobene Anfechtungsklage ist **unzulässig**: Auch wenn der Gläubiger den Schuldner in einem weiteren Prozess bereits verklagt hat, kann er **nicht** beanspruchen, dass sein gegen den Anfechtungsgegner angestrengter Prozess solange **ausgesetzt** werde, bis in dem Prozess gegen den Schuldner eine Entscheidung ergangen sei, so dass ihm, dem Gläubiger, dann ein Schuldtitel vorliegt.[20]

Praxistipp: Der Gläubiger sollte die **Anfechtungsklage nicht voreilig einreichen** in der Hoffnung, bis zum Schluss der letzten mündlichen Verhandlung werde der gegen den Schuldner erforderliche vollstreckbare Schuldtitel schon vorliegen.

III. Unzulänglichkeit des Schuldnervermögens

804 Zur Anfechtung ist der Gläubiger nur dann befugt, wenn die **Zwangsvollstreckung** in das dem Schuldner verbliebene Vermögen **fruchtlos versucht** worden ist oder voraussehbar ergebnislos verlaufen würde (§ 2 AnfG). Dabei genügt es nicht, dass nur einzelne Vollstreckungsversuche vorgenommen worden sind. Andererseits muss sich der Gläubiger auch nicht auf kaum lohnende Vollstreckungen einlassen, z.B. auf die Pfändung einer Geldforderung, die erst nach Jahren zu seiner Befriedigung führt.

Die Zwangsvollstreckung gegen den Schuldner braucht der Gläubiger dann **nicht** zu versuchen, wenn eine Vollstreckung nicht zur Befriedigung führen würde. Der **Gläubiger** kann den ihm insoweit obliegenden Nachweis führen, indem er Beweisanzeichen (Indizien) darlegt und gemäß § 286 ZPO zur vollen Überzeugung des Gerichts beweist, die den Schluss auf einen negativen Ausgang eines Vollstreckungsversuchs zulassen.[21]

Beispiele: Ein weiterer Gläubiger hat wegen einer erheblichen titulierten Forderung vergeblich die Zwangsvollstreckung in das Vermögen der Schuldnerin betrieben. Aussagen des Schuldners selbst kommen ebenfalls als Beweisanzeichen in Betracht.[22]

Auch wenn der Schuldner über erhebliches **Barvermögen** (hier: 700.000 €) verfügt, ist eine Gläubigeranfechtung zulässig, solange die begründete Besorgnis besteht, dass der Schuldner sein Vermögen auch künftig dem Zugriff des Gläubigers entziehen wird.[23]

---

20 OLG Hamm, Beschl. v. 3.11.2015, 27 U 74/15, BeckRS 2015, 18952.

21 BGH, Urt. v. 8.12.2011, IX ZR 33/11, NJW 2012, 1217 (Rn. 33).

22 BGH, Urt. v. 15.12.2016, IX ZR 113/15, NZI 2017, 151 m. Anm. *Leithaus*.

23 OLG Saarbrücken, Urt. v. 10.5.2011, 4 U 297/10, FamRZ 2012, 1082, dazu *Cirullies*, FamRZ 2012, 1017.

Überdies braucht der Gläubiger eine Anfechtungsklage **nicht** erst zu erheben, nachdem er **sämtliche Vollstreckungsmöglichkeiten** gegen den Schuldner **ausgeschöpft** hat. Denn der Gläubiger müsste befürchten, die gesetzlichen **Anfechtungsfristen** zu versäumen, wenn er eine Anfechtungsklage erst alsdann erheben könnte.[24]

IV. Objektive Gläubigerbenachteiligung

1. Unmittelbare oder mittelbare Gläubigerbenachteiligung

Jeder Anfechtungsanspruch setzt nach § 1 AnfG eine **Benachteiligung** 805
der Gläubiger voraus: Durch die angefochtene Rechtshandlung des Schuldners muss die Möglichkeit des Gläubigers, sich aus dem Schuldnervermögen zu befriedigen, ganz oder teilweise weggefallen, erschwert oder auch nur verzögert worden sein. Hierbei ist zwischen **unmittelbarer** und **mittelbarer** Gläubigerbenachteiligung zu unterscheiden – je nach Anfechtungstatbestand.

Nur für eine Anfechtung nach **§ 3 Abs. 2 AnfG** (Vertrag mit Angehörigen) bedarf es einer **unmittelbaren** Gläubigerbenachteiligung. Insoweit müssen ohne Hinzutreten weiterer Umstände die Befriedigungsmöglichkeiten aus dem Schuldnervermögen beeinträchtigt worden sein. Maßgeblicher **Zeitpunkt** für die Frage der objektiven Gläubigerbenachteiligung ist hier der Zeitpunkt der Vornahme des Rechtsgeschäfts. Bei **mehraktigen Rechtsgeschäften** ist grundsätzlich der Zeitpunkt maßgebend, in der die Rechtswirkung des Rechtsgeschäfts ausgelöst wird (§ 8 Abs. 1 AnfG).

Für alle **anderen Tatbestände** des AnfG genügt eine **mittelbare** Gläubigerbenachteiligung, die in der letzten mündlichen Tatsachenverhandlung gegeben sein muss.[25]

2. Kausalität

Dabei muss ein **ursächlicher Zusammenhang** zwischen der Rechts- 806
handlung des Schuldners und der Beeinträchtigung der Zwangsvollstreckung in sein Vermögen bestehen. Dies ist der Fall, wenn die Befriedigungsmöglichkeiten des Gläubigers ohne die angefochtene Rechtshandlung günstiger wären.

Keine Gläubigerbenachteiligung kann häufig bei der **Übertragung hoch belasteter Grundstücksanteile** auf einen Dritten gesehen werden: Die Übertragung kann nur dann eine Benachteiligung des Gläubigers zur Folge haben, wenn der in der Zwangsvollstreckung erzielbare **Wert** des Grundstücks die vorrangigen **Belastungen** und die Kosten des Zwangsver-

24 BGH, Urt. v. 8.12.2011, IX ZR 33/11, FamRZ 2012, 363.
25 BGH, Urt. v. 19.5.2009, IX ZR 129/06, NZI 2009, 512 mit Anm. *Wazlawik*.

steigerungsverfahrens **übersteigt**. Eine Gläubigerbenachteiligung kommt also nicht in Betracht, wenn das Grundstück **wertausschöpfend belastet** ist und eine Zwangsversteigerung nicht zu einer auch nur teilweisen Befriedigung des Gläubigers geführt hätte.[26]

3. Hypothetische Abläufe

807 Schwierigkeiten bereitet mitunter die Frage, inwieweit **hypothetische Geschehensabläufe** den Kausalzusammenhang beeinflussen können. So könnte eine objektive Benachteiligung des Gläubigers deswegen nicht gegeben sein, weil auch ohne die anfechtbare Handlung des Schuldners die Zugriffsmöglichkeit des Gläubigers aufgrund eines anderen Ereignisses höchstwahrscheinlich entfallen wäre. Doch nach Meinung des **BGH**[27] kann hierdurch die Ursächlichkeit eines realen Ereignisses für die folgende Entwicklung grundsätzlich **nicht** beseitigt werden. Wenn der Schuldner einen Gegenstand aus seinem Vermögen weggibt, sei dies die reale Ursache dafür, dass sein Gläubiger nicht in diesen Gegenstand vollstrecken könne.

F. Anfechtungsgründe

808 Der einzelne Gläubiger kann nur anfechten, wenn ein **Anfechtungsgrund** vorliegt. Anfechtbar sind Rechtshandlungen des Schuldners nur unter den in **§§ 3–6 AnfG** genannten Voraussetzungen. Ist einer der dort normierten Tatbestände erfüllt, so missbilligt das Gesetz den Erwerb und ermöglicht grundsätzlich die Anfechtung durch den Gläubiger. Im Folgenden werden die den Familienrechtler besonders interessierenden Anfechtungstatbestände erläutert.

I. Vorsatzanfechtung (§ 3 Abs. 1 AnfG)

809 Nach dieser Vorschrift sind Rechtshandlungen anfechtbar, die der Schuldner in den letzten **10 (bzw. 4) Jahren** vor der Anfechtung mit dem dem anderen Teil bekannten Vorsatz, seine Gläubiger zu benachteiligen, vorgenommen hat. **Voraussetzungen** sind also insbesondere:

- **Gläubigerbenachteiligungsvorsatz des Schuldners** und
- **Kenntnis des Erwerbers** von diesem Benachteiligungsvorsatz.

Im Übrigen genügt für die Vorsatzanfechtung eine **mittelbare Benachteiligung** des Gläubigers.

---

26 BGH, Urt. v. 15.11.2007, IX ZR 232/03, JurBüro 2008, 269.

27 BGH, Urt. v. 29.6.2004, IX ZR 258/02, NJW 2004, 2900.

1. Gläubigerbenachteiligungsvorsatz

Ein solcher **Vorsatz** des Schuldners liegt nur vor, wenn die Benachteiligung als Erfolg der Rechtshandlung **gewollt** ist. Es genügt **bedingter Vorsatz.**[28] 810

Da der Gläubiger im Regelfall diese **subjektiven Merkmale** nur schwer beweisen kann, bestehen für ihn **Beweiserleichterungen** bei sog. **inkongruenten Erfüllungs- oder Sicherungsgeschäften.**[29] Von Inkongruenz spricht man, wenn die erbrachte Leistung hinsichtlich Art, Zeitpunkt oder Inhalt von der geschuldeten abweicht, wenn sich folglich der Anspruch des Erwerbers und die Leistung des Schuldners nicht „decken", also nicht entsprechen. Die **Darlegungs- und Beweislast** für die Vornahme einer Leistung, deren Unentgeltlichkeit und die erforderliche **Gläubigerbenachteiligung** hat der anfechtende Gläubiger zu tragen.[30]

Auch das **Näheverhältnis** zwischen Schuldner und dem Begünstigten kann für den Benachteiligungsvorsatz des Schuldners sprechen. Ferner sind die Übertragung des letzten werthaltigen Vermögensgegenstandes auf einen Dritten und das besondere Ausmaß der Beeinträchtigung der Gläubiger hierfür ebenfalls gewichtige Anhaltspunkte.[31]

2. Kenntnis des Erwerbers

Bezüglich der **Kenntnis des Dritten** vom Vorsatz des Schuldners enthält § 3 Abs. 1 S. 2 AnfG eine wesentliche **Beweiserleichterung:** Diese Kenntnis wird **vermutet**, wenn der Dritte wusste, dass die Zahlungsunfähigkeit des Schuldners drohte und dass die Handlung die Gläubiger benachteiligte. In diesem Fall muss der **Anfechtungsgegner**, um die Anfechtung zu vermeiden, seinerseits **beweisen**, dass er gleichwohl den Benachteiligungsvorsatz des Schuldners **nicht kannte**. 811

3. Mittelbare Gläubigerbenachteiligung

Für eine erfolgreiche Anfechtung nach § 3 Abs. 1 AnfG genügt – anders als bei einer Anfechtung gemäß § 3 Abs. 4 AnfG[32] – bereits eine **mittelbare** Gläubigerbenachteiligung. Deshalb werden hier zugunsten der Anfechtungsgläubiger auch solche Verringerungen der Haftungsmasse berücksichtigt, die infolge der anfechtbaren Rechtshandlung zwischen der Vornahme des Rechtsgeschäfts[33] und dem Zeitpunkt der letzten mündli- 812

28 BGH, Beschl. v. 10.7.2014, IX ZR 50/12, MDR 2014, 1228.
29 BGH, Urt. v. 16.4.2015, IX ZR 68/14, FamRZ 2015, 1389.
30 BGH, a.a.O.
31 BGH, Beschl. v. 10.7.2014, IX ZR 50/12, MDR 2014, 1228.
32 Vgl. Rn. 814.
33 § 8 AnfG.

chen Verhandlung in der Tatsacheninstanz des Anfechtungsprozesses eingetreten sind. Das ist insbesondere von Bedeutung bei zwischenzeitlich eingetretenen **Wertsteigerungen** des verkauften Grundstücks.[34]

Soweit der Käufer den **Kaufpreis zur freien Verfügung** des Verkäufers (= Schuldners) hingibt, hindert die durch die Kaufpreiszahlung bewirkte Mehrung des sonstigen Vermögens des Schuldners die Anfechtung **nicht**. Denn **Bargeschäfte** sind zwar bei einer Anfechtung nach § 3 Abs. 4 AnfG privilegiert, nicht aber bei einer Anfechtung gemäß § 3 Abs. 1 AnfG.[35]

4. Anfechtungsfrist

813 Grundsätzlich muss der Erwerber damit rechnen, dass Gläubiger des Verkäufers **10 Jahre** lang die Anfechtung (auch) auf § 3 Abs. 1 AnfG stützen können. Dagegen ist er nur geschützt bei einem **Verkauf zum vollen Wert** und nur dann, wenn er den gesamten **Kaufpreis unmittelbar zur Tilgung valutierter vorrangiger Belastungen** gezahlt hat. Zur Anfechtung berechtigt sind nach ganz h.M. auch solche Gläubiger, die bei Abschluss des Kaufvertrages noch keine Forderung gegen den Verkäufer hatten.[36]

Doch inzwischen wurden die **Anfechtungsfristen** durch Einfügung der neuen **Absätze 2 und 3** modifiziert:[37] Bei **„Deckungshandlungen“**[38] ist die Anfechtungsfrist nunmehr **auf vier Jahre verkürzt**. Auch sollen Gläubiger, die ihren Schuldnern **Zahlungserleichterungen** zur Überwindung vorübergehender Liquiditätsschwierigkeiten gewähren, Gewissheit haben, dass dies für sich genommen eine Vorsatzanfechtung nicht begründen kann.

II. Vertrag mit Angehörigen (§ 3 Abs. 4 AnfG)

1. Nahestehende Personen

814 Nach dieser Bestimmung (vormals: § 3 **Abs. 2** AnfG)[39] sind auch **entgeltliche Verträge** des Schuldners **mit nahestehenden Personen** anfechtbar, sofern dadurch die Gläubiger des Schuldners **unmittelbar benachtei-**

---

34 Ausführlich *Amann*, DNotZ 2010, 246, 251.

35 *Amann*, a.a.O., S. 252 m.w.N.; vgl. auch OLG Saarbrücken, Urt. v. 10.5.2011, 4 U 297/10, FamRZ 2012, 1082.

36 *Amann*, a.a.O., S. 264 m.w.N.

37 Geändert aufgrund des Gesetzes zur Verbesserung der Rechtssicherheit bei Anfechtungen nach der Insolvenzordnung und nach dem Anfechtungsgesetz v. 29.3.2017, in Kraft seit 5.4.2017, BGBl. I S. 654.

38 Dies sind Handlungen, die einem Insolvenzgläubiger Sicherung oder Befriedigung gewähren oder ermöglichen, insbesondere Zahlungen auf erbrachte Lieferungen und Leistungen.

39 Geändert aufgrund des Gesetzes zur Verbesserung der Rechtssicherheit bei Anfechtungen nach der Insolvenzordnung und nach dem Anfechtungsgesetz (Fn. 37).

ligt werden und der **Vertragspartner nicht beweist**, dass ihm die Benachteiligungsabsicht des Schuldners bei Vertragsabschluss **nicht bekannt** war. Dabei ist es nicht erforderlich, dass sich die Benachteiligungsabsicht des Schuldners auf einen **bestimmten** Gläubiger beziehen muss; vielmehr reicht eine allgemeine Absicht, „die Gläubiger zu benachteiligen".[40]

Zu den **nahestehenden Personen** zählen insbesondere der Ehegatte des Schuldners, Eltern, Großeltern, Kinder, Enkelkinder, voll- und halbbürtige Geschwister sowie der Ehegatte einer dieser Personen (**nicht** also z.B. Onkel, Tanten, Neffen, Nichten, **nichteheliche Partner**[41] des Schuldners)[42].

2. Beweislast

Auch bei dieser Form der „Vorsatzanfechtung" sind Benachteiligungs- **815**
vorsatz des Schuldners und Kenntnis des anderen Teils hiervon gesetzliche Voraussetzungen. Der Unterschied zu § 3 Abs. 1 AnfG liegt in der **Beweisregel**: Während dort der anfechtende Gläubiger die subjektiven Elemente im Prozess darlegen und beweisen muss, werden bei § 3 Abs. 4 AnfG diese Merkmale des Tatbestands bereits gesetzlich **vermutet**. Es ist dann Sache des Anfechtungsgegners, seine fehlende Kenntnis zu beweisen.

3. Anfechtungsfrist

Ausgeschlossen ist die Anfechtung, wenn der Vertragsschluss früher als **816**
2 Jahre vor der Anfechtung erfolgte. Ist die Frist verstrichen, kann eventuell auf andere Anfechtungstatbestände mit längeren Fristen zurückgegriffen werden.

III. Schenkungsanfechtung (§ 4 AnfG)

Hierbei geht es um anfechtbare **unentgeltliche Leistungen** des Schuld- **817**
ners; man spricht schlagwortartig von **„Schenkungsanfechtung"**. Unentgeltlich ist eine Leistung immer dann, wenn der Schuldner an den Erwerber einen Vermögenswert weggegeben hat, ohne dafür einen **entsprechenden Gegenwert** zu erhalten.

---

40 § 3 Abs. 4 S. 2 AnfG; OLG Oldenburg, Urt. v. 28.2.2000, 11 U 67/99, FamRZ 2001, 179, 180 mit einem anschaulichen Beispielsfall für die **Verschiebung eines Grundstücks** innerhalb der Großfamilie.

41 BGH, Beschl. v. 17.3.2011, IX ZA 3/11, FamRZ 2011, 885.

42 Ferner Personen, die in häuslicher Gemeinschaft mit dem Schuldner leben oder im letzten Jahr vor der anfechtbaren Handlung gelebt haben, vgl. § 138 InsO; dazu *App*, FamRZ 1996, 1523; *ders.*, DGVZ 2001, 145, 148; vgl. auch Rn. 778.

Der Begriff **„Unentgeltlichkeit“** entspricht demjenigen in § 134 InsO[43] und ist weit auszulegen, damit dem mit der Vorschrift bezweckten Schutz der Gläubiger hinreichend Rechnung getragen werden kann. So kommt es nicht entscheidend darauf an, dass die Beteiligten den Gegenwert als Wertausgleich angesehen, dies möglicherweise auch durch Erklärungen zum Ausdruck gebracht haben. **Maßgeblich** ist vielmehr die **objektive** Wertrelation zwischen der Leistung des Schuldners und der Gegenleistung des Empfängers.[44]

818 Vereinbaren die Vertragsparteien die spätere **Rückgängigmachung der „Schenkung“**, lässt sich auch dieses Hintertürchen schließen: Hat der Schuldner ein Grundstück **unentgeltlich** auf seine Ehefrau übertragen, sich jedoch gleichzeitig das Recht vorbehalten, es jederzeit ohne Angabe von Gründen **zurückzuverlangen,** so kann ein Gläubiger dieses Recht jedenfalls zusammen mit dem künftigen oder aufschiebend bedingten und durch eine Vormerkung gesicherten Rückauflassungsanspruch **pfänden** und sich zur Einziehung überweisen lassen.[45]

819 Schwieriger sind sog. **gemischte Geschäfte** zu beurteilen, bei denen sich der Schuldner aus freien Stücken eine wesentlich geringwertigere Gegenleistung gewähren lässt. Ist die Leistung des Schuldners **teilbar**, kann die Anfechtung auf den unentgeltlichen Teil der Leistung beschränkt werden mit der Folge, dass der Anfechtungsgegner nur insoweit die Zwangsvollstreckung zu dulden hat. Eine **unteilbare** Leistung des Schuldners ist grundsätzlich insgesamt anfechtbar.[46]

Beispiel: Der Schuldner veräußert ein Grundstück, das einen Verkehrswert von 200.000 € hat, für lediglich 100.000 € an einen Dritten.

In einem solchen Fall ist die Rechtsfolge der Anfechtung **nicht** nur ein Anspruch auf Zahlung des **Wertüberschusses.** Vielmehr hat der Anfechtungsgläubiger gegen den Empfänger einen Anspruch auf Duldung der Zwangsvollstreckung in den zugewandten Gegenstand. Der gutgläubige Empfänger wiederum, der eine Gegenleistung erbracht hat, kann **bevorzugte Befriedigung** seines Anspruchs auf Rückgewähr der Gegenleistung aus dem Verwertungserlös verlangen.[47] Bei **Notverkäufen** wird regelmäßig keine unentgeltliche Leistung vorliegen.

Der Umstand, dass die vertragsschließenden Parteien die Überlassung im Rahmen einer **ehebedingten Zuwendung** vorgenommen haben, ver-

---

43 Dazu BGH Urt. v. 24.3.2016, IX ZR 159/15, FamRZ 2016, 1155 mit Anm. *Würdinger*; *Ganter*, NZI 2015, 249.

44 BGH, Urt. v. 28.2.1991, IX ZR 74/90, FamRZ 1991, 695, 696.

45 BGH, Urt. v. 20.2.2003, IX ZR 102/02, FamRZ 2003, 858; ferner OLG Oldenburg, Urt. v. 28.6.2016, 2 U 28/16, NZI 2017, 35 mit Anm. *Vuia.*

46 BGH, Urt. v. 15.12.2016, IX ZR 113/15, NZI 2017, 151 m. Anm. *Leithaus.*

47 BGH, a.a.O.

mag an der **Unentgeltlichkeit** nichts zu ändern. Eine ehebedingte oder unbenannte Zuwendung ist dadurch gekennzeichnet, dass eine rechtliche Verpflichtung dazu nicht besteht. Anfechtungsrechtlich wird auch keine Gegenleistung erbracht. Daher sind derartige Leistungen als unentgeltliche Zuwendungen anzusehen.[48]

Die Vornahme der unentgeltlichen Leistung innerhalb der **Anfech-** 820
tungsfrist von vier Jahren wird **vermutet**, um betrügerischen Rückdatierungen vorzubeugen. Der Anfechtungsgegner muss seinerseits **beweisen**, dass die Zuwendung früher als vier Jahre vor der gerichtlichen Geltendmachung der Anfechtung gewährt wurde.[49]

Der Schutz **unentgeltlicher** Leistungen ist auch insoweit eingeschränkt, als der etwaige Einwand der **Entreicherung** seitens des Anfechtungsgegners nur unter erschwerten Umständen greift.[50]

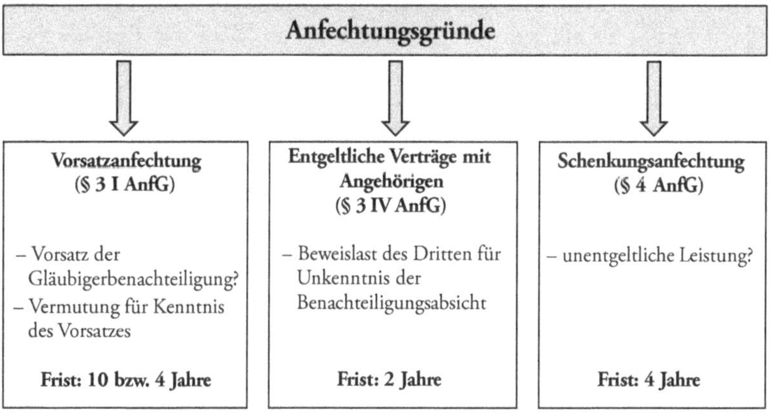

48 BGH, Urt. v. 17.7.2008, IX ZR 245/06, MDR 2008, 1358.
49 *App*, DGVZ 2001, 161, 162 m.w.N.
50 Dazu unten Rn. 825.

G. Anfechtungsfristen

I. Fristberechnung

821 Der Gläubiger kann das Anfechtungsrecht nur innerhalb bestimmter Fristen ausüben. Mit Fristablauf erlischt das Anfechtungsrecht. Diese **Anfechtungsfristen** sind je nach Anfechtungsgrund unterschiedlich lang. Sie betragen bezüglich

- § 3 Abs. 1 AnfG: 10 bzw. 4 Jahre,
- § 3 Abs. 4 AnfG: 2 Jahre,
- § 4 AnfG: 4 Jahre.

Die genannten Fristen sind von dem Zeitpunkt **zurückzurechnen**, in dem die Anfechtbarkeit gerichtlich geltend gemacht wird (§ 7 Abs. 1 AnfG). Unter diese **Geltendmachung** fällt sowohl die Klageerhebung (§ 13 AnfG) als auch die Geltendmachung im Wege der **Einrede** (§ 9 AnfG). Die Klageschrift muss neben einem bestimmten Antrag den Gegenstand und den Grund des Anspruchs enthalten. Nur dann hat die Klageerhebung eine fristwahrende Wirkung.[51]

II. Anfechtungsankündigung

822 Insbesondere die kürzeren Anfechtungsfristen kann der Gläubiger oft nicht einhalten, weil er innerhalb dieses Zeitraums keinen Vollstreckungstitel gegen den Schuldner zu erlangen vermag. Die Fristen laufen hier nämlich bereits mit Abschluss des Zuwendungsvorgangs.[52] Insoweit hilft das Gesetz mit der Regelung in **§ 7 Abs. 2 AnfG**: Der Gläubiger kann die Anfechtungsfristen dadurch wahren, dass er dem Anfechtungsgegner seine Absicht, die Rechtshandlung anzufechten, durch **Übermittelung** eines Schriftsatzes bekannt gibt.

Praxistipp: Damit ist **keine förmliche Zustellung** gemeint. Es genügt die Übersendung des Schreibens (möglichst per Einschreiben). Im Übrigen muss die Anfechtungsankündigung die befriedigungsbedürftige **Forderung** bezeichnen, ferner die anzufechtende **Rechtshandlung** des Schuldners.[53]

Die **Anfechtungsankündigung** nach § 7 Abs. 2 AnfG bewirkt, dass die Anfechtungsfrist erst ab dem Zeitpunkt der Zustellung an den Anfechtungsgegner zu laufen beginnt. **Voraussetzungen** hierfür sind jedoch:

---

51 BGH, Urt. v. 18.12.1986, IX ZR 11/86, NJW 1987, 904.

52 Bei **Grundstücksübertragung** ab Eintragung des neuen Eigentümers im Grundbuch, vgl. BGH, Urt. v. 28.2.1991, IX ZR 74/90, FamRZ 1991, 695.

53 BGH, Beschl. v. 15.12.2011, IX ZR 87/09, NZI 2012, 141.

- Der **Schuldner** muss zu diesem Zeitpunkt bereits **zahlungsunfähig** gewesen sein.
- Die **Anfechtungsklage** muss **binnen 2 Jahren** erhoben werden.

Praxistipp: Die Berufung auf die **Versäumung der Anfechtungsfrist** kann als widersprüchliches Verhalten treuwidrig sein, wenn der Anfechtungsgegner den Gläubiger durch Erklärung, auf die Fristeinhaltung zu verzichten, von der rechtzeitigen Erhebung der Anfechtungsklage abgehalten hat.[54]

Berechnung der Anfechtungsfristen

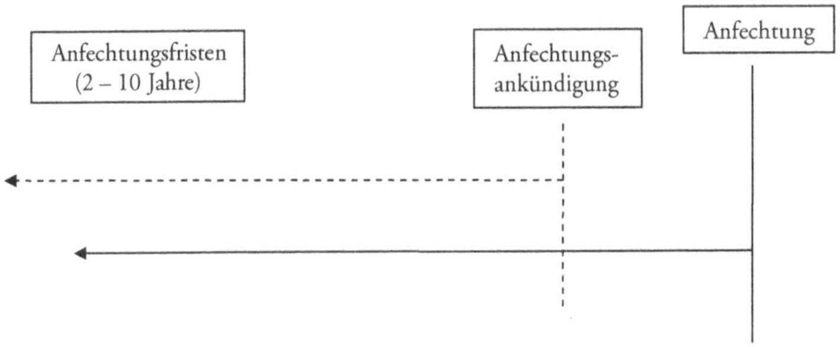

H. Rechtsfolgen der Anfechtung

I. Duldungsanspruch

Hat der Gläubiger mit Erfolg angefochten, so muss ihm das, was durch 823
die anfechtbare Rechtshandlung aus dem Vermögen des Schuldners veräußert, weggegeben oder aufgegeben ist, **„zur Verfügung gestellt"** werden, soweit es zu seiner Befriedigung erforderlich ist (§ 11 Abs. 1 AnfG). Dies bedeutet aber **nicht Rückabwicklung** der anfechtbaren Rechtshandlung oder gar Übertragung auf den Gläubiger. Die Gläubigeranfechtung hat Auswirkungen nur zwischen Gläubiger und Erwerber und bewirkt lediglich die **Wiederherstellung der Vollstreckungslage**: Der Leistungsempfänger (Anfechtungsgegner) hat die Sache zur Zwangsvollstreckung bereitzustellen.[55]

Dementsprechend ist der Anspruch des Gläubigers in der Regel auf **Duldung der Zwangsvollstreckung** in den anfechtbar weggegebenen Ge-

54 OLG Hamm, Urt. v. 4.7.2002, 27 U 187/01, ZIP 2002, 2321.
55 BGH, Urt. v. 13.7.1995, IX ZR 81/94, NJW 1995, 2846.

genstand gerichtet.[56] Der anfechtungsrechtliche Anspruch auf Duldung der Zwangsvollstreckung in ein weggegebenes Grundstück kann **im Grundbuch nicht vorgemerkt** werden, sondern ist im einstweiligen Rechtsschutz nur durch richterliches Verfügungsverbot sicherbar.[57]

II. Wertersatz

824 Wenn der Anfechtungsgegner seine Pflicht aus § 11 Abs. 1 S. 1 AnfG nicht erfüllen kann, weil es ihm aus rechtlichen oder tatsächlichen Gründen **unmöglich** geworden ist, dem Gläubiger das anfechtbar Erworbene zum zwangsweisen Zugriff zur Verfügung zu stellen, haftet er dem Gläubiger auf **Wertersatz.**[58] Dieser sog. Sekundäranspruch ist stets auf Zahlung gerichtet.

III. Bereicherungsanspruch

825 Einen besonderen Schutz genießt der **gutgläubige** Empfänger einer unentgeltlichen Leistung: Er hat die Leistung nur soweit zurückzugewähren, als er durch sie **bereichert** ist. Dies gilt jedoch **nicht**, sobald er weiß oder den Umständen nach annehmen muss, dass die unentgeltliche Leistung die Gläubiger benachteiligt (§ 11 Abs. 2 AnfG).

Insoweit zeigt sich, dass ein **unentgeltlicher Erwerb** weniger schutzwürdig ist. Dementsprechend sind an die **Gutgläubigkeit** strengere Anforderungen zu stellen, wie der **BGH**[59] zu der Parallelvorschrift § 143 Abs. 2 InsO konstatierte: Der Empfänger einer unentgeltlichen Leistung muss den Umständen nach wissen, dass diese die Gläubiger benachteiligt, wenn ihm Umstände bekannt sind, die mit auffallender Deutlichkeit dafür sprechen und deren Kenntnis auch einem Empfänger mit durchschnittlichem Erkenntnisvermögen ohne gründliche Überlegung die Annahme nahe legt, dass die Befriedigung der Gläubiger infolge der Freigiebigkeit verkürzt wird.

---

56 Vgl. etwa OLG Saarbrücken, Urt. v. 10.5.2011, 4 U 297/10, FamRZ 2012, 1082, dazu *Cirullies*, FamRZ 2012, 1017.

57 BGH, Urt. v. 14.6.2007, IX ZR 219/05, MDR 2007, 1248.

58 BGH, Urt. v. 17.7.2008, IX ZR 245/06, NZI 2008, 633.

59 BGH Urt. v. 24.3.2016, IX ZR 159/15, FamRZ 2016, 1155 mit Anm. *Würdinger.*

I. Gerichtliches Verfahren

I. Geltendmachung

Die Gläubigeranfechtung kann nicht durch einfache Anfechtungserklärung, sondern nur in einem **gerichtlichen Prozess** geltend gemacht werden. D.h., der Gläubiger, der schon gegen seinen Schuldner einen Titel hat erstreiten müssen, muss erneut **klagen**. Erst wenn er einen zweiten Vollstreckungstitel gegen den Erwerber hat, kann er in die übertragenen Gegenstände vollstrecken. **826**

II. Bestimmter Klageantrag

Im Fall der Klage muss der **Klageantrag bestimmt** bezeichnen, in welchem **Umfang** und in welcher **Weise** der Empfänger das Erlangte zur Verfügung stellen soll (§ 13 AnfG).[60] Auch muss die Klage erkennen lassen, welche **Forderung** im Wege der Anfechtung befriedigt werden soll; andernfalls wird durch sie nicht die Anfechtungsfrist gewahrt.[61] **827**

Beispiel: *„Der Beklagte wird verurteilt, wegen der vollstreckbaren Forderung des Klägers i.H.v. … € nebst Zinsen i.H.v. 5 Prozentpunkten über dem jeweiligen Basiszinssatz seit dem … zuzüglich der Kosten der Zwangsvollstreckung i.H.v. … € aufgrund des Urteils … [genaue Bezeichnung des Titels] die Zwangsvollstreckung in das von [Bezeichnung des Schuldners] erworbene Grundstück in … [Angabe des Flurstücks] zu dulden.“*

Die **Begründung** der Klage sollte auch die Mitteilung der Erfolglosigkeit der Zwangsvollstreckung durch den Gerichtsvollzieher, vor allem aber eine schlüssige Darstellung des anfechtbaren Rechtsgeschäfts enthalten.[62]

Formulierungsfehler im Antrag können zu einem unzulänglichen Urteilstenor und in der Folge zu erheblichen Problemen in der **Zwangsvollstreckung** führen.[63]

III. Zuständigkeit

Bei dem Anfechtungsanspruch handelt es sich um eine **bürgerliche Rechtsstreitigkeit**. Das Familiengericht ist daher in keinem Fall zuständig.[64] **Sachlich zuständig** für die Anfechtungsklage ist je nach Höhe des Werts des Streitgegenstands das Amtsgericht oder das Landgericht.[65] **Ört-** **828**

---

60 Dazu BGH, Urt. v. 25.6.1992, IX ZR 4/91, NJW 1992, 2421.

61 BGH, Urt. v. 18.12.1986, IX ZR 11/86, MDR 1987, 402.

62 *Jünemann*, ZEV 2005, 335, 336.

63 Vgl. etwa LG Hamburg, Beschl. v. 30.9.2002, 321 T 115/00, Rpfleger 2003, 309 (Duldungstitel nach § 11 AnfG ohne Hinweis im Tenor auf den Zahlungstitel über die Anfechtungsforderung).

64 OLG Bamberg, Beschl. v. 4.1.1989, SA 9/88, NJW-RR 1989, 517.

65 Zum Streitwert vgl. *Zenker*, NJW 2008, 1038, 1040.

lich zuständig ist das Gericht, bei dem der Erwerber (Anfechtungsgegner) seinen allgemeinen Gerichtsstand[66] hat. Streitig ist, ob insoweit bei einem Bezug der anfechtbaren Handlung auf ein Grundstück der ausschließliche **dingliche Gerichtsstand** des § 24 ZPO gilt.[67]

IV. Prozesseinrede

829 Das **Anfechtungsrecht** kann nach § 9 AnfG auch **einredeweise** geltend gemacht werden. Der Gläubiger kann sich also, wenn er von dem Erwerber verklagt wird, mit seinem Gläubigeranfechtungsrecht zur Wehr setzen.[68] Diese Möglichkeit wird er vor allem nutzen, wenn er mit einer **Drittwiderspruchsklage** überzogen wird und der Dritte das die Veräußerung hindernde Recht in anfechtbarer Weise erworben hat.[69]

V. Tenorierung

830 Der zu vollziehende Titel muss ausdrücklich oder jedenfalls unzweifelhaft die **Einräumung des Vorrangs** zum Ausdruck bringen. Anderenfalls kann die **Vollziehung im Grundbuch** Schwierigkeiten bereiten: Der allgemein gefasste Titel des Anfechtungsgläubigers, dass der Anfechtungsschuldner von der im Grundbuch zu seinen Gunsten eingetragenen Sicherungshypothek keinen Gebrauch machen darf, soweit es zur Befriedigung des Gläubigers erforderlich ist, ist **mangels Bestimmtheit nicht** geeignet, einen **Rangrücktritt** im Grundbuch im Verhältnis zu einem dort nachrangig eingetragenen Grundpfandrecht des Gläubigers zu vermerken.[70]

Im Rahmen der **Kostenentscheidung** gemäß § 93 ZPO nach **Anerkenntnis** eines im Wege der Gläubigeranfechtung geltend gemachten Klageanspruchs muss stets auf Grund der besonderen Umstände des Einzelfalls entschieden werden, ob der Anfechtungsgegner **Anlass zur Klageerhebung** gegeben hat. Ein solcher Anlass besteht dann, wenn durch eine vorherige Aufforderung an den Anfechtungsgegner der Zweck der Anfechtung vereitelt werden könnte. Dies gilt insbesondere im Fall der Vorsatzanfechtung.[71]

---

66 §§ 13 ff. ZPO.

67 Dafür: OLG Hamm, Beschl. v. 28.3.2002, 27 W 7/02, NZI 2002, 575 m.w.N.; LG Magdeburg, Beschl. v. 22.2.2012, 5 O 281/12; a.A. *Haertlein* in: Kindl/Meller-Hannich/Wolf, § 13 AnfG Rn. 17 m.w.N.

68 Dazu BGH, Urt. v. 7.4.2005, IX ZR 258/01, Rpfleger 2005, 450.

69 Dazu *Janneck*, JuS 2014, 1085, 1089 mit Beispielsfall.

70 OLG München, Beschl. v. 15.3.2011, 34 Wx 140/10, NZI 2011, 326.

71 OLG Düsseldorf, Beschl. v. 5.3.2015, 12 W 19/14, NZI 2015, 433.

J. Sicherung des Anfechtungsrechts

Für den Anfechtungsgläubiger besteht die **Gefahr**, dass seine Anfechtung ins Leere geht, weil der Erwerber und mögliche Anfechtungsgegner den anfechtbar erworbenen Gegenstand zwischenzeitlich an einen gutgläubigen Dritten **veräußert oder** zugunsten eines Gutgläubigen **belastet** hat. **831**

Um diese „Wanderschaft" des Vollstreckungsobjekts zu unterbinden, kommt die Erwirkung eines **Verfügungsverbots** im Wege der einstweiligen Verfügung in Betracht. Auch kann der Anfechtungsanspruch gegen den Dritten grundsätzlich durch **Arrest** gesichert werden.[72]

Kommt der Gläubiger mit seiner Sicherung zu spät, weil der Erwerber durch die Weiterveräußerung bereits vollendete Tatsachen geschaffen hat, und kann er gegen den neuen Eigentümer nicht vorgehen, weil dieser gutgläubig war, so verbleibt dem Gläubiger gegen den ersten Erwerber (Anfechtungsgegner) nur noch ein **Wertersatzanspruch** in Geld.[73]

K. Gläubigeranfechtung und Insolvenzverfahren

Dem einzelnen Gläubiger steht ein Anfechtungsrecht nur so lange zu, wie der Schuldner nicht zahlungsunfähig geworden ist. Wird über das Vermögen des Schuldners das **Insolvenzverfahren** eröffnet, so ist der Insolvenzverwalter berechtigt, die von den Insolvenzgläubigern erhobenen **Anfechtungsansprüche**[74] zu verfolgen (§ 16 Abs. 1 S. 1 AnfG). **832**

Ist der Anfechtungsschuldner vor der Eröffnung des Insolvenzverfahrens auf Grund von Vorschriften des **Anfechtungsgesetzes** in Anspruch genommen worden, scheidet ein Anspruch auf Rückgewähr zur Insolvenzmasse im Umfang der Erfüllung des Anfechtungsanspruchs aus.[75]

Das Verfahren über den Anfechtungsanspruch wird durch die **Eröffnung des Insolvenzverfahrens** über das Vermögen des Schuldners **unterbrochen** (§ 240 Satz 1 ZPO);[76] es kann vom Insolvenzverwalter aufgenommen werden (§ 17 Abs. 1 AnfG). Dies gilt entsprechend auch für die **vereinfachten** Insolvenzverfahren mit der Besonderheit, dass der laufende Gläubigeranfechtungsprozess von dem Gläubiger zu Gunsten der Insolvenzmasse fortgesetzt werden kann.[77] **833**

72 Ausführlich dazu *Cirullies*, FamRZ 2012, 1017, 1022.

73 Sog. Sekundäranspruch, dazu BGH, Urt. v. 17.7.2008, IX ZR 245/06, NZI 2008, 633.

74 Nach der InsO, nicht nach dem AnfG.

75 BGH, Urt. v. 15.11.2012, IX ZR 173/09, NZI 2013, 292 mit Anm. *Leithaus*; vgl. auch OLG München, Beschl. v. 10.1.2017, 34 Wx 239/16, ZIP 2017, 239.

76 Zur Verfahrensunterbrechung vgl. Rn. 782.

77 BGH, Urt. v. 3.12.2009, IX ZR 29/08, MDR 2010, 525.

Eine dem Schuldner erteilte **Restschuldbefreiung** steht der Gläubigeranfechtung jedenfalls dann nicht entgegen, wenn der Gläubiger die Anfechtungsklage bereits vor Eröffnung des Insolvenzverfahrens erhoben hat und die Anfechtung Rechtshandlungen betrifft, die vor der Eröffnung des Insolvenzverfahrens vorgenommen worden sind.[78]

L. Verjährungshemmung

834 Bleibt die Anfechtungsklage erfolglos, kann ein auf andere Anspruchsgrundlagen gestützter Prozess zu spät kommen, weil die zugrunde liegende Forderung bereits **verjährt** ist. Doch hilft insoweit die neue Rechtsprechung des **BGH**: Die auf Gläubigeranfechtung gestützte Zahlungsklage **hemmt** die **Verjährung** auch bezüglich eines alternativ gegebenen, auf Zahlung gerichteten **Bereicherungsanspruchs**, wenn dessen Voraussetzungen mit dem Sachvortrag der Klage dargelegt sind.[79]

M. Alternativen zur Gläubigeranfechtung

835 Sind die Voraussetzungen für eine erfolgreiche Gläubigeranfechtung nicht gegeben, etwa betreffend den laufenden Unterhalt wegen fehlender Fälligkeit, können sich für den hintergangenen **Unterhaltsgläubiger** andere Wege zur Wahrung seiner Rechte ergeben:[80]

- mögliche **Sittenwidrigkeit** des anfechtbaren Rechtsgeschäfts,
- **Schadensersatzanspruch** nach § 826 BGB, § 823 Abs. 2 BGB i.V.m. §§ 283d, 27, 283c StGB,
- gerichtliche Geltendmachung der fehlenden Einwilligung bei einer **Gesamtvermögensverfügung** (§§ 1365, 1368 BGB).

---

78 BGH, Urt. v. 12.11.2015, IX ZR 301/14, NJW 2016, 246.

79 BGH, Urt. v. 29.10.2015, IX ZR 222/13, NJW 2015, 3711.

80 Ausführlich *Cirullies*, FamRZ 2012, 1017, 1023.

8. Kapitel: Teilungsversteigerung

A. Auseinandersetzung des Grundbesitzes

Sofern die scheidungswilligen **Ehegatten** ein Familienheim ihr Eigen nennen und sich über dessen weiteres Schicksal nicht einigen können, kommt oft als letzte Lösung die sog. **Teilungsversteigerung nach §§ 180 ff. ZVG** ins Spiel. Jeder Miteigentümer eines Grundstücks nach Bruchteilen (§ 1008 BGB) kann gemäß § 749 Abs. 1 BGB jederzeit die **Aufhebung der Gemeinschaft**, insbesondere die Versteigerung des unteilbaren Grundstücks gemäß § 753 Abs. 1 BGB verlangen und die Zustimmung zu einer den Miteigentumsanteilen entsprechenden Teilung und Auszahlung des Erlöses fordern.[1] 836

Der **Begriff** „Teilungsversteigerung" ist gebräuchlich, allerdings ungenau, denn das Verfahren führt nicht zur Teilung, sondern bereitet diese lediglich vor durch Umwandlung des unteilbaren Grundbesitzes in teilbares Geld. Treffender ist daher die Bezeichnung **„Auseinandersetzungsversteigerung"**. Die Gemeinschaft setzt sich dann am – in der Regel vom Gericht hinterlegten – Erlösüberschuss fort. Wegen der Aufteilung des Erlöses müssen sich die Mitglieder der Gemeinschaft untereinander einigen – oder notfalls den Prozessweg beschreiten. Es ist nicht Aufgabe des Versteigerungsgerichts, den Erlösüberschuss zu verteilen.[2] 837

Trotz des Verfahrenszwecks handelt es sich bei der Teilungsversteigerung um ein Verfahren der **Zwangsvollstreckung**, denn sie wird auch gegen den Willen der anderen Miteigentümer vorgenommen.[3] Die Durchführung gestaltet sich allerdings oft schwieriger als bei einer (Forderungs-) Zwangsversteigerung, weil manche Vorschriften (insbesondere betreffend Antragsberechtigung, Einstellungsmöglichkeiten, geringstes Gebot, Erlösverteilung) noch komplizierter sind und weil die Beteiligten der Teilungsversteigerung oft unversöhnlich und kompromisslos miteinander kämpfen.[4] Dies gilt vor allem, wenn der Grundbesitz das wesentliche Familienvermögen ausmacht und das **Zustimmungserfordernis** nach § 1365

1 BGH, Beschl. v. 20.12.2005, VII ZB 50/05, FamRZ 2006, 410.

2 BGH, Urt. v. 20.2.2008, XII ZR 58/04, FamRZ 2008, 767.

3 Bergschneider/*Hintzen*, Rn. 10.9; *Böttcher*, § 180 Rn. 3; zum Verhältnis **Teilungsversteigerung – Forderungsversteigerung** vgl. *Kogel*, NJW 2016, 2294; *Hamme*, Rpfleger 2002, 248.

4 *Storz/Kiderlen*, Kap. A. 3.2.1.

BGB entscheidend ist.[5] Aus diesen Gründen kann die **Forderungsvollstreckung** gegenüber der Teilungsversteigerung **vorzugswürdig** sein.[6] Dies setzt freilich die **Titulierung** der gegen den anderen Partner bestehenden Ansprüche voraus.[7]

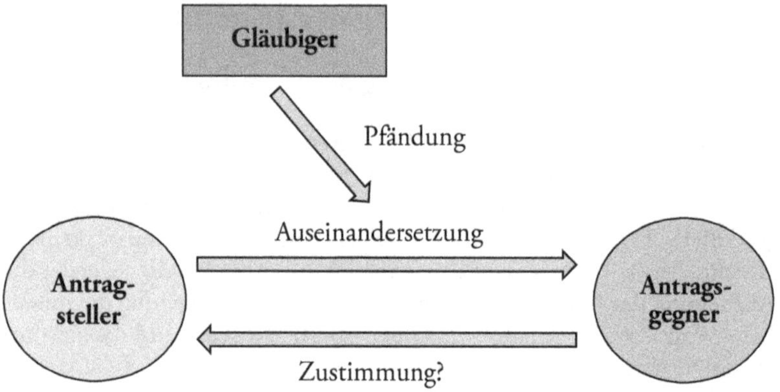

B. Beteiligte und Antragsrecht

I. Antragsberechtigung

838 Eingeleitet wird das Verfahren durch einen entsprechenden **Antrag** an das Amtsgericht, in dessen Bezirk das betreffende Grundstück liegt. Es besteht **kein Anwaltszwang**. Der Versteigerungsantrag setzt **keinen vollstreckbaren Titel** voraus (§ 181 Abs. 1 ZVG). Denn in diesem Verfahren fehlt es an einem Gläubiger-Schuldner-Verhältnis. Dem **Antragsteller** steht hier der **Antragsgegner** gegenüber.

Antragsberechtigt ist jeder Ehegatte ohne Rücksicht auf die Höhe seines Anteils. Dabei können auch **beide Ehegatten** Antragsteller sein, sei es durch einen eigenen Antrag, sei es im Wege des **Beitritts** nach § 27 ZVG. In jedem Fall sind beide Ehegatten **Beteiligte** von Amts wegen; hinzukommen im Einzelfall Grundstücksberechtigte und Beteiligte aufgrund Anmeldung (§ 9 Nr. 2 ZVG).[8]

---

5 Dazu unten Rn. 846.

6 Eingehend *Kogel*, NJW 2016, 2294.

7 Zu einem solchen Fall OLG Düsseldorf, Beschl. v. 4.7.2016, 2 UF 27/16, BeckRS 2016, 16013.

8 Dazu *Böttcher*, FPR 2013, 345, 346.

Praxistipp: Der Antragsgegner sollte dem Verfahren in aller Regel **beitreten**, um es durch eigene Anträge in seinem Interesse mit gestalten zu können.[9]

Haben die Eheleute **Gütertrennung** vereinbart, so ist jeder von ihnen alleine antragsberechtigt. Leben sie in **Gütergemeinschaft**, können sie – erst nach Beendigung der Gemeinschaft (§ 1471 Abs. 1 BGB) – grundsätzlich nur gemeinsam die Auseinandersetzungsversteigerung beantragen, es sei denn, einer ist alleinverwaltungsberechtigt.[10] **839**

Der **Antragsteller** muss grundsätzlich als (Mit-)Eigentümer im Grundbuch **eingetragen** oder **Erbe** eines eingetragenen Eigentümers sein (§ 181 Abs. 2 Satz 1 ZVG). Nach dieser Vorschrift ist es ausreichend, dass er das **Recht** des Eigentümers oder Erben auf Aufhebung der Gemeinschaft **ausübt**. Hierzu zählt etwa der **Insolvenzverwalter** über das Vermögen eines Miteigentümers. Aber auch ein **Gläubiger**, der den Auseinandersetzungsanspruch eines Bruchteilseigentümers bzw. den Anteil eines Mitglieds einer Gesamthandsgemeinschaft **pfändet** und sich zur Einziehung überweisen lässt,[11] kann die Teilungsversteigerung einleiten. Ob auch der **Schuldner** im Fall einer solchen Pfändung noch antragsberechtigt ist, wird unterschiedlich beurteilt.[12]

Die **Eintragung** hat der Antragsteller durch ein (aktuelles) **Zeugnis** des Grundbuchamts nachzuweisen; gehören Vollstreckungsgericht und Grundbuchamt demselben Amtsgericht an, genügt die Bezugnahme auf das Grundbuch (§ 17 Abs. 2 ZVG). **840**

Ob dem Antragsgegner vor der Anordnung der Teilungsversteigerung **rechtliches Gehör** gewährt werden muss, ist zwar streitig.[13] Die Pflicht zur Anhörung ergibt sich jedoch bereits aus der **Übermittlungspflicht** nach § 23 Abs. 2 FamFG.[14] Die Praxis handhabt dies jedoch anders.[15] Umso bedeutsamer sind die Möglichkeiten zur einstweiligen Einstellung des Verfahrens.[16]

---

9 Eingehend *Kogel*, Rn. 133 ff.

10 *Böttcher*, FPR 2012, 502, 504; Bergschneider/*Hintzen*, Rn. 10.71.

11 Dazu unten Rn. 844; ferner Bergschneider/*Hintzen*, Rn. 10.15.

12 Dafür OLG Düsseldorf, Beschl. v. 4.7.2016, 2 UF 27/16, BeckRS 2016, 16013, dazu kritisch *Mast*, FamRB 2016, 451.

13 Bejahend *Böttcher*, FPR 2013, 345, 346; verneinend Bergschneider/*Hintzen*, Rn. 10.63 je m.w.N.

14 Dazu *Cirullies*, FPR 2013, 352, 354.

15 *Kogel*, Rn. 99.

16 Dazu Rn. 858 ff.

II. Verfahrensfähigkeit

841 Treten bei Beteiligten **psychische Störungen** auf, können Zweifel an der **Geschäfts- und Verfahrensfähigkeit** aufkommen. Mitunter ist der Betroffene nicht mehr in der Lage, seinen Willen, was das Teilungsversteigerungsverfahren betrifft, frei zu bilden. Dann kann die Einrichtung einer **Betreuung** mit dem Aufgabenkreis der Vertretung in dem Teilungsversteigerungsverfahren das richtige Mittel sein, um dem Verfahren zum Fortgang zu verhelfen.[17]

III. Teilungsversteigerung und Insolvenz

1. Rechte des Insolvenzverwalters

842 Ist über das Vermögen eines Ehegatten das **Insolvenzverfahren eröffnet** worden, so erfolgt die Teilung außerhalb des Insolvenzverfahrens. Aus dem dabei ermittelten Anteil des Schuldners kann für Ansprüche aus dem Rechtsverhältnis **abgesonderte Befriedigung** verlangt werden (§ 84 Abs. 1 InsO).[18] Hieraus folgt, dass zwischen dem Insolvenzverfahren über das Vermögen des Schuldners und dem Verfahren zur Auseinandersetzung der Gemeinschaft unterschieden werden muss.[19]

Dabei kann der **Insolvenzverwalter** zum einen nach § 165 InsO die Zwangsversteigerung eines unbeweglichen Gegenstands der Insolvenzmasse betreiben und gemäß § 172 ZVG aus **eigenem** Recht – ohne einen Vollstreckungstitel – die Zwangsversteigerung beantragen, bei einem **Miteigentumsanteil** jedoch **nicht** bezüglich des **gesamten** Grundstücks.

843 Gehört ein **Miteigentumsanteil** zur Insolvenzmasse, kann der Insolvenzverwalter zum anderen anstelle des insolventen Teilhabers (§ 80 Abs. 1 InsO) die **Teilungsversteigerung** beantragen. Diese ist allein nach den für sie geltenden Bestimmungen durchzuführen. So ist etwa das **geringste Gebot** nach § 182 ZVG festzustellen.[20]

Sofern die Ehegatten vereinbart haben, das Recht, die **Aufhebung** der Gemeinschaft zu verlangen, für immer oder auf Zeit **auszuschließen**, hat diese Vereinbarung im Insolvenzverfahren keine Wirkung (§ 84 Abs. 2 InsO).[21]

2. Rechte des Pfändungsgläubigers

844 Hat ein **Gläubiger** den Anspruch des Schuldners auf Aufhebung der Gemeinschaft einschließlich des (künftigen) Anspruchs auf eine den Mit-

17 Dazu BGH, Beschl. v. 26.2.2014, XII ZB 577/13, FamRZ 2014, 830 = NZFam 2014, 458 mit Anm. *Weber*.

18 Dazu Bergschneider/*Hintzen*, Rn. 10.34.

19 BGH, Beschl. v. 26.4.2012, V ZB 181/11, NZI 2012, 575.

20 BGH, a.a.O.

21 *Kogel*, Rn. 84.

eigentumsanteilen entsprechende Teilung und Auskehrung **gepfändet**, ist das von ihm eingeleitete **Teilungsversteigerungsverfahren** nach der Eröffnung des Insolvenzverfahrens über das Vermögen des Schuldners auch dann nicht aufzuheben, wenn die Teilungsversteigerung **weniger als einen Monat vor dem Insolvenzantrag angeordnet** worden ist.[22] Die **Rückschlagsperre** nach § 88 InsO erfasst nicht den absonderungsberechtigten Gläubiger, der aufgrund seines dinglichen Rechts in den belasteten Gegenstand vollstreckt, daher auch nicht die Gläubiger, die durch Betreiben der Teilungsversteigerung den ihr zur Einziehung überwiesenen Anspruch des Schuldners verwerten.

IV. Antragsmuster

Der Antrag kann nach folgendem **Muster**[23] gestellt werden: **845**

An das
Amtsgericht
– Vollstreckungsgericht –
...

Antrag auf Anordnung der Teilungsversteigerung

In der Zwangsvollstreckungssache

der Frau Ellen Frisch, ...

Antragstellerin,

– Verfahrensbevollmächtigter: Rechtsanwalt ... –

gegen

Herrn Felix Frisch, ...

Antragsgegner,

beantrage ich namens und in Vollmacht der Antragstellerin, die Teilungsversteigerung des im Grundbuch von ... Blatt-Nr. ... eingetragenen

... (genaue Bezeichnung des Grundstücks/Erbbaurechts/Wohnungseigentums)

anzuordnen.

---

22 BGH, Beschl. v. 20.3.2014, IX ZB 67/13, MDR 2014, 563.

23 Vgl. Bergschneider/*Hintzen*, Rn. 10.59; ferner *Kogel*, Rn. 86.

Im Grundbuch sind als Eigentümer zu je ½ eingetragen:

a) Felix Frisch in …

b) Ellen Frisch in …

Auf das beim dortigen Amtsgericht geführte Grundbuch wird Bezug genommen.

(Unterschrift)

C. Familienbezogene Einwendungen

I. Zustimmung nach § 1365 BGB

1. Erfordernis auch bei Teilungsversteigerung

846 Im gesetzlichen Güterstand der **Zugewinngemeinschaft** ist ein zusätzliches Problem zu beachten: Zwar verwaltet grundsätzlich jeder Ehegatte sein Vermögen selbstständig. Will er allerdings über sein **Vermögen im Ganzen** verfügen, muss der **andere Ehegatte** dem Geschäft **zustimmen** (§ 1365 BGB).[24] Hierdurch soll zum einen erreicht werden, dass der Familie die wirtschaftliche Grundlage erhalten bleibt; ferner soll der zustimmungsberechtigte Ehegatte vor einer Gefährdung seiner zukünftigen Zugewinnausgleichsforderung geschützt werden.

Lange war umstritten, ob und inwieweit diese gesetzliche Regelung auch bei der Teilungsversteigerung zum Tragen kommt. Inzwischen hat der **BGH**[25] für Klarheit gesorgt: Stellt sich die Auseinandersetzung des Bruchteilseigentums als Gesamtvermögensverfügung dar, so muss der andere Ehegatte grundsätzlich **zustimmen.** § 1365 BGB sei dabei nicht unmittelbar, wohl aber entsprechend anzuwenden, da eine planwidrige Regelungslücke vorliege; die Gleichheit der Interessenlagen des übergangenen Ehegatten gebiete es, die Lücke im Wege der Analogie zu schließen.[26]

Praxistipp: Der **Beitritt** des anderen Ehegatten zu dem Verfahren kann als **Zustimmung** zur Teilungsversteigerung ausgelegt werden.

---

24 Zum Zustimmungserfordernis nach Art. 5 des Abkommens über den Güterstand der **Wahl-Zugewinngemeinschaft** (§ 1519 BGB) vgl. *Jünemann*, ZEV 2013, 353, 355; Bergschneider/*Cirullies*, Rn. 3.166 je m.w.N.

25 BGH, Beschl. v. 14.6.2007, V ZB 102/06, FamRZ 2007, 1634.

26 So auch die h.M., vgl. OLG Köln, Beschl. v. 6.3.2012, 4 UF 156/11, BeckRS 2012, 06515; Palandt/*Brudermüller*, § 1365 Rn. 4; BeckOK-BGB/*J. Mayer*, § 1365 Rn. 19.25; a.A. MünchKomm-BGB/*Koch*, § 1365 Rn. 57.

Gleichzeitig hat der **BGH** einen weiteren Streitpunkt entschieden: Die fehlende Zustimmung steht nicht erst der Erteilung des Zuschlags, sondern schon der **Anordnung** und Durchführung des Zwangsversteigerungsverfahrens entgegen.[27] Nur so lassen sich unnötige Versteigerungsverfahren vermeiden.

Praxistipp: Der Antragsteller sollte bereits bei **Einleitung** des Verfahrens die Frage der Zustimmungsbedürftigkeit geklärt haben und beizeiten auf Ersetzung der Zustimmung dringen.

Der **Gläubiger** des Miteigentümers kann dessen Anspruch auf Aufhe- **847**
bung der Gemeinschaft (Versteigerung des ganzen Grundstücks) sowie auf Teilung und Auszahlung des Erlöses gemäß §§ 857, 829 ZPO pfänden und sich überweisen lassen (§ 835 ZPO).[28] Beantragt er die Teilungsversteigerung, bedarf es der **Zustimmung** des anderen Ehegatten **nicht**.[29] Denn der Pfändungsgläubiger erhält ein eigenes Verwertungsrecht am Vermögen des Ehegatten.[30]

2. Zeitliche Beschränkung

Grundsätzlich besteht das Zustimmungserfordernis nach § 1365 BGB **848**
nicht mehr nach **Beendigung des Güterstandes**, also nach **Rechtskraft** des Scheidungsurteils.[31] Dies gilt nach überwiegender Auffassung auch, wenn der Antrag ohne Zustimmung gestellt wurde, im Laufe des Versteigerungsverfahrens jedoch die Ehe rechtskräftig geschieden wird.[32] Die während der Anhängigkeit der **abgetrennten Folgesache** Zugewinnausgleich getroffene Verfügung eines Ehegatten über sein gesamtes Vermögen soll jedenfalls entsprechend § 1365 BGB auch nach Eintritt der Scheidungsrechtskraft die Zustimmung des anderen Ehegatten erfordern.[33]

3. Grundbesitz als Vermögen im Ganzen

Um feststellen zu können, ob der von der Verfügung betroffene Grund- **849**
besitz fast das gesamte Vermögen eines Ehegatten darstellt, ist ein **Wertvergleich erforderlich**. Zu klären ist: In welchem Verhältnis steht der objektive Wert des Geschäftsobjekts zu dem objektiven Wert des nicht betroffe-

27 BGH, a.a.O.; *Kogel*, Rn. 36.
28 BGH, Beschl. v. 20.12.2005, VII ZB 50/05, FamRZ 2006, 410.
29 BGH, Beschl. v. 6.4.2006, IX ZR 238/02, FamRZ 2006, 856.
30 Bergschneider/*Hintzen*, Rn. 10.77.
31 OLG Hamm, Beschl. v. 22.2.2006, 11 WF 406/05, FamRZ 2006, 1557; *Kogel*, FamRZ 2012, 85, 86.
32 OLG München, Beschl. v. 12.7.2006, 33 Wx 238/05, MDR 2007, 47; *Kogel*, Rn. 37; *Wever*, Rn. 218; a.A. Bergschneider/*Hintzen*, Rn. 10.74.
33 OLG Celle, Urt. v. 25.6.2003, 15 UF 30/03, FamRZ 2004, 625 mit kritischer Anm. *Janke*; *Wever*, Rn. 218; zum strategischen Vorgehen vgl. *Kogel*, NJW 2016, 2294, 2296.

nen Vermögens? In der Regel wird ein zustimmungsfreies Geschäft dann angenommen, wenn die Vermögensverfügung maximal **85 % des ursprünglichen Gesamtvermögens** erfasst.[34] Bei **größeren Vermögen** (ab etwa 250.000 €)[35] liegt Zustimmungsbedürftigkeit nur vor, wenn dem Veräußerer **weniger als 10 %** verbleiben.[36]

4. Recht auf Grundbucheinsicht

850 Haben Ehegatten den Güterstand der Zugewinngemeinschaft gewählt, hat der **getrennt lebende Ehegatte** ein berechtigtes Interesse, in **Grundbücher Akteneinsicht** zu nehmen, in denen der andere Ehegatte als Eigentümer eingetragen ist oder war. Zum einen ist ein solches Interesse bei dem mit dem Eigentümer im gesetzlichen Güterstand lebenden Ehegatten regelmäßig anzunehmen. Dies gilt mit Blick auf § 1365 BGB erst recht, wenn der im Grundbuch verzeichnete Grundbesitz das wesentliche Vermögen des Ehegatten ausmacht.[37]

5. Verweigerung ohne ausreichenden Grund

a) Ersetzung der Zustimmung

851 **Verweigert** der zustimmungsberechtigte Ehegatte die Einwilligung, kann der verfügende Ehegatte durch entsprechenden Antrag die Rechtmäßigkeit dieser Weigerung durch das Gericht überprüfen und die **Zustimmung ersetzen** lassen, **§ 1365 Abs. 2 BGB.**[38] Die gerichtliche Entscheidung hat dann dieselbe Wirkung wie die Einwilligung des anderen Ehegatten (§ 894 ZPO).

Schwierigkeiten kann im Einzelfall die **bedingte Einwilligung** bereiten. Sie ist nicht in jedem Fall als Verweigerung der Zustimmung zu werten, denn sie enthält gleichzeitig die Billigung des entsprechend der Bedingung geänderten Rechtsgeschäfts.[39]

852 **Voraussetzung** für die **Ersetzung** ist, dass

- die Teilungsversteigerung den Grundsätzen einer **ordnungsgemäßen Verwaltung** entspricht *und*
- der andere Ehegatte die Zustimmung **ohne ausreichenden Grund verweigert.**[40]

---

34 OLG Koblenz, Urt. v. 23.8.2007, 5 U 284/07, FamRZ 2008, 1078 m.w.N.

35 *Kogel*, Rn. 38.

36 BGH, Beschl. v. 21.2.2013, V ZB 15/12, FamRZ 2013, 948; kritisch zu dieser Grenzziehung und zu Einzelfragen Palandt/*Brudermüller*, § 1365 Rn. 6.

37 OLG Rostock, Beschl. v. 23.2.2011, 3 W 71/11, NJW-RR 2012, 400.

38 Ausführlich *Cirullies*, FPR 2013, 352.

39 Dazu *Cirullies*, a.a.O., S. 353.

40 Oder durch Krankheit oder Abwesenheit an der Abgabe der Erklärung verhindert und mit dem Aufschub Gefahr verbunden ist.

Ob eine Teilungsversteigerung den Grundsätzen **ordnungsgemäßer Verwaltung** entspricht, richtet sich nach dem Familieninteresse, das unter Berücksichtigung aller Umstände, insbesondere der Tatsache des Getrenntlebens der Eheleute **abzuwägen** ist.[41] Ist der Ausgang eines streitigen Zugewinnausgleichsverfahrens noch ungewiss und bei Zustimmung eine **Gefährdung seiner Anwartschaft auf Zugewinn** nicht unwahrscheinlich, so handelt der widersprechende Ehegatte in der Regel nicht ohne ausreichenden Grund.[42]

b) Zuständigkeit

Da es sich bei dem Ersetzungsverfahren um eine **Güterrechtssache** der freiwilligen Gerichtsbarkeit[43] (§§ 111 Nr. 9, 261 Abs. 2 FamFG) handelt, sind die Vorschriften des **FamFG** anzuwenden. **853**

Sachlich zuständig ist das **Familiengericht**, **funktionell** zuständig der **Richter**. Ausschließlich **örtlich zuständig** ist während der Anhängigkeit des Scheidungsverfahrens das Gericht, bei dem die Ehesache anhängig ist (§ 261 Abs. 1 FamFG). In den übrigen Fällen beurteilt sich die örtliche Zuständigkeit nach dem gewöhnlichen Aufenthalt des Antragsgegners (§ 261 Abs. 2 FamFG i. V. m. §§ 12, 13 ZPO).

c) Entscheidung

Die Entscheidung des Familiengerichts hängt zunächst davon ab, ob es die Voraussetzungen des **§ 1365 Abs. 1 BGB** für erfüllt erachtet oder nicht: Hält es die Teilungsversteigerung für **nicht zustimmungsbedürftig**, trifft es keine Entscheidung, sondern erteilt ein so genanntes **Negativattest**. Bei Annahme der Zustimmungsbedürftigkeit hat das Gericht nach Prüfung der Voraussetzungen des **§ 1365 Abs. 2 BGB** mehrere Möglichkeiten der Entscheidung – je nach Bewertung der Zustimmungsverweigerung.[44] **854**

6. Rechtsbehelfe

Das **Vollstreckungsgericht** hat das Zustimmungserfordernis des § 1365 BGB bei Anordnung der Teilungsversteigerung nur zu beachten, wenn es weiß, dass der Miteigentumsanteil das gesamte Vermögen bildet, **855**

---

41 OLG Köln, Beschl. v. 10.1.2007, 16 Wx 237/06, FamRZ 2007, 1343.

42 OLG Köln, Beschl. v. 26.5.2004, 16 Wx 80/04, NJW-RR 2005, 4; eingehend *Cirullies*, a.a.O., S. 353/354.

43 Zu dem Begriff vgl. Rn. 1.

44 Dazu *Kogel*, Rn. 52b; *Cirullies*, FPR 2013, 352, 354 je m.w.N.

oder wenn konkrete Anhaltspunkte dafür bestehen; Ermittlungen muss es nicht anstellen.[45]

856 Grundsätzlich kann der **Einwand der fehlenden Zustimmung** ausschließlich mit einem **Drittwiderspruchsantrag** nach § 771 ZPO (vor dem **Familiengericht**)[46] geltend gemacht werden, weil es sich um eine materiell-rechtliche Einwendung handelt.[47] Nur wenn diese Beschränkung offenkundig oder unstreitig ist, kann der übergangene Ehegatte die Nichtberücksichtigung der Verfügungsbeschränkung des § 1365 BGB mit der **Erinnerung** gemäß § 766 ZPO (vor dem **Vollstreckungsgericht**) in zulässiger Weise rügen.[48]

In der Regel wird der **Drittwiderspruchsantrag** der sicherere Weg für den anderen Ehegatten sein. Ihm obliegt es, in dieser güterrechtlichen Familienstreitsache das Vorliegen der Voraussetzungen des § 1365 Abs. 1 BGB darzulegen und zu **beweisen**. Da das Familiengericht als Prozessgericht nach § 771 ZPO eingehend in die (häufig umfangreiche) Prüfung der Vermögensverhältnisse der Beteiligten eintreten muss,[49] liegt es nahe, dass es im Falle der Annahme einer **Gesamtvermögensverfügung** aus verfahrensökonomischen Gründen zusätzlich die **Ersetzung der Zustimmung** nach § 1365 Abs. 2 BGB vornehmen können sollte.[50]

II. Teilungsversteigerung und Wohnungsüberlassung

857 Die **Überlassung der ehelichen Wohnung** an einen der Ehegatten nach **§§ 1361b, 1568a BGB** hindert den anderen Ehegatten grundsätzlich nicht daran, die Auseinandersetzungsversteigerung zu betreiben.[51] Etwas anderes gilt, wenn der in der Wohnung verbliebene Ehegatte einen **Mietvertrag nach § 1568a Abs. 5 BGB** (unter Beachtung der **Jahresfrist** des Abs. 6) erreicht hat.[52] Denn der Grundsatz „Kauf bricht nicht Miete“ gilt auch in der Teilungsversteigerung.[53] Die sich aus dem Mietvertrag ergebenden Rechte können im Versteigerungstermin **angemeldet** werden.[54]

---

45 *Wever*, Rn. 219; Gleiches gilt für das **Grundbuchamt** BGH, Beschl. v. 21.2.2013, V ZB 15/12, FamRZ 2013, 948.

46 Denn es handelt sich um eine **Familienstreitsache**, *Wever*, Rn. 219; *Cirullies*, FPR 2013, 352, 355.

47 OLG Köln, Beschl. v. 6.3.2012, 4 UF 156/11, FamRZ 2012, 1568; ausführlich dazu *Zimmer/Pieper*, NJW 2007, 3104, 3105.

48 BGH, Beschl. v. 14.6.2007, V ZB 102/06, FamRZ 2007, 1634; Bergschneider/*Hintzen*, Rn. 10.76.

49 Dazu beispielhaft OLG Köln, Beschl. v. 6.3.2012, 4 UF 156/11, FamRZ 2012, 1568.

50 Ausführlich *Cirullies*, FPR 2013, 352, 356.

51 Eingehend *Uecker*, FPR 2013, 367.

52 Näher zu den Voraussetzungen Bergschneider/*Cirullies*, Rn. 3.147 m.w.N.

53 *Kogel*, FamRB 2010, 191.

54 MünchKomm-BGB/*Wellenhofer*, § 1568a Rn. 51; *Kogel*, Rn. 327 ff.

Praxistipp: Der andere Ehegatte sollte bereits in dem Wohnungszuweisungsverfahren auf die beabsichtigte Teilungsversteigerung und mögliche Nachteile hinweisen und jedenfalls auf eine **Befristung** des Mietvertrages hinwirken.[55]

Hat ein Ehepartner das **Eigentum** an der Ehewohnung bei der Teilungsversteigerung erworben, ist ein Anspruch des anderen Ehepartners auf Überlassung der Ehewohnung nach § 1568a BGB ausgeschlossen.[56]

D. Einstweilige Einstellung des Verfahrens

I. Grundsatz

Eine **einstweilige Einstellung** bewirkt eine „Pause" des Verfahrens für die Dauer von in der Regel höchstens sechs Monaten; alsdann wird das Verfahren auf Antrag fortgesetzt oder aber aufgehoben.[57] Wird die Teilungsversteigerung von mehreren Antragstellern betrieben, betreffen einstweilige Einstellung, Fortsetzung und Aufhebung immer nur das jeweilige „Einzelverfahren" des betreffenden Antragstellers.[58] 858

Mit Zustellung des Anordnungs- oder Beitrittsbeschlusses ist der jeweilige Antragsgegner auf das Recht, die einstweilige Einstellung zu beantragen, den Fristbeginn und Rechtsfolgen der Versäumung der Frist **hinzuweisen**, §§ 180 Abs. 3 S. 2, 30b ZVG.

II. Bewilligung durch Antragsteller

Da der **Antragsteller** in der Teilungsversteigerung die Rolle des Gläubigers einnimmt, ist auf seine **Bewilligung** hin das Verfahren einstweilen einzustellen, §§ 180 Abs. 1, 30 ZVG. Einer Begründung bedarf es hierfür nicht. Bestimmend sind häufig taktische Überlegungen.[59] Die wiederholte Einstellung ist möglich. 859

III. § 180 ZVG

In Ausnahmefällen ist auf Antrag eines **Miteigentümers** das Verfahren **einzustellen**, wenn dies bei Abwägung der **widerstreitenden Interessen** aller Miteigentümer angemessen erscheint **(§ 180 Abs. 2 ZVG)**. So kann der Antragsgegner geltend machen, dass eine Versteigerung zu diesem Zeitpunkt einer **Verschleuderung** gleichkäme.[60] Hingegen sollen dauerhafte 860

55 *Kogel*, Rn. 335.
56 *Götz* in: Johannsen/Henrich, § 1568a BGB Rn. 13.
57 Vgl. § 31 Abs. 1 ZVG.
58 *Storz*, FPR 2013, 356.
59 Dazu *Kogel*, Rn. 92; *Storz*, FPR 2013, 356, 357.
60 AG Dieburg, Beschl. v. 4.11.2016, 30 K 11/15, ZfIR 2017, 120 (LS).

gesundheitliche Beeinträchtigungen eines Beteiligten nicht die einstweilige Einstellung der Teilungsversteigerung rechtfertigen.[61]

861 Familienrechtlich bedeutsamer ist die Einstellungsmöglichkeit nach **§ 180 Abs. 3 und 4 ZVG**: Danach kann das Verfahren auf Antrag bis zu fünf (!) Jahre eingestellt werden, sofern durch die Versteigerung des Familienwohnheims das **Wohl der Kinder ernsthaft gefährdet** ist.[62] Diese Vorschrift ist auf gemeinsame **Pflegekinder nicht** anwendbar; deren Belange sind im Rahmen von **§ 765a ZPO** in die gebotene Abwägung einzubeziehen.[63]

Praxistipp: Die Einstellung muss binnen der **Notfrist von zwei Wochen** beantragt werden, beginnend mit der Zustellung des entsprechenden gerichtlichen Hinweises[64] (§ 180 Abs. 2 S. 3, Abs. 3 S. 3 i.V.m. § 30b Abs. 1 ZVG).

IV. § 765a ZPO

862 Auf Antrag des Schuldners kann das **Vollstreckungsgericht** auch im Fall einer besonderen, **mit den guten Sitten nicht vereinbaren Härte** eine Maßnahme der Zwangsvollstreckung aufheben oder einstweilen einstellen (§ 765a Abs. 1 S. 1 ZPO). Inzwischen ist allgemein anerkannt, dass diese Schutzvorschrift auch im **Teilungsversteigerungsverfahren** anzuwenden ist.[65] Entsprechend kann die hierzu bezüglich der Forderungszwangsversteigerung und Räumungsvollstreckung ergangene Rechtsprechung herangezogen werden.[66]

863 Als Grund für eine Verfahrenseinstellung führen im Familienheim verbliebene Antragsgegner – ebenso wie Räumungsschuldner – nicht selten eine (vorgetäuschte oder tatsächliche) **Suizidgefährdung** an. Dass die Rechtsprechung insoweit „relativ wirksame Abwehrmechanismen" entwickelt habe,[67] erscheint zweifelhaft. Wird nämlich die Selbstmordgefahr nach fachärztlicher Untersuchung bestätigt, kann (und wird) das Vollstreckungsgericht das Verfahren nach **§ 765a ZPO** einstweilen einstellen – mitunter für viele Jahre.[68] Zwar kann von einem **Schuldner** jedes zumut-

---

61 BGH, Beschl. v. 25.6.2004, IXa ZB 267/03, MDR 2005, 55; kritisch dazu *Haentjens*, NJW 2004, 3609.

62 Etwa zur Sicherung eines konstanten Schulbesuchs, LG Freiburg, Beschl. v. 11.8.2016, 4 T 5/16, Rpfleger 2017, 170; vgl. zu Beispielsfällen aus der Rechtsprechung Bergschneider/*Hintzen*, Rn. 10.110; *Kogel*, Rn. 109 ff. mit **Musterantrag**.

63 BGH, Beschl. v. 22.3.2007, V ZB 152/06, FamRZ 2007, 1010; dazu unten Rn. 862.

64 Vgl. oben Rn. 858.

65 BGH, Beschl. v. 22.3.2007, V ZB 152/06, FamRZ 2007, 1010; *Kogel*, Rn. 116.

66 Vgl. *Böttcher*, FPR 2013, 345, 347; *Kogel*, Rn. 116 je mit Beispielen.

67 So *Kogel*, Rn. 119.

68 Vgl. nur BGH, Beschl. v. 9.10.2013, I ZB 15/13, NJW 2014, 2288; BVerfG, Beschl. v. 25.2.2014, 2 BvR 2457/13, NZM 2014, 347 (betreffend „Bilanzselbstmord").

bare Bemühen um eine Verringerung des Gesundheitsrisikos verlangt werden.[69] Auch wird grundsätzlich eine **Interessenabwägung** gefordert und betont, dass die Einstellung der Zwangsvollstreckung wegen der Gefahr der Selbsttötung des Schuldners grundsätzlich zu **befristen** und mit **Auflagen** zu versehen ist, die das Ziel haben, die Gesundheit des Schuldners wiederherzustellen.[70] Dabei ist sorgfältig zu **prüfen**, ob der Gefahr der Selbsttötung nicht auf andere Weise als durch Einstellung der Zwangsvollstreckung wirksam begegnet werden kann.[71] In Betracht kommen insbesondere die **Unterbringung** des suizidgefährdeten Schuldners nach den einschlägigen Landesgesetzen sowie die betreuungsrechtliche Unterbringung (§ 1906 BGB).[72] Kann der Suizidgefahr des Schuldners auf diese Weise entgegengewirkt werden, scheidet die Einstellung aus. Ist jedoch aller Voraussicht nach davon auszugehen, dass die Anordnung der Unterbringung zu einer bloßen Verwahrung auf Dauer führte, so ist eine solche **Freiheitsentziehung** zur Ermöglichung der Zwangsvollstreckung **unverhältnismäßig** und das Verfahren (gegebenenfalls erneut) auf bestimmte Zeit einzustellen.[73]

Tatsächlich überwiegen die Fälle, in denen eine betreuungsrechtliche Unterbringung nicht zulässig ist und das Versteigerungsverfahren – mitunter wiederholt – eingestellt wird.[74] Es droht gar die Verfahrenseinstellung auf **unbestimmte Zeit**, wenn eine Verringerung des Gesundheitsrisikos oder der Suizidgefahr auch unter Berücksichtigung einer etwaigen Mitwirkung des Schuldners und staatlicher Stellen in Zukunft ausgeschlossen erscheint.[75]

Praxistipp: Weiß der Antragsteller um die psychischen Probleme des Antragsgegners, sollte er im Vorgriff auf den absehbaren Schutzantrag nach § 765a ZPO das Vollstreckungsgericht durch eine **„Schutzschrift"** auf die Problematik einstimmen und die unverzügliche Einschaltung der Gesundheitsbehörde und des Betreuungsgerichts anregen.[76]

---

69 BGH, Beschl. v. 6.12.2012, V ZB 80/12, NJW-RR 2013, 628.

70 Etwa BVerfG, Beschl. v. 6.7.2016, 2 BvR 548/16, NJW 2016, 3090; BGH, Beschl. v. 12.11.2014, V ZB 99/14, Rpfleger 2015, 217.

71 BGH, Beschl. v. 13.10.2016, V ZB 138/15, NZM 2017, 51, dazu *Stamm*, LMK 2017, 385016.

72 Dazu eingehend *Schmid*, FamRB 2014, 393; vgl. auch BGH, Beschl. v. 16.3.2017, V ZB 150/16, BeckRS 2017, 107765.

73 BGH, Beschl. v. 28.1.2016, V ZB 115/15, NJW-RR 2016, 336.

74 Vgl. BGH, Beschl. v. 12.11.2014, V ZB 99/14, Rpfleger 2015, 217.

75 BGH, Beschl. v. 21.1.2016, I ZB 12/15, MDR 2016, 417 (betreffend Räumungsvollstreckung).

76 Dazu *Schuschke*, JuS 2008, 977, 982; *Lämmer/Muckle*, NZM 2008, 69; vgl. auch *Kogel*, Rn. 128 ff. mit **Checkliste**.

V. §§ 771, 769 ZPO analog

864 Will der Antragsgegner **materielle Einwendungen** gegen die Teilungsversteigerung vorbringen, steht ihm hierfür der **Widerspruchsantrag** nach § 771 ZPO analog vor dem **Familiengericht**[77] offen. Geltend gemacht werden können z.B. ein Verstoß gegen § 1365 BGB[78] oder eine unzulässige Rechtsausübung nach § 242 BGB.[79]

Da die Widerspruchsklage zunächst einmal die Durchführung der Teilungsversteigerung nicht hindert, sollte sie stets mit einem Antrag auf **einstweilige Einstellung** der Teilungsversteigerung verbunden werden.

Antrag: *„Die von dem Antragsgegner betriebene Teilungsversteigerung des im Grundbuch von .... eingetragenen Grundstücks wird für unzulässig erklärt. Die Teilungsversteigerung wird bis zum rechtskräftigen Abschluss des Drittwiderspruchsverfahrens einstweilen eingestellt.“*[80]

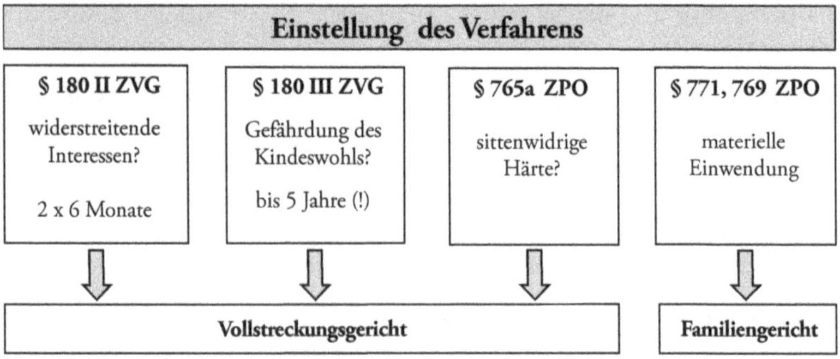

E. Besonderheiten des Verfahrens

865 Das **Verfahren** der Teilungsversteigerung entspricht überwiegend demjenigen der „normalen“ Zwangsversteigerung, weicht jedoch in einigen Punkten deutlich ab.[81] Hierauf wird im Folgenden in der gebotenen Kürze eingegangen.

---

77 Dazu oben Rn. 856.

78 Dazu oben Rn. 846.

79 OLG Köln, Beschl. v. 24.11.1997, 27 W 19/97, Rpfleger 1998, 168; *Nickel*, FPR 2013, 370, 373 mit weiteren Beispielen.

80 Vgl. *Roth*, NJW-Spezial 2009, 695.

81 Zur Übersicht vgl. etwa *Böttcher*, FPR 2013, 345; *Nickel*, FPR 2013, 370; vertiefend *Kogel*, Rn. 39 ff.

I. Beschlagnahme

Zwar ist auch mit der Anordnung der Teilungsversteigerung eine **Beschlagnahme des Grundstücks** verbunden (§ 180 Abs. 1 i.V.m. § 20 Abs. 1 ZVG). Diese unterscheidet sich jedoch in ihrer Funktion und ihren **Wirkungen** von derjenigen in der Vollstreckungsversteigerung. Bei der Teilungsversteigerung wird das Grundstück nur insoweit von der Beschlagnahme ergriffen, als dies für die Durchführung des Verfahrens erforderlich ist. Hieraus folgt, dass der Beschlagnahme – anders als bei der Vollstreckungsversteigerung (§ 23 Abs. 1 S. 1 ZVG) – **nicht** die Wirkung eines an den Schuldner gerichteten **Verbots** zukommt, über das Grundstück zu verfügen. Dies gilt auch dann, wenn das Verfahren von einem **Pfändungsgläubiger** als Antragsteller betrieben wird.[82] **866**

II. Geringstes Gebot

Auch bei der Teilungsversteigerung gilt der **Deckungs- und Übernahmegrundsatz**. So sind nach **§ 182 Abs. 1 ZVG** bei der Feststellung des geringsten Gebots die den Anteil des Antragstellers belastenden oder mitbelastenden Rechte an dem Grundstück sowie alle Rechte zu berücksichtigen, die einem dieser Rechte vorgehen oder gleichstehen. Dabei sind die Anteile getrennt zu betrachten. **867**

Bei einer **Bruchteilsgemeinschaft** kommen alle Belastungen in das geringste Gebot, wenn sämtliche Anteile gleich hoch belastet sind. Schwieriger wird es, wenn die einzelnen Bruchteile **unterschiedlich hoch belastet** sind; hierzu findet sich eine **Ausgleichsregelung** in § 182 Abs. 2 ZVG.[83] Umstritten ist, wie das geringste Gebot festzustellen ist, wenn die Teilungsversteigerung von **mehreren Miteigentümern** aus unterschiedlich belasteten Anteilen betrieben wird. Die herrschende **Niedrigstgebots-Lehre**, der nunmehr auch der **BGH**[84] folgt, bestimmt das geringste Gebot nach der Person des Antragstellers, dessen Anteil am niedrigsten belastet ist.

Besondere Probleme bereitet der Umgang mit **bestehen bleibenden Grundschulden.**[85] Sofern Grundschulden am Familienheim ganz oder teilweise nicht mehr valutieren und die Berücksichtigung dieser Grundschuld beim geringsten Gebot die **Teilungsversteigerung verhindern** würden, sind die Ehegatten verpflichtet, gegenüber dem Kreditinstitut die

---

82 BGH, Beschl. v. 15.9.2016, V ZB 183/14, MDR 2016, 1472; Beschl. v. 25.2.2010, V ZB 92/09, NJW-RR 2010, 1098; dazu Rn. 844.

83 Eingehend Bergschneider/*Hintzen*, Rn. 10.167 ff.; *Böttcher*, ZVG, § 182 Rn. 7.

84 BGH, Beschl. v. 15.9.2016, V ZB 136/14, WM 2017, 38 m.w.N., dazu *Kogel*, FamRB 2017, 106; ferner *Nickel*, FPR 2013, 370, 375 mit **Berechnungsbeispielen**.

85 Dazu OLG Hamburg, Beschl. v. 25.1.2015, 2 UF 120/14, FamRZ 2015, 1962 mit Anm. *Kogel*, FamRB 2016, 122; ferner *Hartenstein*, FPR 2013, 362.

nötigen Willenserklärungen abzugeben, die zu einer **(Teil-)Löschung** der nicht valutierten Grundschuld führen.[86]

III. Sicherheitsleistung

868 Für Gebote des Bieters kann **Sicherheit** verlangt werden, allerdings nur auf **Antrag**. Antragsberechtigte sind diejenigen Beteiligten, die durch eine Nichtzahlung beeinträchtigt wären, d.h. solche, die aus dem Erlös Zahlungen erhalten würden (§ 67 ZVG).

Grundsätzlich gelten auch bei der **Teilungsversteigerung** die allgemeinen Vorschriften über die vom Bieter zu leistende Sicherheit in Höhe von **10 % des Verkehrswerts** (§§ 67 ff. ZVG). Doch gilt eine Modifizierung: Ein Miteigentümer braucht für sein Gebot dann keine Sicherheit zu leisten, wenn ihm ein durch das Gebot ganz oder teilweise gedecktes Grundpfandrecht zusteht (§ 184 ZVG).[87]

869 Die **Arten der Sicherheitsleistung** sind in § 69 ZVG näher aufgeführt.[88] Barzahlung ist ausgeschlossen. Ausreichend ist aber die Vorlage einer Quittung der Gerichtszahlstelle, aus der sich ergibt, dass der erforderliche Geldbetrag bar eingezahlt wurde.[89]

Praxistipp: Bei der zulässigen vorherigen **Überweisung** auf ein Konto der **Gerichtskasse** ist Vorsicht geboten, weil der Begriff der „Gerichtskasse“ nicht gesetzlich definiert ist und Fehlüberweisungen vermieden werden müssen.[90] Die Feststellung des richtigen Adressaten – zentrales Justizkonto[91] oder Gerichtszahlstelle – ist dringend geboten. Anderenfalls droht die Zurückweisung des Gebots im Verteilungstermin (§ 70 Abs. 2 S. 3 ZVG).

IV. Zuschlag und Erlösverteilung

1. Zuschlag – und dann?

870 Mit dem Zuschlag an den Meistbietenden erwirbt der Ersteher **Eigentum** an dem Grundstück sowie an den von der Versteigerung erfassten Gegenständen (§ 90 ZVG). Gleichzeitig endet die Gemeinschaft an dem Grundstück, die sich nach dem Surrogationsgrundsatz nunmehr an dem **Erlös** fortsetzt. Denn die Aufhebung der Gemeinschaft setzt gemäß § 753

86 OLG Schleswig, Beschl. v. 20.4.2016, 15 UF 84/15, FamRB 2016, 293 mit Anm. *Kogel*.

87 Dazu *Nickel*, FPR 2013, 370, 377.

88 Dazu *Böttcher*, FPR 2013, 345, 351.

89 LG Berlin, Beschl. v. 5.8.2008, 82 T 567/08, Rpfleger 2008, 660; zur Angabe des **Verwendungszwecks** vgl. BGH, Beschl. v. 12.1.2017, V ZB 96/16, Rpfleger 2017, 350.

90 Dazu *Böttcher*, § 70 Rn. 45.

91 In **NRW** etwa die Oberjustizkasse Hamm.

Abs. 1 BGB einen zweiaktigen Tatbestand voraus: zum einen die Zwangsversteigerung des in Bruchteilseigentum stehenden Grundstücks und zum anderen die **Verteilung des Erlöses**, die ihrerseits eine **Einigung** der Teilhaber voraussetzt.[92] Dies gilt auch dann, wenn ein Miteigentümer das Grundstück selbst ersteigert.

Die Verteilung wird also nicht von dem Versteigerungsgericht vorgenommen. Dieses beraumt lediglich einen **Verteilungstermin** an, bis zu dem der Ersteher sein bares Meistgebot nebst Zinsen etc. entrichtet haben muss,[93] und erstellt einen **Teilungsplan**.[94] Bei fehlender Einigung der (früheren) Miteigentümer über die Verteilung wird der Versteigerungs*über*erlös, der nach Vorwegentnahme der Verfahrenskosten und Befriedigung der nach § 10 ZVG Berechtigten verbleibt, zugunsten aller Miteigentümer **hinterlegt** (§ 117 Abs. 2 S. 3 ZVG).[95] **871**

In diesem Fall bedarf es **nicht** der **gemeinsamen** Einziehung der Forderung gegen die Hinterlegungsstelle und der anschließenden Auseinandersetzung des Erlöses. Vielmehr kann jeder Teilhaber von dem anderen die nach § 13 Abs. 2 Hinterlegungsordnung[96] erforderliche **Einwilligung in die Herausgabe** des auf ihn entfallenden Teils des **hinterlegten Erlöses** verlangen.[97]

Nach § 144 ZVG ist es möglich, dass der Ersteher die Berechtigten außergerichtlich durch **direkte Zahlung** befriedigt.[98]

2. Gegenrechte des anderen Ehegatten

Spätestens bei der Erlösverteilung stellt sich die Frage, inwieweit sich der andere Teilhaber im Rahmen der Teilungsversteigerung auf ein **Zurückbehaltungsrecht** oder eine **Aufrechnung** berufen kann. Dies beantwortet sich entscheidend nach dem Stadium des Verfahrens:[99] **872**

---

92 BGH, Urt. v. 20 2.2008, XII ZR 58/04, FamRZ 2008, 767.

93 Zu den Rechtsfolgen der **Nichtzahlung** vgl. *Kogel*, Rn. 449 ff.; *ders.*, FPR 2012, 75, 76.

94 Dazu *Kogel*, Rn. 435 ff. mit Muster; zu den **Rechtsbehelfen** gegen den Teilungsplan vgl. *Hintzen*, Rpfleger 2016, 258, ferner BGH, Beschl. v. 28.1.2016, IX ZR 86/14, BeckRS 2016, 03682.

95 Dazu *Kiderlen*, FPR 2013, 359, 360 f.

96 Diese ist allerdings seit 1.12.2010 außer Kraft getreten und ersetzt worden durch die entsprechenden Bestimmungen der **Landeshinterlegungsgesetze**, hier z.B. § 22 Abs. 3 Hinterlegungsgesetz Nordrhein-Westfalen (HintG NRW) oder § 16 Abs. 2 Niedersächsisches Hinterlegungsgesetz (NHintG), dazu *Kogel*, Teilungsversteigerung, Anhang III.

97 BGH, Beschl. v. 13.11.2013, XII ZB 333/12, FamRZ 2014, 285 mit Anm. *Wever* = NZFam 2014, 168 mit Anm. *Zwißler*; dazu auch *Kogel*, FamRB 2014, 81; OLG Stuttgart, Beschl. v. 16.2.2016, 18 UF 156/15, FamRZ 2016, 1160 mit Anm. *Münch*.

98 Dazu *Kiderlen*, FPR 2013, 359, 360, auch zu den Risiken.

99 Eingehend *Wever*, Rn. 197 ff.; *Kogel*, Rn. 424 ff.

Sofern die **Bruchteilsgemeinschaft** bereits **aufgehoben** ist und die Beteiligten nur noch um Freigabeansprüche streiten, die nicht mehr Teil des Aufhebungsverfahrens nach §§ 749 ff. BGB sind, kann ein Ehegatte unter Hinweis auf ein noch nicht abgeschlossenes **Zugewinnausgleichsverfahren** seine **Zustimmung** zur Auszahlung des entsprechenden Erlösanteils an den anderen Ehegatten **verweigern**. Denn es sei wichtig, die **Gesamtbereinigung** der beiderseitigen aus der Ehe herrührenden Ansprüche in einem Akt zu ermöglichen.[100]

873 Doch für den Fall, dass die **Bruchteilsgemeinschaft noch nicht aufgehoben** ist und der Anspruch aus § 749 Abs. 1 BGB geltend gemacht wird, hält der **BGH**[101] an seiner Rechtsprechung fest, dass die Auseinandersetzung **nicht** durch gemeinschaftsfremde **Gegenrechte** (z.B. güterrechtliche Ausgleichsansprüche) beeinträchtigt werden darf. Dabei ging es um folgenden **Fall**:

Die rechtskräftig geschiedenen Beteiligten streiten über die Verteilung des Erlöses aus der **Teilungsversteigerung** eines ihnen vormals zu gleichen Teilen gehörenden Hausgrundstücks. Hierüber wurde das Teilungsversteigerungsverfahren auf Betreiben des Ehemannes durchgeführt, der mit einem Bargebot von 134.000 € Meistbietender blieb. Von der erbrachten Sicherheitsleistung war auf seine Anweisung die Hälfte an die Ehefrau ausgezahlt worden. Die andere Hälfte (ca. 6.500 €) blieb hinterlegt. Den restlichen Steigerlös hatte er zunächst nicht eingezahlt. Deswegen wurde nach § 128 ZVG eine Sicherungshypothek eingetragen. Des Weiteren betrieb die Ehefrau die Wiederversteigerung. Nunmehr zahlte der Ehemann den verbleibenden und der Ehefrau zustehenden hälftigen Betrag (ca. 62.000 €) auf ein Sonderkonto. Er erklärte Freigabe dieser Summe zugunsten seiner Ehefrau Zug um Zug gegen Rücknahme des (Wieder-)Versteigerungsantrags, Löschung der Sicherungshypothek sowie Auszahlung des bei der Hinterlegungsstelle noch verbliebenen Restbetrags (6.500 €). Die Ehefrau widersprach der Auszahlung: Sie macht einredeweise **Gegenansprüche** aus einer vermeintlichen Zugewinnausgleichsforderung geltend und verlangt Zahlung des vollen Versteigerungsbetrags. Doch ohne Erfolg!

Bei einer Teilungsversteigerung – so der BGH – seien im Rahmen der Erlösverteilung **Zurückbehaltungsrechte** aus anderen Rechtsbereichen grundsätzlich **nicht** zu beachten. Zwar fehle es nicht an der Gegenseitigkeit der Forderung. Der Anspruch auf Einwilligung in die Auszahlung des hinterlegten Erlöses richte sich gemäß §§ 749 Abs. 1, 753 BGB gegen die vormalige Miteigentümerin persönlich. Schuldner des Anspruches auf Aufhebung der Gemeinschaft sei nämlich der einzelne Teilhaber der Bruchteilsgemeinschaft. § 749 Abs. 1 BGB ermögliche aber einem Teilnehmer

100 BGH, Urt. v. 17.11.1999, XII ZR 281/97, FamRZ 2000, 355; s. aber auch BGH, Beschl. v. 22.2.2017, XII ZB 137/16, FamRZ 2017, 693 mit Anm. *Wever*; dazu *Kogel*, FamRB 2017, 163.

101 BGH, Beschl. v. 13.11.2013, XII ZB 333/12, FamRZ 2014, 285 mit Anm. *Wever* = NZFam 2014, 168 mit Anm. *Zwißler*; dazu auch *Kogel*, FamRB 2014, 81; bestätigt durch BGH, FamRZ 2017, 693 (Fn. 100).

einer Gemeinschaft, die Aufhebung der Gemeinschaft jederzeit zu verlangen. Dem Gesetzeszweck nach dürfe dies nicht durch Rechte, die nicht in der Gemeinschaft wurzelten, beeinträchtigt werden.

F. Kündigung und Räumung

Aufgrund des **Zuschlagsbeschlusses** kann der Ersteher von dem in der Wohnung lebenden Ehegatten grundsätzlich **Räumung und Herausgabe** verlangen (§ 93 ZVG) – es sei denn, diesem steht ein **Recht zum Besitz** zu, etwa aufgrund eines Mietvertrages nach § 1568a Abs. 5 BGB.[102] Der Erwerber ist dann gehalten, eine **Räumungsklage** gegen den im Haus verbliebenen Ehepartner einzureichen.[103] 874

Ist das zu versteigernde Grundstück **vermietet** oder **verpachtet**, so hat hier der Ersteher gemäß § 183 ZVG **kein Ausnahmekündigungsrecht** nach §§ 57a ZVG. Der Erwerb in der Teilungsversteigerung wird insofern einem Kauf gleichgestellt.

G. Prozesskostenhilfe

Auch wenn Prozesskostenhilfe zur Durchführung einer **Teilungsversteigerung** beantragt wird, ist sie gemäß § 114 Abs. 1 S. 1 ZPO nur dann zu gewähren, wenn die beabsichtigte Rechtsverfolgung hinreichende Aussicht auf Erfolg bietet und nicht mutwillig erscheint. Dabei ergibt sich die **Erfolgsaussicht** der Rechtsverfolgung schon daraus, dass jeder Teilhaber eines gemeinschaftlichen Gegenstands einen vollstreckbaren Anspruch nach § 749 Abs. 1 BGB auf Aufhebung der Gemeinschaft hat. **Mutwilligkeit** liegt vor, wenn die beabsichtigte Teilungsversteigerung aller Voraussicht nach fehlschlägt, weil sich kein Bieter finden wird, der ein nach §§ 182, 44 ZVG zulässiges Gebot abgibt, so dass das Verfahren wegen Ergebnislosigkeit aufgehoben werden muss.[104] 875

---

102 Dazu oben Rn. 857.

103 *Kogel*, FamRB 2010, 191, 193.

104 BGH, Beschluss v. 15.3.2011, V ZB 177/10, FamRZ 2011, 967.

Stichwortverzeichnis

(Die Zahlen verweisen auf Randnummern.)